Adalbert Stifter
Erzählungen

NEUES LEBEN

Adalbert Stifter

ERZÄHLUNGEN

Verlag
Neues Leben
Berlin

Illustrationen:
Fritz Kallmorgen (Feldblumen, Das Heidedorf)
Adolf Schorling (Der Hochwald)
Ferdinand Staeger (Abdias)
Adolf Propp (Brigitta)
Gerhard Kraaz (Granit, Kalkstein, Turmalin, Bergkristall, Katzensilber, Bergmilch)

ISBN 3-355-00385-9

Lizenz Nr. 303 (305/66/87)
LSV 7311
Schutzumschlag und Einband: Achim Kollwitz
Typografie: Ingrid Engmann
Schrift: 10p Garamond
Gesamtherstellung: Karl-Marx-Werk Pößneck V 15/30
Bestell-Nr. 644 245 3
01980

Aus den Studien

Vorrede

In beifolgenden Versuchen wird dem Publikum eine Sammlung loser Blätter vorgelegt, die sich zu verschiedenen Zeiten von meinem Schreibtische verloren hatten. Es lag eigentlich nie in meiner Absicht, als Schriftsteller aufzutreten, sondern wie die meisten Menschen eine Lieblingsspielerei haben, der sie sich zur Erheiterung hingeben, so liebte ich es, an gegönnten Stunden mich in Bildern und Vorstellungen zu ergehen, wie sie eben der Gemütslage zusagten, und solche Dinge zu Papiere zu bringen: allein wie es mit jeder Liebhaberei geht, daß man sie nämlich immer weiter treibt, so ging es auch hier. Die Zeit am Schreibtische ward endlich die liebste und gewünschteste, und wie jede heimliche Liebe zuletzt eine offene wird, wird es auch die Schriftstellerei – und ist man einmal so weit, daß man mehrere zerstreute Blätter in den Händen des Publikums weiß, so ist der Schritt ein ganz leichter, daß man sie sammelt und ein Buch daraus macht, ob mit Recht oder Unrecht, weiß ja der Verfasser selber nie, da er aus seinen Arbeiten zuletzt doch immer nur das Gewollte herauslieset, nicht das Gewirkte. Auf diese Weise entstanden folgende Bände, und auf diese Weise wünscht der Verfasser, daß man ihr Erscheinen entschuldige.

Auf eine vorteilhafte Zusammenstellung der Arbeiten habe ich nicht gesonnen, sondern ich ließ sie so folgen, wie sie entstanden sind, daß sich dem, der das Buch seiner Durchsicht würdigt, zeige, ob ein Fortschritt zu bemerken sei oder nicht. Die Fehler, welche mir durch zugekommene Urteile bekannt geworden sind, habe ich, soweit ich sie einsah, zu verbessern gesucht, da ich den ganzen Stoff umarbeitete – die andern, die ich nicht einsah oder deren Vermeidung außer den Grenzen meiner Kräfte lag, sind freilich stehengeblieben. Auf Schriftstellertum macht das Vorliegende keinen Anspruch, sondern sein Wunsch ist nur, einzelnen Menschen, die ungefähr so denken und fühlen wie ich, eine heitere Stunde zu machen, die dann vielleicht weiterwirkt und irgendein sittlich Schönes fördern hilft. Ist dies gelungen, dann ist der Zweck dieser Blätter erreicht, und sie mögen vergessen werden – ist doch selbst die glänzendste Tat der Gegenwart eigentlich nur ein Baugerüste der Zukunft und wird abgebrochen, sowie diese Zukunft fertig ist – aber eben darum geht auch nicht das kleinste Körnchen verloren, das in der Gegenwart ein wahrhaft Gutes setzt; denn der ganze Bau der Ewigkeit ruht mit auf diesem Körnchen.

Und möchten die vorliegenden Schriften nur die kleinsten aus solchen kleinen Körnchen enthalten, dann bereut der Verfasser nicht die Zeit, die er auf ihre Abfassung verwendet, und nicht die Gefühle, womit ihn Gott während der Arbeit belohnt hat.

Wien, im Mai 1843 A. Stifter

Vorrede zur zweiten Auflage

Indem ich den Lesern einen freundlichen Dank für die gute Aufnahme der ersten Auflage dieser Bände sage, muß ich mich an der Schwelle der zweiten über einen Umstand entschuldigen, den man mir mit Recht zur Last legen kann: warum ich denn nämlich in dieser Auflage die Fehler der ersten nicht verbessert habe.

Mit den kleineren, welche Sinn und Haltung des Ganzen nicht wesentlich berühren, tat ich es ohnehin. Die größeren, welche die künstlerische Fügung des Werkes betreffen, gehen in das Ganze oder hie und da wenigstens in beträchtliche Teile desselben hinein. Ich habe sie nicht geändert, weil ich sonst den Lesern in der zweiten Auflage unter demselben Titel ein ganz anderes Buch geben würde, als sie in der ersten Auflage besitzen. Aber desungeachtet ging ich doch für mich an die Umänderung und Ausbesserung des Werkes und werde sie langsam durch die folgenden Jahre hindurch fortsetzen. Wenn dann einmal nach irgendeiner Zeit eine Sammelausgabe nicht nur der ‚Studien', sondern auch anderer Werke notwendig werden sollte, werden darin die ‚Studien' in der neuen Gestalt erscheinen. Wird eine solche Sammlung nicht notwendig, so habe ich doch die Genugtuung für mich gehabt, Dingen, die mir zu unreif erschienen, in meinem Glauben eine reifere und männlichere Gestaltung gegeben zu haben.

Auch über die lange Verzögerung der Herausgabe des dritten und vierten Bandes der ‚Studien', die versprochen sind, glaube ich ein paar Worte schuldig zu sein. Als der erste und zweite Band derselben mit mehr Anteil aufgenommen wurden, als sie verdienten, ließ ich mir von dem Verleger das fast zum Drucke fertige Manuskript des dritten und vierten Bandes wieder zurückgeben, um sie noch einmal durchzuarbeiten, damit sie den Anteil etwas mehr verdienten, der den ersten Bänden unverdient zuteil geworden ist. In dieser Umänderung aber ging ich bei weitem weiter, als ich anfänglich dachte, und daher schreibt sich die Verzögerung. Ich bin ganz allein daran schuld. Ich hoffe zugleich mit dieser Auflage oder doch sehr kurz nachher die Bände vorlegen zu können.

Wien, im Mai 1846 A. Stifter

Feldblumen

1. Primel

24. April 1834

Man legt oft etwas dem Menschen zur Last, woran eigentlich die Chemie alle Schuld hat. Es ist offenbar, daß, wenn ein Mensch zuwenig Metalle, zum Beispiel Eisen, in sein Blut bekommen hat, die andern Atome gleichsam darnach lechzen müssen, um, damit verbunden, das chemisch heilsame Gleichgewicht herstellen zu können. Nur mißversteht aber der so schlimm Begabte meistens seinen Drang, und statt ins Blut schleppt er unbeholfen die Metalle in seine Stube und in die Kästen und greift hierbei ganz ungeschickt nach Silber und dergleichen. Wir heißen den armen Schelm dann einen Geizhals, sei's um den Namen, aber *verachten* soll man ihn nicht so leichtfertig, als sei er selber schuld, was sich doch offenbar durch die Tatsache widerlegt, daß gerade der *echteste* darunter alles Papiergeld haßt und durchaus nicht nach Zinsen trachtet, sondern das einfache, reine, schöne Metallgeld aufhebt und hütet.

Andere haben andere Verwandtschaften, lieber Titus! zum Beispiel ich und Du, denen man es übelnahm, daß sie die Damen, und darunter wieder die schönsten, oft unbillig anstarren – aber bei mir wenigstens ist es nicht abzustellen, weil ich, sozusagen, ein Schönheitsgeizhals bin. Ich habe es jetzt heraus, wie mich das Ding schon als Kind verfolgte, wo ich oft um lichte Steinchen raufte oder als Knabe mit dioken, rotgeweinten Augen von dem Taubenschlage herabkam, in dem ich stundenlang gekauert saß, um die schönsten Romane zu lesen, die mein seliger Vater gar so sehr verbot, weil er es lieber hatte, daß ich das Quae maribus und solches Zeug lernte, was ich zwar auch tat, so daß ich das Ding der Länge nach herzusagen vermochte; aber ich hatte es millionenmal lieber, wenn ich mich aus einem schönen Ritterbuche abängstigen konnte oder wenn mir einmal – ich habe seitdem das Werk nicht mehr gelesen – geradezu das Herz brach, da Ludwig der Strenge sofort seine wunderschöne, unschuldige Gattin hinrichten ließ, die bloß verleumdet war und die niemand retten konnte als ich, der ich aus dem Buche die ganze Schlechtigkeit ihrer Feinde gelesen hatte, aber unglücklicher Weise dreihundert Jahre zu spät. Damals, da ich bis zur letzten Seite auf Rettung baute und traute und endlich keine kam, rieb ich mich fast auf vor Schmerz. Aus jenem unbewohnten, staubigen Taubenschlage, Titus, trug ich wundersame, liebe Gefühle bis in die spätesten Zeiten meines Lebens hinüber und wurde nach der Hand für und für kein anderer; immer suche ich noch, bildlich gesprochen, solche Taubenschläge, spanne mich aus der Gewerkswelt los und buhle um die Braut des Schönen.

Freilich werde ich hierbei nicht reich; aber mein Vetter, der *Metallgeizhals,* kümmert sich auch nicht um Schönheit. – Die Dinge sind eben ganz entgegengesetzt; nur können wir uns beide die Sache nicht ausschlagen, weil das Leben keinen Dreier mehr wert ist, sobald man unser Streben daraus wegnimmt. Darum sollte man es jedem lassen, keinen fremden Maßstab und leichtfertigen Tadel an unser Tun legen, weil man die Chemie nicht einsieht. Da bin ich milder und schreie nicht gleich Zeter, wenn mein ehrlicher Doppelgänger einigen zweckmäßigen Hunger leidet, weil noch eine Prachtsumme zurückzulegen ist, die seiner Sammlung zur wahren Zierde gereichen wird; aber er und andere sollen dafür auch nicht murren, wenn ich Geld und Gut nicht achte, in Konzerte, unter den Sonnenhimmel, in Theater, Bildersäle laufe und die Dinge anhöre und ansehe, besonders aber gern die Augen in lieben, feinen, jungen weiblichen Gesichtchen stecken lasse; es ist ja keine Selbstsucht – wahrlich keine. – – – Das ist eben das komisch Ärgerliche bei uns Geizhälsen, daß die andern uns so viel Selbstsucht andichten, während wir doch (er und ich) nur die reine Form anbeten und den stofflichen Besitz endlich immer jemand anderm lassen – er freilich etwas spät und ungern, nämlich bei seinem Lebensende, ich aber jeden Augenblick und mit größter Heiterkeit.

Ich will aber jetzt von dieser Vergleichung aufhören und Dir andere Dinge in diesem Tageblatte berichten. Ich habe mein Modell wiedergesehen. Sie ist noch immer dieselbe. Aus Zufall sah ich sie mit ihrer Mutter in die Annenkirche gehen, und ich ging dann auch hinein. Sollte ich sie hier öfter sehen können, so will ich suchen, mir ihre Züge zu stehlen und in einer glücklichen Stunde auf die Leinwand zu werfen; dann sende ich Dir ein Miniaturbild davon für Deine Sammlung schöner Menschenköpfe. Vielleicht kann ich Dir gleich *zwei* erlesene Stücke senden; denn Aston versprach, daß ich in den nächsten Tagen bei seiner Familie eine der größten Schönheiten sehen solle – ja, die größte, wie er unumwunden erklärte, welche die Luft innerhalb der Mauern Wiens atme – und daß er es so veranstalten wolle, daß ich unvermerkt ihr Bild in meine Mappe bekomme, da sie außer andern tausend Torheiten auch die besitze, nie einem Maler sitzen zu wollen. Sie ist die vertraute Freundin seiner Töchter, denen sie, wie er sagt, den Kopf ebenso albern mache, wie der ihrige ist. Jetzt kommt sie nicht, weil ihre Tante krank ist. Ihr Vorname ist Angela, welchem Vornamen sie wohl körperlich, aber nicht geistig entsprechen soll. Nun, ich bin neugierig – toll wäre es, wenn sie meine Antike wäre. Noch muß ich Dir sagen, ehe ich schließe, daß ich gestern wieder einmal recht spazieren war, sozusagen unendlich, auf allen Landen herum, um Heerschau über alle Schönheiten zu halten, über lebende und leblose. Da waren die lichten, klaren, glänzenden Lüfte mit den wunderlichen Aprilwolken voll Sonnenblicken – das Zittern der anbrütenden Lenzwärme über den noch schwarzen Feldern – die schönen, grünen Streifen der Wintersaat dazwischen; dann waren die rötlich fahlen Wälder, die an den Bergen hinanziehen, mit dem sanften, blauen Lufthauch darüber, und überall auf der farblosen Erde die geputzten Menschen wandelnd, die so gern die ersten Strahlen der schwachen Lenzsonne und der reinen Luft genießen wollten. Eine Mutter sah ich mit mehreren schönen Töchtern, die sehr jung waren und in allen Abstufungen bis zur Kindheit herab auf den lieben, runden Wangen das Rot der Unschuld und Gesundheit trugen, welches Rot noch röter wurde, als ich sie unversehens anblickte. – Ich habe diese Gattung Scham so gern – gleichsam rotseidne Vorhänge zieht die junge Seele plötzlich vor dem fremden Auge über, das unberufen will hineinsehen. Auch Männer sah ich viele, aber wenig von Wert; nur einen fand ich, der

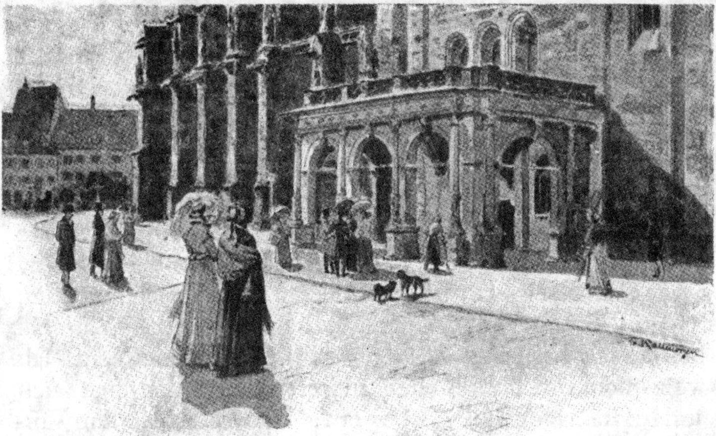

mich fesselte, einen sehr jungen Mann: er zeichnete die Aussicht in ein Gedenkbuch, und ich sah ihn mit Muße an – ein Gesicht voll Ernst und Güte, mit klugen, unschuldigen Augen. Er schenkte mir keine Aufmerksamkeit, und ich ging endlich weiter. Da dachte ich so, wie denn Gott mit den Linien und Formen des Menschenangesichts so eigen und am wunderbarsten den Geist der Schönheit verband, daß wir so mit Liebe hineinsehen und von Rührung getroffen werden; aber kein Mensch, dachte ich, kann eigentlich dieses wundervolle Titelblatt der Seele so verstehen als ein Künstler, ein echter, rechter, wie er uns beiden oft im Ideale vorschwebte; denn der Weltmensch schaut nur oberflächlich oder selbstsüchtig, und der Verliebte verfälscht, nur zu sehr am irdischen Geschöpfe hangend: aber der reine, einfältige Meister in seiner Werkstätte, tagelang denselben zwei Augen gegenüber, die er bildet und rundet, – der sieht den Finger Gottes aus den toten Farben wachsen, und was er doch selber gemacht hat, scheint ihm nun nicht bloß ein fremdes Gesicht, sondern auch eine fremde Seele, der er Achtung schuldig ist – und öfters mag es geschehen, daß mit einem leichten ungefähren Zug des Pinsels plötzlich ein neuer Engel in die Züge tritt, davor er fast erschrickt und von Sehnsucht überkommen wird.

Ferner dachte ich an Galerien, wo die Augen und Wangen längst vergangener Geschlechter noch immer ihre Freude und ihr Weh erzählen – – – dann dachte ich an unser eignes Sterben und an den Glanz derer, die nachher sein werden – – und in dem Fortspinnen desselben düster schönen Gedankens zog ich die sanften Fäden planlosen Phantasierens um mein Haupt und über die große, stille Landschaft vor mir – ich ging herum ins Weite und Breite und ließ von Gedanken und Phantasien kommen, was da wollte. Ach! ein sanftes Eden liegt im Menschenherzen, und es blühen darin leuchtende und dunkle Blumen. Meine gewöhnliche Frühlingstrauer stellte sich ein. Ich weiß nicht, ob die schönen allerersten Frühlingstage auch andere traurig machen. Ist es etwa die Ruhe nach den Winterstürmen, die lächelnd in der ungeheuern Bläue liegt, und darunter auch ruhig die tote Erde und das schwarze Baumgitter, das des Keimens harrt – oder ist es physischer Einfluß der weichen Luft nach der Winterhärte, oder beides? – – –

Weithin über den Horizont Ungarns schweiften trübe, gedehnte Streifen – der Abend kam endlich – ein weißlicher Rauch trank die Stadt ein – Frühlingsabenddünste beschmutzten das Gold des Himmels, und ein dumpfer, roter Mond kämpfte sich langsam herauf. – Ich aber dachte und dachte – – so geht es immer – und so geht es immer.

2. Veilchen

25. April 1834

Heute ist weithin heiterer Himmel mit tiefem Blau, die Sonne scheint durch mein geöffnetes Fenster; das draußen schallende Leben dringt klarer herein, und ich höre das Rufen spielender Kinder. Gegen Süden stellen sich kleine Wolkenballen auf, die nur der Frühling so schön färben kann; die Metalldächer der Stadt glänzen und schillern, der Vorstadtturm wirft goldne Funken, und ein ferner Taubenflug läßt aus dem Blau zuzeiten weiße Schwenkungen vortauchen.

Wäre ich ein Vogel, ich sänge heute ohne Aufhören auf jedem Zweige, auf jedem Zaunpfahle, auf jeder Scholle, nur in keinem Käfig – und dennoch hat mich der Arzt in einen gesperrt und mir Bewegung untersagt; deshalb sitze ich nun da, dem Fenster gegenüber, und sehe in den Lenz hinaus, von dem ein Stück gütig zu mir hereinkommt. Auf dem Fenstergesimse stehen Töpfe mit Levkojenpflänzchen, die sich vergnüglich sonnen und ordentlich jede Sekunde grüner werden; einige Zweige aus des Nachbars Garten ragen um die Ecke und zeigen mir, wie frohe Kinder, ihre kleinen, lichtgrünen, unschuldigen Blättchen.

Zwei alte Wünsche meines Herzens stehen auf. Ich möchte eine Wohnung von zwei großen Zimmern haben, mit wohlgebohnten Fußböden, auf denen kein Stäubchen liegt; sanft grüne oder perlgraue Wände, daran neue Geräte, edel, massiv, antik einfach, scharfkantig und glänzend; seidne, graue Fenstervorhänge, wie matt geschliffenes Glas, in kleine Falten gespannt und von seitwärts gegen die Mitte zu ziehen. In dem einen der Zimmer wären ungeheure Fenster, um Lichtmassen hereinzulassen und mit obigen Vorhängen für trauliche Nachmittagsdämmerung. Rings im Halbkreise stände eine Blumenwildnis, und mitten darin säße ich mit meiner Staffelei und versuchte endlich jene Farben zu erhaschen, die mir ewig im Gemüte schweben und nachts durch meine Träume dämmern – ach, jene Wunder, die in Wüsten prangen, über Ozeanen schweben und den Gottesdienst der Alpen feiern helfen. An den Wänden hinge ein oder der andere Ruysdael oder ein Claude, ein sanfter Guido und Kindergesichtchen von Murillo.[1] In dieses Paphos[2] und Eldorado[3] ginge ich dann nie anders als nur mit der unschuldigsten, glänzendsten Seele, um zu malen oder mir sonst dichterische Feste zu geben. Ständen noch etwa zwischen dunkelblättrigen Tropengewächsen ein paar weiße, ruhige Marmorbilder alter Zeit, dann wäre freilich des Vergnügens letztes Ziel und Ende erreicht.

Sommerabends, wenn ich für die Blumen die Fenster öffnete, daß ein Luftbad hereinströme, säße ich im zweiten Zimmer, das das gemeine Wohngehäuse mit Tisch und Bett und Schrank und Schreibtisch ist, nähme auf ein Stündchen Vater Goethe zu Handen oder schriebe, oder ginge hin und wieder, oder säße weit weg von der Abendlampe und schaute durch die geöffneten Türflügel nach Paphos, in dem bereits die Dämmerung anginge oder gar schon Mondenschein wäre, der im Gegensatze zu dem trübgelben Erze meines Lampenlichtes schöne, weiße Lilientafeln draußen auf die Wände legte, durch das Gezweig spielte, über die Steinbilder glitte und Silbermosaik auf den Fußboden setzte. Dann stellte ich wohl den guten Refraktor von Fraunhofer[4], den ich auch hätte, auf, um in den Licht- und Nebelauen des Mondes eine halbe Stunde zu wandeln; dann suchte ich den Jupiter, die Vesta und andere, dann unersättlich den Sirius, die Milchstraße, die Nebelflecken; dann neue, nur mit dem Rohre sichtbare Nebelflecken, gleichsam durch tausend Himmel zurückgeworfene Milchstraßen. In der erhabenen Stimmung, die ich hätte, ginge ich dann gar nicht mehr, wie ich leider jetzt abends tun muß, in das Gasthaus, sondern ...

Doch dies führt mich auf den zweiten Wunsch: nämlich außer obiger Wohnung von zwei Zimmern noch drei anstoßende zu haben, in denen die allerschönste, holdeste, liebevollste Gattin der Welt ihr Paphos hätte, aus dem sie zuweilen hinter meinen Stuhl träte und sagte: Diesen Berg, dieses Wasser, diese Augen hast du schön gemacht. Zu dieser Außerordentlichen ihres Geschlechts ginge ich nun an jenem Abende hinein, führte sie heraus vor den Fraunhofer, zeigte ihr die Welten des Himmels und ginge von einer zur andern, bis auch sie ergriffen würde von dem Schauder dieser Unendlichkeit – und dann fingen begeisterte Gespräche an, und wir schauten gegenseitig in unsere Herzen, die auch ein Abgrund sind, wie der Himmel, aber auch einer voll lauter Licht und Liebe, nur einige Nebelflecke abgerechnet; oder wir gingen dann zu ihrem Pianoforte hinein, zündeten kein Licht an (denn der Mond gießt breite Ströme desselben bei den Fenstern herein), und sie spielte herrliche Mozart, die sie auswendig weiß, oder ein Lied von Schubert, oder schwärmte in eigenen Phantasien herum – ich ginge auf und ab oder öffnete die Glastüren, die auf den Balkon führen, träte hinaus, ließe mir die Töne nachrauschen und sähe über das unendliche Funkengewimmel auf allen Blättern und Wipfeln unseres Gartens, oder wenn mein Haus an einem See stände – – –

Aber, siehst Du, so bin ich – da wachsen die zwei Wünsche, daß sie mir am Ende kein König mehr verwirklichen könnte. Freilich wäre alles das sehr himmlisch, selbst wenn vorderhand nur die zwei Zimmer da wären, auch mit etwas geringern Bildern; denn die Herrliche, die ich mir einbilde, wäre ja ohnedies nicht für mich leidenschaftlichen Menschen, der ich sie vielleicht täglich verletzte, wenn mich nicht etwa die Liebe zu einem völligen sanften Engel umwandelte. Indessen aber stehe ich noch hier und habe Mitleid mit meiner Behausung, die nur eine allereinzige Stube ist mit zwei Fenstern, durch die ich auf den Frühling hinausschaue, zu dem ich nicht einmal hinaus darf, und an Wipfeln und Gärten ist auch nichts Hinreichendes, außer den paar Zweigen des Nachbars, sondern die Höhe der Stube über andern Wohnungen läßt mich wohl ein sattsames Stück Himmel erblicken, aber auch Rauchfänge genug und mehrere Dächer und ein paar Vorstadttürme. Die südlichen Wolken stellten sich indessen zu artigen Partien zusammen und gewinnen immer liebere und wärmere Farben. Ich will, da ich schon nicht hinaus darf, einige abzustehlen suchen und auf der Leinwand aufzubewahren. – – Ich schrieb das Obenstehende heute morgens und malte fast den ganzen Tag Luftstudien. Abends begegnete mir ein artiger Vorfall. Auch moralischen und sogar zufälligen Erscheinungen gehen manchmal ihre Morgenröten vorher. Schon seit vielen Wochen ist mir die Bekanntschaft eines jungen Künstlers versprochen worden. Heute wurde er als Krankenbesuch von zwei Freunden gebracht, und siehe da! es war derselbe junge, schöne Mann, den ich vor zwei Tagen auf dem Spaziergange, der mir mein jetziges Halsweh zuzog, gefunden hatte. Ich erkannte ihn augenblicklich und war fast verlegen; er gab kein Zeichen, daß er auf den Spaziergänger geachtet habe, der so dreist in sein Gesicht und Studienbuch geschaut hat. Der Besuch war ein sehr angenehmer, und die Bitte um Wiederholung wurde zugesagt. Sein Name ist Lothar Disson und sein vorzugsweises Fach die Landschaft; doch soll er auch sehr glücklich porträtieren.

3. Kleinwinziger Zentunkel

29. April 1834

Ein Tagebuch ist eigentlich nur für den Führer desselben ansprechend, und ich müßte Dich schlecht lieben, mein Titus, wenn ich Dich erbarmungslos durch alle Tage meines Kalenders schleppte. Als wir an jenem Abende auf dem Rigi, mitten unter kalten Reisebeispielen von Engländern, beide zwar so arm wie Kirchenmäuse, aber toll und lustig genug, Abschiedsfeste feierten und in unsrer Lyrik erst unsre Namen tauschen wollten, dann aber dieses sogar zu dürftig fanden, sondern versprachen, unser ganzes künftiges Leben auszuwechseln, das heißt uns gegenseitige gewissenhafte Tagebücher zu senden, – als alles dies vorfiel, konnte es doch unmöglich so gemeint sein, daß ich Dir jeden kahlen Tag übermache, der mich in dieser Hauptstadt überfällt, welche Hauptstadt mir oft kleinstädtisch genug und abgeschabt vorkommt gegen die freie, gewaltige Residenzstadt der Natur, insonderheit, da mir Deine Pyrenäenreise ganze Prachteindrücke übersendet. Du bist wohl noch der alte Narr, und ein hiesiger Freund oder, besser gesagt, nur ein Bekannter, den ich unlängst erwarb, Anselm Ruffo, sagte, ich sei auch ein großer, aber unschädlicher, das heißt für andere, mir selber aber beständig im Lichte. Es kann sein, und wenn Du eine stichhaltige Beschreibung eines Narren auftreibst, so sende sie schleunigst; dann läßt sich die Sache eher entscheiden – bisher wußte ich keine. Bleibe fürerst nur der liebe, gute, treue und schönheitsbegeisterte Narr, als welchen ich Dich kenne, und ich will Dich einige millionenmal mehr lieben als die andern gescheiten Leute. Sende fleißig Pyrenäentage und zürne nicht, wenn Dir unser Lyoner Spediteur von mir ein Päckchen sendet, in denen nicht jeder Tag ein Gesicht zeigt – es hat eben nicht jeder eines.

Disson war während der Zeit wieder bei mir, und wir gefielen uns so, daß wir nicht nur volle drei Stunden verplauderten, sondern auf den ersten Mai, falls es meine Gesundheit zuläßt, einen Spaziergang von einem ganzen Tag verabredeten.

Ich habe richtig jenes Mädchen in der Annenkirche wieder gesehen; sie geht täglich um zehn Uhr dahin in Begleitung einer alten Frau, die ich für ihre Mutter halte. Du würdest Dich wundern; ganz eigen ist der ruhige, große, fromme Blick der blauen Augen.

Sie wäre, wie ich anfangs scherzte, in der Tat ein antikes Modell. Als ich sie der Gasse entlang schreiten sah und ihr nachblickte, dachte ich: So müßte ein altgriechisches Marmorbild ausgesehen haben, das wandeln könnte und Augen gehabt hätte. Da kamen mir allerlei Spintisierungen über sie: Ich möchte sie einmal beten sehen; aber nicht in der Kirche, wo sie die Augen mit den Wimpern kalt verhüllt, sondern wenn sie in ihrem Zimmer einsam Gott dankt oder um Abwendung eines entsetzlichen Wehes bittet; oder ich möchte sie in Liebesfreude schwärmen sehen oder im Schmerze das Auge aufschlagen – oder tanzen – oder eine Gebirgspartie machen – lachen – ihren Vogel kosen – eine kleine Schwester belehren; oder wenn sie Tee bietet; wenn ihr etwas sehr komisch erscheint – und so weiter – und so weiter.

Aston will Bilder aus Wiens Umgebungen von mir und findet sie immer sehr schön, wenn ich ihm auch noch so sehr (nach meiner alten Untugend, wie Du sie nennst) die Fehler darin aufdecke – – aber siehe, Titus, ich muß es ja tun, sonst meinen fürwahr die Leute, ich sehe die Fehler nicht ein und wolle mich nicht bessern – – also er findet die Bilder immer schön, und wir sind in voller Arbeit – ich mit Malen und er mit Anordnungen, die ich immer nicht befolge. Im August wird eine Alpenreise gemacht, und vielleicht berede ich Lothar auch dazu, wenn nämlich der Verlauf der Bekanntschaft mit ihm so glücklich fortgeht, wie der Anfang ist. Wir wollen den Großglockner besteigen.

Zum Schlusse noch eins: Du hast dreißig Dukaten angewiesen; ich habe sie erhalten. Es hat sich hierbei die Lächerlichkeit ereignet, daß mein Kontingent, nämlich die Hälfte meiner diesmonatlichen Einkünfte, welche Dir gebührt, gerade ebensoviel beträgt. Laß uns also in Zukunft lieber Gegenrechnungen machen und bloß die Überschüsse senden. Ich glaube, wir erfüllen so unsern Bruder- und Teilungsvertrag auch und mit weniger Umständen.

Lebe wohl und bleib mein treues Bruderherz.

Das heutige Tagebuchblatt ist nur dieser Brief an Dich; aber ich dachte auch nichts als Dich. Lebe wohl!

4. Glockenblume

3. Mai 1834

Ich hasse eigentlich keinen Menschen auf Gottes ganzer grüner Erde – aber da ist ein junger Mann, der mir nachgerade zuwider wird, wie die ärgste meiner Sünden. Er ist ein Begegner, deren fast jeder einen hat, so wie ich ihn; ob aber der andern ihre auch so emsig und unermüdlich sind, daran zweifle ich. Gehe ich in den Prater, so sitzt er auf einer Bank, fliege ich von da ins Belveder, so geht er schon am Rennwege herein. Wenn Dir etwa in den Pyrenäen ein langer Herr vorfällt, der kein Halstuch umhat und schlechthin den Mylord spielt, der ist es und kein anderer. Es ist mir, als suche er mich ordentlich. Entweder ist er der Ewige Jude oder jener Reisende, dessen Name überall steht, oder, weil dieser gestorben sein soll, sein Geist. Es wäre das vernünftigste, wir grüßten uns gegenseitig höflich.

Ich hätte mich weniger über ihn aufgehalten – aber am ersten Mai, da ich mit Lothar von Dornbach den so schönen Weg nach Haimbach machte und eben dort ankam, war er auch da, jedoch zum Glücke gerade im Begriffe, in den Wagen zu steigen zu einer Dame, die schon darinnen saß und – stelle Dir vor – mein Griechenbild aus der St.-Annenkirche war. Es saß noch die alte, schöne Frau bei ihr, ihre gewöhnliche Begleiterin, und dann eine junge, schlanke Gestalt, die aber einen ganzen Wolkenbruch von

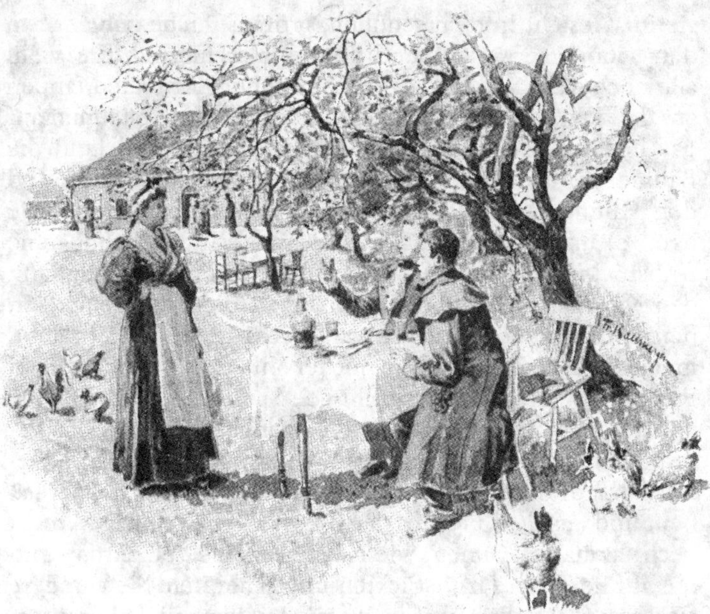

Schleiern über dem Gesichte hatte. Wie kommt er nun zu dieser?

Daß wir alle Wirtsleute fragten, wer die Abfahrenden wären, war sehr natürlich; daß es aber niemand wußte, ärgerlich.

Wir blieben fast den ganzen Nachmittag in dem lieblichen Tale, und als ich, wie zur Spielerei, die Wirtsfrau, ein mitteljähriges, gutmütiges Gesicht, in meine Mappe zeichnete, so lächelte sie unbeholfen verschämt und meinte, wenn ich und der andere Herr in unsere Bücher da Gesichter und Leute abmalten, so hätten wir um zwei Stunden früher kommen sollen, als noch die zwei jungen Fräulein da waren, die wären der Mühe wert gewesen; denn von allen Stadtjungfern sei noch keine so schöne da gewesen, wie Milch und Blut und so freundlich wie zwei Engel – auch der junge Herr sei sanft und stille, wie die andern alle nicht, die aus der Stadt kommen (außer uns beiden, die wir auch recht gutherzig aussähen), und die alte Frau habe so viele Freude über die jungen Leute, daß sie immer lächle. Die gute Wirtsfrau wurde zutraulich und freute sich, daß sie ihr Gesicht in dem schönen, großen Buche habe neben den schönen Fräulein und vornehmen Herren, die wohl alle noch darin wären – dabei sah sie neugierig die Mappen an, daß ich sie ihr endlich aufschlug und ihr Erstaunen auf das höchste trieb, als sie ihr eigenes Haus fand, und die Bäume um dasselbe in netten Farben und die Berge und den Himmel mit leibhaftigen Lämmerwolken (wie sie sie nannte) und noch dazu Leute, die unter dem Apfelbaume frühstückten – dann auf andern Blättern ihren Hund, dann den Knecht mit dem Schimmel, den blinden Zitherspieler, den Bach mit dem Stege usw. Das hätte sie nie geglaubt, meinte sie; denn in diese Bücher mit dem schneeweißen Papiere paßten eher die prächtigen Stadthäuser und schöne Spaziergänger und Reiter und Wagenzüge. Schade, da wären noch leere Blätter genug, und auf einem würde die Gesellschaft dieser schönen Fräulein recht gut Platz gehabt haben, und aus dem Fenster der Gaststube hätten wir es recht leicht abmalen können, wie sie an dem weißen Tische mitten auf der Wiese frühstückten und scherzten. Sie wundere sich nur, daß heute, als am ersten Mai, jemand da herausgekommen sei, da ja alles bei dem Frühlingsfeste im Prater sein werde. Wir lachten und sagten, daß es uns selber hinreichend freuen würde, wenn wir die zwei Engel konterfeien könnten. „Wer weiß es“, versetzte die Wirtin, „Berg und Tal kommen nicht zusammen, aber die Menschen.“

„Jawohl“, lachte Lothar, „wir wollen sogar zuversichtlich hoffen, daß gerade diese zwei Engel, welche am ersten Mai anno domini 1834 in Haimbach frühstückten, dereinst noch unsere Frauen werden und wieder eines schönen Tages in unsrer Gesellschaft frühstücken werden. Was meinen S' dazu, Herr Kollege?“

„Topp“, rief ich, „aber mir muß die Unverschleierte bleiben.“

„Die andere ist noch schöner“, rief die Wirtin.

Ich meinte, das sei nicht möglich und halte mich an das Gewisse.

„Gut“, sagte Lothar, „von heute binnen drei Jahren, Frau Wirtin, rüsten Sie ein wackeres Frühstück und Mittagsmahl; denn wir werden den ganzen Tag mit den zwei Engeln, unsern lieben, rechtschaffenen Ehefrauen, in Haimbach zubringen. Ich nehme in Gottes Namen die Verschleierte, da ich keine von beiden von Angesicht kenne und mich ganz auf den Geschmack unserer Frau Wirtin verlasse."

„Und ich dagegen", fiel ich ein, „will diese besagte Frau Wirtin zum Andenken an diesen Tag recht sauber auf schneeweißes Papier malen und in einem schmucken Goldrahmen mitbringen."

Ei, das wäre für sie alte Frau viel zuviel Ehre, vermeinte sie, und übrigens könnte ich so etwas leicht versprechen, ohne deswegen mein Farbenzeug aufmachen zu dürfen, da zwei solche lustige Herren gewiß ohnedies schon jeder eine Fräulein Liebste in der Stadt haben würden, die schon unter den schönen Gesichtern des Buches sein werde.

Wir sahen uns beide an und lachten: denn wahrhaftig, keiner hatte nicht im geringsten ein derlei Wesen aufzuweisen. – Übrigens fingen wir zwei dann selber an, die Sache weiter auszumalen, und dichteten den zwei Huldinnen eine unaussprechliche Sehnsucht nach uns an, stießen die Gläser an, ließen sie hochleben und entwarfen Pläne, ihnen den Ehestand zu versüßen.

Nach Tische wurde gezeichnet.

Spät erst, als schon das Abendrot an allen Bergen hing und im jungen Buchengrün von Laub zu Laub neben uns hüpfte, gingen wir selig durch die Loudonischen Anlagen nach Hadersdorf,[5] wo wir übernachteten, weil wir am andern Tage Tiergartenpartien malen wollten, wozu uns Lothar die Erlaubnis ausgewirkt hatte. Noch beim Einschlafen neckten wir uns mit den Vorzügen unserer neuen Liebchen ein gut Stück in die Nacht hinein und spintisierten über den Engländer, der ein Anbeter zu sein drohe.

Wir schliefen fest, und zeichneten am zweiten Mai tüchtig darauf los, und rückten meilenweit in gegenseitige Bekanntschaft und Freundschaft hinein.

Ich hätte die Sache gar nicht erwähnt und sie gewiß heute schon vergessen, wenn ich sie eben vergessen hätte. Aber in meiner närrischen Phantasie nimmt die Holde ordentlich eine rührende Miene an, bloß weil wir so lange von ihr geredet haben, weil ich sie Dir gar beschrieben und weil sie lustiger Weise nicht ein Sterbenswörtchen davon weiß. Aber in der Tat, so ist unsre Einbildung, und meine erst vollends: Wenn wir einen Menschen in nahen Verhältnissen mit uns dichten, so wird er uns fast lieb, besonders wenn er ein schönes Mädchen ist und wir eben fünfundzwanzig Jahre alt werden. Ich gehöre da zu den Narren, die so sehr aus dem Häuschen sind, daß sie am Ende die Sache auch gar noch *glauben.* Neulich zum Beispiel geschah es, daß ich einem armen Teufel durch mäßiges Lob zu einer Bedienstung helfen sollte – anfangs lobte ich auch gewissenhaft und empfahl ordentlich – aber endlich ging ich immer weiter, bis er ein gänzliches Genie war. Ich erstaunte in der Tat, wie ich so viel Talent und Kraft bisher so wenig beachtet haben konnte. Er bekam auch den Dienst und mich als Freund und Gönner dazu. Meiner einstigen Geliebten wird dieser Zug von mir zustatten kommen – aber da sehe ich schon, daß Du verstockt sein wirst und kaum die Hälfte glaubst, wenn ich sie Dir vormale – – aber siehe, Titus, glaube, was Du willst – – was kann denn am Ende der arme Mensch von einem andern Nebenmenschen abmalen, sich selbst vorstellen – lieben oder hassen – als das Bild, das er sich von ihm zu machen versteht, da das Ich des andern so wüstenweit von ihm getrennt ist, wie kaum Weltsysteme, die wir doch durch Gläser aus ihrem Himmel ziehen?

Lasse mich dem Gedanken nachhängen.

Seit der ersten Kindheit, wieviel tausend verschwimmende Gestalten von kleinen Gedanken, Ahnungen – dann halbgeborne Dichtungen, Träume, Ideen, Kleinode von Empfindungen mögen das lange Leben eines Menschen durchwandeln, ohne daß Kunde davon wird! – Man denke nur an das innere, namenlose Gewimmel des erwachenden Jünglings – an die langen träumenden, erinnernden, wortkargen Tage des einschlummernden Greises – an die Liebestage der schamvollen Jungfrau, an die innere, unausgesprochene Traumwelt phantasiereicher Weiber überhaupt, die durchgängig mehr mit Empfindungen handeln, ohne immer das Glöckchen derselben zur Hand zu haben, was wir hingegen häufiger können und tun. In dem reichsten wie ärmsten Menschen geht eine Bibliothek von Dichtungen zu Grabe, die nie erschienen sind – nur aus den drei Stanzen, die er herausgab, machen wir ein Urteil zusammen und sagen, seht, das ist der Dichter. Und glückselig der, der ein Ohr hat, auch nur die drei Stanzen recht zu hören und sich ein schönes Bild zu machen – so hat er dann eine schöne Welt: es gibt aber Leute, die aus den wenigen Farbenkörnern, die dem andern entspringen, nur Fratzen bilden – und diese bedaure ich – sie sagen freilich, sie kennen die Welt, aber es ist nicht wahr, sie bekennen nur wider Willen ihr kleines Innere und haben noch dazu eine Zerrwelt. – – Vor dem Hohlspiegel unsrer Sinne hängt nur das Luftbild einer Welt, die wahre hat Gott allein.

Titus! Dieser Gedanke hat mich ernst gemacht!! Als wir auf dem Rigi, umgeben von dem Abendglühen der Alpen, standen und Abschied nahmen, als mein Mund an Deinem brannte, als wir uns an die Brust drückten, daß wir meinten, sie müsse knirschen – was hatten wir voneinander, und wie nahe waren wir uns? –

Ein Sirius sandte zwei einsame Strahlen, und diese wurden auf einem andern Sirius gesehen – aber es waren zwei Weltkörper, und eine Wucht von Leben trugen sie ungekannt durch ihren öden Weltraum.

Oft und oft, wenn ich die ewigen Sterne sah, diese glänzenden Tropfen, von dem äußeren, großen Weltenozeane auf das innere, blaue Glöcklein hereingespritzt, das man über uns Infusionstierchen gedeckt hat, – wenn ich sie sah und mir auf ihnen dachte dieses Unmaß von Kräften und Wirkungen, die zu sehen und zu lieben ich hienieden ewig ausgeschlossen bin; so fühlte ich mich fürchterlich einsam auf der Insel „Erde" – – und sind denn nicht die Herzen ebenso einsam in der Insel „Körper"? Können sie einander mehr zusenden als manchen Strahl, der noch dazu nicht immer so freundlich funkelt als der von den schönen Sternen? Wie jene Herzen des Himmels durch ein einziges, ungeheures Band verbunden sind, durch die Schwerkraft, sollten auch die Herzen der Erde verbunden sein durch ein einziges, ungeheures Band – die Liebe – – aber sind sie es immer??

Noch sind Kriege, noch ist Reichtum und Armut.

Was hat denn der unergründliche Werkmeister vor mit

dem Goldkorne Mensch, das er an einen wüsten Felsen klebt, dem gegenüber der glänzende Sand einer endlosen Küste schimmert, der Saum eines unentdeckten Weltteils? und wenn dereinst ein Nachen hinüberträgt, wird da nicht etwa wieder eine neue, schönere Küste herüberschimmern? – –

Ich weiß nur das eine, Titus, daß ich alle Menschen, die eine Welle dieses Meeres an mein Herz trägt, für dies kurze Dasein lieben und schonen will, so sehr es nur ein Mensch vermag – ich muß es tun, daß nur etwas, etwas von dem Ungeheuren geschehe, wozu mich dieses Herz treibt. – Ich werde oft getäuscht sein, aber ich werde wieder Liebe geben, auch wenn ich nicht Liebe glaube – nicht aus Schwäche werde ich es tun, sondern aus Pflicht. Haß und Zank zu hegen oder zu erwidern ist Schwäche – sie übersehen und mit Liebe zurückzuzahlen ist Stärke. Es ist tief in der Nacht, lebe wohl, guter, geliebter Mensch.

5. Nachtviole

11. Mai 1834

Schon wieder muß ich die Nacht zu Hilfe nehmen, und wer weiß es, ob ich sie nicht verschreibe, bis die helle Morgendämmerung durch meine Fenster scheint; in dieser gehobenen Stimmung ist an keinen Schlaf zu denken. Und sollte ich töricht und lächerlich im höchsten Grade sein – Titus, Dir muß mein Herz offenliegen – aber es ist geschwellt, schwärmend und genugsam verrückt. Ich spielte und scherzte in Haimbach mit gewissen Wünschen und Verhältnissen, und der Himmel strafte mich mit einer verkehrten Gewährung. Höre nur. Ich weiß nicht, ob damals, als wir beide zugleich in Wien waren, in der Mitte des Paradiesgartens ein schwarzer erhabner Spiegel auf einem Untersatze angebracht war – den Garten kennst Du –, kurz, jetzt ist ein solcher Spiegel da, und ein Teil der Stadt, die grünen Bäume und der Rasenplatz vor derselben und der Ring der Vorstädte steht in niedlicher Kleinheit darinnen, durch die Schwärze des Spiegels in einer Art Dämmerungsdüster schwimmend. An diesem Spiegel stand, als mich heute mittags, wo fast gar keine Menschen in dem Garten sind, meine gewöhnliche Frühlingsspaziersucht vorbeiführte, ein Weib, durch ihren Bau, den ich nur von rückwärts sah, große Schönheit versprechend, und sah hinein. Ich blieb stehen und zeichnete mit den Augen die wirklich ausnehmend schöne Gestalt – deshalb war ich fest entschlossen, auch ihr Angesicht zu sehen. Ich stellte mich ruhig hinter sie, um ihr Weggehen zu erwarten; denn mich ihr gegenüber zu stellen, war ich nicht dreist genug.

Als sie immer und immer stehenblieb, malte ich im Gedanken die lächerliche Gruppe, die wir bildeten, und hierdurch kam mir der Mut, sie zum Umsehen zu zwingen, nämlich ich sagte plötzlich: „Eine wahre Unterweltbeleuchtung schwebt über diesem kleinen Nachbilde." Sie sah auch um – und ich prallte fast zurück. – – – Von meiner Kindheit an war immer etwas in mir, wie eine schwermütig schöne Dichtung, dunkel und halbbewußt, in Schönheitsträumen sich abmühend – oder soll ich es anders nennen, ein ungeborner Engel, ein unhebbarer Schatz, den selber die Musik nicht hob – – in diesem Augenblicke hatte ich das Ding zwei Spannen breit meinen Augen sichtbar gegenüber. –

War sie so unermeßlich schön?

Ich weiß es nicht, aber es war mir wie einem Menschen, der in dunkler Nacht wandert in vermeintlich unbekannter Gegend – auf einmal geschieht ein Blitz – und siehe, wunderbar vergoldet steht sein Vaterhaus und seine Kindesfluren vor den Augen.

Ein Blick von mir war es, ein einziger, ein heftiger, der die ganze Dichtung dieses Angesichts in sich schlingen wollte – dann schnell ein zweiter und dritter. Sie sah mich ernst und unverwirrt an und ließ dann einen dichten Schleier herabfallen. In mein Angesicht flog die brennende Röte der Scham, daß ich ihr aufgelauert hatte.

Ob ich in sie verliebt wurde? – Nein, in diese war ich es seit meinem ganzen Leben schon gewesen.

Sie ging langsam, wie eine stolze Südländerin – wie jene Zenobia[6], die Königin der Wüstenstadt – zu einer Gruppe Herren und Frauen und mischte sich unter sie – und ich auf einmal unendlich verarmt schritt aus dem Garten, und als ich die Steintreppe in die düstre Stadtgasse hinabstieg, wallte mir das vorher erschrockene Herz erst recht auf, und es wurde mir, als sollt ich sie ohne Maß und ohne Grenzen lieben. Eine Ahnung solchen Gefühles vermag Beethoven zu geben, wenn er dir den schönsten unbekannten Demant aus deinem eigenen Herzen hebt und ihn dir glänzend und lichtersprühend vor die Augen hält. Ich ging noch sehr lange in den lärmenden Gassen und auf den Basteien herum und suchte erst, als schon alle Laternen brannten, meine Stube und trug das neuerworbene Bild mit hinein.

Diese ist es.

Alle, die mir sonst so sehr gefielen, selbst die aus der Annenkirche – sie sind gar nicht mehr. – –

Und nun erkläre mir ein Erdenmensch die Heftigkeit eines solchen Eindruckes. Es ist im Leben schon öfters dagewesen – auch zwischen Mann und Mann war es schon. Ich bin kein Kind, das sich überraschen läßt, ich bin kein Weichling, der sich Gefühle vorlügt – das Leben hat mich wacker durchgerüttelt – aber ihr Erscheinen in dem Kreis meiner Vorstellungen wirkte wie ein Riß in dieselben. Ist es ein Schönheitseindruck, den ich nur verkenne? – wie etwa alle Gemälde, Musiken, Dichtungen flach werden, sobald etwas Außerordentliches dieser Art an unser Herz tritt? Aber ich sah ja Raffaele, Guidos, Correggios[7] – sie waren wunderschön, aber anders. Ich sah ungewöhnlich schöne Weiber und fühlte etwas anderes. – Aber Schönheit war es ja nicht, was eben wirkte; denn ich erinnere mich keines Zuges ihres Angesichtes, selbst wenn ich alle Nerven des Gehirns martere; nur das eine, das ganze Bild liegt auf ihnen, wie eingebrannt dem Spiegel meiner Augen, und wenn ich sie beide schließe, so sehe ich es noch immer vor mir schweben. Ich kann nicht sagen, daß ich sie liebe; denn man liebt ja nur, was man kennt – und doch ist's, als wäre sie vor ungezählten Jahren in einem andern Sterne meine Gattin gewesen.

Sind das Wechselseitigkeiten der Geister, sind es Seelenwahlverwandtschaften? Ist es gänzliche Narrheit?

O Titus, Titus! da gehe ich in meinem Zimmer auf und ab, draußen am Himmel liegt eine schwere, warme Wolkennacht, ganz ruhig, ganz ruhig – – und ich herinnen bin ein heftiger, schwärmerische Tor und trage mich selber in ein immer heißeres Gefühl hinein.

Ich mag nur Astons versprochene Angela gar nicht einmal sehen und werde auch gar nicht hingehen – mir ekelt vor den sogenannten Schönheiten. Warum ich mich um sie gar nicht weiter erkundigte? – ich weiß es nicht – aber es schien mir so unwesentlich und nicht zu meiner Empfindung gehörig, daß ich auf den Gedanken nicht verfiel, und jetzt mache ich mir doch Vorwürfe, daß ich es nicht tat. Du wirst wohl lächeln, daß ich wieder einmal außer mir bin; aber siehe, es ist herrlich um ein schwärmendes, hochwallendes Herz – es sind das Augenblicke, in denen wir uns ohne Vorwurf lieben dürfen – auch die Nacht stimmt zu der Feier. Ich habe den Schreibtisch an das Fenster gerückt und dasselbe geöffnet, und sternenlos schaut sie zu mir herein; aber selbst so ist sie großartig, besonders wenn, wie eben, am Himmel geheime Rüstung ist. Es schlägt zwölf Uhr, kein Lüftchen geht, die Lenznacht wird immer stiller und wärmer, immer seltner kommt ans Ohr das schwache Rollen verspäteter Wagen aus mancher träumenden Gasse, und am Rande des Gesichtskreises lechzen die Erstlingsblitze, wie flüchtige Küsse der Mitternacht.

Ich war ans Fenster getreten.

Du große, weite, dämmervolle Stadt unter mir, ruhe wohl – auch *ihr* Herz, ein lebender, klopfender, fühlender Punkt unter den andern tausenden, pocht schlummernd in einem deiner Häuser. Über all die Dome und Paläste und Türme breitet sich stumm und elektrisch der Gewitterhimmel und brütet Fruchtbarkeit. In den Wohnungen der Menschen gehen die Träume aus und ein, und die Nacht fördert ihr Werk. Erst hatte sie über alle Dächer sanft das große Tuch des Schlummers ausgebreitet, und als sie alles zur Ruhe gebracht und das Schweigen kam, dann löste sie hoch über den Lagern der begrabenen Menschen von ihrer erhabenen Trauerfahne sachte eine Falte nach der andern und ließ dieselbe endlich schwer und breit vom Himmel niederhängen.

Ich sah noch lange zum Fenster hinaus, und es ergriff mich, daß nun nicht ein Laut ertönte in diesem Vulkane menschlichen Treibens – selbst die Luft stand unbeweglich

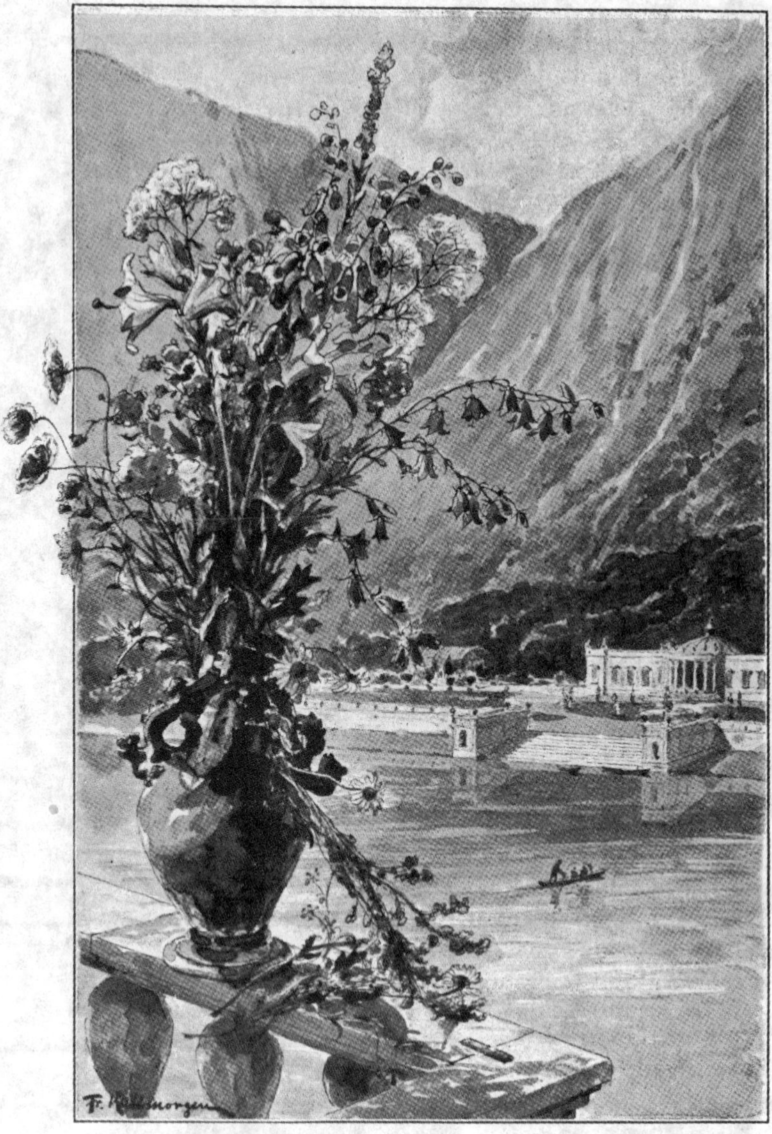

still. Endlich schlug es ein Uhr morgens, und es war, als hätte dieser eine Klang die hängende Lawine gelöst; denn gleich nach dem Glockenschlage wallte schlaftrunken durch den ganzen Himmelsschleier das erste tiefe, schwache Donnern, wie ein Traumreden der schlummernden Frühlingsnacht.

So ruhet wohl, alle Menschenherzen – und auch Du, unbekanntes Herz in Deinem schönen Busen, schlummre wohl – und auch Du, des fernen lieben Reisenden, schlummre wohl!

6. Wiesenbocksbart

12. Mai 1834

Die Nacht ist vorübergegangen und hat mancherlei geändert. Vom Himmel hat sie die Perlen der Fruchtbarkeit herabgeschüttet und ihn gänzlich rein gefegt, daß er mit dem klaren, frühen Morgengelb zu mir hereinsieht – die Schornsteine und nassen Dächer schneiden sich scharf gegen ihn, und die kühle Luft regt die Nachbarzweige und strömt zu meinem offengebliebenen Fenster herein. – Ich schreibe noch im Bette.

Was ist es nun mit dem Menschen, wenn er heute dieser ist und morgen jener? Auch mein Herz, wie der Himmel, ist frisch und kühl und sucht sich auf gestern zu besinnen. Was ist's nun weiter?

Hat die Flasche Rüdesheimer, die ich gestern zu meinen Nachteinbildungen getrunken, die Seele so voll Sehnsucht angeschwellt – und ist sie heute leer, so wie die Flasche, die dort so wesenlos auf dem Tische steht, daß das Morgenlicht hindurchscheint?

Was ist's nun weiter?

Ein prachtvoller Blitz, eine schöne Rakete, eine ausbrennende Abendröte, ein verhallendes Jauchzen, eine gehörte Harmonie, ein ausschwingendes Pendel – – – und wer weiß, was es noch alles ist.

Mein Herz ist kraftvoll und jede Fiber daran gesund – und Du darfst schon heute auf Scherze rechnen, lieber Titus; denn wenn auch die zauberische Armida noch im Spiegel meines Innern schwebt, so ist derselbe doch ein fester, blanker Stahlspiegel, nicht das weiche Ding von gestern. Vorderhand bleibt sie als Studie, als neue Kunstblüte da, als schönes Bild im Odeon, wo die andern stehen. Heute muß noch versucht werden, ob ich den Eindruck nicht in Farben herstellen kann, um mir seine reine Schönheit in alle Zukunft hinüberzuretten.

Da fällt mir nun ein närrischer Gedanke ein. Außerordentlich schwärmerische Menschen, Genies und Narren sollten gar nicht heiraten, aber die erste Liebe äußerst heiß, just bis zum ersten Kusse treiben – und dann auf und davon gehen. Warte mit dem Zorne, die Gründe kommen. Der Narr nämlich und das Genie, und der besagte schwärmerische Mensch tragen so ein Himmelsbild der Geliebten für alle künftigen Zeiten davon, und es wird immer himmlischer, je länger es der Phantasie vermählt ist; denn bei dieser ist es unglaublich gut aufgehoben; die Unglückliche aber, der er so entflieht, ist eben auch nicht unglücklich, denn solche herrliche Menschen, wie der Flüchtling, werden meist spottschlechte Ehegemahle, weil sie über vierzig Jahre immer den ersten Kuß und die erste Liebe von ihrer Frau verlangen und die dazugehörige Glut und Schwärmerei – und weil er ihr nicht durch die Flucht so zuwider wird, wie er es als Ehemann mit seinen Launen und Überschwenglichkeiten würde, sondern sie sieht auch durch alle Zukunft in ihm den liebenswürdigen, schönen, geistvollen, starken, göttergleichen Mann, der sie gewiß höchst beseligt hätte, wenn er nur nicht früher fortgegangen wäre. Und ist eine solche Phantasie-Ehe nicht besser und beglückender, als wenn sie beide im Schweiße des Angesichts an dem Joche der Ehe tragen und den verhaßten Wechselbalg der erloschenen Liebe langsam und ärgerlich dem Grabe hätten entgegenschleifen müssen. – Bei Gott, Titus, da ich auch so ein Stück eines Phantasten bin, so wäre ich imstande, wenn ich die Unbekannte je fände, mich immer tiefer hineinzuflammen, und wenn dann einmal eine Stunde vom Himmel fällt, wo ihr Herz und mein Herz entzündet, selig ineinander überstürmen – – – dann sag ich ihr: „Nun drücken wir auf diese Herrlichkeit noch das Siegel des Trennungsschmerzes, daß sie vollendet werde, und sehen uns ewig nicht mehr – sonst wird dieser Augenblick durch die folgende Alltäglichkeit abgenützt, und wir fragen einst unser Herz vergeblich nach ihm; denn auch in der Erinnerung ist er verfälscht und abgesiecht." So spräche ich; denn mir graut es, sollte ich auch einmal die Zahl jener Gestalten von Eheleuten vermehren, wie ich viele kenne, die mit ausgeleerten Herzen bloß nebeneinander leben, bis eines stirbt und das andere ihm ein schönes Leichenbegängnis veranstaltet. Himmel! lieber eine echte unglückliche Ehe als solch ein Zwitterding.

Alle Millionen Jungfrauen Europas habe ich hier zu Gegnerinnen, weil sie meinen, alle künftigen Himmelreiche würden ja durch einen solchen Entschluß freiwillig beiseite gestellt und diese müßten gerade jetzt erst recht angehen, da die Aufschrift an dem Tore schon so schön gewesen sei – aber das Prachttor führt nur zu oft in einen artigen Garten, der sich in Steppen verflacht oder leider oft in einem Sumpf vergeht.

Groß müssen zwei Herzen sein, die, dem leise nagenden Zahn der Alltäglichkeit nicht untertan, sich in ein reiches Leben schauen lassen, wo die Grazie täglich in einer andern Gestalt auf dem Throne sitzt; groß müssen sie sein und ohne Sünde. Dann dürfen sie getrost eingehen durch das Prachttor; für sie führt der Garten ins Unendliche.

Ein närrischer Gedanke heckt den andern aus. Ein solches Ehepaar – nein, zwei, drei, vier solche Ehepaare möchte ich an einem schönen See haben, zum Beispiel dem Traunsee, der so reizend aus schönem Hügellande ins Hochgebirge zieht. Dort baue ich zwei, drei Landhäuser fast altgriechisch einfach, mit Säulenreihen gegen den See, nur durch einen schönen Blumengarten von ihm getrennt. Aus dem Garten führen zehn breite Marmorstufen zu ihm hinunter, wo unter Hallen die Kähne angebunden sind, die zu Lustfahrten bereitstehen. Der Garten hat Glashäuser für die Tropengewächse – sie sind ganz aus Glas, mit eisernem Gerippe, nur äußerlich mit einem Drahtgitter gegen den Hagel überspannt. – Auch ganz gläserne Säle fehlen in ihm nicht, daß man wie in einer Laterne mitten in der Paradiesesaussicht schwebe. Von dem Garten wieder auf zehn Stufen steigt man zum Landhause, das den Eintretenden mit einer Säulenrundung empfängt. Diese Rundung ist durch Glas zu schließen, hat an der Hinterwand Sitze, und rings stehen dunkelblättrige Topfpflanzen, als da sind: Oleander, Kamelien, Orangen usw.

Zwischen diesen glänzen Marmorbilder. Zu den Seiten dieser Halle und über ihr sind die Zimmer, zu denen breite, sanfte, lichte Treppen mit Standbildern führen. Das ebene Dach ist ganz mit Blumen, Bäumchen und Sitzen bedeckt. Von ihm ragt der astronomische Saal empor. Auch ein paar Spiegelzimmer dürfen nicht fehlen – von dem Fußboden bis zur Decke Spiegelebenen, im Vieleck gestellt, mit veränderlichem Neigungswinkel, daß man im lustigen Humor die Aussicht durcheinanderwirren und stückweise zerwerfen kann. Der naturwissenschaftliche Saal ist hinten im Baumgarten. Am Hause rückwärts bilden zwei Flügel einen Hof mit – nicht Ställen, sondern – Zimmern für die Tiere, die fast ängstlich rein gehalten werden. Man hegt deren allerlei, und jede Gattung hat ihren geräumigen Spielplatz. Der Obst- und Gemüsegarten ist sehr groß und liefert durch gute Pflege genug und erlesenes Obst in die Winterbehältnisse. Park ist keiner, weil ohnehin einer da ist, den die Natur meilenweit umhergelegt hat mit Seen, Strömen, Alpenwässern, Matten, Felsen, Wäldern, Schneebergen usw. – nur mit kunstlosen Pfaden und Ruheplätzen wird nachgeholfen, aber nur äußerst vorsichtig, daß ja nichts verkleinlicht werde. Die einzelnen Landhäuser – denn die Ehepaare sind die besten Freunde – sind durch Säulengänge verbunden, in denen im Sommer die Orangensammlung steht.

In diesem Tuskulum nun wird gelebt und eine Schönheitswelt gebaut. Der Himmel segnete die Ansiedlung mit Weltgütern (sonst hätten sie die Landhäuser gar nicht erbauen können), und keiner der Männer ist an ein sogenanntes Geschäft gebunden, das ihm die allerschönsten Lebensjahre wegfrißt und das Herz ertötet, sondern jeder weiht seine Tätigkeit nur dem Allerschönsten und sucht, so viel an ihm ist, das Reich der Vernunft auf Erden zu gründen. Wissenschaft und Kunst werden gepflegt, und jede rohe Leidenschaft, die sich äußert, hat Verbannung aus dem Tuskulum zur Folge. Kurz, ein wahres Götterleben beginnt in dieser großartigen Natur unter lauter großen, sanften Menschen. Auch für ihre etwa kommenden Kinder ist mir nicht bange; sie werden schon recht erzogen werden.

Ich gehe hin und bitte die Eheleute um des Himmels willen, sie möchten mich bei sich leben, malen und dichten lassen, als Kebsmann des Bildes meiner getrennten Zenobia, die ihrerseits wieder anderswo mit meinem Bilde in geistiger Ehe lebt.

Du siehst schon daraus, Titus, daß ich sehr bald überschnappe. Aber der Gedanke von den Landhäusern ist nicht neu – nur die trefflichen Ehepaare habe ich erst jetzt dorthin versetzt. Die Landhäuser sind schon seit 1830 fertig, das heißt, ich suchte den Platz dazu aus, als ich im besagten Jahre den Juli, August und September an den Ufern dieses Sees zubrachte. Ich lebte damals abwechselnd fast an allen Punkten seiner Umgebung und oft ganze Tage auf ihm selber. Ja, ich muß nur meine ganze Schwäche eingestehen – ich malte das Traunkirchner Ufer dazumal und die fertigen Häuser bereits hinein. Sie stehen der Landschaft trefflich zu Gesichte. Vom Traunsteiner Ufer gesehen, sind sie weißglänzende Punkte; aber dem Näherschiffenden wachsen liebliche Säulen aus dem Wasser und flattern umgekehrt, wie leichtfertige Bänder, in dem schwanken Spiegel. Es sind ihrer mehrere gezeichnet worden, und ein Billionär, der sie etwa auf das großartigste ausführen wollte, kann täglich bei mir die Plane und Gemälde einsehen; ja ich wäre erbötig, dem Manne noch mehrere, die bis jetzt nur in meinem Kopfe sind, auf schönes Bristolpapier zu werfen. – – –

Nun, Freund, da ich ausgeschwärmt, stehe ich Deiner letzten Frage und Klage Rede, daß ich nämlich immer in Phantasien und Späßen herumjage und in meinem Tagebuche nichts von meinen persönlichen Verhältnissen anmerke. – Liebster, ich habe aber gar keine persönlichen Verhältnisse. Meine Seele bin ich, das heißt eben jenes spaßige, phantasierende Ding, das nebenher oft wieder gerührter ist, als kluge Leute leiden können. Willst Du aber auch von der Fassung dieses Dinges etwas wissen, so horche nur: Vier Treppen hoch liegt eine Stube – Schreib-, Wohn-, Schlaf- und Kunstgemach – lächerlich sieht es drinnen aus! Dichter, Geschichtschreiber, Philosophen, auch Mathematiker und Naturforscher liegen broschiert auf dem ungeheuren Schreibtische – dann Rechentafeln – Griffel, Federn, Messer, ein Kinderballen, mein kleiner Hund braucht ihn zum Spielen – ein Fidibusbecher, Handschriften, Tintenkleckse – – – daneben zwei bis drei Staffeleien in voller Rüstung; an den Wänden Bilder, auf den Fenstern Blumen, und noch eigens eine Menge derselben auf einem Gestelle; dann eine Geige, die ich abends peinige, und rings Studien, Skizzen, Papiere, Folianten – Fuggers Ehrenspiegel des Erzhauses Österreich[8] mit Stichen – dann noch anderes, woraus dem Eintretenden sofort klar wird, daß hier gelehrt gelebt werde und ein Junggesellenstand sei, in welchem eine große Anzahl Gulden jahraus, jahrein nicht da ist, wo aber Künste und Wissenschaften blühen und an Gefühlen ein wahrer Überfluß herrscht. – Hier nun lebt Dein Freund und verlegt sich auf das Schöne. Er liest eine Menge Bücher, läuft spazieren – ja, der Unglückliche geht oft drei Tage spazieren und gelangt zum Schneeberge, was dann zur Folge hat, daß er wieder drei Tage zurückspazieren muß; aber er tut es gern und begeht da gerade die besten Pfingstfeste seines Herzens. Dann malt er fleißig an Vormittagen – dann wohnt er wieder einen Tag in einer Bilder- oder Büchersammlung – macht abends Besuche oder geht gar in eine Schenke, wo ein Kränzchen von Bekannten wacker plaudern und alle Wissenschaften handhaben – oder er nimmt sein Geräte zur Hand und sitzt wochenlang auf den Bergen um Wien herum und will dort die Natur abkonterfeien. Wenn sie einen oder den andern Helden im Theater aufführen, so sitzt der frohe Kauz schon viel zu früh darinnen – manches Konzert kann er kaum erwarten; in die Oper und in das Ballett geht er gar nicht, der Einseitige – und in diesem Augenblicke wird er häufig in der Gemäldeausstellung und im Paradiesgarten gesehen. In manchen Familien haben sie ihn lieb, und er geht oft hin; in andern können sie ihn nicht ganz gut leiden, und er geht auch hin, wenn er sie gleich durch verschrobene Begriffe ärgert. Nun, ich denke, hier hast Du persönliche Verhältnisse genug – aber da ich einmal im Zuge bin, so fahre ich fort. Bekannte habe ich eine Menge, worunter zwei fast

Freunde sind – Lothar und der drollige alte Engländer Aston. Er scheint mit mir einen Plan zu haben – er hat überhaupt für sein Leben gern Plane – ich weiß zwar nicht was für einen, aber daß ein solcher in voller Blüte steht, leuchtet wie ein Zeichenfeuer aus seinem ganzen Wesen. Kein Mensch auf Erden leitet und ordnet so gerne als er. „Ich bitte Euch flehentlich", sagt er, „lasset nur mich gewähren und verderbet nichts" – dafür, wenn man ihm die Sache überläßt, darf man aber auch rechnen, daß sie bis ins kleinste meisterhaft ist – nur darf es nichts Wichtiges sein; das verpfuscht er. Er überrascht auch gerne und hat seine Heimlichkeiten; nur weiß man sie immer, meist aus den Schildwachen, die er mit Angst um das Geheimnis stellt. Sein Herz ist wie Gold, und ich kenne mehrere Züge des anspruchlosesten Edelmutes von ihm. Im übrigen reitet er unterschiedliche Steckenpferde und tut seiner Kappe jährlich ein paar Schellen und sauberes Pelzwerk zu, was ihm wohl Du und ich am wenigsten verargen können, denen gewiß derlei Glocken und Streitrosse nicht ausbleiben werden. Und am Ende ist mir ein phantasiereicher Greis mit seinen paar zugehörigen Narrheiten lieber als jene erloschenen Menschen, die sich vorgestorben sind und ihren Körper wie das leere Fach der Seele hinfristen. Gegen mich ist er väterlich warm und will mein Glück machen, da er mich wirklich mehr liebt, als ich es verdiene; er traut mir nämlich des Guten nicht weniger als alles zu, was mich manchmal sehr beschämt; daher, wenn ihn andere Leute seiner Eigenheiten willen unleidlich finden oder lächerlich machen, liebe ich ihn dafür von ganzem Herzen – und kann stundenlang mit ihm spazierengehen und ihn gewähren lassen, wie er teils erzählt, teils Plane dartut, teils verworrene Stücke seiner Vergangenheit herbeischiebt und im naiven Fortplaudern – weil er sich vor mir gehen läßt – arglos eine wahre Rumpelkammer eines Herzens auftut, worin Plunder und Kleinodien liegen, die nur niemand geordnet hat, weil die einzige Hand, die es konnte und der er es mit geduldigster Liebe überlassen hätte, längst schon im Grabe liegt – die seiner Gattin, deren leise, schöne Schritte in der Plunderkammer oft deutlich sichtbar werden, wenn der Zufall das eine oder andere unnütze Tuch von ihnen abhebt. Diese meine Schonung seiner Eigentümlichkeit mag ihm oft halb klar vorschweben und eigentlich das Band zwischen uns sein; denn das Anerkennen seiner Trefflichkeit teile ich mit vielen seines Umgangs – jene Schonung mit wenigen. So gut ist er gegen mich, daß, wenn ich so schlecht wäre, seines Vermögens halber einer seiner zwei Mädchen Liebe vorzuheucheln und sie zu gewinnen, er freudig sein Ja dazu sagen würde. Ohnehin weiß Wien nicht anders, als daß ich in die bedeutend schöne und noch dazu geistreiche Lucie, die ältere seiner Töchter, verliebt sei und deshalb sein Haus besuche. Man macht mir artige Worte über meinen Geschmack und lobt hinter meinem Rücken meinen Berechnungsgeist und mein Unterhandeltalent, mit dem ich den Vater gewinne.

Sonderbar ist mir noch eines, was ich hier anmerken muß, daß ich mich nämlich schon seit einiger Zeit mit einem Netze von Heimlichkeiten umgeben fühle, dessen Fäden ich oft sichtbar vor mir zu haben wähne, und wenn ich danach greife, so ist nichts da. Gestalten von Bedeutung sind zuweilen in meinem Bereiche, wiederholen sich und verlieren sich. Wünsche, die ich nie ausgesprochen habe, finde ich oft in meinem Zimmer verwirklicht. Nachfragen werden gehalten, Bestellungen gemacht, von denen ich nicht weiß, für wen, und so andere Dinge, die ich fühle, aber für den Augenblick nicht darstellen kann.

Das Allerverkehrteste ist aber das, daß meine unbekannte Südländerin, die stolze Zenobia, nichts weniger als eine Südländerin ist, sondern die russische Fürstin Fodor. Sie reist bloß durch, und zwar aus Frankreich kommend, wo sie mit ihrem Gemahle das Grab ihrer Eltern besuchte, die dort vor vielen Jahren auf eine gewaltsame und geheimnisvolle Weise umgekommen sein sollen. Sie wird in einigen Tagen nach Petersburg abreisen, um die dortigen Gesellschaften zu verherrlichen, wo sie mit ihrem Gemahle das schönste Paar sein soll. Woher ich dies alles weiß? – – Ja, noch mehr – – während ich hier schreibe, liegt ihr äußerst gelungenes kleines Abbild neben dem Papiere auf dem Schreibtische. Niemand anders nämlich wurde mit dem Auftrage beglückt, sie lebensgroß zu malen, als Freund Lothar. Er malte sie in ihrer Wohnung und färbte sich heimlich das kleine Bildchen zusammen, als einen Schönheits-Diebstahl, und lief sogleich zu mir, um damit meine Paradiesgartenschönheit, von der ich ihm erzählte, auszustechen.

Wie staunte er, als ich ihm sagte, die sei es eben – und beide wunderten wir uns über den Zufall. Er verschaffte mir später sogar, daß ich das große Bild selbst sehen konnte, zu welchem Zwecke er ein Mädchen der Fürstin mit Geld und Liebesworten bestach. Die Arbeit war schön, und obwohl er sagte, daß sie nicht von weitem an das Urbild reiche, so wiederholte sich doch an mir fast dieselbe Wirkung wie damals vor jenem erhabnen Spiegel. Er ergötzte sich herzlich an meinem elektrischen Funkeln, teilte es aber nicht im mindesten, obwohl er zugab, daß diese Arbeit die schönste Belohnung seines Pinsels sei, die er je zu hoffen habe, und er wolle nun recht geduldig viele der häßlichsten Gesichter nachbilden. Er schenkte mir das kleine Gemälde, und ich bewahre es als Denkmal der sonderbarsten Wirkungen unserer Phantasie auf; denn die Fürstin soll hart und kalt sein und von dem echtesten Ahnenstolze besessen – ich aber hatte alle Weichheit und Güte der schönsten Seele in die Züge dieses Bildes getragen. – Wenn sie längst in ihrem Norden ist, dann nehme ich erst das Bild recht her und dichte ihm alles an, was mir nur immer beliebt – ich wüßte nicht, wer mir's wehren könnte! Gute Nacht, Titus!

7. Himmelblauer Enzian

3. Juni 1834

Seit dem zwölften Mai gab es gar nichts; aber das Ende dieses Monats war eigentümlich genug. Das Wetter hatte sich lange zusammengezogen, und Anzeichen und Wahrsagungen und Ahnungen und alles ging vorher; nun ist es da – ich bin verliebt, und, bei Gott! ich nehme mir vor, es ganz unmäßig zu sein und den Becher tüchtig rasch hineinzutrinken, in den sie uns das himmlisch süße Gift tun.

Höre mich – ich will Dir alles schreiben. Am letzten Mai

war ich bei Aston geladen und ging hin. Die Pastoralsymphonie wurde von lauter feurigen Verehrern des toten Meisters vortrefflich ausgeführt. Ich floh in sein Schreibstübchen, in das keine andere Beleuchtung floß als eine sanfte Dämmerung aus einem dritten Zimmer, in welchem vier dicht beieinander stehende Lampen aus matt geschliffenem Glase die Milch ihres Lichtes ergossen. An dieses ferne Zimmer erst stieß der Saal, wo die Musik und die Gesellschaft war; ich war also so gut wie allein. Auf dem weichen, weißen Samte dieses Lichtes nun wallte die Symphonie zu mir herein und brachte alle Idyllen und Kindheitsträume mit, und je mehr sie schwoll und rauschte, um so mehr zog sie gleichsam goldne Fäden um das Herz. Wie ist diese Musik rein und sittlich gegen den leichtfertigen Jubel unserer meisten Opern! Auf unbefleckten, weißen Taubenschwingen zieht sie siegreich in die Seele.

Ich wäre ohne weiteres mit ihrem Ende fortgegangen, wenn dies auf eine andere Weise möglich gewesen wäre als mitten durch alle Anwesende, deren Grüße, Fragen, Anreden, Gutenachtwünsche usw. mir unangenehm waren. Der letzte Ton war verhallt, und sogleich ging draußen ein Brausen an und ein Sesselrücken, und ein leidiges Tanzen begann. Im Lampenzimmer wurden gar Spieltische gestellt, und bis zu mir herein drangen die Streifenden. Sofort hob für mich die Langeweile an. Emma, die jüngere Tochter Astons, wollte, ich solle tanzen. Ich erwiderte, daß ich nicht starker Geist genug sei zu solchen Übergängen wie unser Jungfrauengeschlecht, das dicht an Beethoven das Tanzen nicht verachte. „Doch ist jemand aus dem Geschlechte so stark", sagte Emma lächelnd, „und sogar zwei sind es. Lucie und ihre altrömische Freundin, die Sie heute werden kennenlernen, der weibliche Cato von Utika[9] – oder von wo –, sie sind sogar in den Garten hinabgegangen. Übrigens", fügte sie bei, „mir hat die Symphonie sehr gut gefallen; aber jetzt gefallen mir sämtliche Tänzer auch, und ich kann mit meiner Empfindung nicht so breit tun wie mit einem steifseidenen Gewande und wie die andern, und so ade, Herr Aristoteles." Sie knickste ernsthaft und schwebte künstlich zwischen all den Klippen der Spieltische, wie ein leichtes Fahrzeug, hinaus in die wogende See des Tanzsaales.

Nach dem Garten hätte ich wohl auch ein Gelüste getragen, aber ich mußte es nun aufgeben, um die zwei Freundinnen nicht zu stören, die ihn wahrscheinlich für ganz unbesucht hielten. Ich trat daher, wie gewöhnlich, Reisen durch alle Zimmer und durch die Gruppen darin an, und als ich im Bedientenzimmer die Pulte und Reste der Symphonie, wie ein kahles Feuerwerksgerüste, antraf, hatte ich eine Art Schmerzempfindung, wie bei dem Anblicke eines abgebrannten Hauses. Auf dem Rückwege geriet ich zwischen die Wimpel und Fahnen mehrerer Putzhauben, die zusammenstaken und verleumdeten. „Beide", hörte ich sie sagen, „sind im Garten, und sie macht die Lucie noch zu derselben unnatürlichen Figur, wie sie selbsten ist. – Gott genade dem Manne, der eine solche verschrobene . . ." Mehr hörte und wollte ich nicht hören.

Arme Angela, dies ist nun seit einer kleinen halben Stunde schon die zweite harte Äußerung über dich, noch dazu an deinem Namenstage – so dachte ich und nahm mir vor, sobald sie heraufkäme, sie mir zeigen zu lassen und sie gerade recht mit Auszeichnung zu behandeln, namentlich auch, um die Putzhauben zu ärgern.

Ich trat wieder unter die Tanzenden; alles – die herumfliegenden Gestalten, die glühenden Wangen und strahlenden Augen der Mädchen, das Vergnügen der zusehenden Mütter, selbst die spielenden Herren –, alles nimmt nun in meiner Erinnerung eine rührende Gestalt an. Ich werde den Grund angeben. Als ich nämlich sattsam wie ein Irrstern unter diesen Wandelsternen herumgeschweift war, ließ ich mich endlich häuslich nieder vor einer Rheinweinflasche, die mir Aston immer aus Vorliebe gibt, und rief einen Bekannten herzu, der ebenfalls ein Fremdling in der Tanz- und Spielwelt war. Wir gerieten ins Plaudern, während der Tanz draußen schleifte und schwirrte und rauschte. Unser Tisch war gleichsam ein Landsitz außerhalb dieses Stadtgewühls; denn er stand im Schreibstübchen, das aber jetzt beleuchtet war. Im Zimmer daneben und im dritten, im Lampenzimmer, saßen hartnäckige Whistgesellen. Wir hatten bereits die zweite Flasche angebrochen und handelten den Virgil ab, die musikalischste Muse der Römer, als sich folgendes ergab. Mein Nachbar pries seine

Zartheit in der sinnlichen Malerei, in der er fast an die Griechen reiche, und sagte die Stelle als Beleg:

Tempus erat, quo prima quies mortalibus aegris
Incipit et . . . et . . .

Aber weder er noch ich wußten den schönen Vers zu Ende – da sprach unglaublich sanft eine weibliche Stimme hinter mir:

. . . et dono divum gratissima serpit.[10]

Ich sah neugierig um, und – lege den größten Maßstab an mein Erschrecken – dicht hinter meiner Stuhllehne an der Seite Luciens, von unserer Lampe scharf beleuchtet, schwebt das Gesicht aus dem Paradiesgarten – dasselbe edle, sanfte, unbeschreiblich schöne Angesicht in der ersten Blüte der Jugend, dieselben Augen, zwei Sonnenräder, nur darüber dämmernd die langen, feinen Wimpern, wie Mondesstrahlen. Ich war aufgesprungen und starrte sie töricht an, während sie mit tiefem Purpur übergossen wurde.

„So schlagen Sie mich überall aus dem Felde, schöne Feindin", sagte mein Nachbar, der auch aufgestanden war und sich artig lächelnd verbeugte, „auch im Virgil sind Sie mir überlegen."

„Hier führe ich Ihnen", sprach Lucie, „meine liebste Freundin auf, die längst versprochene Angela", und dann zu ihr gewendet, „dies ist der bescheidene Maler der Umgebungen Wiens."

Wir verbeugten uns gegenseitig.

Mein Nachbar sprach sogleich darein und benahm sich überhaupt wie ein Bekannter Angelas.

In diesem Augenblicke trat auch Aston herbei, und in seinem Angesichte war ein Weltmeer von Freude zu sehen über die gänzlich gelungene Überraschung, von der er alles und jedes auf seine Rechnung setzte, was an Ratlosigkeit in meinem Gesichte mußte sichtbar gewesen sein. Freilich konnte er den Grund meiner lächerlichen Verlegenheit nicht ahnen, die mich immer von neuem erfaßte, wenn ich sie ansah und die in mir herumringenden Gestalten in eine erträgliche Ordnung zu bringen versuchte. Diese also ist die verschrobene Angela, sie ist aber auch die Fürstin – und wer stand denn nun vor dem Hochspiegel – wer ist denn das lebensgroße Bild, wer das kleine Abbild? und Lothar sitzt höllischer Weise auf dem Hochschwab und malt dort Naturstudien und kann keinen Teufel aufklären – wenn er nicht gar selber im Komplotte steckt und sich zu guter Zeit auf und davon gemacht hat. Im ganzen goldnen Lamme wohnt ja die Fürstin, wenn sie nicht schon davongefahren ist; das weiß ja ganz Wien, und daß sie von dem jungen Maler außerordentlich getroffen wurde, erzählt auch ganz Wien – und daß ich das lebensgroße Bild selber im goldnen Lamme sah, schon im Rahmen, schon an den Boden der Reisekiste geschraubt, weiß ich mit Gottes Hilfe auch – und hier steht sie im einfachsten Kleide und lächelt mich an! – In meinem Zimmer – wenn es sich nicht unterdessen in eine Kohle verwandelt hat – liegt das kleine Bild, auf dem sie auch steht! – Dann die seltsame Lage hilft ihr auch noch, mich zum Narren zu machen, daß nämlich zweimal dasselbe ungewöhnlich schöne Angesicht allemal dicht vor meinen Augen in der Luft hing und zauberte, statt daß es ordentlich in der deutlichen Sehweite gesessen wäre zu verständiger Betrachtung und Anschauung. Und alle machten sie so unschuldige Gesichter, als wäre auf dem ganzen Erdboden kein trübes Wässerlein – oder gelang dem Aston dieses Mal eine meisterhafte Verwirrung? Wenn nur die Fürstin noch da ist, so warte ich morgen tausend Stunden vor dem goldnen Lamme, daß ich sie ausfahren sehe, und Lucie – denn das Teufelchen Emma sagt nichts – muß heute noch Rede und Antwort stehen. Eine solche Ähnlichkeit zwischen zwei wildfremden Menschen ist gar ganz unmöglich; das muß ich verstehen, der ich schon über hundert Angesichter malte.

So dachte ich ungefähr in dem Augenblicke, als ich vor ihr stand; was ich aber geredet habe, weiß ich nicht mehr. Ersprießlich muß es nicht gewesen sein; denn sie wurde sichtbar verwirrt und errötete wiederholt, und Lucie machte immer größere Augen.

Aston sprang uns allen, wie ein Engel des Himmels, bei, als er die Nachricht brachte, draußen stehe alles aufgedeckt und man warte schon auf uns zum Speisen.

Auf dem Wege ins Tafelzimmer nahm er mich am Arm, während die zwei schönen Mädchengestalten vor uns gingen, und flüsterte mir ins Ohr: „Hab ich Ihnen mit dieser das Konzept verrückt? – und sie wird Ihnen sogar zu einem Bilde sitzen, wenn es Lucien gelingt, sie vollends zu überreden; denn nur ihr, als Freundin, wolle sie ein Bild von sich als Andenken überlassen. Dann wird sie gleich lebensgroß gemacht; die Kleiderverhältnisse wählen Sie selber, und ich stehe Ihnen bei, und wenn wir sie überreden, daß sie Ihnen zu Ruhm und Glück dadurch verhelfen kann, so erlaubt sie auch, daß das Bild in die Ausstellung darf, und dann ist Ihr Ruf gegründet, Freund. Diese ist einmal ein Gegenstand, durch den sich ein Künstler Ehre gewinnen kann. Die ganze Männerschaft ist verloren, wenn sie das Bild anschaut, und verliebt sich bei dieser Gelegenheit auch in den Künstler, und die Weiber werden sofort alle von Ihnen gemalt sein wollen, weil sie meinen, sie würden dann auch so hübsch aussehen und so prachtvoll zwischen dem Goldrahmen sitzen. Wären Sie nur letzte Zeit nicht so halsstarrig gewesen – sie hat sogar einige Male nach Ihnen gefragt –, so hätten Sie sie schon längst sehen können; denn mein Plan war es schon vom Winter her, Ihnen mit ihr den Verstand zu zerrütten. Aber es ist nicht aller Tage Abend – ich könnte Ihnen noch allerlei Dinge sagen; aber gegebene Worte muß man halten – man muß sie halten."

Mittlerweile gelangten wir an den Tisch, und er setzte mich ihr gegenüber. Meine Ruhe war durch den Gang ziemlich hergestellt, und ich saß voll Gelassenheit zwischen zwei schönen angewiesenen Tischnachbarinnen nieder, um mein Gegenüber auch einmal mit Ordnung und Verstand zu betrachten und über selbes zu richten.

Aber gefährlich blieb es; denn selbst jetzt, in dieser Prosa des Anschauens – das Himmelsbild setzte gar eine Tasse mit Rindsuppe an den Mund – verspürte ich doch gleich beim ersten Blicke wieder etwas von jener Zauberei wie vor drei Wochen im Paradiesgarten. Ich sprach daher mit meiner Nachbarin rechts über das auserlesene Wetter; dann mit meiner Nachbarin links auch über das auserlesene Wetter – es ist aber auch wirklich auserlesen, wie es hier seit dem Jahre 1811 nicht gewesen ist, so sagen die Weinkenner; dann aß ich, reichte Teller herum, mischte mich in Gespräche und verlegte mich überhaupt auf die Unbefangenheit. Aston sah verschmitzt aus. Man sprach über die Symphonie und stritt. Ich mischte mich ein. Auf einmal, mitten in dem allgemeinen Brausen, tönte wieder die unglückselige, sanfte lateinische Stimme, aber diesmal deutsch. – Ohne Verzug lagen meine Augen drüben und begegneten einem großen, unschuldig schönen Blick voll Männerernstes. Sie fing eben an, den armen Ludwig gegen zwei ältliche Frauen zu verteidigen, die ihm Überspanntheit und Verworrenheit vorwarfen. Ein alter Herr mit schneeweißen Haaren – er hatte das Violoncell gespielt – stimmte ihr bei und ereiferte sich jugendlich für seinen Liebling, wofür ihn das schönste Augenpaar des Saales einigemal recht töchterlich lieb ansah. Der ewig alte Hader, in den man allezeit gerät, wenn man Beethoven spricht, ob *er* oder *Mozart* vorzuziehen sei, entstand auch hier und ward mit Hast verfochten. Alle Damen waren Mozartistinnen und ein großer Teil der Männer – Angela stand für Beethoven, unterstützt von dem greisen Violoncellisten und mir. Lucie mischte sich nicht ein; aber Emma sehr heftig für Mozart. Aber es war von beiden Seiten wenig zu gewinnen; denn gleich nach dem ersten Worte bemächtigte sich das mit starken Herren besetzte Südende des Tisches der Frage, und eine lärmende Kriegsfurie brach los. Sogleich schwieg Angela, und nur gleichsam sich entschuldigend und dankend wandte sie sich zu mir und sagte: „Ich bin nicht Kennerin genug, um anders als nach meinem Eindrucke zu urteilen; aber mich reißt es hin, wo, wie in der Natur, großartige Verschwendung ist. Mozart teilt mit freundlichem Angesichte unschätzbare Edelsteine aus und schenkt jedem etwas; Beethoven aber stürzt gleich einem Wolkenbruch von Juwelen über das Volk; dann hält es sich die Hände vor den Kopf, damit es nicht blutig geschlagen wird, und geht am Ende fort, ohne den kleinsten Diamanten erhascht zu haben."

Mir war das Urteil aus der Seele gesprochen; aber ich war eigentlich nicht imstande, etwas recht zu genießen, weil es in mir noch immer durcheinander ging und mir niemand gutstehen konnte, daß ich nicht jeden Augenblick mit der Frage herausfahre, ob sie denn ganz und gar und ohne weiteres die Fürstin Fodor sei, die mit ihrem Gemahle nach Rußland gehen werde, um dort die Leute zu bezaubern; aber dies ist ja unmöglich, denn sie ist Luciens Jugendfreundin, und ich werde sie diesen Sommer malen; aber dennoch ist sie mit jeder Linie und Färbung des Angesichtes mein kleines Abbild, das ich von Lothar erhalten hatte. Diese Doppelgängerei fing nun an, etwas Unheimliches zu gewinnen. Ich mußte sie mir hier und zugleich beim goldnen Lamme oder gar bereits in einer polnischen Herberge schlafend denken. Das beklagenswerte Essen nahm auch kein Ende, und da der Streit noch immer heftig währte, so konnte auch kein vernünftiges Wort aufkommen. Deshalb blieb mir nichts übrig, als daß ich sie mit Muße betrachtete.

Titus, sie ist wahrlich und wahrhaftig unbegreiflich schön, zumal im Profil; da zeichnet sich die schönste Linie in die Luft, welche das Weltall besitzt und die man versucht wird, sich nur *ein* Mal daseiend zu denken. Hinter ihr war an den Wänden dunkelsamtnes Gehänge, und bei jeder Wendung schnitt sich das hellbeleuchtete Angesicht aus rabenschwarzem Grunde. In unsern Zeichenbüchern ist diese Linie noch nicht; sie stammt aus der schönsten Zeit des alten Perikles – und wenn sie sich dann plötzlich zu dir wendet und die beiden Augen auf dich richtet, in denen etwas Treuherziges und Schwärmerisches ist, so wird das Bild wieder ein ganz neues, und aus der Antike springt eine romantische Shakespearesgestalt. Wenn unter dem eine törichte und verschrobene Seele voll Albernheit wohnt, wie Aston und jeder von ihr sagt, so ist es die schmerzlichste Ironie, und ich möchte dann den Apoll von Belvedere zertrümmern; denn was hat denn Schönheit dann für eine Bedeutung, als daß sie geradehin nur Grimm des Herzens aufrühren mag? Aber ich glaube es nun und in Ewigkeit nicht. Ich wollte nur, Du könntest sie sehen, mein Titus; eine Last dunkler Haare, daraus hervorleuchtend die weiße Stirn voll Sittlichkeit, adelig geschnitten von zwei feinen Bogen, und darunter die zwei ungewöhnlich großen, lavaschwarzen Augen, brennend und lodernd, aber mit jenem keuschen Madonnenblicke, den ich an feurigen Augen so sehr liebe, sittsam und ruhevoll – Du würdest wähnen, in dieser Klarheit müsse man bis auf den Grund der Seele blicken können – und wenn sie mit dem weichen, klugen Munde doch so blöde lächelt, so meint man Pallas Athene als Kind zu sehen.

Wie ich ihr so gegenübersaß, schwoll mir das Herz wehmütig an und sehnsuchtsweich, und ich hatte das Gefühl, hinter allem diesem berge sich vielleicht ein seltener Glanz, dem sich kein Mann nahen dürfe als nur mit dem schönsten Geistesschmucke; sie aber stehe unter der Menge wie eine Fremde, deren Sprache man nicht kennt. Jedenfalls muß ihre Erziehung von der gewöhnlichen abgewichen sein; denn in all ihrem Tun war ein gewisser Zuschnitt, der etwas Fremdes hatte. Dies gab ihr einen Schein von Unbeholfenheit oder Ziererei – besonders da sie, wie oft pedantische Gelehrte, zuweilen geradezu gegen alle gewöhnliche Art verstieß, wie es das seichteste Gänschen nicht gemacht hätte, während oft ein Schimmer hervorbrach, den freilich das Gänschen auch nicht machen konnte, ja, ihr verargte. Mir erschien sie dadurch noch reizender, wie jene Tropenblumen, die dem ersten Blicke des Nordländers fremdartig, ja lächerlich sind, dem öftern Beschauer aber immer dichterischer werden und die fernen Wunder ihres heißen Vaterlandes erzählen.

Champagner kam; denn von Astons Sitze schollen dessen Begrüßungsschüsse, und bald, da jene schlanksten aller Gläser rings gefüllt waren, tönte es: „Der Namenstag hoch!“ Sie stand auf und dankte; ein Knäuel von Gläsern drängte sich an ihres, um anzustoßen; sie stand mild, wie eine Märtyrerin, und ließ den Wirrwarr über sich ergehen. Manche kamen zwei-, dreimal, um anzustoßen, ich weiß nicht, ihretwegen oder wegen des Champagners. Endlich, wie alles in der Welt, nahm auch dieses Glockenspiel ein Ende, und sie setzte ihr Glas nieder, ohne einen Tropfen zu kosten.

Auch andere Sprüche brachen los; man stand schon teilweise an dem Tische – da kamen zwei schöne Arme von rückwärts um sie geschlungen und zogen sie küssend in eine Umarmung und in einen Glückwunsch – Lucie war es – auch Emma kam, und Rosa und Clara und Lina und wie sie alle heißen, auch die verleumdenden Putzhauben, und zogen sie in Wünsche hinein und von dem Tische hinweg.

Deinem armen Freunde war es nun, als hätte man alles Licht aus dem Saale fortgetragen, in welchem es bereits lustig und laut zu werden begann. Dichte Gruppen taten sich um die Flasche zusammen, und alle redeten wie die Apostel am Pfingstfeste, in lauter fremden Zungen, daß ein eitel Gebrause und Gesause wurde. Ein junger Mann mit dem richtigst gezeichneten Angesichte, was ich je sah, schritt auf mich mit seinem Glase zu, um anzustoßen. „Auf Ihr schönes Gegenüber", sagte er, „wir zwei allein stießen vorher mit ihr nicht an." Also hatte er es auch bemerkt – ich habe wohl gesehen, wie er nicht anstieß, vielleicht aus demselben Grunde wie ich, weil ich ihr nämlich nicht auch noch zur Last sein wollte.

Ein neues Tanzen jubelte draußen los, vom Champagner angezündet, und trieb seine hochgehenden Wogen herein in den trüben Schwemmteich von Reden, Streiten, Lachen, Scherzen, daß ein tosendes Meer um die Ohren kochte.

Ich stand auf, unendlich erleichtert, daß ich von dem Tische losgeschmiedet sei und dem sinnverwirrenden Klingen und Schleifen und Schweifen und Reden und Brausen entfliehen könne. Mein Weg führte durch das Tanzzimmer, und es kam mir vor, als seien der Paare noch einmal soviel geworden und als würden sie ohne Ende mehr, wie sie von einer tollen Galoppe herumgeschleudert wurden, immer schneller und schneller, weil einer, der auf dem armen Piano wie mit Keulen hämmerte, den Kreisel wie zur Lust immer bacchantischer drehte, vom Fieber angesteckt und alles ansteckend. Ich haschte mit den Augen nach Gesichtern, und wie die Mädchen vorüberjagten mit dem wilden Wangenfeuer, unschön, mit den hartroten Antlitzen, so fürchtete ich, auch ihres in dem Zustande zu sehen – aber es war nicht darunter. Ich war, wie allemal beim Anblicke solches Überschäumens bloßer Lustigkeit, traurig geworden und ging gerne weiter.

Im Lampenzimmer endlich, wo noch die Kartenruinen lagen, stand sie, aber eingewickelt in einen Ballen von Freundinnen und Feindinnen, die Glück wünschten, und von Männern, die den Hof machten. – So hat denn heute Aston, wie jener König im Evangelio, die Blinden und Lahmen und die ganze Wiener Stadt und den Erdkreis zu diesem Feste eingeladen, daß die Menschen kein Ende nehmen wollten!! Ich ging noch weiter in das nächste Zimmer, wo endlich bloß drei waren, die Langeweile hatten, und ich setzte mich dort in einem Winkel als vierter nieder.

Ich war unsäglich traurig und konnte mich der tiefsten Schwermut fast nicht erwehren. Ich sah durch die Türen in alle Zimmer zurück, die ich durchwandelt hatte, und lud meinen armen Augen die Last aller Bilder derselben auf: den fernen, schwarzen Grund der Männer im Tafelzimmer, undeutlich wogend und im Lichterrauche schwimmend – auf diesem Grunde gedreht, gewirbelt, gejagt der weiße Kranz der Galoppe, seinerseits wieder zerschnitten durch die stehenden Gestalten und Gruppen im nächsten Zimmer herwärts – durch die wieder manche ganz im Vordergrund wandelnde Gestalt bald eine schwarze, bald eine weiße Linie zog – und auf diesen Wust von Bildern und Farben, noch dazu wankend und wallend in einem betäubenden Lichterglanze, zeichnete sich ihre Gestalt, die einzig ruhige, wie in die wimmelnde, zitternde Luft eine liebliche, feste fata morgana.

Leider kam nun Aston zu mir herein, der mich suchte, und fing zu reden an. Er glänzte von Wein und Freude und unterhielt sich nach seinem Ausdrucke „köstlich". Er sagte, wenn er reden dürfte, so könnte er mir Dinge sagen, Dinge – aber es werde sich alles, alles aufklären, und da irgendein anderer Mensch, den er nicht nennen dürfe, schon einmal verrückt sei und das eigne Unglück wolle, so werde alle Welt sehen, daß sein Plan, Daniel Astons Plan, der beste war und von Alpha bis Omega in Erfüllung gehe. Was Angela betreffe, müsse er bemerken, daß es eben kein Wunder sei, wenn ich mich in sie verliebe; das taten schon sehr viele; aber ein großes wäre es, wenn sie sich in mich verliebte – das tat sie noch nie. Er traue mir zwar viel zu, was Weiberherzen gewinnen könne; aber sie sei auch nicht wie andere Weiber, sondern ihr Lehrer habe ihr allerlei Dinge beigebracht, die seltsam und ungewöhnlich seien – für eine gute Hausfrau tauge sie gar nicht, weil ihr alles und jedes Praktische fehle – jedoch sie wäre schon abzurichten, da sie in allen Narrheiten, wozu sie sich gelegentlich wende, mit der musterhaftesten Ordnung und mit größtem Erfolge vorgehe; nur seien leider das Dinge, die alle nichts nützen und gegen Herkommen und Brauch seien. „Unter uns gesagt: sie kann gar nicht einmal kochen. Aber verlieben Sie sich immerhin.“ Er wollte mich durchaus hinausführen, aber ich lehnte es entschieden ab und war froh, als er endlich von dannen ging. Mittlerweile entführte der Tanz eine Freundin nach der andern von Angela, und sie stand zuletzt nur noch mit einem Manne im Gespräche, demselben jungen, schönen Manne, der mit mir auf ihre Gesundheit angestoßen hatte. Auch Emma schwirrte einmal durch das Lampenzimmer in den Tanz, der unaufhörlich toller und toller hereintönte.

Da trat der Violoncellist zu mir und fing an, über Beethoven zu sprechen und über den guten Takt des schönen, fremden Fräuleins in Beurteilung des größten aller Tondichter.

Das schöne, fremde Fräulein hatte sich indes auf einen Diwan niedergesetzt, und der schöne, fremde Herr stand vor ihr.

Mein Nachbar zerlegte mitten im Klingen und Singen der Tanzmusik kunstgerecht die Pastoralsymphonie und zog mich doch zuletzt ins Interesse, weil er aus dem Tonstücke Erinnerungen zurückrief, die sich eben jetzt an mein gewitterschwüles Herz wie Engelsflügel legten, weil sie wie reine Lichtstrahlen abstanden von der roten Pechfackel der Tanzmusik, die eben draußen in jubilierender Sinneslust geschwungen wurde. Ich sprach endlich hingerissen einige heiße Worte über die Symphonie, und als meine Empfindung in der Stimme erkennbar geworden sein mußte, drückte mir mein begeisterter Nachbar, wie ein Kind gerührt, beide Hände, und mir kam das Haarsilber auf seinem schönen Greisenhaupte doppelt ehrwürdig vor.

Auch er schied endlich, und als ich aufblickte, war auch sie und ihr Gesellschafter fort, vielleicht gar zum Tanze; auch meine Genossen, die drei langweilenden Gesellen, waren verschwunden, und das Zimmer stand ganz leer; nur aus dem Spiegel gegenüber starrte mein eigenes Angesicht.

Da saß ich nun und wußte durchaus nicht, was in der nächsten Zeit zu tun sein werde.

Endlich ging ich wieder in das Tanzzimmer, ob ihr denn nicht auch das Tanzen anders lasse als den andern. Man führte jetzt eben Figuren aus, was ich viel lieber sehe als das leere Galoppjagen – aber sie war nicht bei den Figuren. Bei einer alten Frau saß sie und redete äußerst freundlich mit ihr.

Ich weiß es nicht, was mich denn so zauberisch bindet. In ihren Augen – in der Art, sie zu heben oder zu senken oder hinträumen zu lassen in dichterischer Ruhe – in dem Munde, wenn auf ihm das Licht des Lächelns aufgeht – selbst in der Hand, die eben jetzt wie ein weißes Apfelblütenblatt auf ihrem schwarzseidnen Kleide lag – – in allem, in allem ist ein Stück meines eignen Herzens, was mir hier nur unsäglich reizender und inniger zur Anschauung kam.

Ich ging wieder in das leere Zimmer zurück. Fraget mich nicht, warum ich denn eine so große, feierliche, unabweisbare Empfindung in mir zurücktrug – ich weiß es nicht. Unter allen, die da freudig hüpften und freudig zusahen, ist nur ein einzig Herz, *mein Herz* ist es, das bitterlich weinen möchte. Sie ist der unschuldige Gegenstand, daß eine Empfindung in mir emporschwoll, ungeheuer, riesig, wohl- und wehmütig, verwaist und einsam in dem Herzen liegend – mir war, als hätte ich bisher keinen Freund und keine Freundin gehabt!!

Endlich war der Tanz aus, und die erhitzten Paare fluteten herein.

Jetzt mußt ich Lucien sprechen. Sie trat auch zu mir, Angela und die hochatmende Emma am Arme führend.

Wie ganz anders sind die Worte, die man einer geliebten Gestalt in Gedanken sagt, als wenn sie dann vor uns tritt und das dumme Herz erschrocken zurücksinkt und eine Flachheit vorbringt.

Emma sagte, ich sei heute der unerträglichste Mensch; auch Lucie fand mich verstimmt. Ich entschuldigte mich, daß ich nicht tanze und also nichts zum allgemeinen Vergnügen beitragen könne. Angela sagte, daß sie mich schon lange aus meinen Bildern und aus den Beschreibungen kenne, die ihre zwei Freundinnen von mir machten, und es sei gar nicht schön von mir, daß ich ihr fast absichtlich auswich – ich errötete heftig und konnte es zu keiner Entschuldigung bringen. Indessen kamen wir zu einem Sitze; alle drei setzten sich, und ich blieb vor ihnen stehen.

„Jetzt müssen Sie aber sehr oft kommen“, sagte Lucie, „und unsere liebe Freundin kennenlernen; sie ist es wohl ein wenig wert.“ Hierbei sah sie dieser lieben Freundin zärtlich ins Antlitz und nahm ihre weiße Hand.

„Und er ist es auch erschrecklich wert“, entgegnete Emma, „denn er ist der liebenswürdigste Pedant, der je einem Mädchen Langeweile machte.“ Unverzüglich nahm sie auch meine Hand, ihre Schwester äffend, und legte alle vier Hände aufeinander, so daß meine auf Angelas kam, und denke Dir, Titus! dies war mir peinlich – ich zog sie fast unartig zurück. Angela zog ihre auch weg und legte sie wie dankend auf die Schulter Luciens und hob dabei, wie eine griechische Priesterin, das schöne Haupt.

Plötzlich, als sie meiner Phantasie das Bild einer antiken Priesterin bot, fiel mir ihr Latein ein, und ich griff hastig nach diesem Gesprächsanker, mit der Bemerkung, daß es wohl ein seltner Fall sein möge, daß ein Mädchen den Virgil in der Ursprache lese.

„In gar keiner sollte man den langweiligen Menschen lesen“, meinte die ewig dareinsprechende Emma.

„Als nur in der Ursprache“, entgegnete Angela, „weil selbst in der besten Übersetzung drei Vierteile verlorengehen und das vierte seelenlos bleibt.“ Dann, zu mir gewendet, fuhr sie wie entschuldigend fort: „Ich kann aber auch sehr wenig; mein gütiger Lehrer erzählte mir eine so schöne Geschichte von den Taten der alten Heiden, daß ich ihn bat, mich auch ihre Sprache zu lehren, ihre *Seele,* wie er sagte. Er tat es, und ich lernte auf diese Weise ein weniges.“

„Also können Sie auch Griechisch?“ platzte ich heraus, sie mit offenen Augen anstarrend.

Jungfräulich errötend und fast erschrocken durch meine Hast, sagte sie verwundert „Ja“ und sah mich verlegen an.

Emma, die einen Instinkt hat, zu rechter Zeit drollig zu sein, sagte: „Sie lernt noch die Taktik, wenn Sie ihr einen Meister auftreiben.“

„Warum nicht?“ entgegnete Angela, „wenn man nicht so traurig werden müßte, daß es unter vernünftigen Geschöpfen noch eine solche Wissenschaft geben kann.“ – – „Habe ich etwas Unschickliches gesagt?“ fragte sie plötzlich Lucien, wahrscheinlich weil sie an mir die äußerste Verwunderung merkte und nicht deuten konnte.

Die sanfte Lucie nahm nun das Wort, indem sie den früher um Angelas Nacken geschlungenen Arm herabzog und die schöne Gruppe auflöste und sagte: „Sie müssen nämlich erfahren, daß unsere Freundin nicht in Wien erzogen worden ist und auch nicht von einem Manne, der mit unsern Sitten sehr einverstanden wäre. Wenn Sie uns nicht schon geraume Zeit her so sehr vernachlässigt hätten, so hätten Sie ihn kennengelernt, da er die letzte Zeit fast täglich in unser Haus kam; aber eine seiner ewigen Reisen führte ihn mit seiner Schwester nach Frankreich, von wo er kaum vor September zurück sein wird. Der Vater hat ihm von Ihnen so viel Gutes gesagt, daß er Ihre Bekanntschaft verlangte. Aber er mußte abreisen, ehe dies bewerkstelligt werden konnte. Seine Schülerin kennen Sie jetzt in unserer Angela; seiner Tante werden wir Sie später vorstellen; auf ihn und die Schwester aber müssen Sie bis zum Herbste warten. Ich bin der vollsten Überzeugung, daß ihr euch gegenseitig sehr gefallen werdet."

„Oh, ich auch der vollsten", sprach Emma drein, „da wird ein Leben losgehen, närrische Leute die Hülle und Fülle: Sie, er, seine Schwester, Fräulein Natalie, Angela, ich, die zärtliche Schwester Lucie beginnt auch schon, der Vater obendrein – die Plane sollen sich kreuzen und mehren und verwirren; wir müssen noch mehr solches Zeug herbeischaffen – Sie haben ja da einen neuen Freund angeworben – Disson, glaub ich, heißt er – den Sie so sehr lobten – der wird doch auch einen oder den andern Sinn verkehrt haben – diesen bringen Sie – und in den Pyrenäen reist auch einer, den Sie neulich lobposaunt haben: der muß auch herbei, und wenn der Vater so fortsammelt, dann erleben wir die lichte Freude: auf Erhabenheit verlegt, Überschwenglichkeit getrieben – und zuletzt Lieb' und Heiraten aller Orten und Wegen: Sie mich, Angela ihren Lehrer – – nein, der ist für sie zu ruhig: ich den Lehrer, Sie die Angela, Lucie den Lothar, Natalie den spanischen Reisenden – – nun, ich denke: dann sind alle unter Dach gebracht."

Lucie, die seit dem Tode der Mutter eine Art sanfter

Vormundschaft über den jungen Wildfang übte, verwies ihr lächelnd ihre unartige Übermütigkeit. In den lebhaften jugendlichen Augen glänzte soeben ein neuer Übermut; aber in dem Augenblicke stob eine ganze Spreu von weißen Mädchen herbei, gefolgt von jungen Männern, die alle über den Schlußtanz unterhandelten. Emma war sogleich mitten drinnen, hielt kurze Staats-Versammlungsreden und stimmte unmittelbar darauf. In diesem Augenblicke ergriff ich die Gelegenheit, endlich einmal mit meiner Paradiesgartenbegegnung hervorzukommen – vor Emma wollte ich nicht. – Ich erzählte etwas lügnerischer Weise, daß es wahrscheinlich eine russische Fürstin gewesen sei, die ich unlängst im Paradiesgarten vor dem schwarzen Hochspiegel sah und die mit dem gegenwärtigen Fräulein die vollständigste Ähnlichkeit habe, die ich je auf Erden gefunden; darum habe es mich so sehr verwirrt, als ich heute dieselbe Gestalt und dasselbe Angesicht hinter meiner Stuhllehne sah und sogleich als Freundin Luciens und Emmas aufgeführt bekam. „Und", schloß ich, „doppelt überraschend war mir Ihr Anblick, weil ich neulich durch Zufall ein lebensgroßes Bild der Fürstin zu sehen bekam, auf dem sie in einem schwarzseidnen Kleide saß, gerade so, wie Sie hier eines anhaben; ja, was mir beinahe Schreck einjagte, war noch, daß Sie auch das kleine goldne Kreuzchen tragen, wie jene Fürstin mit einem abgebildet ist. Ich besitze ein kleines Nachbild von dem Gemälde, wo all das noch jeden Augenblick zu sehen ist."

Beide Schwestern sahen sich seltsam an, als ich dieses sprach – Angela aber mußte bis zu Tode erschrocken sein, denn sie stand weiß wie eine getünchte Wand da und wankte; mit unbeholfener Verlegenheit suchte sie das äußerst kleine Kreuzchen in ihrem Busen zu bergen – es gelang – eine Sekunde nur war's, sie bezwang sich, und die ernsten, schönen Augen auf mich richtend, sprach Angela, daß sie mit dieser Fürstin nichts gemein habe; ich möge sie nur als ein einfaches Mädchen ansehen und behandeln, das nie einen Adelsbrief gehabt habe noch je einen haben werde.

„Außer den lilienweißen des allerschönsten und liebsten Herzens, das auf dieser Erde schlägt", rief Lucie mit sonderbarer Rührung, die mir für diese Veranlassung zu heftig vorkam, und küßte sie auf die Augen und suchte sie hinwegzuziehen; allein es war nicht möglich, denn in demselben Augenblicke erschien ein Mann und erinnerte Lucien an ihr Versprechen, die dritte Figur mitzumachen – und, so ist der Mensch, in höchster Verwirrung und Not tut er noch immer eher das Schickliche als das Rechte: Lucie ließ sich in der Betäubung fortziehen; sie fand das Wort der Widerrede nicht, und die Fremde stand verlassen in ihrer so seltsamen Erregung vor dem Fremden – aber so klar es war, daß ich irgendein unheimlich Sonderbares getroffen haben mußte, so klar war es auch, daß in dem Augenblicke keine Spur mehr davon in ihrem Antlitze übrig war. Wie ich nämlich beklommen scheu in dasselbe blickte, war das sanfte Rot wieder in die vorher lilienweiße Wange geflossen, und das große Auge sah freundlich auf mich, als sie die Worte sagte:

„Mir ist nicht unwohl geworden, wie Sie etwa denken können, sondern, wie es wohl öfters bei Menschen geschieht, es ist plötzlich ein sehr wichtiges Ereignis meines Lebens eingetreten, und das hat mir die kindische Erregung gemacht, die Sie gesehen haben."

Mir war diese ruhige Aufrichtigkeit bei einer Sache, die jede andere verborgen, ja, gerade unter Unwohlsein verborgen hätte, sonderbar, zum mindesten *neu;* ich blieb daher befangen stehen und sagte kein Wort.

„Ich werde jetzt fortgehen", sagte sie nach einem Augenblicke, „aber vorher muß ich Ihnen noch sagen: daß *ich* es gewesen bin, die Sie an dem erhabenen Spiegel gesehen haben – nannten Sie nicht die Beleuchtung eine *Unterweltsbeleuchtung?"*

„Ja, ja, ich nannte sie so", antwortete ich freudig, als wir bereits im Hinausgehen waren, wo sie sich dann verneigte und wieder zu jener ältlichen Frau ging, bei der ich sie heute schon einmal gesehen hatte. Später, als der Tanz aus war, sah ich sie noch einmal hinter einem Vorhange in Luciens Armen und heftig mit ihr reden – dann sah ich sie nicht mehr; denn sie war fortgefahren – nur ein schönes, liebes, süßes Bild schwebte mir im Haupte und im Herzen.

Also war es doch sie gewesen!

Welch schöne Größe und Milde sah ich damals in ihrem Angesichte; wie wahr hatte meine Empfindung geredet! nun ist sie fort; das Rollen ihrer Räder hörte ich herauf; ich hörte es mit dem Herzen; ihr Bild schwebt noch in dem Gewirre, das um mich ist, und ich stehe wie ein Fremder in dem Sausen.

Gütiger, heiliger Gott! welch sanftes, schönes Fühlen legtest du in des Menschen Seele, und wie groß wird sie selbst vor dir, wenn sie Freude fühlt, in ein fremdes Herz zu schauen und es zu lieben, weil sie weiß, daß dieses Herz schön sein wird. – Dies nennen sie Unnatur, was wie ein einfach Licht der Engel um ihr Haupt fließt.

Freilich, weil sie diesen Schein nicht kennen und sich dafür nur armseligen Modeflitter hinaufstecken.

Ich ging auch bald nach Hause und schrieb noch bis fünf Uhr; dann legte ich mich erst nieder und sank in ein verworrenes Träumen.

8. Erdrauch

4. Juni 1834

Es greifen immer sonderbarere Menschen in mein Leben – es ist, als sollte ich mit lauter ausländischen Dingen umringt werden. Ich wußte eigentlich bisher gar nie recht, was ein Nabob ist, und weiß es noch nicht; aber doch soll ich mit einem zusammenkommen, und Aston sagt, daß dies mein Lebensglück gründen werde; nun, ich bin neugierig – er sagt nicht, wie – überhaupt muß man mit mir irgendein Geheimnis haben, ich merke es an Lucien und Emma – aber ich kann es nicht ergreifen – mögen sie immerhin – aber seltsamer Weise, wie man oft vorgefaßte Meinungen über das Aussehen und den Charakter von Menschen hat, die man nie sah, so geht es einem auch oft mit Worten und Begriffen. Dieses „Nabob" ist so ein Wort für mich gewesen seit meiner Kindheit. Ich stellte mir darunter immer einen Mann vor zwischen fünfzig und sechzig Jahren, gut erhalten, braunen Angesichts, ein farbiges Tuch um den Hals, einen Hut mit breiten Krempen, einen lichten, meistens gelben Rock an – einen Mann, der in irgendeinem Indien Pflanzer war, alle seine Neger hindanngegeben und nun in Europa viel Gold genießt und grob ist.

Ist diese Beschreibung falsch, so bitte ich alle um Verzeihung, die sich dadurch gekränkt fühlen; denn ich kenne keine Schuldefinition eines Nabob – ja, sogar der Name war mir von jeher fast lächerlich.

Aston sagt, dieser Mann und ich gleichen uns in Launen und Gutherzigkeit wie ein Wassertropfen dem andern – wäre ich nur diese Zeit her, wie er sich ausdrückte, nicht immer auf so ausschweifend langen Ausflügen gewesen, daß ich unter den hundert Malen, die er ihn zu mir geschleppt, zu treffen gewesen wäre, so könnte bereits alles in Ordnung sein; aber so habe der Nabob fort gemußt, und alles schiebe sich auf die lange Bank. Es seien noch ganz andere Dinge dahinter, die er mir nicht sagen dürfe. „Dieser Nabob“, rief er aus, „so ganz vortrefflich er sonst ist, gehört unter die Menschen, die immer voll von Planen stekken, was mir so verhaßt ist, weil sie auf keinen Rat hören und einen nichts machen und fügen lassen, wenn es auch sonnenklar besser wäre.“

Lieber Titus! Wenn der Nabob, wie ihn Aston nennt, etwa so ein Mann ist, der um sein gutes Geld auch ein Mäcenas sein will, so wird das Wohlvernehmen von kurzer Dauer sein; denn ich meine, daß bei einem solchen Seebär, wie ich mir ihn vorstelle, nicht leicht geistige Duldung vorhanden sein wird. Daß es übrigens der gute Daniel Aston mit seiner Güte und Pfiffigkeit, womit er den Gefühlen in die Schuhe hilft und Freundschaften übereilt, unsäglich gut meine, bin ich vollkommen überzeugt – jedoch bei all den Geschäften, die er sich immer zum Heile der Menschheit auf den Hals ladet und wofür ihm niemand dankt, tappt er oft zu; es geht ihm wie mir einst als Knaben, da ich gefangene Schmetterlinge unter Gläser einsperrte und mit dem besten Rindfleisch fütterte.

Ehe ich schließe, muß ich Dir noch den Verlauf mit dem kleinen Bilde erzählen. Man hat mich bei Aston dringend gebeten, es zu bringen; ich versprach es auf meinen nächsten Besuch. Da ich nun des andern Tages kam, hielt mich der Diener im Vorzimmer auf und sagte, er müsse Lady Lucia rufen. Sie kam und bat mich mit ihrer eigentümlich gewinnenden Leutseligkeit, ich möchte ihr das Bildchen einhändigen, sie würde es zu rechter Zeit vorbringen. Wir traten zu Emma und Angela ein, die im Besuchzimmer waren. Sogleich heftete sie ihre großen Augen auf Lucien und sagte: „Nun, zeige nur!“ – „Liebe Angela, ein wenig später wird es doch besser sein“, meinte Lucie mit bittendem Blicke.

„Es wird wohl später sein wie jetzt“, entgegnete Angela, „aber wenn du es wünschest, will ich warten.“

Zögernd reichte Lucie das Elfenbein hin, und wie ein Pfeil schoß Angelas Auge darauf und darüber weg auf den Spiegel; dann erblaßte sie – Lucie sah nicht das Bild, sondern die Freundin an und hütete jeden Zug derselben. Emma flog herbei, und den überraschten Lippen entfuhr der leise Ausruf: „Ach Gott, wie treu!“, und sogleich sah sie Angela an und ich auch. Wie eine schneeweiße Rose war auch *heute* wieder ihr schönes Haupt; aber nach wenig Augenblicken ward eine purpurrote daraus, und so stand sie da, zitternd vor innerer Bewegung, die sie sichtlich zu bemeistern strebte. Was das mit dem Bilde bedeuten mag – Gott kann’s wissen!

Ich ging augenblicklich in das Nebenzimmer und sah zum Fenster hinaus. In dem von mir verlassenen Gemache hob nun ein langes Reden und Flüstern an, das ich beinahe hineinhörte; ich wäre gerne fortgegangen, wenn das Zimmer einen Ausgang gehabt hätte; aber endlich wurde ich durch Emmas Stimme gerufen, und ruhig, wie ich sie gewöhnlich sah, bat mich Angela, ihr ein Nachbild dieses Bildes nehmen zu lassen. Mit Hast trug ich ihr das Urbild selber an; sie nahm es nur unter der Bedingung, daß sie mir ein Nachbild davon zustellen lassen dürfe.

Ich ging es ein; das Bildchen lag indes verkehrt auf dem Nebentische.

Gezwungene Gespräche wollten nun anheben; allein ich fühlte, daß ich heute bald gehen müsse, und ich ging.

9. Schwarzrote Königskerze

26. Juni 1834

Fast ein Monat, merke ich, ist verflossen, ohne daß ich eine Zeile für Dich aufgesetzt – es ist kein Vergessen auf Dich; aber es war keine Zeit zu dem unerträglich langsamen Schreiben übrig; im Kopfe habe ich Dich mehr als je. Selbst heute kann ich in der Schnelligkeit nur ein paar Worte hersetzen; aber noch diese Woche schieße ich einen eigenen Tag für Dich aus, um Dir alles zu schreiben. Es war irgendein Geheimnisvolles oder Schmerzhaftes oder sonst etwas – kurz es war eine seltsame Bewegung im Hause Astons unmittelbar nach jener Zeit, da ich das Bildchen übergeben hatte, man kümmerte sich wenig um mich, sondern hatte mit eigenen Angelegenheiten zu tun – dann war alles wieder gleich und ruhig – wie ein Schatten war es vorüber, den eine Wolke wirft, die man nicht sieht – mir kann es gleich sein; denn es wurde dann eine heitere, klare, liebe Zeit – ich komme nun, so wie früher *gar nicht,* ebenso jetzt *täglich* in Astons Haus. – Das Leben des Menschen ist fast, wie man eine Hand umkehrt; es ist dieselbe und doch ganz anders – ein ruhiger Umgang eröffnete sich, ein heiteres Entgegenkommen, und jetzt sind Verträge gemacht, daß wir Musik machen, lesen und Malerei treiben wollen; es mußte gleich die bestimmte Zeit hiezu vermessen werden; denn es gehört mit zu Angelas Verschrobenheiten, daß sie alles nach der strengsten Zeiteinteilung tut. Emma, die wieder alles zeitlos tut, das heißt, wie es eben der Augenblick bringt, wollte mit der Pedanterei verschont bleiben, wie sie sagte, und beschloß, dabei zu sein oder nicht, wie es eben ihr Inneres füge. Aston, der sonst vielleicht störte, reitet zum Glücke sehr viel; der Arzt hat es ihm verordnet, und infolgedessen geriet er auf den Einfall, sich für einen Pferdekenner zu halten, was ihn täglich stundenlang auf die Plätze führt, wo Reiter und Pferde zu sehen sind und über Gattung, Feuer usw. gesprochen wird.

Außer dieser Zeit, die einzig lieb und schön ist, hat sich auch etwas anders begeben, was einen festen Halt und viele Freude in mein Leben bringt: Das Amt nämlich, in das mich wohlmeinende Freunde bringen wollten, um jene Erscheinung an mir darzustellen, die man gesichertes Dasein nennt, ist mir glückseliger Weise abgeschlagen worden, und als ich mit dem lieben Bescheide in der Tasche nach Hause kam, so war es nicht anders, als hüpften mir meine Farben entgegen und sähen mich noch einmal so freundlich an: Du kennst das Gläschen mit dem Ultramarin; es sah mit seinem Feuerblau wie ein tiefer Harmonikaton aus – der Purpur wie Liebeslieder – die Grün wie sanfte Flöten – das Rot wie Trompetengeschmetter – und so weiter. Jetzt will ich nicht mehr auf Abfall und Felonie sinnen, ihr lieben, treuen, herzigen Vasallen, bis ich sterbe, und dann wird schon im Testamente stehen, daß mit euch die Hand eines närrischen Freundes, den ich jetzt noch nicht nenne, ein heiteres Bild auf meinen Sarg malen soll. Wir bleiben beieinander und hantieren nun erst recht mit Wonne und mit Lust, seit es gewiß ist, daß uns nun nichts mehr auf dieser Erde trennen kann, wie wohlgetraute Eheleute, die der Tod nur scheidet.

Das erste sollen Deine wunderschönen Skizzen sein, wofür ich Dir tausend Dank sage; sie freuten mich unendlich. Wir haben bereits zwei große Tafeln mit dem zartesten grauen Grunde bereiten lassen, worauf wir sie ausführen werden; Lothar den Mont perdu und ich den schwarzen See, dessen Namen ich in Deinem Schreiben nicht lesen kann und den Du besser geschrieben wiederholen magst. Es soll das erste und schönste Fest werden, sobald wir von unserer Reise zurück sind. Lothar geht nämlich mit, und nach der Zurückkunft werden wir zusammen wohnen und in einer Stube arbeiten, was köstliche Stunden geben soll; denn ich fange an, diesen Menschen ungemein zu lieben, und wenn erst auch Du zurück sein wirst, dann soll das wahre, schöne Künstlerleben angehen und nichts getan werden als nur lauter Schönes – und sonst lauter Spaß. Wir müssen unweigerlich alle drei unter *einem* Dache wohnen, unter *einem* Dache arbeiten, mit Glück und Lust nach dem Höchsten streben, jede Schmach von uns stoßen, jeden Fund schnell einander mitteilen, ein Liebchen selig im Herzen tragen und drei Hände zu schöner, fester, urewiger Männerfreundschaft zusammenfügen. Wärest Du nur erst da, daß Du den sanften Lothar sähest und seine schönen Bilder: Du würdest ihn bald mehr lieben als mich selber.

Ich bin heute fast so lustig, als wären mir meine Farben ganz neu geschenkt worden, wie damals, da mir mein Vater in unser abgelegenes Waldhaus das erste Farbkästchen brachte und mir zeigte, wie man mit den prächtigen Täfelchen Reiter und Hirsche und Soldaten anfärbe – besonders für die Hirsche hatte ich eine Vorliebe, und wenn Du einmal meine alte Mutter besuchst, so kannst Du auf dem Scheunentore noch viele gelungene Beispiele sehen, schön ziegelrot und von hochgrünen Hunden heftig verfolgt. Ich bin wieder zum heitern Kinde geworden und möchte mit Lust heute noch Reiter und Hirsche färben – und ich tu's auch, weil ich sie dem kleinen Sandi (dem Söhnchen der Leute, wo ich zur Miete bin) geben kann, den sie auf drei Tage glücklich machen.

Der russischen Fürstin habe ich vor dem goldnen Lamme vorgewartet; ich sah sie auch ausfahren – wahrhaftig, als ob Angela, wie sie leibt und lebt, in dem Wagen säße. – Jetzt ist die Fürstin längst fort, aber Angela noch da. Das kleine Bildchen sah ich seit der Zeit, als ich mir eine schnelle Kopie davon machte, weder bei Aston noch bei ihr.

Sonnenschein ist draußen, als wäre er eigens recht feierlich bestellt, und eine tiefdunkle Bläue ist am Himmel, festlich wehend, wie Fronleichnamsfahnen, und Frühsommer auf allen Hügeln prangend, leuchtend, funkelnd, daß ich noch heute die halbe Stadt umkreisen muß. Ich will meinen Stift und schönes Papier nehmen und nach Dornbach, Weidling und weiß Gott wo noch hin wandern.

Der lange Engländer, mein Ewiger Jude, begegnet mir zu meiner Freude auch schon seit Wochen nicht mehr. Wasserfarben nehme ich in die Tasche, und in Weidling am Bache will ich zu Mittag essen, und dort im Kastanienschatten male ich für Sandi Hirsche und Reiter, um einmal ein Kind zu sein und einen rechten Idyllentag herumzubringen.

Heute schreib ich nichts mehr – morgen ein Weiteres.

Spanne Dir Gott auch einen so glänzenden Sommer über Deine Berge, wie er uns hier tut – ich erlebte nie so andauernd schönes Wetter – und ein Glück ist's für unser einen, daß Wien so liebliche Umgebungen hat.

Aber jetzt muß ich fort, ohne Widerrede.

Lebe mit Gott.

10. Ehrenpreis

27. Juni 1834

Um zwölf Uhr in der Nacht kam ich erst zurück und brachte Freude, Sehnsucht, Gedichte, Müdigkeit, Hirsche und Reiter genug nach Hause, Bäume und Häuser obendrein.

Eben wird alles geordnet und dann zu Sandi getragen. Der Bube wird mir ordentlich lieb, weil ich ihm eine Freude zudenke, und ich machte weit mehr, als ich anfangs dachte, und konnte ordentlich nicht aufhören, als ich einmal daran war, obwohl alle Kellner zuschauten. Beiläufig, Titus – es muß eine große Freude sein, Kinder zu haben, und ich würde ein Narr mit ihnen, ritte vergnügt auf einem Steckenpferde und hinge mir allen Ernstes eine Kindertrommel um.

Es ist heute Sonntag, und ich will ihn, wie ich versprach, ganz für Dich ausschießen und Dir eine Menge aufschreiben und schildern. Sonntag ist hierorts der Tag der Landausflüge, und was in der Woche am Webstuhle des Lebens keuchte, gibt sich am Sonntage der Freude und wo möglich dem Lande hin – und an diesem Tage gilt der Vers in seinem vollen Maße:

Ergo omnis longo solvit se Teucria luctu:
Panduntur portae[11]: – –

und aus den expansis portis[12] strömt Wien hinaus. So will ich denn auch auf den gestrigen Spaziergang heute wieder einen machen, aber nur ganz allein mit Dir, das heißt, ich will ein Stück Wienerwald bewohnen und aus der einen oder andern Baumgruppe einen Flug Brieftauben an Dich abfertigen. Ich trage zu solchem Behufe tragbares Schreibgeräte mit mir, da ich zu artig bin, an Dich mit Bleifeder zu schreiben; zudem muß alles, was an Dich losfliegt, gewissenhaft in mein hiesiges Tagebuch eingetragen werden.

Studiere Dir nur fleißig den Plan von Wiens Umgebungen, den ich Dir sandte, denn Du wirst noch viele Spaziergänge mit mir tun müssen, ehe Du da bist – und noch mehrere, wenn Du da bist – und es ist der Mühe wert: stille Täler, ganz abgeschieden – Waldeinsamkeit mit ganzen

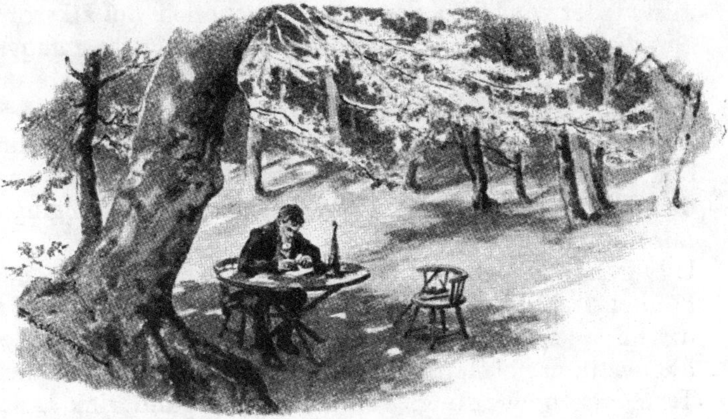

Wolken von Vögeln, die den blauen Himmel ansingen – Aussichten ins Hochgebirge – selbst Schluchten mit flinken Wässerlein, als wärest Du in der Wildnis, nicht etwa eine bis zwei Meilen von einer der lebhaftesten Hauptstädte der Welt. Viele, selbst hier Geborne, kennen die eigentlichen Schätze nicht, weil sie nicht weit von den Spazierwegen abgehen, die man ihnen überall bahnt; aber da muß man abseits gehen, wohin der Schwarm nicht kommt; dort ist das Schönste, und ich will Dich schon herumzerren, wenn Du nur einmal da bist; Du weißt, ich habe ein eignes Talent im Auffinden solcher Dinge. Und noch dazu der heurige Sommer, ewig schön, so recht für die Dichter, Maler, Spaziergeher, Weinfreunde.

Suche auf Deiner Karte Mariabrunn, dann wirst Du finden, daß dort ein Waldgebirge beginnt, das mit dem Norischen Alpenzuge zusammenhängt und hier Wienerwald genannt wird. In einem schmalen Tale, welches rechts von dem Dorfe Weidlingau über eine Wiese hineinlauft, sitzt in diesem Augenblicke Dein Freund an einem hölzernen Tischchen in dem schönsten Buchenschatten und schreibt dieses für Dich. Freilich steht neben dem Tintenfasse auch ein Fläschchen Nußberger; denn das Ungeheuer eines Gesellschaftswagens hat uns etwas gerädert, und wenigstens ich muß, wie der barmherzige Samaritaner, auf die zerschlagenen Glieder das Labsal des Weines gießen, und bis jetzt tunkte ich öfter den Zwieback als die Feder ein. Es geht mir wieder wie allemal, wenn ich unendlich viel zu schreiben weiß, daß ich vor Fülle des Stoffes gar nicht anfangen kann und mich blätterweise in Unbedeutenheiten umtreibe, gleichsam das Köstlichste, Labende aufzuschieben, wie einen auserlesenen Nachtisch – und am Ende kommt der Abend oder ein Regen oder ein Besuch, und ich kann das Zuckerwerk nur ruhig in der Tasche lassen. So ging es mir tausend Male.

Durch meine Buchenzweige, die ein hereinspielender Sonnenstrahl in grünes Feuer setzt, sehe ich auf die dämmernden Farben der Tiergartenwälder; höher hängt in dem Laubwerk das blaue Email des Himmels, in tausend Stücke zerschnitten, wie lauter Vergißmeinnicht. Ein Fink schlägt zu meiner Rechten fast leidenschaftlich; aus dem vom Walde abwärts liegenden Wirtsgarten verlieren sich einzelne Stimmen von Leuten herauf, die frühstücken und sich herumjagen; die Biene summt, ein goldner Falter weht vorüber, stahlblaue Fliegen sonnen sich auf der Tischdecke, langbeinige Dinge schreiten auf der Bank und auf meinem Papiere, und rings um mich regt, drängt und treibt tausendfaches Leben in tausendfachen Gestalten; funkelndes Geschmeide rührt sich im Grase, auf dem Wege und auf Baumstämmen; gefiederte Familien lärmen durcheinander, und Sonntagsglockenläuten kommt über das Gebirge. Die Zweige flüstern nicht, aber ein melodisches Summen irrt in ihnen von tausend Wesen, die im Sonnenstrahle spielen und arbeiten, und dieses fortgehende Summen dient als zarter Grund, auf dem sich die andere Morgenmusik geltend macht.

An diesem versteckten Waldtische sitze ich und will ihn bis nach Mittag bewohnen, nichts um mich als die Millionen kleiner Mitwaldbewohner, die bereits alle an ihre Geschäfte gingen – und zwei liebste Gestalten, die ich mir auf den ganzen Tag geladen habe und die ich still überall mit mir herumführen will: Dich und sie. Wenn ja von dem außen schwärmenden Volke einer herein verschlagen wird und den fremden Mann an dem abgelegenen Tische sitzen sieht und noch dazu schreiben und die hundert Sachen ringsum ausgebreitet, so geht er schon sachte vorüber, weil er den Sonderling nicht stören mag. Wie aber soll ich nun beginnen, Dir diese Tage hier abzuschildern? Binde alle bisher von mir erhaltenen Papiere zusammen und schreibe auf den Umschlag „Alte Geschichte" – die neue, die romantische, beginnt mit jenem Balle bei Aston. Titus, eine Tempelhalle, weit und ungeheuer, hat sich in meinem Herzen aufgebaut, und ich trage einen neuen seligen Gott darinnen. Wärest Du nur da, oder wenigstens Lothar, der auf dem Hochschwab oder Schneeberg Studien macht; denn so habe ich keine Seele zum Umgang, das heißt, ich habe eine Menge, aber alle taugen nicht dazu, daß man vor ihnen ein kindisches, seliges Herz ausschütte – und so trage ich es schon wochenlang voll und ahnungsreich in den tosenden Gassen herum, oder wenn mich diese drükken, so suche ich das Freie und bette es in den Schatten eines Baumes und horche seinen Blättern, die sich Sommermärchen erzählen; dann wird es so ruhig und sanft in mir wie sonntags auf den Feldern. – Oder ich lese eine Nacht aus, in der ich auf einen der Westberge Wiens steige, um den Tagesanbruch über der großen Stadt zu sehen, wie erst sachte ein schwacher Lichtstreif im Osten aufblüht, längs der Donau weiße Nebelbänke schimmern, dann die Stadt sich massenweise aus dem Nachtdufte hebt, teilweise anbrennt, teilweise in einem trüben Goldrauche kämpft und wallt, teilweise in die grauesten Ferntöne schreitet und wie der ganze Plan durchsät von goldnen Sternen ist, die da von Fenstern blitzen, von Metalldächern, Turmspitzen, Wetterstangen, und wie draußen das blaßgrüne Band des Horizonts schwach und sanft durch den Himmel gehaucht ist.

Und wenn ich nicht mit der Natur umgehe, so sitze ich zu Hause und arbeite an meinen Tafeln – oft sehe ich sie stundenlang an und habe das Gefühl, als sollt ich wunderschöne Dinge machen – da kommen mir dann Träume von glänzenden Lüften und schönen Wolkenbildern darin, lieben fernen Bergen und ihrem Sehnsuchtsblau, wie Heimwehgefühle, von sonnigen Abhängen, von Waldesdunkel und kühlen Wässern drinnen und von tausend andern Dingen, die sich nicht erhaschen lassen, schattenhaft und träumerisch durch die Seele ziehend, wie Vormahnungen von unendlicher Seligkeit, die bald, bald kommen müsse. Dann male ich und lasse das Ding so gehen, wie es geht, und es ist mir, Titus, als finge manches Bild an, mir zu gefallen.

Nachmittags endlich, wenn sich die Hitze mildert, gehe ich zum Essen, was, wie Du weißt, bei mir im Sommer sehr wenig ist, und dann in ein wohlbekanntes Vorstadthaus, durchschreite seinen Hof und trete in den Garten, wo zwei stille und zwei schelmische Augen, Luciens und Emmas, mich willkommen heißen und zu einem Nestor von Apfelbaum laden, der sein Schattengesprenkel auf ihre weißen Kleider, auf den Sandweg, auf Tisch und Sessel streut. Dort harre ich dann ruhig, bis der freundlichste aller Sommerstrohhüte durch den Flieder gewandelt kommt und dann aus ihm zu uns ein sonnenschönes Antlitz schaut, ein Antlitz, das sich täglich tiefer und süßer in meine Seele senkt. Wenn sie dann den Hut weglegt oder mit dem grünen Bande an den Baum hängt und nun so dasteht, die ernsten Augen freundlich auf uns gerichtet, den sanften Nacken vorgebogen: so ist es eine schöne attische Muse, die uns grüßt, die im weißen Kleide vor uns steht und die Wangenrosen, die ihr von der Bewegung angeblüht sind, sanft verglühen läßt.

Endlich, mein Pylades, bin ich dort angelangt, wohin ich doch eigentlich mit meinem ganzen heutigen vorgerichteten Tage, mit meinem Waldtischchen, mit allen Einleitungen und allen Aufschiebungen ganz allein zielte – bei ihr. Nun habe ich euch beide neben mir, und ich will euch den ganzen Tag nicht entlassen und ein wahres Götterleben führen. Ihr sollt mir miteinander bekannt werden und euch wacker lieben.

Nichts stört und hindert uns hier; der Sonnenstreifen auf dem Tische rückt nicht näher, sondern ist ganz weg; der Fink schweigt, die kleine Gesellschaft, die gegen meinen Platz gewandert kam, ging bescheiden vorüber, und ein einladendes Dämmern ist überall zwischen den Stämmen, nur hie und da geschnitten von einem glänzenden Streiflichtchen, das traulich herüberschaut. Ich fahre also fort:

Es ist recht lieb von ihr, daß sie, selbst wenn die Tante mitkommt und obwohl für unsere schönen und wissenschaftlichen Sitzungen bestimmte Stunden festgesetzt sind, immer früher kommt (ich natürlich ohnehin immer viel zu früh), daß noch einiges Gespräch vorher hin und wider gehen könne. Das Buch, aus dem diesen Abend gelesen werden soll, liegt schon seitwärts und zeigt den grünen Einband, den alle Bücher aus Astons Sammlung und auch Angelas ihre haben; aber kein Mensch darf es eher aufmachen, als bis die Stunde schlägt, weil wir alle das leidige Vorausnaschen nicht leiden können. Wenn aber dann der Glokkenschlag fällt, dann wird bei dem eingelegten Zeichen geöffnet und im reinen Ergusse das abgesteckte Feld durchgangen, während alles Stricken, Sticken, Nähen und anderes weibliche Lückenbüßen ruhen muß, weil die Augen auf dem Vorlesenden und die Herzen im Buche sind. Emma ist nicht immer dabei, Aston nie; er ist froh, wenn er fort kann, weil wir unpraktisches Zeugs lesen. Aber seine Freude hat er doch an unserm Treiben, und das Vergnügen mußten wir ihm lassen, daß er uns fur unsere Wissenschaften ein „Prytanäum" schuf und uns damit überraschte. Er hat es uns allen zu Danke gemacht. Drei Zimmer voll Gartengrün und Pappelschatten hat er dafür eingerichtet. Von dem Apfelbaume führt die Treppe hinan, und lieb und heiter ist es in ihnen, wie die Kunst; denn sie sehen über den Garten auf noch mehr Gärten und auf die Berge, und täglich lodert bei den großen Fenstern der Abendbrand des Himmels herein, dann schießen Goldflammen über das Glas der Bücherkästen und ihre grünseidnen Vorhänge; auf dem Klaviere und den Papieren wanken Laubschatten und Purpurlichter, und endlich auf das weiße Kleid und in das Antlitz der schönsten Gestalt wirft er ein ganzes, sanftes Tabor von rosenfarbener Verklärung. – Wenn nun mitten unter dies die Worte eines großen Toten tönen und die Begeisterung anfängt, ihre Fittiche zu dehnen: dann steht sachte in drei Herzen der Geist empor, den der Dichter rufen wollte, und verscheucht das lastende Gespenst Alltäglichkeit. Wenn aus den schwarzen Zeilen allmählich sich die Gedanken heben, die einst ein gottähnliches Herz gedacht – dann habe ich ein Angesicht gegenüber, ein Angesicht, gespannt von Aufmerksamkeit und Empfindung; ach, und ich liebe es mit zagendem Herzen; denn es wird dann unnennbar schöner. Der reine Demant sittlicher Freude hängt in ihren Augen, und in ihren Zügen blüht ein weiches, großes Herz – aber mir tritt sie wie ein unerreichbarer Stern, vom Sehrohr verfolgt, in noch weitere und noch tiefere Himmel zurück.

Auch Lucie verklärt ihr Wesen in den Strahlen dieses schönen weiblichen Geistes, und aus ihrem Innern wächst ordentlich täglich sichtbarer eine höhere Gestalt hervor, an der die Weihe des ernsten Strebens sichtlich wird; denn sie ging schon seit länger her unter Angelas Leitung an die Wissenschaften der Männer und erobert sich freudig ein Feld nach dem andern. Selbst die kindische Emma wird eingeschüchtert von ihrer vorausschreitenden Schwester; sie mag es wohl fühlen, daß hinter dem pedantischen Krame, wie sie ihn nennt, wohl mehr stecke, als sie ahnte und mancher sich gern den Anschein gäbe; denn das drückt den andern ewig. – Das Wissen stellt den Menschen glänzender unter seine Brüder zurück, wie einen fremden Weisen, vor dem man Ehrfurcht hat.

Der Gedanke, daß wir statt des gebräuchlichen unersprießlichen Besuchwesens einen geistigen Umgang eröffnen sollen mit den größten Menschen, lebenden und toten, daß wir an ihnen uns erheben und vor uns selber liebenswerter werden mögen, ging von Angela aus, der jedes Leere fremd ist; darum sie auch in jenem Umgange, der unsern Jungfrauen eigen zu sein pflegt, linkisch und unwohl ist und eben darum von den Besuchen gehaßt und verspottet wird. Unser Tun ward schon Teegespräch, und man findet es lächerlich, anmaßend oder heißt uns Phantasten – aber es tut nichts; denn es ist ein ganz anderes, mein Titus, einen seltnen Menschen zu Hause unter seinen vier Wänden allein und still wegzulesen und tausenderlei zu übergehen oder ihn vor geliebten Herzen gleichsam laut reden zu hören, sich gegenseitig sein Verständnis zu vermitteln und an der schönen Freude in Freundesaugen seine eigne zu entzünden und reiner und begeisterter hinwallen zu lassen.

Begeisterung wohnt nicht in einsamen Studierstuben, sondern nur der Fleiß; sie schwingt ihre Lohe nicht in Wüsten, sondern unter Völkern; nicht von einem einzigen, sondern von tausend Häuptern lodert sie empor – aber immer ist es einer – und selten sind solche –, der die Fackel schleudert, daß sie den Brennstoff fasse. Wir nennen ihn dann ein Genie.

Selbst von den weichen Locken des sechzehnjährigen Kindes Emma spielt ihre goldne Flamme; denn als neulich eine Stelle gelesen wurde, ungefähr so lautend: „Ihr großen, seligen Geister, die wir bewundern und zu denen wir beten, wenn der Mensch sein Glück wegwirft, weil er es kleiner achtet als sein Herz, so ist er so groß als ihr!" und als in jedem Auge der Beifall glänzte, sprang sie auf, und in den schönen braunen Kindesaugen schimmerten die Tränen – sie stand neben mir und blickte mich liebeglühend an; ich war selbst tiefgerührt und wußte nicht, wie es geschah, daß ich sie an mich zog und voll Liebe meinen Mund an die Kinderknospe ihrer Lippen drückte – sie drückte heiß entgegen und schlang die Arme um meinen Nacken. Es war nur ein Moment, und gleich darauf stand sie, wie eine Purpurrose, glühend vor Scham da, die Tränen noch in den Augen. Uns allen schien sie in diesem Augenblicke kein Kind mehr zu sein. Ich war im höchsten Grade verlegen: da trat Lucie zu uns, nahm meine Hand und drückte sie recht herzlich, wahrscheinlich um Emmas und mein unschickliches Tun zu verschleiern; dann küßte und herzte sie die Schwester und sagte wiederholt: „Du liebes, gutes, heftiges Kind, siehst du, welche Gewalt die Worte eines Menschen haben können? Und der, welcher diese sagte, und noch andere schöne, die in diesem Buche stehen, war ein einfältiger Pfarrerssohn aus Bayern[13], der Jahre lang ungekannt war und nichts hatte als sein eigenes unerschöpfliches Herz, das nun auf die entferntesten Menschen und auf die entferntesten Länder wirkt, wie Predigten der Apostel und Propheten."

Durch die Tränen schon wieder lächelnd, sagte Emma zu ihr: „Du selbst bist auch so eine Prophetin und kannst das Predigen nicht lassen und denkst gar nicht daran, daß andere auch ein Herz haben, das seine Gefühle so gut hat wie ihr alle, wenn man auch dieselben nicht so gelehrt sagen kann wie ihr."

Nach diesem Zwischenspiele lasen wir – Lucie war die Vorleserin – noch den Abschnitt zu Ende, und seit jenem Tage versäumt Emma keine einzige Vorlesung, ja, sie fing sogar an, Meßkunst zu lernen.

Nach solchen Abenden gehe ich dann im milden Vollmondscheine, den wir eben haben, mit einer fast unschuldigen, hochtönenden Seele durch alle möglichen Umwege in die Stadt zurück.

Zur Musik sind auch bestimmte Tage auserkoren. Daß aber da von keinem bloßen Herabschütten der Noten die Rede sein kann, begreifst Du; sondern da wird an das Pianoforte gesessen, jede Stelle des Tonstückes geprüft und um ihr Gefühl gefragt, wobei jedes seine Meinung abgibt, weil sie vorgetragen zu werden verlangt; dann forscht man nach der Seele des Ganzen und paßt ihr die Glieder an – dann so lange Proben, bis nicht mehr die kleinste Ausführungsschwierigkeit vorhanden ist – dann eines schönen Abends braust ein Beethoven durch die Fenster hinaus.

Einmal war schon volle Instrumentalmusik; meistens aber wird er vierhändig auf dem Piano vorgetragen.

Angela ist auch hier wieder die Meisterin und behandelt das Instrument so kräftig wie ein Mann. Ihr Lehrer hierin war derselbe Mann, der sie auch in dem andern unterrichtete. Dann, wenn sie vor dem Instrumente sitzt, zieht ein neuer Geist in dies seltsame Wesen; sie wird ordentlich größer, und wenn die Töne unter ihren Fingern vorquellen und dies unbegreiflich überschwengliche Tonherz, Beethoven, sich begeistert, die Tore aufreißt von seinem innern tobenden Universum und einen Sturmwind über die Schöpfung gehen läßt, daß sich unter ihm die Wälder Gottes beugen – – und wenn der wilde geliebte Mensch dann wieder sanft wird und hinschmilzt, um Liebe klagt oder sie fordert für sein großes Herz, und wenn hierbei ihre Finger über die Tasten gehen, kaum streifend, wie ein Kind andrücken würde, und die guten, frommen Töne wie goldene Bienen aus den vier Händen fliegen und draußen die Nachtigall darein schmettert und die untergehende Sonne das ganze Zimmer in Flammen und Blitze setzt – und ihr gerührtes Auge so groß und lieb und gütig auf mich fällt, als wäre der Traum wahr, als liebte sie mich: dann geht eine schöne Freude durch mein Herz, wie eine Morgenröte, die sich aufhellt – die Töne werden wie von ihr an mich geredete Liebesworte, die vertrauen und flehen und alles sagen, was der Mund verschweigt.

Solches Tun und solche Freuden reinigen das Herz. Wir stehen dann alle vier am Fenster, wie lauter Geschwister, die keiner Schranke gegeneinander bedürfen, weil kein Wunsch da ist, eine zu überspringen, sondern nur einfache Liebe. Und wenn ich fortgehe, so geschah es schon, daß sie mir freiwillig, Lucie und Angela, die liebe Hand hinreichten, die Angela sogar herzlich drückend in die meine fügte, mit liebevollen, kühlen Augen mich anblickend und sagend: „Kommen Sie morgen nicht zu spät, und gehen Sie heute in kein Gasthaus mehr." Sie hat nämlich einen fast übertriebenen Haß gegen diese Anstalten. Und in Wahrheit, Titus! seit ich sie kenne, ist es mir selber so; mich widert das schale Unterhaltungsuchen unsäglich an, und hier ist es ziemlich, wie in jeder großen Stadt, im Schwunge, und sogar eine Abschiedsrede haben sie, die sagt: Ich wünsche Ihnen gute Unterhaltung. – Ich glaube, ein Bauer meines Geburtstales schämte sich, wenn man diese Abschiedsrede zu ihm sagte, da er sich Unterhaltung nur erlaubt, aber Arbeit für ehrenvoll ansieht. Ich werde daher außer dem Mittagessen und manchmal abends dem alten Aston zulieb in einem Garten, nie in einem Gasthause gesehen.

Seit jenem Balle sind nun vier Wochen, und ich sehe sie seit der Zeit täglich – und dennoch weiß ich von ihren gewöhnlichen Verhältnissen nichts, ja nicht einmal ihren Familiennamen, sondern nur, daß sie bei Oheim und Tante wohnt, die alle Welt Oheim und Tante heißt und die sehr reich sein sollen. Den Oheim sah ich nie, die Tante schon öfter, eine gutmütige, aber unbedeutende alte Frau, deren Gesicht ich schon muß irgendwo gesehen haben; aber ich kann durchaus nicht herausbringen, wo. Sehr neugierig bin ich auf ihren Lehrer. Im ganzen ist mir aber nicht zumute, als sollte ich um Näheres über sie fragen; genug, sie ist da und scheint von dem gütigen Schicksale mir angenähert worden zu sein, auf daß kein Herz vergessen werde und seinen Anteil an Freude zugeteilt erhalte. Meine Stellung gegen sie ist ruhig, wie es nach der Aufregung in Folge ihres ersten Anblicks kaum zu erwarten war; aber sie ist so; jedes Scharfe und Harte entfernt sie von sich, oder es entfernt sich selber. Meine Empfindung ist sanft und still, und es drängt mich nicht, sie ihr zu zeigen, ja, sie käme mir entweiht vor, wenn sie Erwiderung verlangte.

Im Sommer ist sie meistens weiß gekleidet, und ihre Kleider, abweichend von der jetzigen Mode, reichen ohne Ausnahme bis zum Halse. Ich glaube, es täte mir weh, wenn ich ihre nackte Schulter sähe – was ich doch bei den Hunderten, die sie täglich und gern zur Schau tragen, nicht anstößig finde. Lucie trägt es auch so, Emma nicht, ich glaube aus Widerspruchsgeist. – –

Siehe da – der Diener bringt schon mein heraufbestelltes Mittagessen – nun, da ihr zwei, Du und sie, als Scheinwesen, nichts brauchet, so bleibet mittlerweile hübsch artig auf der Holzbank sitzen, indes ich aufstehen und ein wenig herumschauen und den vorliegenden kalten Braten und den schönen Salat essen werde. Dann wollen wir weiterfahren und den Rest des Tages gemütvoll verwenden. – – – Aber fort waret ihr, als ich Messer und Gabel hinlegte – die Gestalten mit wirklichem Fleische und Blute, die um den Tisch stehen, haben euch verscheucht. – Nun sehr bald das Weitere; für jetzt lebe wohl, guter Titus; Aston und zwei Herren und seine Mädchen und Angela (die körperliche) – das steht alles vor mir und lacht mich aus, daß sie um mein Vorhaben gewußt und mich hier überfallen haben. Ich muß mit ihnen fort. Merke Dir, wo wir in unserer Geschichte geblieben sind.

11. Osterluzei

22. Juli 1834

Armer Freund! Du hast lange warten müssen – und heute, mit welch ganz anderer Empfindung fahre ich fort, als ich damals begonnen.

Gibt es eine Liebe, die so groß, so unermeßlich, so endlos still ist wie das blaue Firmament? Sie flößt eine solche ein. O mein Titus, mein guter, mein einziger Freund! mit mir ist es nun auf alle Ewigkeit entschieden. Mein werden kann sie nie; was wollte auch der ernste, ruhige, gemütsgewaltige Cherub mit mir? Aber lieben mit dem Unmaß aller meiner Kräfte – lieben bis an das Endziel meines Lebens darf ich sie, und so wahr ein Gott im Himmel ist, ich will es auch. Sie ist das reinste und herrlichste Weib auf Erden. Was sagten sie da oft für ein albernes Märlein: die wissenschaftliche Bildung zerstöre die schöne, zarte Jungfräulichkeit und die Naivetät und die Herzinnigkeit und so weiter? – Hier ist doch eine Wissensfülle, an die wenig Männer reichen, und doch steht eine strahlenreiche Jungfrau da – ja, erst die rechte, ernste Jungfrau, auf deren Stirne das Vollendungssiegel leuchtet, eine erblühte, selbstbewußte, eine würdevolle Jungfrau, vor der zaghaft jeder Schmutzgedanke verstummen muß. – Eure Jungfräulichkeit und Weiblichkeit, die mich sonst so entzückte, ist nur erst das Vorbild und die Anlage der rechten, und neben dieser steht sie fast wie Dummheit da – und sie ist es auch, weil sich an sie der Verführer wagt. Am Kinde entzückt das Lallen, aber der Knabe muß reden lernen. Selbst die geistvollsten Mädchen meiner Bekanntschaft, wenn sie neben ihr sind, werden ordentlich armselig, und wenn sie den Mund auftun, so ist es doch nur jenes „Alltagsei der Einfalt“, was sie legen. Selbst das Naive, Weibliche, Jungfräuliche an ihnen erscheint mir gemacht und unnatürlich oder unreif neben dem einfachen gelassenen Sichgehenlassen Angelas, das keinen Anspruch und Aufwand macht und doch erkannt wird als die Königin. Es muß ein riesenhafter Geist gewesen sein, der dieses Weib erzogen hat. Ich bin sie bei weitem nicht wert – aber jede andere vermag ich jetzt auch nicht mehr zu ehelichen, weil ich sie nicht zu lieben vermag, und so will ich ihr Bild bewahren als das schönste Geisterkleinod, was mir in diesem Leben begegnete. Ein tiefer Ernst sitzt mir im Herzen, und sie hob seitdem wieder manche jener erträumten göttlichen Gestalten empor, die einst mein sehnsüchtiges Herz bevölkerten und die ich aber in die Tiefe sinken ließ, weil ich sie für wesenlose Phantome hielt, nur meiner Sehnsucht angehörend; aber sie hat auch dergleichen und betet sie ruhig an, ohne sich weiter umzusehen, ob ihnen ein Halt zukomme im äußern Gewerbsleben oder nicht; genug, in ihrer Seele, der mondlich stillen, wandeln sie, wie die hohen Gestalten in der Geschichte – und daher *sind sie.* Ihr hat man die Heiligkeit der Phantasie, die unsere Erzieher eine Betrügerin nennen, nicht verleidet, und sie hat dessen kein Hehl; aber ihre bringt ihr auch nur heilige Gestalten. Mit einem leisen Ruck, mit einem harmlosen Worte, das wie Zufall aus ihrer innern Welt klang, ruft sie oft in meiner ein ganzes totgeglaubtes Volk wach, und ich erkenne, daß dasselbe ja vor längster, längster Zeit in mir geherrscht hat und geleuchtet – und wie viel mag man bei meiner verkehrten Erziehung getötet haben, was nie mehr eine Wiederauferstehung feiern kann! Man raufte die Blumen aus und machte sehr nützliches Heu daraus. In mancher Kinderbrust blüht ein Reich der Kleinode auf, heimlich und herrlich, wie jener Schatz, der, wenn man so durch die Landschaft geht, fern in der Mittagssonne glitzert, in die er still emporgetaucht ist, und mit Schweigen und reiner Hand gehoben werden kann, vor dem Sünder aber auf immer und ewig versinkt. Und wenn einst jemand diese Blätter sollte zu Gesicht bekommen, der den Schatz noch hat, so verhülle er ihn vor den Spießgesellen – aber einst einer lieben, großen Seele, einer unschuldigen wie er, hülle er alles auf und schenke ihr alles!

Siehst Du, Titus, das ist es, was die Welt an ihr die Verschrobenheit heißt. Was sie sechzig Jahre sehen und was ihr Vater und Großvater auch sechzig Jahre gesehen haben, das ist ihnen das Natürliche, wie verkehrt es auch sein mag – und wer sich dagegen auflehnt und ein Neues bringt, der ist ein Fremdling unter ihnen, ein Aufrüher gegen die Natur.

Ich will Dir noch einiges von ihr erzählen; höre mir gütig zu, mein Titus.

Erstens weiß sie Latein und Griechisch – das Französische und Englische wird ihr nicht übelgenommen. Zweitens weiß sie soviel Mathematik, als zum Verständnis einer allgemeinen Naturlehre nötig ist; ja, sie weiß noch mehr, weil sie die Sternkunde verstehen wollte und nun wirklich versteht. Drittens, daß sie Bücher über Seelenkunde und Naturrecht studierte, ward für lächerlich erklärt, sie aber meinte, sonst die Weltgeschichte nicht verstehen zu können. Selbst in philosophische Systeme steckte sie den Kopf – nur gegen Physiologie wehrte sie sich hartnäckig; sie fürchtete Zerstörung der schönen innern Welt. – Oh, die ist ja gelehrt, ein Ausbund, sagen viele ihrer Mitschwestern, aber ich glaube, es ist bei vielen Neid, bei vielen Beschränktheit – die Männer sagen, das müsse fade sein – und dennoch schrumpft der, der es sagte, in ihrer Gegenwart jämmerlich ein, wenn auch nur Alltägliches gesprochen wird. Ich bewundere ihren Lehrer, wie ich Dir schon mehrfach sagte, der mir bis längstens im August versprochen wird; denn er war es, welcher ihren schönen Geist in die ersten Hallen der Wissenschaft führte und ihr die Bilder dieses Isistempels deutete. Darum ist ihr die Wissenschaft Schmuck des Herzens geworden, und das ist die größte und schönste Macht derselben, daß sie den Menschen mit einer heiligenden Hand berührt und ihn als einen des hohen Adels der Menschheit aus ihrer Schule läßt – freilich, bei andern bleibt es dürr liegen, wie die glänzenden Dinge, die ein Rabe in sein Nest trägt und auf denen er dann blödsinnig sitzt.

Die Sprachen lernte sie in der Kindheit – die Wissenschaften von ihrem zwölften bis in das zweiundzwanzigste Jahr (so alt ist sie jetzt) und von da noch immer fort; was Dichtung ist, trieb und treibt sie ihr ganzes Leben. Du wirst wohl nicht fragen, wo sie die Zeit hernimmt, da Du es selber warst, der mir Verschwender zuerst dieses kostbare Gut zeigte, wie zum Erstaunen ergiebig es sei, wenn man es richtig einteilt und kein Teilchen desselben töricht wegwirft. Doch wirst Du begreifen, wieviel Zeit sie hatte, wenn ich Dir aus Luciens Munde berichte, daß sie eine Menge nicht kann und nicht lernte, was nicht zu können jedes Mädchen Wiens für eine Schande halten würde. Zum Beispiel: Stricken. Es war mir ein Jubel, als ich das hörte. Oh, dieser ewige Strickstrumpf, an dem unsere Jungfrauen nagen – es gibt nichts Öderes und Geistloseres als das unendliche Fortbohren und das Zuschauen eines unglücklichen Mannes. Wohl wird es zuletzt zur Gewohnheit, und sie können so schön und frei denken, ob sie stricken oder nicht – aber es ist nicht wahr; denn welche kostbare Zeit verlernten sie an dem Ding und verlernten dabei das schöne, freie Denken mit, welches Denken übrigens bei jeder fortgesetzten einförmigen Körperbewegung immer etwas von dem Wesen dieser Bewegung annimmt. Ersparnis ist es in den meisten Familien auch nicht; denn sonst müßten sie sich folgerechter Weise auch die Schuhe machen und noch andere teurere Sachen – aber wo Ersparung not tat, hätten die Töchter etwas Besseres lernen können, um sich damit Strümpfe genug und all die teuern Sachen obendrein zu verdienen. Bei ihrer sehr einfachen Art, sich zu kleiden, erspart Angela mehr, als sie für Strümpfe wird ausgeben müssen. Es ist Unglück genug, daß bei dem Unsinne des Verschwendens, der sich der Welt bemächtigte, ohnehin ein so großer Teil der Menschen verdammt ist zur lebenslangen Arbeit des Körpers, daß er kaum Zeit hat, zum Himmel zu schauen, wie er so schön blau ist. Dazu hat uns Gott nicht gemacht, und Jahrtausende werden vergehen, bis wir natürlicher, das heißt geistig reicher und körperlich einfacher werden.

Ferner das Sticken, von dem ihr Lehrer sagte, es sei die sündenvollste Zeitverschwendung; denn das endlich fertige Ding sei kein Kunstwerk; ist es schön, so ist das Vorbild schuld, nicht die Nachmacherin; meist aber bleibt es hinter dem mittelmäßigsten Gemälde zurück und kann solches auch seiner Verfertigung zufolge nicht erreichen, kostet aber so viel Zeit und Mühe, daß man mit derselben ein wahrer Künstler in Farben werden könnte – ferner als Geräte dient die Stickerei nicht, da zu viel Zeit und Geld daran haftet, als daß man sie sofort ohne Umstände gebrauchen könne, da man Polster, Teppiche usw. sehr geschmackvoll haben kann und um weit geringere Mühe und Preise. Das Machen – und dies ist das Traurigste – gewährt auch nicht das geringste Ersprießliche; denn man denke, wieviel schöne Gedanken und Empfindungen könnten in der Zeit durch das Herz der Jungfrau gehen und ihr geläufig werden, während sie zusammengebeugt und eingeknickt die mechanische Arbeit verrichtet und in den gefärbten Wollknäueln wirtschaftet. Ja, dieses langsame, tote Nachstechen von Form in Form verödet das Herz, und der Geist wird dumpf und leer. Die Nachwelt wird einmal staunen, daß die Töchter der ausgezeichnetsten Geschlechter drei Vierteile ihrer Jugend auf so geistloses Tun verwenden konnten, wodurch ein Zwitterding von Kunstwerk und Prunkstück zustande kommt, daran das Verdienst eine Million Stiche war.

Dann welcher Nachteil für die Gesundheit, wenn der blühende, drängende, treibende Jugendkörper zusammengeknickt wird und in einer Stellung stundenlang verharrt, die ihm unnatürlich ist und im Eifer der Arbeit noch unnatürlicher gemacht wird durch vermehrtes Bücken, durch das Andrücken des Rahmens an die Brust und dergleichen.

Wirklich, Titus, dachte ich auch oft, wenn ich so eine holde, aufknospende Gestalt über den Rahmen hängen sah: Du liebe, arme Blume, man hat einen finstern Topf über deine Herzblätter gestürzt, daß du nichts weißt von Luft und Sonne; wenn du statt dessen diese Zeit durch in die Strahlen gestellt würdest, die aus so vielen großen Herzen der Vergangenheit auf uns herüberleuchten: wie würdest du daran deine Blüte entfalten können! – wenn du statt dessen in den Hauch Gottes gestellt würdest, der von Bergen zu Bergen weht: wie würdest du die großen, frischen Blätter deiner Seele auftun und froh erstaunen über die Schönheit der Welt!

Freilich sagen die Guten: „Aber es freut uns, solches zu bilden und dann unserer Hände Arbeit in der lieben Wohnung zu erblicken und uns zu freuen, wenn sie dem Geräte zur Zierde dient, und uns an den Werken einstens in die schöne Jugendzeit zurückzuzählen."

„Ihr Lieben, Holden!" sag ich dagegen – „ja, bildet nur, aber gleich noch etwas Schöneres, wenn ihr schon den Bildungstrieb habt – etwas, das noch dazu leichter ist; lernet, daß es ein Schaffen gibt, ein Erschaffen des eignen Herzens, Bildung dieses schönen Kunststückes, Ansammlung und Eigenmachung der größten Gedanken, welche erhabene Sterbliche vor uns gedacht haben und uns als teures Erbstück hinterließen; ja lernet, daß ihr leicht in der wahren Kunst etwas zu machen verstehen werdet, was aus der freien Seele quillt, nicht als Aftertrieb eines fremden Stammes, und woran ihr, als an einer viel schönern Blumenkette, in eure Jugend zurückgehen könnet. Wenn ihr mir aber vorhalten könntet, es freue euch nun einmal so und nicht anders und die Freude sei der Zweck: dann widerlege ich euch nicht mehr; denn es muß Leute geben, die an derlei Freude haben, weil sie eine höhere nicht haben können, und ich erinnere mich, einmal mit Rührung einer geistesschwachen Frau zugesehen zu haben, wie es ihr innige Freude machte, viele blaue und grüne Steine auf den Tisch zu zählen, und von ihm auf die Bank und wieder auf den Tisch und so weiter."

Dann haben sie ein anderes Zauberwort, mit dem sie sich tragen und alles abfertigen: die *Häuslichkeit.* Diese Häuslichkeit aber ist ein Hinfristen an Bändern und Kram, ein Ordnen der Hausbälle und Tafeln und Gesellschaften und ein unnötiger Prunk an Kleidern und Gerätstücken. Freilich hat da eine Frau samt der ihr beigegebenen Dienerschaft genug zu tun. Wenn aber Häuslichkeit nur heißt: Wohnung, Kleider, Speise in ordentlichem Stande zu erhalten, so mag sie allerdings ein Teil und zwar ein *kleiner* Teil des weiblichen Berufes sein, der aber so leicht zu erfüllen ist, daß zu dem größern und höhern noch Zeit genug übrigbleibt, da ohnehin in diesen Dingen Mutter Natur die größte Einfachheit vorgeschrieben hat und die Abweichung durch Krankheiten aller Art bestraft. Diese letzte Häuslichkeit hat Angela in hohem Grade; denn sie ist immer, obgleich einfach, doch bis zum Eigensinne rein und edel gekleidet, und zu Hause, wo sie die Oberleitung führt, soll es immer aussehen wie in einer Kapelle. Einen andern schönen Teil der Weiberpflicht aber erfüllt sie wie wenige ihrer Schwestern: Bildung des künftigen Mutterherzens, von dem man nicht wissen kann, ob nicht ein Sokrates, Epaminondas, Gracchus als wehrloser Säugling an demselben liegt und die ersten Geisterflammen von ihm fordert und fordern darf. Wie nun, wenn sie der Sendung nicht gewachsen wäre und den Geistesriesen zu einem Nero und Octavianus verkommen ließe? Und der erste Druck in das weiche Herz gibt ihm meist seine Gestalt für Leben lang.

Endlich selbst Vorbereitung und Erfüllung der Mutterpflicht schließt nicht den Kreis des Weibes. Ist es nicht auch um sein selbst willen da? Stehen ihm nicht Geister- und Körperreich offen? Soll es nicht, wie der Mann, nur in der Weise anders, durch ein schönes Dasein seinen Schöpfer verherrlichen? – Endlich, hat es nicht einen Gatten zu beglücken, und darf es ihm statt des schönen Herzens eine Wirtschaftsfertigkeit zubringen, die geistig genug zu sein glaubt, wenn sie nur unschuldig ist? Das ist der Knecht, der sein Talent in das Schweißtuch vergraben hat.

O Titus! Angela hat mir die Augen geöffnet über Wert und Bedeutung des Weibes. – Ich schaudere, welche Fülle von Seelenblüte taub bleibt; wenn die Besterzogenen dastehen, nichts in der Hand als den dürren Stengel der Wirtschaftlichkeit und das leere, schneeweiße Blatt der angebornen Unschuld, auf das, wenn nicht mehr das Mutterauge darauf fällt, wie leicht ein schlechter Gatte oder Hausfreund seinen Schmutz schreiben kann – und die Guten merken es lange nicht oder erst, wenn es zu spät ist, ihn wegzulöschen. Andere werden freilich unterrichtet, aber obiges Blatt wird dann eine bunte Musterkarte von unnützen Künsten und Fertigkeiten, die man unordentlich und oberflächlich darauf malte.

Es ist ein schweres Ding um die rechte, echte Einfalt und Naturgemäßheit – zumal jetzt, wo man bereits schon so tief in die Irre gefahren ist.

Wie manche warme und großgeartete Seele in diesem Geschlechte mag darben und dürsten, solange sie lebt – bloß angewiesen an den Tand, den ihr der Herr der Schöpfung seit Jahrtausenden in die Hände gibt.

Doch genug hievon.

Lächerlich ist es oft, die heitere, überfröhliche Emma ihr gegenüber sich bemühen zu sehen, Bänder und Kleider und Stickereien und dergleichen geltend zu machen. Sie läßt sie in allem gewähren und ist stets mild und freundlich, und am Ende merkt doch das kleine, hocherrötende Trotzköpfchen, daß es widerlegt ist.

Ob es Angela ahnt, wie sehr ich sie liebe, weiß ich nicht, aber vermute es – nur in ihrer einfältigsten Natürlichkeit kennt sie gewiß den Stachel nicht, der ewig leise fortschmerzend mir im Herzen sitzt; denn es freut sie, in mir einen ihr gleichgestimmten Menschen gefunden zu haben, und als solchen liebt sie mich auch und zeigt es unverhohlen vor allen – selbst neulich, in einem Kreise von Frauen und Männern, reichte sie mir ohne Umstände die Hand, die keiner von den Anwesenden je zu berühren wagte, und sagte, daß sie sehr erfreut sei, daß ich gekommen. Ich merkte es deutlich, wie mitleidig man diese Ungehörigkeit mit ansah. Wir reden oft stundenlang miteinander, und sachte geht dann ein Tor nach dem andern von den innern Bildersälen auf; sie werden gegenseitig mit Freude durchwandelt; ganze Wände voll quellen vor und schwärmen, und wenn dann plötzlich manche Götterform vorspringt, längst gehegt, geträumt und geliebt im eignen Innern – und wenn nun das Doppelkleinod jubelnd hervorgezogen wird – und endlich immer mehrere und schönere derlei kommen, so steht auch in ihrem Auge ein so schöner Strahl der Freude, daß sie ihn vergißt zu bergen und ihn als arglos liebevoll in das meine strömen läßt. Das ist das Hohe einer naturgerecht entwickelten Seele, daß jenes kranke, empfindelnde und selbstsüchtige Ding, was wir Liebe zu nennen pflegen, was aber in der Tat nur Geschlechtsleidenschaft ist, vor ihr sich scheu verkriecht – und das ist der Adel der rechten Liebe, daß sie vor tausend Millionen Augen offen wandelt und keines dieser Augen sie zu strafen wagt.

Luciens Geist ist ihr am verwandtesten, oder vielmehr, es mögen es viele sein, jedoch sie wurden nicht wie diese zu ihr hinangebildet. Emma, wie sehr auch noch ein Kind, zeigt doch schon Spuren, wie unwiderstehlich das gelassen fortwirkende Beispiel eingreift. Daß man es wagt, in gewissen Kreisen, ja fast in allen, den Stab über Angela zu brechen, wirst du wohl begreifen; unserer weiblichen Zeit steht sie zu weit voraus – ja sogar, da nie ein starker oder gar sündiger Affekt an ihr sichtbar wird oder jenes Aufkreischen oder Herumspringen, was Natur und Lebhaftigkeit sein soll, so nennt man sie kalt, sie, in deren Auge allein, wenn es in irgendeinem Augenblick zum Verkünder ihres Innern wird, in einer Sekunde mehr Dichtungsfülle liegt als in dem Herzen anderer das ganze Leben hindurch. Diese Augen verrieten mir auch etwas, was ihr Mund bisher verschwieg – nämlich es ist mir außer allem Zweifel, daß irgendein Weh in ihrem Leben liegt und bei gelegentlicher

Erregung auf ihr Herz drückt; denn in eben diesen Augen sah ich schon ein paarmal, zufällig erregt, nur gleichsam durchgleitend und schnell bekämpft, einen tiefen, deutlichen Blick der Trauer und Wehmut, was um so mehr wirkt, weil sie sichtlich einen solchen Augenblick zu vermeiden sucht oder unterdrückt.

Ich forsche nicht; aber es erschreckte mich, als ich sie vorgestern abends am Apfelbaume lesend fand; ich war ungehört näher gekommen, und als ich sie grüßte, schlug ein erschrockenes Auge zu mir empor, das offenbar nicht gelesen hatte und das zu schnell in die größte Freundlichkeit überging.

Aber sei es genug – wer stellt mich auch zum Wächter ihrer Augen auf?

Eine Narrheit von mir muß ich Dir noch melden, lieber Titus. Wenn mir dieser Tage her irgendein Mann mit einem spanischen Rohre begegnet und dem Goldknopf darauf und ein westindisches Gesicht macht, so jage ich mir Schrecken ein, daß es bereits mein Nabob sei, mit dem ich zerfallen werde; denn Aston kündete ihn nun zuverlässig in „baldester Bälde“ an, und er werde auf meine Zukunft den entscheidendsten Einfluß haben. Ich verlange aber nicht im geringsten einen derlei Einfluß. Im übrigen muß der Nabob bald kommen und der Einfluß bald beginnen: denn sonst trifft er mich nicht mehr hier, da wir, Lothar und ich, unsere Gebirgsreise, von der ich Dir schon einmal gemeldet zu haben glaube, längstens in vierzehn Tagen antreten werden. Lebe wohl!

12. Vergißmeinnicht und Wolfsmilch

2. August 1834

Ich bitte Dich, bleibe bei Deinem Vorsatze und komme bald; denn ich brauche Dich hier, wie nie in meinem ganzen Leben. Zwei Dinge sind hereingebrochen, die alles ändern und alles zerbrechen. Lothar ist bereits zurück, und auf übermorgen ist der Postwagen nach Linz bestellt. Angelas Lehrer ist zurück – aber ich tat etwas und ich erfuhr etwas, das mich auf ewig um diesen ersehnten Menschen bringen kann und muß.

Ich bin in Verwirrung; aber dennoch will ich versuchen, Dir alles in der Ordnung zu schreiben.

Am dreißigsten Juli abends ging ich zu Aston. Sie waren alle in Dornbach, sollten aber jeden Augenblick kommen; ich ging ins Musikzimmer, um ihre Rückkunft abzuwarten. Angela saß am Piano, und aus der Abendröte strömte mir eine heitere Tonflut entgegen, als ich eintrat. Sie stand sogleich auf, da sie mich erblickte, und kam mir mit einem strahlenden Gesichte entgegen, meldend, heute morgens endlich sei ihr teurer Freund und Lehrer Emil gekommen und morgen nach Tische dürfe ich keinen Pinsel mehr berühren, sondern müsse gleich in Astons Garten erscheinen, da werde er, der Oheim und alles dasein, und sie müsse die Freude haben, zwei Menschen, wie er und ich, miteinander bekannt zu machen, „und ihr werdet euch", setzte sie hinzu, „im Fluge liebgewinnen und dann nie mehr voneinander lassen können; das weiß ich so gewiß, als es gewiß ist, daß ich schon über eine Stunde hier auf die böse Lucie warte."

Ihr Gesicht schimmerte recht im eigentlichen Sinne von innerer Seligkeit, und mein Herz war schlecht genug, den Menschen um die Freude in diesen Augen zu beneiden – siehst Du, wieviel besser sie ist als wir alle. – Hätte sie dies mein häßliches Gefühl nur von ferne geahnt, sie hätte gewiß ihre Freude mäßiger gezeigt – aber sie traut mir geradewegs ihr eignes schönes Herz zu.

O Titus! Jetzt, wie ich davon schreibe, quellen die Empfindungen jener merkwürdigen Stunde wieder in mir empor, jener Stunde, die ich hervorrief und ewig, ewig, ach, ewig nicht vergessen werde können.

Ich sagte ihr, daß ich recht gern kommen werde, setzte aber hinzu, daß die Bewillkommnung sehr bald in einen Abschied übergehen werde, da ich mit Freund Lothar in einigen Tagen eine Reise nach dem Glockner antreten werde. – Denke Dir, Titus, wie mir ward, da bei diesen Worten ihr Gesicht, noch eben leuchtend von der höchsten Freude, auf einmal mit Todesblässe überzogen wurde!

„Wie lange bleiben Sie aus?" fragte sie.

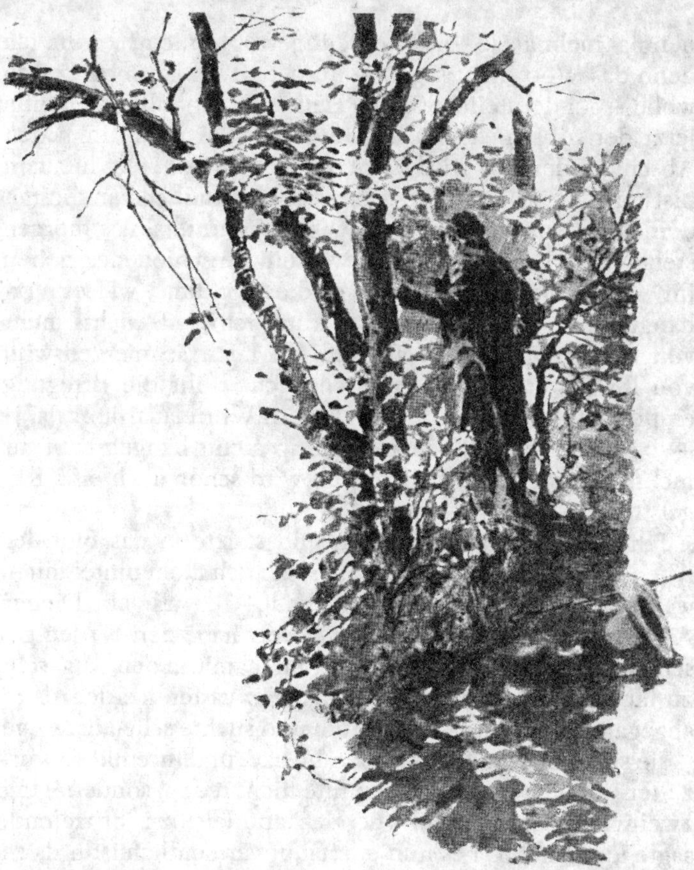

„Zwei Monate", sagte ich.

„Dann sind wir bei Ihrer Rückkehr schon in Frankreich", erwiderte sie leise, „in vierzehn Tagen gehen wir auf immer fort und werden am Jura wohnen."

Nun war der Schrecken an mir: ich starrte sie zu Tode betroffen an.

„Wußten Sie das nicht?" fragte sie.

„Ich nicht, sonst hätte ich die Reise verschoben."

Sie schwieg, und ich auch – es war ein peinlich schwüler Augenblick. Die Ankündigung meines Entschlusses, daß ich ja meine Reise aufgeben könne, hätte alles gelöst; aber es wollte schon so sein, wie es war. – Ich sagte nichts; mir wurde, als liebe ich sie seit einer einzigen Sekunde millionenmal mehr als je – ich begreife jetzt gar nicht, warum ich denn das Wort nicht sagen konnte, daß ich gar nicht reisen wolle – sondern eine Stimme lag in meinen Ohren: „Nimm jetzt den Abschied von ihr, in dieser Sekunde nimm den Abschied; denn es wird keine mehr kommen, wo du allein bist mit der geliebtesten, schönsten, freundlichsten Gestalt deines Lebens, die nun auf ewig, ewig untersinkt; morgen stehe ich wie ein Fremder, wie ein Geschiedener neben ihr" – – Ich weiß nicht: war es diese Stimme, war es Verhängnis, war es sonst etwas – kurz, ich weiß nichts mehr von dem Augenblicke, als daß ich mich schmerzenswild von ihr abwandte und dadurch auch in ihr die Erregung emporjagte – und daß ich die bittern Worte ausstieß: „Ja, ja – so ist es – ich sollte mein Herz an nichts hängen – an gar nichts; – – den in den Pyrenäen wird schon auch eine Kugel treffen; o gewiß – gewiß!"

Ich wendete mich nicht um und starrte in das Blut des Abendhimmels hinaus; sie regte sich auch nicht hinter mir – wahrscheinlich war sie erschrocken –, da trat ein Diener Astons herein und meldete, sein Herr habe den Wagen geschickt und lasse das Fräulein bitten, damit in den Augarten zu fahren, wo man sie am Eingange erwarten werde. Als er abgegangen, wandte ich mich um und suchte scheu ihr Auge – sie stand noch auf demselben Flecke, und ihre Blicke wurzelten auf dem Boden. Ich konnte nicht reden, sondern ging zweimal im Zimmer auf und ab; dann leise zu ihr tretend, sagte ich sanft: „Da es nun einmal unvermeidlich ist – da es doch einmal sein müßte, so gestatten Sie, daß ich Ihnen hier, wo wir allein sind, das Abschiedswort sage; denn vor den vielen Blicken vermöchte ich es nicht – –"

Da hob sie auf einmal die zwei Augen auf, groß und dunkel auf mich gerichtet und von etwas umdüstert, wie von einem schweren Schmerze – dies lockte plötzlich auch den ganzen Strom des meinen hervor. – Es ist ja eine alte Schönheit des Menschenherzens: Scheidende lieben sich am heißesten, und alles Schöne und alles Gute, was sie sich in langem Zusammensein getan, preßt sich in den letzten Augenblick – „O Angela", rief ich, „liebe, liebe Freundin; ich kann ja die Öde nicht fassen und nicht tragen, daß nun ein ganzes langes Leben vor mir liegt, in dem

Sie nicht sind – nicht mehr die holde Stimme, das liebe Auge, das gute Herz – Sie sind so gut, so gut – – und jetzt ist alles aus!"

Auch durch ihre ganze Gestalt ging eine Erschütterung und Abschiedswehmut, die immer wuchs und immer mehr ihr Angesicht entfärbte – aber schneebleich wurde sie plötzlich, und plötzlich wegtreten mußte sie, als ich die Worte sagte: „Waren Sie mir denn auch nur im kleinsten, nur im wenigsten gut, das heißt *anders* gut, als Sie es ja allen Menschen, selbst den bösen sind? – Ach, ich weiß erst jetzt, wie unaussprechlich lieb Sie mir gewesen – ach, so unaussprechlich lieb!"

Sie stand am Fenster in Unentschlossenheit und Tränen wankend – mir war vor Bewegung und Erregung alle Welt vergangen; nur das Glutauge der untergehenden Sonne war mir, als sähe ich es draußen zwischen den grünen Zweigen liegen und eine Gestalt mit Gold besäumen, die hier vor mir stand und mir so unermeßlich bedeutsam geworden war.

Ich weiß nicht mehr, wie kurz, wie lang diese Zeitlage dauerte – vor meinen Augen schwebt nur immer noch das so weiche, so gütige Angesicht der sonst immer so ruhigen Gestalt, das Angesicht, mit dem sie sich zu mir umwandte – die verhaltnen Tränen waren hervorgebrochen, sie aber trocknete dieselben schnell und sagte mit gesammelter Stimme: „Ich weiß es ja erst seit einer Minute, was ich weiß – gegen Sie muß ich aufrichtig und wahr sein; Sie sind es auch immer gegen mich – ich weiß nicht, ist es gut, was ich tue, ist es nicht gut; aber ich folge meinem Gefühle, das mir sagt, ich müsse es tun: Ich gebe Ihnen gern, gern mein Herz, und ich will Sie lieben, solang ich lebe." Sie hielt einen Augenblick inne; dann aber, gleichsam erleichtert, setzte sie noch die Worte hinzu: „Ich mußte es sagen, da es so ist und da Sie fragten; aber da es nun gesagt ist, so dürfen Sie auch für alle Zukunft darauf bauen."

Ich stand sprachlos bei ihr; in die großen, schönen Augen waren wieder Tränen getreten, und freiwillig, ohne Ziererei und gütig durch die Tränen lächelnd reichte sie mir die Hand, nach der ich schüchtern langte – ich beugte mich darauf nieder und drückte meine Lippen darauf: sie aber, welche meinte, sie müsse nun recht treuherzig gegen mich sein, legte unbeholfen ihre andere Hand auf mein Haupt – ich glaubte, wir haben beide in jenem Augenblicke gezittert.

Ich weiß nicht, wie es war; nur daß ich, ihre Hand immer fester gegen mich ziehend, fast erstickt sagte: „Wie, wie nur in der Welt kann ich dieses Glück begreifen und verdienen? O Angela, o Braut, o Gattin!"

Sie zuckte bei diesem Worte auf, und sich sanft losmachend, sprach sie sehr ernst: „So muß es ja auch sein – so muß es sein, ich werde gern und mit Freuden Ihre Gattin werden; aber es ist noch ein Mensch, dem ich alles sagen muß – und er ist gut, so gut, wie Sie sich kaum vorstellen können; auch er wird sich sehr darüber freuen. Morgen werden wir wieder davon sprechen."

O Titus! Du ahnst nicht, wie selig dieses reine Gold der Natürlichkeit in meine Seele floß. Es öffnete sich ein weites Paradies vor mir, und hatte ich jemals in meinem Leben einen Himmel zu erwarten, in jenem Augenblicke war er mein.

Einige Minuten standen wir noch nebeneinander am Fenster und sahen in das Abendrot, das langsam ausbrannte, und sprachen nichts; dann, als wieder, gleichsam mahnend, der Diener eintrat, nahm sie ihren Hut und sagte, sie wolle nun in den Augarten fahren, aber ich möge sie nicht dahin begleiten; denn sie würden sonst wieder sagen, das habe sich nicht geschickt. Ich führte sie an den Wagen, und da ich ihr sagte, daß ich meine Reise ganz aufgeben wolle, freute sie es sichtlich, und die Hand noch nach ihrer Art herausreichend, sagte sie: „Kommen Sie nicht später als um vier Uhr." Dies waren ihre letzten Worte, und dies war ihr letzter Blick – wer hätte damals gedacht, daß es das Letzte in diesem Leben sein werde! Noch schwebte der Blick vor meinem Auge, und noch klingen die Worte in meinen Ohren.

Ich will versuchen, Dir das Ende noch zu schreiben, wie es sich begab.

Ich ging, da mir das letzte Rad ihres Wagens entschwunden war, vor die Stadt ins Grüne. Ich war wie ein Träumer, wie ein Trunkener, fast nicht ertragend das ungeheure

Glück – und als ich schon zu Hause war – als ich ohne Licht auf meinem Sofa saß, malte ich mir dieses Glück noch seliger in die finstere, wimmelnde Luft.

Oh, ich Tor! ich Tor!

Auch am andern Tage, als ich erwachte, mußte erst einige Zeit verfließen, ehe ich es mir wieder stückweise klarmachen konnte, was seit gestern mit mir geschehen.

Es war erst vier Uhr; ich aber stand auf und dachte, ich wolle den Morgen im Freien genießen. Mein Weg führte mich in den Park von Schönbrunn, alle Zweige hingen voll Morgengetön der Vögel, und ganz fern über den Karpaten stand der sanftblaue Duft eines Morgengewitters, und die Luft versprach etwas mehr als einen ungewöhnlich schönen Tag.

Du kennst den Obelisk im kaiserlichen Garten; hinter ihm erhebt sich eine kleine buschige Wildnis, die ich sehr liebe. Deshalb lenkte ich meine Schritte dorthin – es war kaum fünf Uhr morgens vorüber; in dem ganzen Parke war kein einziger Mensch zu sehen als nur die Schildwache am Schlosse. Rechts vor dem Obelisk ist eine nachgeahmte römische Ruine um ein melancholisches Wasserbecken herum, in welchem allerlei bunte Tierchen und Wasserpflanzen schwimmen. Vor diesem Wasser sah ich zwei Menschen stehen, einen Mann und eine Frau; sie standen mit dem Rücken gegen mich, als blickten sie ins Wasser; aber bald erkannte ich, daß sie miteinander sprechen. Ich dachte, sie hätten wohl auch die Morgenstunden gewählt, wie ich, um einsam zu sein; deshalb wollte ich sie nicht stören, sondern schlug den Seitenpfad ein, der zur Brunnennymphe führt, um von dort in meine Wildnis hinauf zu gelangen. Aus Neugier blickte ich von oben herab noch einmal durch die Zweige auf das Paar und fand es in der traulichsten, süßesten Unterredung stehen, ja, er legte einmal sogar beide Hände auf ihre Schultern und zog sie sanft gegen sich. Von den Angesichten konnte ich nichts sehen, weil meine Richtung gegen sie zu schief war. Er zeigte von rückwärts eine schöne Gestalt, ganz in Schwarz gekleidet; seine Bewegungen waren so fein, als gehöre er den höchsten Ständen an; von ihr sah ich nur Teile des weißen Kleides, da er sie mir fast ganz deckte.

Einen Augenblick nur hätte es noch bedurft, und ich wäre weitergegangen; aber gerade in diesem Augenblicke hob sie ihr Haupt empor und zeigte mir durch eine Wendung ihr volles Gesicht, und denke Dir, es war Angela!

Ich weiß nicht mehr, wie mir wurde – ich weiß es eigentlich noch nicht, wie mir ist – aber ich will jede Empfindung wegweisen und nur erzählen, was sich weiter ergab. In meiner Jugend geschah es einmal, daß ich mit einem Messer im Spiele meinen Bruder in die Seite stach, und als sogleich ein dunkler Blutbach das Kinderhemdlein netzte und der rote Fleck riesig weiterwuchs – damals verzweifelte ich, hielt mich für einen Mörder und wurde ohnmächtig – später, als der Bruder verbunden und ich geweckt war, fragte man mich, wie mir gewesen, und ich konnte es in meiner Kindereinfalt nicht anders ausdrücken, als daß ich sagte, das Herz sei mir stehengeblieben, der Himmel sei finster geworden und voll Regenbogen und hätte mich zusammengedrückt; aber das Herz habe auf einmal einen Stoß getan, und die Regenbogen seien verschwunden. Gerade so, mein Titus, war es mir in diesem Augenblicke wieder. Ich erinnere mich deutlich, daß ich eine Zeit gar nichts sah als Farben, und auch den Stoß des Herzens spürte ich deutlich, wodurch die Farben verschwanden. Als sich die Gegenstände vor meinen Augen wieder lösten und sich begrenzten, standen auch die zwei Gestalten wieder da – ich sah klar die großen, schwarzen, schönen Augen, mit denen sie ihn so aufrichtig anschaute, wie gestern mich. Es half kein Sträuben: sie war es.

Jetzt redete er, und sie sah ihn unverwandt an; dann redete sie, und er horchte – dann schien es wieder, als schwiegen sie und schauten rätselhaft in das Wasser, wie ich sie gefunden hatte. Ich mußte eine Sekunde die Augen schließen – dann öffnete ich sie wieder. Sie hatte das Antlitz jetzt weggewendet, und auch von der bloßen Gestalt war es, als flösse noch der ganze betörende Zauber nieder und die Hoheit und die Unschuld, womit sie mich besiegt hatte. An ihm war, wie ich schon gesagt habe, jene Art Herrschaft und Sicherheit der hohen Stände. – Einmal streckte er den Arm aus; sie schmiegte sich etwas näher gegen ihn und bog das Hinterhaupt zurück, wie eine, die emporschaue; er aber krümmte mit Feinheit den ausgestreckten Arm zurück und endete damit, daß er die Hand auf ihr Haupt legte, gleichsam mit Zärtlichkeit die gescheitelten Haare streichelnd, denn sie war barhaupt, und der wohlbekannte Strohhut hing an ihrem linken Arme. Dann wendeten sie sich; ich sah noch ihre Hand in seinem Arme liegend – ein dichtbelaubter Ulmenast stellte sich dann zwischen mich und sie – dann sah ich noch weiße Kleiderstückchen zwischen dem Baumgitter schimmern und dann nichts mehr. Ich blickte noch länger, aber die Stelle blieb leer, und es war, als sei der ganze Garten leer. Der weiße, einsame Obelisk zeichnete sich gegen die dunkelblaue Wand des Ostgewitters, das indes langsam heraufgezogen war – es war schwül geworden – kein Vogel sang mehr in dem Parke, und ich drückte meine Stirn fester gegen den Stamm der Akazie, an der ich saß.

O Titus, ein Gefühl, so häßlich, daß ich mich fast verachtete, kroch in mir herauf – aber dennoch war es, als riefe jede Ader in mir, das Gefühl sei gerecht!

Ich blieb sitzen an der Pyramide und brütete, wie der Vormittag, der sein Gewitter braute. Nicht ein Hälmchen rührte sich, und der ganze Garten wartete gedrückt; über ihm stand schwer niederhängend die Wucht stummer, warmer, dicker Wolken, die sich rüsteten und mit leisen Regungen durcheinanderschoben. Mein Auge starrte entzündet hinauf, und dem Herzen taten ordentlich die armen kleinen, glänzenden Flöckchen weh, die aus dem dunkeln Knäuel vorhingen – gleichsam gerettete schöne Kindheitsgedanken in einem dumpfen Herzen –, und immer dicker und schwerer wurden Luft und Wolken; im fernen Osten ging in schiefen Streifen schon der rötlich graue Schleier des Regens nieder – da kam der Wind geflogen und der Donner, rollend über alle Wipfel des Gartens; große Tropfen fielen, und somit löste sich die Stille am Himmel und auch in mir. Ein frisches Rauschen wühlte in den Bäumen und mischte Grün und Silber durcheinander, und in mir raffte sich ein fester, körniger Entschluß empor und gab mir meine Schnellkraft wieder, nämlich der Entschluß, sogleich abzureisen. – Fahre wohl, Armida, dachte ich, fahre wohl! Ich ging nach Hause; ein prachtvoller Regen rauschte nieder, und ich freute mich, je toller er um meine Schläfe rasselte und je nasser ich wurde.

Den Rest des Tages, als ich mich umgekleidet hatte, verbrachte ich mit Packen, war abgesperrt und ließ niemanden zu mir. Den Lothar hatte ich beredet, daß wir am andern Tage, das ist *heute* abreisen. Von der Familie Aston nahm ich schriftlich Abschied, weil ich Angela dort zu treffen fürchtete. Ich sagte in dem Briefe, daß mich am letzten Juli um fünf Uhr früh am Obelisk zu Schönbrunn etwas betroffen habe, was es mir unmöglich mache, ihn persönlich zu sehen. Bei meiner Zurückkunft werde sich vielleicht manches aufklären; an die liebe Lucie und Emma gab ich viele Grüße auf.

Noch eins muß ich Dir melden. Anselm Ruffo, ein Bekannter von mir, ein kalter philosophischer Geselle, begegnete mir zufällig auf der Straße und hing sich an mich und sagte mir nebst vielem andern, ich möchte mich in acht nehmen mit meinem weiblichen Umgange; denn das Mädchen, dem ich sehr viele Aufmerksamkeiten erweise, sei stadtbekannt als die Geliebte des Engländers Grafen Lorrel. Ich dankte ihm kühl für die Nachricht – sie war mir nun fast gleichgültig.

Und nun, Titus! Wenn Du Deine Herreise beschleunigen kannst, so tue es, ich bitte Dich, tue es; ohnedies bangt mir oft sehr für Dich, wenn ich von den Abscheulichkeiten lese, die der spanische Bürgerkrieg[14] erzeugt. Lebe wohl für heute! In München triffst Du Briefe, die Dir sagen, wo Du mich findest. –

Abends um 8 Uhr

Es wird doch heute ewig nicht zehn Uhr, welcher Glockenschlag mich endlich aus dieser Stadt bringt. Alles ist geordnet; Lothar geht herum Abschied nehmen, und ich gehe schon tausendmal in meinem Zimmer auf und ab. Nun, es wird ja doch auch verhallen und verklingen, wie so vieles verhallte und verklang. Nur daß das kindische Herz sich so mag aufregen und sich von seinen Wallungen Ewigkeit vorspiegeln, und weiß es doch, wie noch jede Bewegung desselben ausschwang und verging. Oder hat eine Entzückung über eine Seele vor der über die A-Symphonie etwas voraus? Sind nicht beide bloß Werke der Schönheit? Ach Gott, die A-Symphonie *blieb* schön!! Siehst Du, das ist's, daß es Ideen geben darf, glänzend und höchsten Adels, und daß sie so höhnisch dürfen mißhandelt werden. Getäuschte Liebe, geäffte Anbetung ist ein altes Märchen – doch darüber sich zu härmen ist kläglich und schwach –, aber es gibt einen größern Schmerz, den Schmerz verlorner Seelen, und der meine wäre derselbe, wenn ich sie auch nur bloß gekannt hätte – etwa als Mutter, Gattin – und dann den widrigen Flecken an dem Wunderwerke gesehen hätte. Wenn blaue Lüfte, duftige Berge, schöne Wolken in meinem Auge schweben – wenn der Donner und die Flötenstimme an mein Ohr dringt – und dies alles Wahrheit außer mir haben darf: warum lügt das Herz in uns? – Wenn das wahr ist, was meinem Tiere zusagt, kann das höhnen, was mich vergöttert? Sie selbst, trotz der schnöden Mißstimmung, hat es mir wieder gezeigt, was uns das eigne Herz als künftigen unbekannten Himmelslohn verspricht, das muß wahr sein, es muß wahr sein – nur das *Suchen* kann in der raschen Trunkenheit verfehlt werden. Somit – fahre wohl!! In zwei Stunden geht es auf den Postwagen und dann in Gottes urewige, schuldlose Berge.

13. Purpurrotes Fingerhütlein

Linz, 3. August 1834

O Titus! was sind denn eigentlich drei Tage? – und welche Macht haben sie auf den Menschen! – Zürne nur nicht; ich weiß alles, was Du sagst, und habe Deinen Rat befolgt, ehe Du ihn gabst. Wenn ich Dich in der Stadt Linz getroffen hätte und Du hättest alle meine frühern Tagebuchsblätter gelesen gehabt, so wäre Dein Rat, nicht wahrscheinlich, sondern gewiß dieser gewesen: „Albrecht, gehe auf die Post und gib den letzten Pfennig dafür her, daß man dich eiligst nach Wien befördere – dann tritt vor sie und sage: ‚Ich bin ein gehetzter Tor gewesen und drei Tage lang ein schlechter Mensch.'"

So geschieht es auch: ich bin in kindischer Raserei nach Linz gefahren, und nun ist der Postwagen wieder bestellt;

morgen um fünf Uhr gehe ich mit ihm nach Wien. Lothar ist einverstanden und wird acht Tage in Linz warten, bis ich selber wieder komme oder ein Brief. Er weiß alles und erschrak fast über die Rücksichtslosigkeit meines Verfahrens. Erst einen Tag vorher sagte sie die Worte: „Da es nun gesagt ist, so dürfen Sie für alle Zukunft darauf bauen", und ich glaube schon am andern Morgen darauf den Ratschlägen der bösesten, blindesten Leidenschaft mehr als der ganzen klaren Sittlichkeit ihres Wesens, die mir so lange vorlag – einer Leidenschaft, die berühmt ist wegen ihrer Roheit und ihrer Trugschlüsse. Sie, an allem, was gut ist, so weit über mir, gab sich mir als Braut und vertraute mir, mir unbedeutendem Menschen, der ich noch vor wenig Tagen jeden Mann für sie zu schlecht hielt – und in der ersten Probe sinke ich schon so schmachvoll tief. Ich schäme mich, so knabenhaft gehandelt zu haben. Eifersüchtig zu werden, alle Welt vor den Kopf zu stoßen und auf und davon zu fahren! Setzen wir den Fall umgekehrt: Was würde sie getan haben? Entweder sie hätte gar nichts gesagt oder etwa, warum ich so geizig bin und eine Freundin, die ich so lieb habe, ihr vorenthalte; es wäre ja schöner, wenn ein Mensch mehr im Bunde sei, der sich unsers Lebens und Strebens freue. Ich will des Todes sterben, wenn sie nicht so gehandelt hätte. Ich kann es nicht tragen, ach ich kann es nun nicht tragen, bis der Fehler gutgemacht ist – es war ja nicht Mißtrauen, Mißtrauen war es nicht, nur ganz blinde, sprudelnde Eifersucht, und es soll das erste und letzte Mal sein, daß ein solch böses Ding in mein Herz kam – es überraschte mich, und in der gänzlichen Neuheit der Sache wußte ich mich nicht zu nehmen. O Titus, die Reue ist noch nagender als die Eifersucht selbst; hilf mir nur die Stunden ertragen, die noch bis zur Abfahrt sind – ach, und erst die zwanzig langen Stunden der Fahrt!! Indes will ich die ganze Nacht an diesem Tische verschreiben, um mich anzuklagen. Auch verstandeslos war ich ganz und gar – ist es denn nicht sonnenklar, daß es ihr hochverehrter Lehrer war, mit dem sie die Morgenstunde wählte, um ihm alles zu sagen – ihr Freund, von dem sie es gar nicht erwarten konnte, mich ihm zu zeigen – wie sie jubelte, wie wir uns verstehen und lieben werden? –

Und nun! und nun!! daß er sie umarmte? Tun Bruder und Schwester das nie? Führen es nicht auch andere Verhältnisse herbei? Als ich einmal der Braut eines meiner Studienfreunde auseinandersetzte, warum er sie verlassen mußte, und als sie über die bösen Verleumdungen, die sein Herz von ihrem trennten, im ausgelassensten Schmerze verging: nahm ich sie da nicht, selbst gerührt, in die Arme, drückte sie an mein Herz, faßte ihre Hände, tröstete sie und versprach, alles ins Gleichgewicht zu bringen? Wie töricht nun, wenn er auf diese Umarmung wäre eifersüchtig geworden!

Endlich, jeder Erscheinung gehen ihre Zeichen vorher und nachher, und jede Erscheinung muß umringt sein von Nachbarn und Verwandten. Nie steht die glühende Abendwolke einzeln und geschnitten an dem Scheitel des blauen Mittaghimmels. Eben so ist dieser vereinzelte Verrat mitten in ihrem andern Leben eine Unmöglichkeit, ein Unding, eine Ungereimtheit. Wie mußte sie meine Roheit befremden und schmerzen, sie, die mir gestern alles gab! – – Und die Zeit, die Zeit geht so langsam. – – Aber so ist es, wenn uns einmal der Nebelgeist der Leidenschaft und Unvernunft umdüstert: die nächsten Mittel erkennen wir nicht mehr. Was harre ich auch des Eilwagens? – Was hindert mich denn daran, sogleich ein Fischerschiffchen zu mieten und soviel Ruderer dazu, als hineingehen? Der Mond steht am Himmel, das Wasser geht voll – wie oft hört ich sagen, solche Leute können in einer Nacht von Linz nach Wien fahren – – ich tu's, ich tu's!

14. Ginster

Linz, 8. August 1834

„Wer des Drachen Zähne säet, der hoffe nichts Erfreuliches zu ernten." Es ist alles aus, und ich bin selbst schuld daran. Ich dichtete mir einst am Traunsee ein schönes Tuskulum, aus dem jede Äußerung roher Leidenschaft Verbannung nach sich zieht – jetzt habe ich mich selbst durch solche Leidenschaft von einem schönern Tuskulum verbannt. Sie muß eingesehen haben, daß sie sich in mir irrte – und sie hat sich auch geirrt.

Ich mietete die Rudersmänner; sie flogen beinahe mit mir die Donau entlang, und ich war schon um acht Uhr früh des vierten August in Nußdorf und um neun Uhr in Astons Wohnung. Er allein war zu Hause. Auch ihn habe ich fast verloren. Es ging mir tiefer zu Herzen, als ich je ahnte, wie ich bemerkte, daß selbst dieser Mensch, sonst die lautere Güte gegen mich, nun ernst und scheu und kalt war – aufgeschreckt aus seinem Glauben an mich. Er erzählte ruhig und ohne Vorwurf, daß Angela mit ihrem Lehrer die Morgenstunde gewählt habe, nach Schönbrunn zu fahren; auch die Tante und die Schwester sind dabeigewesen; nur gingen sie entfernter, und da habe sie ihm ihr Verhältnis zu mir geoffenbart. Desselben Tages abends war alles in seinem Garten, und man wartete vergeblich auf mich, und als er, in der Besorgnis, ich sei krank, einen Diener sendete, so habe dieser meine Wohnung verschlossen gefunden. Mein Abschiedsbrief habe alles aufgeklärt. Angela habe fast einen halben Tag geweint, dann aber sich aufgerichtet und gebeten, man möge ja nur recht bald abreisen. Sie selbst packte mit großer Ruhe und Stille ihre Sachen, und gestern sind sie alle nach Frankreich abgegangen. Nur die Diener packen noch einige Dinge und folgen ihr nach. Sie hat von mir kein Wort mehr gesprochen. Lucie und Emma sind in Preßburg.

Ich schleuderte die zwei glühenden Funken, die mir bei seinem Berichte in die Augen stiegen, seitwärts und schüttelte ihm heftig die Hand, sagend, daß ich gewiß nicht so schlecht sei, als alles scheine, und daß ich nun in die Gebirge gehe. Etwas freundlicher durch meine unverkennliche Reue, fragte er um meinen Reiseplan, und ich sagte ihm denselben – und als ich fortging, küßte er mich wohl wieder, aber nicht so herzlich als sonst, wenn ich nur auf einige Tage verreiste.

Und nun sitze ich wieder in derselben Stube meines Gasthofes in Linz, von der ich vor kurzem mit solcher Glut und solchen Hoffnungen nach Wien geflogen – aber alles ist aus – und wie anders, wie anders als noch vor zwei Tagen ist mein Herz! – Es ist aus, es hat sich beruhigt; aber *wie* beruhigt? Gleichsam gelassen entzweigedrückt liegt es in der Brust. – Die Natur, das einzige Unschuldige, ist freundlich wie immer – meine Fenster gehen auf den Landungsplatz und die Donau. Der Tageslärm ist verstummt, durch die Fenster schwimmt die laue Augustusnachtluft herein und krümmt mein Licht, an dem ich schreibe, und trägt das Rauschen des Stromes mit herein und sein Plätschern an den Schiffen, die beiliegen. – Drüben schlummert das Mondlicht auf den alten Waldbergen des Mühlkreises, und die Lichter der Vorstadt Urfahr strekken lange, rote, zitternde Säulen in das Wasser. So still und mild ist alles draußen, als sei ringsum lauter Glück. Es ist auch ringsum; nur hie und da geht einer in der Welt, der sich durch Ungeschick das eigne Herz zerquetschte. Von heute an will ich ein guter Mensch werden, so gut, daß nicht ein Tierchen von mir leiden soll. Es freut mich von ihr, daß sie den Freund, an dem sie sich geirrt, entschlossen beiseite stellte und den Schauplatz ihrer Torheit schnell verläßt. Ihr Herz geht gewiß noch schöner aus dieser Prüfung. Schade, daß ich selbst das schöne, wiewohl unwahre Bild, das sie sich von mir gemacht haben mag, so grell zerstörte! Wer einmal Selbstmord versuchte, der geht hinfüro unheimlich unter den übrigen Menschen herum, und wer sich vor reingesitteten Wesen einer wilden Leidenschaft überläßt, der begeht sittlichen Selbstmord und erregt die Furcht, daß er wieder einmal dasselbe Spiel beginne – und Liebe, das zarte Gewebe aus Vernunft und Sitte, zerstört er ja ganz natürlich durch solch Beginnen, ganz natürlich!

Morgen geht die Reise von hier über Steier, wo wir mit zwei Reisegefährten, ältern Bekannten von mir, zusammentreffen werden, mit denen ich eigentlich diese Reise schon längst verabredet hatte. Ich werde Dir von Zeit zu Zeit aus einem und dem andern Orte ein Blättchen senden; aber es wäre recht lieb und schön von Dir, wenn Du viel eher kämest, als Du vorhast.

Kennst Du nicht ein Lied von Justinus Kerner: ‚Das Alpenhorn'? Es ist, wie einer immer, wo er geht und steht, das Alpenhorn seiner Heimat leise, leise klingen hört und es ihn mahnt, als müsse er sogleich nach dem Elternhause aufbrechen – eben wird es in einem Zimmer neben dem unsrigen von einer außerordentlich schönen Männerstimme gesungen – ach! Mancher hat eine Heimat, an die ihn ein ewig tönendes Alpenhorn erinnern wird; aber er vermag sie nicht mehr zu erreichen, ach, nicht mehr zu erreichen. Wo in Zukunft etwas Gutes und Schönes für mich erblühen wird, werde ich es zusammenfließen lassen mit ihrem schönen, geliebten, schwer gekränkten Bilde, und dieses Bild werde ich treulich durch mein ganzes Leben tragen. Es ist gut, daß Lothar um mich ist, dieses kräftige dichterische Herz – – es wird schon alles gehen!! Lebe wohl, lebe tausendmal wohl!

15. Liebfrauenschuh

Aussee, 15. August 1834

Es ist heute Sonntag und auch nicht mehr viel davon übrig. Ich will ihn größtenteils zum Schreiben an Dich verwenden. Wir fuhren von Steier bis Kirchdorf, um von dort abends im Mondscheine nach Scharnstein zu gehen. Die zwei andern Begleiter unserer Reise sind ein junger Doktor der Arzneikunde, Josef Knar, und Isidor Stollberg (kein Verwandter der Grafen). Wir blieben fast einen ganzen Nachmittag in Kirchdorf. Lothar malte das Kremstal, und Isidor und ich saßen im Schatten der Apfelbäume bis fünf Uhr; da kam Lothar wieder, und der Aufbruch wurde beschlossen; aber es fehlte der Doktor. Auf der Kegelbahn war er gesehen worden; auch in der Wirtsstube, im Hofe, selbst im Stalle – und jetzt war er nirgends zu finden. Erst um sechs Uhr kam er mit leuchtenden Augen und erzählte, daß er beim Wirte Brunmaier gewesen – ein Reisewagen habe ihn hingelockt, der auf der Gasse stand und prächtig war. Eine blutjunge Dame mit nur einem Diener habe im Wirtsgarten gewartet, bis ihre zwei Begleiter, die zu gewissen Eisenwerken in das Tal gegangen waren, zurückkamen – mit dieser Dame habe er bis jetzt streiten müssen und habe sich in sie verliebt. Der Doktor ist ein drolliger, sehr lustiger Mensch. Er ahnt nicht im leisesten mein schweres trauriges Herz; er schwor daher lachend, er wolle den härtesten Eid ablegen, daß die Hexe Witz habe und unter den braunsten Haaren die dunkelblauesten Augen – ja, sie seien fast veilchenblau, was zwar gesetzwidrig sei; denn in der ganzen Zoologie kämen keine solchen vor; aber sie habe sie und sei selbst ein Muster der unfolgerichtigsten Unlogik.

In Scharnstein – ich habe Dir einmal gesagt, daß ich einen Menschen habe, der mir überall begegnet – einen Engländer hieß ich ihn –, in Scharnstein saß er in der Wirtsstube, als wir eintraten. Ich erschrak fast über diese seltsame Laune des Zufalls, später aber knüpfte ich sogar ein Gespräch mit ihm an und fand ihn gar nicht so übel, und als er unsern Reiseplan erfuhr, so trug er sich zum Begleiter an, wenn wir es nicht übelnähmen. Es wurde einmütig angenommen.

Wir brachen zeitlich morgens auf, natürlich alles zu Fuß. Lothar wird von Stunde zu Stunde herrlicher: wie die reine Alpennatur in seine Seele fällt, so breitet er sie himmlisch aus auf seiner Leinwand. Jede Studie, von der man meint, sie sei die beste, wird von ihrer Nachfolgerin übertroffen – und er wird schwärmerisch begeistert für die Berge und Wolken und Seen, wie für eine Jugendgeliebte.

Ein schöner Augenblick war es am Freitag nachmittag, da das kleine Tal von Habenau skizziert wurde. Der Platz ist wunderbar lieblich: eine heitergrüne Wiese in sanften Wellenbildungen, rechts ein dunkler Wald, hinter dem eben eine Wolke zwei schneeweiße Taubenflügel heraufschlug – vor uns die wunderlichen Felsen des Almseegebirgs und links tief zurück der große und kleine Briel, die lichten Häupter in finstrer Bläue badend – kein Lüftchen – blendender Sonnenschein. Nach drei Stunden Malens stand Lothar auf, und seine Wangen glänzten, wie die eines verschämten Knaben. Alle waren entzückt; nur der Engländer sah auf das Blatt, ohne eine Silbe zu verlieren. Wir blieben noch lange und tranken aus unsern Reiseflaschen. Der Doktor blies auf seiner Stockflöte, Isidor lag im Grase auf dem Rücken und breitete die Arme auseinander. Der weiche, stille, heiße Sommernachmittag hauchte nicht und drückte sich tiefblau in seine Berge nieder. Endlich gingen wir weiter zu den Ufern des Almsees und an ihm fort bis zum Seehaus.

Ich konnte nichts malen und werde es wahrscheinlich auf der ganzen Reise nicht tun können; denn der große, der drückende Schmerz über mich und das Mitleid mit ihr, der unschuldig Gekränkten, liegen wie Bergeslasten über meine Brust gedeckt und sehen mich aus der Natur an, als hätte sie ein dunkleres Trauergewand angelegt. So saß ich auch, als wir uns in dem Seehause eingerichtet hatten, wo wir über Nacht bleiben wollten, und als alle wieder auf Spaziergänge fort waren, so saß ich auch vor dem Hause auf der Bank und sah diese Berge an, die ich unter ganz andern Umständen zu sehen hoffte. Sie standen da in müder Tagesruhe, und das späte, kühle Nachmittagslicht lag auf ihnen, sachte aufwärts glimmend. Im See schliefen die Wellen, und in der Luft das Echo. Italien fiel mir ein und Indien und Griechenland und Amerika, und die ganze schöne Kugel und die Meere darauf und die Palmenwälder – und daß ich all das nie in meinem Leben werde sehen können.

Mein Reisedurst brannte, wie so oft – ich stand nun auch auf und ging von dem Seehause fort ins Ungewisse herum und senkte mich in meine Träume. Die Natur hielt Abendfeier, das Sonnenlicht schritt nur noch auf den höchsten Spitzen, die Luft ward immer wellenloser und stiller – ich ging südwärts gegen die Felsen – da war es, als ob das Echo, das tausendfältig in diesen Bergen schläft, traumredete und etwas wie Glockentöne lallte; aber Glocken können hierher ihre Klänge nicht senden, da der Ort tief einsam im Gebirge liegt – ich ging immer weiter weg von dem Hause. Es gibt eine Stille – kennst Du sie? –, in der man meint, man müsse die einzelnen Minuten hören, wie sie in den Ozean der Ewigkeit hinuntertropfen. – Eben von ewig fortpolternden Städten gekommen, wurde mir diese Stille fast gespenstig, und ich war erleichtert, als endlich gegen Abend in der Dunkelheit ein leichter, kühler Hauch an mein Gesicht wehte und sich zwei Blätter an einem Schlehenstrauche neben mir rührten, aber ohne zu flüstern. Ich ging spät in das Haus zurück. Sie hatten schon zu Abend gegessen und mich und den Engländer vergeblich erwartet.

Gleich nach uns sind noch zwei Fremde gekommen, und diese und die andern sind alle auf den See hinaus. Den Engländer glaubte man bei mir. Ich ging auch wieder fort, und als ich gegen den See kam, konnte ich sie nicht erblikken, weil es schon zu sehr dämmerte. Ich stieß einem Jäger auf, der mir sagte, er warte auf den Vollmondsaufgang. Ich wollte nun dasselbe tun und legte mich zu ihm ins Gras und ließ mir von ihm erzählen, und wie sich seine Gebirgsmärchen, gleich Zitherklängen, entwickelten, schaute ich träumend in die phantastische Dunkelheit, in der die Gebirge hingen, in immer stillere und größere Massen schmelzend, und auf den See, der stets starrer und schwärzer ward und nur hie und da mit einem schwachen, ungewissen Lichtchen aufzuckte. Und immer tiefer sank Berg und Tal und See in die dunkle, schlummerige Luft vor mir zurück – eine unsägliche Wehmut war in meinem Herzen – der Jäger schwieg endlich auch, und ich hörte jetzt deutlich Lothar und des Doktors schöne Stimme von dem See her gedämpft singen – dann einen Pistolenschuß und das darauf folgende Gewitter des Echo, das die Berge und den See im Finstern durcheinanderwühlte und in Kreisen rollte und sich mäßigte und beschwichtigte und ausmurmelte; sein Verzittern machte mir die Landschaft nur noch unbeweglicher, wie einen schwarzen Klumpen, der in zackiger Linie den silbergrauen Himmel abschnitt. „Seht einmal auf den Röllberg", sagte mein Nachbar und zeigte mit dem Finger in die Nacht hinaus. Ein lichter Schein stand unten an dem bezeichneten Berge – die Mondesaurora war es; ich glaubte, er selber werde jetzt aufsteigen; aber nur der Schein klomm längs der steilen Kante des Felsens, der ordentlich schwarz gegen diesen Schimmer stand, bis der Mond endlich gerade auf dem Gipfel des Steines wie ein großes Freudenfeuer emporschlug zu dem Himmel, an dem schon alle Sterne harrten. Er trennte sich sodann und schwamm wie eine losgebundene blitzende, weißglühende Silberkugel in den dunklen Äther empor – und alles war hier unten wieder hell und klar. – Die Berge standen wieder alle da und troffen von dem weißen niederrinnenden Lichte, das Wasser trennte sich und wimmelte von Silberblicken, ein Lichtregen ging in den ganzen Bergkessel nieder, und jedes feuchte Steinchen und jedes tauige Gräschen hatte seinen Funken. Auch das Schiff der Freunde erblickte ich jetzt, und ein vierstimmiger Männerhymnus begann darauf, und der Gesang wogte gedämpft, ein Echo schleifend, von dem See herüber und zog sich dann ferner und verklang – dann ein mattes Jauchzen – das Rollen ferner Pistolenschüsse, und dann wieder die Mondesstille.

Ihr Auge, dieser schöne Mond ihrer Herzenssonne – wo mag dieses nun aufblicken zu seinem Schwestergestirne des Himmels? Oh, ihr schönen Felsen und du, schimmerndes Firmament! Was ist zwischen heute und jenem Abende vor zwölf Jahren, als ich das erste Mal an diesem Ufer stand, ein unschuldiger Jüngling voll ungebändigter Hoffnungen und ein unerschöpfliches Weltmeer von Vertrauen in dem Herzen! – – Wie viel hat sich seitdem geändert – wie viel habe ich geirrt, gesündigt und gebüßt, und wie scharf einsam bin ich heute gegen das Wogen und Wallen von Gestalten, die mich damals umgaben! Aber ein Rest ist geblieben, ein Boden, auf dem die Blumenphantasie gestanden: die feste, schönheitsliebende Seele ist geblieben – und manch schönerer Blumenwald kann einst wieder daraus emporsprossen – er kann ja noch sprossen!

„Geht schlafen, lieber Herr“, sagte plötzlich der Jäger zu mir, „Ihr habt morgen einen weiten Weg, und es wird heiter und heiß sein – ich verlasse Euch, da mir der Mond schon hoch genug ist.“

Ich schlafen gehen? Dazu war ich viel zu bewegt. Ich ging den See entlang, von dem jetzt Ruderschläge herkamen und bald darauf das Schiff der Freunde. Isidor sprang heraus und jubelte und sagte, es sei eine Götternacht, und der Doktor bedauerte mich, daß ich nicht mit zu Schiffe gewesen; an diesem einen der zwei angekommenen Fremden habe er einen wahren Fund getan; er singe einen unvergleichlichen Tenor; der sei noch immer abgegangen; Lothars Stimme sei doch nur ein Bariton; nur schade, daß die Zither, die der Fremde mitgebracht, in der Eile in dem Hause vergessen worden sei. Sie gingen alle dem Hause zu – ich nicht; denn wo sie ihr Schiff anlegten, bemerkte ich ein zweites kleines; mit diesem wollte ich ganz allein auf den See hinausfahren. Ich band es leicht los und stieß ab.

Nun wurde es weit um mich – die Berge traten zurück und standen groß da in lichtnebligen Schleiern und sanft in träumerischer Magie, und ich schwamm auf dem schönen, glatten, flimmernden Elemente, und bei jedem Ruderschlage rann flüssiges Silber um mein Schiffchen. Aus dem Seehause schallten noch die Reden meiner Reisegefährten, die schlafen gingen, und als es immer mehr und endlich ganz still geworden und der Mond schon fast im Scheitel seiner blauen Halle stand, da hörte ich wieder zu meinen Häupten das leise seltsame Läuten: aber es war, als fielen nur einzelne Töne unendlich fern aus der Luft – dann schien es von dem See zu kommen, dann von den Felsen – dann schwamm es wieder hoch am Himmel – ich ließ das Ruder sinken und das Wasser an dem Schiffchen aussäuseln und horchte hin – keine Glocke, eine Zither war es; die Laute kamen von einem schwarzen Punkte aus dem Wasser; nur das Echo hatte mit den Klängen so wunderbar gespielt. Ich fuhr so leise als möglich näher; die Töne wiegten sich und schwollen und wurden ein Gewimmel, und plötzlich sang eine Männerstimme darein. Ich erkannte die Melodie: es war die Schubertsche über das Seelied von Goethe – deutlich kamen die Worte her: „Wie ist Natur so hold und gut, die mich am Busen hält" . . . Ich irre nicht: es war dieselbe Stimme, die das „Alpenhorn" von Justinus Kerner sang. Mein Kahn war noch im Zuge und glitt ohne Rudern näher; ich konnte jetzt dem Gesange Wort für Wort folgen und folgte mit steigendem Herzen:

> Aug, mein Aug, was sinkst du nieder?
> Goldne Träume, kommt ihr wieder?
> Weg, du Traum, so Gold du bist;
> Hier auch Lieb und Leben ist.

Ich konnte nicht anders: ich ließ die Tränen in die Augen steigen, daß der Mond zitternd und zerblitzend drinnen schwankte – oh, mein Traumgold war heute auch schon längstens wiedergekommen – ich vermochte es aber nicht wegzuweisen und zu sagen: „Hier auch Lieb und Leben ist." Das Lied ging fort und wurde groß und fromm, erschütternd einfach, wie im Kirchenstile vorgetragen – ich regte mich nicht in dem Kahne; aber als es geendet und nur noch die Zithertöne, dieser wahre Kuhreigen der Oberennsischen Alpen, fortdauerten und hüpften und zitterten, im Wechselgesange mit der Alpentochter Echo: fuhr ich rasch näher und erblickte einen Kahn, wie meiner war, und drinnen saß der Engländer, oder vielmehr er lehnte vor einem Brette, worauf er die Zither hatte. Seine Ruder lagen bei ihm auf dem Schiffe, das bei der Stille des Wassers auf einem und demselben Punkte stehenblieb. Als er meiner ansichtig wurde, streute er gleichsam noch ein paar Hände voll Töne wie Goldkörner über den See und sah mich schweigend an, der ich seinem Gesichte fast auf Spannenweite nahe gekommen war. Ich war sehr verlegen, was ich sagen sollte, als ich das wirklich schöne Angesicht, vom Mondlichte beschienen, fragend auf mich geheftet sah. „Herr", sagte ich endlich, „ich störe Sie wohl? Sie genießen schön diese ausnehmend schöne Nacht."

„Sie stören mich nicht", antwortete er, „ich dachte mir wohl halb und halb, daß Sie oder Disson auf den See herausfahren würden. Als ich nämlich meinen Kahn ablösete, sah ich, daß an der Stelle noch mehrere angebunden lagen, die vielleicht andere benützen könnten. Die Zither, die ich hier habe, gehört gar einem ganz fremden Menschen, der sie im Seehause liegengelassen hatte, als alle auf das Wasser hinausfuhren, um zu singen, ich nahm sie; denn in solch schöner Nacht, dachte ich, dürfte sie nicht zu Hause bleiben. Auf Sie war ich beinahe gewiß gefaßt, daß Sie kommen würden."

„Auf *mich* waren Sie gefaßt?" fragte ich erstaunt.

„Ja, auf *Sie*", sagte er, „und daß ich aufrichtig bin: ich erwartete Sie sogar hier. Ich kenne Ihre Gemütslage, ich will nicht zurückhaltend sein – da Sie nun wirklich da sind, so lassen Sie uns hier den ersten Handschlag geben, wo uns nicht die Augen all dieser Menschen umgeben." – Bei diesen Worten reichte er die Hand über den Bord seines Schiffes herüber und fuhr fort: „Wir kennen uns eigentlich schon lange; ich bin der Freund, ich könnte sagen Bruder eines Wesens, das Sie vor nicht langer Zeit sehr liebten."

„Emil?" rief ich.

„Ja, Emil", antwortete er.

„Und Sie suchten mich?" fragte ich in höchster Spannung.

„Ich suchte Sie“, erwiderte er.

Wie von einer freudenvollen, schmerzensvollen Ahnung durchflogen, sprang ich auf und wäre im Schaukeln meines Schiffchens bald in das Wasser gestürzt.

Dann mit einem Sprunge war ich in seinem Kahne, und wir lagen uns in den Armen – ich fast in ein krampfhaftes Schluchzen ausbrechend – er mich fest und lange an seine Männerbrust drückend.

Endlich ließen wir los und blickten uns in die Gesichter – zwei Menschen, die sich lange suchten, geistig längst berührten, ja sich liebten und sogar körperlich schon kannten und nun sich so seltsam fanden.

„Da ich Sie nun gefunden“, fing er wieder an, „so lassen Sie mich eine freundliche Bitte tun: Fassen Sie Vertrauen zu mir – und die ersten Tage keine Frage um Dinge in Wien.“

Schon sein Erscheinen und Aufsuchen war Seligkeit und Freude für mich, und ich schlug gerne ein. Und nun erzählte er mir, daß er gleich erkannt, eine unverstandne Wallung habe wahrscheinlich ein sonst rechtes Herz beirrt – er habe mich gesucht; er habe sogar in Linz eine Nacht im Zimmer neben mir geschlafen, ohne es zu wissen, und erst von Aston habe er brieflich erfahren, daß ich in Wien gewesen, was ihn außerordentlich erfreuet und mich gerechtfertigt habe; von Aston endlich habe er meinen Reiseplan erfahren, und infolgedessen habe er mir in Scharnstein vorgewartet.

„Also sind nicht alle nach Frankreich?“ fragte ich.

„Nein“, antwortete er, „wir wollten es. Aber da ich immer gewohnt bin, über keinen zu urteilen, ehe ich ihn kenne; ferner, da die Sache so viel auf das Spiel setzte, so beschloß ich – wenn man es auch aufdringlich nennt –, Ihnen nachzureisen, um da zu sehen und zu schauen, wo die andern absichtlich blind sind. Ich mußte Sie ja suchen, wie den Stein der Weisen“, fuhr er lächelnd fort, „vor meiner Abreise war ich mit Aston gewiß zehnmal bei Ihnen, ohne Sie je zu treffen.“

„Der Nabob?“ fuhr ich heraus.

„So heißt mich Aston immer wegen meiner ostindischen Geburt“, erwiderte er.

„O Gott! o Gott! wie das alles einfach gewesen wäre", rief ich, „und wie es jetzt geworden ist!"

„Lassen Sie nur das", sagte er, meine Hand nehmend, „ich liebe Sie schon lange und recht von Herzen ..."

„Ich habe Sie verehrt", unterbrach ich ihn.

„Daran taten Sie zuviel", sagte er, „und die Quelle, die unsere gegenseitigen Gefühle vermittelte, mag wohl beiderseits ein wenig parteiisch gewesen sein. Lassen Sie nur jeden Kummer, und geben Sie der jungen Freundschaft ein kleines Recht; die Verzeihung von einer andern Seite wird wahrscheinlich viel leichter zu erhalten sein als von Aston und mir. Jetzt lassen Sie uns zusammen ein Stück reisen – und vertrauen Sie mir ein wenig."

„Ganz und mit vollem Herzen!" rief ich aus.

„Amen", sagte er, „und nun reisen wir zusammen und lernen auch unsere Fehler ein wenig kennen. Vor allem ist einer gutzumachen, nämlich Ihren Kahn aufzusuchen, den Sie beim Überspringen in mein Schiff weggestoßen haben."

Sohin nahm er ein Ruder, und ich auch eines. Der Kahn war bald gefunden und an den andern angehängt, und dann unter verschiedenem Gespräche fuhren wir fast noch eine Stunde auf diesem Zauberspiegel herum und gönnten unsern Seelen Frist, so nach und nach die ersten Fäden gegenseitiger Bekanntschaft anzuknüpfen.

O wie schön, und wie anders als vor zwei Stunden, stand der Mond jetzt am Himmel, sich neigend gegen die Felsen, die im Abend standen – herabsehend auf ein erleichtert Herz und ruhig silbern fortglänzend, weil sich alles und jedes auf der Erde friedlich lösen müsse – und sei es auch in dem Grabe!

Nach Mitternacht gingen wir schlafen, und auch hier im engen Zimmer floß das milde Licht und zeichnete auf dem Fußboden das ruhige Fensterkreuz. Ich schaute es so lange an, bis die Mohnkörner des Schlummers auf mein Haupt fielen, meine Mutter, meine ferne Schwester als Traumgestalten ein-, zweimal vor dem schon halb verhüllten Gehirne vorübergingen – und dann der feste, ruhige Schlaf kam.

Um vier Uhr weckte uns der Führer, und siehe, noch einmal sah ich den heutigen Mond, der mir so lieb geworden war. Auf einem gezackten Blocke des Westen lag er vor dem Tag erlöschend, während im Morgen die Röte flammte und auf dem See die langen Elfenstreifen von weißen Nebeln woben. Bis wir frühstückten, uns ankleideten und rüsteten, hatte die Sonne schon alles ins Klare gebracht, und der junge Tag blitzte freundlich auf allen Bergen. Ich wunderte mich, daß der See so klein sei; das zauberische Nachtlicht hatte mir alles in seinen Schleiern auseinandergedrückt und vergrößert. Ich schaute mit frischem Morgengefühl noch einmal den Schauplatz der vergangenen Nacht an und prägte mir das Bild dieses liebgewordenen Sees in mein Herz, um es lange nicht daraus zu lassen.

Von dem sogenannten lustigen Örtl sahen wir den See noch einmal, dann rückwärts alle Berge bis Spital. Die andern warfen Grüße und Küsse zurück; ich sah auf das Auge des nächtlichen Sängers – es lag in mildem Ernste über der Aussicht und war freundlich. Lothar malte, die andern sangen. Es ist eine mächtige tote Wildnis, durch die wir gingen, ein Steinmeer, und am ganzen Himmel kein Wölkchen; kein Hauch regte sich, und der Mittag sank blendend und stumm und strahlenreich in die brennenden Steine. Die zwei Fremden, die vom Almsee bis Aussee mit uns gehen wollten, sind Studierende, und der eine hat in leichtsinniger Lustigkeit an himmelblauem Bande seine Zither umhängen und geht singend und pfeifend durch das Geklippe. Wir wissen bereits, daß er in Wien ein Liebchen hat, das ihm das blaue Band gegeben.

Um acht Uhr waren wir in Aussee.

Obwohl körperlich beschwerdevoll, war es doch geistig ein schöner Wandertag gewesen, der hinter mir lag. Viele tausend Berührpunkte fand ich an Emil und konnte freudig anknüpfen. Alle jene Einfachheit, aller Ernst und alle Glut, die ich an ihr so liebte, ist auch in ihm, aber noch, schien es mir, natürlicher und freier herausgebildet – selbst Lothar erschien etwas weiblich gegen ihn, und die Studenten scheuten ihn, wie einen Professor.

Vor großer Ermüdung gingen wir sehr früh schlafen und beschlossen, den andern Tag, eben den heutigen, hier zuzubringen. Nach dem Frühstücke sahen wir bei den Fenstern auf eine Art Platz hinaus; es war wieder schön, ja der

Himmel hatte ein noch blaueres Sonntagsgewand angetan, und die Sonne strahlte festlich geschmückt. Der Platz vor dem Hause war sauber gekehrt, auf der Bank unten saß ein uraltes Mütterchen, schön angezogen, wie ein Kind, das man sonntags putzt; ein nettes Mädchen ging vorüber, den Braten zum Bäcker tragend, und gegenüber vor einem Hause standen die Leiterwagen in einem Winkel geschoben, und der Hahn stand darauf und krähte seinen Morgenruf hinaus. Landleute in ihrem Feiertagsanzuge kamen, und aus den Tälern erschienen geputzte Älpler. Um neun Uhr gingen wir alle in die Kirche und wohnten dem Gottesdienste bei. Nach demselben, als die Landleute vor der Kirche standen, und die Frauen nach Hause trachteten, und geschmückte Mädchen herumsahen, und der Pfarrer vorüberging, und alles die Hüte abtat: da mahnte es mich heimwehmütig, weil mir einst in meiner Eltern Tale das alles so tief feierlich erschienen war. Als wir noch aus den Fenstern sahen, so erblickten wir durch die ruhigen Gefilde überall die heimkehrenden Kirchgänger und sonntäglichen Gruppen, die an den Bergen klommen. Meine Reisefreunde gingen nach dem Essen alle zu dem Grundelsee – ich nicht, weil mir unwohl wurde und ich mich ein wenig auf das Bett legte. Es wurde bald besser, und ich schlief ein. Als ich erwachte, saß Emil an meinem Bette. Ich war befremdet, daß er sich meinetwegen das Vergnügen versagte, da selbst meine Freunde meinen Zustand unbedenklich fanden. Er heftete die schönen Augen auf mich, indem er sagte: „Wir sind uns ja nicht fremd; aber ich hätte es auch gegen einen Fremden getan – ja, in einem Walde Amerikas pflegte ich einmal einen fremden Hund, bis er genas – und dann freilich nicht mehr von mir ging. Übrigens sind die, die mit Ihnen sind, Ihre Freunde nicht, sondern nur Bekannte, außer Lothar, dessen schöne Blumenseele Sie sich bewahren müssen."

Als ich aufgestanden war, schrieb er Briefe und ich das vorliegende Blatt an Dich, bis es sehr spät abends war.

Eben kommt alles von dem Grundelsee zurück. Es soll sehr schön gewesen sein. Man fuhr auf dem See und tanzte sogar im Seehaus. Der Wiener Studiosus dichtete ein Lied und trug es aus dem Stegreif vor, dann sangen sie ein Männerquartett auf dem See; der Doktor verschoß ein Pulverhorn voll Pulver – und ans Heimgehen dachten sie erst, als, wie Lothar sagte, See und Felsen im Abende loderten und ringsum das klangreiche Lullen und Jauchzen der Sennerinnen hallte und auf dem Elm ein Freudenfeuer brannte.

16. Baldrian

Hallstadt, 17. August 1834

Emil eröffnete mir auf dem Wege von Aussee nach Hallstadt freiwillig, daß, wenn ich meine Reise abkürzen wolle, alles, was noch von Besorgnis in meinem Gemüte sei, sich viel kürzer ins klare bringen lasse. „Augenblicklich will ich umkehren", sagte ich, „der Großglockner hat bei meiner innern Unruhe jeden Wert für mich ohnedies schon längst verloren."

Nur eine Woche, bat er, solle ich ihm in Hallstadt schenken; er habe diese Bitte einer eigensinnigen Person versprochen, die er mir bald vorführen werde und die mich auch wolle kennenlernen.

Wir kamen früh genug in Hallstadt an, um die Einladung Emils annehmen zu können, mit ihm in der Gosaumühle zu essen. Er, Isidor, der Doktor, Lothar und ich fuhren in einem Kahne dahin. Auf der Gasse vor der Mühle stand ein schöner Reisewagen, und der Doktor behauptete sogleich, es sei derselbe, den er in Kirchdorf gesehen habe. – In demselben Augenblicke hüpfte eine grüngekleidete Dame aus dem Hause, und mit den Worten „Gott grüße dich, Emil!" nahm sie unsern Begleiter schlechtweg bei dem Kopfe und küßte ihn herzlich – und als sie auch uns grüßte, denke Dir meine Überraschung, war es dieselbe Dame, die ich einst mein Griechenbild von St. Anna nannte, dieselbe schöne, blauäugige Dame, deren Angesicht ich oft in der Annenkirche studierte und die ich nachträglich einmal in Haimbach mit Emil sah – also war die andere Verschleierte damals ohne weiteres niemand anders gewesen als Angela und die alte Frau die Tante.

Wie der Witz des Zufalls zuweilen spitzig sein kann!

Emil stellte uns die Dame als seine Schwester vor. Sie verbeugte sich schelmisch gegen den höchst verlegenen Doktor. Ein ältlicher Mann kam mit umgebundenem Speisetuche heraus und rief unter uns: „Na, da sind sie, aber du hast lange warten lassen; gestern den ganzen Tag saßen wir hier, und das sind vermaledeite Berge. Du mußt einen andern Wagen schaffen."

„Oheim", entgegnete Emil, „wir fahren ohnedies für diesmal nicht tiefer in die Berge. Natalie will nur, daß wir ein bißchen in Hallstadt verweilen."

Natalie grüßte uns alle noch einmal als Reisegefährten des Bruders, und dann ging es an das Mittagsessen und an das Plaudern, und jeder sagte nach Tische dem andern, daß ihm die junge Dame ausnehmend gefalle.

Nachmittag fuhren wir in zwei Kähnen nach Hallstadt zurück und richteten uns in unsern Zimmern ein, so gut es ging. Lothar wird Punkte des Sees malen.

19. August

Verzeihe, daß ich zwei Tage an diesem Blatte nichts schrieb: es war keine Zeit. Manche Wienerin würde es übelnehmen, daß eine junge Dame mit den glänzendsten braunen Haaren, dem tiefsten, schwermütig funkelnden Augenblau und dem edelsten Gesichte, das noch dazu voll lauter Blüte und Huld ist, – daß diese Dame so allein (nur ein Mädchen hat sie zur Bedienung) mit jungen Männern im Gebirge herumgehen kann; aber Natalie tut das alles so schön und einzig, daß man es ganz in der Ordnung findet; überhaupt ist sie, wenn es möglich wäre, die zweite Ausgabe von Angela, dieselbe schöne sittliche Grazie und, ich glaube fast, dieselbe Bildung. Wir vergingen die ganzen zwei Tage buchstäblich im Freien in den Gebirgen.

23. August

Es ist bereits der sechste Tag, daß wir in Hallstadt sind. Emil hat Instrumente in dem Wagen gehabt und stellte manchmal physikalische Versuche an, während der Doktor und Isidor das Echo müde singen. Der Doktor bleibt immer noch hier, weil er in Natalie wirklich verliebt ist, und Isidor, weil ihm die ganze Sache Spaß macht.

Lothar ist nie bei uns. Er malt den ganzen Tag und bringt von seinen einsamen Wanderungen jeden Abend himmlischere Bilder. Er ist ordentlich verwandelt in dieser schönen Bergwelt; sein Angesicht ist verklärt, sein ganzes Wesen klingt und schwebt, und er spricht nie anders als in Bildern.

Gestern abends vor Schlafengehen reichte mir Emil die Hand und sagte: „Wir sind im klaren, Bruder; schenk dem Eigensinne der Schwester noch ein paar Tage." Er nennt mich öfter scherzweise du, aber ich kann es nicht über das Herz bringen, ihn im Ernste darum zu bitten.

O Titus! mir ist seltsam im Umgange dieser zwei Menschen, die so einzig trefflich sind. Emil ist überall hoch und schön, wie eine große ruhevolle Alpe: sie säugt Kräuter und Blumen, trägt wehende Wälder am Busen und das leuchtende Gletschersilber – doch weiß sie's nicht, und über ihr Haupt ist das schöne zarte Duftblau der Anmut ausgegossen. Natalie ist dasselbe, nur als sei es noch durchsichtiger, wie von einer Seesfläche zurückgespiegelt. In Wien, umgeben von den hunderttausend Lastern und Torheiten der Leute, war ich oft selbst nicht gut; in diesen Landschaften, unter diesen Menschen wird mein Wesen immer klarer und fester, und selbst der sanfte Schmerz, der noch immer in dem Herzen sitzt, steht verschönernd drinnen, wie jene Träne, die man oft mitten in Kristallen findet.

Wenn es dem Doktor gelänge, Natalie zu gewinnen, so hat er in seiner Blindheit den Stein der Weisen gefunden. Er mag es fühlen; denn er wird immer scheuer gegen sie. Wir sind noch immer in Hallstadt, und es ist, als sollte das so fortwähren. Nicht eine Silbe sagte noch Natalie von Angela, und ich kerkere die Sache in meine Brust, wie in ein ehernes Schloß. – Lebe wohl! Morgen wieder zwei Zeilen.

24. August

Heute morgens nach neun Uhr saß ich mit dem Fernrohre auf dem Hallstädter Kirchhofe und sah hinunter auf den See. Er warf nicht eine einzige Welle, und die Throne um ihn ruhten tief und sonnenhell und einsam in seinem feuchten Grün – und ein Schiffchen glitt heran – einen schimmernden Streifen ziehend. – Ich richtete das Rohr darauf und sah – es war, als träume ich – Aston mit seinen Mädchen sah ich. Fast ein Hinabstürzen war es von der Kirche in den Ort, und eben stiegen sie alle aus – der alte Herr in meine Arme, jubelnd, freudevoll – Emma, lachend, sprang herbei und sagte, daß sie in ihrem ganzen Leben noch auf keinen Menschen so zornig gewesen sei als auf mich – und Lucie reichte mir lächelnd die Hand und schwieg und war freundlich wie immer. Sie sind in Ischl und werden noch vier Wochen dort bleiben. Wir traten alle in die obere hölzerne Gaststube, die die Aussicht auf den See bietet, und nun ging es an ein Fragen und an ein Erzählen und an ein Essen und Trinken – *und kein Wort von ihr.* Im Anschauen dieser geliebten Menschen und Freunde wurde mir Angela wieder so heiß lieb wie in jenen schönen Tagen, ja, noch unendlich heißer und sehnsuchtsvoller; es ist, als könnte ich nicht leben, ohne sie nur einmal noch zu sehen. Jede Miene, jeder Laut, jeder Blick zog eine Reihe jener eingesunkenen Tage hervor, die so tief und so selig zurückstanden, als lägen schon Jahre dazwischen – aber heute kamen sie, alle jene Tage, wieder und standen so lieb und allbekannt vor meinem Herzen.

Hundertmal wollte ich fragen, und hundertmal vermochte ich es nicht. Sie mußten mir es in den Augen lesen, aber keines erwähnte ihrer. Ja, als es endlich Abend geworden und sie alle abfuhren und mich recht freundlich nach Ischl einluden, überwältigte mich fast der Unmut; ich ging auf unser Zimmer, und in tiefem Schmerze lehnte ich die Stirne an das Fensterkreuz und starrte hinunter. – Der letzte Abend verglomm auf den Bergeshäuptern, und an ihren schwarzen Wänden hing bereits die Nacht. „Ist Ihnen unwohl?“ fragte eine unsäglich sanfte Stimme hinter mir. Emil war es, der schöne Mensch, und nie glichen seine Augen so sehr denen eines Engels. – „Nichts ist mir“, antwortete ich, „als ihr tut mir alle zu sehr weh.“ – „Wir werden es nun nicht mehr tun!“ sagte er sehr sanft und bat mich, ihn auf einer Nachtfahrt auf dem See zu begleiten, und dort trug er mir das brüderliche Du an. Als wir zurückgekehrt waren, gab ich ihm mein Tagebuch, weil ich ihm von nun an völlige Offenheit schuldig zu sein glaubte.

25. August

Der gestrige Abend hat eine Folge gehabt, die alles löste. Natalie bat mich heute, sie ein wenig in das Strubtal zu begleiten; dort aber bat sie mich um Aufmerksamkeit, sie müsse mir etwas erzählen, das lang sei – und dann erzählte sie mir folgendes:

„In den blutigsten Tagen der Französischen Revolution floh nebst vielen andern auch Eduard Morus, aus Boston gebürtig, weil ihm Gefahr drohte, aus Paris, wo er handelshalber ansässig war. Er ging nach Ostindien, wo er einen Bruder hatte, und wurde dort zum reichen Manne. Seine Frau gebar ihm, nach langer kinderloser Ehe, hintereinander vier Söhne und zwei Töchter; aber nur der älteste Sohn und die jüngste Tochter lebten. Der Knabe war zehn, das Mädchen zwei Jahre alt, als Morus starb. Die Mutter, eine Pariserin, konnte ihr Vaterland nicht vergessen; deshalb, mit Hilfe des Bruders ihres verstorbenen Gatten, machte sie ihre Habe beweglich und ging nach Paris, das inzwischen ausgetobt hatte. Es war im Jahre 1817. Das neue Paris gefiel der alten Dame nicht mehr, und ein schönes Landhaus in den Cevennen sollte ihr Ruheplatz werden. Er wurde es; denn noch in demselben Sommer starb sie. Jetzt zog auch der Oheim sein Vermögen aus dem ostindischen Handel und ging nach Frankreich auf dasselbe Landhaus und verwaltete auch die Habe seiner zwei Bruderskinder als Vormund.

Der Knabe wurde bald mit einem Lehrer nach Paris getan, und das Mädchen erhielt eine Erzieherin. Als er zwölf Jahre alt war, geschah es, daß er mit seinem Erzieher auf der Reise nach dem Landhause in eine Schenke der Cevennen trat. Viele Leute gingen aus einer Kammer aus und ein und machten traurige Gesichter, und als er auch hineinging, sah er einen toten Mann liegen, mit jungem, blassem Gesichte und einer breiten Stirnwunde, aus der kein Blut mehr floß und die sauber ausgewaschen war. Über den Leib war ein weißes Tuch gebreitet. Als er sich erschrocken wegwendete, sah er auf einer zweiten Bank eine Frau liegen, bis auf die Brust zugedeckt; diese aber und das Angesicht waren weiß wie Wachs und wunderschön, nur in der Gegend des Herzens war ein roter Fleck, wo, wie sie sagten, die Bleikugel hineingegangen sei. Was aber den Knaben zumeist jammerte, war ein etwa zweijähriges Kind, das bei der Frau saß und fortwährend die weißen Wangen streichelte. Des Morgens hatte man sie etwa eine halbe Meile tiefer im Walde bei einem umgestürzten und geplünderten Wagen gefunden. Das Mädchen sei unverletzt unter einem Haufen schlechter Kleider gelegen und hatte ein sehr kleines goldnes Kreuzchen um den bloßen Hals hängen."

„Angela!" rief ich –

„Ja, unsere Angela!" erwiderte sie und fuhr fort: „Emil ging zu dem Mädchen und liebkoste es; da lächelte ihn die Kleine an und sagte Laute, die nicht französisch waren. Der Knabe begehrte das Kind mitzunehmen, und da man ihn und seinen Oheim kannte, so ward sie ihm ohne weiteres überlassen, bis sie von ihren Angehörigen jemand zurückfordere. So brachten die zwei Männer das Kind auf das Landhaus. Nie hat sich aber jemand mehr um die Waise gemeldet. Sie ward sofort meine Gespielin und der Liebling Emils. Sooft er auf Besuch da war, der oft Monate dauerte, lehrte er sie Buchstaben kennen, Blumen und Falter nennen und erzählte ihr Märchen. Sie horchte gern auf ihn und begriff wunderähnlich und liebte ihn auch am meisten. Dann sagte er ihr von fernen Ländern, in denen er geboren worden, und von den schönen Menschen, die dort wohnen. Auf einmal verlangte er selber nach Ostindien. Alle Werke über dieses Land, die er habhaft werden konnte, las er durch und entzündete sich immer mehr und mehr, ja, als er im nächsten Jahre von Paris kam, redete er zum Erstaunen des Oheims ziemlich gut die Sprache der Brahmanen. In demselben Jahre starb ein Handelsfreund in Calcutta, und dies machte eine Reise des Oheims nach Indien nötig. Emil jauchzte über den Tod des unbekannten Freundes, weil er mitdurfte. Die Mädchen kamen unter die Obhut der Tante.

Sechs Jahre blieb er aus, und als er zurückkam, war er ein Mann, stark und gütig. Auch das unscheinbare Kräutlein, Angela, war eine schöne Wunderblume geworden, so daß er betreten war bei ihrem Anblicke. Wir siedelten damals nach Wien über. Er unternahm nun ausschließlich unsere Erziehung und erzog sich selbst dabei. Er fing die Wissenschaften an und dichtete uns nebenbei indische Märchen vor, voll fremden Dufts und fremder Farben. Er predigte und lehrte nie, sondern sprach nur und erzählte uns und gab uns Bücher. Wir lernten trotz Männern. Die Dichter las er vor. So wurden wir uns nach und nach, wie die Jahre vergingen, immer gleicher und für Europa eine Art fremdländischer Schaustücke – aber das Herz, die Seele, glaube ich, hat er an den rechten Ort gestellt – nun, Sie kennen ja jetzt alle drei. Einmal ging er wieder fort und war zwei Jahre in Amerika. Als er zurückkam und Angela wieder herrlicher und schöner fand, so erkor er sie zu seiner Braut; aber er sagte nichts zu ihr, sondern beschloß, daß sie nun noch mehr als früher unter Männer, wo möglich bedeutsame, käme und etwa frei wähle. – Indes begann er sie immer mehr und mehr zu lieben, ja, er lebte recht eigentlich um ihretwillen – sie liebte ihn auch unter allen Dingen dieser Erde am meisten; aber Emil behauptete immer, sie liebe ihn als *Bruder.* Da ihm ihr Glück das Höchste war, so wollte er ihre Freiheit und Unbefangenheit nicht im geringsten beirren, sondern, um ihrem Herzen allen und jeden Raum zu geben, nahm er sich vor, nach Frankreich zu gehen, wo er ohnedies Vermögensgeschäfte zu ordnen hatte, und mich mitzunehmen. Ich sage Ihnen, es war der schönste Augenblick meines Lebens, da ich diesen herrlichen Menschen Abschied nehmend vor Aston stehen sah und ihn dringlich bitten hörte, er möge Angela lieben und schützen; er möge die besten und edelsten Männer in ihre Nähe führen, ob sie nicht einen wähle, der es verstände, ihres Herzens wert zu werden. Ich weinte; Aston tadelte ihn heftig, und da alles nichts half, so schlug er Sie vor. Emil billigte es, und wir reisten. Ich hatte sehr gezürnt, als wir zurückkamen und Angela in Schönbrunn alles erzählte – noch mehr zürnte ich aber, da ich Ihre Abreise und Heftigkeit erfuhr. – Alle waren wir gegen Sie, nur Emil nicht, und was auch wir alle – Angela war nie im Rate –, was auch wir alle über Aufdringlichkeit und über Wegwerfung sagten: er dachte anders und reiste Ihnen nach. – ‚Wen *sie* so lange geachtet hat', sagte er, ‚der verdient nicht, daß man ihn so behandle und ohne weiters wegwerfe.' Und so hat er Sie gesucht, so hat er Sie gefunden – und so ist er nun entschlossen, Ihnen sein Liebstes zu geben.

Nun aber verzeihen Sie, daß wir Sie so lange in Hallstadt aufgehalten haben; wir liebten Sie wohl schon früher, aber durch Ihre Eifersucht geschreckt, bat ich den Bruder, daß er mir erlaube, hieher zu kommen, damit ich doch auch mit eigenen Augen sähe, an wen er unsere Angela hingeben wolle. Ich las durch Emil Ihr Tagebuch, und dieses tilgte den letzten bösen Funken, der in mir war – wie Ihnen ja die heutige Unterredung zeigt. – Sie sind ein *guter* Mensch, das genügt mir: was Sie sonst sind, mag die Männer angehen. Das Tagebuch ist bereits an Angela abgesendet – zürnen Sie nicht, *ich* habe es so angeordnet; denn unter uns ist es Sitte, daß unbeschränkte Aufrichtigkeit herrscht. Emil ist der beste und stärkste Mensch. Er opferte freudig jeden Anspruch; er liebt Sie und will das Glück seiner *Schwester* gründen. Noch dürfte es Ihnen zum Verständnis dienen, daß mein Bruder der Graf Lorrel ist; Morus, Grafen von Lorrel waren unsere Vorfahrer, aber wir sind nur die Kaufleute Morus. In Wien ist man ohne unser Zutun dahintergekommen. Es wird Ihnen jetzt auch ein gewisser Satz Ihres Tagebuchs verständlich sein. In gewissem Sinne war sie immer Emils Geliebte.

Auch ihre Herkunft hat sich im vergangenen Sommer aufgeklärt, und Sie waren die eigentliche Veranlassung dazu. Sie ist die Zwillingsschwester der russischen Fürstin Fodor, der sie schon als Kind so ähnlich war, daß ihnen ihr Großvater kleine goldne Kreuzchen mit verschiedener Bezeichnung umhing, daß man sie unterscheiden könne. Die Fürstin wurde bei ihrem Großvater erzogen, dessen Liebling sie war und dessen Erbin sie werden sollte; Angela aber, die, wie wir jetzt wissen, eigentlich Alexandra heißt, blieb bei den Eltern und wurde auf jene unglückselige Reise mitgenommen, wo beide ein so trauriges Ende nahmen. Man hielt in Rußland Angela für tot, und erst im vergangenen Sommer, da die Fodor den Schauplatz des Mordes ihrer Eltern besuchte, ersah sie aus den dortigen gerichtlichen Angaben, *daß* und *wo* ihre Schwester lebe. Sie fuhr sofort nach Wien und setzte ihre Gesandtschaft in Bewegung, um die verlorne Schwester aufzufinden. Ihre Erzählung auf jenem Balle bei Aston, daß Sie die Fürstin im Paradiesgarten gesehen, daß Lothar sie gemalt habe, daß sie ein goldnes Kreuzchen trage, wie Angela, und daß sie ihr so ähnlich sei, hat zwar nicht ausschließlich das Erkennen bewirkt, wohl aber die Annäherung. Die Schwestern sahen sich in Wien, und es war dies ein bittrer Tag für Angela. Die Fürstin forderte, daß Angela hinfort den Umgang mit diesen Menschen abbreche, unter denen sie sich bisher ‚umtrieb'; ‚sie habe nicht weiter not, als aufgelesenes Findelkind bei derlei Menschen zu verbleiben, von Almosen zu leben oder etwa gar von einem noch schnödern Lohne.' Angela richtete sich gegen diese Worte auf und wies sie entschieden zurück, und da die Fürstin darauf beharrte, so weinte Angela wohl einige bittere Unmutstränen, aber entsagte, wie es in ihrer entschiedenen Natur liegt, lieber der neugefundenen Schwester, die solches forderte, als uns, die wir doch eigentlich die Verwandten ihres Herzens geworden sind. Sie wies auch jeden Antrag hinsichtlich des Vermögens von sich – sie hat auch nicht nötig, einen Anspruch zu machen; denn meine und Emils Habe wurde schon längst in drei gleiche Teile geteilt, und Angelas Teil ist ihr gerichtlich zugesichert, da wir ja alle drei Geschwister sind und es ewig bleiben wollen." Ihre Augen brachen in Tränen aus, als sie das sagte und hinzusetzte: „Morgen werden Sie sie sehen, und desto früher, je weiter Sie ihr entgegenfahren. Sie wird heute abends nach Gmunden kommen."

Ich war erschüttert und gerührt und bat sogleich, als wir zurückkamen, den Bruder Emil, mit mir aufzubrechen und nicht zu ruhen, bis wir heute noch Gmunden erreicht hätten. Er sagte es zu. Das Schiff steht bereitet. Lebe wohl!

17. Lilie

Hallstadt, 26. August 1834

Und nun habe ich meine Angela wiedergesehen, *auf ewig meine Angela!* Heute sind wir alle, Emil, Aston, seine Mädchen, Angela, Natalie, Lothar und ich, bis tief in die Nacht beieinander gewesen, und obwohl es spät ist, so muß ich doch noch ein Stück meines lärmenden, freudefunkelnden Herzens an Dich absenden. O komme nur, o komme nur – das sind Menschen!! Du fehlest noch, und die Häuser am Traunsee – dann wäre ja der schönste, einst so närrische

Traum erfüllt; das Schwerste ist überwunden, *die Menschen sind da!*

Nur in Kürze kann ich Dir etwas senden – in Genf wirst Du wieder ein Blatt finden, das letzte. – Dann eile mit Windesflügeln nach Wien.

Nun etwas von dem Wiedersehen Angelas. – O Titus! komme nur, daß Du sie sehen kannst, Du siehst die reinste, fleckenloseste Lilie!

Wir kamen abends in Gmunden an! Atemlos ging ich mit Emil die Treppe hinan auf ihr Zimmer – nur der beigegebene Diener war da und sagte, sie sei mit ihrem Mädchen längs des Sees gegen Altmünster gegangen. Wir gingen eilig nach – meine Augen fanden sie bald. Im gewohnten weißen Kleide wandelte sie langsam vor uns, das Antlitz auf den abendglühenden Traunstein gerichtet. Kaum zwei Schritte waren wir nur noch hinter ihr, als sie sich umsah – ach! ganz so schön, wie ich gedacht hatte, war ihr Benehmen – nur eine Sekunde stockte sie, dann *nur Freude,* die schöne, die herrliche Freude, der Schmuck des Menschenangesichtes, glänzte aus ihren Augen, als sie uns die Hände reichte – nicht eine Ahnung eines Vorwurfs in den heitern Mienen.

„Ich habe unrecht getan, Angela!“ sagte ich zitternd, indem ich ihre Hand hielt und in ihre Augen sah. Fast ihren Bruder vernachlässigend, wandte sie sich ganz zu mir; und meinem Blicke voll Sanftmut begegnend, sagte sie: „Nicht unrecht taten Sie, nur übereilt geurteilt haben Sie und sich recht viel Weh bereitet – ich will es durch noch mehr Liebe gutzumachen suchen, daß ich die Ursache war.“

„Nein!“ rief ich, „ich kann nur durch die grenzenloseste Liebe schwach vergelten, daß einmal bittere Tropfen durch mich in diese Augen stiegen – und, Angela, ich will es auch vergelten, solange in mir ein Hauch des Lebens ist.“

„Liebe verbricht nichts“, antwortete sie, „sondern nur der Haß – und Liebe vergilt nicht, sondern nur die Gerechtigkeit. – Liebe ist da, weil sie da ist, und beglückt so Geber wie Empfänger – ich bin erst recht glücklich geworden, als ich Sie so lieb gewonnen. Lassen Sie mir auch die Tropfen; sie waren nicht bitter – und ich gäbe sie jetzt durchaus nicht mehr zurück. Eines aber haben Sie zu büßen, daß Sie mir die Freude, die ich mir selbstsüchtig zubereiten wollte, verdarben; nämlich euch beide einander im Triumphe zuzuführen und zu sehen, wie Schritt um Schritt einer den andern an sich reißen wird – und nun kommen sie beide und haben am Almsee die schönste Nacht gefeiert, während die arme Schwester sich in Wien mit Ahnungen abquälen mußte: Wo werden sie jetzt sein, was werden sie tun, wieviel werden sie schon gesprochen haben, wie gefallen sie sich? . . ."

„Aber nun sei herzlich und tausendmal gegrüßt!" fiel Emil ein, „hier hast du beide, und betrachte sie nur, wie sie sich schon gut sind und es täglich noch mehr werden wollen, und nun gehen wir nicht mehr auseinander, Natalie und die Astons und wir und, geliebt es Gott, noch einer, nämlich Lothar – das soll ein schönes Leben geben, wie es in den Traunseehäusern gedichtet worden ist."

Ich errötete, weil mir einfiel, daß sie soeben mein Tagebuch gelesen habe. Sie fühlte es augenblicklich und sagte freundlich: „Wenn wir in den Gasthof kommen, werde ich Ihnen alle meine geheimsten Schriften einhändigen."

Der erste Augenblick war nun überstanden – wir gingen weiter den See entlang, und immer leichter und immer traulicher lösete sich das Band der Rede, bis alles war wie einst, wenn ich mit ihr manche Stunde so recht in den dichterischsten Schwärmereien herumwandelte. Emil war mir keine fremde Störung, ihr ohnehin nicht, ja es war, als gehörte er eben so, wie er ist, dazu. Die Reden wurden immer wärmer und begeisterter, und die Herzen gaben sich immer reiner und unverhüllter. Drei glücklichere Menschen mochten an diesem Abende gewiß nicht in den Mauern der reizenden Uferstadt gewesen sein. Wir gingen erst in unser Gasthaus, als schon zwei Sternenhimmel leuchteten, einer über, einer unter dem See. Als Emil und ich in unserem Zimmer waren, trat ich an das Fenster, das auf den See sah, und bat Gott sonst um gar nichts als: er möge mir die Gnade verleihen, diesem weiblichen Wesen ganz so vergelten zu können, wie sie es verdient. Ehe wir schlafen gingen, tat ich etwas, was seit Jahren das Albernste war, was ich erdenken konnte. Ich trat nämlich beklommen zu Emil und sagte, daß ich es für meine Pflicht halte, ihm zu eröffnen, daß meine Vermögensumstände geringe seien und ich seiner Ziehschwester daher nur ein sehr bescheidenes Los anbieten könne – und es drücke mich dieser Gedanke schon lange her – – –

Er sah mich befremdet an, dann sagte er lächelnd. „Da hast du dir einen netten Zopf in dem alten Europa geflochten und hängst ihn dir heute abends vor mir ehrbar an – und stehst da, daß ich dich auslachen soll! Nicht wahr, wenn du in den See fällst und ertrinken willst und ich ziehe dich mit äußerster Gefahr meines Lebens heraus, so dankest du mir, und es freut dich, und du erscheinst dir nicht gedemütigt – aber wenn ich sage: das Glück und der Fleiß meines Vaters hat mir so viel zugeführt, daß ich und andere ein schönes Vernunftleben führen können, wie es Gott nach unserer Lage fordern kann, und wenn ich sage, da liegt so viel übrig, daß wir es gar nicht verbrauchen können, bleibe da, gönne uns einen Anteil und Genuß an deinem Geistesleben, und verwende von dem, was sonst unnütz daläge, soviel du willst, zu immer weiterer Ausbildung dieses deines Geisteslebens – nimm Anteil an dem, was wir gesellig beginnen wollen, und an den Taten, wodurch wir das Reich des Guten zu erweitern streben wollen; wenn ich dieses alles sage, so sitzest du da und fühlst dich gedrückt – warum? weil sie alle ihr Leben lieber für den andern wagen als ihr Geld; weil alles mitteilbar ist, nur kein Vermögen – außer in Almosen –, und weil sie dieses mit Stolz und so geben, daß der Empfänger gedemütigt wird. Wenn ein Freund ein übermäßiges Vermögen mit dem andern dürftigeren Freunde teilt, so schreien sie, das sei eine ungeheure, schöne Tat – damit aber bekennen sie nur die ganze eingewurzelte Schlechtigkeit ihrer Selbstsucht. Haben dich die dreißig Dukaten deines Titus beleidigt? oder ihn und dich das, daß ihr euer Erworbenes in Hälften aneinander mitteiltet? Es hat euch nicht beleidigt, weil ihr euch zurückerstattet – also, wenn ich dich aus dem See gezogen hätte, dann müßte ich aus Zartheit hineinfallen, daß du mich wieder herauszögest? Wir sind *eine* Familie; dadurch, daß dich Angela liebgewonnen hat, trittst du in diese Familie ein, und diese Familie hat soundso viel Güter, und soundso viel fällt auf euch beide gerade in der Art, wie wenn du etwa eine Million von einem wildfremden Oheim geerbt hättest – oder fühlst du dich auch gegen den verblichenen Oheim untertänig? Nicht – weil Erben herkömmlich ist, anderes nicht. – – Daß Angela dir ihr *Herz* gab, das ist eine Gabe, das ist ein *reines Geschenk,* das du in Demut annehmen magst und wo du auf Vergeltung sinnen kannst, wenn es anders möglich ist, etwas so Hohes zu vergelten.

Ich verachte selbst den Mann, der, wenn er ein reiches Weib heiratet, sofort jedes Geschäft fahren und sich von ihr ernähren läßt – – aber wird dein Streben in all unsrer schönen Zukunft nicht weit mehr wert sein als das, was dir hier zufällig entgegenkommt? Doch genug, es ließ dir naiv; aber ich habe es von *dir* nicht erwartet, daß du mit dieser Last angefahren kommen wirst. Wir wollen es den Mädchen verheimlichen: sie müßten dich auslachen."

„So höre einmal auf!" rief ich aus, und in der Tat, Titus! es kam etwas Schamröte über mich, wie er die Dinge so gelassen einfach entwickelte. – Wie töricht weit sind wir doch in unserer Ausbildung schon in Unverstand und Unnatur hineingefahren!

„Lothar scheint derselbe Narr zu sein", fuhr er nach einer Weile fort; „er quält sich sichtbar ab – und dennoch, als der Doktor Natalien den Hof machte, konnte sie nichts Eiligeres tun als ihr Herz an die frommen, schönen Künstleraugen Lothars weggeben – ich habe es gleich bemerkt; er nicht, sondern er ringt und malt, und malt in jedes Bild deutlicher seine Liebe hinein. Nun, es wird sich finden. Dadurch, daß Natalie diesen Menschen wählte, hat sie ihrem schönen Wesen die Krone aufgesetzt, und dann, Albrecht, sollen deine Villen auferstehen, wenn anders Raum zu ihnen zu bekommen ist. Bringe nur bald auch den Titus."

Die Bemerkung über Lothar war mir nicht neu – ich hatte sie in der Stille auch schon gemacht, und mein Tagebuch muß ihm eher Vorschub als Abbruch getan haben.

Heute fuhren wir schon um vier Uhr früh über den See, in der Lambath wartete der Wagen, und wir verlebten alle den herrlichen Tag in Ischl.

Wir bleiben noch drei Wochen in dem Gebirge, und dann geht es wieder vorläufig nach Wien.

18. Gundelrebe

Wien, 18. September 1834

Ich muß Dir noch dies Blättchen senden, ehe ich Dich an meinem Herzen habe. Es freut mich etwas gar zu sehr. Aston hat es zwar allein geordnet, der Plan aber ging von allen aus. Mein Paphos, mein Eldorado, meine zwei Zimmer, wie ich sie einst dichtete, sind leibhaftig und in Wahrheit da. Aston, der vor Freude um volle dreißig Jahre jünger ist, und Emil holten mich heute in meiner Stube ab und führten mich hin. Diese Zeilen schreibe ich schon da. Die Staffelei, die Tropenpflanzen, die Bilder, die Statuen, die grauen Vorhänge, die Geräte, das Fernrohr (aber es ist ein Plößl)[15], alles, alles ist da, und wie ich so recht freudig war, wie ein Kind, und dem guten, freudigen Aston die Hände drückte, machte er sich los, riß eine unbemerkte Tapetentür auf, und dahinter stand lächelnd Angela und Lucie, und Natalie und Emma, und hinter ihnen die drei Zimmer, wie sie gewünscht wurden, mit dem Piano und der Glastür und dem Balkone und dem Garten. Alle Mädchen lachten und freuten sich, und alle mußten den alten Aston küssen; denn er *allein* hat alles gemacht und ordnen lassen, und kein Auge durfte es früher sehen als heute. Eine Tafel stand in einem der Zimmer gedeckt und bereitet, das Mahl zu empfangen, das heute hier in *meiner* Wohnung eingenommen werden soll – und Angela hat das ganze Mahl gerüstet. – Sie kann also doch auch kochen – o Titus! wie schön, wie unsäglich reizend läßt der hochgeistigen Gestalt die liebe Wirtlichkeit, die Schürze, die Schlüssel, das hausmütterliche Auge und die höhere Wangenröte von der Bewegung und Arbeit! – Sie war selbst so sehr freudig und neckisch, daß sie ordentlich irdischer wurde und ich den Mut bekam, bei einer gelegenen Sekunde ihre Wange zu küssen, was ich nie gewagt hatte; sie litt es ohne Ziererei, sah mich an und enteilte. Lothar und Natalie sind auch ein Paar. – O komme nur, komme, daß ich Dich nur einmal fassen kann und fast an mir zerdrücken; sonst werde ich noch vor Freude närrisch.

19. Himmelsröschen

Wien, 1. Mai 1835

Die Gundelrebe war das letzte Tagebuchblatt Albrechts, und das Himmelsröschen ist ganz von mir, das heißt von dem Sammler und Erzähler der obigen Blätter – und das Himmelsröschen hätte mit Fug eine Vorrede abgegeben, wenn nicht alles dadurch verraten worden wäre. Deshalb folgt es jetzt gleichsam als Nachrede und enthält wieder eine Geschichte. Am ersten Mai anno Domini 1835 war zu Haimbach ein großes Frühstück. Es war da: erstens ein junger, schöner, höchst geistvoller Mann mit ernsten Augen und mutigem Antlitz, Albrecht, der Schreiber obiger Blätter; an seiner Seite war Angela, sein wohlgetrautes Eheweib, eine vollendete Minerva. Item ein zweites junges Ehepaar: Lothar und Natalie; Albrecht zeichnete sie in seinen Blättern ohnedies sehr gut. Tertio: Emil und Lucie, kein Ehepaar, sondern gute Freunde. Ferner ein sonnverbrannter, feurig blickender Mann, mit mehr Lockenwald als Jupiter Olympicus, aber etwas klein und stämmig: der Titus aus den Pyrenäen. Ihm zur Seite saß – nicht sein Weib, sondern Jungfrau Emma, frisch herumblickend, voll trotziger Gesundheit, item Onkel und Tante; und zuletzt Aston, zu dem sich kein weiblicher Gesponse vorfand, man müßte nur die Wirtin rechnen, die freudig und verschämt lächelnd herumging und alle Hände voll zu tun und ihres Wunderns und Gesegnens kein Ende hatte; denn ganz oben am Ende des Tisches, im schönsten Goldrahmen prangend, steht ihr sehr gelungenes Konterfei auf „schneeweißem Papiere" in netten Farben ausgeführt, wie es Albrecht in der Glockenblume versprochen hatte.

So war also jener Scherz schon in einem Jahre in Erfüllung gegangen, nur verkehrt. Lothar hatte das Griechenbild und Albrecht die Verschleierte gewonnen. Und dem damaligen Scherze zulieb wurde das heutige Frühstück veranlaßt, um die Voraussagung so wahr als möglich zu machen.

Ich saß jenes gesegneten Tages aus purem blindem Zufalle in Haimbach, und diesem Zufalle verdankt der Leser die ganze obige Geschichte; denn, weiß Gott, wie es kam – die Leutchen alle gefielen mir so sehr, und ich etwa ihnen auch, daß sich eine Bekanntschaft entspann, und dann gar ein Mitihnenfahren, und sofort eine nähere bis heute fortgesetzte Freundlichkeit und ein traulicher Umgang, und lieb wäre es mir, wenn ich eines schönen Tages die liebholdeste Emma zum Altare führen könnte. Noch einen Rat füge ich in Schnelle bei, bevor wir scheiden, nämlich:

„Wer etwa diese Zeit her Lust hat, den Traunsee zu besuchen, der warte noch zwei oder drei Jahre, wenn es angeht; denn dann sind die zwei wunderschönen Landhäuser schon fertig, die ganz nach Albrechts Angabe am Traunkirchner Ufer werden aufgeführt werden, als Wohnung der obigen Frühstückgesellschaft – wenn nicht bis dahin ein anderer Plan gefaßt wird, etwa am Jura zu wohnen, oder in Neuseeland, oder sonst wo, was von so überirdischen Köpfen nicht zu wundern wäre."

Und so, lieber Leser, gehabe dich wohl!!!

Das Heidedorf

1. Die Heide

Im eigentlichen Sinne des Wortes ist es nicht eine Heide, wohin ich den lieben Leser und Zuhörer führen will, sondern weit von unserer Stadt ein traurig liebliches Fleckchen Landes, das sie die Heide nennen, weil seit unvordenklichen Zeiten nur kurzes Gras darauf wuchs, hie und da ein Stamm Heideföhre oder die Krüppelbirke, an deren Rinde zuweilen ein Wollflöckchen hing, von den wenigen Schafen und Ziegen, die zeitweise hier herumgingen. Ferner war noch in ziemlicher Verbreitung die Wacholderstaude da, im weitern aber kein andrer Schmuck mehr; man müßte nur die fernen Berge hierher rechnen, die ein wunderschönes blaues Band um das mattfärbige Gelände zogen.

Wie es aber des öftern geht, daß tiefsinnige Menschen oder solche, denen die Natur allerlei wunderliche Dichtung und seltsame Gefühle in das Herz gepflanzt hatte, gerade solche Orte aufsuchen und liebgewinnen, weil sie da ihren Träumen und innerem Klingklang nachgehen können: so geschah es auch auf diesem Heideflecke. Mit den Ziegen und Schafen nämlich kam auch sehr oft ein schwarzäugiger Bube von zehn oder zwölf Jahren, eigentlich um dieselben zu hüten; aber wenn sich die Tiere zerstreuten – die Schafe, um das kurze, würzige Gras zu genießen, die Ziegen hingegen, für die im Grunde kein passendes Futter da war, mehr ihren Betrachtungen und der reinen Luft überlassen, nur so gelegentlich den einen oder andern weichen Sprossen pflückend –, fing *er* inzwischen an, Bekanntschaft mit den allerlei Wesen zu machen, welche die Heide hegte, und schloß mit ihnen Bündnis und Freundschaft.

Es war da ein etwas erhabener Punkt, an dem sich das graue Gestein, auch ein Mitbesitzer der Heide, reichlicher

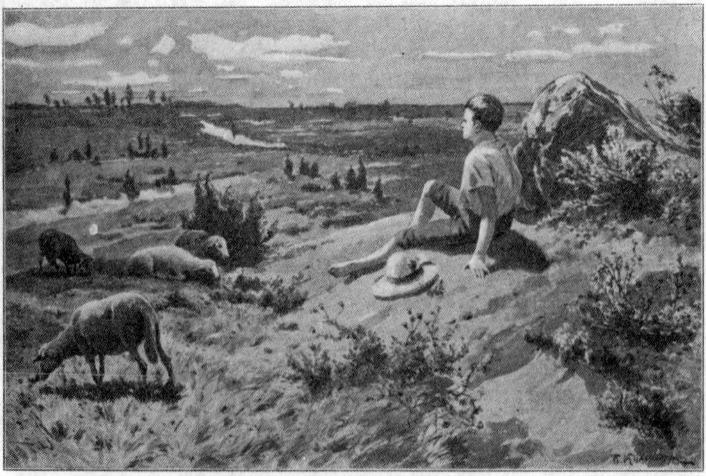

vorfand und sich gleichsam emporschob, ja sogar am Gipfel mit einer überhängenden Platte ein Obdach und eine Rednerbühne bildete. Auch der Wacholder drängte sich dichter an diesem Orte, sich breitmachend in vielzweigiger Abstammung und Sippschaft nebst manch schönblumiger Distel. Bäume aber waren gerade hier weit und breit keine, weshalb eben die Aussicht weit schöner war als an andern Punkten, vorzüglich gegen Süden, wo das ferne Moorland, so ungesund für seine Bewohner, so schön für das entfernte Auge, blauduftig hinausschwamm in in allen Abstufungen der Ferne. Man hieß den Ort den Roßberg; aus welchen Gründen, ist unbekannt, da hier nie seit Menschenbesinnen ein Pferd ging, was überhaupt ein für die Heide zu kostbares Gut gewesen wäre.

Nach diesem Punkte nun wanderte unser kleiner Freund am allerliebsten, wenn auch seine Pflegebefohlenen weit ab in ihren Berufsgeschäften gingen, da er aus Erfahrung wußte, daß keines die Gesellschaft verließ, und er sie am Ende alle wieder vereint fand, wie weit er auch nach ihnen suchen mußte; ja, das Suchen war ihm selber abenteuerlich, vorzüglich, wenn er weit und breit wandern mußte. Auf dem Hügel des Roßberges gründete er sein Reich. Unter dem überhängenden Blocke bildete er nach und nach durch manche Zutat und durch mühevolles, mit spitzen Steinen bewerkstelligtes Weghämmern einen Sitz, anfangs für einen, dann füglich für drei geräumig genug; auch ein und das andere Fach wurde vorgefunden oder hergerichtet oder andere bequeme Stellen und Winkel, wohin er seinen leinenen Heidesack legte und sein Brot und die unzähligen Heideschätze, die er oft hieher zusammentrug. Gesellschaft war im Übermaße da. Vorerst die vielen großen Blöcke, die seine Burg bildeten, ihm alle bekannt und benannt, jeder anders an Farbe und Gesichtsbildung, der unzähligen kleinen gar nicht zu gedenken, die oft noch bunter und farbenfreudiger waren. Die großen teilte er ein, je nachdem sie ihn durch Abenteuerlichkeit entzückten oder durch Gemeinheit ärgerten: die kleinen liebte er alle. Dann war der Wacholder, ein widerspenstiger Geselle, unüberwindlich zähe in seinen Gliedern, wenn er einen köstlichen, wohlriechenden Hirtenstab sollte fahrenlassen oder Platz machen fur einen anzulegenden Weg; seine Äste starrten rings von Nadeln, strotzten aber auch in allen Zweigen von Gaben der Ehre, die sie jahraus, jahrein den reichlichen Heidegästen auftischten, die millionenmal Millionen blauer und grüner Beeren. Dann waren die wundersamen Heideblümchen, glutfärbig oder himmelblau brennend, zwischen dem sonnigen Gras des Gesteines, oder jene unzählbaren kleinen, zwischen dem Wacholder sprossend, die ein weißes Schnäbelchen aufsperren mit einem gelben Zünglein darinnen – auch manche Erdbeere war hie und da, selbst zwei Himbeersträuche und sogar, zwischen den Steinen emporwachsend, eine lange Haselrute. Böse Gesellschaft fehlte wohl auch nicht, die er vom Vater gar wohl kannte, wenn sie auch schön war, zum Beispiel hie und da, aber sparsam, die Einbeeren, die er nur schonte, weil sie so glänzend schwarz waren, so schwarz wie gar nichts auf der ganzen Heide; seine Augen ausgenommen, die er freilich nicht sehen konnte.

Fast sollte man von der lebenden und bewegenden Gesellschaft nun gar nicht mehr reden, so viel ist schon da; aber diese Gesellschaft ist erst vollends ausgezeichnet. Ich will von den tausend und tausend goldenen, rubinenen, smaragdenen Tierchen und Würmchen gar nichts sagen, die auf Stein, Gras und Halm kletterten, rannten und arbeiteten, weil er von Gold, Rubinen und Smaragden noch nichts sah, außer was der Himmel und die Heide zuweilen zeigte – aber von anderem muß gesprochen werden. Da war einer seiner Günstlinge, ein schnarrender, purpurflügliger Springer, der dutzendweise vor ihm aufflog und sich wieder hinsetzte, wenn er eben seine Gebiete durchreisete – da waren dessen unzählbare Vettern, die größern und kleinern Heuschrecken, in mißfarbiges Grün gekleidete Heiducken, lustig und rastlos zirpend und schleifend, daß an Sonnentagen ein zitterndes Gesinge längs der ganzen Heide war – dann waren die Schnecken mit und ohne Häuser, braune und gestreifte, gewölbte und platte, und sie zogen silberne Straßen über das Heidegras oder über seinen Filzhut, auf den er sie gerne setzte – dann die Fliegen, summende, singende, piepende, blaue, grüne, glasflüglige – dann die Hummel, die schläfrig vorbeiläutete – die Schmetterlinge, besonders ein kleiner mit himmelblauen Flügeln, auf der Kehrseite silbergrau mit gar anmutigen Äuglein, dann noch ein kleinerer mit Flügeln wie eitel Abendröte – dann endlich war die Ammer und sang an vielen Stellen; die Goldammer, das Rotkehlchen, die Heidelerche, daß von ihr oft der ganze Himmel voll Kirchenmusik hing; der Distelfink, die Grasmücke, der Kiebitz und andere und wieder andere. Alle ihre Nester lagen in seiner Monarchie und wurden aufgesucht und beschützt. Auch manch rotes Feldmäuschen sah er schlüpfen und schonte sein, wenn es plötzlich stille hielt und ihn mit den glänzenden erschrockenen Äuglein ansah. Von Wölfen oder andern gefährlichen Bösewichtern war seit Urzeiten aller seiner Vorfahren keiner erlebt worden, manches eiersaufende Wiesel ausgenommen, das er aber mit Feuer und Schwert verfolgte.

Inmitten all dieser Herrlichkeiten stand er, oder ging, oder sprang, oder saß er – ein herrlicher Sohn der Heide: aus dem tiefbraunen Gesichtchen voll Güte und Klugheit leuchteten in blitzendem, unbewußtem Glanze die pechschwarzen Augen, voll Liebe und Kühnheit, und reichlich zeigend jenes gefahrvolle Element, was ihm geworden und in der Heideeinsamkeit zu sprossen begann, eine dunkle, glutensprühige Phantasie. Um die Stirne war eine Wildnis dunkelbrauner Haare, kunstlos den Winden der Fläche hingegeben. Wenn es mir erlaubt wäre, so würde ich meinen Liebling vergleichen mit jenem Hirtenknaben aus den heiligen Büchern, der auch auf der Heide vor Bethlehem sein Herz fand und seinen Gott und die Träume der künftigen Königsgröße. Aber so ganz arm wie unser kleiner Freund war jener Hirtenknabe gewiß nicht; denn des ganzen lieben Tages Länge hatte er nichts als ein tüchtig Stück schwarzen Brotes, wovon er unbegreiflicher Weise seinen blühenden Körper und den noch blühendern Geist nährte, und ein klares, kühles Wasser, das unweit des Roßberges vorquoll, ein Brünnlein füllte und dann flink längs der Heide forteilte, um mit andern Schwestern vereint jenem fernen Moore zuzugehen, dessen wir oben gedachten. Zu *guten* Zeiten waren auch ein oder zwei Ziegenkäse in der Tasche. Aber ein Nahrungsmittel hatte er in einer Güte und Fülle, wie es der überreichste Städter nicht aufweisen kann, einen ganzen Ozean der heilsamsten Luft *um* sich und eine Farbe und Gesundheit reifende Lichtfülle *über* sich. Abends, wenn er heimkam, wohin er sehr weit hatte, kochte ihm die Mutter eine Milchsuppe oder einen köstlichen Brei aus Hirse. Sein Kleid war ein halbgebleichtes Linnen. Weiter hatte er noch einen breiten Filzhut, den er aber selten auftat, sondern meistens in seinem Schlosse an einen Holznagel hing, den er in die Felsenritze geschlagen hatte.

Dennoch war er stets lustig und wußte sich oft nicht zu halten vor Frohsinn. Von seinem Königssitze aus herrschte er über die Heide. Teils durchzog er sie weit und breit, teils saß er hoch oben auf der Platte oder Rednerbühne, und so weit das Auge gehen konnte, so weit ging die Phantasie mit, oder sie ging noch weiter und überspann die ganze Fernsicht mit einem Fadennetze von Gedanken und Einbildungen, und je länger er saß, desto dichter kamen sie, so daß er oft am Ende selbst ohnmächtig unter dem Netze steckte. Furcht der Einsamkeit kannte er nicht; ja, wenn recht weit und breit kein menschliches Wesen zu erspähen war und nichts als die heiße Mittagsluft längs der ganzen Heide zitterte, dann kam erst recht das ganze Gewimmel seiner innern Gestalten daher und bevölkerte die Heide. Nicht selten stieg er dann auf die Steinplatte und hielt sofort eine Predigt und Rede – unten standen die Könige und Richter, und das Volk und die Heerführer, und Kinder und Kindskinder, zahlreich wie der Sand am Meere; er predigte Buße und Bekehrung – und alle lauschten auf ihn; er beschrieb ihnen das Gelobte Land, verhieß, daß sie Heldentaten tun würden, und wünschte zuletzt nichts sehnlicher, als daß er auch noch ein Wunder zu wirken vermöchte. Dann stieg er hernieder und führte sie an, in die fernsten und entlegensten Teile der Heide, wohin er wohl eine Viertelstunde zu gehen hatte – zeigte ihnen nun das ganze Land der Väter und nahm es ein mit der Schärfe des Schwertes. Dann wurde es unter die Stämme ausgeteilt und jedem das seinige zur Verteidigung angewiesen.

Oder er baute Babylon, eine furchtbare und weitläufige Stadt – er baute sie aus den kleinen Steinen des Roßberges und verkündete den Heuschrecken und Käfern, daß hier ein gewaltiges Reich entstehe, das niemand überwinden kann als Cyrus, der morgen oder übermorgen kommen werde, den gottlosen König Belsazar zu züchtigen, wie es ja Daniel längst vorhergesagt hat.

Oder er grub den Jordan ab, das ist den Bach, der von der Quelle floß, und leitete ihn anderer Wege – oder er tat das alles nicht, sondern entschlief auf der offenen Fläche und ließ über sich einen bunten Teppich der Träume weben. Die Sonne sah ihn an und lockte auf die schlummernden Wangen eine Röte, so schön und so gesund wie an gezeitigten Äpfeln, oder so reif und kräftig wie an der Lichtseite vollkörniger Haselnüsse, und wenn sie endlich gar die hellen großen Tropfen auf seine Stirne gezogen hatte, dann erbarmte ihr der Knabe, und sie weckte ihn mit einem heißen Kusse.

So lebte er nun manchen Tag und manches Jahr auf der Heide und wurde größer und stärker, und in das Herz kamen tiefere, dunklere und stillere Gewalten, und es ward ihm wehe und sehnsüchtig – und er wußte nicht, wie ihm geschah. Seine Erziehung hatte er vollendet, und was die Heide geben konnte, das hatte sie gegeben; der reife Geist schmachtete nun nach seinem Brote, dem *Wissen,* und das Herz nach seinem Weine, der *Liebe.* Sein Auge ging über die fernen Duftstreifen des Moores und noch weiter hinaus; als müsse dort draußen etwas sein, was ihm fehle, und als müsse er eines Tages seine Lenden gürten, den Stab nehmen und weit, weit von seiner Herde gehen.

Die Wiese, die Blumen, das Feld und seine Ähren, der Wald und seine unschuldigen Tierchen sind die ersten und natürlichsten Gespielen und Erzieher des Kinderherzens. Überlaß den kleinen Engel nur seinem eigenen innern Gotte, und halte bloß die Dämonen ferne, und er wird sich wunderbar erziehen und vorbereiten. Dann, wenn das fruchtbare Herz hungert nach Wissen und Gefühlen, dann schließ ihm die Größe der Welt, des Menschen und Gottes auf.

Und somit laßt uns Abschied nehmen von dem Knaben auf der Heide.

2. Das Heidehaus

Eine gute Wegestunde von dem Roßberge stand ein Haus oder vielmehr eine weitläufige Hütte. Sie stand am Rande der Heide weitab jeder Straße menschlichen Verkehres; sie stand ganz allein, und das Land um sie war selber wieder eine Heide, nur anders als die, auf der der Knabe die Ziegen hütete. Das Haus war ganz aus Holz, faßte zwei Stuben und ein Hinterstübchen, alles mit mächtigen braunschwarzen Tragebalken, daran manch Festkrüglein hing, mit schönen Trinksprüchen bemalt. Die Fenster, licht und geräumig, sahen auf die Heide, und das Haus war umgeben von dem Stalle, Schoppen und der Scheune. Es war auch ein Gärtlein vor demselben, worin Gemüse wuchs, ein Holunderstrauch und ein alter Apfelbaum stand – weiter ab waren noch drei Kirschbäume und unansehnliche Pflaumengesträuche. Ein Brunnen floß vor dem Hause, kühl, aber sparsam; er floß von dem hohen, starken Holzschafte in eine Kufe nieder, die aus einem einzigen Heidestein gehauen war.

In diesem Hause war es sehr einsam geworden; es wohnten nur ein alter Vater und eine alte Mutter darinnen und eine noch ältere Großmutter – und alle waren sie traurig;

denn er war fortgezogen, weit in die Fremde, der das Haus mit seiner jugendlichen Gestalt belebt hatte und der die Freude aller war. Freilich spielte noch ein kleines Schwesterlein an der Türschwelle, aber sie war noch gar zu klein und war noch zu töricht; denn sie fragte ewig, wann der Bruder Felix wiederkommen werde. Weil der Vater Feld und Wiese besorgen mußte, so war ein anderer Ziegenknabe genommen worden; allein dieser legte auf der Heide Vogelschlingen, trieb immer sehr früh nach Hause und schlief gleich nach dem Abendessen ein. Alle Wesen auf der Heide trauerten um den schönen, lockigen Knaben, der von ihnen fortgezogen.

Es war ein traurig schöner Tag gewesen, an dem er fortgegangen war. Sein Vater war ein verständig stiller Mann, der ihm nie ein Scheltwort gegeben hatte, und seine Mutter liebte ihn wie ihren Augapfel – und aus *ihrem* Herzen, dem er oft und gerne lauschte, sog er jene Weichheit und Phantasiefülle, die sie hatte, aber zu nichts verwenden konnte als zu lauter Liebe für ihren Sohn. Den Vater ehrte sie als den Oberherrn, der sich Tag und Nacht so plagen müsse, um den Unterhalt herbeizuschaffen, da die Heide karg war und nur gegen große Mühe sparsame Früchte trug, und oft die nicht, wenn Gott ein heißes Jahr über dieselbe herabsandte. Darum lebten sie in einer friedsamen Ehe und liebten sich pflichtgetreu von Herzen und standen einander in Not und Kummer bei. Der Knabe kannte daher nie den giftigen Meltau für Kinderherzen, Hader und Zank, außer wenn ein stößiger Bock Irrsal stiftete, den er aber immer mit tüchtigen Püffen seiner Faust zu Paaren trieb, was das böseste Tier von ihm, und nur von ihm allein gutwillig litt, weil es wohl wußte, daß er sein Beschützer und zuversichtlicher Kamerade sei. Der Vater liebte seinen Sohn wohl auch, und gewiß nicht minder als die Mutter, aber nach der Verschämtheit gemeiner Stände zeigte er diese Liebe nie, am wenigsten dem Sohne – dennoch konnte man sie recht gut erkennen an der Unruhe, mit der er aus- und einging, und an den Blicken, die er häufig gegen den Roßberg tat, wenn der Knabe einmal zufällig später von der Heide heimkam als gewöhnlich – und der Bube wußte und kannte diese Liebe sehr wohl, wenn sie sich auch nicht äußerte.

Von solchen Eltern hatte er keinen Widerstand zu erfahren, als er den Entschluß aussprach, in die Welt zu gehen, weil er durchaus nicht mehr zu Hause zu bleiben vermöge. Ja, der Vater hatte schon seit langem wahrgenommen, wie der Knabe sich in Einbildungen und Dingen abquäle, die ihm selber von Kindheit an nie gekommen waren; er hielt sie deshalb für Geburten der Heideeinsamkeit und sann auf deren Abhilfe. Die Mutter hatte zwar nichts Seltsames an ihrem Sohne bemerkt, weil eigentlich ohnehin ihr Herz in dem seinen schlug; allein sie willigte doch in seine Abreise aus einem dunkeln Instinkte, daß er da ausführe, was ihm not tue.

Noch *eine* Person mußte gefragt werden, nicht von den Eltern, sondern von ihm: die *Großmutter*. Er liebte sie zwar nicht so wie die Mutter, sondern ehrte und scheute sie vielmehr; aber sie war es auch gewesen, aus der er die Anfänge jener Fäden zog, aus welchen er vorerst seine Heidefreuden webte, dann sein Herz und sein ganzes zukünftiges Schicksal. Weit über die Grenze des menschlichen Lebens schon hinausgeschritten, saß sie wie ein Schemen hinten am Hause im Garten an der Sonne, ewig einsam und ewig allein in der Gesellschaft ihrer Toten und zurückspinnend an ihrer innern ewig langen Geschichte. Aber so wie sie da saß, war sie nicht das gewöhnliche Bild unheimlichen Hochalters, sondern wenn sie oft plötzlich ein oder das andere ihrer innern Geschöpfe anredete, als ein lebendes und vor ihr wandelndes; oder wenn sie sanft lächelte oder betete oder mit sich selbst redete, wundersam spielend in Blödsinn und Dichtung, in Unverstand und Geistesfülle: so zeigte sie gleichsam, wie eine mächtige Ruine, rückwärts auf ein denkwürdiges Dasein. Ja der Menschenkenner, wenn hier je einer hergekommen wäre, würde aus den wenigen Blitzen, die noch gelegentlich auffuhren, leicht erkannt haben, daß hier eine Dichtungsfülle ganz ungewöhnlicher Art vorübergelebt worden war, ungekannt von der Umgebung, ungekannt von der Besitzerin, vorübergelebt in dem schlechten Gefäße eines Heidebauerweibes. Ihre gemütreiche Tochter, die Mutter des Knaben, war nur ein schwaches Abbild derselben. Das alte Weib hatte in ihrem ganzen Leben voll harter Arbeiten nur ein einziges Buch gelesen, die Bibel; aber in diesem Buch las und dichtete sie siebenzig Jahre. Jetzt tat sie es zwar nicht mehr, verlangte auch nicht mehr, daß man ihr vorlese; aber ganze Prophetenstellen sagte sie oft laut her, und in ihrem Wesen war Art und Weise jenes Buches ausgeprägt, so daß selbst zuletzt ihre gewöhnliche Redeweise etwas Fremdes und

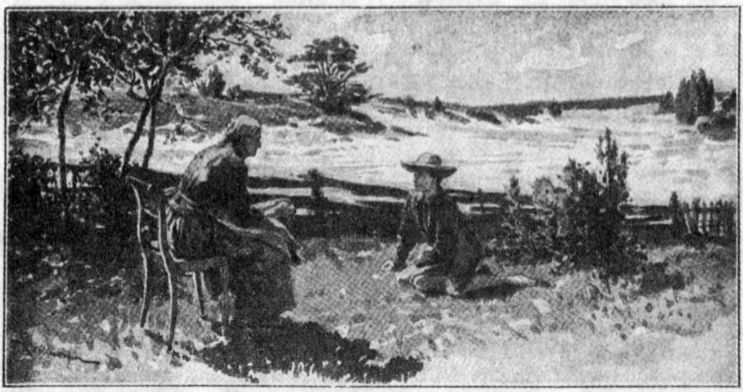

gleichsam Morgenländisches zeigte. Dem Knaben erzählte sie die heiligen Geschichten. Da saß er nun oft an Sonntagnachmittagen gekauert an dem Holunderstrauch – und wenn die Wunder und die Helden kamen und die fürchterlichen Schlachten und die Gottesgerichte – und wenn sich dann die Großmutter in die Begeisterung geredet und der alte Geist die Ohnmacht seines Körpers überwunden hatte – und wenn sie nun anfing, zurückgesunken in die Tage ihrer Jugend, mit dem welken Munde zärtlich und schwärmerisch zu reden, mit einem Wesen, das er nicht sah, und in Worten, die er nicht verstand, aber tiefergriffen instinktmäßig nachfühlte, und wenn sie um sich alle Helden der Erzählung versammelte und ihre eigenen Verstorbenen einmischte und nun alles durcheinander reden ließ: da grauete er sich innerlich entsetzlich ab, und um so mehr, wenn er sie gar nicht mehr verstand – allein er schloß alle Tore seiner Seele weit auf und ließ den phantastischen Zug eingehen und nahm des andern Tags das ganze Getümmel mit auf die Heide, wo er alles wieder nachspielte.

Dieser Großmutter nun wollte er sein Vorhaben deuten,

damit sie ihn nicht eines Tages zufällig vermisse und sich innerlich kränke, als sei er gestorben.

Und so – an einem frühen Morgen stand er neben den Eltern reisefertig vor der Tür, sein dürftig Linnenkleid an, den breiten Hut auf dem Haupte, den Wacholderstab in der Hand, umgehängt den Heidesack, in welchem zwei Hemden waren und Käse und Brot. Eingenäht in die Brusttasche hatte er das wenige Geld, welches das Haus vermochte.

Die Großmutter, immer die erste wach, kniete bereits nach ihrer Sitte inmitten der Wiese an ihrem Holzschemel, den sie dahin getragen, und betete. Der Knabe warf einen Blick auf den Heiderand, welcher schwarz den lichten Himmel schnitt – dann trat er zu der Großmutter und sagte: „Liebe Mutter, ich gehe jetzt, lebet wohl und betet für mich!"

„Kind, du mußt der Schafe achten, der Tau ist zu früh und zu kühl!"

„Nicht auf die Heide gehe ich, Großmutter, sondern weit fort in das Land, um zu lernen und tüchtig zu werden, wie ich es Euch ja gestern alles gesagt habe."

„Ja, du sagtest es", erwiderte sie, „du sagtest es, mein Kind – ich habe dich mit Schmerzen geboren, aber dir auch Gaben gegeben, zu werden wie einer der Propheten und Seher – ziehe mit Gott, aber komme wieder, Jacobus!"

Jacobus hatte ihr Sohn geheißen, der auch einmal fortgegangen, vor mehr als sechzig Jahren, aber nie wieder zurückgekehrt war.

„Mutter", sagte er noch einmal, „gebt mir Eure Hand."

Sie gab sie ihm; er schüttelte sie und sagte: „Lebt wohl, lebt wohl."

„Amen, Amen", sagte sie, als hörte sie zu beten auf.

Dann wandte sich der Knabe gegen die Eltern; das Herz war ihm so sehr emporgeschwollen – er sagte nichts, sondern mit eins hing er am Halse der Mutter, und sie, heiß weinend, küßte ihn auf beide Wangen und schob ihm noch ein Geldstück zu, das sie einst als Patengeschenk empfangen und immer aufgehoben hatte, allein er nahm es nicht. Dem Vater reichte er bloß die Hand, weil er sich nicht getraute, ihn zu umarmen. Dieser machte ihm ein Kreuz auf die Stirne, auf den Mund und die Brust, und als hierbei seine rauhe Hand zitterte und um den harten Mund ein heftiges Zucken ging, da hielt sich der Knabe nicht mehr. Mit einem Tränengusse warf er sich an die Brust des Vaters, und dessen linker Arm umkrampfte ihn eine Sekunde, dann ließ er ihn los und schob ihn wortlos gegen die Heide. Die Mutter aber rief ihn noch einmal und sagte, er möge doch auch das kleine Schwesterchen gesegnen, die man in ihrem Bettlein ganz vergessen habe. Drei Kreuze machte er über den schlafenden Engel, dann schritt er schnell hinaus und ging trotzig vorwärts gegen die Heide.

So ziehe mit Gott, du unschuldiger Mensch, und bringe nur das Kleinod wieder, was du so leichtsinnig forttrågst!

Als er an den Roßberg gekommen, ging die Sonne auf und schaute in zwei treuherzige, zuversichtliche, aber rotgeweinte Augen. Am Heidehause spiegelte sie sich in den Fenstern und an der Sense des Vaters, der mähen ging.

3. Das Heidedorf

Des ersten Abends war es öde und verlassen, und den beiden Eltern tat das Herz weh, als sie in der Dämmerung des Sommers zu Bette gingen und auf seine leere Schlafstelle sahen. Um denselben Menschen, der vielleicht eben jetzt noch auf dürrer Heerstraße wanderte und von keinem beachtet, ja von den meisten *verachtet* wurde, *brachen* fast zwei naturrohe Herzen im entlegenen Heidehause, daß sie ihn von nun an, vielleicht auf immer entbehren sollten; aber sie drückten den Schmerz in sich, und jedes trug ihn einsam, weil es zu schamhaft und unbeholfen war, sich zu äußern.

Aber es kam ein zweiter Tag, und ein dritter, und ein vierter, und jeder spannte denselben glänzenden Himmelsbogen über die Heide und funkelte nieder auf die Fenster und das altergraue Dach des Hauses ebenso freundlich und lieblich, wie als er noch dagewesen war. Und dann kamen wieder Tage und wieder.

Die Arbeit und Freude des Landmanns, durch Jahrtausende einförmig und durch Jahrtausende noch unerschöpft, zog auch hier geräuschlos und magisch ein Stück ihrer uralten Kette durch die Hütte, und an jedem ihrer Glieder hing ein Tröpflein Vergessenheit.

Die Großmutter trug nach wie vor ihren Holzschemel auf die Wiese und betete daran, und sie und klein Marthe fragten täglich, wann denn Felix komme. Der Vater mähete Roggen und Gerste – die Mutter machte Käse und band Garben – und der fremde Ziegenbube trieb täglich auf die Heide. Von Felix wußte man nichts.

Die Sonne ging auf und ging unter, die Heide wurde weiß und wurde grün, der Holunderbaum und der Apfelbaum blüheten vielmal – klein Marthe war groß geworden und ging mit, um zu heuen und zu ernten, aber sie fragte nicht mehr – und die Großmutter, ewig und unbegreiflich hinaus lebend, wie ein vom Tode vergessener Mensch, fragte auch nicht mehr, weil er ihr entfallen war oder sich zu ihren heimlichen Phantasiegestalten gesellt hatte.

Die Felder des Heidebauers besserten sich nachgerade, als ob der Himmel seine Einsamkeit segnen und ihm vergelten wollte, und es wurde ihm so gut, daß er schon manchen Getreidesack aufladen und mit schönen Ochsen fortführen konnte, wofür er dann einige Taler Geldes und Neuigkeiten von der Welt draußen heimbrachte. Einmal kam auch ein Schreinergeselle mit seinem Wanderpacke zu Vater Niklas, dem Heidebauer, und brachte einen Gruß und einen Brief von Felix und sagte, daß derselbe in der großen, weit entfernten Hauptstadt ein schmucker, fleißiger Student sei, daß ihn alles liebe und daß er gar eines Tages Kaplan in der großen Domkirche werden könnte. Der Schreinergeselle wurde über Nacht im Heidehause gut gehalten und ließ eitel Freude zurück, als er des andern Tages in entgegengesetzter Richtung von dannen zog. So kam es, daß jedes Jahr ein- oder zweimal ein Wandersmann den Umweg über die Heide machte, dem schönen, freundlichen, handsamen Jünglinge zuliebe, der gern einen Gruß an sein liebes Mütterchen schicken wollte. Ja sogar einesmals kam einer geschritten und konterfeite das Häuschen samt dem Brunnen und Flieder- und Apfelbaume.

Auch andere Veränderungen begannen auf der Heide. Es kamen einmal viele Herren und vermaßen ein Stück

Heideland, das seit Menschengedenken keines Herrn Eigentum gewesen war, und es kam ein alter Bauersmann und zimmerte mit vielen Söhnen und Leuten ein Haus darauf und fing an, den vermessenen Fleck urbar zu machen. Er hatte fremdes Korn gebracht, das auf dem Heideboden gut anschlug, und im nächsten Jahre wogte ein grüner Ährenwald an Vater Niklas' Besitzungen, wo noch im vorigen Frühlinge nur Schlehen und Liebfrauenschuh geblüht hatten. Der alte Bauer war ein freundlicher Mann, ein Mann vieler Kenntnisse, und teilte gerne seinen Rat und sein Wissen und seine Hülfe an die frühern Heidebewohner und hielt gute Nachbarschaft mit Vater Niklas. Sie fuhren nun beide gar in die Stadt, verkauften dort ihr Getreide weit besser, und am Getreidemarkt im goldenen Rosse waren die Heidebauern wohlgekannt und wohlgelitten.

Nach und nach kamen neue Ansiedler; auch eine Straße wurde von der Grundherrschaft über die Heide gebahnt, so daß nun manchmal des Weges ein vornehmer Wagen kam, desgleichen man noch nie auf der Heide gesehen. Auch des alten Bauers Söhne bauten sich an, und einer, sagte man sich ins Ohr, werde wohl schön Marthens Bräutigam werden. Und so, ehe sieben Jahre ins Land gegangen, standen schon fünf Häuser mit Ställen und Scheunen, mit Giebeln und Dächern um das kleine, alte, graue Heidehaus, und Felder und Wiesen und Wege und Zäune gingen fast bis auf eine Viertelstunde Weges gegen den Roßberg, der aber noch immer so einsam war wie sonst; und am Pankratiustage hatte Vater Niklas die Freude, zum Richter des Heidedorfes gewählt zu werden – er der erste seit der Erschaffung der Welt, der solch Amt und Würde auf diesem Flecke bekleidete.

Wieder waren Jahre um Jahre vergangen, die Obstbaumsetzlinge, zarte Stangen, wie sie der alte Nachbarsbauer gebracht und an Niklas mitgeteilt hatte, standen nun schon als wirtliche Bäume da und brachten reiche Frucht und manchen Sonntagstrunk an Obstwein. – Marthe war an Nachbars Benedikt verheiratet, und sie trieben eigene Wirtschaft. – Die Heide war weiß und wieder grün geworden; aber des Vaters Haare *blieben* weiß, und die Mutter fing bereits an, der Großmutter ähnlich zu werden, welche Groß-

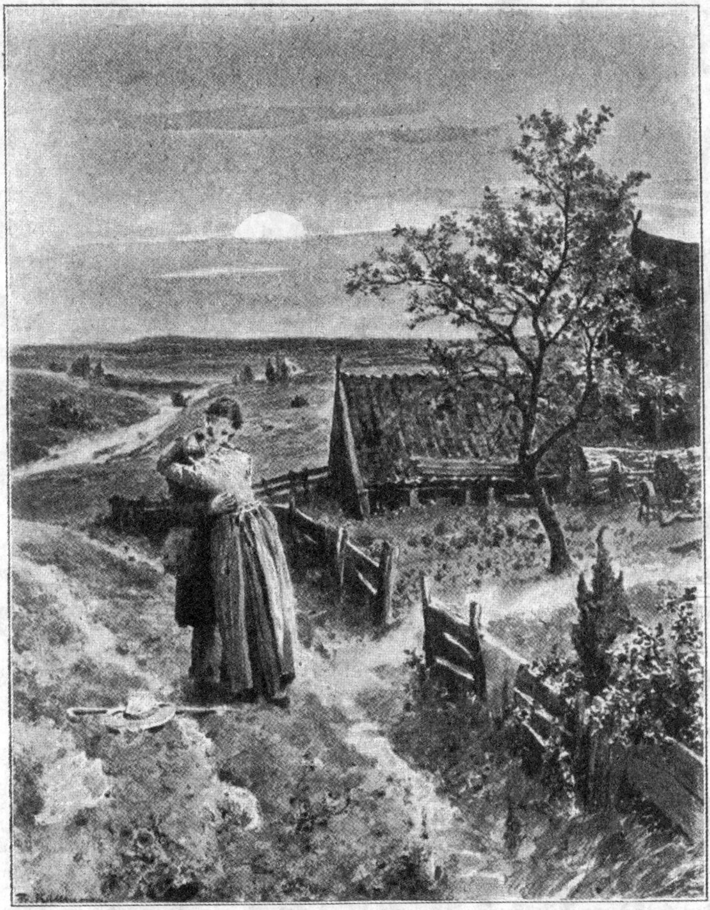

mutter allein unverwüstlich und unveränderlich blieb, immer und ewig am Hause sitzend, ein träumerisches Überbleibsel, gleichsam als warte sie auf Felixens Rückkehr. Aber Felix schien, wie einst Jacobus, verschollen zu sein auf der Heide. Seit drei Jahren kam keine Kunde und kein Wandersmann. – In der Hauptstadt, wohin gar Benedikt gegangen, um ihn zu suchen, war er nicht zu finden, und im Amte sagten ihm die Kanzleiherren aus einem großen Buche, er sei außer Landes gegangen, vielleicht gar über das Meer. Der Vater hörte schon auf, von ihm zu reden;

Marthe hatte ein Kindlein und dachte nicht an ihn, die Heidedörfler kannten ihn nicht und liebten ihn auch nicht, als einen, der da einmal davongegangen; die Großmutter fragte nur bisweilen nach Jacobus – aber das Mutterherz trug ihn unverwischt und schmerzhaft in sich, seit dem Tage, als er von dannen gezogen und an ihrem Busen geweint hatte – und das Mutterherz trug ihn abends in das Haus und morgens auf die Felder – und das Mutterherz war es auch allein, das ihn erkannte, als einmal am Pfingstsamstage durch die Abendröte ein wildfremder, sonnverbrannter Mann gewandert kam, den Stab in der Hand, das Ränzlein auf dem Rücken, und stehenblieb vor dem Heidehause.

„Felix" – „Mutter!"

Ein Schrei und ein Sturz an das Herz.

Das Mutterherz ist der schönste und unverlierbarste Platz des Sohnes, selbst wenn er schon graue Haare trägt – und jeder hat im ganzen Weltall nur ein *einziges* solches Herz.

Das alte Weib brach an ihm fast nieder vor Schluchzen, und er, vielleicht seit Jahren keiner Träne mehr gewohnt, ließ den Bach seiner Augen strömen, und hob sie zu sich auf, und drückte sie, und streichelte ihre grauen Haare, nicht sehend, daß Vater und Schwester und das halbe Dorf um sie beide standen.

„Felix, mein Felix, wo kommst du denn her?" fragte sie endlich.

„Von Jerusalem, Mutter, und von der Heide des Jordans. – Gott grüß Euch, Vater, und Gott grüße Euch, Großmutter! Jetzt bleib ich lange bei euch, und geliebt es Gott, auf immer."

Er schloß den zitternden Vater ans Herz und dann die alte Großmutter, die fast schamhaft und demütig beiseite stand – und dann noch einmal den Vater, den schönen, alten, braunen Mann mit den schneeweißen Haaren, den er mit noch dichten, dunkeln Locken verlassen hatte und der doppelt liebenswert dastand durch die unbehülfliche Verlegenheit, in die er dem stattlichen Sohne gegenüber geriet; das Mutterherz aber, sich ihres immer unverjährbaren Ranges bewußt, zeigte nichts dem Ähnliches; sie sah nicht seine Gestalt und seine Kleider, sondern ihr Auge hing die ganze Zeit über an seinem Angesichte, und es glänzte und funkelte und schäumte fast über vor Freude und vor Stolz, daß Felix so schön geworden und so herrlich.

Endlich, als sich sein Herz etwas gesättigt, fiel ihm klein Marthe bei; er fragte nach ihr, und sein Auge suchte am Boden umher – allein die Mutter führte ihm ein blühendes Weib vor, mit hellen, blauen Augen, ein Kind auf dem Arme, wie eine Madonna, deren er in Welschland auf Bildern gesehen – er erkannte im *Kinde* klein Marthe, die Mutter des Kindes getraute er sich aber nicht zu küssen, und auch sie stand blöde vor ihm und sah ihn bloß liebreich an – endlich grüßten und küßten sie sich herzinnig als Geschwister, und der ehrliche Benedikt reichte ihm die Hand und sagte, wie er ihn vor zwei Jahren so emsig in der ungeheuersten Entfernung gesucht habe.

„Da war ich im Lande Ägypten", sagte Felix, „und Ihr hättet mich auch dort kaum erfragt; denn ich war in der Wüste."

Auch die Bauern und ihre Weiber und Kinder, die sich vor Niklas' Hause eingefunden hatten und ehrbar neugierig herumstanden, grüßte er alle freundlich, lüftete den Reisehut und reichte ihnen, obwohl unbekannt, die Hand.

Endlich ging man in das Haus, und nach Heidesitte gingen viele Nachbarn mit und waren dabei, wie er Geschenke und Berichte auspackte. Auf der Gasse wurde es stille, die Menschen suchten nach dortigem Gebrauche zeitig ihre Schlafstellen, und die roten Pfingstwolken leuchteten noch lange über dem Dorfe.

4. Der Heidebewohner

Und als des andern Tages die ersten Sonnenstrahlen glänzten und die Heidedorfbewohner bereits im Festputze gerüstet waren, um zur fernen Kirche zu gehen: so war einer der Bewohner mehr und einer der Kirchgänger mehr. Die Nacht hatte es manchem verwischt, daß er gekommen, aber der Morgen brachte ihnen wieder neu den neuen Besitz, damit sie sich daran ergötzten: die einen mit ihrer Neugierde, die andern mit ihrer Liebe – alle aber hatten eine unsichere Scheu, selbst die Eltern, was es denn wäre, das ihnen an ihm zurückgebracht worden sei, und ob er nicht ein fremdes Ding in der übrigen Gleichheit und Einerleiheit des Dorfes wäre.

Er aber stand schon angekleidet, und zwar in dem leinenen Heidekleide und dem breiten Hute im Freien und schaute mit den großen, glänzenden, sanften Augen um sich, als die Mutter zu ihm trat und ihn fragte, ob er auch in die Kirche gehen werde oder ob er müde sei und Gott zu Hause verehren wolle.

„Ich bin nicht müde", antwortete er freundlich, „und ich werde mit euch gehen"; denn er sah, daß die Mutter zum Kirchengehen angezogen war und daß auch der Vater in seinem Sonntagsrocke aus dem Hause komme. Festliche Gruppen zeigten sich hie und da auf dem Anger des Dorfes; manche traten näher und grüßten, andere hielten sich verschämt zurück, besonders die Mädchen, und wieder andere, welche zu Hause blieben und in der Festtagseinsamkeit das Dorf hüten mußten, standen unter den Haustüren oder sonstwo und schauten zu.

Und als noch Pfingsttau auf den Heidegräsern funkelte und glänzte und als die Morgenkühle wehte, setzte sich schon alles in Bewegung, um zu rechter Zeit anzulangen – und so führte denn Felix das alte Weib an seiner Hand und leitete sie so zärtlich um den sanften Heidebühel hinan wie sie einstens ihn, da er noch ein schwacher Knabe war und sonntags vormittags die Ziegen und Schafe zu Hause lassen durfte, damit er hinausgehe und das Wort Gottes höre. Der Vater ging innerlich erfreut daneben, die andern teils voran, teils hinten. Endlich war die letzte Gruppe hinter dem Bühel verschwunden, die Nachschauenden traten in ihre Häuser zurück, und kurz darauf war jene funkelnde Einsamkeit über den Dächern, die so gern an heitern Sonntagvormittagen in den verlassenen Dörfern ist – die Stunden rückten trockener und heißer vor, eine dünne, blaue Rauchsäule stieg hie und da auf, und mitten in dem Garten des Heidehauses kniete die hagere Großmutter und betete. – Und wie endlich nach stundenlanger Stille durch die dünne, weiche, ruhende Luft, wie es sich zuweilen an ganz besonders schweigenden Tagen zutrug, der ferne, feine Ton eines Glöckleins kam, da kniete manche Gestalt auf den Rasen nieder und klopfte an die Brust; dann war es wieder stille und blieb stille – – die Sonnenstrahlen sanken auf die Häuser nieder, mehr und mehr senkrecht, dann wieder schräge, daß die Schatten auf der andern Seite waren – endlich kam der Nachmittag und mit ihm alle Kirchgänger – sie legten die schönsten Kleider und Tücher von dem erhitzten Körper, taten leichtere an, und jedes Haus verzehrte sein vorgerichtetes Pfingstmahl.

Und was war es denn, was ihnen an Felix zurückgebracht worden war, und warum ist er denn so lange nicht gekommen, und wo ist er denn gewesen?

Sie wußten es nicht.

In der Kirche war er mitgewesen; fast so kindlich andächtig wie einst hatte er auf die Worte des Priesters gehorcht, sanftmütig war er neben der Mutter nach Hause gekehrt, und wenn dann bei Tische der Vater das Wort nahm, so brach Felix das seine aufmerksam ab und hörte zu – und gegen Abend saß er mit der Großmutter im Schatten des Holunderbusches und redete mit ihr, die ihm ganz sonderbare und unverständliche Geschichten vorlallte – – und wenn dann so den Tag über die Neugier der Mutter in sein Auge blickte, halb selig, halb schmerzenreich, wenn sie nach den einstigen weichen Zügen forschte – ihren ehemaligen heitern, treuherzigen, schönen Heideknaben suchte sie – – – und siehe, sie fand ihn auch: in leisen Spuren war das Bild des gutherzigen Knaben geprägt in dem Antlitze des Mannes, aber unendlich schöner – so schön, daß sie oft einen Augenblick dachte, sie könne nicht seine Mutter sein; wenn er den ruhigen Spiegel seiner Augen gegen sie richtete, so verständig und so gütig – oder wenn sie die Wangen ansah, fast so jung wie einst, nur noch viel dunkler gebräunt, daß dagegen die Zähne wie Perlen leuchteten, dieselben Zähne, die schon an dem Heidebuben so unschuldig und gesund geglänzt – und um sie herum noch dieselben lieblichen Lippen, die aber jetzt reif und männlich waren und so schön, als sollte sogleich ein süßes Wort daraus hervorgehen, sei's der Liebe, sei's der Belehrung – –

„Er ist gut geblieben", jauchzte in ihr dann das Mutterherz, „er ist gut geblieben, wenn er auch viel vornehmer ist als wir."

Und in der Tat, es war ein solcher Glanz keuscher Reinheit um den Mann, daß er selbst von dem rohen Herzen des Heideweibes erkannt und geehrt wurde.

Was lebte denn in ihm, das ihn unangerührt durch die Welt getragen, daß er seinen Körper als einen Tempel wiederbrachte, wie er ihn einst aus der Einsamkeit fortgenommen? – –

Sie wußten es nicht; nur immer heiterer und fast einfältiger legte sich sein Herz dar, so wie die Stunden des ruhigen Festtages nach und nach verflossen.

Spät abends erzählte er ihnen, da alle um den weißen, buchenen Tisch saßen und auch Marthe mit ihrem Kinde da war und Benedikt und andere Nachbarn – er erzählte ihnen von dem Gelobten Lande, wie er dort gewesen, wie er Jerusalem und Bethlehem gesehen habe, wie er auf dem Tabor gesessen, sich in dem Jordan gewaschen – – den Sinai habe er gesehen, den furchtbar zerklüfteten Berg, und in der Wüste ist er gewandelt. – Er sagte ihnen, wie seine gezimmerten Truhen mit dem Postboten kommen würden; dann werde er ihnen Erde zeigen, die er aus den heiligen Ländern mitgebracht – auch getrocknete Blumen habe er und Kräuter aus jenem Lande und Fußtritte des Herrn, und was nur immer dort das Erdreich erzeuge und bringe – und viel heiliger, viel heißer und viel einsamer seien jene Heiden und Wüsten als die hiesige, die eher ein Garten zu nennen – – und wie er so redete, sahen alle auf ihn und horchten – und sie vergaßen, daß es Schlafenszeit vorüber, daß die Abendröte längst verglommen, daß die Sterne emporgezogen und in dichter Schar über den Dächern glänzten.

Von Städten, den Menschen und ihrem Treiben hatte er nichts gesagt, und sie hatten nicht gefragt. Die Worte seines Mundes taten so wohl, daß ihnen gerade das, was er sagte, das Rechte deuchte und sie nicht nach anderem fragten.

Marthe trug endlich das schlafende Kind fort, Benedikt ging auch, die Nachbarn entfernten sich – und noch seliger und noch freudenreicher als gestern gingen die Eltern zu Bette, und selbst der Vater dachte, Felix sei ja fast wie ein Prediger und Priester des Herrn.

Auch auf die Heide war er gleich nach den Feiertagen gegangen, auf seiner Rednerbühne war er gesessen; die Kä-

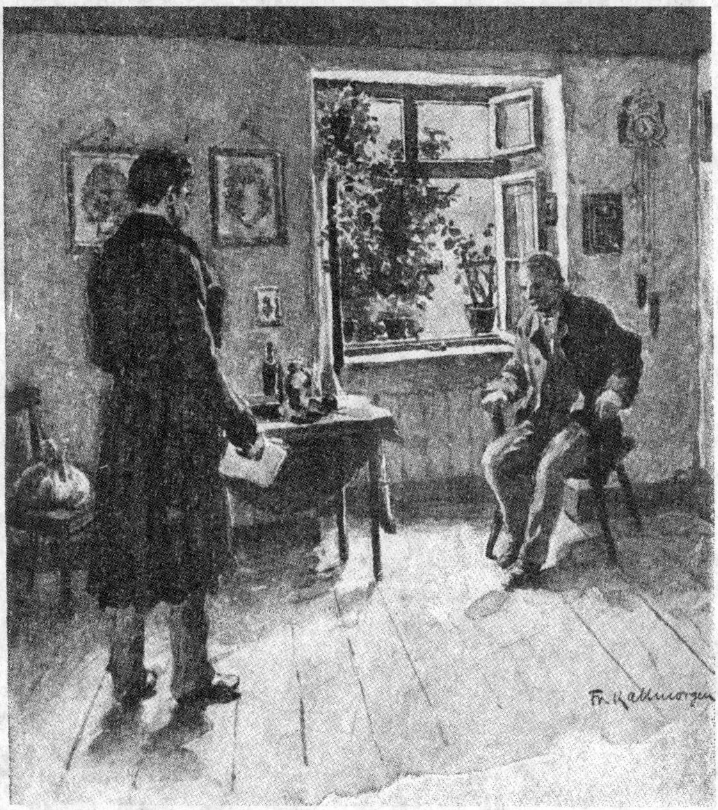

fer, die Fliegen, die Falter, die Stimme der Heidelerche und die Augen der Feldmäuschen waren die nämlichen. Er schweifte herum, die Sonnenstrahlen spannen – dort dämmerte das Moor, und ein Zittern und Zirpen und Singen – – – und wie der Vater ihn so wandeln sah, mußte er sich über die dünnen, grauen Haare fahren und mit der schwielenvollen Hand über die Runzeln des Angesichts streichen, damit er nicht glaube, sein *Knabe* gehe noch dort und es fehlen nur die Ziegen und Schafe, daß es sei wie einst und daß die lange, lange Zeit nur ein Traum gewesen sei. Auch die Nachbarn, wie er so Tag nach Tag unter ihnen wandelte, wie ihn schon alle Kinder kannten, wie er mit jedem derselben, auch mit dem häßlichen, so freundlich redete und wie er so im Linnenkleide durch die neuen Felder ging – glaubten ganz deutlich, er sei einer von ihnen, und doch war es auch wieder ganz deutlich, wie er ein weit anderer sei als sie.

Eine Tat müssen wir erzählen, ehe wir weitergehen und von seinem Leben noch entwickeln, was vorliegt – eine Tat, die eigentlich geheim bleiben sollte, aber ausgebreitet wurde und ihm mit eins alle Herzen der Heidebewohner gewann.

Als endlich die gezimmerten Truhen mit dem Postboten in die Stadt und von da durch Getreidewagen auf die Heide gekommen waren, als er daraus die Geschenke hervorgesucht und ausgeteilt, als er tausenderlei Merkwürdiges gezeigt, Blumen, Federn, Steine, Waffen – und alles genug bewundert worden war –, trat er desselben Tages abends zu dem Vater in die hintere Kammer, als er gesehen hatte, daß derselbe hineingegangen und, wie er gern tåt, sich in den hineinfallenden Fliederschatten gesetzt hatte – er trat beklommen hinein und sagte mit fast bebender Stimme: „Vater, Ihr habt mich auferzogen und mir Liebes getan, seit ich lebe – ich aber habe es schlecht vergolten; denn ich bin fortgegangen, daß Ihr keinen Gehülfen Eurer Arbeit hattet und Eurer Sorge für Mutter und Großmutter – und als ich gekommen, warfet Ihr mir nichts vor, sondern waret nur freundlich und lieb; ich kann es nicht vergelten, als daß ich Euch nicht mehr verlassen und Euch noch mehr verehren und lieben will als sonst. So viel Jahre mußtet Ihr sein, ohne in mein Auge schauen zu können, wie es Eurem Herzen wohlgetan hätte – aber ich bleibe jetzt immer, immer bei Euch. –

Allein weil mich Euch Gott auch zur Hülfe geboren werden ließ, so lernte ich draußen allerlei Wissenschaft, wodurch ich mir mein Brot verdiente, und da ich wenig brauchte, so blieb manches für Euch übrig. Ich bringe es nun, daß Ihr es auf Euer Haus wendet und im Alter zu Gute bekommet, und ich bitte Euch, Vater, nehmet es mit Freundlichkeit an."

Der Alte aber, hochrot, zitternd vor Scham und vor Freude, war aufgesprungen und wies mit beiden Händen die dargebotenen Papiere von sich, indem er sagte: „Was kommt dir bei, Felix? Ich bin so erschrocken – da sei Gott vor, daß ich die Arbeit und Mühe meines Kindes nehme – ach, mein Gott, ich habe dir ja nichts geben können, nicht einmal eine andere Erziehung, als die dir der Herr auf der Heide gab, nicht einmal das fromme Herz, das dir von selber gekommen. – Du bist mir nichts schuldig – die Kinder sind eine Gottesgabe, daß wir sie erziehen, wie es ihnen frommt, nicht wie es uns nützt; verzeihe mir nur, Felix, ich habe dich nicht erziehen können, und doch scheint es mir, bist du so gut geworden, so gut, daß ich vor Freuden weinen möchte – –"

Und kaum hatte er das Wort heraus, so brach er in lautes Weinen aus und tastete ungeschickt nach Felix' Hand. – Dieser reichte sie; er konnte sich nicht helfen, er mußte sein Antlitz gegen die Schulter des Vaters drücken und das grobe Tuch des Rockes mit seinen heißesten Tränen netzen. Der Vater war gleich wieder still, und sich gleichsam schämend und beruhigend, sagte er die Worte: „Du bist verständiger als wir, Felix. Wenn du bei uns bleibst, arbeite, was du willst; ich verlange nicht, daß du mir hilfst – da ist ja Benedikt und seine Knechte, wenn es not täte; auch habe ich schon ein Erspartes, daß ich mir im Alter einen Knecht nehmen kann. – Du aber wirst schon etwas arbeiten, wie es Gott gefällig und wie es recht ist."

Felix aber dachte in seinem Herzen, er werde doch in Zukunft, wenn es nötig sei, lieber in der Tat selbst und durch Leistung des eben Mangelnden beistehen, damit ihm das Herz nicht so weh täte, wenn er dem Vater gar nichts Gutes bringen könnte. Ach, das Beste hat er ja schon gebracht und wußte es nicht, das gute, das überquellende Herz, das jedem, selbst dem gehärtetsten Vater ein freudigeres Kleinod ist als alle Güter der Erde, weil es nicht Lohn nach außen ist, sondern Lohn in der tiefsten, innersten Seele.

Der Vater tat nun gleichgültig und machte sich mit diesem und jenem im Zimmer zu tun; kaum aber war Felix hinaus, so lief er eiligst zur Mutter und erzählte ihr, was der Sohn hatte tun wollen – sie aber faltete die Hände, lief vor die Heiligenbilder der Stube und tat ein Gebet, das halb ein Frevel stürmenden Stolzes, halb ein Dank der tiefsten Demut war.

Dann aber ging sie hin und breitete es aus.

Das war nun klar, daß er gut war, daß er sanft, treu und weich war, und das sahen sie auch, daß er schön und herrlich war – des weitern forschten sie nicht, was es sei und was es sein werde.

Er aber ging her und ließ sich, weit draußen von dem Dorfe entlegen, auf der Heide ein Stück Landes zumessen und begann mit vielen Arbeitern ein steinernes Haus zu errichten. – Daß es größer werde, als er *allein* brauche, fiel allen auf; aber als es im Herbste fertig war, als es eingerichtet und geschmückt war, bezog er es gleichwohl allein, und so verging der Winter. Es kam der blütenreiche Frühling – und Felix saß in seinem Hause auf der Heide und herrschte, wie einst, über alle ihre Geschöpfe und über all die hohen, stillen Gestalten, die sie jetzt bevölkerten.

Was war es denn aber, was den Eltern und Nachbarn an ihm zurückgebracht worden ist?

Sie wußten es nicht.

Ich aber weiß es. Ein Geschenk ist ihm geworden, das den Menschen hochstellt und ihn doch verkannt macht unter seinen Brüdern – das einzige Geschenk auf dieser Erde, das kein Mensch von sich weisen kann. Auf der Heide hatte es begonnen, auf die Heide mußte er es zurücktragen. Bei wem eine Göttin eingekehrt ist, lächelnden Antlitzes, schöner als alles Irdische, der kann nicht anders tun als ihr in Demut dienen.

Damals war er fortgegangen, er wußte nicht, was er werden würde – eine Fülle von Wissen hatte er in sich gesogen: es war der nächste Durst gewesen, aber er war nicht gestillt; er ging unter Menschen, er suchte sie völkerweise – er hatte Freunde – er strebte fort, er hoffte, wünschte und arbeitete für ein unbekanntes Ziel – selbst nach Gütern der Welt und nach Besitz trachtete er: aber durch alles Erlangte – durch Wissen, Arbeiten, Menschen, Eigentum – war es immer, als schimmere weit zurückliegend etwas, wie eine glänzende Ruhe, wie eine sanfte Einsamkeit – – – hatte sein Herz die Heide, die unschuldsvolle, liebe Kindheitsheide mitgenommen? oder war es selber eine solche liebe, stille, glänzende Heide? – – Er suchte die Wüsten und die Einöden des Orients, nicht brütend, nicht trauernd, sondern einsam, ruhig, heiter, dichtend. – Und so trug ihn dieses sanfte, stille Meer zurück in die Einsamkeit und auf die Heide seiner Kindheit – und wenn er nun so saß auf der Rednerbühne, wie einst, wenn die Sonnenfläche der Heide vor ihm zitterte und sich füllte mit einem Gewimmel von Gestalten, wie einst, und manche daraus ihn anschauten mit den stillen Augen der Geschichte, andere mit den seligen der Liebe, andere den weiten Mantel großer Taten über die Heide schleifend – und wenn sie erzählten von der Seele und ihrem Glücke, von dem Sterben und was nachher sei, und von anderem, was die Worte nicht sagen können – und wenn es ihm tief im Innersten so fromm wurde, daß er oft meinte, als sehe er weit in der Öde draußen Gott selbst stehen, eine ruhige, silberne Gestalt: dann wurde es ihm unendlich groß im Herzen, er wurde selig, daß er denken könne, was er dachte – und es war ihm, daß es nun so gut sei, wie es sei.

Die blödsinnige Großmutter war die erste gewesen, die ihn erkannt hatte.

„Es sind der Gaben eine Unendlichkeit über diese Erde ausgestreut worden“, hatte sie eines Tages gerufen, „die Halmen der Getreide, das Sonnenlicht und die Winde der Gebirge – da sind Menschen, die den Segen der Gewächse erziehen und ihn ausführen in die Teile der Erde; es sind, die da Straßen ziehen, Häuser bauen, dann sind andere, die das Gold ausbreiten, das in den Herzen der Menschen wächst, das Wort und die Gedanken, die Gott aufgehen läßt in den Seelen. Er ist geworden wie einer der alten Seher und Propheten, und ist er ein solcher, so hab ich es vorausgewußt, und ich habe ihn dazu gemacht, weil ich die Körner des Buches der Bücher in ihn geworfen; denn er war immer weich wie Wachs und hochgesinnt wie einer der Helden.“

Die Großmutter war es aber auch, mit der er sich allein

mehr beschäftigte als alle andern mit ihr; er war der einzige, der sie zu flüssigen Reden bringen konnte und der einzige, der ihre Reden verstand; er las ihr oft aus einem Buche vor, und die hundertjährige Schülerin horchte emsig auf, und in ihrem Angesichte waren Sonnenlichter, als verstände sie das Gelesene.

So war der Frühling vergangen, so waren wieder Pfingsten gekommen – aber wie waren es diesmal *andere* Pfingsten als vor einem Jahre. Eine doppelte furchtbare Schwüle lag auf beiden, auf dem Dorfe und auf Felix, und bei beiden lösete sich die Schwüle am Pfingsttage – aber wie verschieden bei beiden!

Ich will noch, ehe wir von seinem einfachen Leben scheiden, dieses letzte Ergebnis, das ich weiß, erzählen.

Wenn er so manchmal von der Heide kam und durch das Dorf ging, Geschenke für die Kinder seiner Schwester tragend, Steinchen, Muscheln, Schneckenhäuser und dergleichen, die Locken um die hohe Stirne geworfen, wie ein Kriegsgott, und doch die schwarzen Augen so sehnsuchtsvoll und schmachtend: dann war er so schön, und es trug ihn wohl manche Dirne der Heide als heimlichen Abgott im Herzen verborgen, aber er selber hatte einen Abgott im Herzen; einen einzigen Punkt süßen, heimlichen Glückes hatte er aus der Welt getragen, als er ihre Ämter und Reichtümer ließ – einen einzig süßen Punkt durch alle Wüsten – und heute, morgen, dieser Tage sollte es sich zeigen, ob er sein Haus für sich allein gebaut oder nicht. – Alle Kraft seiner Seele hatte er zu der Bitte aufgeboten, und mit Angst harrte er der Antwort, die ewig, ewig zögerte.

Wohl kam Pfingsten näher und näher, aber zu der Schwüle, die unbekannt und unsichtbar über des Jünglings Herzen hing, gesellte sich noch eine andere, über dem ganzen Dorfe drohend, ein Gespenst, das mit unhörbaren Schritten nahte – nämlich jener glänzende Himmel, zu dem Felix sein inbrünstiges Auge erhoben, als er jene schwere Bitte abgesandt hatte, jener glänzende Himmel, zu dem er vielleicht damals ganz allein emporgeblickt, war seit der Zeit *wochenlang* ein glänzender geblieben, und wohl hundert Augen schauten nun zu ihm ängstlich auf. Felix, in seiner Erwartung befangen, hatte es nicht bemerkt; aber eines Nachmittags, da er gerade von der Heide dem Dorfe zuging, fiel ihm auf, wie denn heuer gar so schönes Wetter sei; denn eben stand über der verwelkenden Heide eine jener prächtigen Erscheinungen, die er wohl öfters, auch in morgenländischen Wüsten, aber nie so schön gesehen, nämlich das Wasserziehen der Sonne – aus der ungeheuren Himmelsglocke, die über der Heide lag, wimmelnd von glänzenden Wolken, schossen an verschiedenen Stellen majestätische Ströme des Lichtes, und auseinanderfahrende Straßen am Himmelszelte bildend, schnitten sie von der gedehnten Heide blendend goldne Bilder heraus, während das ferne Moor in einem schwachen milchichten Höhenrauche verschwamm.

So war es dieser Tage oft gewesen, und der heutige schloß sich wie seine Vorgänger; nämlich zu Abends war der Himmel gefegt und zeigte eine blanke, hochgelb schimmernde Kuppel.

Felix ging zu der Schwester, und als er spät abends in sein Haus zurückkehrte, bemerkte er auch, wie man im Dorfe geklagt, daß die Halme des Kornes so dünne standen, so zart, die wolligen Ähren pfeilrecht empor strekkend, wie ohnmächtige Lanzen.

Am andern Tage war es schön, und immer schönere Tage kamen und schönere.

Alles und jedes Gefühl verstummte endlich vor der furchtbaren Angst, die täglich in den Herzen der Menschen stieg. Nun waren auch gar keine Wolken mehr am Himmel, sondern ewig blau und ewig mild lächelte er nieder auf die verzweifelnden Menschen. Auch eine andere Erscheinung sah man jetzt oft auf der Heide, die sich wohl früher auch mochte ereignet haben, jedoch von niemand beachtet; aber jetzt, wo viele tausend und tausend Blicke täglich nach dem Himmel gingen, wurde sie als unglückweissagender Spuk betrachtet: nämlich ein Waldes- und Höhenzug, jenseits der Heide gelegen und von ihr aus durchaus nicht sichtbar, stand nun öfters sehr deutlich am Himmel, daß ihn nicht nur alles sah, sondern daß man sich die einzelnen Rücken und Gipfel zu nennen und zu zeigen vermochte – und wenn es im Dorfe hieß, es sei wieder zu sehen, so ging alles hinaus und sah es an, und es blieb manchmal stundenlang stehen, bis es schwankte, sich in Längen- und Breitenstreifen zog, sich zerstückte und mit eins verschwand.

Die Heidelerche war verstummt; aber dafür tönte den ganzen Tag und auch in den warmen, taulosen Nächten das ewige einsame Zirpen und Wetzen der Heuschrecken über die Heide und der Angstschrei des Kiebitz. Das flinke Wässerlein ging nur mehr wie ein dünner Seidenfaden über die graue Fläche, und das Korn und die Gerste im Dorfe standen fahlgrün und wesenlos in die Luft und erzählten bei jedem Hauche derselben mit leichtfertigem Rauschen ihre innere Leere. Die Baumfrüchte lagen klein und mißreif auf der Erde, die Blätter waren staubig, und von Blümlein war nichts mehr auf dem Rasen, der sich selber wie rauschend Papier zwischen den Feldern hinzog.

Es war die äußerste Zeit. Man flehte mit Inbrunst zu dem verschlossenen Gewölbe des Himmels. Wohl stand wieder mancher Wolkenberg tagelang am südlichen Himmel, und nie noch wurde ein so stoffloses Ding wie eine Wolke von so vielen Augen angeschaut, so sehnsüchtig angeschaut als hier – aber wenn es Abend wurde, erglühte der Wolkenberg purpurig schön, zerging, lösete sich in lauter wunderschöne zerstreute Rosen am Firmamente auf und verschwand – und die Millionen freundlicher Sterne besetzten den Himmel.

So war der Freitag vor Pfingsten gekommen; die weiche, blaue Luft war ein blanker Felsen geworden. Vater Niklas war nachmittags über die Heide gekommen, das Bächlein war nun auch versiegt, das Gras bis auf eine Decke von schalgrauem Filze verschwunden, nicht Futter gebend für ein einzig Kaninchen; nur der unverwüstliche und unverderbliche Heidesohn, der mißhandelte und verachtete Strauch, der Wacholder, stand mit eiserner Ausdauer da, der einzige lebhafte Feldbusch, das grüne Banner der Hoffnung; denn er bot freiwillig gerade heuer eine solche Fülle der größten blauen Beeren, so überschwenglich, wie sich keines Heidebewohners Gedächtnis entsinnen konnte. – Eine plötzliche Hoffnung ging in Niklas' Haupte auf, und er dachte als Richter mit den Ältesten des Dorfes darüber zu raten, wenn es nicht morgen oder übermorgen sich änderte. Er ging weit und breit und betrachtete die Ernte, die

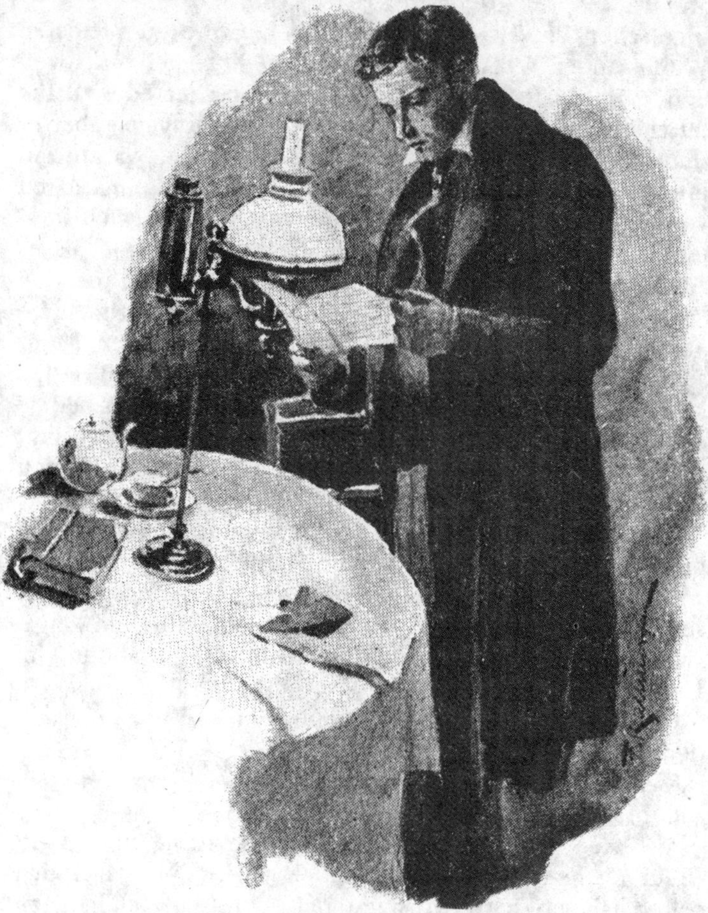

keiner gesäet und auf die keiner gedacht, und er fand sie immer ergiebiger und reicher, sich weiß Gott in welche Ferne erstreckend – aber da fielen ihm die armen tausend Tiere ein, die dadurch werden in Notstand versetzt sein, wenn man die Beeren sammle: allein er dachte, Gott der Herr wird ihnen schon eingeben, wohin der Krammetsvogel fliegen, das Reh laufen müsse, um andere Nahrung zu finden.

Da er heimwärts in die Felder kam, nahm er eine Scholle und zerdrückte sie, aber sie ging unter seinen Händen wie Kreide auseinander – und das Getreide, vor der Zeit Greis, fing schon an, sich zu einer tauben Ernte zu bleichen. Wohl standen Wolken am Himmel, die in langen milchweißen Streifen tausendfasrig und verwaschen die Bläue durchstreiften, sonst immer Vorboten des Regens; aber er traute ihnen nicht, weil sie schon drei Tage da waren und immer wieder verschwanden, als würden sie eingesogen von der unersättlichen Bläue. Auch manch anderer Hausvater ging händeringend zwischen den Feldern, und als es Abend geworden und selbst zerstückte Gewitter um den Rand des Horizontes standen und sich gegenseitig Blitze zusandten, sah ein von der Stadt heimfahrender Bauer selbst die halbgestorbene Großmutter mitten im Felde knien und mit emporgehobenen Händen beten, als sei sie durch die allgemeine Not zu Bewußtsein und Kraft gelangt und als sei sie die Person im Dorfe, deren Wort vor allen Geltung haben müsse im Jenseits.

Die Wolken wurden dichter, aber blitzten nur und regneten nicht.

Wie Vater Niklas zwischen die Zäune bog, begegnete er seinem Sohne, und siehe, dieser ging mit traurigem Angesichte einher, mit weit traurigerem als jeder andere im Dorfe.

„Guten Abend, Felix", sagte der Vater zu ihm, „gibst du denn die Hoffnung ganz auf?"

„Welche Hoffnung, Vater?"

„Gibt es denn eine andere als die Ernte?"

„Ja, Vater, es gibt eine andere – die der Ernte wird in Erfüllung gehen, die andere nicht. Ich will es Euch sagen, ich selber habe etwas für Euch und das Dorf getan. Ich habe zu den Obrigkeiten der fernen Hauptstadt geschrieben und ihnen den Stand der Dinge gemeldet; ich habe Freunde dort, und manche haben mich liebgehabt, – sie werden Euch helfen, daß ihr keinen Hauch von Not empfinden sollet, und auch ich werde so viel helfen, als in meiner Kraft ist. Aber tröstet Euch und tröstet das Dorf: alle Hilfe von Menschen werdet Ihr nicht brauchen; ich habe den Himmel und seine Zeichen auf meinen Wanderungen kennengelernt, und er zeigt, daß es morgen regnen werde. – Gott macht ja immer alles, alles gut, und es wird auch dort gut sein, wo er Schmerz und Entsagung sendet."

„Möge dein Wort in Erfüllung gehen, Sohn, daß wir zusammen glückliche Festtage feiern."

„Amen", sagte der Sohn, „ich begleite Euch zur Mutter; wir wollen glückliche Festtage feiern."

Pfingstsamstags-Morgen war angebrochen, und der ganze Himmel hing voll Wolken; aber noch war kein Tropfen gefallen. So ist der Mensch. Gestern gab jeder die Hoffnung der Ernte auf, und heute glaubte jeder, mit einigen Tropfen wäre ihr geholfen. Die Weiber und Mägde standen auf dem Dorfplatze und hatten Fässer und Geschirr hergebracht, um, wenn es regne und der Dorfbach sich fülle, doch auch heuer, wie sonst, ihre Festtagsreinigungen vornehmen zu können und feierliche Pfingsten zu halten. Aber es wurde Nachmittag, und noch kein Tropfen war gefallen, die Wolken wurden zwar nicht dünner – aber es kam auch Abend, und kein Tropfen war gefallen.

Spät nachts war der Bote zurückgekommen, den Felix in die Stadt zur Post gesendet, und brachte einen Brief für ihn. Er lohnte den Boten, trat, als er allein war, vor die Lampe seines Tisches und entsiegelte die wohlbekannte Handschrift:

„Es macht mir vielen Kummer, in der Tat, *schweren* Kummer, daß ich Ihre Bitte abschlagen muß. Ihre selbstgewählte Stellung in der Welt macht es unmöglich zu willfahren; meine Tochter sieht ein, daß es so nicht sein kann, und hat nachgegeben. Sie wird den Sommer und Winter in Italien zubringen, um sich zu erholen, und sendet Ihnen durch mich die besten Grüße. Sonst Ihr treuer, ewiger Freund."

Der Mann, als er gelesen, trat mit schneebleichem Angesichte und mit zuckenden Lippen von dem Tische weg –

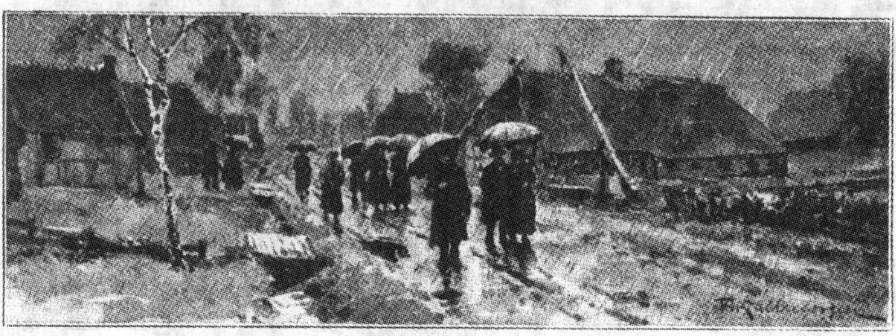

an den Wimpern zitterten Tränen vor. Er ging ein paarmal auf und ab, legte endlich das erhaltene Schreiben langsam auf den Tisch, schritt mit dem Lichte gegen einen Schrein, nahm ein Päckchen Briefe heraus, legte sie schön zusammen, umwickelte sie mit einem feinen Umschlage und siegelte sie zu – dann legte er sie wieder in den Schrein.

„Es ist geschehen", sagte er atmend und trat ans Fenster, sein Auge an den dicken, finstern Nachthimmel legend. Unten stand ein verwelkter Garten – die Heide schlummerte – und auch das entfernte Dorf lag in hoffnungsvollen Träumen.

Es war eine lange, lange Stille.

„Meine selbstgewählte Stellung", sagte er endlich sich emporrichtend – und im tiefen, tiefen Schmerz war es wie eine zuckende Seligkeit, die ihn lohnte. Dann löschte er das Licht aus und ging zu Bette.

Des andern Morgens, als sich die Augen aller Menschen öffneten, war der ganze Heidehimmel grau, und ein dichter, sanfter Landregen träufelte nieder.

Alles, alles war nun gelöset; die freudigen Festgruppen der Kirchgänger rüsteten sich und ließen gern das köstliche Naß durch ihre Kleider sinken, um nur zum Tempel Gottes zu gehen und zu danken – auch Felix ließ es durch seine Kleider sinken, ging mit und dankte mit, und keiner wußte, was seine sanften, ruhigen Augen bargen.

Soweit geht unsere Wissenschaft von Felix, dem Heidebewohner. – Von seinem Wirken und dessen Früchten liegt nichts vor: aber sei es so oder so – trete nur getrost dereinst vor deinen Richter, du reiner Mensch, und sage: „Herr, ich konnte nicht anders als dein Pfund pflegen, das du mir anvertraut hast", und wäre dann selbst dein Pfund zu leicht gewesen, der Richter wird gnädiger richten als die Menschen.

Der Hochwald

1. Waldburg

An der Mitternachtseite des Ländchens Österreich zieht ein Wald an die dreißig Meilen lang seinen Dämmerstreifen westwärts, beginnend an den Quellen des Flusses Thaia und fortstrebend bis zu jenem Grenzknoten, wo das böhmische Land mit Österreich und Bayern zusammenstößt. Dort, wie oft die Nadeln bei Kristallbildungen, schoß ein Gewimmel mächtiger Joche und Rücken gegeneinander und schob einen derben Gebirgsstock empor, der nun von drei Landen weithin sein Waldesblau zeigt und ihnen allerseits wogiges Hügelland und strömende Bäche absendet. Er beugt, wie seinesgleichen öfter, den Lauf der Bergeslinie ab, und sie geht dann mitternachtwärts viele Tagereisen weiter.

Der Ort dieser Waldesschwenkung nun, vergleichbar einer abgeschiednen Meeresbucht, ist es, in dessen Revieren sich das begab, was wir uns vorgenommen zu erzählen. Vorerst wollen wir es kurz versuchen, die zwei Punkte jener düsterprächtigen Waldesbogen dem geneigten Leser vor die Augen zu führen, wo die Personen dieser Geschichte lebten und handelten, ehe wir ihn zu ihnen selber geleiten. Möchte es uns gelingen, nur zum tausendsten Teile jenes schwermütig schöne Bild dieser Waldtale wiederzugeben, wie wir es selbst im Herzen tragen, seit der Zeit, als es uns gegönnt war, dort zu wandeln und einen Teil jenes Doppeltraumes dort zu träumen, den der Himmel jedem Menschen einmal und gewöhnlich *vereint* gibt, den Traum der Jugend und den der ersten Liebe. Er ist es, der eines Tages aus den tausend Herzen *eines* hervorhebt und es als unser Eigentum für alle Zukunft als einzigstes und schönstes in unsere Seele prägt und dazu die Fluren, wo es wandelte, als ewig schwebende Gärten in die dunkle, warme Zauberphantasie hängt!

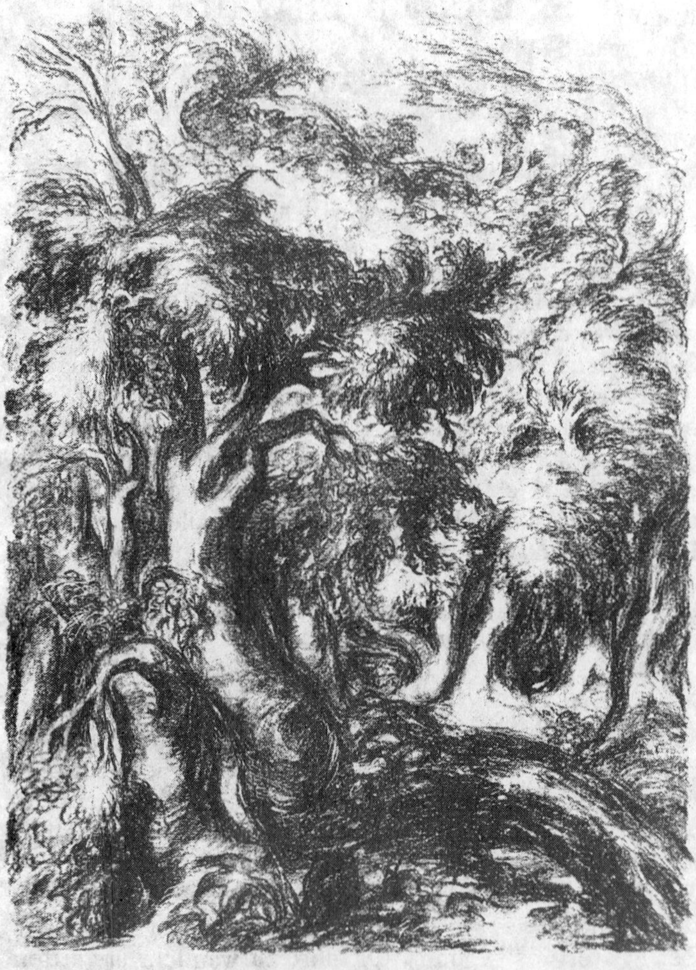

Wenn sich der Wanderer von der alten Stadt und dem Schlosse Krumau, dieser grauen Witwe der verblichenen Rosenberger, westwärts wendet, so wird ihm zwischen unscheinbaren Hügeln bald hier bald da ein Stück Dämmerblau hereinscheinen, Gruß und Zeichen von draußen ziehendem Gebirgslande, bis er endlich nach Ersteigung eines Kammes nicht wieder einen andern vor sich sieht, wie den ganzen Vormittag, sondern mit eins die ganze blaue Wand, von Süd nach Norden streichend, einsam und traurig. Sie schneidet einfärbig mit breitem, lotrechtem Bande den Abendhimmel und schließt ein Tal, aus dem ihn wieder die Wasser der Moldau anglänzen, die er in Krumau verließ; nur sind sie hier noch jugendlicher und näher ihrem Ursprunge. Im Tale, das weit und fruchtbar ist, sind Dörfer herumgestreuet, und mitten unter ihnen steht der kleine Flecken Oberplan. Die Wand ist obgenannter Waldesdamm, wie er eben nordwärts beugt, und daher unser vorzüglichstes Augenmerk. Der eigentliche Punkt aber ist ein See, den sie ungefähr im zweiten Drittel ihrer Höhe trägt.

Dichte Waldbestände der eintönigen Fichte und Föhre führen stundenlang vorerst aus dem Moldautale empor, dann folgt, dem Seebache sacht entgegensteigend, offenes Land – aber es ist eine wilde Lagerung zerrissener Gründe, aus nichts bestehend als tiefschwarzer Erde, dem dunklen Totenbette tausendjähriger Vegetation, worauf viele einzelne Granitkugeln liegen, wie bleiche Schädel von ihrer Unterlage sich abhebend, da sie vom Regen bloßgelegt, gewaschen und rund gerieben sind. – Ferner liegt noch da und dort das weiße Gerippe eines gestürzten Baumes und angeschwemmte Klötze. Der Seebach führt braunes Eisenwasser, aber so klar, daß im Sonnenscheine der weiße Grundsand glitzert, wie lauter rötlich heraufflimmernde Goldkörner. Keine Spur von Menschenhand, jungfräuliches Schweigen.

Ein dichter Anflug junger Fichten nimmt uns nach einer Stunde Wanderung auf, und von dem schwarzen Samte seines Grundes herausgetreten, steht man an der noch schwärzern Seesfläche.

Ein Gefühl der tiefsten Einsamkeit überkam mich jedesmal unbesieglich, so oft und gern ich zu dem märchenhaften See hinaufstieg. Ein gespanntes Tuch ohne eine einzige Falte, liegt er weich zwischen dem harten Geklippe, gesäumt von einem dichten Fichtenbande, dunkel und ernst, daraus manch einzelner Urstamm den ästelosen Schaft emporstreckt, wie eine einzelne altertümliche Säule. Gegenüber diesem Waldbande steigt ein Felsentheater lotrecht auf, wie eine graue Mauer, nach jeder Richtung denselber.

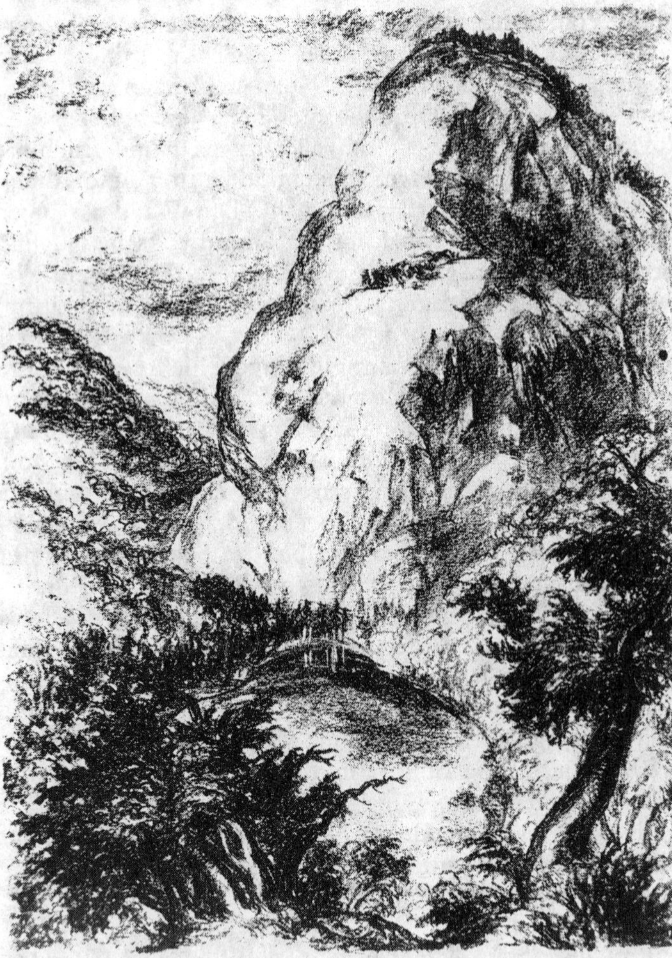

Ernst der Farbe breitend, nur geschnitten durch zarte Streifen grünen Mooses und sparsam bewachsen von Schwarzföhren, die aber von solcher Höhe so klein herabsehen wie Rosmarinkräutlein. Auch brechen sie häufig aus Mangel des Grundes los und stürzen in den See hinab; daher man, über ihn hinschauend, der jenseitigen Wand entlang in gräßlicher Verwirrung die alten, ausgebleichten Stämme liegen sieht, in traurigem, weiß leuchtendem Verhack die dunklen Wasser säumend. Rechts treibt die Seewand einen mächtigen Granitgiebel empor, Blockenstein geheißen; links schweift sie sich in ein sanftes Dach herum, von hohem Tannenwald bestanden und mit einem grünen Tuche des feinsten Mooses überhüllet.

Da in diesem Becken buchstäblich nie ein Wind weht, so ruht das Wasser unbeweglich, und der Wald und die grauen Felsen und der Himmel schauen aus seiner Tiefe heraus wie aus einem ungeheuern schwarzen Glasspiegel. Über ihm steht ein Fleckchen der tiefen, eintönigen Himmelsbläue. Man kann hier tagelang weilen und sinnen, und kein Laut stört die durch das Gemüt sinkenden Gedanken als etwa der Fall einer Tannenfrucht oder der kurze Schrei eines Geiers.

Oft entstieg mir ein und derselbe Gedanke, wenn ich an diesen Gestaden saß: als sei es ein unheimlich Naturauge, das mich hier ansehe – tief schwarz – überragt von der Stirne und Braue der Felsen, gesäumt von der Wimper dunkler Tannen – drin das Wasser regungslos, wie eine versteinerte Träne.

Rings um diesen See, vorzüglich gegen Bayern ab, liegen schwere Wälder, manche nie besuchte, einsame Talkrümme samt ihren Bächlein zwischen den breiten Rücken führend, manche Felsenwand schiebend mit den tausend an der Sonne glänzenden Flittern und manche Waldwiese dem Tagesglanze unterbreitend, einen schimmernden Versammlungssaal des mannigfachsten Wildes.

Dieses ist der *eine* der zwei obbemerkten Punkte. Lasset uns nun zu dem *andern* übergehen. Es ist auch ein Wasser, aber ein freundliches, nämlich das leuchtende Band der Moldau, wie es sich darstellt von einem Höhenpunkt desselben Waldzuges angesehen, aber etwa zehn Wegestunden weiter gegen Sonnenaufgang. Durch die duftblauen Waldrücken noch glänzender, liegt es geklemmt in den Talwindungen, weithin sichtbar, erst ein Lichtfaden, dann ein flatternd Band und endlich ein breiter Silbergürtel, um die Wölbung dunkler Waldesbusen geschlungen – dann, bevor sie neuerdings schwarze Tannen- und Föhrenwurzeln netzt, quillt sie auf Augenblicke in ein lichtes Tal hervor, das wie ein zärtlich Auge aufgeschlagen ist in dem ringsum trauernden Waldesdunkel. – Das Tal trägt dem wandernden Waldwasser gastliche Felder entgegen, und grüne Wiesen, und auf einer derselben, wie auf einem Sammetkissen, einen kleinen Ort mit dem schönen Namen Friedberg. – Von da, nach kurzem Glanze, schießt das Wellensilber wieder in die Schatten erst des Jesuiterwaldes, dann des Kienberges und wird endlich durch die Schlucht der Teufelsmauer verschlungen.

Der Punkt, von dem aus man fast so weit, als es hier beschrieben, den Lauf dieser Waldestochter übersehen kann, ist eine zerfallene Ritterburg, von dem Tale aus wie ein luftblauer Würfel anzusehen, der am obersten Rande eines breiten Waldbandes schwebet. Friedbergs Fenster sehen gegen Südwesten auf die Ruine, und dessen Bewohner nennen sie den Thomasgipfel oder Thomasturm, oder schlechthin St. Thoma, und sagen, es sei ein uraltes Herrenschloß, auf dem einst grausame Ritter wohnten, weshalb es jetzt verzaubert sei und in tausend Jahren nicht zusammenfallen könne, ob auch Wetter und Sonnenschein daran arbeite.

Oft saß ich in vergangenen Tagen in dem alten Mauerwerke, ein liebgewordenes Buch lesend oder bloß den lieben aufkeimenden Jugendgefühlen horchend, durch die ausgebröckelten Fenster zum blauen Himmel schauend oder die goldnen Tierchen betrachtend, die neben mir in den Halmen liefen, oder statt all dessen bloß müßig und sanft den stummen Sonnenschein empfindend, der sich auf Mauern und Steine legte – – oft und gern verweilte ich dort, selbst als ich das Schicksal derer noch nicht kannte, die zuletzt diese wehmütige Stätte bewohnten.

Ein grauer viereckiger Turm steht auf grünem Weidegrunde, von schweigendem, zerfallenem Außenwerke umgeben, tausend Gräser und schöne Waldblumen und weiße Steine im Hofraume hegend und von außen umringt mit vielen Platten, Knollen, Blöcken und andern wunderlichen Granitformen, die ausgesäet auf dem Rasen herumliegen. Keine Stube, kein Gemach ist mehr in wohnbarem Zustande, nur seine Mauern, jedes Mörtels und Anwurfes entkleidet, stehen zu dem reinen Himmel empor und tragen hoch oben manche einsame Tür oder einen unzugänglichen Söller nebst einer Fensterreihe, die jetzt in keinem Abendrot mehr glänzen, sondern eine Wildnis schöner Waldkräuter in ihren Simsen tragen. – Keine Waffen hängen an den Mauerbögen als die hundert goldenen Pfeile der schief einfallenden Sonnenstrahlen; keine Juwelen glänzen aus der Schmucknische als die schwarzen befremdeten Äuglein eines brütenden Rotkehlchens; kein Tragebalken führt vom Mauerrande sein Dach empor als manch ein Fichtenbäumchen, das hoch am Saume im Dunkelblau sein grünes Leben zu beginnen sucht. – Keller, Gänge, Stuben – alles Berge von Schutt, gesucht und geliebt von mancher dunkeläugigen Blume. Einer der Schutthügel reicht von innen bis gegen das Fenster des zweiten Stockwerkes empor. Dem, der ihn erklimmt, wird ein Anblick, der, obwohl im geraden Gegensatze mit den Trauerdenkmalen ringsum, dennoch augenblicklich fühlen läßt, daß eben er die Vollendungslinie um das beginnende Empfinden lege, nämlich: über alle Wipfel der dunklen Tannen hin ergießt sich dir nach jeder Richtung eine unermeßne Aussicht, strömend in deine Augen und sie fast mit Glanz erdrükkend. – Dein staunender und verwirrter Blick ergeht sich über viele, viele grüne Bergesgipfel, in webendem Sonnendufte schwebend, und gerät dann hinter ihnen in einen blauen Schleierstreifen – es ist das gesegnete Land jenseits der Donau mit seinen Getreidehängen und Obstwäldern –, bis der Blick endlich auf jenen ungeheuren Halbmond trifft, der den Gesichtskreis einfasset: die Norischen Alpen. – Der große Briel glänzt an heitern Tagen wie eine lichte Flocke am Himmelsblaue hängend – der Traunstein zeichnet eine blasse Wolkenkontur in den Kristall des Firmaments. – Der Hauch der ganzen Alpenkette zieht wie ein luftiger Feengürtel um den Himmel, bis er hinausgeht in zarte, kaum sichtbare Lichtschleier, drinnen weiße Punkte zittern, wahrscheinlich die Schneeberge der ferneren Züge.

Dann wende den Blick nach nordwärts; da ruhen die breiten Waldesrücken und steigen lieblich schwarzblau dämmernd ab gegen den Silberblick der Moldau – westlich blauet Forst an Forst in angenehmer Färbung, und manche zarte, schöne, blaue Rauchsäule steigt fern aus ihm zu dem heitern Himmel auf. Es wohnet unsäglich viel Liebes und Wehmütiges in diesem Anblicke.

Und nun, lieber Wanderer, wenn du dich satt gesehen hast, so gehe jetzt mit mir zwei Jahrhunderte zurück, denke weg aus dem Gemäuer die blauen Glocken, und die Maßlieben und den Löwenzahn, und die andern tausend Kräuter; streue dafür weißen Sand bis an die Vormauer, setze ein tüchtig Buchentor in den Eingang und ein sturmgerechtes Dach auf den Turm, spiegelnde Fenster in die Mauern, teile die Gemächer und ziere sie mit all dem lieben Hausrat und Flitter der Wohnlichkeit – dann, wenn alles ist wie in den Tagen des Glückes, blank, wie aus dem Gusse des Goldschmiedes kommend – – dann geh mit mir die mittlere Treppe hinauf in das erste Stockwerk, die Türen fliegen auf – – – Gefällt dir das holde Paar?

Es sind die Töchter Heinrichs des Wittinghausers, in dessen Wohnung du dich befindest – Wittinghausen hieß vor Zeiten das Schloß, ehe es von einem in der Nähe erbauten und nun ebenfalls verfallenden Kirchlein den Namen St. Thoma erhielt.

Die jüngere sitzt am Fenster und stickt, und obwohl es noch früh am Morgen ist, so ist sie doch schon völlig angekleidet, und zwar mit einem mattblauen Kleide nach der so malerischen Art, wie wir sie noch hie und da auf Gemälden aus der Zeit des Dreißigjährigen Krieges sehen. Alles ist nett. Ärmel und Mieder umschließen reinlich, jede Falte der Schleppe liegt bewußtvoll, jede Schleife sitzt wohlberechtigt, und jede Buffe gilt, und über dem Ganzen des Trachtenbaues schwebt als Giebel ein schönes Köpfchen, über und über blondlockig, und schaut fast wunderselig jung aus der altväterischen Kleiderwolke. Man sieht es offenbar, sie hat hohe Freude an ihrem Anzuge und hat ihn auch deswegen schon ganz und gar an. Zu den blonden Locken stehen seltsam die dunkelbraunen, fast schwarzen Augen, wenn sie mit ihnen gelegentlich erschrocken oder neugierig emporleuchtet – aber dann liegen sie so rein und rund in ihrem Rahmen, daß man sieht, wie die junge Seele, unberührt von Schmerz und Leidenschaft, noch so arglos zutäppisch durch ihre Fensterlein herausschaut, weil die Welt gar so groß und prächtig ist. Den Locken nach ist sie älter als achtzehn, den Augen nach jünger als vierzehn Jahre. Vielleicht steht sie mitten.

Die ältere ist noch nicht angezogen. Sie sitzt in einem weißen Nachtkleide auf einer Art von Ruhebett, auf dem sie viele Papiere und Pergamentrollen ausgebreitet hat, in denen sie herumsucht. Eine Fülle äußerst schwarzer Haare ist aufgelöst und schneidet in breitem, niedergehendem Strome den faltenreichen Schnee des Nachtgewandes. Das Gesicht ist fein und geistreich, nur etwas blaß, daher die Augen desto dunkler daraus vorleuchten, da sie den Haaren entsprechend sind, tiefschwarz und fast noch größer als die braunen der Schwester.

Das Zimmer ist das Wohn- und Schlafgemach der Mädchen; denn in seiner Tiefe stehen die zwei aus Eichenholz geschnitzten Bettgestelle, jedes überwölbt mit einem seidenen Baldachin und umlegt mit blühenden Teppichen – Sessel und Schemel stehen verschoben, als eben gebraucht und zum Teil bedeckt mit Stücken weißen Nachtzeuges. Die Betschemel stehen jeder in einer andern Fensterbrüstung, daß sich die betenden Schwestern nicht sehen können; denn die Andacht ist verschämt, wie die Liebe. Auf dem Putztische ist nur ein hoher, schmaler Spiegel und echte Schmuckstücke. Es ist noch sehr früh am Morgen, wie die langen Schatten und die Silberblitze an den taufeuchten Tannen draußen zeigen. Der Tag ist ganz heiter, die Alpenkrone liegt in den zwei Fenstern wie in einem Rahmen, und ein glänzender Himmel spannt sich darüber weg.

Die am Fenster stickt emsig fort und sieht nur manchmal auf die Schwester. Diese hat mit einmal ihr Suchen eingestellt und ihre Harfe ergriffen, aus der schon seit länger einzelne Töne wie träumend fallen, die nicht zusammenhängen oder Inselspitzen einer untergesunkenen Melodie sind.

Plötzlich sagt die jüngere: „Siehe, Clarissa, wenn du auch die Melodie verbergen willst, ich kenne doch das Lied, das du schon wieder singen möchtest."

Die Angeredete, ohne zu antworten, sang mit leiser Stimme die zwei Verse:

Da lagen weiße Gebeine,
Die goldne Kron dabei.

Dann ließ sie ab vom Spiele, und ohne die Harfe wegzustellen, sah sie durch die Saiten in das unschuldige Angesicht der Schwester.

Diese erwiderte mit den guten, runden Augen den Blick und sagte dann fast schüchtern: „Ich weiß nicht, das Lied ist mir so unheimlich, es ahnt einen Unglückliches an – und der Inhalt ist so schauerlich – – auch weißt du ja, daß es der Vater nicht gern höret, daß du gerade dieses Lied singest – –"

„Sieh, und dennoch hat es einer gedichtet, der sehr sanft und gut war", fiel die ältere Schwester ein.

„So hätte er gleich lieber ein sanfteres und freundlicheres dichten können", erwiderte die jüngere, „denn ein Lied muß gut und hold sein, daß man es liebet und nicht fürchtet wie dieses." Clarissa sah bei diesen Worten mit einer so gütigen Zärtlichkeit auf die Schwester, fast wie eine Mutter, und sagte: „O du gutes Ding, du treuherziges, wie bist du noch gar so jung! – – – Jene Furcht, jenes Schauern ist ja eben der Abgrund unseres Gewissens und versöhnt zuletzt zu gedoppelter Güte."

„Nein, nein", antwortete die andere, „ich bin lieber gleich vom Anfange gut. Ein Lied muß bei mir lieb und hell sein, wie der heutige Tag, kein Wölkchen, so weit du schauen magst, lauter Blau und lauter Blau, das reinste und freundlichste Blau. Deine Melodien sind jetzt immer wie Nebel und Wolken oder gar wie Mondschein, der wohl auch schön ist, aber bei dem man sich fürchtet."

„O die vielgeliebten, schwebenden, webenden Wolken", entgegnete Clarissa, „wie sie aufblühen in der Öde des Himmels, um die Berge glänzen und träumen, schimmernde Paläste bauen, massenweise sich sonnen und abends so liebrot entbrennen wie schlafmüde Kinder! – – – O Johanna, liebes Mädchen, wie bist du noch dein eigner Himmel, tief und schön und kühl! Aber es werden in ihm Düfte emporsteigen – der Mensch gibt ihnen den Mißnamen Leidenschaft – du wirst wähnen, sie seien wonnevoll erschienen, Engel wirst du sie heißen, die sich in der Bläue wiegen – aber gerade aus ihnen kommen dann die heißen Blitze und die warmen Regen, deine Tränen – und doch auch wieder aus diesen Tränen baut sich jener Verheißungsbogen, der so schön schimmert und den man nie erreichen kann – – – der Mondschein ist dann hold und unsre Melodien weich. – – Kind, es gibt Freuden auf der Welt, von einer Überschwenglichkeit, daß sie unser Herz zerbrechen können – – und Leiden von einer Innigkeit – – – o sie sind so innig!!"

Johanna stand schnell auf, ging zu ihrer Schwester und küßte sie unsäglich zärtlich auf den Mund, indem sie beide Arme um ihren Hals schlang, und sagte: „So bist du, ich weiß es; dein Herz tut dir weh, liebe Schwester; aber denke, der Vater liebt dich, der Bruder, ich, und gewiß alle Menschen, weil du so gut bist wie sonst gar kein Mensch; aber sprich nicht so – singe lieber, singe alles, selbst das von dem König. Ich weiß, daß du heute schon seit dem Aufstehen daran dachtest."

Clarissa küßte sie zweimal recht innig entgegen auf die Kinderlippen, an deren unbewußter, schwellender Schönheit sie wie ein Liebender Freude hatte, und sagte dann lächelnd: „Schaffe dir keine Sorgen, liebes Herz, ich werde fleißig mit dir arbeiten, daß unser Vater Vergnügen an den schönen Blumen habe, die unter deinen Händen erwachsen." Sie setzte sich an die entgegengesetzte Seite des Stickrahmens, und während Johanna an den Blumen arbeitete, begnügte sie sich, den Grund auszufüllen. Sie sprachen noch vielerlei, dann schwiegen sie – dann sprachen sie wieder, aber immer blieb als Grundton die Innigkeit zweier herzlieben Geschwister, wobei jedoch die ältere eine Art sanfter Vormundschaft ausübte. Die Kleine hatte etwas auf dem Herzen, so schien es; denn sie holte schon einige Male aus – aber jetzt nahm sie sich einen Anlauf und brachte einen kühnen Wildschützen daher, von dem sie gehört habe, daß er die westlichen Wälder zu seiner Wohnung erkoren, die damals ungleich größer waren als jetzt. Es seien von ihm die sonderbarsten Gerüchte im Umlaufe. Sie erzählte, daß sie gestern gehört habe, daß er mit keiner andern Kugel als einer geweihten erschossen werden könne und daß er in der Nacht mit Männern Unterredungen habe, die gar nicht von Fleisch und Blut sind.

Clarissa widersprach diesem und meinte, derlei dichte der Aberglaube dazu, wahrscheinlich gäbe es gar nicht einmal einen solchen Mann, da sich das Volk nur so gern in schaurigen Berichten gefalle.

„Wohl, wohl gibt es einen solchen“, fiel Johanna eifrig ein.

„Und wenn auch“, antwortete Clarissa, „so ist er gewiß nicht das, wofür man ihn hält.“

„O vielleicht ist er etwas noch viel Ärgeres – weißt du von jenem unglücklichen Müller in Spitzenberg – den hat er erschossen.“

„Rede doch nicht so freventlich nach, was nicht erwiesen ist. Jener Müller ließ sich zu Kundschaft in dem schwedischen Heere gebrauchen, deshalb ist er erschossen worden.“

„Ja, so hat man vermutet, aber niemand kann es erweisen – und daß ich es dir nur gestehe – ich habe gestern abends zugehört, als der Jägerbursche, der dem Vater den Brief vom Ritter brachte, in der Gesindestube von diesem Manne erzählte. Er ist groß und stark wie ein Baum, trägt einen wilden Bart und geht Tagereisen weit mit seiner langen Flinte durch die Wälder. Von den Menschen, die hier im flachen Lande wohnen, haben ihn noch wenige gesehen, aber der Jägerbursche sah ihn schon so nahe wie ich dich – und er und kein anderer hat den Mord verübt. Man fand den Müller im Parkfriedergehölze beim Muttergottesbilde, wo sich die Wege teilen, und keine einzige Wunde an seinem Leibe als das Loch der kleinen Kugel durch die Schläfe, und kein Mensch als nur dieser Wildschütze gebraucht so kleine Kugeln. Dann sagte er noch etwas, das aber zu gottlos ist, als daß es wahr sein könnte.“

„Nun?“

„Daß dieser Mann sein Gewehr nur losschießen dürfe, und er treffe doch immer den, den er sich denke.“

„Wie magst du nur solchen Reden zuhören“, sagte Clarissa ernst, „das ist blinder, leerer Frevel. Wie könnte denn Gott, der allmächtige Herr des Weltalls, solche böse Wunder zulassen, wenn er wollte, daß wir noch fürder seinen Einrichtungen trauen sollten, wie es ja doch unsre Pflicht und unsre Freude ist.“

„Ich habe es ja auch nicht geglaubt“, sagte Johanna treuherzig, „aber da ich zuhörte und sah, wie unsre Mägde fast erbleichten, so schauderte es mich auch, und trotz dem, daß ich gehen wollte, horchte ich doch wieder auf seine Worte hin. Er hat alles so lebendig beschrieben, auch die Wälder alle dort oben, unermeßlich und undurchdringlich, so daß unsre nur Gärten dagegen sind. Ein schöner, schwarzer Zaubersee soll in ihrer Mitte ruhen, und wunderbare Felsen und wunderbare Bäume und ihn stehen, und ein Hochwald ringsherum sein, in dem seit der Schöpfung noch keine Axt erklungen. Der Jäger sagte, daß er wohl bisher noch nicht so tief hineingedrungen sei, um zu dem Wasser zu gelangen, aber nächstens würde er es tun, und da trägt er auch einen geweihten silbernen Knopf bei sich, um den Wildschützen und Mörder niederzuschießen, sobald er ihn ansichtig wird; denn gegen Blei ist er fest."

„Warum tat er es denn nicht schon", sagte Clarissa, „da er ihn, wie du sagst, schon öfters sah? – Siehst du, du bist ein argloses Närrchen, und der Bursche ist ein prahlender Schalk, der euch gern schaudern machte, daß er als desto größerer Held erscheine. An deiner Stelle hätte ich gar nicht zugehört. Jener Mann ist wohl nur ein harmloser Schütze – oder es existiert ganz und gar kein solcher; denn alle, die je in jene Waldländer gerieten, fanden eine schöne Wildnis voll gesunder Blumen, Kräuter und herrlicher Bäume, die Wohnung unzähliger fremder Vögel und Tiere, aber nicht das mindeste Verdächtige."

„Aber in den Glöckelbergen schwemmte der Bach erst neulich die Knochen eines Eberkopfes aus, in denen die kleine Kugel steckte."

„Nun laß gehen", sagte Clarissa lächelnd, „– über dem Gewimmel deiner Wälder, Seen und Knochen und Jäger hat dir diese Rose ein häßlich Eck bekommen."

Johanna, eben in dem Alter des größten Wucherns der Räuber- und Zauberphantasien, wollte nicht so leicht ablassen, jedoch Clarissa ließ sich nicht mehr hinlenken, und so kam das Gespräch auf die Stickerei, da Johanna die angegriffene Rose verteidigte, und wurde mit jener Folgerichtigkeit fortgeführt, die sie jetzt auf Tanz und Sterbefälle bringt, jetzt auf Kriegsrüstungen, Lavendel, Eingesottenes und Kometen. Wie des Blutes Welle aus dem Herzen hüpfet, springt das leichte Gedankengeschwader mit, die Kinderzunge plaudert sie heraus, das runde Auge schaut uns groß und freundlich an – und unser Herz muß sie mehr lieben als alle Weisheit der Weisen. So über alle Maßen kostbar ist das reine Werk des Schöpfers, die Menschenseele, daß sie, noch unbefleckt und ahnungslos des Argen, das es umschwebt, uns unsäglich heiliger ist als jede mit größter Kraft sich abgezwungene Besserung; denn nimmermehr tilgt ein solcher aus seinem Antlitz unsern Schmerz über die einstige Zerstörung – und die Kraft, die er anwendet, sein Böses zu besiegen, zeigt uns fast drohend, wie gern er es beginge; wir bewundern ihn, aber mit der natürlichen Liebe quillt das Herz nur dem entgegen, in dem kein Arges existiert. Daher sagte vor zweitausend Jahren jener Eine: „Wehe dem, der eines dieser Kleinen ärgert!" Und wenn wir so die zwei schönen Angesichte gegenübersehen, ihre Worte hören, jedes ein durchsichtiger Demant, gefaßt in das Silberklar der Blicke, so deucht uns das einfache Gemach, obgleich umlegt mit Geräten täglichen Gebrauches, dennoch geweiht und rein, wie eine Kirche.

Die Sonne hatte sich allbereits über den Wald geschwungen, der Vormittag glänzte und funkelte über den schweigenden Wipfeln, und ein lichter Sonnenstreifen begann sich gemach über die Stickerei zu legen – siehe, da pochte es draußen ehrbar leise an der Tür, Einlaß heischend. Johanna sprang auf und öffnete eilig den noch vorgeschobenen Riegel. Es trat sofort ein Mann herein, freundlich Willkommen bringend – der *Vater* der Mädchen, der in ihr Morgengemach so bescheiden und ehrfürchtig eintrat wie ein Fremder. Er war damals schon hoch in den Jahren, aber ein wunderschöner Greis, eine Gestalt, als träte sie aus einem Rahmen van Dycks – in schwarzen Samt gekleidet, hoch und stattlich, weißen Hauptaares und eines Bartes, der glänzend auf die schöne breite Greisenbrust herniederwallte – ein Auge, stark gewölbt und sprechend, unter einer felsigen, gefurchten Stirne – so hob sich die Erscheinung fast in jene Zeit der Seher und Propheten hinüber, eine Ruine gewaltiger Männerkraft und Männergröße, eine Ruine, jetzt nur noch beschienen von der milden Abendsonne der *Güte,* wie ein stummer Nachsommer nach schweren, lärmenden Gewittern – wie der müde Vollmond auf den Garben des Erntefeldes – – die stille, milde, tiefe

Güte. Er war eine der wenigen damals noch sichtbaren Figuren des abgeblühten Rittertums, so unpassend für seine Mitwelt, wie eine Zeitlose auf der plattgeschornen Herbstwiese, da die andern Blumen alle längst in die Scheunen gesammelt sind.

Beide Kinder hängen an seinen Augen. Er heißt sie fortsticken – und da sie es tun, weilt sein Blick ungesehen auf ihnen mit Ernst und Liebe. Er besieht die Arbeit und lobt sie, fragt dieses und jenes und weiß immer eine Antwort, die wie Öl in ihre Herzen fließet.

Da die Mutter der Mädchen schon vor zehn Jahren gestorben war, so war es um so rührender, den alten Mann unter den mutterlosen Töchtern zu sehen – es ist eine Art von Zartheit darinnen, wie er mit ihnen umgeht, um ihnen das verlorne Mutterherz zu ersetzen. Vorzugsweise beschäftigt er sich mit der jüngeren, als sei sie es noch am bedürftigsten.

Nachdem er sie befragt, ob sie in ihrem kleinen Haushalte etwas benötigten, ob keine Farbe der Stickerei auszugehen drohe, ob ihre Kleider und Stoffe in gutem und prunkendem Stande seien, ob keine Magd oder Zofe etwas verschuldet oder ob sie sonst nichts vermißten oder wünschten – und als er auf all dies lauter „Nein“ oder lauter „guter, lieber Vater“ zur Antwort erhielt, so lächelte er und sagte, er habe gleichwohl die schönsten und seltensten Dinge aus der Stadt Augsburg zum Ansehen und Aussuchen verschrieben, und wie er der festen Hoffnung sei, daß sie binnen jetzt und acht Tagen dasein müssen und daß er Ehre und Freude damit einlegen werde. Sie mögen sich bis dahin nur recht mit Wünschen und Vorspiegelungen rüsten, was not täte und was man vielleicht, wäre es dabei, wählen würde, und was nicht. Ferner, als ob er ein Bitteres und Ungewünschtes vor seinem eigenen Herzen noch hinausschieben möchte, ging er in all ihre Kleinigkeiten ein und nahm ernsthaften Anteil – – an Johannens Hühnern, an ihrem Rehe und Schwarzkehlchen, an ihren Fensterblumen – an Clarissens Harfe und Zeichenbüchern, an Briefen und am Befinden entfernter Freundinnen – und zuletzt tat er an Blondköpflein die Frage, ob sie wohl nie ihr Abendgebet verschlummere, wie noch vor wenig Jahren, wo man sie oft vom Söller oder Gartenanger rotgeschlafen auflas und bei noch schimmernder Abendsonne mühselig entkleidete – und als er endlich gar beide mit Rührung fragte, ob sie denn auch allemal im Gebete der verstorbenen Mutter gedächten: so ahnete es ihnen wohl, daß er etwas auf dem Herzen trage, was er sich scheue, ihnen zu eröffnen; denn es war eine der holdesten Blüten an dem kraftvollen Greise, daß er, wie ganze und starke Menschen so oft, mit der Sorge des Vaters um seine Töchter auch fast eine Scheu vor ihnen darlegte, wie ein Geliebter, und da ihre Verehrung und Hochachtung noch unbegrenzter war, so hingen ihre Augen wohl mit Ängstlichkeit an seinen Mienen, aber keine getraute sich zu fragen. Die Liebe, in jeder Gestalt, ist scheu wie die Tugend und die Ehrfurcht zaghafter als selbst die Furcht. Er verstand sie, wie sie ihn verstanden hatten.

Mit Sorgsamkeit, daß er es nicht zerknittere, nahm er ein Stück eines gefalteten Weißzeuges von einem Sessel, rückte denselben näher an Fenster und Stickrahmen und setzte sich den Mädchen gegenüber, scheinbar noch immer, als täte er es der Behaglichkeit willen, weniger die Mädchen als vielmehr sich selbst mit einem Anscheine von Unbefangenheit täuschend.

„Ich glaube", begann er, „ihr habt schon vernommen, daß der Ritter gestern von seinem Jagdausfluge zwar nicht selbst zurückgekommen, aber einen Boten mit einem Schreiben gesandt habe. Sie waren sehr glücklich, und eine ganze Fracht von Wild ist unterwegs; auch kann er nicht genug Lobes sagen, wie schön und still und wie abgeschlossen und unzugänglich jene Waldesgärten sind, in denen er nun schon über vier Wochen dem Jagdvergnügen obliegt. Es ist fast wehmütig zu lesen, wie schwer sie Abschied davon nehmen – er sagt: Kein Hauch, keine Ahnung von der Welt draußen dringt hinein, und wenn man sieht, wie die prachtvolle Ruhe Tagereisen weit immer dieselbe, immer ununterbrochen, immer freundlich in Laub und Zweigen hängt, daß das schwächste Gräschen ungestört gedeihen mag, so hat man schwere Mühe, daran zu glauben, daß in der Welt der Menschen schon die vielen Jahre her der Lärm des Krieges und der Zerstörung tobe, wo das kostbarste und kunstreichste Gewächs, das Menschenleben, mit ebensolcher Eil und Leichtfertigkeit zerstört wird, mit welcher Müh und Sorgfalt der Wald die kleinste seiner Blumen hegt und auferziehet. Denkt nur, einen schönen Felsenberg haben sie gefunden, der über den Wald emporragt, von wo aus man unser Schloß erblicken kann; sie meinen, von unserm roten Eckzimmer müssen wir denselben sehen können. Wir wollen heute noch in demselben das Sehrohr aufstellen und sehen, ob wir den Felsenstock entdecken können, der der Blockenstein heißt – oder wäre es nicht gar noch schöner, ehe der Winter kommt, geradewegs selber einen Spaziergang in jene anmutigen Wildnisse zu machen?"

Ein zu Tode erschrockener Blick schlug aus den Augen Johannas gegen den Vater empor und traf auf das freundlich fragende Vaterauge. Er stand auf und ging einige Male unruhig im Zimmer auf und nieder, dann vor sie tretend, die mit Angst jede seiner Bewegungen hütete, sagte er ernst und liebreich: „Johanna, liebes furchtsames Reh – – und dennoch muß es sein, wir werden alle zusammen jene Wälder besuchen – – – antworte noch nicht; – – es tut not, Kinder, daß ich euch eröffne, was wir diesen Sommer fürgesorgt haben. Dieser Brief ist aus Rosenberg – hier einer aus Goldenkron – dieser von Prag – dieser aus Meißen und endlich einer aus Bayern. Ich habe euch stets mit Nachrichten aus den Kriegsfeldern verschont, daß euer Herz nicht mit Dingen beleidiget werde, die ihr lieber nicht wisset; aber ich habe ein Netz über alle Kriegsplätze gesponnen, daß ich stets Kenntnis der schwebenden Sache behielt und Voraussicht der künftigen – es geschah zu Frommen des Vaterlandes und zu eurem Schutze, wie es ja Gott zu meiner lieben väterlichen Pflicht gemacht. Man bereitet noch vor Winter eine Unternehmung gegen die obern Donauländer vor, deren rechter Flügel bestimmt ist, über unsre Berge zu gehen – diese Schweden kennen meinen Namen gar wohl – und auch, wenn sie ihn nicht kennten, so ist aller Grund zu glauben, daß sie unser Haus mitfegen werden, und die ersten Schneeflocken des künftigen Winters werden wahrscheinlich auf seine schwarzgebrannten Mauertrümmer fallen – mag es – das Haus werden wir

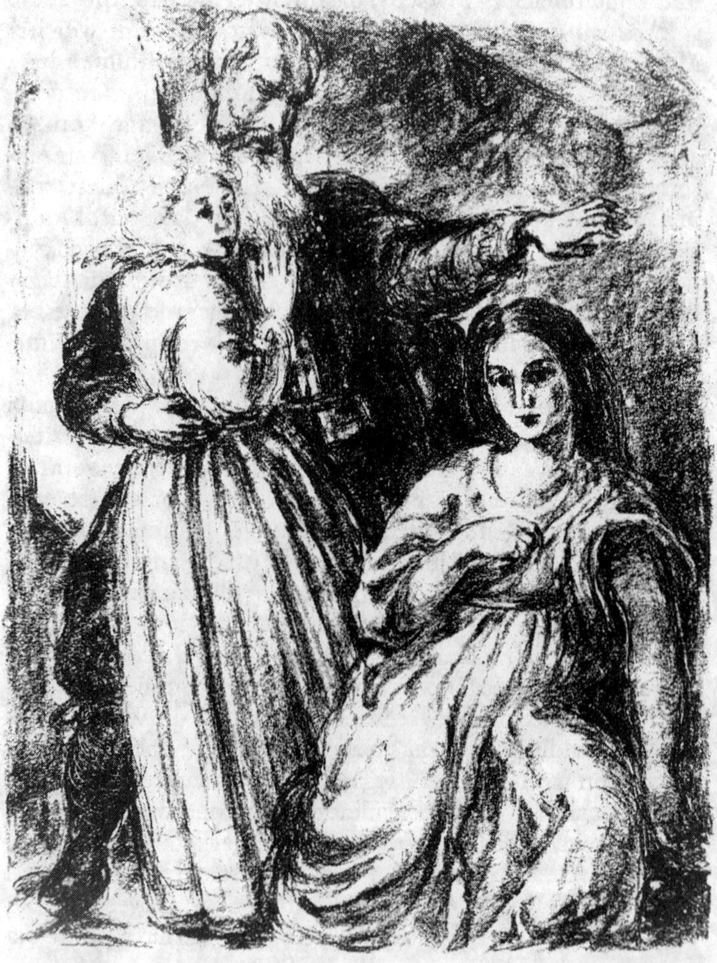

wieder aufbauen, und für euch habe ich nach bester Meinung gesorgt. Wie ich es mit Geld und Geldeswert veranstaltet, werde ich später darlegen – jetzt, was wichtiger, *von euch.* Es liegt ein Platz im Hochwalde, ich kenne ihn längst, so einsam, so abseit alles menschlichen Verkehrs, daß kein Pfad, kein Fußtritt, keine Spur davon erspählich ist, überdem unzugänglich an allen Seiten, außer einer, die zu verwahren ist – sonst aber wundersam lieblich und anmutsreich, gleichsam ein freundliches Lächeln der Wildnis, ein beruhigender Schutz- und Willkommensbrief. Auf diesem Platze steht ein Haus, das ich diesen Sommer zimmern ließ, allbereits schön und wohnlich für euch eingerichtet; denn dort werdet ihr wohnen, bis es hier wieder hergestellt und gefahrlos ist. Kein Mensch kennt dessen Dasein; denn die es zimmerten, sind mir dreifach verbunden: vorerst weil ich sie in Eid und Pflicht nahm, dann weil sie mir als Untertanen seit Jahren mit Liebe zugetan gewesen, und endlich, weil ich nur solche Leute wählte, die mir zufällig vor längerer Zeit schon ihre ganze Barschaft eingehändigt, daß ich sie als Aufbewahrtes neben meinem Eigentume schütze, bis die Kriegsgefahr vorüber. Diese werden sich wohl hüten, durch Verletzung ihres Eides mir Schaden zuzuwenden. Sie wurden alle über einen sehr steilen Felsenweg dahingeführt, der aber nun durch gesprengte Steine unzugänglich ist. Wir werden einen weitern Weg durch bisher unbetretenen Wald einschlagen, wo ich es viel bequemer vermute, da der Boden eben ist, und der Ritter meint, der Wald müsse dort sehr dünne sein, daß man sogar vielleicht reiten könne. Wo es sodann beschwerlicher wird, dort werden wir von einem Führer, der eines andern Weges von seiner Heimat herüberkommen wird, erwartet werden, und für euch wird eine Sänfte bereitet sein. Der Wald, wenn auch Urwald, ist so schön und traulich wie bei uns, und Menschen werdet ihr die ganze Zeit eures Aufenthaltes daselbst nicht sehen, außer die zu euch gehören. So habe ich gesorgt, und ich glaube, daß es gut sei. – – – Und nun, Kinder, redet."

Beide, totenstill, sahen ihn an.

„Nun, Johanna", sagte er lächelnd, „tut es dir so leid um deine Stube hier? Sieh, die dortige ist geradeso gebaut und so eingerichtet wie die – – Nun?"

Mit ordentlicher Mühe preßte sie schüchtern die Worte heraus: „Aber ein Mörder und Wildschütze ist dort."

Der Vater zuckte unwillig auf bei diesen Worten, sagte aber dann sehr gelassen und fest: „Es ist keiner dort. Leid ist es mir aber sehr, äußerst unangenehm ist es mir, daß das widersinnige Gerücht auch in eure Stube Eingang gefunden. Es ist keiner dort, glaubt es mir; denn die drei ganzen

Monate, die der Ritter abwesend war, hat er mit Felix den Wald weit und breit durchsucht und bei allen seinen Randwohnern und in allen Köhler-, Holzschläger- und Forsthütten um Grund oder Ungrund jener Gerüchte geforscht – es war überflüssige, aber zu unsrer eignen Beruhigung unternommene Vorsicht; kein Gedanke irgendeines solchen Mannes ist dort, selbst nicht die Sage von ihm, die nur müßig in unsrer Gegend schweifte – aber sehr unlieb ist es mir um euch, denn es wird unnötig eure Phantasie beschweren. Glaubst du denn, Johanna, du abtrünnig Mädchen, dein Vater werde dich zu Räubern und Mördern führen? Und wenn ein Wildschütze dort ist, so ist es ein schöner alter Mann, der zu eurer Bedienung gehören wird und den du bald so lieben wirst wie deinen eignen Vater. Seid wohlgemut, meine Kinder, ihr werdet von eurem neuen Wohnorte sehr traurig scheiden, und wenn wir euch verkünden werden, daß dieses Schloß wieder neu und blank herausgeputzt ist wie vorher nie, so wird wohl auch aus dem freudigen Auge ein Tränlein auf die holde Stelle fallen, von der ihr scheidet. Werfet das Unkraut getrost aus eurem Herzen, und bedenket, daß in einem Monate hier die Kriegslager rauchen und Waffentosen und wüstes Handwerk statt der Harfenklänge in diesem Gemache schallen werden. Seid heiter und rüstet euch. In acht Tagen wollen wir den Weg antreten. Oder wüßtet ihr noch etwas gegen den Vorschlag?“

Sie wußten wohl beide nichts, aber wohlgemut waren sie auch nicht, sondern wie immer erkannten sie seine Absicht als gut und versprachen, in einigen Tagen zur Reise vollkommen vorbereitet zu sein. In dem schönen und heitern Morgenzimmer, schwimmend im sanften Glanze der Vormittagssonne, geweiht durch die Anwesenheit zweier Engel und angeschaut von der ruhigen Naturfeier draußen, war nunmehr mit einem Male ein düstrer Flor herniedergelassen, hinter dem drei beklommene Gesichter standen; der Vater wegen der Mädchen, diese wegen der Sache, und wie auch jedes rang nach Unbefangenheit, so war sie eben deshalb ungewinnbar.

Demgemäß trat er an das Fenster und schaute emsig nach dem Wetter, damit nur die erste Befangenheit der

Mädchen sich etwas lüften möge, und als sollte er die Himmelsschäfchen zählen, die eben vom Süd heraufzukommen begannen, so lange und sorglich sah er nach ihnen, die Hand ob den Augen haltend. Die Mädchen – es ist wunderbar, was für ein Zauber der Beruhigung in geliebten treuen Augen liegt – zwei Blicke waren es nur in die gegenseitige Güte derselben – – und Johannens Angst, eben noch riesig und unbesiegbar, war alle ganz und gar verflogen. Der Vater kam lächelnd von dem Fenster herüber und sagte, wenn sie heute den Waldfelsen und nebstbei auch die schöne, ferne, anstrebende Waldmauer sehen wollten, in der, wie in einer Nische, ihr hölzern Waldschloß stehe, so müßte dies bald geschehen, und er werde auch deshalb das Sehrohr vorläufig im roten Zimmer aufstellen; denn trügen nicht alle Zeichen, so käme gewiß heute noch ein Gewitter – er sah schelmisch nach Johanna, deren Lippen, schon wieder in allem Purpur prangend, ein leises Lächeln zu hegen und zu bergen suchten, das er gleichwohl sah und kannte. Es gehörte nämlich zu seinen Schwächen, Gewitter zu prophezeien, und wenn nach zehn ausgebliebenen eines eintraf, so überzeugte sich niemand fester von der Untrüglichkeit seiner Symptome als er selber. Ob er aber heute solche Symptome an dem spiegelreinen Himmel entdeckte oder sich in der Trefflichkeit seines Herzens nur derlei vorgelogen, um Reiz zur Heiterkeit zu wecken – – wer könnte es entscheiden? – Genug, er war vergnügt, daß er die Pein der ersten Spannung aus den ihm lieben Angesichtern schwinden sah, und wohl wissend, daß, wenn er sie verlassen, er sie eben gegenseitig in die besten Hände gebe, schritt er heiter und scherzend der Tür zu. „Clarissa", rief er, noch die Klinke in der Hand haltend, „du wirst wieder mit deinem Anzuge die Ewigkeit brauchen – übereil dich deshalb nicht – ich habe vorher noch ein Geschäft, und wenn ihr fertig seid, mögt ihr gelegentlich in die rote Stube kommen und es mir sagen lassen – aber eilt deshalb nicht."

Und somit zog er die Tür hinter sich zu.

Einzige geliebte Menschen! Ob ihnen auch der Vater die Ewigkeit ihres Anziehens selbst in den Mund legte, als Gelegenheit, sich zu vertrauen und zu besprechen, so waren sie doch zu unschuldig, ihn zu verstehen, sondern sie sputeten sich maßlos, um nur irgendeinen Anzug zustande zu bringen, daß er nicht zu lange warten dürfe.

Nur ein einziges Mal hatten sich die Schwestern, als er fort war, umarmt und zwei, drei heiße Küsse auf die Lippen gedrückt als feste, kräftige, unzerreißbare Versicherungen und Siegel gegenseitigen Schutzes und Beisammenbleibens.

So wundergleich ist die Macht der Liebe, daß ihr Strahl, wenn er bei Gefahr und Not aus dem andern Auge bricht, sogleich eine eherne Mauer von Zuversicht um unser Herz erbauet, wenn er gleich aus den Augen eines zagen Mädchens kommt, das selber alles Schutzes bar und bedürftig ist.

Freudigkeit, Zutrauen, ja sogar Lustigkeit, Scherzen und Neugierde war aus jenen Küssen in die Herzen der Mädchen gekommen, und sie lachten, wenn sie in der übertriebenen Eile des Anziehens etwas verhasteten und abgeschmackt erzielten.

Sie eilten, da sie endlich fertig waren, in das rote Zimmer und trafen dort den jungen Jäger, dem der Freiherr eben eine Strafpredigt über sein gestriges Prahlen und Haselieren hielt – „Jetzt geh", schloß er, da er die Mädchen eintreten sah, „geh und trolle dich – – – nun, nun, Sebastian, bin ich denn so furchtbar", rief er in sanfterem Tone dem Burschen nach, „daß du dich so eilig und so linkisch fortsputest? Lasse dir unten einen Becher Wein geben oder meinetwegen zwei. Jetzt geh."

Der Jäger ging, und der Vater wendete sich äußerst vergnügt an die Mädchen. „Ei, ei, ihr seid ja sehr bald fertig geworden; schau wie schön – jetzt wollen wir das Rohr aufstellen und durchsehen."

Und so geschah es.

2. Waldwanderung

Es sind noch heutzutage ausgebreitete Wälder und Forste um das Quellengebiet der Moldau, daß ein Bär keine Seltenheit ist und wohl auch noch Luchse getroffen werden:

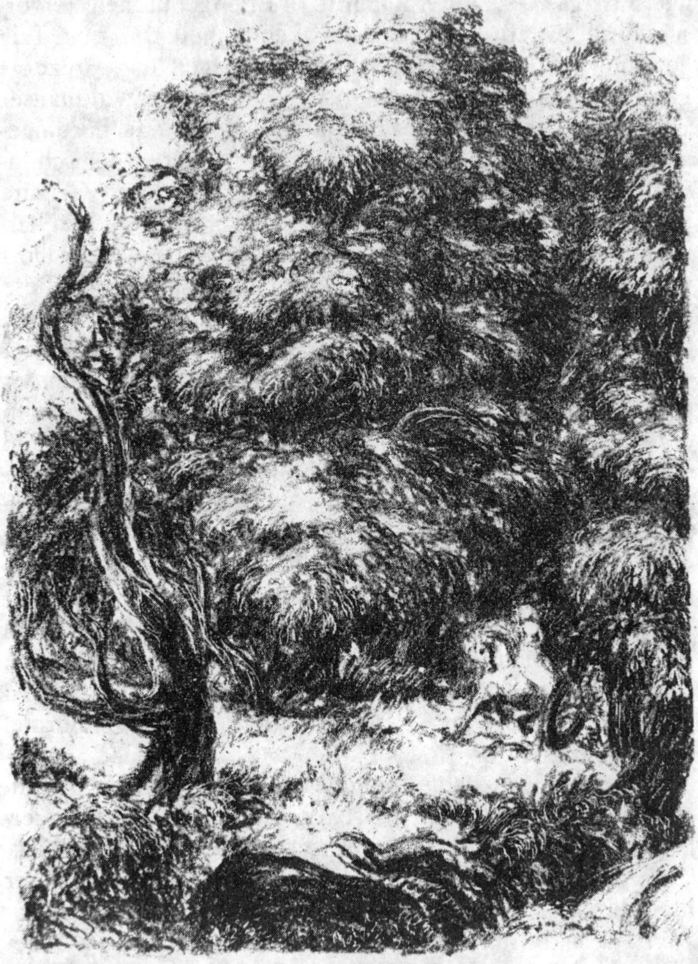

aber in der Zeit unserer Erzählung waren diese Wälder über alle jene bergigen Landstriche gedeckt, auf denen jetzt gereutet ist, und die Walddörfer stehen mit ihren kleingeteilten Feldern, weißen Kirchen, roten Kreuzen und Gärtchen voll blühender Waldbüsche. Wohl acht bis zehn Wegestunden gingen sie damals in die Breite, ihre Länge beträgt noch heute viele Tagreisen.

An dem Laufe eines frischen Waldwassers, das so klar

wie flüssiges Glas unter naßgrünen Erlengebüschen hervorschießt, führt ein gewundenes Tal entlang, und in dem Tale geht heutzutage ein reinlicher Weg gegen das Holzdorf Hirschbergen, das seine malerischen hölzernen Waldhäuser zu beiden Seiten des Baches auf die Abhänge herumgestreut hat. Diese Abhänge prangen mit Matten der schönsten Bergkräuter und mit mancher Herde, deren Geläute mit einzelnen Klängen sanft emporschlägt zu der oben harrenden Stille der Wälder. Damals aber war weder Dorf noch Weg, sondern nur das Tal und der Bach, jedoch diese noch schöner, noch frischer, noch jungfräulicher als jetzt, besetzt mit hohen Bäumen der verschiedensten Art. An der einen Seite des Wassers standen sie so dünne, daß sich der grüne Rasen wie ein reines Tuch zwischen den Stämmen dahinzog, ein Teppich, weich genug selbst für den Fuß einer Königstochter. Aber kein Fuß, schien es, hat seit seinem Beginne diesen Boden berührt als etwa der leichte Tritt eines Rehes, wenn es zu dem Bache trinken kam oder sonst zwischen den Stämmen und Sonnenstrahlen lustwandeln ging. Heute aber war der Tag gekommen, wo die Heerschar der Gräser und Blümlein dieses Rasens, ungleich ihren tausendjährig stillen und einsamen Ahnherren, zum ersten Male etwas anderes sehen sollten als Laubgrün und Himmelsblau und etwas anderes hören als das Gemurmel der Wellen.

Klare, liebliche, silberhelle Menschenstimmen – Mädchenstimmen – drangen zwischen den Stämmen vor, unterbrochen von dem teilweisen Anschlage eines feinen Glöckleins. – – Gleichsam wie lauschend dem neuen Wunder hielt die Wildnis den Atem an, kein Zweig, kein Läubchen, kein Halm rührte sich – die Sonnenstrahlen traten ungehört auf das Gras und prägten grüngoldne Spuren – die Luft war unbeweglich, blank und dunkelblau – nur der Bach, von seinem Gesetze gezwungen, sprach unaufhörlich fort, flüchtig über den Schmelz seiner Kiesel schlüpfend wie über eine bunte Glasur. – Näher und näher klangen Stimmen und Glöcklein. – Plötzlich sprang eine Gestalt vor – elfig, wie einst Libussas Mutter[16], in schneeweißem Kleide saß sie auf schneeweißem Pferdlein, das so zartfüßig wie ein Reh, kaum den Rasen eindrückend, halb hüpfend, halb spielend seine Last wie eine schwebende Feder zwischen den Stämmen hervortrug; zwei Demanten leuchteten voran, neugierig das fernere Geheimnis des Waldes suchend – *Johannas Augen waren es,* die heiter, glänzend, freudig vorausflogen, um die Schönheit des Tages und die ausnehmende Lieblichkeit des Plätzchens vorweg zu genießen – auch das Pferdchen, Luft gewinnend zwischen den hochschaftigen, weitstehenden Bäumen, spielte neckisch vorwärts, baumelnd und neigend mit Kopf und Hals, als wollte es zu eigener Freude recht oft das silberne Glöcklein erklingen lassen, das es an himmelblauem Bande um den Nacken trug. Hinter Johanna erschien nun auch Clarissa, auf einem ähnlich gezäumten Pferde, das aber hellbraun und ohne den kindischen Schmuck des Glöckleins war. Sie trug ebenfalls ein weißes Kleid.

Auch der stattliche alte Ritter wurde sofort sichtbar und ihm zur Seite ein schöner blonder Jüngling, oder vielmehr fast noch ein Knabe, der oben angeführte Felix, der Bruder der Mädchen, beide zu Pferde, und endlich noch ein fünfter Reiter, ein hoher Mann mit sprechendem Antlitze, nachlässig edel sein Pferd zwischen den schlanken Waldsäulen vorwärts geleitend – und, wie es schien, in seinen dunklen Augen nachdenklich einprägend die so schönen vor ihm schwebenden schuldlosen Gestalten.

Die Waldblumen horchten empor, das Eichhörnchen hielt auf seinem Buchenast inne, die Tagfalter schwebten seitwärts, als sie vordrangen, und die Zweiggewölbe warfen blitzende grüne Karfunkel und fliegende Schatten auf die weißen Gewänder, wie sie vorüberkamen; der Specht schoß in die Zweige, Stamm an Stamm trat rückwärts, bis nach und nach nur mehr weiße Stückchen zwischen dem grünen Gitter wankten – und endlich selbst die nicht mehr – aber auch der Reiter tauchte in die Tiefe des Waldes und verschwand, und wieder nur der glänzende Rasen, die lichtbetupften Stämme, die alte Stille und Einöde und der dareinredende Bach blieben zurück, nur die zerquetschten Kräutlein suchten sich aufzurichten, und der Rasen zeigte seine zarte Verwundung. – Vorüber war der Zug – unser lieblich Waldplätzchen hatte die ersten Menschen gesehen.

Immer entlang dem Waldbache, aber seinen Wassern

entgegen geht der Zug, sich vielfach windend und biegend, um den tiefer hängenden Ästen und dem dichteren Stande der Bäume auszuweichen. – Sie betrachten und vergnügen sich an den mancherlei Gestaltungen des Waldes. Die vielzweigige Erle geht am Wasser hin, die leichte Buche mit den schönfarbigen Schaften, die feste Eiche, die schwanken Halme der Fichten stehen gesellig und plaudern bei gelegentlichen Windhauchen, die Espe rührt hiebei gleich *alle* ihre Blätter, daß ein Gezitter von Grün und Silber wird, das die Länge lang nicht auszutaumeln und auszuschwingen vermag – der alte Ahorn steht einsam und greift langarmig in die Luft – die Tannen wollen erhabne Säulengänge bilden, und die Büsche, Beeren und Ranken, gleichsam die Kinder, sind abseits und zurück in die Winkel gedrängt, daß mitten Raum bleibe für hohe Gäste. Und diese sind auch gekommen. Frei und fröhlich ziehen sie das Tal entlang.

Wer die Gesichter der Mädchen ansieht, wie sie doppelt rein und zart neben dem dunkeln Grunde des Waldlaubes dahinschweben, wie sie blühend und vergnügt aus dem wallenden weißen Schleier des Kopfschmuckes herausblikken – der hätte nicht gedacht, daß sie sich noch kürzlich so sehr vor diesen Wäldern fürchteten und scheuten. Johanna blieb fast immer an der Spitze, wie sie ihrer Natur gemäß sich vorher unmäßig fürchtete, so freute sie sich auch jetzt unmäßig – und von dem zarten Rot, das sie sich beim Abschiede vom Hause in die Augen geweint hatte, war keine Spur mehr sichtbar.

Die Pracht und Feier des Waldes mit allem Reichtume und aller Majestät drang in ihr Auge und legte sich an ihr kleines Herz, das so schnell in Angst, aber auch so schnell in Liebe überfloß – und jeder Schritt gab ihrer Einbildungskraft neuen Stoff, war es nun ein seltsamer Strauch, mit fremden glühendroten Beeren überschüttet, oder war es ein mächtiger Baum von ungeahnter Größe – oder die schönen buntfarbigen Schwämme, die sich an Stellen schoben und drängten, oder war es ein plötzlich um eine Ecke brechender Sonnenstrahl, der die Büsche vor ihr in seltsames grünes Feuer setzte und aus unsichtbaren Waldwässerchen silberne Funken lockte – oder war es endlich dieser

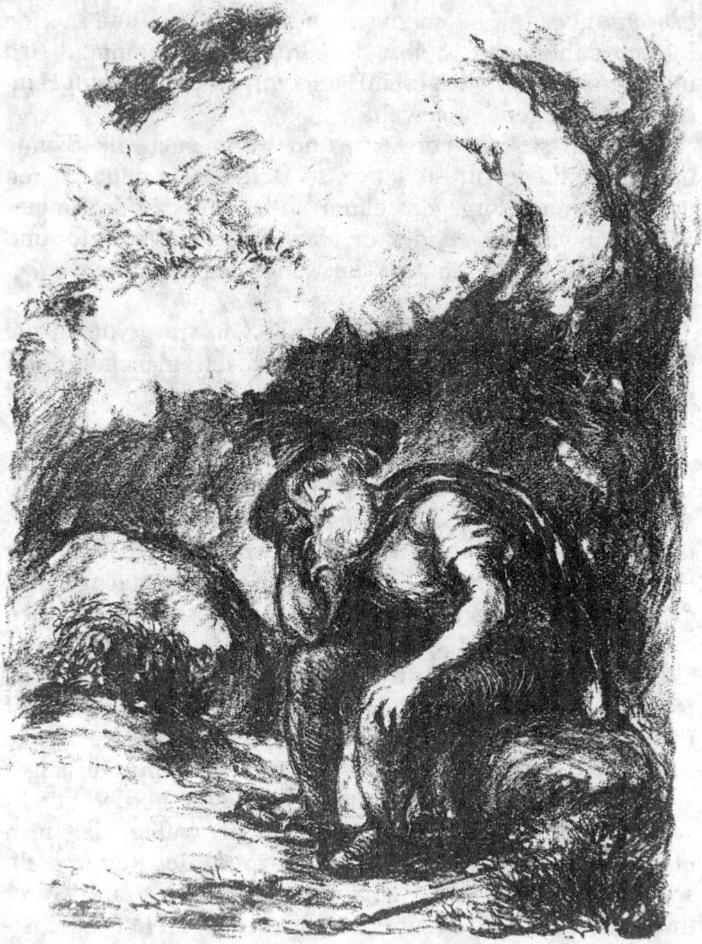

oder jener Ton, der als Schmelz oder Klage, als Ruf oder Mahnung aus der Kehle eines Waldvogels tief aus den ferneren geahnten Waldschoßen drang. – Alles fiel in ein schon aufgeregtes, empfangendes Gemüt. Clarissas edles Angesicht lag liebreich ruhevoll dem Himmel offen, der zwischen den Ästen festlich wallend sein Blau hereinhängen ließ und erquicklich seine Luft um ihre lieben sich färbenden Wangen goß – – wie ein schöner Gedanke Gottes senkte sich gemach die Weite des Waldes in ihre Seele, die dessen unbewußt in einem stillen und schönen und sanften Fühlen dahinwogte. Selbst der alte Freiherr empfand sich in der freien Luft wie gestählt und von einem frischen Hauche seiner Jugend angeweht.

So ritten sie alle vorwärts, und wenn auch die Bäume und Gesträuche oft stellenweise sich zusammendrängten und sich ihnen entgegenstellten, so fanden sie doch immer wieder einen Ausweg, der sie vorwärts geleitete, tiefer und tiefer in das Tal hinein, das die Wiege des ihnen begegnenden Baches war.

Der Vater, wo es die Stellen zuließen, ritt gerne an die Seite der Mädchen und sprach und kosete mancherlei mit ihnen. Felix war bald vorne bei den Schwestern, bald hinten bei dem nachdenklichen Reiter.

Endlich wurde der Boden so ansteigend und der Waldbestand so dichte, daß das Weitervordringen immer beschwerlicher ward, bis sie zuletzt zu einem Felsen gelangten, der jede weitere Aussicht zu verstellen schien: aber eben dieser Felsen war auch das glücklich erreichte Ziel, das sie vorderhand mit ihrer Wanderung anstrebten; auch war der Gegenstand, den sie hier antreffen sollten, bereits allen Augen sichtbar. Ein alter Mann saß in der Nachmittagssonne an dem glänzenden Gesteine und hatte den Kopf in seine Hände gestützt, als schlummere er oder denke nach. Zu seiner Seite lag ein Feuergewehr und ein langer Waldstock. Die Mädchen stutzten, und eine heftige Furcht schien Johannen zu fassen, obwohl sie wußte, daß man einen Führer erwarte. Bei dem Annähern der Reitergesellschaft, insbesondere der zögernden Mädchen, stand er auf und entblößte sein Haupt, indem er den breiten beschattenden Hut von demselben herabzog – schneeweiße Haare wallten den Blicken der Mädchen entgegen, zurückweichend von einer Stirne, die hoch und schön gewölbt, aber tiefbraun und von den Linien des Hochalters gefurcht war – zwei große treuherzige Augen sahen zu ihnen hinauf, in ihrer Schwärze seltsam abstechend gegen die zwei schneeweißen Bogen, die sich über ihnen spannten. – Auf den harten Wangen lag Sonnenbrand, Alter und Gesundheit.

Von aller Furcht erlöset, erwiderte Johanna zierlich seinen Gruß, und bei dem zweiten und dritten Blick mußte sie ihm schon gut sein – eine solche eherne Einfalt und Güte prägte sich in der ganzen Gestalt aus, wie er dastand und sie alle mit den klugen Augen ansah.

Man war nach und nach abgestiegen, und der alte Freiherr trat auf den Erwartenden zu, schüttelte ihm die Hand, die der andere ohne Zögern dargereicht hatte, und sagte freudig: „Gott grüße dich, Gregor, Gott grüße dich tausendmal; so haben wir uns doch noch einmal in diesem Leben gesehen – aber, Knabe, *alt* sind wir geworden, seit wir in dem Jungwalde zum letzten Male miteinander jagten – alt, alt –“

Freilich waren sie alt geworden, das sahen die jungen Begleiter alle, die seitwärts standen und sämtlich ihre Blicke auf die zwei Greise hefteten. – Es war ein schöner Anblick, wie sie dastanden, beide so ungeheuer verschieden und beide doch so gleich. Der Freiherr, wie gewöhnlich, im schwarzsamtnen Kleide, der andere in dem gröbsten grauen Tuche; der Freiherr, obwohl gebräunten und gefurchten Antlitzes, doch fast mädchenhaft weiß gegen die dunkle Sonnenfarbe des andern, ein Stubenbewohner gegen den Genossen des Mittagsbrandes und des Sturmes; der eine ein Sohn der Waffen, die er einst geführt mit Grazie und Kraft, jetzt zum Danke von ihnen geschmückt; der andere ein Bruder des Felsens neben ihm. Siebenzig Jahre sind Regen und Sonnenschein vergeblich auf beide gefallen, sie sind beide nur ein wenig verwittert – der eine mit dem Anstande der Säle, der andere mit dem der Natur; aber schön sind sie beide, und ehrwürdig beide, beide der Abglanz einer großgearteten Seele, und das Haarsilber liegt mit all der Unschuld des Alters auf ihrem Haupte.

„Ja“, erwiderte Gregor, „wir mögen wohl um eine Handvoll Jahre gealtert sein. Herr – Eure braunen Haare sind seitdem auch alle ganz weiß geworden. Ich bin sehr erfreut, Euch noch einmal zu sehen, Ihr waret damals ein freundlicher, zugänglicher Herr.“

„Und du ein lustiger, goldtreuer Jäger. Siehe, das habe ich nie vergessen, und wie mir der Knabe da von dir erzählte, daß er dich in dem Walde gefunden und daß du ihn so lieb habest, so erfreute sich mein altes Herz darüber, und ich dachte, er wird wohl des Vaters nicht vergessen haben, und deshalb, Gregor, gebe ich dir meine Kinder in den Schutz – Gott gab mir den Gedanken, *dich* dazu auszuwählen, als alten, wohlbekannten Freund und Kameraden. Siehe, diese zwei Mädchen sind mein; sie werden dir recht gut sein und die Hand und das Haupt ehren, so über ihnen wacht."

Des alten Mannes Augen erglänzten, wie von einem melancholischen Strahle der Freude, als er dieses hörte, und seine Blicke, wie zwei Adler, gegen die Mädchen kehrend, sagte er: „Sie sind zwei schöne Waldblumen; es wäre schade, wenn sie verkämen." – Und er konnte seine Augen ordentlich gar nicht zurückziehen, als ihm die sanften, glänzenden Blicke der zwei schönen Wesen vor ihm begegneten.

„Tritt näher, Johanna", sagte der Freiherr, „und reiche diesem Manne die Hand; er wird nun längere Zeit bei euch leben."

Johanna tat es augenblicklich. Der alte Mann reichte die seine fast verschämt zögernd hin, und es war eine seltsame Vermählung, ein lieblicher Gegensatz, als sich ihre weiche, kleine Hand, wie eine Taube, in die Felsen seiner Finger duckte – auch Clarissa reichte ihm ungeheißen ihre schöne Rechte, und auch Felix und der fremde Ritter hießen ihn willkommen.

Der alte Jäger hatte sichtliche Freude an den Mädchen; das sah man an der Art, wie er dem Freiherrn alle die Anstalten auseinandersetzte, die er zum Weiterkommen getroffen habe. Von hier aus sollen die Pferde zurückgeschickt werden, sobald des Freiherrn Beauftragter eingetroffen, dann gehe man über den Hirschfelsen zu Fuß, und jenseits warte schon eine zweisitzige Sänfte für die Jungfrauen. Die Männer müssen sie alle zu Fuße begleiten.

Als er noch sprach, kamen drei Männer über den Felsen herüber, die den Freiherrn ehrerbietig grüßten. Sie waren die Bestellten. Sofort wurden ihnen die Pferde übergeben mit der Weisung, sie zurückzuführen bis Pernek, um dort auf weitere Verordnung zu warten. Johanna umarmte fast ihr kleines weißes Rößlein, und dieses, als betrübe es sich um seine Herrin, ging traurigen Auges und gesenkten Hauptes hinter seinem Führer.

Man nahm an dem Felsen ein kleines Mahl, und eine andere Wanderung begann nun. Der Schutz des Vaters und des fremden Reiters, den der Freiherr immer bloß mit dem Namen „Ritter" anredete, hörte auf, und es begann der des alten Jägers, dem der Freiherr mit vielem Lachen erzählte, wie ihn seine törichte Tochter Johanna für einen furchtbaren Wildschützen gehalten, der in dem entsetzlichen Walde sein Unwesen treibe – und wie sie ihn nun mit so freundlichen Augen ansehe und in den Wald nun begierig wie in eine liebliche grüne Fabel eindringe. Nur ein kurzer, für Sänften ungangbarer Felsensteig war zu erklimmen, und sie traten wieder auf einen Rasenplatz hinaus, wo zwei Männer mit einer Sänfte harrten. Die Mädchen stiegen ein, und mit dem alten Jäger an der Spitze schlug die Gesellschaft einen Weg ein, der mit dem Tale der Hirschberge einen rechten Winkel bildete.

Die Nachmittagssonne war schon ziemlich tief zu Rüste gegangen und spann schon manchen roten Faden zwischen den dunklen Tannenzweigen herein, von Ast zu Ast springend, zitternd und spinnend durch die vielzweigigen Augen der Himbeer- und Brombeergesträuche – daneben zog ein Hänfling sein Lied wie ein anderes dünnes Goldfädchen von Zweig zu Zweig, entfernte Berghäupter sonnten sich ruhig, die vielen Morgenstimmen des Waldes waren verstummt, denn die meisten der Vögel arbeiteten oder suchten schweigend in den Zweigen herum. Manche Waldlichtung nahm sie auf und gewährte Blicke auf die rechts und links sich dehnenden Waldrücken und ihre Täler, alles in wehmütig feierlichem Nachmittagsdufte schwimmend, getaucht in jenen sanftblauen Waldhauch, den Verkünder heiterer Tage, daraus manche junge Buchenstände oder die Waldwiesen mit dem sanften Sonnengrün der Ferne vorleuchteten. So weit das Auge ging, sah es kein ander Bild als denselben Schmelz der Forste, über Hügel und Täler gebreitet, hinausgehend bis zur feinsten Linie des Gesichtskreises, der draußen am Himmel lag, glänzend und blauend, wie seine Schwester, die Wolke. Selbst als sie jetzt einen ganz baumfreien Waldhügel erstiegen hatten und der alte Gregor der wundervollen Umsicht halber sogar die Sänfte etwas halten ließ, ging der Blick wohl noch mehr ins

Weite und Breite, aber kein Streifchen nur linienbreit wurde draußen sichtbar, das nicht dieselbe Jungfräulichkeit des Waldes trug. – Ein Unmaß von Lieblichkeit und Ernst schwebte und webte über den ruhenden dämmerblauen Massen. – Man stand einen Augenblick stumm, die Herzen der Menschen schienen die Feier und Ruhe mitzufühlen; denn es liegt ein Anstand, ich möchte sagen ein Ausdruck von Tugend in dem von Menschenhänden noch nicht berührten Antlitze der Natur, dem sich die Seele beugen muß, als etwas Keuschem und Göttlichem – – und doch ist es zuletzt wieder die Seele allein, die all ihre innere Größe hinaus in das Gleichnis der Natur legt.

Die Gemüter der Mädchen, wie sie so dasaßen in ihrer Sänfte und wie zwei Engelsbilder aus einem Rahmen herausschauten, erweiterten sich und hoben sich, und fast war alle Sorge um zu Hause verlassene Erdengüter von ihnen abgefallen – die Blumen ihrer Herzen, die Augen, schauten glänzend hinaus in die schöne Welt und waren selbst schöner als sie – auf ihrem schmalen Brettchen mußten sie jede den einen Arm um die andere schlingen, und die Herzen, die sich fast gegenseitig schlagen hörten, hätten sich gerne noch fester aneinander gedrückt, um sie nur zeigen zu können, die unbegrenzte Fülle von Liebe und Güte, die sie zueinander hatten.

Der alte Gregor tupfte endlich mit der Hand an den Sänftenrand und zeigte rechts hinüber auf einen machtvollen schwarzblau hereingehenden Waldrücken, von grauen Felsenbändern schräge gestreift, die aber kaum sichtbar waren in dem Funkeln und Dämmern der Luft. – „Seht", sagte er, „das ist das Ziel unserer Reise, und wir müssen heute noch fast bis auf zwei Drittel gegen seine Schneidelinie hinauf. Der Platz hier hat etwas wunderlich Zutunliches, und ich wußte, daß er euch gefallen müsse, aber die Sonne neigt sich der Wand zu, und wir müssen weiter."

„Ja, ja", fuhr er fort, als man die Sänfte wieder aufgenommen hatte und die andere Seite des Waldhügels hinabging – „ja, ja, schöne Jungfrauen, der Wald ist auch schön, und mich dünkt manches Mal, als sei er noch schöner als die schönen Gärten und Felder, welche die Menschen machen, weil er auch ein Garten ist, aber ein Garten eines reichen und großen Herrn, der ihn durch tausend Diener bestellen läßt; in ihm ist gar kein Unkraut, weil der Herr jedes Kräutlein liebet und schätzt – er braucht auch ein jedes für seine vielen tausend Gäste, deren manche lecker sind und ganz Besonderes verlangen. – Sehet, da habe ich draußen – es sind wohl einige Wegestunden von hier –, da habe ich auch ein paar Kühe, viele Ziegen, auch Hafer- und Gerstenfelder – jetzt gehört alles meinem Enkel – der pflegt und hegt es – – aber wenn ich damals, vor zwanzig, dreißig Jahren, von meinem Hauswesen so des Sonntags in den Wald herauf ging in die Länge und Weite immer tiefer, so allerlei sinnend, oft auf das Wild gar nicht einmal achthabend, so war das ein lieblicherer, anmutigerer Tag als die ganze andere Woche, und öfter wollte es mich bedünken, als hätte ich da eine schönere Vesper gefeiert, als die hinaus in die Nachmittagskirche, aber auch in das Schenkhaus gegangen sind; denn seht, ich habe mir immer mehr und mehr ein gutes Gewissen aus dem Walde heimgetragen. Es kann ja auch nicht anders sein; denn wie ich nachgerade mutiger wurde und weiter und weiter herein kam, auch mehr Zeit hatte, da mein Sohn Lambrecht das Hauswesen überkam – sehet, da fing ich an, allgemach die Reden des Waldes zu hören, und ich horchte ihnen auch, und der Sinn ward mir aufgetan, seine Anzeichen zu verstehen, und das war lauter Prachtvolles und Geheimnisreiches und Liebevolles von dem großen Gärtner, von dem es mir oft war, als müsse ich ihn jetzt und jetzt irgendwo zwischen den Bäumen wandeln sehen. – – Ihr schaut mich mit den schönen Augen seltsam an, Jungfrau – aber Ihr werdet, wenn Ihr länger hier bleibt, schon auch etwas lernen; denn Eure Augen sind schön und klug. In allem hier ist Sinn und Empfindung; der Stein selber legt sich um seinen Schwesterstein und hält ihn fest, alles schiebt und drängt sich, alles spricht, alles erzählt, und nur der Mensch erschaudert, wenn ihm einmal ein Wort vernehmlich wird. – Aber er soll nur warten, und da wird er sehen, wie es doch nur lauter liebe, gute Worte sind.“ – –

Johanna sah mit unverhohlnem Erstaunen in das Antlitz des alten Waldsohnes, und es begann ihr ordentlich immer schöner zu werden. Man war mittlerweile wieder ins Tal zu einem rauschenden, springenden Bach gekommen, und Gregor mußte sein Gespräch abbrechen, weil er hier wieder Anordnungen behufs des Weitergehens zu machen hatte.

„Vater, Vater“, sagte Johanna leise, „welch einen seltsamen Menschen habt Ihr uns hier beigegeben!“

„Kind, dies ist ein Kleinod der Wüste“, erwiderte der Vater, „niemand weiß dies weniger als er selber; du wirst oft auf seine Worte horchen wie auf Klänge silberner Glocken, du wirst von ihnen vieles lernen – und er wird euch eine Stimme der Wüste sein, wenn ihr fern von der Heimat in der Einsamkeit leben müsset. Wir haben vor Jahren manche Tage miteinander verlebt, damals war er kühner und feuriger, aber die wunderlichen Gedanken seines Herzens spannen sich schon damals, wie ein seltsamer ausländischer Frühling, aus ihm heraus, und wenn wir so oft einen langen Nachmittag miteinander allein zu einem fernen Jagdzuge gingen und er zutraulich wurde und das Band seiner Reden und Phantasien löste, so warf er Blüten und Bäume, Sonne und Wolken durcheinander, und abenteuerlich Glauben und Grübeln, daß es mir oft nicht anders war, als würde aus einem alten schönen Dichtungsbuche gelesen. Manche höhnten ihn, und gegen diese verschloß er wie mit Felsen den Quell seiner Rede, aber ich habe ihn jederzeit geliebt, und er mich auch. Er war es, der mir einst den schönen einsamen Platz zeigte, zu dem wir eben auf der Wanderung sind und den vielleicht kein Mensch weiß, und er ist es auch, der nicht um Geld und Geldeswert, sondern ebenfalls aus alter Liebe zu mir, und neuer zu euch, wenn ihr sie nicht verscherzet, sich entschlossen hat, die Zeit eures Waldaufenthaltes bei euch zu wohnen, um mit dem Reichtume seiner Erfahrungen zu eurem Schutze behülflich zu sein.“

Der Gegenstand, von dem die Rede war, trat indessen wieder hervor, als ziehe es ihn zu der Gegenwart der lieblichen Wesen, die ihm anvertraut werden sollten. Der Bach, an dem man jetzt entlang und ihm entgegen stieg, war nicht das klare Waldwasser aus dem Tale der Hirschberge, sondern ein wild einherstürzender, schäumender Bergbach mit goldbraunem, durchsichtigem Wasser. Man ging immer an seinen Ufern, und die Männer mit der Sänfte stiegen rüstig von Stein auf Stein, wie sie so weiß auf dem schwarzmoorigen Grunde umherlagen, von dem Wasser geschlemmt und gebleicht. Das Land hob sich sanft der blauen Waldwand entgegen, auf die Gregor gezeigt hatte. Man eilte sichtlich; denn am Rande der Wand, die, wie man ihr näher kam, immer größer und kühler emporstieg, spielten schon die Strahlen der Abendsonne in breiten Strömen herein und legten einen mattroten Goldschein weithin auf die gegenüberliegenden Waldlehnen. Am kühlblauen Osthimmel wartete schon der Halbmond. Der Boden fing an, sehr merklich emporzusteigen und wilder und wilder zu werden. Manch zerrißner Baumstamm stand an ihrem Wege – mancher Klotz war in das Wirrsal der Ranken und Schlingkräuter geschleudert, um dort zu vermodern, oder auch öfters kamen sie zwischen manneshohen Farrenkräutern durch oder Himbeergesträuchen, die oft mit Beeren bedeckt waren, von ferne zu sehen, als hätte man ein rotes Tuch über sie gebreitet.

Da sie gelegentlich wieder an einer Espe vorüberkamen, deren Blätter, obwohl sich kein Hauch im ganzen Walde rührte, dennoch alle unaufhörlich zitterten, so sagte Clarissa zu dem Alten, wenn er die Zeichen und die Sprache der Wälder kenne und erforsche, so wisse er vielleicht auch, warum denn gerade dieser Baum nie zu einer Ruhe gelangen könne und seine Blätter immer taumeln und baumeln müssen.

„Es sind da zwei Meinungen“, entgegnete er, „ich will sie euch beide sagen. Meine Großmutter, als ich noch ein kleiner Knabe war, erzählte mir, daß, als noch der Herr auf Erden wandelte, sich alle Bäume vor ihm beugten, nur die Espe nicht, darum wurde sie gestraft mit ewiger Unruhe, daß sie bei jedem Windhauche erschrickt und zittert, wie jener Ewige Jude, der nie rasten kann, so daß die Enkel und Urenkel jenes übermütigen Baumes in alle Welt gestreut sind, ein zaghaft Geschlecht, ewig bebend und flüsternd in der übrigen Ruhe und Einsamkeit der Wälder. Darum schaute ich als Knabe jenen gestraften Baum immer mit einer Art Scheu an, und seine ewige Unruhe war mir wie Pein. Aber einmal, es war Pfingstsonntags nachmittag vor einem Gewitter, sah ich (ich war schon ein erwachsener

Mann) einen ungemein großen Baum dieser Art auf einer sonnigen Waldblöße stehen, und alle seine Blätter standen stille; sie waren so ruhig, so grauenhaft unbeweglich, als wären sie in die Luft eingemauert und sie selber zu festem Glase erstarrt – es war auch im ganzen Walde kein Lüftchen zu spüren und keine Vogelstimme zu hören, nur das Gesumme der Waldfliegen ging um die sonnenheißen Baumstämme herum. Da sah ich mir denn verwundert den Baum an, und wie er mir seine glatten Blätter, wie Herzen, entgegenstreckte, auf den dünnen, langen, schwanken Stielen, so kam mir mit eins ein anderer Gedanke: Wenn alle Bäume, dacht ich, sich vor dem Herrn geneigt haben, so tat es gewiß auch dieser und seine Brüder; denn alle sind seine Geschöpfe, und in den Gewächsen der Erde ist kein Trotz und Laster wie in den Menschen, sondern sie folgen einfältig den Gesetzen des Herrn und gedeihen nach ihnen zu Blüte und Frucht – darum ist nicht Strafe und Lohn für sie, sondern sie sind von ihm alle geliebt – und das Zittern der Espe kommt gewiß nur von den gar langen und feinen Stielen, auf die sie ihre Blätter, wie Täfelchen, stellt, daß sie jeder Hauch lüftet und wendet, worauf sie ausweichen und sich drehen, um die alte Stellung wiederzugewinnen. Und so ist es auch; denn oft habe ich nachher noch ganz ruhige Espen an windstillen Tagen angetroffen und darum an andern, wo sie zitterten, ihrem Geplauder mit Vorliebe zugehört, weil ich es gutzumachen hatte, daß ich einstens so schlecht von ihnen gedacht. Darum ist es aber auch ein sehr feierlicher Augenblick, wenn selbst sie, die so leichtfertige, schweigt; es geschieht meistens vor einem Gewitter, wenn der Wald schon harret auf die Stimme Gottes, welche kommen und ihnen Nahrung herabschütten wird. – Sehet nur, liebe Jungfrauen, wie schmal der Fuß ist, womit der Stiel am Holze und das Blatt am Stiele steht, und wie zäh und drehbar dieser ist – – sonst ist es ein sehr schönes Blatt."

Bei diesen letzten Worten hatte er einen Zweig von einer der Espen gerissen und ihn Clarissen hingereicht.

„Es ist ein Zeichen, daß wir eine schöne Nacht bekommen", fuhr er fort, „da diese Zweige so munter sind; vor dem Nachtregen werden sie gern ruhiger."

„Kommen wir denn in die Nacht?" fragte Johanna.

„Wenn es auch geschähe“, antwortete der Jäger, „so steht ja schon dort am Himmel der aufnehmende Mond, der so viel Licht gibt, daß gute und achtsame Augen genug haben. Aber ich denke, daß wir ihn gar nicht mehr brauchen werden.“

Das Laubholz wurde seltener, und die ernste Tanne und Fichte zog ständeweis gegen die Bergbreiten – der rote Sterbeglanz des Tages auf dem jenseitigen Joche ging langsam gegen die Bergschneide empor, und aus dem Tale hoben sich die blauen Abendschatten – der Halbmond wurde jede Minute sichtlich glänzender an seinem bereits stahlblauen Osthimmel. Der Freiherr drängte sich durch Farrenkraut und Schlinggewächse, um an der Seite der Sänfte zu bleiben.

Felix war mit dem Ritter in tiefem Gespräche begriffen und ziemlich weit hinten geblieben. Der Bach war stellenweise gar nicht mehr sichtbar und hörbar, weil er unter übergewälzten Felsenstücken hinfloß.

So mochte die Wanderung noch eine halbe Stunde gedauert haben, und eine dichtere Finsternis blickte schon aus den Tiefen der Fichtenzweige, die sich so nahe drängten, daß sie häufig die Sänfte streiften – da blitzte es sie mit einem Male durch die Bäume wie glänzendes Silber an. Sie stiegen einen ganz kleinen Hang nieder und standen an der weit gedehnten Fläche eines flimmernden Wassers, in dessen Schoße bereits das zarte Nachbild des Mondes wie ein blödes Wölklein schwamm. Ein leises Ach des Erstaunens entfuhr den Mädchen, als sie den schönen See erblickten, da sie derlei in dieser Höhe, die sie erstiegen zu haben meinten, gar nicht vermuteten – ein flüchtig Schauern rieselte durch Johannas Glieder, da dies ohne Zweifel jener Zaubersee sei, von dem sie gehört hatte. – Die hohen Tannen, die dem Ufer entlang schritten, schienen ihr ordentlich immer größer zu werden, da sie gemach und feierlich den einfärbigen Talar der Abenddämmerung angetan und von ihren Häuptern fallen ließen, wodurch sie massenhafter und somit größer wurden. – Die jenseitige Felsenwand zeichnete sich schwach silbergrau, wie ein zartes Phantasiebild, in die Luft, zweifelhaft, ob sie nicht selbst aus Luft gewoben sei; denn sie schien zu schwanken und sich nach dem Takte zu neigen, aber es waren nur die Wasser, die sich abendlich bewegten.

Der Vater hieß die Mädchen aussteigen, und mit Freuden verließen sie das enge tragbare Gefängnis. Ein Floß lag am Gestade und trug ein erhobenes Gerüste mit Sitzen für die Gesellschaft. Man bestieg ihn, und die zwei Sänftenträger und noch zwei andere Männer, die man bei dem Floße stehend vorgefunden, lenkten das Fahrzeug in den See hinaus, gerade auf die Felsenwand zu. Die Waldmassen traten zurück und verschränkten sich dem Auge nach und nach zu einer hohen, dichten, schwarzgrünen Mauer, die das Wasser umfängt – die Felsenwand trat näher und stieg so mauerrecht aus dem See empor, daß man nicht absah, wie zu landen sein werde, da wohl kein handgroß Steinchen dort liegen möge, um darauf stehen zu können: allein zur größten Überraschung in diesem Lande der Wunder tat sich den Mädchen auch hier wieder eines auf. Wie man der Wand sich näherte, wich sie zurück und legte ein liebliches Rasenland zwischen sich und den See, und auf dem schönen Grün desselben sahen die Mädchen nun auch ein geräumiges hölzernes Haus stehen, nach Art der Gebirgshäuser gebaut – und alle seine Fenster schimmerten sie gastlich silbern an, schwach erglänzend von dem Scheine der weißen aufblühenden Rosenknospe des Mondes.

Das Reiseziel war erreicht. Weibliche Diener der Mädchen stürzten gegen das Ufer, Hand und Kleider ihrer holden Gebieterinnen küssend und voll Freude, daß sie endlich gekommen. Das sämtliche Dienstgesinde, das aus zwei Mägden und drei Knechten bestand, wurde einige Tage vorher mit der größten Mühseligkeit über die Felsenrücken herübergebracht, da man den weiteren, aber leichteren Weg durch den Urwald noch nicht wußte, den Gregor erst für den Freiherrn ausgekundschaftet hatte. Mit freundlichen Worten dankten die Mädchen den Sänftenträgern und Ruderern, und dann, der Freiherr Johannen, der Ritter Clarissen am Arme nehmend, führten sie dieselben die Treppe hinan in eine Art Tafelzimmer, wo für alle, die Diener und Träger mit eingeschlossen, ein Abendmahl bereitet stand. Nach Beendigung desselben und tausend Gutenachtwünschen führte der Freiherr mit schmerzlich freudigen Gefühlen seine Töchter in die zwei für sie bestimmten Gemächer. Ein Ruf der Überraschung und ein doppeltes Umschlingen der schönen Arme lohnte ihn; denn bis zum Erschrecken ähnlich waren die Zimmer denen, die sie zu Wittinghausen bewohnt hatten. Der Vater küßte beide auf die Stirne, wünschte ihnen eine friedensreiche, gute erste Nacht und ging zur Tür hinaus – die Mägde wurden sogleich entlassen – und nun, als die Tür verriegelt war, gleichsam als hätte ein Hemmnis bisher die Flut gewaltsam zurückgehalten, brach sie vor: die Mädchen stürzten sich in die Arme, Herz an Herz verbergend, ja fast vergrabend ineinander und sich die zarten Spiegel der Lippen anpressend so heiß, so inbrünstig, so schmerzlich süß wie zwei unglückselig Liebende und fast ebenso trennungslos. – – Also ist es wahr, die Heimat, das gute Vaterhaus ist preisgegeben und verloren, all ihr früher Leben ist abgeschnitten, sie selbst wie Mitspieler in ein buntes Märchen gezogen, alles neu, alles fremd, alles seltsam und dräuend – in dem drohenden Wirrsal kein Halt als gegenseitig die warmen Lippen, das treue Auge und das klopfende Herz.

Aber als bei den Mädchen Tränen und Kosen in Ruhe übergegangen, traten sie auf den hölzernen Söller, der vor ihren Fenstern lief, heraus und blickten noch, ehe sie schlafen gingen, in die kühle beruhigende Nacht. Der See lag zu ihren Füßen, Stücke schwarzer Schatten und glänzenden Himmels unbeweglich haltend, wie erstarrte Schlacken – der Wald dehnte seine Glieder weithin im Nachtschlummer, die feuchten Mondesstrahlen spannen von Berg zu Berg, und in dem Tale, woher die Wanderer gekommen sein mochten, blickte ruhender Nebel auf.

Gute Nacht, ihr lieben, schönen, fürchtenden Herzen, gute Nacht!

3. Waldhaus

Des andern Tages morgens nahm der Vater, der Bruder und der Ritter Abschied. Der Freiherr erklärte, daß er es für Pflicht halte, zu seinem Schlosse zurückzukehren, um es, falls es nur eine streifende Rotte berührte, gegen selbe zu halten oder, wenn ein Hauptschlachthaufe einträfe, es ehrenvoll und vielleicht vorteilhaft zu übergeben und dadurch, daß er sich der kriegerischen Ehre der Schweden als Gefangenen überliefere, die Forschung nach andern Bewohnern des Schlosses zu vereiteln, da es niemanden einfallen werde, weiter nach Mädchen zu fragen, wenn der Gebieter der Burg in ihren Händen sei. Felix, trotz der Bitten der Schwestern und des Vaters, konnte nicht bewogen werden, sich von letzterem zu trennen. Was die beweglichen Güter, Geld und Geldeswert, anlangte, eröffnete ihnen der Freiherr, daß er dasselbe dem Schoße der Erde anvertraut habe und daß, wenn man von dem Muttergottesbilde an der großen Buche im Wittinghauser Forste abwärts stiege und den Stein der neunten Stufe aufhöbe, dort in einer blechernen Kapsel sich Auskunft darüber vorfände. Er eröffnete ihnen dieses, falls Gott etwas Menschliches über ihn verhänge. – Mitwisser seien übrigens nur noch Felix und der Ritter.

Und somit, schloß er, mögen sie ihn durch unmäßige Trauer nicht betrüben: ihr größter Schutz sei ihre Einsamkeit. Er lasse ihnen drei Knechte zurück, welchen sie jede Art Aufträge hinsichtlich des Herbeischaffens von Lebensmitteln erteilen könnten, Gregors zweiter Enkel werde von Zeit zu Zeit Botschaften zwischen hier und Wittinghausen tragen und nebst andern unter der Leitung Gregors stehen, daß, sobald sich etwas Verdächtiges an der Waldgrenze ereigne, es demselben sogleich angezeigt werde; denn er besitze Mittel in seiner Kenntnis der Wälder, sie immerhin zeitweise an Orte zu führen, wo sie vor einer vorübergehenden Gefahr sicher wären. Zu ihrer noch größeren Beruhigung lege er ihnen außer der gänzlichen Abgeschiedenheit noch die feste Lage ihres Hauses vor Augen: rückwärts ist die unzugängliche Seewand, links des Hauses stürzt der Blockenstein mit einem vorspringenden Pfeiler senkrecht in das Wasser, und rechts, wo der See umgangen werden könne, ist der Paß durch eine künstliche Seebucht abgegraben und noch durch einen Verhau der größten Tannen geschützt, so daß der Zugang nur über den See möglich ist. Selbst für den Fall, daß sich ein Haufe bis in diese Einöden verschlüge, wisse Gregor einige Stunden von hier in den höchsten Klippen, nur ihm zugänglich, eine Höhle, wo er sie verbergen könnte, bis die Gefahr vorüber. Zwei Flöße, ein größerer und kleinerer, auf jedem ein kugeldichtes Häuschen, stehen zu ihrer Verfügung, aber nie soll einer am jenseitigen Ufer selbst nicht für Augenblicke liegenbleiben, auch sollen sie die Spaziergänge nie über ihren Rasenplatz zwischen See und Felsenwand ausdehnen, ohne daß sie Gregor davon in Kenntnis setzen oder er sie begleitet. Sei auch alle diese Vorsicht übertrieben, so diene sie zu seiner Beruhigung, daß er sich nicht sagen dürfe, er habe etwas vergessen, was vielleicht not täte. Gegen wilde Tiere brauchten sie ohne Furcht zu sein; das sei das Merkwürdige dieser Wälder, daß man nie in ihnen einen Wolf getroffen; Luchse seien höchst selten und nur in den dichtesten Beständen – und wenn ja ein Bär sie ansichtig würde, so sei er ein zu gut geartet Tier, als daß er nicht vor ihnen auf das eiligste davonliefe, dies habe er selbst in seinem langen Leben wohl ein dutzendmal gesehen – zudem sei ihnen Gregors Büchse immer zur Hand. So, denke er, seien sie hinlänglich geschützt, wenn nicht ein Wunder geschieht, und dieses stehe in Gottes Hand, die uns hier und überall erreichen kann. Dann trug er ihnen noch auf, vorsichtig mit dem Lichte umzugehen, da alles von Holz sei; deswegen habe er auch die Küche abseit des Hauses in das steinerne Häuschen verlegt, damit von dieser Seite keine Gefahr entstehe. In der Kiste, die noch im Speisezimmer stehe, finden sie Stoffe von Seide, Wolle und Linnen; sie mögen zerschneiden und verarbeiten, wieviel sie wollen; Nadeln und Nähzeug liege auch im Vorrate dabei, nebstdem Bänder und Schleifen, auch Bücher, Papiere, Farben und bunte Dinte – in der dreieckigen Kiste ist die Harfe. Er hoffe, daß sie keinen Schaden gelitten haben werde, als man sie mit Stricken über Felsen herablassen mußte – zurück wolle er sie über das Hirschental bringen lassen – der Ritter lasse auch sein Fernrohr da, daß sie zuweilen auf den Blockenstein steigen und damit gegen Wittinghausen sehen, ob es noch auf seinem Waldrande schwebe und vom Vater herübergrüße.

Bei diesen Worten traten ihm fast die Tränen in die

Augen, er küßte und segnete sie – Felix, mit krampfhaftem Zucken seines Gesichtes, umarmte und drückte sie ans Herz – seitwärts stand der rätselhafte Begleiter ihrer Reise, der Ritter, der Clarissa düster anstarrte. Diese aber wand sich aus der Umarmung des Bruders, und das edle, wahre Auge, so schwarz oder schwärzer als seines, freundlichlieb und fest auf ihn richtend, reichte sie ihm die Hand und sagte, sie danke ihm recht herzlich und recht vielmal, daß er seine Kraft und Zeit so lange her verwendet habe, um das sicher und gut ins Werk zu führen, was ihnen jetzt Schutz gewähren werde – sie wünsche sehnlich, ihm durch Taten ihren Dank zeigen zu können – – – wenn es in ihrer Macht wäre, setzte sie sehr leise hinzu. – – Johannas Augen ruhten mit höchster Spannung auf den Lippen des Ritters, allein diese öffneten sich ruhig und sagten die schönen Worte: „Ich tat, was ich tat, weil Ihr und Johanna gut seid; es würde mich betrüben, sännet Ihr auf Vergeltung. Handelt so oder so, es wird immer das Rechte sein."

Man schwieg einen Augenblick von allen Seiten, dann reichte Johanna dem Ritter, gleichsam als ob er sie dauerte, auch die Hand mit den Worten: „Lebt recht wohl, guter und freundlicher Mann, und kommt sehr bald wieder."

„Ich dank Euch, schöne Muhme", antwortete er lächelnd, „aber das Bald liegt in Gottes Hand, da ich wieder zu dem kaiserlichen Heere abgehe und erst kommen kann, wenn wir den Feldzug fröhlich beendet."

Noch ein Umarmen, ein Schütteln der Hände zwischen Vater und Geschwistern – die Männer verließen das Gemach – im nächsten Augenblicke waren sie am Strande, und die Mädchen sahen lange vom Söller nach, wie die drei Gestalten, auf dem Floße stehend, langsam dem Wasser entlang schwebten, bis sie im entgegenliegenden Tannenwalde verschwanden und gleich darauf die zwei Knechte mit dem leeren Floße zurückfuhren. – –

Seltsam und beklemmend mußte es ihnen freilich sein, wenn sie die ersten Tage aufwachten und die Morgenröte ihre frühesten Lichtströme hereingoß, über lauter Wald und lauter Wald – erbrausend von der Musik des Morgens, darunter nicht ein Ton, wie wir sie von Kindheit an gewohnt sind unter Menschenwohnungen zu hören, sondern ein Getue und Geprange, ein Rufen, ein Heischen, ein Erzählen und Jauchzen – und darein oft plötzlich von dem nächsten Tannenaste wie ein gesprochen Wort herabfallend, daß man erschrocken hinsah, aber nur ein fremdartiger Vogel schritt auf seinem Aste, mit dem Kopfe blödsinnig nickend wie zum Einverständnisse mit dem Hinaufschauenden. – Aus den Tälern nahe und ferne stiegen indessen wie Rauchsäulen die Opfer der Morgennebel empor und zerschnitten die schwarzen breitgelagerten Massen. – Etwas Seltsames geschah Johannen schon am ersten Tage nach ihrer Ankunft: sie erwachte nämlich schon bei dem frühesten Tagesgrauen, und – neugierig, den See auch bei Tage zu betrachten, schlich sie sich bei dem Lager der noch tief schlummernden Schwester leise vorbei und ging auf die hölzerne Brüstung des Hauses hinaus – da zum Erschrecken nahe stand ein Hirsch am Fichtensaume in dem seichten Wasser, ein schöner, großer Hirsch, ihr gerade gegenüber am Ufer, wo der Verhau war. Verwundert, betroffen und wohlgefällig sah sie auf das edle Tier, das seinerseits auch mit den unbeweglichen, neugierigen Augen herüberglotzte auf das neue Wunderwerk der Wildnis, auf die weiße in der Morgenluft schwebende Gestalt und ihre bannenden Augen – das Haus mochte ihn weniger beirrt haben. – Mehrere Augenblicke dauerte die Szene, bis Johanna sich regte, worauf er den Kopf leicht erschrocken zurückwarf, sich langsam wendete und zurück in die Gebüsche schritt, die Tautropfen von ihnen in den See schüttelnd.

Ihren Garten, so hießen sie nämlich den großen Rasenplatz um das Haus, hatten sie bald durchwandert und durchforscht. Es war eine glänzend grüne natürliche Waldwiese, wie ein halber Mond herausgeschnitten aus dem See und der Felsenwand, der Morgen- und Mittagssonne offenliegend und nur im späten Nachmittage von der Seewand beschattet, wenn die Fichtengehäge jenseits des Sees in düsterm Spätlichte glänzten. Landwärts stieg diese Wiese sanft auf, bis die ungeheuren senkrechten Felsen aus ihr emporwuchsen, zwischen ihren Schluchten ein paar mächtige Ströme von Steingerölle hervorschiebend gegen den weichen grünen Teppich des Rasens. In der Nähe des Hauses, gegen die Wand schreitend, stand eine Gruppe von Buchen und riesenhaften Ahornen, deren Grün sehr hold abstach gegen das Düster der Fichten und Schwarzföhren. In ihrem Schatten waren Tischchen und Bänke angebracht. Zu erwähnen ist noch eine eiskalte Quelle, in einer Felsenvertiefung stehend, von solcher Durchsichtigkeit, daß, wenn das Gestein naß war, man nicht wußte, wo die Luft aufhöre und das Wasser beginne. Ihr Abfluß ging als kleines Bächlein unter einem Steine hervor und durchschnitt quer die Wiese, dem See zueilend.

So war diese Stelle nicht umsonst von dem Vater „wundersam lieblich und anmutsreich" geheißen, eine warme, windstille Oase, geschützt von Felsen und See und bewacht von der ringsum liegenden heiligen Einöde der Wildnis.

Das Haus war, wie man sie noch heute in jenen Gegenden sieht, aus Holz, hatte ein Erdgeschoß und ein Stockwerk, eine ringsum laufende Brüstung und ein flaches Dach. Sonst war es viel geräumiger als die, welche die heutigen Walddörfer bilden. Gleich neben dem Eingange lag Gregors Stube, der auch die Schlüssel führte, weiterhin die der Knechte und die Kammern der Vorräte. Im ersten Stocke war ein Speisezimmer, und zwei Zimmer der Mädchen, nebst einem Vorzimmer für die Mägde. Alles war auf das vorsorglichste eingerichtet, nicht die kleinste Kleinigkeit, von Männern oft selten beachtet, aber für Mädchen von großem Werte, fehlte hier, und täglich entdeckten sie neuerdings, daß der Vater oft dahin vorgesehen hatte, wohin sie selbst bisher noch nicht gedacht. Der Schmerz, die Furcht, das Ungewohnte ihrer Lage in den ersten Tagen stillte und fügte sich allgemach, und somit begannen sie schüchtern und vorsichtig nach und nach die Entdeckungsreisen in ihrem Gebiete und fingen an, für dasselbe Neigung und Herz zu gewinnen.

Ihr erstes Unternehmen über die Grenze ihres Besitztumes hinaus, und zwar über den See, war, um den Blockenstein zu besteigen und mit dem Rohre gen Wittinghausen zu sehen. Gregor und die drei Knechte, alle bewaffnet, mußten mitfahren, dann, als sie ausgestiegen, einer mit dem Floße zwanzig Schritte weit vom Ufer harren, die übrigen sie begleiten. Gregor lächelte gutmütig über diese kriegerischen Anstalten und ließ sie gewähren. Er führte sie um den Seebusen herum und von rückwärts auf den Blokkenstein, so daß sie, als sie nach einer Stunde seinen Gipfel erreichten, meinten, ihr Haus liege ihnen gerade zu Füßen und ein losgelassenes Steinchen müsse auf sein Dach fallen. – Das Fernrohr wurde ausgepackt und an dem Stumpfe einer verkrüppelten Birke befestigt. – – Aller Augen aber waren schon vorher in die Weite gegangen – wie eine glänzende Wüste zog der heitere Himmel hinaus über alle Wälder weg, die wie riesenbreite, dunkle, blähende Wogen hinauslagen, nur am äußersten Gesichtskreise gesäumt von einem Hauche eines fahlen Streifens – es waren die bereits reifenden Kornfelder der Menschen – und endlich geschlossen von einem rechts in das Firmament ablaufenden Duftsaume – – – siehe, der geliebte kleine Würfel, wie ein blauer Punkt schwebt er auf seinem Rande! Johannas Herz wogte in Freude und Schmerz. – – Clarissa kniete mittlerweile vor dem Rohre und rückte und rückte; das sah sie gleich, daß es ein ungleich besseres sei als das des Vaters, jedoch finden konnte sie damit nichts. Bis zum Erschrecken klar und nahe stand alles vor sie gezaubert, aber es war alles wildfremd. – Abenteuerliche Rücken und Linien und Vorsprünge gingen wie Träume durch das Glas – dann farbige Blitze – dann blau und blau und blau – – sie rührte die Schraube, um es zu verlängern – dann führte sie es dem Saume eines dunklen Bandes entlang – plötzlich ein schwacher Schrei – zitternd im Runde des wunderbaren Glases stand das ganze Vaterhaus, klein und zart, wie gemalt, aber zum Staunen erkennbar an Mauern, Erkern, Dächern – ja die Fenster meinte man durchaus sehen zu müssen. Johanna sah auch hinein – blank, unversehrt, mit glänzendem Dache stand es in der Ruhe des Himmels. O wie schön, wie freundlich!

Auch der alte Gregor sah durch das zaubernde, ihm unerklärbare Rohr, und in seinen Mienen war erkennbar, wie er höchlich darnach rang, das Ding begreifen zu können. Auch die Knechte ließ man hineinsehen und freute sich an ihrem Erschrecken und Staunen. Man getraute sich fast nicht, etwas zu rücken, aus Furcht, das teure Bild zu verlieren, aber Clarissa zeigte ihnen bald, wie man es machen müsse, um es immer wieder zu finden. Sie konnten sich nicht ersättigen, immer das eine und das eine anzusehen. – So wie es ihren Augen, schien es auch ihrem Herzen näher, und sie waren fast zu Hause – so ruhig und so lieb stand es da und so unverletzt. – Freude, Wehmut, Sehnsucht stieg so hoch, daß man sich das Versprechen gab, sehr oft, ja jeden ganz heitern Tag heraufsteigen und durchsehen zu wollen. Endlich fing man doch an, auch anderes zu suchen und zu prüfen. Der fahle Streifen am Gesichtssaume war das erste, und deutlich zeigte sich, daß es angebautes Land mit Erntefeldern war – dann wurden die Waldberge, dann der See und endlich gar das Haus versucht. Alles war gar so schön und gar so reinlich.

Nach langem Aufenthalte auf dem Felsen beschloß man die Rückkehr, und das Rohr wurde von Gregor mit Achtsamkeit und sogar mit einer Art Scheu in sein ledernes Fach gepackt und mit der größten Obhut getragen. Auf dem Rückwege trug sich nichts Merkwürdiges zu. Sie fanden ihren Floß warten, stiegen ein, fuhren über, und der Tag endete, wie alle seine bisher erlebten Vorgänger, mit einer glühenden Abendröte, die sie nie anders als auf den gegenüberliegenden Wäldern flammen sahen, während der See eine ganz schwarze Tafel vor ihre Fenster legte, nur zeitweise von einem roten Blitz durchzuckt.

Dieser ersten Wanderung folgten bald mehrere und mehrere, die immer kühner und weitschichtiger wurden, je mehr sie die Ruhe und Sicherheit des Waldes kennenlernten. Von dem Vater war bereits zweimal beruhigende Botschaft gekommen; auch, wenn sie den Blockenstein bestiegen und durch das Rohr sahen, das ihnen das liebste Kleinod geworden – stand immer dasselbe schöne, reine, unverletzte Bild des väterlichen Hauses darinnen, so daß Johanna einmal den kindischen Wunsch äußerte, wenn man es doch auch von der anderen Seite sehen könnte. Zuweilen, wie Kinder, kehrten sie das Rohr um und freuten sich, wenn ihr Haus, winzig wie ein Stecknadelkopf, meilenweit draußen lag und der See wie ein kleines Glastäfelchen daneben.

Ein paar Gewitter hatten sie erlebt, denen einige traurige, graue Regentage folgten. Sie brachten dieselben im Zimmer zu, an all ihren Stoffen und Kleidern schneidend und nähend und ändernd, und da schon Tage und Wochen vergangen waren, ohne daß sich das mindeste Böse einstellte, ja da draußen alles so schön und ruhig lag, als wäre nirgends in der Welt ein Krieg, und sogar nach des Vaters letzter Nachricht der Anschein war, als würde über Wittinghausen gar niemal etwas kommen: so erheiterten und stillten sich wieder ihre Gemüter, so daß die Erhabenheit ihrer Umgebung Raum gewann, sachte ein Blatt nach dem andern vorzulegen, das sie auch gemach zu verstehen begannen, wie es ihnen Gregor oft vorhergesagt. – Auch Scherz und Mutwille stellte sich ein: Johanna beredete einmal die Schwester, ihren schönsten Kleiderschmuck sich gegenseitig anzulegen – und wie sie es getan und nun sich vor den Spiegel stellten, so überkam ein leichtes Rot die edlen, feinen Züge Clarissens wegen dieser mädchenhaften Schwäche, während die Augen Johannens vor Vergnügen funkelten.

Der alte Gregor hatte seine Freude an ihrem Mute; er begann sie von Tag zu Tag lieber zu gewinnen, und wie sich ihre Herzen, wie zwei Sterne des Waldhimmels, immer lieber und freundlicher gegen ihn neigten, so ging auch das seine in diesen sanften Strahlen immer mehr und mehr auf – bis es dastand, großartig schön, wie das eines Jünglings, ruhend in einer Dichtungs- und Phantasiefülle, üppig wuchernd, schimmernd, wie jene Tropenwildnisse, aber ebenso unbewußt, so ungepflegt, so naturroh und so unheimlich wie sie. Seinen ganzen Lebenslauf, seine ganze Seele hatte er dem Walde nachgedichtet und paßte umgekehrt auch wieder so zu ihm, daß man sich ihn auf einem andern Schauplatze gar nicht denken konnte. Daher dichtete er auch seinen Schutzbefohlenen sich und ihre Einöde in solch wunderlicher, zauberhafter Art und Gestalt vor, daß sie auch ihnen zu reden begann und sie sich immer wie inmitten eines Märchens zu schweben schienen.

Aber vielmehr *sie* waren ein Märchen für die ringsum staunende Wildnis. Wenn sie zum Beispiele an dem See saßen, lange weiße Streifen als flatternde Spiegel ihrer Gewänder in ihn sendend, der gleichsam seine Wasser herandrängte, um ihr Nachbild aufzufassen – so glichen sie eher zwei zart gedichteten Wesen aus einer nordischen Runensage als menschlichen Bewohnern dieses Ortes – – oder wenn sie an heißen Nachmittagen zwischen den Stämmen wandelten, angeschaut von den langstieligen Schattenblumen des Waldes, leise umsummt von seltsamen Fliegen und Bienen, umwallt von den stummen Harzdüften der Fichten, jetzt eine Beere pflückend, jetzt auf einen fernen Waldruf horchend, jetzt vor einem sonnigen Steine stehenbleibend, auf dem ein fremder Falter saß und seine Flügel breitete – so hätte er sie für Elfen der Einöde gehalten, um so mehr, wenn er die Geister- und Zaubergeschichten gewußt hätte, die ihnen Gregor von manchen Stellen des Waldes erzählte, wodurch vor ihrer Phantasie er, sie und die Umgebung in ein Gewirre von Zauberfäden geriet – – oder wenn sie in der bereits milder werdenden Herbstsonne auf ihrer Wiese am Rande des Gerölles saßen, auf irgendeinem grauen Felsblocke ausruhend, Johanna das kinderlockige Haupt auf den Schoß ihrer Schwester gelegt und diese mit klarem, liebreichem Mutterauge übergeneigt, in einem Gespräche des sichersten Vertrauens versunken – und wenn dem Siegel des Mundes das Herz nachfloß und sie schweigend saßen, die schönen Hände ineinandergelegt, wie zwei Liebende, bewußtvoll ruhend in der grenzenlosen Neigung des andern, und wenn Johanna meinte, nichts auf Erden sei so schön als ihre Schwester, und Clarissa, nichts sei so schuldlos als Johanna: so ist es, als schweige die prangende Wüste um sie aus Ehrfurcht und die tausend kleinen Glimmertäfelchen der Steinwand glänzen und blitzen nur so emsig, um einen Sternenbogen um die geliebten Häupter zu spannen.

Oder noch märchenhafter war es, wenn eine schöne Vollmondnacht über dem ungeheuren dunklen Schlummerkissen des Waldes stand und leise, daß nichts erwache, die weißen Traumkörner ihres Lichtes darauf niederfallen ließ und nun Clarissens Harfe plötzlich ertönte – man wußte nicht woher, denn das lichtgraue Haus lag auf diesen großen Massen nur wie ein silberner Punkt – und wenn die leichten einzelnen Töne wie ein süßer Pulsschlag durch die schlafende Mitternachtluft gingen, die weithin glänzend, elektrisch, unbeweglich auf den weiten schwarzen Forsten lag: so war es nicht anders, als ginge sachte ein neues Fühlen durch den ganzen Wald, und die Töne waren, als rühre er hie und da ein klingend Glied – das Reh trat heraus, die schlummernden Vögel nickten auf ihren Zweigen und träumten von neuen Himmelsmelodien, die sie morgen nicht werden singen können – und das Echo versuchte sogleich das goldne Rätsel nachzulallen. – – Und als die Harfe längst schwieg, das schöne Haupt schon auf seinem Kissen ruhte – – horchte noch die Nacht; der senkrecht stehende Vollmond hing lange Strahlen in die Fichtenzweige und säumte das Wasser mit stummen Blitzen – indessen ging die Wucht und Wölbung der Erde, unempfunden und ungehört von ihren Bewohnern, stürmend dem Osten zu – der Mond wurde gegen Westen geschleudert, die alten Sterne mit, neue zogen in Osten auf – – – und so immer fort, bis endlich mitten unter ihnen am Waldrande ein blasser, milchiger Lichtstreifen aufblühte – ein frisches Lüftchen an die Wipfel stieß – und der erste Morgenschrei aus der Kehle eines Vogels drang!

4. Waldsee

Es waren schon viele Tage und Wochen vergangen – Erwarten und Fürchten, keines war um die Breite eines Haares vorgerückt! – In gleicher Schönheit, sooft sie es suchten, stand das Vaterhaus in dem Glase ihres Rohres, in gleichem tiefem Frieden lagen die an ihren Wald grenzenden bewohnten Länder, obgleich sie recht gut wußten, daß draußen, wohin ihr Blick nicht mehr reiche, der Qualm des Krieges liege, der jeden Augenblick an ihrem Gesichtskreise sichtbar werden könne.

Ihr Garten, der Wald, unbekümmert um das, was draußen vorging, förderte sein Werk für diesen Sommer, ja er hatte es fast abgetan; denn die milde Spätsonne goß schon ihr Licht trübselig auf die bunten, gelben und roten Herbststreifen, die sich durch das Duftblau der Wälder hinzogen. – – Da geschah es eines Tages, daß die zwei Mädchen und

Gregor jenseits des Sees am Ufer saßen ihrem Hause gegenüber. Sie waren ziemlich weit von demselben entfernt und sahen auf jene Stelle, wo der Blockenstein in den See stürzt, ihre Waldwiese von dem andern Lande trennend. Die Knechte waren schon seit drei Tagen um Lebensmittel aus und wurden abends zurückerwartet. Die Sonne des Nachsommers war so rein, so warm und einladend, daß das Herz sich traulich hingab – die zwei Mägde waren in das Gebirg gegangen, um Brombeeren zu suchen, und unsre kleine Gesellschaft, nachdem sie Gregor über den See geschifft und dann an schönen Stellen herumgeführt hatte, saß jetzt, der lauen Luft genießend, in angenehmer Müdigkeit auf einem großen Steine, um den die Glut roten Herbstgestrippes und dichter Preißelbeeren zu ihren Füßen prangte und die langen Fäden des Nachsommers glänzten. Sie sahen auf ihr leeres Haus und auf die graue Steinwand hinüber, während ihnen Gregor erzählte, der, ebenfalls von der feierlich stillen Pracht, mit der, wie gewöhnlich, der Nachsommer über die Wälder gekommen war, befangen, in immer romantischere und schwermütigere Weisen versank.

Johanna fragte ihn, wie es denn gekommen, daß er diesen See entdeckt habe, den so hoch oben gewiß niemand vermute und von dem er ihnen auch sage, daß wenige Menschen von seinem Dasein wissen.

„Es wissen ihn auch wenige“, erwiderte der alte Mann, „und suchen ihn auch nicht, da sie nicht Grund dazu haben, und die von ihm Ahnung bekommen, hüten sich wohl, ihn aufzusuchen, da sie ihn für ein Zauberwasser halten, das Gott mit schwarzer Höllenfarbe gezeichnet und in die Einöde gelegt hat. Nun, was die schwarze Farbe betrifft, so mag es wohl damit nur die Ursache haben, daß die dunklen Tannen und Berghäupter aus ihm widerscheinen – wäre er draußen im ebenen Lande, so wäre er so blau wie ihre Teiche, auf die nichts als der leere Himmel schaut – und was die Einöde anlangt, so weiß ich nicht, ob ihn Gott an ein schöner Plätzchen hätte legen können als dieses. Ich kenne ihn schon über vierzig Jahre und habe ihn in dieser Zeit nur zwei Menschen gezeigt; da wir beide noch jung waren, Eurem Vater und, da ich alt geworden bin, einem jungen

Manne, den ich liebgewonnen und mit dem ich manches Wild geschossen habe. In Hinsicht seiner Entdeckung aber, liebe Jungfrau, war es so: Seht, da ich ein Bube war, von zwölf, dreizehn Jahren oder darüber, da waren noch größere und schönere Wälder als jetzt. – Holzschläge waren gar nicht zu sehen, diese traurigen Baumkirchhöfe, weil nächst dem Waldlande wenig Hütten standen und diese ihr Brennholz noch an den Feldern bald in diesem, bald in jenem Baume fanden, den sie umhieben – und man merkte nicht, daß einer fehle. Damals gingen auch die Hirsche oft in Herden gegen unsere Wiesen, und man brauchte sie nicht in den Wäldern aufzusuchen, wenn man einen schießen wollte. – –“

Bei diesen Worten unterbrach er sich, und plötzlich zu Clarissa gewendet, sagte er: „Wollt Ihr, Jungfrau, eine der schönen gelbgestreiften Schwungfedern, so schieße ich Euch das Tier herab; ich glaube, ich werde es erreichen.“ Er zeigte hiebei in die Luft, und die Mädchen sahen einen schönen Geier mit gespannten Flügeln hoch über dem See schweben. Er schien gleichfalls ohne alle andere Absicht zu sein, als sich in der ausnehmend klaren, lauen, sonnigen Herbstluft zu ergehen; denn auf seinen Schwingen ruhend, die Gabel des Schweifes wie einen Fächer ausgebreitet, ließ er sich gleiten auf dem Busen seines Elementes, langsame Kreise und Figuren beschreibend, während Schwung- und Ruderfedern oft zierlich gedreht im Sonnenscheine spielten und die Fittiche nur nach langen Zwischenräumen zwei bis drei leichte Schläge taten. Die Mädchen bewunderten die zarte Majestät dieses Naturspieles; sie hatten nie dieses mächtige Tier in solcher Nähe gesehen und baten daher einmütig, dem schönen Vogel nichts zuleide zu tun.

„Freilich ist er ein schönes Tier“, antwortete der Jäger, „und daß sie ihn draußen ein Raubtier heißen, daran ist er so unschuldig wie das Lamm; er ißt Fleisch, wie wir alle auch, und er sucht sich seine Nahrung auf, wie das Lamm, das die unschuldigen Kräuter und Blumen ausrauft. Es muß wohl so Verordnung sein in der Welt, daß das eine durch das andere lebt. Nun seht ihn nur recht an, wie er sich langsam dreht und wendet und wie er stolzieret – er wird nicht so bald dieses Wasser verlassen; ich sah es öfter, daß sie gerne über solche Stellen schweben, als schauten sie sich in einem Spiegel. In der Tat aber wartet er bloß auf die verschiedenen Tiere und Vögel, die an das Wasser trinken kommen."

Sie sahen nun eine Zeitlang den Vogel schweigend an, wie er in großem Bogen langsam dem See entlang schwebte und immer kleiner ward – wie ihn rechts hohe Tannen ihrem Auge entrückten – und wie er dann wieder groß und breit dicht ob ihnen durch die dunkle Luft hervorschwamm. Endlich, da sich seine Kreise und Linien näher an die gegenüberliegende Wand verloren, schwächte sich auch der Anteil an ihm, und Johanna fragte wieder, wie es sich mit der Entdeckung des Sees ergeben.

„Das war nun so", entgegnete Gregor, „ich habe Euch schon gesagt, daß weit von hier ein Haus und ein Feld sei, wo ich und meine Enkel leben und wo mein Vater und Großvater gelebt haben, und das sagte ich auch, daß einmal viel größere Wälder waren als heute. Damals kam nie einer herauf; denn sie fürchteten die Einöde und entsetzten sich vor der Sprache der Wildnis – da waren nun solche, bei denen die Sage ging, es sei irgendwo ein schwarzes Zauberwasser in dem Walde, in welchem unnatürliche Fische schwimmen und um das eine verwunschene graue Steinwand stehe, und es seien lange Gänge darinnen. Alles flimmert von Gold und Silber, schönen Geschirren und roten Karfunkeln, wie ein Kopf so groß.

Vor vielen hundert und hundert Jahren hat ein heidnischer König aus Sachsen, der vor dem frommen Kaiser Karl floh, sich und seine Schätze in diese Felsen vergraben und bei seinem Tode sie verzaubert, daß man weder Tor noch Eingang sehen kann – nur während der Passionszeit, solange in irgendeiner Kirche der Christenheit noch ein Wörtlein davon gelesen wird, stehen sie offen – da mag jeder hineingehen und nehmen, was er will; aber ist die Zeit um, dann schließen sie sich und behalten jeden innen, der sie versäumt."

Johanna sah hinüber auf die Wand, und es war ihr, als rührten sich die Felsen.

„Nun, sagte man nicht, daß sich jemand einmal hineingewagt habe?" fragte Clarissa.

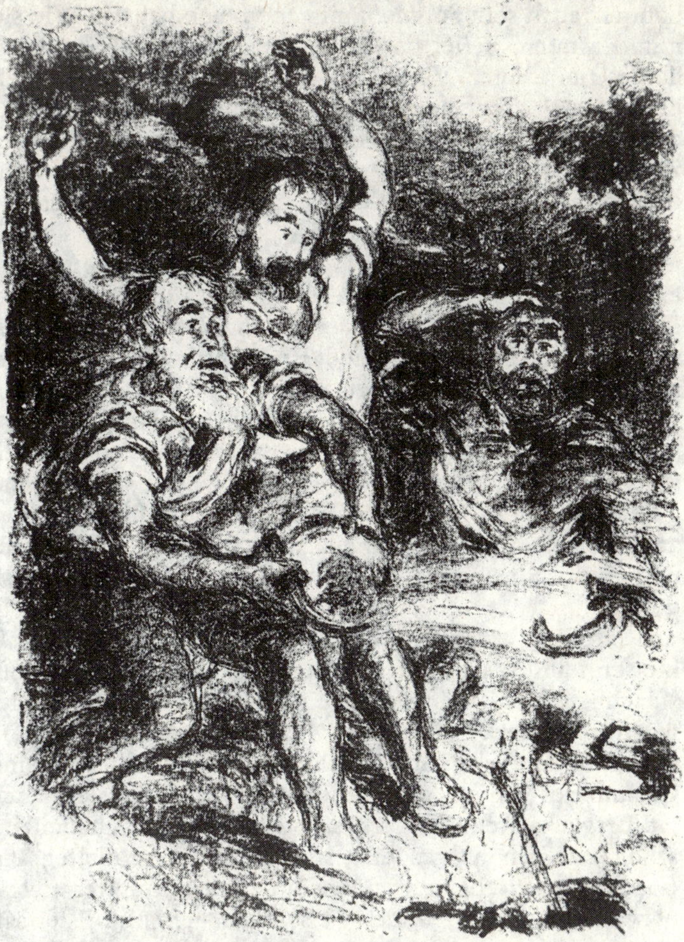

„Ei freilich“, erwiderte der Jäger, „da erzählte mir meine eigne Großmutter, daß es wirklich wahr sei, daß nicht weit von dem Berge, wo die drei Sessel stehen, ein solcher See liege und daß auch einmal vor vielen hundert Jahren ein Mann, der auf dem Schestauer Hause zu Salnau wirtschaftete, aber viel Fluchens und arge Werke trieb, deswegen auch sein Gut nicht vor sich bringen konnte, am Karfreitage, als alle Christen vor dem Grabe des Herrn beteten, heraufgestiegen sei und, damit sie mehr Schätze tragen können, auch sein Söhnlein mitgenommen habe. – Wie sie nun eintraten, befiel das unschuldige Kind ein Grausen, daß es rief: ‚Vater, Vater, sieh die glühenden Kohlen, geh heraus!‘ – – Aber diesen hatte der böse Feind geblendet, daß er unter den Karfunkeln wählend und wühlend seiner Zeit nicht wahrnahm, bis der Knabe wie mit einem Windesruck an dem See stand und gerade sah, wie der Fels mit Schlagen und Krachen sich schloß und den unseligen Vater lebendig darinnen behielt. Den Knaben befiel Entsetzen, er lief, als ob alle Bäume hinter ihm her wären, bergab, und die heilige Jungfrau lenkte seine Schritte auch so, daß er sich glücklich nach Hause fand. Er wuchs heran, wurde gottesfürchtig und fastete jeden Karfreitag, bis die Sterne am Himmel standen – war auch gesegnet in seinen Feldern und in seinem Stalle. Seitdem hat man nirgends gehört, daß einer in den Berg gedrungen."

Man sah schweigend auf die graue Wand hinüber, und auch Clarissen war es jetzt, als rühre sie sich und die grünen Tannen stehen als Wächter und flüstern miteinander.

Der Geier war noch immer in der Luft sichtbar, sanft kreisend und schwimmend oder oft sekundenlang so unbeweglich stehend, als wäre er eine in diesem Dome aufgehängte geflügelte Ampel.

Gregor fuhr fort: „Ich war damals ein Bube, und meine Großmutter wußte viele solche Geschichten. Da steht auch ein Berg drei Stunden von hier. – In der uralten Heidenzeit saßen auf ihm einmal drei Könige und bestimmten die Grenzen der drei Lande: Böheim, Bayern und Österreich – es waren drei Sessel in den Felsen gehauen, und jeder saß in seinem eigenen Lande. Sie hatten vieles Gefolge, und man ergötzte sich mit der Jagd, da geschah es, daß drei Männer zu dem See gerieten und im Mutwill versuchten, Fische zu fangen, und siehe, Forellen, rot um den Mund und gefleckt wie mit glühenden Funken, drängten sich an ihre Hände, daß sie deren eine Menge ans Land warfen. Wie es nun Zwielicht wurde, machten sie Feuer, taten die Fische in zwei Pfannen mit Wasser und stellten sie über. Und wie die Männer so herumlagen und wie der Mond aufgegangen war und eine schöne Nacht entstand, so wurde das Wasser in den Pfannen heißer und heißer und brodelte und sott, und die Fische wurden darinnen nicht tot, sondern lustiger und lustiger – und auf einmal entstand ein Sausen und ein Brausen in den Bäumen, daß sie meinten, der Wald falle zusammen, und der See rauschte, als wäre Wind auf ihm, und doch rührte sich kein Zweig und keine Welle, und am Himmel stand keine Wolke, und unter dem See ging es wie murmelnde Stimmen: es sind nicht alle zu Hause – zu Hause ... Da kam den Männern eine Furcht an, und sie warfen alle die Fische ins Wasser. Im Augenblicke war Stille, und der Mond stand recht schön an dem Himmel. Sie aber blieben die ganze Nacht auf einem Stein sitzen und sprachen nichts, denn sie fürchteten sich sehr, und als es Tag geworden, gingen sie eilig von dannen und berichteten alles den Königen, die sofort abgezogen und den Wald verwünschten, daß er eine Einöde bleibe auf ewige Zeiten."

Er schwieg, und die Mädchen auch.

„Sehet, schöne Jungfrauen", fuhr er nach einer Weile fort, „dies alles rieselte mir damals gar sonderbar durch die Gebeine, und mit Grauen und mit Begierde sah ich immer seitdem auf den blauen Wald hinauf, wie er geheimnisvoll und unabsehlich längs dem schönen lichten Himmel dahinzog. Ich nahm mir vor, sobald ich ein Mann sein würde, den schönen zauberhaften See und die Heidenwand aufzusuchen. Mein Vater und die Leute lachten mich aus und meinten, das sei eitel Fabel und Narrheit mit diesem Wasser; aber sehet, da ich den Wald nach und nach kennenlernte und einsah, wie wunderbar er sei, ohne daß die Menschen erst nötig hätten, ihre Fabeln hineinzuweben – und da mir viele klare Wässerlein auf meinen Wanderungen begegneten, alle von einem Punkt der Höhen herabfließend und deutlich mit kindlichem Rieseln und Schwätzen von ihrem Vater erzählend, so stieg ich herauf, und sehet, an dem Platze, wo wir eben sitzen, kam ich heraus und fand mit eins das schöne, liebliche Wasser."

„Und hat es Euch nicht geängstet und gegraut?" fragte Johanna.

„Geängstet?" entgegnete der Alte, „geängstet? – *Gefreuet* habe ich mich der schönen Stelle; denn ich wußte dazumal schon sehr gut, daß der Wald keine frevlen Wunder wirke, wie es gehässige und gallige Menschen gern täten, hätten sie Allmacht, sondern lauter stille und unscheinbare, aber darum doch viel ungeheurere, als die Menschen begreifen, die ihm deshalb ihre ungeschlachten andichten. Er wirkt sie mit ein wenig Wasser und Erde und mit Luft und Sonnenschein. Sonst ist kein anderes da noch je dagewesen, glaubet es mir nur. Auch auf dem Berge der drei Sessel war ich oben – nie saß ein König dort, sowenig als hier jemand gefischt hat. Wohl stehen die drei steinernen Stühle, aber nicht etwa einfältig eben und geglättet, wie die hölzernen in eurem Hause, sondern riesengroß und gefurcht und geklüftet; die leichten Finger des Regens haben daran gearbeitet, und das weiche, aber unablässige Schreinerzeug der Luft und der Sonne haben sie gezimmert. – Ich saß darauf und schaute wohl stundenlang in die Länder der Menschen hinaus – und wie ich öfter hier und dort war, erkannte ich gar wohl, daß dies alles nur Gottes Werk sei und nicht der Menschen, zu denen sich nur die Sage davon verlor. Sie können nichts bewundern, als was sie selber gemacht haben, und nichts betrachten als in der Meinung, es sei für sie gebildet. Hat Gott der Herr dem Menschen größere Gaben gegeben, so fordert er auch mehr von ihm – aber darum liebt er doch auch nicht minder dessen andere Geschwister, die Tiere und Gewächse; er hat ihnen Wohnungen gegeben, die dem Menschen versagt sind, die Höhen der Gebirge, die Größe der Wälder, das ungeheure Meer und die weiten Wüsten – dort, ob auch nie ein Auge hinkomme, hängt er ob ihnen seine Sterne auf, gibt ihnen die Pracht ihrer Gewänder, deckt ihren Tisch, schmückt sie mit allerlei Gaben und kommt und wandelt unter ihnen, gerade wie er es hier und unter den Menschen macht, die er auch liebt, obwohl sie ihm, wie es mir oft gedeucht hat, seine Tiere und Pflanzen mißbrauchen, weil sie im Hochmute sich die einzigen wähnen und in ihrer Einfalt nie hinausgehen in die Reiche und Wohnungen derselben, um ihre Sprache und Wesenheit zu lernen – – –“

Während er noch so redete, fuhr jenseits von der Wand des Heidenkönigs ein leichter Blitz auf, und der Geier stürzte pfeilgerade in das Wasser – im Augenblicke rollte auch der Schuß die klippige Wand entlang und murmelte von Wald zu Wald.

Die Mädchen sprangen erschrocken auf, und Gregor schaute starren Auges hinüber, als wollte er die harte Wand durchbohren.

In der Totenstille der Wälder war die Lufterschütterung fast grauenhaft gewesen – – und wieder war es nun totenstille und reglos, wie vorher; selbst die Leiche des Geiers lag ruhig auf ein und derselben Stelle des Wassers. Es vergingen angstvolle Minuten der Erwartung; denn wer konnte das sein?!

„Seht Ihr etwas?“ flüsterte Johanna mit zitternder Stimme.

„Nein“, antwortete der Jäger, „der Schuß kam dort von den Stämmen, die von der Seewand gebrochen sind und am Ufer liegen, aber ich sehe niemanden.“

„Laßt uns eilig überfahren“, meinte Clarissa, „das Haus steht ganz leer – auch nicht eine Seele ist darinnen.“

„Mitnichten, Kind“, sagte der Jäger, „*wenn* Gefahr ist, wären wir eine schlechte Besatzung des Hauses. Geht in euer Floßhäuschen, ich werde das Fahrzeug ein Stück in den See hinausfahren, und dort bleiben wir stehen. Niedergelegt längs dem Baume der Schutzwehre will ich hinübersehen, und da wollen wir abwarten, wie er es beginnen wird, das Tier aus dem Wasser zu holen.“

Aber sie warteten vergeblich. Minute an Minute verging. Ruhig, mit verschobenem Gewande und geklebtem Federschmucke lag der Geier auf dem Wasser – der Rauch des Schusses hatte sich längst verzogen, und im lieblichen Nachmittagslichte glänzend schaute ihr verlassenes Wohnhaus herüber. Kein Laut regte sich, und wie die Augen auch angestrengt an dem Blockensteiner Vorsprung hafteten – nichts war dort ersichtlich als das Gewirre der bleichen herabgestürzten Bäume, wie ihre Äste lange weiße Scheine in den dunklen Wasserspiegel sandten.

Gregor begann nach und nach die Hand nach dem Ruder zu heben, um dem Vogel langsam näher zu fahren. „Etwa sind die Knechte schon zurück“, meinte Clarissa.

„Das war kein Knall aus einer unsrigen Büchse“, sagte Gregor.

In dem Augenblicke wurden die zwei Mägde auf dem

hölzernen Söller des Hauses sichtbar, die in dem Geklippe der Wand und an den Ufern der Gerölle Brombeeren gesucht hatten. Sie hielten wahrscheinlich den Schuß für Gregors und winkten häufig auf eine Stelle, vielleicht weil sie meinten, man sehe vom Schiffe aus den Vogel nicht.

Mittlerweile blieb der See und Wald ruhig, wie sie es den ganzen Tag waren. Die Sonne, eine weißglühende Lichtkugel, lag schon am Rande der Felsenwand; breite Schatten rückten über Haus und Rasenplatz auf den See heraus, dieser war glatt und schwarz, nur auf dem Schiffe lag das müde Nachmittagslicht, ebenso war der tote Vogel wie ein weißer Punkt beleuchtet, und im grünroten Schimmer floß es um das Gehäge der Fichten. Indes war man, dem Tiere näherrückend, auch bereits dem sumpfigen Ufer, wo das Gewirre der Baumstämme lag, so nahe gekommen, daß man jeden kleinsten Zweig ausnehmen konnte, ja in der Stille der Luft und des Wassers sah man es sogar deutlich, wenn ein Frosch, der sich sonnte, von einem Stamme in das Wasser sprang und die leichten Wellenringe fast bis auf den Floß auseinandertrieb. Aber nicht das geringste Anzeichen eines Menschen wurde sichtbar, so daß der Glaube immer mehr Wahrscheinlichkeit gewann, es sei nur irgendein Schütze durch Zufall so tief in den Wald geraten und an den See verschlagen worden, habe sein gutes Auge an dem Federtier versucht und habe dann, da er das Fahrzeug und das Haus erblickte, aus Aberglauben die Flucht ergriffen, namentlich, da er mußte gesehen haben, wie sich das Schiff bewegte, ohne daß er Menschen darauf wahrgenommen. Endlich mit einigen langsamen Ruderschlägen war man dem Tiere so nahe gekommen, daß es Gregor mit der Hakenstange des Floßes herbeifischen konnte. Es war ein sonderbarer Anblick, wie die langen triefenden Schwingen hinabhingen, wie die nassen, klebenden Federn den sehnichten Körperbau bloßlegten und die Wunde zeigten, die mitten in die Brust ging. Gregor untersuchte sogleich dieselbe und zog mit einem Werkzeuge seiner Waidtasche eine sehr kleine Kugel daraus hervor. – Johanna fuhr vor Schreck zusammen, und auch Clarissa sah gespannten Auges und klopfenden Herzens auf das Angesicht des Jägers – dieser aber, nicht eine Miene verziehend, steckte die

Kugel gelassen zu andern in seinen ledernen Beutel – ja er stand sogar seiner Länge nach auf dem Floße auf und fuhr unbefangen dem Landungsplatze am Hause zu, wo man abends anlangte.

Als sie ausgestiegen waren, fragte Clarissa geradeweg, was er von der Sache halte?

„Freilich kenne ich den Schützen", sagte er, „es sind allerlei Toren auf der Welt – und er mag ein großer unter ihnen sein – – von ihm ist euch keine Gefahr – – ich irre mich nicht, ich kenne die Kugel – aber es ist grundlos töricht, warum er hier sein mag – – die Sonne scheint auf Eitelei und Torheit. – Ich habe viele Tage gesehen, und so ist der Mensch: er sucht den Schimmer und will das Irrlicht greifen – –"

„O Gott! Ihr wißt mehr, als Ihr uns sagen wollet", rief Johanna angstvoll.

„Ich habe Euch gesagt, Jungfrau, daß Ihr möget ohne Sorgen sein – ja ich kenne vielleicht den Mann, obwohl mir seine Anwesenheit unbegreiflich ist – er begeht lauter Dinge, die ohne Ziel und Zweck sind, und strebt nach Unerreichbarem. Er hat manchmal wollen den Sonnenschein auf seinen Hut stecken und die Abendröte umarmen – es regnet viele Tropfen, ehe man Einsicht gewinnt, und Jahre vergehen, ehe man weise wird. Dringt nicht, Kinder, ihr habt keine Gefahr – und wenn ich etwas wüßte und euch verbergen wollte, so würden meine Zähne verschlossener sein als die Steintore des Heidenschatzes, die kein eiserner Balken aufzuzwingen vermag. Schlafet ruhig; jedes Haar meines Scheitels ist ein Wächter für euch – ich liebe euch, ihr seid gut und unschuldig, und fast so schön als Martha."

Ein erkennbares Zucken spielte bei dieser Erinnerung um seinen alten, harten Mund, aber sogleich fuhr er fort: „Ich liebe euren Vater und werde in Zukunft das Plätzchen hier noch mehr lieben als früher, wenn ich wieder einmal heraufkomme, das Haus längst nicht mehr steht, der Krieg seine Endschaft erreicht und euer Schloß euch wieder aufgenommen hat. Seid sorgenlos, meine lieben Töchter, und schlafet süß, wie vor vielen Jahren in eurem Kinderbettlein."

Die Mädchen sahen gerührt und ängstlich auf ihn, wie

sie mit verschlungenen Armen vor ihm standen, und es mochte ihnen fast unheimlich dünken, daß er, an der äußersten Grenze menschlichen Hochalters stehend, dennoch von Planen und Zeiten rede, die weit in die Jahre hinauslagen. Johanna suchte vergeblich ihre aufsteigenden Furchtgedanken zu dämpfen, die sie sich nicht zu sagen getraute.

„Sehet, da geht der blutrote Vollmond auf", begann er wieder, „sehet nur hin auf das düstre, holde Licht, wie es am Waldesrand erglimmt und fast schon sichtbar die langen Schatten über den See streichen – ich hab es hundert und hundertmal gesehen; aber immer gefällt es mir – ich habe so stets meine eigenen Gedanken gehabt über das Mondlicht – es ist ein wundervolles Licht."

„Ein schmerzlich schönes Licht", sagte Clarissa.

„Und nirgend seht ihr es so schön als im Walde", fuhr Gregor fort, „manche Nacht habe ich es schlummern gesehen über den Forsten, wenn ich auf den Höhen gegangen bin – da glänzte alles und flimmerte und glitzerte so ruhevoll – daß ich so manche Gedanken hatte über diese Einrichtung, daß nachts an dem Himmel diese glänzenden Scheiben hingehen – aber zum Nutzen ist es sichtbarlich; denn seht, wenn er so oben steht, mitten über den Wäldern, und weit und breit sein Licht niederrieselt in die Zweige – wie sie da so froh sind im Nachtlichte und Blätter und Nadeln auseinanderlegen, wie man eine Hand aufmacht, und in der Christnacht, wenn der Herr geboren wird, reden sie miteinander – – geht schlafen, Kinder, geht schlafen – es droht euch gar keine Gefahr; ich muß hier die Knechte erwarten, daß ich ihnen den Floß hinüberrudere, wenn sie das Zeichen geben. Und ihr", sagte er zu den dastehenden Mägden, „nehmt das Federtier hinein, und trocknet es sorglich, vielleicht, daß die Schönheit des Gefieders wieder etwas herzustellen ist."

„Gute Nacht, Vater", sagte Clarissa.

„Gute Nacht, Tochter", erwiderte der Greis.

Und somit stiegen die Schwestern die Treppe zu ihrem Gemache hinan, angstvollen und harrenden Herzens, und als sie ihr mäßig Abendmahl verzehrt, sich entkleidet und die Magd entlassen hatten, schlossen sie besorgt doppelt

Schloß und Riegel an den Türen, setzten sich auf *ein* Bette zusammen und redeten noch vieles und manches, sich tröstend und liebversichernd, auch daß sie morgen wieder nach Wittinghausen blicken und daß sie nie mehr ohne das Fernrohr einen Spaziergang machen wollen. So koseten sie noch lange, bis die rote Scheibe des Mondes, hoch ob dem Erdenrande schwebend, längst zur goldenen geworden und Johanna am Busen der Schwester wie ein Kind entschlafen war.

Clarissa ließ sie sanft auf die Kissen gleiten und suchte auch ihr Lager – noch hörte sie in ihre beginnenden Träume hinein das Jauchzen der zurückkehrenden Knechte jenseits des Sees herüber und das Plätschern des abfahrenden Gregors, der sie holte.

Dann sank eine tiefe, feste Ruhe über die schönen Augenlider.

5. Waldwiese

Des andern Tages stand schon die Sonne am Morgenhimmel, als Clarissa erwachte und an das Bett Johannens trat, die noch tief schlummerte und sich ein ganzes Morgenrot auf ihre unschuldigen Wangen geschlafen hatte. Da ging sie leise an das Fenster, das im Morgengold wallte, sah einige Augenblicke auf den Wald, der mit Reif bedeckt war und Funken warf, und kniete endlich auf ihren Schemel nieder, um ihr Morgengebet zu verrichten. Als sie aufstand, sah sie auch Johannen an ihrem Schemel knien; daher wartete sie ruhig, bis auch diese aufgestanden war, und dann, noch den Abglanz des gläubigen Gebetes in den Augen, grüßten sie sich heiter und freudig und scherzten fast über ihre gestrige Angst. Man ließ die klopfende Magd herein, und diese berichtete, daß die Knechte erzählt hätten, wie draußen bereits Kriegsvölker ziehen und daß es über die Wasserscheide oft wie Ameisenzüge gehe, alles gegen die oberen Donauländer. An den Waldrändern ist es so einsam und stille wie immer. Von Wittinghausen wußten sie nichts.

Man beschloß, Gregor zu bitten, daß er sie, sobald die Gräser und Gebüsche etwas trocken geworden wären, auf den Blockenfels geleiten möge.

Als sie angekleidet waren und die hohe Sonne schon Reif und Tau von ihrer Wiese gezogen hatte, wollten sie auf selber ein wenig lustwandeln gehen. Wie sie über die Treppe hinabkamen, fanden sie Gregor, wie er eben lokkere Bretter und Balken festnagelte, auch befremdete es sie, daß das äußere Tor an den Pflöcken, das immer ganz und gar offen gestanden, nicht nur eingeklinkt, sondern auch verriegelt war. Gregor ließ sogleich von seinem Geschäfte ab und zeigte ihnen den getrockneten Geier, dessen Federn er in schöne Ordnung gebracht habe und von denen er sie bat, sich die schönsten als ein Angedenken ihres Waldlebens auszusuchen; indes wolle er hineingehen und sich richten, um sie begleiten zu können. Er ging. Aber anstatt sich Federn auszulesen, standen die Mädchen und sahen sich befremdet an; denn heute war alles neu. Sonst hatte er sie ganz allein auf ihrer Wiese weit und breit bis an das Gerölle gehen lassen, ohne sich weiter zu bekümmern. Susanna, die Magd, die eben dastand, erzählte auch, daß, als sie erfahren, daß nicht Gregor den Geier geschossen, sondern ein anderer Schuß es war, man wisse nicht woher, sie vor Angst fast die ganze Nacht nicht geschlafen, und da sei sie spät nach Mitternacht, als bereits die zurückgekommenen Knechte längst schliefen, durch ein seltsames Geräusch erschreckt worden, als ob ein Schloß raßle – und da sie nun behutsam zum Fenster hinausgesehen, habe sie wirklich gehört, wie das Schloß am äußeren Tore gesperrt werde und sodann eine Gestalt, die sie für Gregors hielt, dem Ahornwäldchen zuschritt. Fast eine Stunde verging, ehe die Gestalt wiederkam, aufsperrte und hereintrat, hinter sich sorgsam verriegelnd – es war nun, wie er zum Hause kam, deutlich erkennbar, daß es Gregor sei. Diese Tatsache war nicht geeignet, die Unruhe der Mädchen zu vermindern – allein wie Gregor die Tür heraustrat und sie den schönen Greis ansahen mit der aufrichtigen Stirne und darunter dem glänzenden dichterischen Augenpaare, so folgten sie ihm willig durch das Tor, das er hinter sich wieder schloß. Keine – wie durch Verabredung – tat der neuen auffallenden Vorkehrungen Erwähnung. Er schwieg auch darüber.

Nachmittags, das heißt nach damaliger Sitte schon um zwölf Uhr, stieg man auf den Blockenstein.

Zwei bewaffnete Knechte begleiteten sie, der dritte hütete den Floß. Das Rohr wurde befestiget, und rein und klar, wie immer, stand das kleine Nachbild des Vaterhauses darinnen. Wie ein Vorgefühl, als sähen sie es zum letzten Male so, überkam es die Herzen der Mädchen, und es war ihnen, als könnten sie sich gar nicht davon trennen und als müßten sie den geliebten schönen Vater oder den unschuldigen Knaben Felix auf irgendeinem Vorsprunge stehen sehen.

Wahrscheinlich waren es die neuen Anstalten Gregors, die ihnen dieses Unruhegefühl einflößten.

Endlich, da immer dasselbe längstbekannte und unbelebte Bild im Glase stand, und nach tausend Grüßen, die laut und heimlich hinübergesendet wurden, nahm man das Rohr ab und trat den Rückweg an. Zu Hause wählten sie sich noch einige Federn des Geiers und begaben sich wieder in ihre Zimmer.

Ein einziger Vorfall geschah diesen und die folgenden Tage, außer daß man wieder einmal wollte bemerkt haben, daß Gregor in der Nacht das Haus verlassen habe: aber eine gewisse Schwüle und Angst lag über dem Tale und den Herzen, als müsse jetzt und jetzt etwas geschehen. Seltsam – als ob die unsichtbaren Boten schon vorausgingen, wenn ein schweres Ereignis unserm Herzen naht. – –

Es war die fünfte Nacht nach dem Schusse des Geiers – der abnehmende Mond stand am blauen Nachthimmel und malte die Fenstergitter auf die Sessel und Bettvorhänge der Mädchen –, da saß Johanna am Rande des Bettes ihrer Schwester, und mit dem Finger sanft ihre entblößte Schulter betupfend, suchte sie dieselbe zu wecken, indem sie angstvoll leise die Worte hauchte: „Hörst du nichts?“

„Ich höre es schon lange“, antwortete Clarissa, „aber ich wollte dich nicht wecken, daß du keine Angst habest.“

Nun aber richtete sie sich auch in ihrem Bette auf, und von dem einen Arme Johannens gehalten, auf die Bettkante gestützt, saßen sie da, keinen andern Hauptschmuck als das schöne Haar, den Körper im Horchen sanft vorgebogen, unbeweglich, wie zwei tadellose Marmorbilder, um die das milde Licht der Herbstnacht fließet.

Es war, als hörten sie undeutlich in der Ferne eine Stimme, schwebend zwischen Rufen und Gesang – es war aber weder die eines Knechtes noch Gregors.

Sie horchten lautlos hin, aber hörten gerade jetzt nichts. Auf einmal ganz deutlich, wie herausfordernd – schwärmerisch wild kam ein Gesang einer Männerstimme herüber, folgende Worte tragend:

Es war einmal ein König,
Er trug 'ne goldne Kron.
Der mordete im Walde
Sein Lieb – und ging davon.

Da kam ein grüner Jäger:
„Gelt, König, suchst ein Grab?
Sieh da die grauen Felsen,
Ei, springe flugs hinab."

Und wieder war ein König,
Der ritt am Stein vorbei:
Da lagen weiße Gebeine,
Die goldne Kron dabei.

Die Stimme schwieg, und die Stille des Todes war wieder in Luft und Wald und in den Herzen der Mädchen – und als es draußen schon längst geschwiegen, getrauten sie sich noch nicht, sich zu regen, als sei die Szene nicht aus und als *müsse* noch etwas kommen.

Aber sie war aus. Kein Laut, kein Atemzug regte sich in der stummen, funkelnden Mondluft. – Da, nach langem Warten, drückte sich Johanna sanft und langsam rückwärts aus der Umarmung und sah der Schwester in das Angesicht.

Es lag so bleich vor ihren Augen wie der Mond auf der Fensterscheibe.

Nicht eine Silbe sagten sie beide.

Johanna, wie im Instinkt des Guten und hier Zuständigen, wendete ihre Augen wieder ab und barg ihr eigenes Antlitz in das Nachtgewand der Schwester – und so viele, viele Augenblicke lang, aneinandergedrückt wie zwei Tauben, hielten sie sich, daß Johanna Clarissens Herz pochen fühlte und diese das Zittern des Armes der andern auf ihrem Nacken empfand. – – Endlich furchtsam leise fragte die jüngere: „Clarissa, fürchtest du dich?"

„Fürchten?" sagte diese, indem sie sich sanft aus der Umarmung löste – „fürchten? nein, Johanna – das Rätsel ist klar, dessen dunkler Schatten uns dieser Tage ängstete – – ich fürchte nichts mehr."

Und dennoch bebte ihre Stimme, als sie diese Worte sagte, und Johanna konnte selbst bei dem schwachen Mondlichte bemerken, wie allgemach ein feines Rot in die vorher so blassen Wangen floß und darinnen sanft bis zur schönsten Morgenröte anschwoll. Ein ungeheuer Empfinden mußte in ihrer Seele emporwachsen, wechselnd in Wohl und Weh; denn ein fremder Geist lag auf diesen sonst so ruhigen Zügen und goß eine Seele darüber aus, als glühete und wallete sie in Leidenschaft.

„Johanna", sprach sie, „es ist wunderbar, sehr wunderbar, wie die Wege der Vorsehung sind. Wer hätte gedacht, daß das, was ich neulich an der Felsenwand zu dir sprach, so nahe sei – in der schönen Einöde hat mich Gott der Herr gefunden – mag es sich erfüllen, wie es muß und wird – fürchte dich nicht, liebes Kind – auch mitten im Walde ist der Herr ob uns. Du kennst das Lied, du ahnest auch, wer es sang – er hat es gut gewählt – er wird mich sehen, ja, aber nicht in unserem heiligen Hause – Gregor und du werdet mich begleiten – sieh mich nicht so erschrocken an – wenn selbst die kleine Kugel von ihm kam und wie er auch mit diesem Wald zusammenhängt: Gefahr *solcher* Art droht uns nicht – – ja, ja, den Sonnenschein hat er wollen auf den Hut stecken und die Abendröte umarmen – – ja, es ist seine Art, so zu erscheinen, wie er hier tat, das Lied hat mich herausgefordert – gut, aber jetzt ist es kein Kind mehr, hilflos gegeben in die Allgewalt der eignen Empfindung: eine Jungfrau, stark und selbstbewußt – sie wird kommen, statt der Lilie das Schwert des Herrn in ihrer Rechten – ja, sie wird kommen!!"

Ihr Antlitz strahlte – eine solche Schönheit überging ihre Züge, daß selbst Johanna scheu zu ihr hinüberblickte – mit Inbrunst schwärmte ihr dunkles Auge hinaus, angeglänzt von dem Lichte der Nacht – – auf die Stirne flog es wie ungeheurer Stolz und Triumph – – so saß sie und badete das gehobne Antlitz in den Strahlen des Mondes – – – bis sie endlich in einen Strom siedendheißer Tränen ausbrach und sich wie ein Kind an das Herz der Schwester legte.

Wer sie in dieser Nacht gesehen hätte, der hätte begriffen, wie denn diese sanfte, ewig ruhige Gestalt zu den tiefschwarzen, lodernden Augen gekommen.

Johanna schlang ihre beiden Arme um sie, und obgleich sie die Gewalt dieser Tränen nicht begriff, so wurde sie doch selbst bis zu dem heftigsten Schluchzen gerührt – und die Last der Herzen löste sich durch diese milden Perlen.

Der Morgen fand sie, Johannen an dem Busen der Schwester mit den müde geweinten Augen tief und fest entschlummert. Clarissa wachte schon längst, aber da der Schwester Haupt ihr zum Teil auf Busen und Schulter lag, so regte sie sich nicht, um ihr nicht den Morgenschlaf zu stören, der mit so sichtbar süßer Hülle auf dem geängsteten Herzen lag. Endlich, da sich die braunen Augen langsam auftaten und befremdet auf Clarissen sahen, wie sie denn in ihr Bett geraten, so strich diese sanft mit der Hand über die Scheitel der goldblonden Locken und sagte: „Guten Morgen, liebes, liebes Kind."

Aber mit einer Art Beschämung über die Lage, in der sie sich fand, sprang Johanna auf und begann sich anzukleiden, indem ihr nach und nach das Bewußtsein der vergangenen Nacht kam und der Wichtigkeit des heutigen Tages.

Auch Clarissa kleidete sich schweigend an und ließ dann durch die Magd den alten Gregor rufen. Er kam.

„Ihr habt heute nacht singen gehört", redete sie ihn an.

„Ja."

„Ihr kennt den Mann sehr gut, welcher gesungen?"

„Ich kenne ihn sehr gut."

„Er wünscht dringend mit uns zu reden."

Der Jäger sah sie mit betroffenen Augen an. „Ich weiß es", sagte er, „aber daß auch *ihr* es wisset?!"

„Wir wissen es und *wollen* ihn auch sprechen, und zwar, wenn es möglich ist, noch heute; aber nicht hier – in unser Haus soll kein fremder Mann kommen –, sondern an der Steinwand bei den letzten Ahornen soll er uns erwarten. Johanna und ich werden kommen, und Ihr seid gewiß so freundlich, uns zu begleiten. Wenn der Schatten der Tannen von dem See gewichen ist, möget Ihr uns abholen, wenn es bis dahin geschehen kann."

„Es kann geschehen – aber bedenket, daß *ihr selbst* es seid, die es so wollen."

„Bereitet es nur, Gregor – ich kenne auch den Mann, und wir wollen ihn fragen, warum er unsere Ruhe und Zuflucht stört."

Gregor ging.

Der Vormittag war vorüber, der Schatten der Tannen war von dem See gewichen, und man sah Gregor mit der Büchse auf der Schulter die zwei Mädchen dem Ahornwäldchen zuführen. Johanna war, wie gewöhnlich, in ihrem weißen Kleide, aber Clarissa hatte all ihren Schmuck und ihre schönsten Kleider angetan, so daß sie wie eine hohe Frau war, die zu einem Königsfeste geführt wird. Es liegt etwas Fremdes und Abwehrendes in Schmuck und Feierkleid der Frauen; sie sind gleichsam der Hofstaat ihrer Seele, und selbst der alte Waldsohn, der nie andere Juwelen sah als die des Morgens in den Tannen, fühlte sich von Clarissens Schönheit gedrückt und fast untertänig; denn auch in ihrem Angesichte lag ein fremder Schimmer und ein strahlender Ernst.

Johannas Herz klopfte ungebändigt, und – obwohl sie sich's zu sagen schämte – die kleine Kugel und der Jägerbursche, der von dem furchtbaren Wildschützen erzählt hatte, wollten ihr nicht aus dem Sinne kommen, und es war ihr dunkel drohend, als ob etwas Entsetzliches kommen würde.

So war man bis gegen die letzten Ahornen gelangt. Ein Mann, in einfache, ungebleichte Linnen gekleidet, einen breiten Hut auf dem Haupte, eine Flinte in dem Arme, saß auf einem der grauen Steine. Wie man ganz in die Nähe gekommen, stand er auf, zog ehrerbietig den Hut und wies sein Antlitz. – Johanna hätte fast einen Schrei getan – so schön war er – auch Clarissa wankte einen Augenblick. Wie er den Hut abgenommen und das Angesicht mit einem schnellen Ruck ihnen zugewendet, warf sich eine Flut von Haaren, wie ein goldener Strom, auf seine Schultern, darlegend das lichte Antlitz, fast knabenhaft schön und fein, daraus die zwei großen dunkelblauen Augen hervorsahen, wie zwei Seelen, die auf Clarissen hafteten. – – Auch sie vergaß ihr dunkles Auge auf seinen Zügen, den wohlbekannten, vielgeliebten, vielgekränkten, – bis sie plötzlich hocherrötend einen unbeholfenen Schritt seitwärts tat, gleichsam gegen die Bank hin, die in der Nähe stand, als wollte sie sich darauf setzen. Johanna, bloß diese Absicht vermutend, war ihr behülflich und setzte sich neben sie. Er, noch immer kein Wort redend, ließ unbewußt seine Blicke ihren Bewegungen folgen, als sei er betreten, daß eine ganz andere Gestalt gekommen, als er erwartet. Endlich legte er seine Flinte seitwärts und setzte sich den Mädchen gegenüber auf denselben grauen Stein, auf dem sie ihn gefunden.

Die hohen Bäume, die graue Felswand und die weißen Nachmittagswolken sahen stumm auf die seltsame, ebenfalls stumme Versammlung.

Gregor ging abseits von den Ahornen, anscheinend so hie und da das fortschreitende Vergelben der Blätter betrachtend.

Endlich taten sich Clarissas Lippen auf, und sie sagte: „Ihr habt uns aufgefordert – – Ihr wolltet, mein ich, mit uns reden – wir sind gekommen – so redet."

„Ja", antwortete er, „ich bat Euch um eine Unterredung, aber nur *Euch;* denn ich kenne die andere Jungfrau nicht."

„Es ist meine Schwester Johanna."

Mit Verwunderung blickte er nun auf Johannen und sagte trübselig lächelnd: „Sie ist aus einem Kinde nun eine schöne Jungfrau geworden; o Clarissa, wir haben uns sehr lange nicht gesehen – damals war sie ein Kind, das selten sichtbar wurde, daß ich ihrer schon ganz vergaß. – Kennet Ihr mich, Johanna?"

Sie schüttelte mit dem Kopfe.

„Nun, Clarissa", fuhr er fort, „verzeihet, daß ich gekommen, und auch die Art, wie ich es tat. – Seht, ich wollte nicht plötzlich, wenn Ihr lustwandeln ginget, vor Euch treten – ich hätte es einige Male gekonnt –, sondern erst Euern Begleiter, den ich seit langem kenne, sprechen, aber er war stets an Eurer Seite und verließ sonst nie das Haus, daher sandte ich ihm durch den Geier meine Kugel, die er wohl kennt, auch suchte er mich sogleich und fand mich, aber keine Macht der Überredung konnte ihn dahin bringen, daß er Euch von mir eine Botschaft brächte – – ja er verrammelte und bewachte das Haus nun vorsichtiger als je, so daß ich ihn, der mich einst so liebte, gar nicht begriff. – Ich selbst mußte mir nun, sei es auch auf die Gefahr hin, daß mich einer Eurer Knechte erschieße, Gelegenheit verschaffen, Euch meine Anwesenheit kundzutun, ob Ihr etwa freiwillig gewährtet, was ich nicht rauben wollte und von ihm nicht erbitten konnte. Ich sang das Lied, das Ihr kennen müsset."

„Ich kannte es", sagte Clarissa, „und sei es nun auch unrecht, daß ich kam, ich wollte Euch nicht fortweisen, da Ihr so viel Anstalt machtet, mich zu sprechen – – und nun redet, warum seit Ihr hier, die Zuflucht und Ruhe zweier Mädchen zu unterbrechen, die so kindisch sind, daß sie oft das unversehene Rauschen eines Blattes schreckt, sagt, warum seid Ihr hier?"

„Clarissa – *Ihr* fragt das", sagte er, indem ein leichter Hauch von Rot über sein Gesicht flog, „wisset Ihr selber denn das nicht?"

„Nein, ich weiß es nicht", antwortete sie mit unsicherer Stimme.

„Ihr wißt das nicht?" wiederholte er zweimal, „Ihr wißt das nicht?" – und er warf sein Haupt wie im Schmerz empor, so, daß auf einen Augenblick der Glanz der Herbstsonne auf die schwärmerischen Züge fiel und sie verklärte – *„Ihr wißt das nicht?!* Sehet, ich bin in Frankreich gewesen – ich war weiter, in dem neuen Lande war ich jenseits des großen glänzenden Meeres – ich kam wieder, ich suchte Euer Schloß, es ist bedroht, Ihr seid geflüchtet, niemand weiß, wohin – ich kundschaftete auf allen Straßen, eine führt gegen den Wald, sie sah Euch ziehen – ich suchte Gregors Hütte, er ist nicht da. – Durch alle Wälder und Schluchten, lebend von dem, was mir meine Büchse erwarb, ging ich tagelang, wochenlang, bis – es war eine lichte, schöne Stunde –, bis der Gedanke dieses Sees wie ein Blitz in meine Seele fuhr, wie ihn mir einst Gregor zeigte und die Worte sagte: ‚Auf diesem Anger, an diesem Wasser ist der Herzschlag des Waldes; mir ist, als müßte ich ihn hören, so lieblich und treu, und fester als die Burg eines Königs' – ich kam hieher – am Rande jener Felsenmauer herüberkletternd, erblickte ich das hölzerne Haus, auf einem Felsensteige – Gregor weiß ihn, Euch wäre er tödlich – stieg ich nieder. – Dort, wo die Sandriesen beginnen, im Schatten des Felsens ruhte ich ermüdet aus, wischte mir das Blut von den Händen – und wie ich nach diesem Geschäfte aufblickte – kaum hundert Ellen von mir am Rande des Gerölles saßet Ihr mit Johannen, beide in weißen Gewändern und vertraulich redend – – ich erschrak, daß sich der See und die Bäume drehten – das schreiende Herz drückte ich nieder, ja in meiner Torheit halte ich den Atem an, daß er Euch nicht erreiche, obwohl ich nicht einmal Eure Worte hören konnte – aber hold und süß müssen sie gewesen sein; denn Ihr saßet und sprachet lange, legtet endlich Eure Hände ineinander und sahet schweigend in die Luft hinaus, mir wollte es bedünken im Übermaß der Rührung und der Liebe und des Vertrauens – als es Abend wurde, ginget Ihr – diese Bäume hier verschlangen den letzten Schimmer Eures Gewandes – ich blieb sitzen und stillte meinen Hunger mit einer Handvoll Brombeeren. Wieder sah ich Euch – gehen durch den Wald, wandeln an dem See, ruhen auf diesem oder jenem Steine – ich war Euch oft so nahe, daß ich Euch greifen konnte; Eure Harfe hörte ich des Nachts. – – Seht Ihr, dort oben, wo der dürre Sandstrom um die zwei Felsenhäupter quillt, steht ein Baum, es ist nur mehr der Strunk einer Föhre, die der Blitz einst zerschlug, bei Tage ist er ein mißfärbiges Grau, aber in der Nacht beginnt er zu leuchten, blau und grün und weiß – stundenlang saß ich an dem Felsen und sah auf das stille nächtliche Glimmen desselben – – Clarissa! und Ihr fragt, *weshalb ich gekommen??*"

„O übt ihn nicht", sagte sie mit innig flehender Stimme, „o übt ihn nicht, den alten Zauber, dessen Gewalt Ihr kennt und einst erprobtet gegen ein törichtes Mädchen – o übt ihn nicht, es ist nicht redlich."

Es war seltsam anzuschauen, wie die entschloßne

Jungfrau zu schwanken begann und fast eingeschüchtert war einem Manne gegenüber, dessen Mienen doch so offen lagen wie die eines Kindes; aber wenn man ihn ansah, wie er auf ihre Rede schwieg und hinaussah in die Räume, so war es, als sähe man den Geist aufleben, dem sie sich beugte: eine milde Hoheit, eine schwärmerische Dichtung lag in diesen Zügen, im Auge etwas, was fleht und herrschet – ein Schmelz von Zärtlichkeit, unsäglich bindend das geliebte Herz, es selbst unsäglich liebend und doch hinaus verlangend ins Unbekannte, ein aufquellend Herz, nach Taten schmachtend. Und gerade das letzte, jeden Augenblick Liebeverlust drohend, war es, was sie so zauberisch band.

„Ja, ja", begann er wieder sanft, „Clarissa, süßer Engel, es ist redlich; ich bin nicht töricht und ohne Zweck gekommen; denn wisset, seit jenem Tage, wo ich fortging, teils gedrängt, teils selbst hinausschwärmend, war es doch nur *ein* Gedanke, dem ich nachhing, dem ich glühend nachstrebte – damals lebte *er* noch, der befehlen konnte: laß fahren das Scheinding – – ich schlug es los, in alle Winde wollte ich es streuen; ich ging monatelang durch diese Wälder, dem wilden Hange folgend – da fand ich Gregor. – Wie ein Sohn liebte ich den Alten, obwohl er ein Kind war gegen mich in Schwärmerei und Wagnis – das Scheinding aber trug ich im verschwiegenen Herzen – dann sah ich jene schimmernde Stadt, ich sah grenzenlose Wildnisse des neuen Landes – ich kam wieder, als er tot war, aber ich brachte das Scheinding, wie er es nannte, wieder mit – – Clarissa, nun aber ist alles gut – ein Jahr hab ich gearbeitet, ein mühselig Jahr, berghohe Hemmnisse hinweggewälzt – alles ist eben – ich bin frei. – – Wie keine Mutter ihr Kind, hab ich dich gesucht, die Geliebte, die Verlassene, die Unvergeßliche, um dir alles, alles mitzuteilen – – o Clarissa, ich bitte dich, denke zurück, blicke in dein Herz, und um der Güte Gottes willen frage nicht mehr, warum ich gekommen!!"

Ehe sie es ahnen und hindern konnte, stand er auf, und auf die harten Steine zu ihren Füßen sinkend, nahm er ihre Hand, schloß sie in seine, die großen blauen Augen angstvoll auf ihr sterbebleiches Antlitz heftend.

„O steht auf", sagte sie in der Ohnmacht ihrer Seele mit den Augen herumirrend – „so steht doch auf – – ich kam gewaffnet hieher, die Gewalt Eures Herzens soll mir diese Waffen nicht ablösen – nein, sie soll es gewiß nicht. – Denket nicht mehr, ich sei noch das Kind, das Ihr einst kanntet – – wie Ihr damals in unser Schloß kamet, wie der Vater Euch liebgewann – – Ihr waret so schön, mein Auge konnte fast nicht ablassen von dem Euren, ein ganzes Meer von Seele und Gemüt gosset Ihr in mein dunkel bewußtes Herz, meine hülflose Kinderseele zwanget Ihr an Eure Lippen zu fliegen – ich fragte nicht, woher Ihr kamet, wer Ihr seid – ich hing an Euch – im Wahnsinne von Seligkeit hing ich an Euch, sündhaft vergessend meinen Vater, meine Mutter, meinen Gott – – *da ginget Ihr fort* – – – nun, es ist alles überstanden – ich erkannte die Sünde; Gott gab mir die Gnade, sie zu bereuen und zu vergessen. Die Seele wandte sich wieder ihrer reinen Liebe zu. Seht, dies unschuldige Mädchen hier, meine Schwester, dann mein Vater und der Bruder Felix zu Hause – *diese* sind meine Geliebten – und der Herr im Himmel, der ist mein Gott – – es ist überstanden."

Tränen brachen aus ihren Augen und schimmerten neben den Diamanten des Stirnbandes.

„Nein, Clarissa, es ist nicht überstanden", sagte er, zu ihr emporblickend, indem ein Entzücken durch den Himmel seines Auges ging, „nein, es ist *nicht* überstanden – goß ich auch ein Meer von Gemüt und Seele in dein Kinderherz, so goß ich es auch in meines. – Es ist wahr, anfangs reizte mich bloß die ungewohnte Fülle und Macht, aufsprossend in dem Kinderherzen, daß ich prüfend und probend an sie trat, daß ich die Kinderlippen an mich riß – aber eine Seele, tief, wild, groß und dichterisch wie meine, wuchs aus dem Kinde an mich, daß ich erschrak, aber nun auch mich im Sturme an sie warf, namenlos, untrennbar Glut um Glut tauschend, Seligkeit um Seligkeit. – – Weib! Du warst damals ein Kind, aber die Kinderlippen entzückten mich mehr als später jede Freude der Welt, sie glühten sich in mein Wesen unauslöschlich – ein Königreich warf ich weg um diese Kinderlippen; nicht Jahre, nicht Entfernung konnten sie vertilgen – und nun bin ich hier, abgeschlossen mit der Welt, um nichts auf der ganzen Erde mehr bittend als wieder um diese Kinderlippen."

Er blieb knien, das geliebte Antlitz schaute zu ihr empor, vergessend seiner selbst und der Umgebung – sie aber fühlte sich verlieren; um ihre Stirne irrte es wie dunkle Wonne, wie Morgenröte des Gefühls. – Einen Augenblick noch sah sie hülflos umher, ringend mit dem eignen Herzen, das in so ganz anderer Absicht hergekommen war – dann überzog neuerdings ein feuchter Schleier ihr Auge, aber es war darinnen süße, düstre Zärtlichkeit, wie es auf ihn niedersank und sie fast unhörbar und zitternd die Worte sagte: „Und doch, Ronald, bist du fortgegangen!!"

„Ja", rief er, indem eine schnelle, schwärmerische, fabelhafte Freude über seine Züge flog, „ja, ich ging fort, weil es einer *befahl,* der mächtiger war als ich und du, und als dein Vater und dein König – aber nicht weil er es *befahl,* ging ich, sondern weil er *bat,* weil er sagte, es sei zu deinem und zu meinem Heile – – und, Clarissa, weil mein eigen tobend Herz mich hinausriß, töricht schweifend in das Leere, als seien draußen namenlose, ungeheure Dinge zu vollführen – – aber, bin ich gegangen, so bin ich ja auch wieder da, und ich gehe *nie, nie* mehr von dir; du bist mein Atem und mein Pulsschlag. – Draußen ist es dürre wie Sand, und unersprießlich alle Welt gegen dein schlagendes Herz, gegen deine Güte und gegen deine Liebe – – siehe, er hat mich groß machen wollen, wie einen seiner Helden oder gar wie sich selbst, er hat mich abgöttisch geliebt als das Ebenbild meiner Mutter. In unser schönes, fernes Land, sagte er, werden wir zurückkehren, dort wolle er es heben zu einem der ersten der Welt, ich werde ihm zunächst stehen, und an mir wolle er es gutmachen, was er an meiner armen Mutter verschuldet – er, der Starke gegen alle Welt, war schwach gegen mich, er ließ meine Jugend schwärmen, in die ganze Welt wollte ich fliegen, weit und breit; selbst in Feindeslande ging ich herum, auf eurem Schlosse lebte ich monatelang. – – Als ich ihn glühend um dich bat, sagte er, du bist noch ein Knabe, gehe fort, gehe in die Welt, gehe hin, wo du willst, selbst über das Meer, und wenn du wiederkommst und sie noch willst, sollst du sie haben und in unser Land führen – aber geh, und laß lieber fahren das

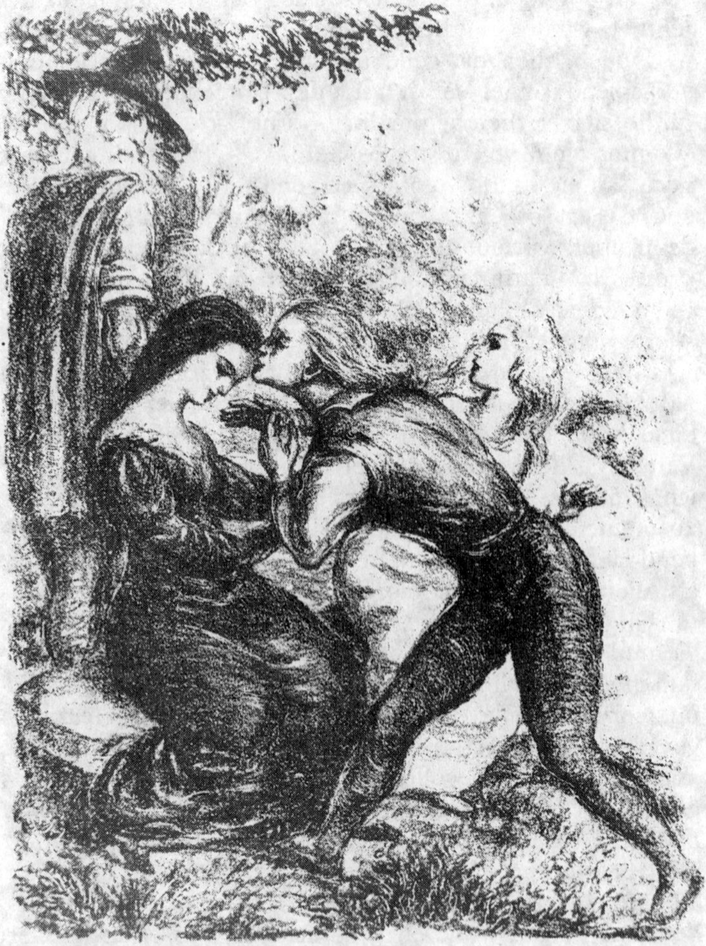

Scheinding – – – aber, o Clarissa, als ich wiederkam, war er längst tot – von all denen, die um ihn trauerten, waren zwei Augenpaare, die gewiß am heißesten weinten, *meines* und sicher auch das meiner fernen Mutter. Ich hab ihn noch einmal gesehen – ich brachte es dahin, daß mir Gruft und Sarg geöffnet wurde. – In den Busen des Kanzlers hatte er die Plane über mich niedergelegt, mit diesem, den Führern und andern mußte ich ein Jahr kämpfen, ein mühselig schleppend Jahr, bis ich mir Freiheit errang, zu tun, wie ich wollte – und dann mein erster Gang – nein, es war ein Fliegen: zu *dir* – zu dir, um zu fragen, ob du mich hassest – ob du verzeihest – – ob du noch liebtest, zu dir ging ich zuerst, dann aber muß ich meine Mutter suchen."

Seine Augen schwammen in Tränen, welche die fernere Rede erstickten; er wischte mit der Hand darüber und sagte dann unsäglich mild: „Clarissa, du hast dich sehr verändert und bist größer und stattlicher geworden, und fast schöner als damals, so daß ich beinahe den Mut verlor, da ich dich heute sah – Clarissa, tue ab den starren Schmuck, der so traurig um dein liebes Antlitz funkelt, sei wieder das Kind, das mich einst so selig machte – nicht wahr, Clarissa, du liebst mich noch? – – – *Liebst* du mich noch – du, mein schüchtern, mein glühend Kind!" – – Er sah so treuherzig zu ihr hinan, und eine so weiche, unschuldige Seele lag in seinen Zügen, – – daß ihr ganzes Herz voll alter Liebe hinschmolz.

Wie schwach und wie herrlich ist der Mensch, wenn ein allmächtig Gefühl seine Seele bewegt und ihr mehr Schimmer und Macht verleiht, als im ganzen andern toten Weltall liegt! – Der ganze Wald, die lauschenden Ahornen, die glänzende Steinwand, selbst Johanna und Gregor versanken um Clarissa, wie wesenlose Flitter, nichts war auf der Welt als zwei klopfende Herzen – allvergessen neigte sie das liebeschimmernde Antlitz und die dunklen, strömenden Augen immer mehr gegen ihn, und in Tönen, worüber Johanna erschrak, sagte sie: „O Ronald, ich liebe dich ja, ich kann mir nicht helfen, und hättest du tausend Fehler, ich liebte dich doch – ich lieb dich unermeßlich, mehr als Vater und Geschwister, mehr als mich selbst und alles, mehr als ich es begreifen kann ..."

„Und ich", erwiderte er, ihr in die Rede fallend – – „siehe, tropfenweise will ich dieses Blut für dich vergießen, ich will gut werden und sanft, wie das Lamm des Feldes, daß ich dich nur verdiene – gehe mit mir in mein Vaterland, oder bleibe hier, ich will auch bleiben – – nimm mir mein Leben, nimm mir die Seele aus dem Leibe, damit du nur siehest, wie ich dich liebe. – –"

Er zog sie gegen sich – machtlos folgte sie – und beide

zitternd vor Übermacht des Gefühles stürzten sich in die Arme, so fest umschlingend und klammernd, daß seine blonden Locken auf das Samtkleid ihrer Schultern niederwallten.

Die beiden Zeugen dieser Szene sahen sich verwirrt und staunend an – aber Johanna, die bisher mit steigender Angst zugehört hatte, sprang plötzlich auf, und mit den zornesmutigen Tränenfunken in den Augen rief sie: „Clarissa, was tust du denn?!"

Diese, wie aufgeschreckt, fuhr empor, wendete sich um, und wie sie das Kind, dessen Lehrerin und Vorbild sie bisher war, vor sich stehen sah – nein, nicht mehr das Kind, sondern die Jungfrau mit der Purpurglut der Scham im Gesichte, so warf sie sich demütig und doch strahlend vom Triumphe an ihre Brust. – – Es war eine stumme Pause, man hörte ihr Schluchzen und das sanfte Wehen des Waldes. –

Wie sie endlich das milde Haupt wieder aus der Umarmung hob, erleichtert und verschönert, und wie sie mit den selig schönen Augen Johannen voll Liebe in das Gesicht schaute, diese aber noch immer dastand, mit Tränen kämpfend: so trat Gregor hinzu und sagte zu ihr: „Beruhigt Euch nur, liebe Jungfrau, es ist in dem Ganzen kein Arg; denn es ist so der Wille Gottes – darum wird der Mensch Vater und Mutter verlassen und dem Weibe anhängen – es ist schon so Natur – beruhiget Euch nur, und sehet sie freundlich an, die immer so mütterlich liebreich gegen Euch gewesen ist. – Aber du, Ronald, zu dir sage ich ein Wort, du weißt es, wie du in den Wald gekommen bist, wie du mich gefunden hast, wie ich dich liebhatte, wie wir jagten, Kräuter suchten, Felsen bestiegen, wie wir uns ergötzten, als draußen die Sage ging von dem furchtbaren Wildschützen und seiner kleinen Kugel – ich habe dich damals nur um deinen Namen gefragt, daß ich dich damit rufen könne – du hast mir nie von *dieser* gesagt, daß du ihr so in Liebe zugetan bist, es war auch keine Ursache dazu. Jeder Mensch hat sein Herz, wie jedes Kraut seine Blume, er mag es geheimhalten, die Blume tut es nicht – es macht nichts – du gingst fort von mir – ich habe deiner oft gedacht, und es war mir, als gingest du mir ab. Jahre vergingen – da kamest du plötzlich an diesen See und trachtetest stürmisch darnach, mich zu verlocken, daß ich dich mit den Jungfrauen sprechen ließe, auch da noch fragte ich nach keiner Ursache – ich dachte sie mir wohl, nämlich die Schönheit der Jungfrauen reize dich –: aber jetzt, siehe einmal, der Vater dieser Mädchen ist ein hochansehnlicher Mann, ein Mann von gutem Herzen und trefflichen Gaben, er hat so weiße Haare wie ich; er ist mein Freund, und ein viel älterer als du – er hat mir diese Kinder gegeben, daß ich ihnen Vater sei, solange sie im Walde leben, bis er sein Schloß aus der Gefahr gerissen – und da will es mich nun bedünken, daß ich dich fragen müsse, wer bist du denn, daß du um *diese* freiest? wes Volkes und Geschlechtes, daß ich es ihm vermelden lassen kann, und wo steht deine Hütte?"

„Meine Hütte, Alter, hat tausend Fenster, und ihre Dächer könnten soviel Land beschatten, als jener See dort deckt, aber sie steht weit, weit von hier, und der sie mir gab und der mir alles gab, hat sich ein Grab ersiegt in eurer Erde – diese ist nun mein Vaterland! – O Clarissa, dieser unheilvolle Krieg wird enden, muß bald enden, und dann ist kein Unterschied mehr zwischen Schwedisch und Deutsch, eure Nordlandsbrüder werden euch lieben, und ihr sie; denn alle sind sie Kinder desselben Namens – sieh mich an, trag ich nicht Zeichen und Abbild an meinem Körper, daß ich ein Germane bin, so rein vielleicht wie die, die uns jener Römerheld beschrieben hat – dein Vaterland wird fortan meines sein. – Schaue auf diesen schönen, ernsten, schweigenden Wald um uns – o wie lieb ich ihn, wie ergriff er schon, da ich ihn zum ersten Male betrat, mein Herz, das noch das dunkle, dämmerhafte Bild jener weiten Fichtenhaine in sich trug, in denen meine Mutter meine ersten Kindertage erzog – und nun mitten in seinen Schoßen erblüht mir die süße, zaubervolle, märchenhafte Waldblume meines Glückes: *du!* – – O Clarissa, warme, dunkle Blume, wie neigt sich dir mein Herz! Oh, lehre es das Wort seiner Liebe aussprechen, daß es nicht daran verschmachte."

Er war wieder ihr gegenüber gesessen, sein leuchtendes Antlitz zu ihr emporgewendet, umwallt von dem flüssigen Gold der Haare, angeschaut von den zwei vollen Sternen ihrer Liebe. – Sie war mit jener schönen Empfindung des

Schicklichen, die Frauen selbst in der Glut des Gefühles nicht verläßt, zu Johannen gesessen und war fortwährend mehr ihr als ihm zugewendet. Bei seinem letzten Worte tat sie ihre Lippen auf und sagte halb zärtlich, halb schamvoll: „Ronald, schone Johannen."

„Nur noch einen Augenblick, süße Blume, laß mich schauen in dein Auge", entgegnete er, „nur einen Augenblick noch, daß ich mir mein Glück einpräge und nur ein Tausendstel davon mit forttragen kann – ich weiß nicht, geht von dir dieser Zauber der Verwandlung aus oder von dem Walde – mir ist, als wär ich ein anderer, als wäre draußen nicht der Sturm und die Verwüstung, sondern, wie hier, die stille, warme Herbstsonne. Siehe, die Steinwand schaut festlich flimmernd nieder, der Ahorn läßt Zeit um Zeit ein Blatt fallen, dort zirpt die Herbstheuschrecke, die sanfte Luft vermag nicht einmal jene glänzenden Fäden zu zerreißen, und die Wärme des Nachmittags sinkt zitternd längs dem grauen Gesteine nieder – – mir ist, als gäbe es gar kein Draußen, gar keine Menschen als die hier, die sich lieben und Unschuld lernen von der Unschuld des Waldes – lasse es mich noch einen Augenblick genießen, wer weiß, ob wieder ein solcher kommt; denn der Mensch ist vergänglich, wie das Blatt des Baumes, ja noch mehr als dies; denn dasselbe kann nur der Herbst abschütteln, den Menschen jeder Augenblick."

Bei diesen Worten sah selbst Johanna, die liebevoll Wandelbare, mit Freundlichkeit und Teilnahme auf den schönen Jüngling und selbst mit schwach aufsteigender Neugier, wo es denn liege, was ihren größten Schatz dieser Erde, Clarissas Herz, gewonnen.

„Laß diese Wiese", fuhr er fort, „diese schöne Wiese, auf der wir sitzen, unbedeutende Geschöpfe vor dem Herrn, wie die andern, die da spielen und atmen in den Gräsern und Gesteinen, umweht von den Wäldern Gottes, in denen kein Rang und Stand ist – lasse sie den Verlobungssaal sein – und alles, was uns umringt, sei Zeuge – reiche mir die Hand, Clarissa, so mir Gott gnädig sein wolle, bin ich dein für alle Zeiten, in Leid und Freud, und sollte dies Auge unversehens der Schatten des Todes berühren, so weine ein kleines Tränlein als meine Witwe."

Ein leichter Schauder ging über Clarissen; sie war in höchster Erschütterung aufgestanden, und unfähig, nur ein einzig Wort zu sagen, legte sie ernst, wie mit kirchlicher Andacht, ihre Hand in seine. Johanna atmete bange auf, daß sich ihr Busen hob und senkte, und die angerufenen Zeugen standen todesstumm herum, nur der Fichtenwald streute seinen Harzgeruch als Weihrauch darauf, und die Grillen zirpten leichtsinnig fort.

Der alte Jäger stand auf, seine Büchse nach vorn gelehnt, wie ein Standbild, und keine Fiber an ihm verriet, was in ihm vorgehen könne. Ronald griff mit der linken Hand umher, als suche er Johannas ihre; diese, in ein krampfhaftes Schluchzen ausbrechend, reichte sie ihm und drückte sie lange und fest, gar nicht loslassend, gleichsam eine stumme, hülflose Bitte um Clarissas Glück.

Nach einigen Sekunden sprachloser Gemütsbewegung löste sich sanft die Gruppe, und der schöne Schwedenjüngling trat an Clarissa, neigte seinen Mund auf ihre Stirne und küßte sie ernst und ruhig, die demütig, wie eine erglühende Blume, unter seinem Hauche dastand. Dann aber trat sie zu Johannen und nahm sie wie in den schönsten Tagen des vergangenen Schwesterglückes bei der Hand, wohl fühlend, was das unschuldige Herz neben ihr in diesem Augenblicke verlor. Zu ihm gewendet aber sagte sie beklommen die Worte: „Ronald, wird es gut sein, was wir taten – ach, ich dachte nicht an meinen Vater! – sage, wird es gut sein und was wird nun ferner zu tun sein?“

„Höre mich, mein Herz“, antwortete er, „was längst beschloßne Sache war. Ich gehe fort, und zwar augenblicklich. Mit deinem Herzen bin ich verständigt, nun zu deinem Vater. Euer Schloß ist in Gefahr. Unter Torstensohns Befehlen steht die Abteilung – die bestimmt ist, bei Gelegenheit seines Durchzuges Wittinghausen zu nehmen. Torstensohn und ich lieben uns seit früher Zeit, und gewiß bringe ich es dahin, daß man euer harmlos Haus ganz unangetastet läßt und daß auf dem hochverehrten Haupte, das mir und dir heilig ist, kein einzig Härchen gelüftet werde. Ich weiß, daß in dieser Zeit der Übergang geschehen werde, und sollte doch eine Belagerung stattfinden, so werde ich dabeisein, um deine beiden Geliebten zu schützen. Wenn nicht alle Zeichen trügen, so naht dieser Krieg schnell seinem Ende; in der Zeit lege ich deinem Vater alles vor, was er über mich zu wissen braucht, und wenn sich die versöhnten Völker umarmen und *ein* Schrei des Jubels durch die Länder geht, dann, Clarissa, falle unser kleines Fest in das große allgemeine – ich suche meine Mutter, bringe sie in euer Land – – und, Clarissa, hier an dieser Stelle, auf dieser heiligen Insel des Waldes lasse ich uns ein lieblich Haus bauen, und wohnen wir gleich nicht immer da, so besuchen wir doch die zauberische Stelle oft und sind wieder, wie jetzt, die einsamen, losgebundenen Kinder des Waldes. – Und nun, du mein klopfend Herz, der Augenblick, daß du dich an dieser Blume noch erlaben wolltest, ist vorüber, rüste dich – – und, gebe Gott der Herr Gedeihen und ein frohes Wiedersehen, – noch in dieser Minute gehe ich. Die Zeit ist maßlos kostbar; darum drang ich so stürmend auf diese Unterredung und führte sie mit Gewalt herbei. – – – Noch einen Blick in dein Auge! – – – So – ach, es deucht mir gar nicht möglich, daß ich fortgehen soll." –

Tränen umflorten seinen Blick, aber sich schnell fassend, reichte er die Hand an die Mädchen: „Lebe wohl, Clarissa, Braut! Lebe wohl, Johanna, und du, Gregor, Gott schütze dich; hüte diese beiden, wie die Sterne deiner Augen" – und somit wollte er sich wenden, aber Gregor hielt ihn auf und sagte: „Ronald, in allem, was du sagtest, ist Vernunft, ich lobe dich deshalb, nur in *einem* ist Torheit, wie du sie öfter hattest; baue an dieser Stelle kein Haus – du tätest dem Walde in seinem Herzen damit wehe und tötetest sein Leben ab – ja sogar, wenn diese Kinder wieder in ihr Schloß gehen, dann zünde jenes hölzerne Haus an, streue Kräutersamen auf die Stelle, daß sie wieder so lieblich und schön werde, wie sie es war seit Anbeginn und der Wald über euer Dasein nicht seufzen müsse. – So, jetzt gehe, halte dich von dem Seebache rechts durch die Buchenlehnen, du gewinnst an Weg – steige die Felsenleiter wieder hinauf. Ich ließe dich überführen, aber unsere Leute sollen nicht wissen, daß du da warest – so gehe einmal, Knabe!"

Dieser aber blickte wie aus Träumen auf, und noch ein Händedruck – ein sekundenlang Zögern – dann nahm er die Flinte und schritt entschlossen der Felswand zu.

Die Mädchen sahen ihn noch lange, wie sich die graue Gestalt in dem grauen Gesteine regte, winzig klein, bis nichts mehr sichtbar war als die ruhige schon im Nachmittagsschatten stehende Wand.

Man sah sich wechselweise an. War's ein Traum, daß in der Wildnis nur eben eine andere Stimme erklungen war als die ihre – die Sonne schien, wie immer, die Vögel zwitscherten, und der blaue Waldhimmel sah hernieder. Gregors Stimme tönte plötzlich recht sanft in die Träumerei: „Der Mann muß Euch sehr lieben."

Ihr Auge schlug mit einem schönen Blicke auf zu ihm, dem väterlich Verehrten, aber Johanna sagte schmerzvoll: „Möge sich alles zum Glücke enden!"

Diese Worte waren die einzigen, die von der Gesellschaft über die seltsame Verlobung gesprochen wurden, die eben wie ein unheimlich Schattenspiel auf ihrer Wiese vorübergeglitten war, nichts zurücklassend als den schönen prangenden Boden, auf dem sie noch standen und über den sie drei so oft in Lieb und Eintracht geschritten. Auch heute ging man an den Ruhebänken, an den Ahornstämmen vorüber und dem Wasserfaden ihrer Quelle entlang, wie immer, aber mit Gedanken, *nicht* wie immer.

Die im Hause sahen gegen Abend den Jäger und die Mädchen von ihrem Spaziergange aus dem Ahornwäldchen zurückkehren und wunderten sich nur über die eigensinnige Vorsicht des Alten, daß er sie alle zur Bewachung des Hauses innerhalb der Pflöcke hereingesperrt habe.

Sie traten von der Waldwiese in das Haus. – Clarissa war nicht mehr ruhig – Johanna nicht mehr glücklich.

6. Waldfels

Und die alte Ruhe war wieder über dem Walde. – – Zuweilen, wenn das silberne Schiff, die Wolke, einzeln durch die Bläue zieht, so geht unten ein Schatten über den Wald, und dann steht wieder dasselbe feste Licht auf seiner ganzen Breite – – oder wenn das Stahlgrau des Spätherbstes fest über die ganze Himmelskuppel gegossen liegt, so tritt ein

Sonnenstrahl heraus und küsset aus dem fernen Buchenhange ein goldnes Fleckchen, das gegen den Rand zieht und von ihm unsichtbar in die Luft tritt, nachher ist dasselbe Grau über alle Weiten. Und so war es mit den Schwestern.

Sonnen waren wieder gekommen und waren wieder gegangen, aber sie wurden immer kürzer und kühler. Gregor traf allerlei Vorkehrungen. Das Tor an den Pflöcken stand nachgerade wieder offen, weder gesperrt noch eingeklinkt, und die Mädchen konnten wieder auf ihrer Wiese weit und breit gehen, und sie taten es auch. – Am Hause sammelte sich gemach eine Schicht Brennholzes nach der andern, von den Knechten aus den Gaben des Waldes gelesen; denn Gregor ließ nicht zu, daß ein frischer Baum gefällt werde – eine Mooshülle begann man über die Wände zu weben, das Winterkleid des Hauses. – Der zarte, schwerfällige Sohn des Spätjahres hatte sich bereits eingestellt, der Nebel, und oft, wenn die Schwestern an der noch immer sonnenwarmen Wand ihrer Felsen saßen, die einzelnen Glanzblicke des Tages genießend, so wogte und webte er draußen, entweder Spinnenweben über den See und durch die Täler ziehend oder silberne Inseln und Waldesstücke durcheinanderwälzend, ein wunderbar Farbengewühl von Weiß und Grau und der roten Herbstglut der Wälder; dazu mischte sich die Sonne und wob heiße, weißgeschmolzne Blitze und kalte, feuchte, blaue Schatten hinein, daß ein Schmelz quoll, schöner und inniger als alle Farben des Frühlings und Sommers. Und wenn die Mädchen dann so schweigend hinaussahen, so rieselte es neben ihnen leise, und ein oder zwei blutrote Blätter des Waldkirschbaumes fielen zu ihren Füßen. Sie saßen da und sahen selber herbstlich trauernd dem Schauspiele zu, ahnend, wie majestätisch der Winter hier sein müsse, da sich um ihre Wildnis mit solcher Feierlichkeit und Stille entgegenrüste. Im Hause wurden Hauen, Schaufeln, Schneereife, Schlitten und andere Geräte angehäuft, um nicht eingeschneit zu werden oder durch Schneemassen von der Welt abgeschnitten.

Seltsam ist der Mensch und seltsamer sein Herz. Wie einförmig waren vor Ronalds Ankunft die Tage einer um den andern im Walde hingegangen! Täglich dieselben Farben, dieselben Stimmen, dieselbe Feierlichkeit und auf dem See dieselbe Windstille, daß es öfters war, als hätten sie lange Weile; nun war eine Fülle, ja ein *Schauer* von Wonne über Clarissas Herz gegangen, ausströmend von jenem unbegreiflichen Gefühle, wodurch der Schöpfer die zwei Geschlechter bindet, daß sie selig seinem Zwecke dienen – aber dennoch war ihr nicht, als sei sie selig, ja ihr war, als seien jene einförmigen Tage vorher glücklicher gewesen als die jetzigen und als habe sie sich damals mehr geachtet und geliebt. – Sie blickte fast mit Wehmut darnach zurück, wie sie so gegangen war durch die Stellen des Waldes mit Gregor, mit Johannen, unschuldig plaudernd, selbst so unschuldig wie die Schwester und der Greis, die so schön an sie geglaubt hatten, dann abends kosend und lehrend und einschlafend mit Johannen, deren einfältigem Herzen sie Schatz und Reichtum dieser Erde gewesen – – und jetzt: ein schweres, süßes Gefühl trug sie im Herzen, hinweggehend von den zwei Gestalten an ihrer Seite, den sonst geliebten, und suchend einen Fremden und suchend die Steigerung der eignen Seligkeit. – – O du heiliges Gold des Gewissens, wie schnell und schön strafst du das Herz, das beginnet, selbstsüchtig zu werden.

Johanna, wie überschüttend auch die Liebesbeweise ihrer Schwester waren, und vielleicht eben darum, fühlte recht gut, daß sie etwas verloren – nicht die Liebe der Schwester, diese war ja noch größer und zarter, nicht ihr früher gegenseitig Tun und Wandeln, das war wie ehedem – was denn nun? Sie wußte es nicht; aber es war da, jenes Fremde und Unzuständige, das sich wie ein Totes in ihrem Herzen fortschleppte; sie liebte Clarissen noch heißer als früher, weil sie ihr erbarmte, aber oft überkam ihr Herz, wie ein Kind, ein Heimwehgefühl nach der Vergangenheit, und dies trat dann zuweilen bei den geringfügigsten Dingen hervor, die sich mit ein paar Fäden zurückspannen in die Zeit, die einzig schön und einfach war. So kamen sie eines Tages ob dem See über den Verhau herüber und traten auf ein Birkenplätzchen hinaus, das sie im Sommer seiner Hitze wegen geflohen hatten; denn es lag in eine Felsenbucht hinein, von der die Sonnenstrahlen glühend widerprallten. Jetzt floß, wie süße Milch, der laue Nachsommer um die weißen Stämme und um ihre einzelnen goldgelben Blätter; er floß hier wärmer und schmeichelnder als an jeder andern Stelle, und wie sie vorwärts schritten, gewahrten sie, ordentlich sonderbar in so spätem Herbste, eine ganze Versammlung jener schönen großen Tagesfaltern, die von den vier dunklen, beinahe schwarzen Flügeln mit den gelben Randbändern den Namen Trauermantel erhalten haben, teils auf dem weißen Stamme sitzend, die dürftige Sonne suchend und nach Art dieser Tiere in derselben spielend, indem sie die Flügel sachte auf- und zulegten – oder indem sie mit den unhörbaren Flügelschlägen um denselben Stamm herumflatterten, auf dem die andern saßen. Die Mädchen blieben überrascht stehen und betrachteten das seltsame Schauspiel. Die zarten Mäntel waren von so weichem unverletztem Samte, die Bänder von so frischem, dunklem Gelb, daß Johanna augenblicklich ausrief: „O ihr armen betrogenen Dinger, ihr seid noch Kinder und alle noch in eurer Kinderstube versammelt; die warme Herbstsonne dieses Platzes log euch heraus, und nun seid ihr da, unheimliche Fremdlinge dieser Sonne, trägen Flügelschlages in diesem Afterfrühlinge, und gewiß sehr hungrig; denn wo sind die Blumen und die Lüfte und die summende Gesellschaft, die euch das Herz eures Raupenlebens versprach und von denen euer Puppenschlaf träumte. – Sie werden alle kommen, aber dann seid ihr längst erfroren.“

„Da irret Ihr Euch, Jungfrau“, fiel der alte Jäger ein, „es kommt nur darauf an, ob sie sich vermählen oder nicht. Diese Tierchen sterben bald nach ihrer Hochzeit, und wie oft habe ich nicht eine Mutter tot an demselben Zweige hängen gefunden, um den sie ihre Eier gelegt hatte. Wenn sie sich aber nicht vermählen, so erstarren sie, und seht, in einer Felsenritze geduckt, oft in Eis und Schnee gefroren, überdauert dieses zerbrechliche Wesen den harten Winter des Waldes und erlebt dann seinen versprochenen Frühling. Habt Ihr noch nie schon beim ersten Sonnenblicke, wenn noch kaum Halm und Gras hervor ist, einen Falter fliegen gesehen mit ausgebleichten, zerfetzten Flügeln, wie ein vorjährig verwittert Blatt? – Dies ist so ein Überwinterer.“

Aber Johanna antwortete nicht; die Rede des Alten fiel ihr wie ein Stein auf das Herz; es wurde ihr fast so weh, daß sie nichts redete und der armen Schwester nachsah, die vorausging und ihre Gedanken längst schon von den Faltern abgewendet hatte.

„Die in unsrem Garten zu Hause sind aber auch viel lustiger und schöner", sagte sie endlich zu Gregor, „sonst hätte Clarissa schon mehr auf sie und auf unsere Rede geachtet."

Aber ein Tränentropfen kam ihr in die Augen.

Gregor schwieg und schüttelte den Kopf.

Schon früher einmal, da sie es selbst nicht wußte, hatte er ihr schweres Herz bemerkt. Zwei Sperlinge waren die Veranlassung gewesen. Als nämlich Johanna einmal nach dem Mittagessen auf den Söller trat, um den Hühnern die Brosamen hinabzuwerfen, so bemerkte sie unter ihnen zwei dieser menschenliebenden Vögel, mit hastigem Hunger von den Körnern pickend, die für die Hühner dalagen. Sie erschrak beinahe freudig, denn sie meinte, sie können nicht anders als vom Vaterhause gekommen sein, und eine solche Wehmut kam über sie, daß ihr fast ein Weinen ankam!! –

„Gregor, verscheucht sie nicht", rief sie hinab, „daß sie ihr Mittagsbrot verzehren können, ehe sie ihre weite Reise wieder antreten."

„Sie reisen nicht", antwortete er, „denn sie sind schon drei Tage hier. Dieser Vogel sucht den Menschen und findet ihn selbst in der Wildnis, um in seinem Hause zu wohnen. Wenn wir über Winter da sind, diese bleiben gewiß auch da."

Johanna schaute zärtlich hinunter und ließ Brosamen und Tränen fallen – sie wußte nicht, warum ihr Herz bedrängt sei. – – Du ahnungsvolle Unschuld! – der glänzendweiße Seraph deiner Schwesterliebe fühlt sich bedrückt durch *den,* der seine dunklen Schwingen im Herzen der Schwester reget.

Und dennoch ging sie hinein und zog Clarissen heraus, um ihr die Sperlinge zu zeigen.

Gregor führte „seine Kinder" wie vor und ehe durch die Wälder und zeigte ihnen das allgemache Winterrüsten, das

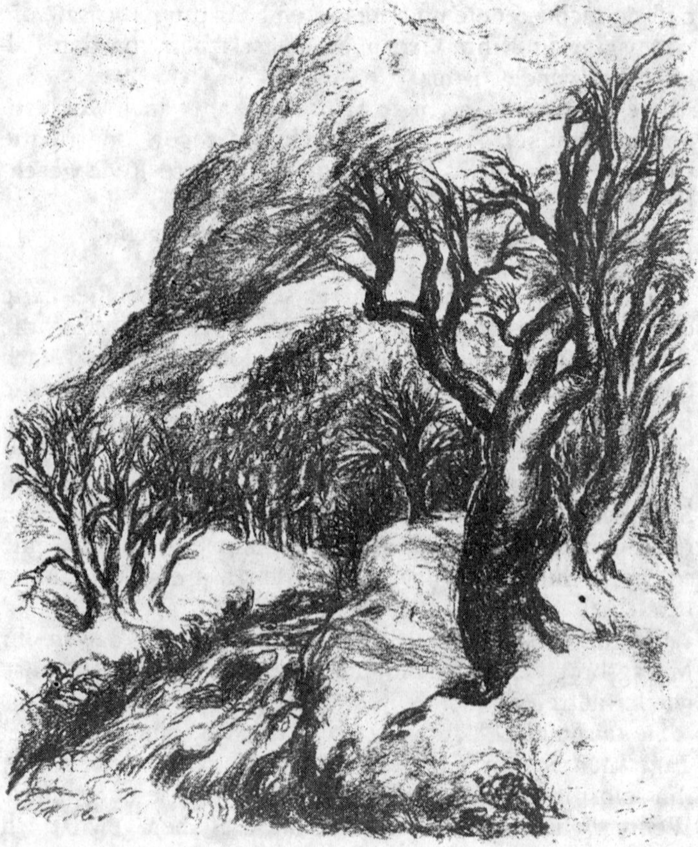

langbärtige Moos der Birken- und Tannenäste, die fliegenden Waldsamen, unter die dürre Hülle der Gräser und Blätter schlüpfend, das Abfallen der letzten Himbeeren und das Verkümmern der noch nicht gezeitigten; er zeigte ihnen an den Laubzweigen schon jetzt die Vorbilder der künftigen Frühlingsknospen in ihren braunen Panzern. Die Fichtengeschlechter standen unverändert in düstergrüne Mäntel eingehüllt, auf Eis und Schnee harrend, und der Eichbaum hielt sein raschelnd Laub fest in den tausend zähen Fingern. Ja, Gregor malte ihnen schon die künftige Winterschönheit vor: an heiteren Tagen das Glänzen und Flimmern, das Leuchten, Spiegeln hier und dort und oben und unten, ein durchbrochner Eispalast der ganze Wald, zart wie Spitzengewebe ihres Kleides, ja tausendmal zarter hängend von Zweig zu Zweig, dann das Krachen, wenn eine Schnee- oder Eislast bricht und die feste, kalte Luft erschüttert – oder wenn sie nachts bei Lichte in der warmen Stube sitzen, kein Lüftchen um das Haus, oben aber Tauwind geht, daß die Wälder seufzen, und sie das ferne Wehen und Sausen bis in ihr Bette hören, oder das Knarren und Girren der reibenden Stämme, und vom Felsen das Brechen und Fallen der Lawine – oder im Frühlinge, wenn die neugebornen Bäche nächtlich allüberall von den Höhen rauschen und ahnungsreich ans Ohr schlagen – – – es ist keine Jahreszeit, in der er nicht die Pracht des Waldes gesehen.

Er dichtete und erzählte auf den Wanderungen, wie früher, und schwärmte sich in Phantasien und Gefühle der Einöde hinein, wie früher, aber der dichterischen Rede fehlte jetzt das dichterische Ohr; denn er in seiner Einfalt wußte nicht, daß Clarissa viel öfter an Ronald dachte als er selber, und Johanna an Clarissen. Dafür aber, *wenn* sich jetzt ein Ohr für ihn auftat, so fielen seine Worte in empfänglichere, schwülere Herzen und lockten aus ihnen Blumen empor, größer, dunkler, duftender als je zuvor.

Vom Vater war seit langem gar keine Botschaft gekommen, Gregors Enkel blieb aus, und zu ihrer Unruhe dauerte schon die Verschleierung des Himmels über vierzehn Tage, so daß man nicht gegen Wittinghausen sehen konnte.

Die Kohlmeise wurde nicht mehr gehört, der Krammetsvogel war fort, und fast täglich zog sich durch den grauen Himmel der graue Faden der Wandergänse, nach Süden ziehend.

Oft, wenn der Nachtnebel über den See sank, riesenarmige Schatten durcheinandergriffen, unten am Wasser gestaltlose, schwarze Dinge standen und die sanfte Mondesscheibe über all den Perlenflor ein trübes, gehauchtes Gelb goß: saß das schöne Paar in dem bereits geheizten Zimmer, durch dessen Fenster ihr Lampenlicht goldne Fäden hinausspann in die Silbernacht des Nebels, und Clarissa goß all ihr Lieben und ihr Hoffen in die Harfentöne, und Johanna sah sie liebreich und erbarmend an, in ihrem Herzen denkend, oh, es ist nicht gut so – mir ahnt, es ist nicht gut so . . .

„Wie schön er ist und wie hold er unsre Sprache redet", sagte Clarissa plötzlich.

„Aber", entgegnete Johanna, „eines Tages wird er fortgehen und ein Held werden, wie sie sagen, das heißt, er wird Menschenblut vergießen, wie die anderen, ohne um den Grund zu fragen, wenn nur Abenteuer und Gefahr dabei ist, und da wird er sich erst groß und würdig dünken. Klebt auch, wie du sagst, noch kein Tröpflein deutsches Blut an seinen Händen, so wissen wir nicht, ob es nicht in dem Augenblicke der Fall sein kann, als wir hier reden, oder morgen oder übermorgen – – es ist ein hartes, gewalttätiges Geschlecht – o wie hasse ich sie, diese Männer!"

Clarissa lächelte selig und schüttelte sanft das Haupt.

Endlich war ein Abend gekommen, der ungleich seinen grauen Vorgängern so rein und kalt, wie eine aus Gold gegoßne Kuppel, über dem Walde stand und auch *blieb,* ja des Nachts sich mit einem Übermaß der Sterne füllte, daß man meinte, sie hätten nicht Platz und einer berühre den andern.

Eine sehr kalte Nacht folgte, und als die Sonne aufgegangen, stand der ganze Wald in weißem Reife da, in lauter weißen Funken brennend und glitzernd, so dicht, als wäre nachts der ganze Sternenhimmel auf ihn herabgesunken.

Gregor gab nicht zu, daß man im Reife und der Morgennässe aufbreche, sondern erst gegen Mittag, als der ungewöhnlich kalten Nacht eine ungewöhnlich heiße Sonne gefolgt war, traten sie den Weg auf den ersehnten Blockenfels an.

Sie waren jetzt lange nicht dort gewesen. Wie verändert war der Wald! – Bis ins fernste Blau zog sich das Fahlrot und Gelb des Herbstes, wie schwache blutige Streifen durch das Dämmerdunkel der Nadelwälder gehend, und alles war ruhig, gleichsam ergeben harrend, daß es einschneie. Nur der Himmel, so lieb und rein wie einst, ohne ein einzig Wölklein, zog über die schweigsame Waldestrauer hinaus. Johanna fand durchaus den kleinen blauen Würfel nicht am Waldesrand, wie sehr sie ihr Auge auch anstrengte und wie klar und fast wesenlos die Herbstluft auch war. Clarissa, wie gewöhnlich, richtete das Rohr – – aber auch sie fand das Schloß nicht, sondern rückte und rückte am Waldessaume entlang und wieder zurück, sie sah wohlbekannte Biegungen und Linien, in deren Nähe das Schloß sein sollte – – endlich erklärte sich das Rätsel: wenn auch nicht am ganzen Himmel, so lag doch an dem fernen Waldsaume ein kleines Wölklein gerade da, wo sie das Vaterhaus sehen sollten. Gregor glaubte, sie sollen ein wenig warten, etwa vergehe es bald, wenn es nicht sei wie im Herbste so oft, daß der Nebel an einem einzigen kleinen Punkte anzuschießen beginne, wie ein unbedeutend Wölklein, das hereinhängt, bis er sich schnell vergrößert und endlich ganze Waldstrecken einhüllt. Wenn letzteres der Fall ist, wird morgen gewiß schlechtes Wetter sein, und dann harren sie vergebens.

Sie warteten. –

Aber weder vergrößerte sich das Wölklein sonderlich noch auch verzog es sich, bis sogar der Greis darauf drang, die Sache für heute ganz aufzugeben, da der Nachmittag jetzt so kurz sei und sie doch bei zwei Stunden brauchen könnten, bis sie in ihr Haus kämen. Morgen sei gewiß allen Anzeichen nach ein noch schönerer Tag, und er werde sie sodann so früh als möglich heraufführen. Noch drei-, noch viermal sahen sie durch das Rohr, aber ohne Erfolg, und sie trennten sich endlich ungern und unruhig von dem Platze. – Man langte zu Hause an. Dieselbe goldne, wunderschöne Kuppel, wie gestern, baute sich auch heute abend über die dunklen, abendfrischen Waldhöhen auf, und dasselbe Wimmeln der Gestirne folgte, wie gestern, aber fast noch dichter, als sänke der ganze Himmel in einem leisen, lichten Schneeregen nieder, woraus der Alte einen noch klareren Tag prophezeite.

Alles suchte die Ruhe. Gregor verbrachte eine schwere, kummervolle Nacht.

Endlich kam der Morgen. Dieselbe spiegelreine Sonne stieg herauf, wie gestern, und beleuchtete den Reif, der schnell so Blatt als Gras der Veralterung und dem Verfalle entgegenführte. Die Mädchen drängten den Greis, aber er hieß sie die reine Mittagsluft erwarten.

Endlich brachen sie auf, wieder von einer fast heißen Sonne geleitet. Im Emporsteigen konnten sie recht die Verwüstungen des Frostes betrachten, wie noch rückgebliebene Blätter rostbraun oder blutrot oder vergelbt am Strauchwerke hingen, und wie die Farrenkräuter und die Blätter der Beeren und die aufgeschoßnen Schafte gleichsam gesotten und schlapp herabhingen.

Johanna war die erste am Gipfel des Felsens und erhob ein lautes Jubeln; denn in der glasklaren Luft, so rein, als wäre sie gar nicht da, stand der geliebte kleine Würfel auf dem Waldesrande, von keinem Wölklein mehr verdeckt, so deutlich stand er da, als müßte sie mit freïem Auge seine Teile unterscheiden, und der Himmel war von einem so sanften Glanze, als wäre er aus einem einzigen Edelsteine geschnitten.

Clarissa hatte inzwischen das Rohr befestigt und gerichtet. Auf einmal aber sah man sie zurücktreten und ihre Augen mit sonderbarem Ausdrucke auf Gregor heften. Sogleich trat Johanna vor das Glas, der Würfel stand darinnen, aber siehe, er hatte kein Dach, und auf dem Mauerwerke waren fremde, schwarze Flecken. Auch sie fuhr zurück – aber als sei es ein lächerlich Luftbild, das im Augenblicke verschwunden sein müsse, drängte sie sogleich ihr Auge wieder vor das Glas, jedoch in derselben milden Luft stand dasselbe Bild, angeleuchtet von der sanften Sonne, ruhig starr, zum Entsetzen deutlich – und der glänzende, heiter funkelnde Tag stand darüber – nur zitterte es ein wenig in der Luft, wie sie angestrengten Auges hineinsah; dies war aber daher, weil ihr Herz pochte und ihr Auge zu wanken begann.

Als sie sich nun ohnmächtig zurücklehnte, hörte sie eben, wie Clarissa mit schneebleichem Antlitze sagte: „Es ist geschehen."

„Es ist geschehen", erwiderte Gregor, „mir ahnete gestern schon aus dem sanften, unbeweglichen Wölklein – aber lasset mich es auch erblicken."

Mit diesem Worte schaute er in das Rohr, aber ob auch sein Auge durch Übung vielmal schärfer war als das der Mädchen, so sah er doch auch nichts anders als sie: in schöner Klarheit einen gewaltigen Turm von dem Waldrande emporstehen ohne Dach und mit den schwarzen Brandflekken, nur schien es ihm, als schwebe noch eine ganz schwache blaue Dunstschichte über der Ruine. Es war ein unheimlicher Gedanke, daß in diesem Augenblicke dort vielleicht ein gewaltiges Kriegsgetümmel sei und Taten geschehen, die ein Menschenherz zerreißen können; aber in der Größe der Welt und des Waldes war der Turm selbst nur ein Punkt. Von Kriegsgetümmel ward man gar nichts inne, und nur die lächelnde, schöne Ruhe stand am Himmel und über der ganzen Einöde.

Es ergriff hart das Herz des alten Mannes, daß er mit den Zähnen knirschte, jedoch er tat nicht den geringsten Schmerzenslaut, sondern vom Rohre wegtretend sagte er: „Da haben sie etwas davon, wenn sie das alte Dach abbrennen, wo man ohnedies bald ein neues hätte setzen müssen. – Was er doch für ein erfahrner Kriegsmann ist, euer Vater; er hat es geradeso vorausgesagt. Tröstet euch nur, meine Kinder – Clarissa, schaut nicht so schreckhaft auf einen Punkt hinaus!"

„Ja", erwiderte sie langsam, „das Dach ist verbrannt worden, das sehen wir, aber was noch geschehen ist, das sehen wir mit diesem Rohre nicht – – sagt, warum kommt Euer Enkel Raimund nicht, warum keine Botschaft schon seit Wochen?"

„Weil nichts entschieden war", fiel Gregor ein, „gestern, vorgestern kann der Brand erst stattgefunden haben, darum wird und muß morgen oder übermorgen Botschaft eintreffen, ja wer weiß, ob sie nicht schon unser im Hause harret. Kommt – es geschah, was wir voraus wußten. – Daß ein Haus verbrannt von durchziehenden Heerhaufen wurde, ist nichts Absonderliches und wird oft in diesem Kriege geschehen sein."

„Aber zwei Menschen waren in diesem Hause . . ."

„Und einer davon", unterbrach er, „war einst ein großer Krieger, der gewiß für Abzug und Geleite oder für ehrliche Haft unterhandelt haben wird."

„Und ein andrer war dabei", fuhr Clarissa fort, „der sagte, daß auf dem hochverehrten Haupte kein einzig Härchen sollte gelüftet werden."

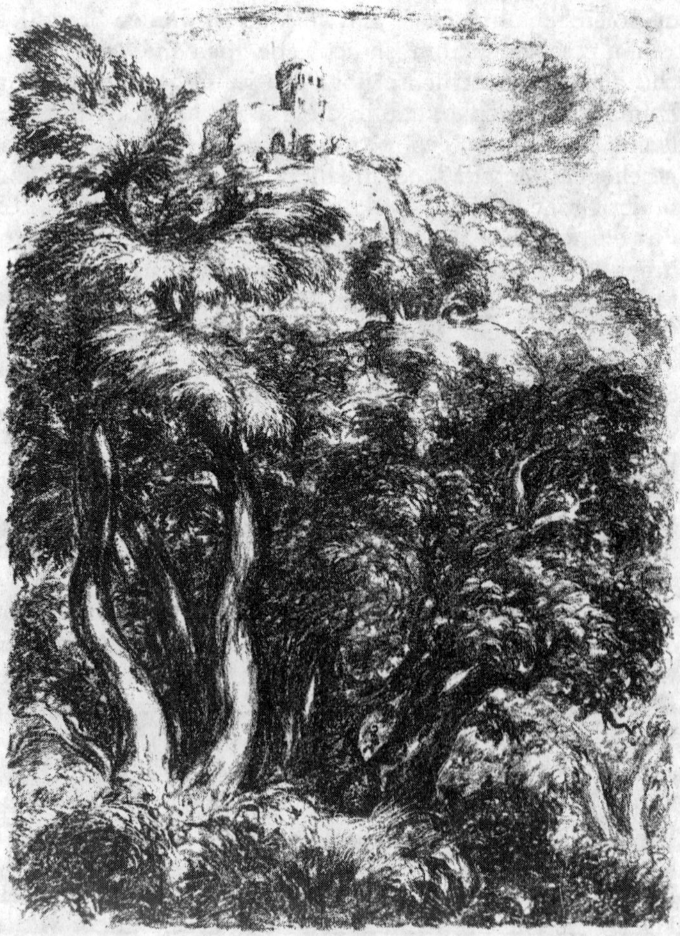

„Und es wurde auch kein einziges gelüftet, wenn Ronald zugegen war ..."

„Oder?"

„Es ist auch auf *seinem* Haupte kein einziges mehr lebendig."

Zwei angstvolle Gesichter sahen in maßloser Bestürzung auf ihn.

„Macht mich nicht selbst zum Toren", rief er unwillig aus,

„und jagt mir nicht kindische Angst ein – ich sage euch ja, es ist nichts geschehen, weil's zu unvernünftig wäre – – darum gebt eure Sorge und euer Herz in Gottes Hand, und harret nach eures Vaters Willen auf die Entscheidung. Kommt, nehmt weg das Rohr, und lasset uns den Heimweg suchen."

Aber sie nahmen das Rohr nicht weg. Clarissa warf sich neuerdings vor das Glas und sah lange hinein – aber dieselbe eine Botschaft war immer darinnen, doppelt ängstend durch dieselbe stumme Einförmigkeit und Klarheit. Auch Johanna sah hindurch, um ihn nur gewöhnen zu können, den drohenden, unheimlichen Anblick; denn sobald sie das Auge wegwendete und den schönen blauen Waldduft sah, wie sonst, und den lieblich blauen Würfel, wie sonst, und den lachenden blauen Himmel gar so prangend, so war es ihr, als könne es ja ganz und gar nicht möglich sein – und wenn sie wieder in das Glas sah, so war's, als sei selbst das heitre Firmament düster und schreckhaft und das Walddunkel ein riesig hinausgehendes schwarzes Bahrtuch.

Endlich – Clarissa faßte sich zuerst, und den Gedanken verwerfend, den die erste Fieberhaftigkeit eingegeben, nämlich alsogleich aufzubrechen und, koste es, was es wolle, das Vaterhaus zu suchen, schlug sie vor, ohne Säumen in das Haus zu gehen und sogleich einen der Knechte auf Kundschaft auszusenden und, bis er zurückkehre oder ein anderer Bote eintreffe, bei vorsichtigster Bewachung der Zugänge im Hause zu verharren. Sogleich nahm sie auch das Rohr ab und schob es ineinander, sich selbst und Johannen jeden ferneren Blick strenge versagend, um nicht länger den untätigen Schmerz und die vielleicht unnötige Angst zu nähren.

Johanna, mit einem Schmerzblick, ließ es geschehen; aber es loderte in ihr auch Bewunderung Clarissens auf, die wieder ihre schöne, starke Schwester geworden, der sie sich sonst so gerne und so liebend unterworfen hatte.

Gregor billigte alles, nur nicht das Wegsenden eines Knechtes. „Euer Vater", sagte er, „weiß, daß ihr dies Rohr habt und von dem Stande der Dinge unterrichtet sein müsset: er wird daher keine Minute säumen, euch das Nähere kundzutun. – Der Knecht könnte in Feindeshand geraten und in der Angst euren Aufenthalt offenbaren.“

Die Mädchen sahen ein und gaben nach.

Noch einen traurigen Blick taten sie über Weite und Breite ihrer herbstlichen Wildnis, und dann verließen sie den Gipfel ihres vielgeliebten Felsens mit Gefühlen, so ganz anders, als sie sonst immer herabgestiegen waren – mit Ahnungsgefühlen, die jede heimlich angstvoll wälzte und der andern verbarg und sie an ihr bekämpfte.

Am See standen die zwei ruhigen, dunklen Gestalten der Knechte, die auf sie warteten; man bestieg den Floß und fuhr über. Gregor ließ das Fahrzeug anbinden, und als man durch das Pfahltor eingegangen war, wurde es eingeklinkt und mit den Riegeln verschlossen. Nachts löseten sich die Knechte im Wachen ab.

Morgen erschien und verging, aber kein Bote war gekommen.

Ebenso übermorgen.

Und so verging Tag um Tag, bis ihrer eilf vorüber waren, ohne daß Botschaft gekommen. Gregor gab nach und geleitete sie noch einmal auf den Felsen. Mit derselben starren Einfachheit stand die Ruine am Waldrande, wie des ersten Tages, aber nicht ein Hauch einer andern Nachricht war von ihr herübergekommen. Die Angst mit breiten schwarzen Flügeln senkte sich auf Tal und Wald. Endlich sanken die ersten weißen, zarten Schneeflocken in den dunklen See – und man hatte nun doch einen Knecht auf Kundschaft ausgesendet – –

Aber auch er ist nicht wiedergekommen.

7. Waldruine

Auf grünem Weidegrunde stand ein gewaltiger viereckiger Turm, von zerfallendem Außenwerke umgeben. Er hatte kein Dach, und seine Ringmauern hatten keine Tore, gerade, wie er noch heutzutage steht – aber er trug noch nicht die verwitterte graue Farbe seiner bloßgelegten Steinmauern, wie heute, sondern war noch bekleidet mit Anwurf und Tünche; nur war deren Reinheit beschmutzt mit häßlichen Brandflecken, aus den Fenstern ausgehend und wie Kometenfahnen aufwärts zielend. Auch war in dem äußern Mauerwerke manch tiefe Verwundung ersichtlich. Der Rasen umher war verschwunden und glich einer gestampften Tenne, von tiefen Räderspuren durchfurcht und hie und da mit einem verkohlten Baume oder Trümmern unbekannter Geräte bedeckt. Die größte Stille und ein reiner Himmel mit freundlicher Novembersonne schaute auf diese Todesstelle nieder. Kein Gedanke eines Feindes war ringsum zu erschauen, aber auch kein einzig anderes lebendes Wesen stundenweit in die Runde; die Hütten waren verbrannt, und der Ort Friedberg lag in Trümmern. Gleichwohl stieg ein dünner blauer Rauchfaden aus der Ruine zu dem dunklen Himmel hinauf, als wäre sie von irgendeinem menschlichen Wesen bewohnt. Ja man sah sogar über den Weideboden, der zwar noch nicht beschneit, aber fest gefroren war, einen Reiter eilig dem Trümmerwerke zureiten. Er zwang das Pferd durch den weit klaffenden Torweg über herabgestürzte Steintrümmer hinein, band es, nachdem er abgestiegen, an die Stange eines eisernen Fenstergitters, von dessen Simse noch das geschmolzene Glas wie schmutziges Eis herabhing, wandte sich dann schnell weg und drang durch das halbverschüttete Tor in das Innere des Turmes. Hier durch ausgebrannte Türen und Fenster glotzten ihn Gänge und Gemächer an, die ihm schauerlich fremd vorkamen, und aus ihren Höhlungen wehte eine ungastliche Luft. Dennoch entdeckte er bald eine hölzerne Treppe, aus noch frischen Bäumen gezimmert und mit gehauenen Pfosten überdeckt. Er stieg sie hinan und gelangte in einen Gang und in ein Vorgemach, dessen Decke nicht eingestürzt war. Wie er durch den finstern Gang schritt, sah er einen alten Mann stehen, aber er achtete dessen nicht, sondern pochte an das Gemach. Ein weibliches Gesicht wurde durch das geöffnete Schubfach der Türe sichtbar.

„Susanna", sagte der Fremde mit sanfter Stimme, „darf ich eintreten?" Die Magd öffnete sogleich die Tür, führte ihn durch das Gemach und öffnete ihm gegenüber wieder eine Tür, die in ein weiteres erhaltenes Zimmer führte. Er trat ein.

Eine der zwei darinnen sitzenden schwarzgekleideten Gestalten erhob sich sogleich und trat ihm mit den Worten entgegen:

„Seid uns von ganzem Herzen willkommen, Ritter.“

Er heftete sein dunkles Auge mit traurigem Glanze auf ihre blassen Züge – – ja es war Clarissa, die vor ihm stand und von deren schöner Gestalt das schwarze Trauerkleid herniederwallte. Seitwärts saß Johanna – ein Antlitz, weiß wie Alabaster, sah aus der schwarzen Florhülle zu dem Ritter herüber, und die Tropfen, die auf die Wangen flossen, jagten sich schneller, seit sie ihn sah und sich nach Sprache bemühte, ihn zu grüßen. Er mit dem düsterschönen Ausdrucke seines Wesens stand auch einige Augenblicke sprachlos und blickte auf das mit schlechtem Papiere verklebte Fenster, unfähig, ein einzig Wort herauszubringen, da auch Clarissa schwieg und ihr Mund und ihre Wimpern vergeblich zuckten, um die Tränen zurückzuhalten. Sie schob ihm einen Stuhl hin, er aber trat zu Johannen und ergriff ihre Hand, sie sanft und fest in seine drückend.

„Weil Ihr nur da seid“, sagte diese endlich schluchzend, „weil nur einmal ein Mensch da ist.“

„Zürnet mir nicht“, entgegnete er ihr, „es sind erst fünf Tage, seit ich frei bin, und diese bin ich fast unausgesetzt geritten, um euch zu suchen.“

„So waret Ihr gefangen?“

„Ich war gefangen, sonst wäret ihr nicht so lange ohne Hülfe geblieben – nun aber bin ich da und bitte euch inständig, nehmt alles, was ich bin und habe, zu eurer Hülfe und eurem Dienste. Meine Burg an der Donau ist zwar auch verbrannt und noch mehr zusammengestürzt als diese – es tut nichts, ich brauche sie nicht und baue sie auch nicht mehr, bis einmal Friede im Lande ist. Einige Mittel aber habe ich geborgen, und die wollen wir vorerst anwenden, um dieses euer Haus in etwas wohnlicheren Stand zu setzen. *Hierher* wird nicht so leicht mehr ein Feind kommen; denn der Übergang war höchst schwierig und von unbedeutenden Folgen. Sie stehen jetzt alle in Winterquartieren.“

Mit einem schmerzhaft freundlichen Schimmer ihrer aufrichtigen Augen reichte ihm Clarissa die Hand hin, indem sie sagte: „So seid Ihr wieder der erste, wie immer, der da kommt zu helfen, Ihr, gegen den ich immer so undankbar gewesen bin.“

„Lasset das jetzt, Clarissa“, erwiderte er mit trübfunkelnden Augen, „lasset das, es ist vorüber, und ich bin nichts als Euer Vetter und Bruder – wie hätte ich auch ahnen können. – – Wäret Ihr von jeher vertrauender gegen alle gewesen, so hätte ich Euch nie mit Werbung gequält, und wahrscheinlich wäre das Letzte auch nicht geschehen – –“

„So wisset Ihr – –?“

„Ich weiß, Clarissa, ich weiß – – –“

„Auch er – ist es so – auch er!?“

„Auch er.“

Clarissas Antlitz zuckte jäh hinüber und haschte nach Atem; ein maßloser Schmerz lag darauf, ja sogar etwas wie Grimm, als sie das Auge gegen das Fenster wandte, wie gegen einen blinden Himmel, und sekundenlang starrte, weil sie kämpfte. – –

Noch war es fast wie Hohnlächeln in ihren Zügen, unheimlich anzusehen, als sie das Angesicht zurückwendete und mit fast ruhiger Stimme sagte: „Ritter, wenn Ihr etwas Näheres wisset, so sagt, so erzählt es uns, wir wissen nur das eine – – sagt, Ritter, woher wißt Ihr das Nähere?“

„Ich war dabei.“

„Ihr waret dabei, Bruno?“ schrie Johanna aufspringend, „Ihr seid dabeigewesen, Bruno“, rief sie mit den schmerzlichsten Tönen ihrer Seele. – „Um Gottes willen, o so saget, wie war es, erzählt – nehmt diese furchtbare Last von meinem Herzen; mir ist, als wäre mir leichter, wenn ich alles wüßte.“

Da er unschlüssig zauderte, sagte Clarissa: „Ritter, seid barmherzig und erzählet.“

„Ein Wald“, begann er, „war das eigentliche Unglück. – Euer Haus – – kein Finger hätte es angerührt; weit links davon sollte der Zug gehen – aber Gallas hatte Völker gesandt, mich auf eignes Ansuchen mit, um in jenem Walde (er zieht sich rechts von hier gegen das Moldautal ab) Schanzen aufzuwerfen und den Feind zurückzuweisen. Friedbergs unglückliche Bewohner, die graben mußten, werden zeitlebens an den Schanzwald denken und den Na-

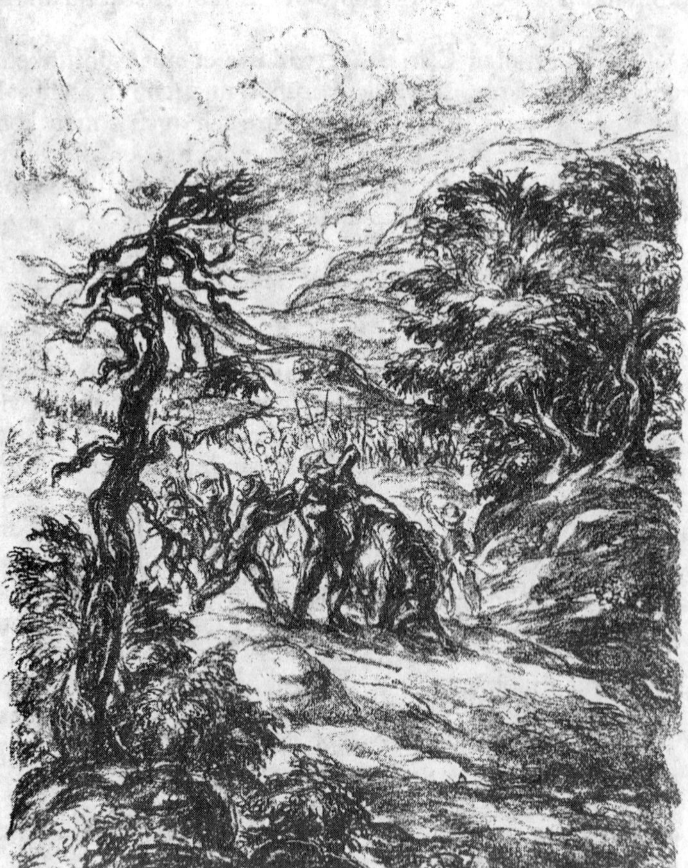

men ihren Enkeln und Urenkeln einprägen; denn er war *ihr* und *unser* Unglück. Ich sah es voraus, wie es kam, und bat euren Vater noch tags zuvor, er möge die Burg preisgeben und zu euch flüchten; aber er verwarf den Antrag mit Entrüstung, weil ein Haufe Kaiserlicher unter seinem Befehle die Burg besetzt hielt. Harmlos, wie eine Schar Wallfahrer, mit klingenden Liedern stiegen die Schweden den schönen Wald heran. – – Es war schrecklich anzusehen, wie, da der

Rauchwall aus unsern Gewehren sich verzog, ihre zerfetzten und blutenden Linien zurücktaumelten. Kein neuer Angriff ward mehr gewagt, die Kurzsichtigen unter uns jubelten, aber noch diese Nacht sahen wir den Brand Friedbergs, und des andern Tages, da die Scharen schwollen, ward im furchtbaren Morden die Schanze gestürmt. Die Unsern zerstäubten, wie zerbrochenes Glas; ein Teil warf sich nach Wittinghausen, ich mit ihnen. O Clarissa, alles wäre noch gut geworden. Der erste siegestrotzige Anfall wurde zurückgeschlagen – eine Woche verging schon – und noch eine, der Feind, bereits abgekühlt und einsehend, wie wenig ihm eigentlich an dem Hause gelegen sein könne, hatte nur den Schein von Ehre zu wahren und bot willig die Hand zur Unterhandlung. Da, eines schönen Morgens, sahen wir, gleichsam wie einen neuen Befehlshaber, einen jungen Mann in prachtvollen Kleidern durch die Reihen der Belagerer reiten, gleichsam wie Anordnungen treffend." – Clarissa mit halb geöffnetem Munde, atemlos, mit gespannten, dürstenden Augen horchte hin. – „Wir begriffen nicht, was er wollte; die Anführer alle, Sture an der Spitze, standen ehrfurchtsvoll vor ihm. Es war gerade Waffenstillstandstag. Am andern Morgen ritt derselbe Mann – ach, wie wir glaubten, um zu kundschaften – ungewöhnlich nahe an die Mauern, und, wie es manchmal der Zufall will, der Helm entfiel ihm – ein ganzer Wall von blonden Locken rollte in diesem Augenblicke über seinen Nacken – –

War es nun Verblendung, war es Verhängnis, das sich erfüllen mußte, wir verstanden die Zeichen des Jünglings nicht, wie er so zuversichtlich vorritt, ja euer Vater mit allen Merkmalen höchster Überraschung sah lange und unverwandt auf ihn hin; da sah ich nach und nach ein Rot in seine Wangen steigen, bis sie dunkel wie in Zornesglut brannten. Ohne eine Silbe sagen, schleuderte er mit einem Male seine Lanze gegen den Reiter, nicht bedenkend, daß sie auf diese Entfernung gar nicht treffen könne – ach, sie traf auch nicht, die arme, schwache, unschuldige Lanze – allein sie wurde das Zeichen zu vielen andern, die augenblicks von unsern Leuten flogen; auch hörten wir zugleich das Krachen von unsern Doppelhaken hinter uns. Von den Schweden sahen wir nur noch, wie viele vorsprengten, um den Reiter in ihre Mitte zu nehmen, wie er sank – und dann, ehe uns noch kaum Besinnung wiederkehren konnte – – war schon Sturm hier, dort, überall – wütend von der Schwedenseite, wie nie – Rauch, daß kein Antlitz auf drei Schritte erkennbar war – – Clarissa, höret Ihr?"

„Weiter, weiter", sagte sie angstvoll vorgebogen.

„Es ist nichts mehr weiter – die Burg brannte, wir mußten ausfallen – – – ich wurde verwundet, besinnungslos, gefangen – – –"

„Und . . .??" – –

„Clarissa – Johanna – – Sture selbst ließ beide, ihn und den Knaben, kriegerisch ehrenvoll unter der Steinplatte vor dem Altare der Thomaskirche begraben, die freilich auch abgebrannt war – ich, verwundet und waffenlos, erhielt Erlaubnis beizuwohnen."

„Und ich", rief Clarissa zurücksinkend, „war es, ich, die Vater und Bruder erschlagen" – und sie brach, beide Hände vor ihre Augen drückend, in ein wildes Schluchzen aus, daß ihr ganzer Bau darunter erzitterte. Johanna, selbst kaum ihrer Kräfte mächtig, und schön wie ein gestorbner Engel, stand doch sogleich auf und drückte Clarissen an ihren Busen, das Haupt derselben an ihr Herz legend und es ausweinen lassend, während sie ihre Hände lieblich zärtlich um dasselbe legte und selbst die heißen Tränen auf sie niederfallen ließ.

Der Ritter wischte sich das Wasser aus seinen schönen dunklen Augen und stand in tiefem Schmerze da, aber er bereute nicht, daß er den ihrigen durch die Erzählung hervorgerufen; denn er wußte wohl, wie herzzerreißend diese Tränen auch seien, daß ihnen Linderung folgen werde, unsäglich süßer und heilsamer als all ihre frühere dumpfe Ergebung. Auch löste sich bald das erste krampfhafte Schluchzen, und nur mehr ein leises, kaum hörbares Weinen rieselte durch das totenstille, verdunkelte Zimmer, und endlich auch dies nicht mehr. Clarissa, ohnmächtig schmiegsam, lag kindlich an Johannens Herzen, von ihr, wie früher, umschlossen – und wie bitter auch die ersten Tränen beider hervorgepreßt waren, so flossen sie doch jetzt leicht, reichlich und wie von selbst, ja sogar linde süß, wie das letzte Blut eines getöteten Geschöpfes.

Endlich nach langer Stille hob Clarissa wieder ihr Haupt und Auge müde und verklärt zu dem Ritter empor und sagte leise: „Bruno, sagt uns nun auch, wo ist das andere Grab, und wie – – –?“ Ihre Stimme erstickte neuerdings.

„Forschet nicht, Clarissa; wer enträtselt das Wirrsal jenes Augenblicks? – – Er hatte eine Kugel in der Brust, wahrscheinlich aus einem unserer Doppelhaken, seinen Körper brachten sie weg, wohin – ich weiß es nicht. Erst bei den Schweden erfuhr ich, daß er als Vermittler gekommen, daß er vorschlug und durchsetzte, daß man die kaiserliche Besatzung frei abziehen und euren Vater ungestört in seinem Hause lassen solle. – – Sein Tod war die Losung des Sturmes – Sture und alle liebten ihn sehr.“

„Alle liebten ihn sehr“, sagte sie, vor innigem Schmerze lallend, „alle liebten ihn sehr – – – o du schöne, du schöne, du unglückliche Waldwiese!!“ Sie verbarg wieder ihr Haupt an Johannas Herzen, fast kindisch furchtsam die Worte sagend: „Johanna, du zürnest – Johanna, ich liebe dich, jetzt nur dich – – o Kind, liebe mich nun auch wieder.“

Diese im Unmaß des Schmerzes und der Zärtlichkeit wußte nicht, was sie tun solle; sie drückte die Schwester an sich, sie umschlang sie mit einer Hand und streichelte mit der andern über die glänzenden Haupthaare derselben, wie man todbetrübte Kinder beschwichtiget – – sie selbst, bis zu Tode betrübt, erhielt nur Kraft durch die noch größere Betrübnis der Schwester, die sie lindern wollte. Zu dem Ritter aber sagte sie leise: „Erzählet nichts mehr.“

Dieser aber beugte sein Haupt im Schmerze vorwärts und sah mit den verdunkelten, von Tränen zitternden Augen auf das schöne vor ihm vergehende Geschöpf, das er so lange geliebt, das sein Herz so lange begehrt hatte; es wollte ihm vor Mitleid zerspringen, und es war ihm, als drehe sich mit ihm der Fußboden des Gemaches. Sachte wollte er hinausgehen, um den Schwestern Zeit zu gönnen, aber Clarissa hörte seine Tritte und sah plötzlich auf und sagte: „Bruno, geht nicht, es ist hier so dunkel, und wir haben niemand als einen alten Mann und seinen Enkel – – Bruno, lasset uns ein Fenster machen.“

„Alles, alles, Clarissa, werden wir machen lassen. Sehet,

ich werde noch heute um Arbeiter fortreiten, wir werden für den Winter ein Notdach auf einige Gemächer setzen, Fenster, Türen, Stiegen, alles anfertigen – Eure Harfe werde ich aus dem Waldhause holen lassen – Eure Bücher, daß Ihr dem Winter getrost entgegensehen könnet."

„Wir sehen jetzt *allem* getrost entgegen", sagte sie, indem sie wieder ihr Antlitz auf Johannens Schulter legte.

Der Ritter ging stille hinaus. Er sprach mit Gregor, Raimund und den Mägden, und nach einiger Zeit sah man ihn wieder über den grauen gefrornen Boden davonreiten.

Ein Notdach war gesetzt, Tore, Stiegen, Gemächer wieder eingerichtet, aber immer sah die Burg wie eine Ruine aus. Jahre kamen und vergingen, und immer sah die Burg wie eine Ruine aus. Alle Zeichen Ronalds trogen, und der Krieg, statt ein Ende zu nehmen, dauerte noch in die Jahre und Jahre, aber nie mehr erschien ein Feind vor Wittinghausen; ein Teil wußte, was sie für Ronald bedeutete, ein Teil kannte weder Ronald noch die Feste.

Die Schwestern lebten fortan dort, beide unvermählt. Johanna war eine erhabne Jungfrau geworden, rein und streng, und hatte nur *eine* Leidenschaft, Liebe für ihre Schwester. Clarissa liebte und hegte Ronald fort und fort; in den goldnen Sternen sah sie seine Haare, in dem blauen Himmel sein Auge, und als einmal ein Zufall jenes feenhafte Gedicht des britischen Sängers[17] auf ihre Burg herüberwehte, so sah sie ihn dann oft als den schönen, elfigen, blondgelockten Knaben auf seinem Wagen durch die Lüfte schwimmen, den Lilienstengel in der rechten Hand, ihr entgegen, der harrenden Titania. Selbst als sie schon achtzig Jahre alt geworden und längst ruhig und heiter war, konnte sie sich ihn nicht anders denken – selbst wenn sie ihn noch lebend träumte und einmal kommend –, als daß er als schöner, blondgelockter Jüngling hereintrete und sie liebevoll anblicke. Wenige Menschen besuchten die seltsame, verwitterte Burg, nur ein einziger Ritter ritt zuweilen ab und zu.

Eines Tages blieb er auch aus – er war gestorben. Daß die Schwestern sehr alt geworden, wußte man bis in die neuesten Zeiten, und der Hirt zeigte die Kammer derselben, aber kein Mensch kennt ihr Grab; ist es in der verfallenen Thomaskirche, oder deckt es einer der grauen Steine in der Burg, auf denen jetzt die Ziegen klettern? – Die Burg hatte nach ihnen keine Bewohner mehr.

Westlich liegen und schweigen die unermeßlichen Wälder, lieblich wild wie ehedem. Gregor hatte das Waldhaus angezündet und Waldsamen auf die Stelle gestreut; die Ahornen, die Buchen, die Fichten und andere, die auf der Waldwiese standen, hatten zahlreiche Nachkommenschaft und überwuchsen die ganze Stelle, so daß wieder die tiefe, jungfräuliche Wildnis entstand, wie sonst, und wie sie noch heute ist.

Einen alten Mann, wie einen Schemen, sah man noch öfter durch den Wald gehen, aber kein Mensch kann eine Zeit sagen, wo er noch ging, und eine, wo er nicht mehr ging.

Abdias

1. Esther

Es gibt Menschen, auf welche eine solche Reihe Ungemach aus heiterm Himmel fällt, daß sie endlich dastehen und das hagelnde Gewitter über sich ergehen lassen: so wie es auch andere gibt, die das Glück mit solchem ausgesuchten Eigensinne heimsucht, daß es scheint, als kehrten sich in einem gegebenen Falle die Naturgesetze um, damit es nur zu ihrem Heile ausschlage.

Auf diesem Wege sind die Alten zu dem Begriffe des Fatums gekommen, wir zu dem milderen des Schicksals.

Aber es liegt auch wirklich etwas Schauderndes in der gelassenen Unschuld, womit die Naturgesetze wirken, daß uns ist, als lange ein unsichtbarer Arm aus der Wolke und tue vor unsern Augen das Unbegreifliche. Denn heute kömmt mit derselben holden Miene Segen, und morgen geschieht das Entsetzliche. Und ist beides aus, dann ist in der Natur die Unbefangenheit, wie früher.

Dort, zum Beispiele, wallt ein Strom in schönem Silberspiegel, es fällt ein Knabe hinein, das Wasser kräuselt sich lieblich um seine Locken, er versinkt – und wieder nach einem Weilchen wallt der Silberspiegel, wie vorher. – – Dort reitet der Beduine zwischen der dunklen Wolke seines Himmels und dem gelben Sande seiner Wüste: da springt ein leichter, glänzender Funke auf sein Haupt, er fühlt durch seine Nerven ein unbekanntes Rieseln, hört noch trunken den Wolkendonner in seine Ohren und dann auf ewig nichts mehr.

Dieses war den Alten Fatum, furchtbar letzter, starrer Grund des Geschehenden, über den man nicht hinaussieht und jenseits dessen auch nichts mehr ist, so daß ihm selber die Götter unterworfen sind: uns ist es Schicksal, also ein von einer höhern Macht Gesendetes, das wir empfangen sollen. Der Starke unterwirft sich auch ergeben, der Schwache stürmt mit Klagen darwider, und der Gemeine staunt dumpf, wenn das Ungeheure geschieht, oder er wird wahnwitzig und begeht Frevel.

Aber eigentlich mag es weder ein Fatum geben, als letzte Unvernunft des Seins, noch auch wird das einzelne auf uns gesendet; sondern eine heitre Blumenkette hängt durch die Unendlichkeit des Alls und sendet ihren Schimmer in die Herzen – die Kette der Ursachen und Wirkungen – und in das Haupt des Menschen ward die schönste dieser Blumen geworfen, die Vernunft, das Auge der Seele, die Kette daran anzuknüpfen und an ihr Blume um Blume, Glied um Glied hinab zu zählen bis zuletzt zu jener Hand, in der das Ende ruht. Und haben wir dereinstens recht gezählt und können wir die Zählung überschauen: dann wird für uns kein Zufall mehr erscheinen, sondern Folgen, kein Unglück mehr, sondern nur Verschulden; denn die Lücken, die jetzt sind, erzeugen das Unerwartete, und der Mißbrauch das Unglückselige. Wohl zählt nun das menschliche Geschlecht schon aus einem Jahrtausende in das andere, aber von der großen Kette der Blumen sind nur erst einzelne Blätter aufgedeckt, noch fließt das Geschehen wie ein heiliges Rätsel an uns vorbei, noch zieht der Schmerz im Menschenherzen aus und ein – – ob er aber nicht zuletzt selber eine Blume in jener Kette ist, wer kann das ergründen? Wenn dann einer sagt, warum denn die Kette so groß ist, daß wir in Jahrtausenden erst einige Blätter aufgedeckt haben, die da duften, so antworten wir: So unermeßlich ist der Vorrat darum, damit ein jedes der kommenden Geschlechter etwas finden könne – das kleine Aufgefundne ist schon ein großer, herrlicher Reichtun, und immer größer, immer herrlicher wird der Reichtum, je mehr da kommen, welche leben und enthüllen, und was noch erst die Woge aller Zukunft birgt, davon können wir wohl kaum das Tausendstel des Tausendstels ahnen. – – Wir wollen nicht weiter grübeln, wie es sei in diesen Dingen, sondern schlechthin von einem Manne erzählen, an dem sich manches davon darstellte und von dem es ungewiß ist, ob sein Schicksal ein seltsameres Ding sei oder sein Herz. Auf jeden Fall wird man durch Lebenswege wie der seine zur Frage angeregt:

„Warum nun dieses?", und man wird in ein düsteres Grübeln hineingelockt über Vorsicht, Schicksal und letzten Grund aller Dinge.

Es ist der Jude Abdias, von dem ich erzählen will.

Wer vielleicht von ihm gehört hat oder wer etwa gar noch die neunzigjährige gebückte Gestalt einst vor dem weißen Häuschen hat sitzen gesehen, sende ihm kein bitteres Gefühl nach – weder Fluch noch Segen, er hat beides in seinem Leben reichlich geerntet –, sondern er halte sich in diesen Zeilen noch einmal sein Bild vor die Augen. Und auch derjenige, der nie etwas von diesem Manne gehört hat, folge uns, wenn es ihm gefällt, bis zu Ende, da wir sein Wesen einfach aufzustellen versucht haben, und dann urteile er über den Juden Abdias, wie es ihm sein Herz nur immer eingibt.

Tief in den Wüsten innerhalb des Atlasses steht eine alte, aus der Geschichte verlorene Römerstadt. Sie ist nach und nach zusammengefallen, hat seit Jahrhunderten keinen Namen mehr; wie lange sie schon keine Bewohner hat, weiß man nicht mehr; der Europäer zeichnete sie bis auf die neueste Zeit nicht auf seine Karten, weil er von ihr nichts ahnete, und der Berber, wenn er auf seinem schnellen Rosse vorüberjagte und das hängende Gemäuer stehen sah, dachte entweder gar nicht an dasselbe und an dessen Zweck, oder er fertigte die Unheimlichkeit seines Gemütes mit ein paar abergläubischen Gedanken ab, bis das letzte Mauerstück aus seinem Gesichte und der letzte Ton der Schakale, die darin hausen, aus seinem Ohre entschwunden war. Dann ritt er fröhlich weiter, und es umgab ihn nichts als das einsame, bekannte, schöne, liebgewordene Bild der Wüste. Dennoch lebten außer den Schakalen, der ganzen übrigen Welt unbekannt, auch noch andere Bewohner in den Ruinen. Es waren Kinder jenes Geschlechtes, welches das ausschließendste der Welt, starr bloß auf einen einzigsten Punkt derselben hinweisend, doch in alle Länder der Menschen zerstreut ist und von dem großen Meere gleichsam auch einige Tropfen in diese Abgelegenheit hinein verspritzt hatte. Düstre, schwarze, schmutzige Juden gingen wie Schatten in den Trümmern herum, gingen drinnen aus und ein und wohnten drinnen mit dem Schakal, den sie manchmal fütterten. Es wußte niemand von ihnen, außer die anderen Glaubensbrüder, die draußen wohnten. Sie handelten mit Gold und Silber und mit andern Dingen von dem Lande Ägypten herüber, auch mit verpesteten Lappen und Wollenzeugen, davon sie sich wohl selber zuweilen die Pest brachten und daran verschmachteten – aber der Sohn nahm dann mit Ergebung und Geduld den Stab seines Vaters und wanderte und tat, wie dieser getan, harrend, was das Schicksal über ihn verhängen möge. Ward einmal einer von einem Kabylen erschlagen und beraubt, so heulte der ganze Stamm, der in dem wüsten, weiten Lande zerstreut war – und dann war es vorüber und vergessen, bis man etwa nach langer Zeit auch den Kabylen irgendwo erschlagen fand.

So war dies Volk, und von ihm stammte Abdias her.

Durch einen römischen Triumphbogen hindurch an zwei Stämmen verdorrter Palmen vorbei gelangte man zu einem Mauerklumpen, dessen Zweck nicht mehr zu erkennen war – jetzt war es die Wohnung Arons, des Vaters des Abdias. Oben gingen Trümmer einer Wasserleitung darüber, unten lagen Stücke, die man gar nicht mehr erkannte, und man mußte sie übersteigen, um zu dem Loche in der Mauer zu gelangen, durch welches man in die Wohnung Arons hinein konnte. Innerhalb des ausgebrochenen Loches führten Stufen hinab, die Simse einer dorischen Ordnung waren und in unbekannter Zeit aus unbekanntem zerstörenden Zufalle hierhergefunden hatten. Sie führten zu einer weitläufigen Wohnung hinunter, wie man sie unter dem Mauerklumpen und dem Schutte von außen nicht vermutet hätte. Es war eine Stube mit mehreren jener kleinen Gemächer umgeben, wie sie die Römer geliebt hatten, auf dem Boden aber war kein Estrich, oder Getäfel, oder Pflaster, oder Mosaik, sondern die nackte Erde, an den Wänden waren keine Gemälde oder Verzierungen, sondern die römischen Backsteine sahen heraus, und überall waren die vielen Päcke und Ballen und Krämereien verbreitet, daß man sah, mit welchen schlechten und mannigfaltigen Dingen der Jude Aron Handel trieb. Vorzüglich aber waren es Kleider und gerissene Lappen, die herabhingen und die alle Farben und alle Alter hatten und den Staub fast aller Länder von Afrika in sich trugen. Zum Sitzen und Lehnen waren Haufen alter Stoffe. Der Tisch und die andern Geräte waren Steine, die man aus der alten Stadt zusammengetragen hatte. Hinter einem herabhängenden Busche von gelben und grauen Kaftanen war ein Loch in der Mauer, welches viel kleiner war als das, welches die Stelle der Tür vertrat, und aus dem Finsternis heraussah wie aus einer Grube im Schutte. Man meinte nicht, daß man da hineingehen könne. Wenn man sich aber gleichwohl bückte und hindurchkroch und wenn man den krummen Gang zurückgelegt hatte, der da folgte, so kam man wieder in ein Zimmer, um das mehrere andere waren. Auf dem Fußboden lag ein Teppich aus Persien, und in den andern waren ähnliche oder gleiche, an den Wänden und in Nischen waren Polster, darüber Vorhänge, und daneben Tische von feinem Steine und Schalen und ein Bad. Hier saß Esther, Arons Weib. Ihr Leib ruhete auf dem Seidengewebe von Damaskus, und ihre Wange und ihre Schultern wurden geschmeichelt von dem weichsten und glühendsten aller Zeuge, dem gewebten Märchen aus Kaschemir, so wie es auch die Sultana in Stambul hat. Um sie waren ein paar Zofen, die schöne Tücher um die klugen, schönen Stirnen hatten und Perlen auf dem Busen trugen. Hieher trug Aron alles zusammen, was gut und den armen Sterblichen schmeichelnd und wohltätig erscheint. Der Schmuck war auf den Tischen herum gelegt und auf den Wänden zerstreut. Das Licht sandten von oben herab mit Myrten verrankte Fenster, die manchmal der gelbe Wüstensand verschüttete – aber wenn es Abend wurde und die Lampen brannten, dann glitzerte alles und funkelte und war hell und strahlenreich. Das größte Kleinod Arons außer dem Weibe Esther war ihr Sohn, ein Knabe, der auf dem Teppiche spielte, ein Knabe mit schwarzen, rollenden Augenkugeln und mit der ganzen morgenländischen Schönheit seines Stammes ausgerüstet. Dieser Knabe war Abdias, der Jude, von dem ich erzählen wollte, jetzt eine weiche Blume, aus Esthers Busen hervorgeblüht. Aron war der reichste in der alten Römerstadt. Dies wußten die andern, die noch mit ihm da wohnten, sehr gut, da sie oft Genossen seiner Freuden waren, so wie er von ihnen auch alles wußte: aber nie ist ein Beispiel erhört worden, daß es der vorüberjagende Beduine erfuhr oder der träge Bei im Harem: sondern über der toten Stadt hing schweigend das düstere Geheimnis, als würde nie ein anderer Ton in ihr gehört als das Wehen des Windes, der sie mit Sand füllte, oder der kurze, heiße Schrei des Raubtieres, wenn die glühende Mondesscheibe über ihr stand und auf sie niederschien. Die Juden handelten unter den Stämmen herum, man ließ sie und fragte nicht viel um ihren Wohnort – und wenn einer ihrer andern Mitbewohner, ein Schakal, hinauskam, so ward er erschlagen und in einen Graben geworfen. Auf seine zwei höchsten Güter häufte Aron alles, wovon er meinte, daß es ihnen gut sein könnte. – Und wenn er draußen gewesen war, wenn er geschlagen und von Wohnort zu Wohnort gestoßen worden war und wenn er nun heimkam und genoß, was die alten Könige des Volkes, vornehmlich jener Salomo, als die Freude des Lebens hielten, so empfand er eine recht schauerliche Wollust. – Und wenn ihm auch zuweilen war, als gäbe es noch andere Seligkeiten, die im Herzen sind, so meinte er, es sei ein Schmerz, den man fliehen müsse, und er floh ihn auch, nur daß er dachte, er wolle den Knaben Abdias eines Tages auf ein Kamel setzen und ihn nach Kahira zu einem Arzte bringen, daß er weise würde, wie es die alten Propheten und Führer seines Geschlechtes gewesen. Aber auch aus dem ist wieder nichts geworden, weil es in Vergessenheit geraten war. Der Knabe hatte also gar nichts, als daß er oft oben auf dem Schutte stand und den weiten, ungeheuren Himmel, den er sah, für den Mantelsaum Jehovas hielt, der einstens sogar auf der Welt gewesen war, um sie zu erschaffen und sich ein Volk zu wählen, mit dem er aß und mit dem er umging zur Freude seines Herzens. Aber Esther rief ihn wieder hinab und legte ihm ein braunes Kleidchen an, dann ein gelbes und wieder ein braunes. Sie legte ihm auch einen Schmuck an und ließ die Schönheit der Perle um seine dunkle feine Haut dämmern oder das Feuer des Demanten daneben funkeln – sie legte ein Band um seine Stirne, streichelte seine Haare oder rieb die Gliedlein und das Angesicht mit weichen, feinen, wollenen Lappen – öfters kleideten sie ihn als Mädchen an, oder die Mutter salbte seine Augenbraunen, daß sie recht feine schwarze Linien über den glänzenden Augen waren, und hielt ihm den silbernen gefaßten Spiegel vor, daß er sich sähe. –

Nachdem die Jahre, eines nach dem andern, vergangen waren, führte ihn der Vater Aron eines Tages hinaus in die vordere Stube, legte ihm einen zerrissenen Kaftan an und sagte: „Sohn, Abdias, gehe nun in die Welt, und da der Mensch auf der Welt nichts hat, als was er sich erwirbt und was er sich in jedem Augenblicke wieder erwerben kann, und da uns nichts sicher macht als diese Fähigkeit des Erwerbens: so gehe hin und lerne es. Hier gebe ich dir ein Kamel und eine Goldmünze, und bis du nicht selber soviel erworben hast, davon ein einzelner Mensch sein Leben hinbringen kann, gebe ich dir nichts mehr, und wenn du ein untauglicher Mann wirst, so gebe ich dir auch nach meinem Tode nichts. Wenn du es tun willst und nicht zu weit entfernt bist, so kannst du mich und deine Mutter in Zeiten besuchen – und wenn du soviel hast, davon ein Mensch leben kann, so komme zurück, ich gebe dir dazu, daß ein zweiter und mehrere andere auch zu leben vermögen, du kannst ein Weib bringen, und wir suchen euch in unserer Höhle noch einen Raum zu machen, darinnen zu wohnen und zu genießen, was euch Jehova sendet. Jetzt, Sohn Abdias, sei gesegnet, gehe hin und verrate nichts von dem Neste, in dem du aufgeätzet worden bist."

So hatte Aron gesprochen und den Sohn hinausgeführt zu den Palmen, wo das Kamel lag. Dann segnete er ihn und tastete mit seinen Händen auf dem lockigen Scheitel seines Hauptes. Esther lag drinnen auf dem Teppiche, schluchzte und schlug mit den Händen den Boden. Abdias aber, da nun der Segen vorüber war, setzte sich auf das vor ihm liegende Kamel, das sich, sobald es seine Last spürte, aufrichtete und den Jüngling in die Höhe hob, und wie dieser das Fächeln der fremden, wie aus der Ferne kommenden Luft empfand, so sah er noch einmal den Vater an und ritt dann gehorsam von dannen.

Von nun an ertrug Abdias das Peitschen des Regens und Hagels in seinem Angesichte – er zog landaus, landein, über Wasser und Ströme, aus einer Zeit in die andere – er kannte keine Sprache und lernte sie alle, er hatte kein Geld und erwarb sich dasselbe, um es in Klüften, die er wieder-

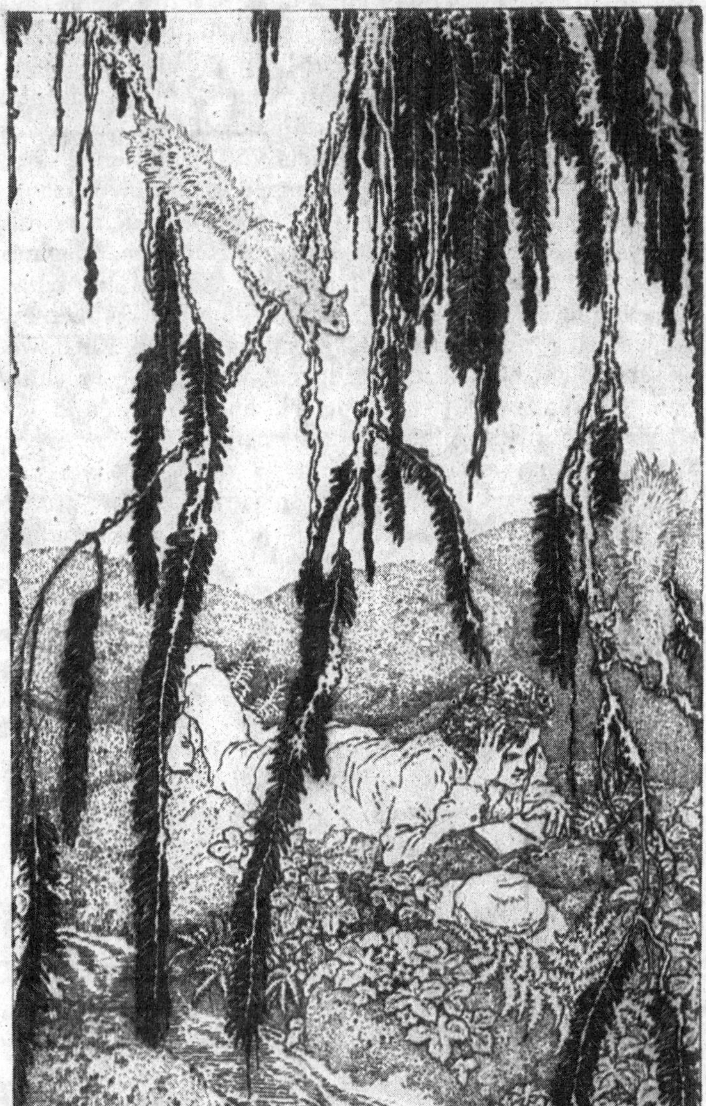

fand, zu verstecken, er hatte keine Wissenschaft und konnte nichts, als, wenn er auf seinem hagern Kamele saß, die feurigen Augen in die große, ungeheure Leere um sich richten und sinnen, er lebte sehr dürftig, daß er oft nichts anders hatte als eine Handvoll trockner Datteln, und doch war er so schön, wie einer jener himmlischen Boten gewesen ist, die einstens so oft in seinem Volke erschienen sind. So hat auch einmal jener Mohammed, wenn er tagelang, wochenlang allein war bloß mit seinem Tiere in dem weiten Sande, die Gedanken gesonnen, die dann eine Flamme wurden und über den Erdkreis fegten. Sonst war Abdias ein Ding, das der blödeste Türke mit dem Fuße stoßen zu dürfen glaubte und stieß. Er war hart und unerbittlich, wo es seinen Vorteil galt, er war hämisch gegen die Moslims und Christen – und wenn er des Nachts sich mitten in der Karawane auf den gelben Sand streckte, so legte er recht sanft sein Haupt auf den Hals seines Kameles, und wenn er im Schlummer und Traume sein Schnaufen hörte, so war es ihm gut und freundlich, und wenn es irgendwo wundgedrückt wurde, versagte er sich das liebliche Wasser, wusch damit die kranke Stelle und bestrich sie mit Balsam.

Über die Stätte war er gewandelt, wo die alte Handelskönigin Carthago gestanden war, den Nil hatte er gesehen, über den Euphrat und Tigris war er gegangen, aus dem Ganges hatte er getrunken – er hatte gedarbt und gewuchert, zusammengerafft und gehütet – er hatte seine Eltern nicht ein einziges Mal besucht, weil er immer so weit weg gewesen war – – und nachdem fünfzehn Jahre vergangen waren, kam er wieder zum ersten Male in die verschollene Römerstadt. Er kam in der Nacht, er kam zu Fuße, weil man ihm sein Kamel geraubt hatte, er war in ganz zerrissene Kleider gehüllt und trug Stücke eines Pferdeaases in der Hand, um davon den Schakalen zuzuwerfen, daß er sie von seinem Leibe hielte. Auf diese Weise gelangte er zu dem römischen Triumphbogen und zu den zwei alten Palmenstämmen, die noch immer da standen und in der Nacht schwarze Linien in den Himmel zogen. Er pochte an die aus Rohr geflochtene Tür, die dreifach vor dem Mauerloche war, das den Eingang bildete, er rief und nannte seinen Namen und den seines Vaters – und er mußte lange warten, bis ihn jemand hörte und den alten Juden weckte. Es standen alle in dem Hause auf, als sie hörten, wer gekommen sei, und Aron, als er durch die Tür mit ihm zuerst geredet hatte, öffnete dieselbe und ließ ihn ein. Abdias bat den Vater, daß er ihn in den Keller führe, und als er dort die Rohrtüre hinter sich verschlossen hatte, zählte er ihm goldene Münzen aller Länder auf, die er sich erworben hatte, eine große Summe, die man kaum erwarten konnte. Aron sah ihm schweigend zu, bis er fertig war, dann schob er die Goldstücke auf dem Steine zusammen und tat sie wieder handvollweise in den ledernen Sack, in dem sie Abdias gebracht hatte, und legte den Sack seitwärts in ein Loch, das zwischen Marmorfriesen war. – – Dann, als bräche die Rinde plötzlich entzwei oder als hätte er mit der Vaterfreude warten müssen, bis erst das Geschäft aus war, stürzte er gegen den Sohn, umarmte ihn, drückte ihn an sich, heulte, segnete, murmelte, betastete ihn und benetzte sein Angesicht mit Tränen.

Abdias aber ging, da dies vorüber war, wieder in die Vorstube hinauf, warf sich auf einen Haufen Matten, die da lagen, und ließ den Quell seiner Augen rinnen – er rann so milde und süß; denn sein Leib war ermüdet bis zum Tode.

Der Vater aber ließ ihn von seinen Lumpen entkleiden, man legte seinen Körper in ein linderndes, reinigendes Bad, rieb dann die Glieder mit köstlichen und heilsamen Salben und kleidete ihn in ein Feierkleid. Dann wurde er in die inneren Zimmer gebracht, wo Esther auf den Polstern saß und geduldig wartete, bis ihn der Vater hereinführen würde. Sie stand auf, da der Angekommene unter dem Vorhange des Zimmers hereinging – aber es war nicht mehr der süße, weiche, schöne Knabe, den sie einst so geliebt hatte und dessen Wangen das so sanfte Kissen für ihre Lippen gewesen waren; sondern er war sehr dunkel geworden, das Antlitz härter und höher und die Augen viel feuriger; aber auch er sah die Mutter an – sie war nicht minder eine andere geworden, und das unheimliche Spiel der Jahre zeigte sich in ihrem Angesichte. Sie nahm ihn, da er bis an ihre Seite vorwärts gekommen war, an ihr Herz, zog ihn gegen sich auf die Kissen und drückte ihren Mund auf seine

Wangen, seine Stirne, seinen Scheitel, auf seine Augen und auf seine Ohren.

Der alte Aron stand seitwärts mit gebücktem Haupte, und die Zofen saßen in dem Gemache daneben hinter gelbseidenen Vorhängen und flüsterten.

Die andern aber, die noch zu dem Hause gehörten, gingen draußen an ein anderes Geschäft, das ihnen anbefohlen worden war. Obgleich die Nacht von ihrer Mitte bereits gegen Morgen neigte und die bekannten Bilder der Sterne, die am Abende von Ägypten herübergekommen waren, schon jenseits der Häupter standen und gegen die Wüste hinab zogen, mußte noch die Ankunft nach der Sitte gefeiert werden. Man schlachtete bei Kerzenscheine ein Lamm, briet es in der Küche und setzte es auf den Tisch. Sie gingen alle hinzu, aßen alle davon, und man gab auch dem Gesinde zu essen. Hierauf begaben sie sich zur Ruhe und schlummerten lange bis an den andern Tag, da die Wüstensonne schon auf die Trümmer niederschien, wie ein großer, runder Diamant, der täglich ganz allein am leeren Himmel funkelte.

Von da an waren Freudenfeste durch drei Tage. Es wurden die Nachbarn herbeigerufen, das Kamel, der Esel und der Hund des Hauses waren nicht vergessen, und für die Tiere der Wüste wurde ein Teil in die entfernten Gegenden der Trümmer hinausgelegt; denn es reichten die Mauerstücke weit in der Ebene fort, und was die Menschen von ihnen übergelassen hatten, dazu kamen die Tiere, um Schutz zu suchen.

Als die Feste vorübergegangen waren und noch eine Zeit verflossen war, nahm Abdias aufs neue Abschied von den Eltern; denn er reisete nach Balbek, um die schönäugige Deborah zu holen, die er dort gesehen, die er sich gemerkt hatte und die mit all den Ihrigen zu seinem Stamme gehörte. Er reisete als Bettler und kam nach zwei Monaten dort an. Zurück ging er als bewaffneter Türke mitten in einer großen Karawane, denn das Gut, das er mit sich führte, konnte er nicht in Klüften verstecken und konnte es, wenn es verlorenginge, nicht wieder erwerben. Damals war in allen Karawansereis die Rede von der Schönheit des reisenden Moslim und der noch größern seiner Sklavin –

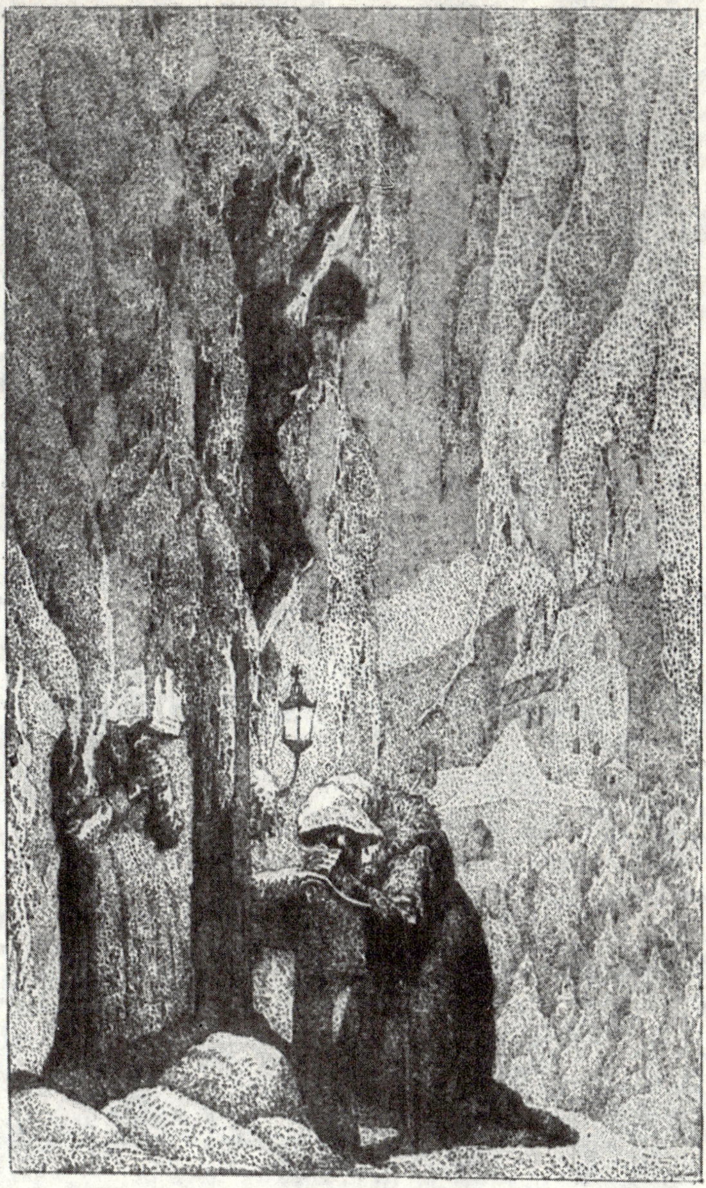

aber die Rede, wie ein glänzender Strom gegen die Wüste, verlor sich allgemach, und nach einer Zeit dachte keiner mehr daran, wo die beiden hingekommen wären, und es redete keiner mehr davon. Sie aber waren in der Wohnung des alten Arons, es wurden in den Gewölben unter dem Schutte Zimmer gerichtet, die Vorhänge gezogen und die Polster und Teppiche für Deborah gelegt.

Aron teilte mit dem Sohne sein Gut, wie er es versprochen hatte, und Abdias ging nun in die Länder hinaus, um Handel zu treiben.

Wie er einst gehorsam gewesen war, so trug er jetzt aus allen Orten zusammen, was nach seiner Meinung den Sinnen der Eltern wohltun könnte, er demütigte sich vor den eigensinnigen Grillen des Vaters und litt das vernunftlose Scheltwort der Mutter. – Als Aron alt und blöde geworden war, ging Abdias in schönen Kleidern, mit schimmernden und gut bereiteten Waffen, und er machte mit seinen Kaufgenossen draußen Einrichtungen, wie es die großen Handelsleute in Europa tun. Da die Eltern unmündige Kinder geworden waren, starben sie eines nach dem andern, und Abdias begrub sie unter den Steinen, die neben einem alten Römerknaufe lagen.

Von jetzt an war er allein in den Gewölben, die unter dem hochgetürmten Schutte neben dem Triumphbogen und den zwei Stämmen der verdorrten Palmen sind.

Nun reisete er immer weiter und weiter, Deborah saß mit ihren Mägden zu Hause und harrte seiner, er wurde draußen bekannter unter den Leuten und zog die schimmernde Straße des Reichtums immer näher gegen die Wüste.

2. Deborah

Als nach dem Tode Arons und Esthers einige Jahre vergangen waren, bereitete es sich allgemach vor, daß es nun anders werden sollte in dem Hause neben den Palmen. Das Glück und der Reichtum häuften sich immer mehr. Abdias war eifrig in seinem Werke, dehnte es immer weiter aus und tat den Tieren, den Sklaven und den Nachbarn Gutes. Aber sie haßten ihn dafür. Das Weib seines Herzens, welches er sich gewählt hatte, überschüttete er mit Gütern der Welt und brachte ihr, obwohl sie unfruchtbar war, aus den Ländern die verschiedensten Dinge nach Hause. Da er aber einmal in Odessa krank geworden war und die böse Seuche der Pocken geerbt hatte, die ihn ungestaltet und häßlich machten, verabscheute ihn Deborah, als er heimkam, und wandte sich auf immer von ihm ab; denn nur die Stimme, die sie gekannt hatte, hatte er nach Hause gebracht, nicht aber die Gestalt – – und wenn sie auch oft auf den gewohnten Klang plötzlich hinsah, so kehrte sie sich doch stets wieder um und ging aus dem Hause; sie hatte nur leibliche Augen empfangen, um die Schönheit des Körpers zu sehen, nicht geistige, die des Herzens. Abdias hatte das einst nicht gewußt; denn als er sie in Balbek erblickte, sah er auch nichts als ihre große Schönheit, und da er fort war, trug er nichts mit als die Erinnerung dieser Schönheit. Darum war für Deborah jetzt alles dahin. – Er aber, da er sah, wie es geworden war, ging in seine einsame Kammer und schrieb dort den Scheidebrief, damit er fertig sei, wenn sie ihn begehre, die nun von ihm gehen würde, nachdem sie so viel Jahre bei ihm gewesen war. Allein sie begehrte ihn nicht, sondern lebte fort neben ihm, war ihm gehorsam und blieb traurig, wenn die Sonne kam, und traurig, wenn die Sonne ging. Die Nachbarn aber belachten sein Angesicht und sagten, das sei der Aussatzengel Jehovas, der über ihn gekommen wäre und ihm sein Merkmal eingeprägt habe.

Er sagte nichts, und die Zeit schleifte so hin.

Er reisete fort, wie früher, kam wieder heim und reisete wieder fort. Den Reichtum suchte er auf allen Wegen, er trotzte ihn bald in glühendem Geize zusammen, bald verschwendete er ihn, und wenn er draußen unter den Menschen war, lud er alle Wollüste auf seinen Leib. – Dann kam er nach Hause und saß an manchem Nachmittage hinter dem hochgetürmten Schutte seines Hauses, den er gerne besuchte, neben der zerrissenen Aloe, und hielt sein bereits grau werdendes Haupt in beiden Händen. Er dachte, er sehne sich nach dem kalten, feuchten Weltteile

Europa, es wäre gut, wenn er wüßte, was dort die Weisen wissen, und wenn er lebte, wie dort die Edlen leben. – – Dann heftete er die Augen auf den Sand, der vor ihm dorrte und glitzerte – und blickte seitwärts, wenn der Schatten der traurigen Deborah um die Ecke einer Mauertrümmer ging und sie ihn nicht fragte, was er sinne. – Aber es waren nur flatternde Gedanken, wie einem, der auf dem Atlas wandert, eine Schneeflocke vor dem Gesichte sinkt, die er nicht haschen kann.

Wenn Abdias nur erst wieder hoch auf dem Kamele saß, mitten in einem Trosse, befehlend und herrschend: dann war er ein anderer, und es funkelten in Lust die Narbenlinien seines Angesichtes, die so unsäglich häßlich waren, und daneben glänzten in Schönheit die früheren Augen, die er behalten hatte – ja sie wurden in solchen Zeiten noch schöner, wenn es um ihn von der Wucht der Menschen, Tiere und Sachen schütterte – wenn sich die Größe und Kühnheit der Züge entfaltete und er mit ihnen ziehen konnte, gleichsam wie ein König der Karawanen; denn in der Ferne wurde ihm zuteil, was man ihm zu Hause entzog: Hochachtung, Ansehen, Oberherrschaft. Er sagte sich dieses vor und übte es recht oft, damit er es sähe – und je mehr er befahl und forderte, um so mehr taten die andern, was er wollte, als wäre es eben so und als hätte er ein Recht. Obwohl er fast ahnete, daß es hier das Gold sei, welches ihm diese Gewalt gebe, so hielt er sie doch fest und ergötzte sich in ihr. Da er einmal den reichgekleideten Herrn, Melek-Ben-Amar, den Abgesandten des Bei, den dieser zu ihm in die Stadt Bona geschickt hatte, um ein Anleihen zu erzwingen, recht lange hatte warten und recht inständig hatte bitten lassen, bis er ihm willfahrte, so war er fast in seinem Herzen gesättigt. Als er von da eine Reise durch Libyen machte, kostete er auch das Glück der Schlachten. Es waren Kaufleute, Pilger, Krieger, Gesindel und Leute aller Art, die sich zu einer großen Karawane zusammengetan hatten, um durch die Wüste zu ziehen. Abdias war in seidenen Kleidern und glänzenden Waffen unter ihnen; denn seit er häßlich war, liebte er den Glanz noch mehr. Am siebenten Tage des Zuges, da schwarze Felsen um sie waren und die Kamele mit den Fußsohlen die Hügel weichen Sandes griffen, flog eine Wolke Beduinen heran. Ehe die in der Mitte, wo das große Gepäcke war, fragen konnten, was es sei, knallten schon am Saume der Karawane die langen Röhre und zeigten sich Sonnenblitze von Klingen. Sogleich wurde von denen in der Mitte ein Geschrei und ein Jammer erhoben, viele wußten nicht, was zu tun sei, viele stiegen ab und warfen sich auf die Knie, um zu beten. Da erhob sich der hagere Jude, der gleichfalls in der Mitte bei den großen Warenballen geritten war, auf seinem Tiere und schrie Schlachtbefehle, die ihm einkamen. Er ritt gegen das Gefecht hinvor und zog seine krumme Klinge: da waren die weißen Gestalten mit den eingemummten Köpfen, und mehrere der Karawane mit ihnen im Kampfe. Einer wandte sich sogleich gegen ihn, mit der Klinge über den Hals des Kameles nach seinem Kopfe holend, aber Abdias wußte in dem Augenblicke, was zu tun sei: er duckte sich seitwärts an den Hals des Kameles, stieß sein Tier dicht an den Feind und stach ihn, daß ein Blutbach über das weiße Gewand strömte, von dem Sattel. Auf die nächsten feuerte er seine Pistolen. Dann rief er Befehle, die seine Nachbarn einsahen und befolgten – und wie die andern sahen, wie es gehe, wuchs ihnen der Mut, immer mehrere kamen herbei, und wie nur erst der zweite und der dritte von den Feinden fiel, da flog eine wilde Lust heran, der Teufel des Mordens jauchzte, und die ganze Karawane drängte vor. Abdias selber wurde emporgerissen, er hatte sein schwarzes Angesicht hochgehoben, seine Narben waren Feuerflammen, die Augen in dem dunkeln Antlitze weiße Sterne, der Mund rief weit tönend und in Schnelle die tiefen Araberlaute aus, und wie er, die Brust gleichsam in Säbelblitze tauchend, immer tiefer hineinritt, hatte er den dunklen, dürren Arm, von dem der weite Seidenärmel zurückgefallen war, von sich gestreckt, wie ein Feldherr, der da ordnet. Im dünnen Schatten des Rauches, der sich bald verzogen, weil keiner mehr Zeit zum Laden hatte, und in den Blitzen der fürchterlichen Wüstensonne, die oben stand, änderte sich nun schnell das Bild der Dinge: die früher angegriffen hatten, waren jetzt die Bedrängten und Mitleidswürdigen. Sie sahen nach Rettung. Einer drückte zuerst das lange Gewehr sachte an seine Gestalt, beugte sich vor und schoß in Flucht aus dem Kreise – ein anderer warf die Waffen weg, die Zügel auf den Rücken vorwärts und ließ sein Heil dem edlen Pferde, das mit Windesflug in die Wüste trieb – wieder andere, in Vergessenheit der Flucht, wurzelten in dem Boden und flehten Gnade. Aber alles war vergeblich. Abdias, der befohlen hatte, konnte nicht mehr lenken, die Flut schwoll über, und die früher gebeten hatten, tobten jetzt und stießen denen, die auf den Knien lagen und baten, das Messer in das Herz. – – Abdias hielt, da endlich alles aus war und die Sieger die Toten und Verwundeten und die Satteltaschen an ihren Tieren plünderten, auf seinem Kamele und warf den blutigen Säbel von sich weg. Ein Türke, der in der Nähe kauerte, mißverstand die Bewegung und sah sie für einen Befehl an: er wischte die Klinge an seinem eigenen Kaftan ab und reichte sie dem tapfern Emir wieder.

Als man nach dem Gefechte weiterzog und alle Tage das einsame Bild der Wüste war, dachte Abdias: wenn er nun den Bei tötete, wenn er selber Bei würde, wenn er Sultan würde, wenn er die ganze Erde eroberte und unterwürfe – was es dann wäre? es waren unbekannte Dinge und standen mit düsterm Winken in der Zukunft. – – Allein er wurde nicht Bei, sondern, wenn wir uns so ausdrücken dürfen, auf jener ganzen Reise, die noch weit herum ging, schwebte schon ein trauriger, dunkler Engel über ihm. Man wird wieder in die blühenden Länder der Menschen gekommen, er hatte in vielen Richtungen zu gehen, er schloß sich bald an diese, bald an jene Karawane an, und öfters – wie es nun Menschen manchmal ist –, wenn er so in der Ferne zog, fiel ihm plötzlich ein: wenn nur zu Hause kein Unglück geschehen ist – aber er strafte diese Gedanken immer wieder selber, indem er sagte: „Was kann denn zu Hause geschehen? zu Hause ist ja gar kein Unglück möglich." – – Und er zog hierauf noch Öde aus, Öde ein, hatte Geschäfte abzutun und tat sie mit Glück, sah manche Gegenden und Städte, und es waren mehrere Monate vergangen, bis er nach all den Kreislinien wieder einmal das Blau der Atlasberge schimmern sah und hinter ihnen seine Heimat ahnete. Er zog ihr zu. Er ließ seine schönen Kleider in einem Dorfe, wo in einer Grotte eine Synagoge war, und in einer

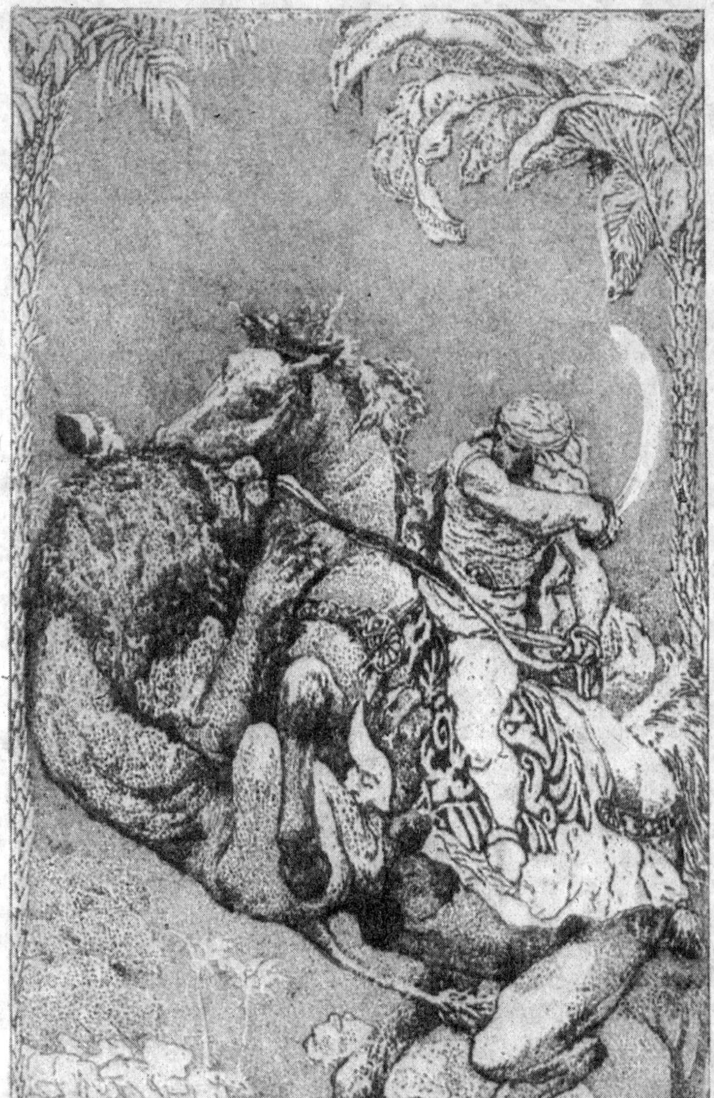

schönen, heitern Sternennacht lösete er sich von der letzten Karawane, mit der er gezogen war, ab und wandte sich seitwärts gegen die Ebene, über die man zu den Bergen und jenseits derselben zu der alten Römerstadt gelangen konnte. Da schwang sich der Engel von seinem Haupte; denn es war geschehen, was da sollte. Da Abdias nämlich als zerlumpter Mann auf dem Kamele reisend ganz allein im Sande ritt und sich bereits dem Ziele seiner Wanderung näherte, sah er eine schwache blaue Dunstschichte über der Geisterstadt stehen, gleichsam einen brütenden Wolkenschleier, wie sie oft ihr Phantom auf die Wüste werfen – allein er achtete nicht darauf, da auch der andere Himmel sich milchig zu beziehen anfing und die heiße Sonne wie ein rotes, trübes Auge oben stand, was in diesen Gegenden immer das Herannahen der Regenzeit bedeutet. Aber da er endlich zu den wohlbekannten Trümmern gelangte und in die bewohnten Teile derselben einritt, sah er, daß man die zerstörte Stadt noch einmal zerstört hatte; denn die wenigen elenden Balken, die einst von weiten Landen herbeigeschleppt und aufgerichtet worden waren, lagen herumgestreut und rauchten – schmutzige Asche von Palmenblättern, den Dächern der Hütten, lag zwischen schwarzen, von Feuer genäßten Steinen – er ritt schneller – und wie er zu dem Triumphbogen und den zwei verdorrten Palmenstämmen gekommen war, so sah er fremde Männer, welche Dinge aus seinem Hause trugen – ihre Maultiere waren schon sehr bepackt, und aus dem Schlechten, was sie in den Händen hatten, erkannte er, daß es das letzte sei, was sie trugen. An den Palmenstämmen aber hielt Melek-Ben-Amar hoch zu Rosse, und mehrere Männer waren um ihn. Als Abdias schnell sein Tier zum Niederknien gezwungen hatte, abstieg, gleichsam wie zu retten herbeilief und den Menschen erkannte, grinsete dieser mit dem Angesichte auf ihn herab und lächelte – Abdias mit dem unbeschreiblichsten, inbrünstigsten Hohne und Hasse fletschte ihm auch die Zähne entgegen – aber er hatte jetzt nicht Zeit, sondern sprang an ihm vorbei in die vordere Stube, wo die alten Kleider lagen, um zu sehen – – aber hier waren etliche Nachbarn, die aus Schadengier herbeigelaufen waren, um sich zu weiden – – und wie diese jetzt den unvermutet herbeigekommenen Abdias gewahr wurden, jubelten sie laut und schreiend, ergriffen ihn sogleich, schlugen ihn, spien ihm ins Angesicht und riefen: „Da bist du nun – du bist es, du, du!! – – Du hast dein eigen Nest beschmutzt, du hast dein eigen Nest verraten und den Geiern gezeigt. Weil du in ihren eitlen Kleidern gegangen bist, haben sie's geargwohnt, der Grimm des Herrn hat dich gefunden und zermalmt, und uns mit dir. Du mußt ersetzen, was genommen ward, du mußt alles ersetzen, du mußt es zehnfach ersetzen und mehr."

Abdias, gegen so viele Hände unmächtig, ließ gewähren und sagte kein Wort. Sie zerrten ihn wieder gegen die Tür und wollten neuerdings schreien und ihn mißhandeln. Da kam der Abgesandte des Bei mit mehreren Soldaten herein und rief unter die Juden: „Laßt den Kaufmann fahren, sonst wird jeder von euch an einen Spieß gesteckt, so wie er hier steht. Was geht es euch an, daß er ein Hund ist; denn ihr seid es auch. – Wollt ihr fahrenlassen, sag ich?"

Darauf wichen sie zurück. Die Söldner Meleks durchsuchten nun Abdias' Kleider und nahmen ihm alles, was ihnen gefiel – er litt es sehr geduldig – dann sagte Melek zu ihm: „Du hast sehr übel getan, Abdias-Ben-Aron, daß du in diesem Verstecke da Habe und Abgaben unterschlagen hast, wir könnten dich strafen, aber wir tun es nicht. Lebe wohl, edler Kaufmann, wenn du einmal des Weges in unsere Stadt bist, so besuche uns, wir werden dir die Pfänder deiner Schuldforderung zeigen und dir die Zinsen bezahlen. – Jetzt gebt ihn frei, daß er wieder anschwelle und Früchte trage."

Und mit Lachen und mit Schreien ließen sie von ihm ab – er litt es auch sehr geduldig und hatte sich nicht gerührt, nur daß er bei dem Hohne die Augen scheu seitwärts drehte, wie ein ohnmächtiger Tiger, der geneckt wird. – – Aber wie sie draußen waren, aufstiegen und über den Hügel Sandes davonreiten wollten, sprang er eines Satzes nach, riß die Pistolen aus dem Halfter seines Kameles, wo man sie, als man die anderen Packsäcke abgeschnitten, auf dem magern, verachteten Tiere vergessen hatte, und feuerte beide auf Melek ab. Allein er hatte ihn nicht getroffen. Da kehrten mehrere Soldaten um, schlugen ihn mit ihren

Spießen über den Rücken und die Lenden und ließen ihn für tot liegen. Dann ging der Zug wieder durch die Trümmer fort gegen jene Seite der Ebene hinaus, die mit kurzem schlechten Grase bewachsen ist und den nächsten Weg zu den bewohnten Ländern hat. Abdias blieb auf dem Sand liegen und regte sich nicht. Da man aber keinen einzigen Laut von dem Schreien der Fortreitenden mehr hören konnte, zog er sich von dem Boden empor und schüttelte die Glieder. Er ging wieder zu dem Kamele, das noch auf den Knien lag, nahm von den tiefer gelegenen Stellen des sehr geflickten Halfters zwei kleine Pistolen heraus, die dort verborgen waren, und begab sich damit in seine Wohnung. Dort standen sowohl an den Palmen als auch in der Stube noch mehrere seines Stammes, die zusammengelaufen waren, und harrten, was jetzt zu tun sei. Er ging sachte durch die Tür hinein, drückte sich an die Wand und rief mit heiserer Stimme: „Wer von euch nur noch einen Atemzug lang hier verweilet, ja wer nur mit dem Fuße zuckt, als wollte er der letzte sein, der fortgeht, den schieße ich mit dieser Waffe nieder, und seinen Nachbarn mit der andern – dann kann geschehen, was da wolle – gepriesen sei der Herr!"

Er war während dieser Worte bis in die Tiefe der Stube zurückgeschlichen und hatte die Sterne des Sehens auf sie gerichtet. Sein häßlich Antlitz funkelte in maßloser Entschlossenheit, die Augen strahlten, und einige behaupteten nachher, sie hätten in jenem Augenblicke auch ganz deutlich einen unnatürlichen Schein um sein Haupt gesehen, von dem die Haare einzeln und gerade emporgestanden wären wie feine Spieße.

Sie zauderten noch ein wenig und gingen dann einzeln zur Türe hinaus. Er schaute ihnen nach und knatterte mit den Zähnen, wie eine Hyäne der Berge. Als endlich der letzte seinen Fuß über die Schwelle gezogen hatte und unsichtbar wurde, murmelte er: „Da gehen sie, sie gehen – warte, es wird eine Zeit kommen, Melek, daß ich mit dir auch noch rechne."

Draußen mochten sie überlegen: Wenn er der Mann sei, der sie ins Verderben gebracht, so könne er ihnen auch wieder emporhelfen, er muß ersetzen, sie wollen ihn sparen und in der Zukunft zwingen. Er hörte ihre Worte herein und horchte mit den Ohren darauf hin. Aber sie wurden immer weniger, und endlich ließ sich gar nichts mehr vernehmen, ein Zeichen, daß sie alle fortgegangen sein mochten.

Abdias stand noch eine Weile und atmete lange und tief. Dann wollte er nach Deborah sehen, die ihn jetzt wieder dauerte. Er steckte die Pistolen in seinen Kaftan, stieg über den Haufen Gewandes, das sonst vor dem Eingange zu dem innern Zimmer gehangen war, jetzt aber auf der Erde lag, griff sich durch den Gang, in welchem die Lampe herabgeworfen worden war, und trat in die Gemächer hinein. Da fiel das Licht durch die Fenster oben, die mit Myrten umrankt waren, auf den Estrich des Bodens herab: allein es waren nun keine Teppiche und Matten mehr da, sondern die an allen Stellen nach Schätzen aufgewühlte Erde und die nackten Steine der tausendjährigen Mauern sahen ihn wie eine Mördergrube an. Er fand wirklich Deborah in dem größeren Gemache, wo sie sonst gerne gewesen war, und – siehe, wie seltsam die Wege und Schickungen der Dinge sind: sie hatte ihm gerade in dieser Nacht ein Mägdlein geboren – aus Schreck der Mutter war es zu früh gekommen, und sie hielt ihm nun dasselbe von dem Haufen lockerer Erde, auf dem sie lag, entgegen. Er aber stand in dem Augenblicke wie einer, der von einem furchtbaren Schlage geschüttelt wird, da. Nichts als die einzigen Worte sagte er: „Soll ich denn nun nicht nachreiten und das Kind in die Spieße der Soldaten schleudern?!"

Nach einem kleinen Weilchen Harrens aber ging er näher, hob es auf und sah es an. Dann, ohne es wegzutun, begab er sich in das anstoßende Gemach und sah lange und scharf gegen einen Winkel und die dort gefügten Steine, dann kam er heraus und sagte: „Ich habe es gedacht, ihr Toren, ich habe euch also genug heraußen gelassen – o ihr siebenfachen Toren!"

Dann fiel er auf die Knie nieder und betete: „Jehova, Lob, Preis und Ehre von nun an bis in Ewigkeit!"

Sodann ging er wieder zu Deborah und legte das Kind zu ihr. Er griff mit dem Finger in ein Wasser, das in einem Näpfchen nicht weit von ihr stand, und netzte ihr die Lippen, weil kein einziger Mensch, keine Wehmutter, kein Diener und keine Magd in der ganzen Wohnung war. Und als er dies getan hatte, sah er noch genauer auf sie hin und streichelte, neben ihrem Haupte kauernd, ihre kranken, bereits alternden Züge – sie aber lächelte ihn seit fünf Jahren wieder zum ersten Male mit dem düsteren, traurigen Antlitze an, als sei die alte Liebe neu zurückgekehrt – indes sah wieder der häßliche Kopf eines Nachbars, der vielleicht die Gierde am wenigsten zähmen konnte, sogar bei dieser innern halbzerbrochenen Tür herein, aber er zog sich wieder zurück – Abdias achtete nicht darauf, es fiel ihm von den Augen herunter wie dichte Schuppendecken, die darübergelegen waren – es war ihm mitten in der Zerstörung nicht anders, als sei ihm das größte Glück auf Erden widerfahren – und wie er neben der Mutter auf dem nackten Boden saß und wie er den kleinen wimmernden Wurm mit den Händen berührte, so wurde ihm in seinem Herzen, als fühle er drinnen bereits den Anfang des Heiles, das nie gekommen war und von dem er nie gewußt hatte, wo er es denn suchen sollte – es war nun da, und um Unendliches süßer und linder, als er sich es je gedacht. Deborah hielt seine Hand und drückte sie und liebkoste sie – er sah sie zärtlich an – sie sagte zu ihm: „Abdias, du bist jetzt nicht mehr so häßlich wie früher, sondern viel schöner."

Und ihm zitterte das Herz im Leibe.

„Deborah", sagte er, „es ist kein Mensch da, der dir etwas reichen könnte, hast du nicht vielleicht Hunger?"

„Nein, Hunger habe ich nicht", antwortete sie, „aber Mattigkeit."

„Warte, ich will dir etwas bringen", sagte er, „das dich stärket, und ich will dir auch Nahrung reichen, die dir vielleicht doch abgeht, und ich will dein Lager besser bereiten."

Dann stand er auf und mußte sich erst ein wenig dehnen, ehe er fortgehen konnte; denn die Schmerzen waren während der kurzen Ruhe recht stark gekommen. Dann ging er hinaus und brachte von den schlechten Kleidern, die draußen lagen, einen Arm voll herein und bereitete neben ihr ein besseres Lager, auf das er sie hinüberhob, dann deckte er noch sein von seinem Leibe warmes Oberkleid auf sie, weil er meinte, es friere sie; denn sie war so bleich. Sodann ging er zu dem Platze, wo die Zündsachen lagen, die dienten, um Feuer anzufachen. Sie lagen unberührt dort, weil sie schlechte Dinge waren. Er zündete ein Kerzlein an, tat es in die Hornlaterne und stieg draußen über eine Treppe unter der Erde hinab, wo der Wein zu liegen pflegte. Er war aber aller herausgelassen und verschüttet. Aus einer kleinen Lacke, die auf der Erde stehengeblieben war, brachte er ein wenig in ein Gefäß. Dann holte er Wasser aus der Zisterne. Denn das in dem Näpfchen war schon sehr warm und auch etwas stinkend geworden, und mit dem Gemische von Wein und frischem Wasser benetzte er ihre Lippen und sagte, sie solle mit der Zunge das Naß nur wegnehmen und hinunterschlucken, es würde ihr für den Augenblick schon helfen. Als sie dies getan und mehrere Male wiederholt hatte, stellte er die Gefäße mit Wein und Wasser wieder hin und sagte, er wolle ihr nun auch Nahrung bereiten. Er suchte aus seinen herumgestreuten Reisesachen eine Büchse hervor, in der er stets den verdichteten Stoff einer guten Brühe mit sich führte. Dann ging er in die Küche hinaus, um etwa nach einem Blechgefäße zu schauen, das ihm dienen könnte. Und als er ein solches gefunden hatte, kam er wieder herein, tat Wasser und den Stoff in dasselbe, zündete eine Weingeistflamme an und stellte es auf einem Gestelle darüber. Er blieb bei dem Gefäße stehen, um zu merken, wie sich das Ganze auflösen würde. Deborah mußte jetzt viel wohler und ruhiger sein; denn wenn er hinblickte, sah er, daß sie über die Augen, mit welchen sie ihm zuschaute, öfter die Lider herabfallen ließ, als wollte sie schlummern. In dem ganzen Hause war es sehr stille, weil alle Zofen und Diener fortgelaufen waren. Als sich sein Brühstoff in dem warmen Wasser vollends aufgelöst hatte, nahm er das Gefäß wieder weg, um alles ein wenig abkühlen zu lassen. Er kniete neben ihrem Angesichte nieder und saß nach Art der Morgenländer auf seine Füße.

„Deborah, bist du schläfrig?“ sagte er.

„Ja, sehr schläfrig“, antwortete sie.

Er hielt das Gefäß noch ein wenig zwischen den Händen, und da es gehörig lau geworden war, reichte er ihr den Trank und sagte, sie solle schlürfen. Sie schlürfte. Es mußte ihr auch wohlgetan haben, denn sie sah noch einmal mit den schlaftrunkenen Augen gegen sein Angesicht, wie er so neben ihr saß, empor und entschlummerte dann wirklich sanft und süß. Er blieb noch eine Weile sitzen und schaute hin. Das Kindlein, mit den weiten Ärmeln des Kaftans zugedeckt, schlummerte gut. Dann stand er auf und stellte das Gefäß beiseite.

Die Zeit dieses Schlafes wollte er benützen, um zu sehen, was denn noch in der Wohnung liegen könne, daß man es zu einer Einrichtung gebrauche, die in der ersten Zeit forthelfe – auch wollte er, wenn es anginge, draußen kurz umsehen, ob er keines seiner Diener oder Dienerinnen erblicken könne, daß sie eine Weile wachten, indes er fortgehe und um Nahrung wenigstens für die nächsten Augenblicke sorge. Er ging durch die Zimmer, kam wieder heraus zu Deborah, und wie er herumsuchte und immer auf das Schloß der Tür hinsah, wie er es denn machen solle, daß er schließen könne, wenn er fortgehe – denn alles hing halb zerrissen und zerbrochen herab –, kroch sein abessinischer Sklave Uram herbei. Er zog sich an der Erde fort und richtete die Augen fest auf Abdias, weil er eine furchtbare Züchtigung erwartete, da er, als die Plünderer kamen, mit den andern fortgelaufen war. Aber Abdias hatte ihm eher Lohn als Strafe zugedacht, indem er der erste war, der wiedergekommen.

„Uram", sagte er, „wo sind denn die andern?"

„Ich weiß es nicht", antwortete der Sklave, indem er im Näherkriechen innehielt.

„Seid ihr denn nicht miteinander fortgelaufen?"

„Ja, aber es haben sich alle zerstreut. Und wie ich gehört habe, daß du zurückgekehrt bist, bin ich wiedergekommen und habe gemeint, die andern werden auch schon dasein, weil du uns schützen wirst."

„Nein, sie sind nicht da", sagte Abdias, „kein einziger ist da. – – Knabe Uram", fuhr er dann sehr sanft fort, „komme näher und höre, was ich dir sagen werde."

Der Jüngling sprang empor und starrte Abdias an. Dieser aber sprach: „Ich werde dir einen sehr schönen roten Bund geben mit einem weißen Reigerbusche darauf, ich werde dich zum Aufseher über alle anderen machen, wenn du genau ausführest, was ich dir sage. Du mußt, solange ich fort bin – denn ich werde ein wenig weggehen –, deine kranke Herrin und dieses Kind bewachen. Setze dich hierher auf diesen Erdhaufen – so – hier hast du ein Gewehr, es ist eine Pistole – so mußt du sie halten – –"

„Das weiß ich schon", sagte der Knabe.

„Gut", fuhr Abdias fort, „wenn nun einer hereinkömmt und die schlummernde Frau und das Kind anrühren will, so sag ihm, er solle gehen, sonst wirst du ihn töten. Geht er nicht, so halte die Öffnung gegen ihn, drücke an der eisernen Zunge und schieße ihn tot. Verstehst du alles?"

Uram nickte und setzte sich in der verlangten Stellung auf den Boden.

Abdias sah ihn noch ein Weilchen an und ging dann, den Griff der andern Pistole mit seiner Hand im Kaftane haltend, durch den Gang in die äußere Stube hinaus. Es lag alles so herumgestreut, wie er es verlassen hatte, und kein Mensch war in der weitläufigen Höhle. Da er sich überall umgesehen hatte, beschloß er vollends hinauszugehen. Er mußte sich wegen der vielen Schmerzen in den Lenden noch einmal dehnen und stieg dann über die Schwelle der Tür zu den Palmen hinaus. Es war hier wirklich ganz öde, wie er es voraus gedacht hatte; denn die Nachbarn mochten in ihre entfernten Behausungen, oder wohin es ihnen sonst gefallen hat, gegangen sein. Als er zu dem Sandhaufen kam, wo er mit den Lanzen geschlagen worden war, war das Kamel nicht mehr da – sie hatten es samt den Lumpen als Ersatz mitgenommen. Er bog um den Triumphbogen und abgelegene Trümmer herum, und als er auf den hohen Schutthaufen, der über seinem Hause lag, gekommen war, stieg er auf den noch höheren hinan, der sich hinter demselben befand, wo Sand und weitgedehnte Blöcke lagen und eine große Umsicht auf alle Dinge und auf das Dämmerrund der Wüste sich eröffnete. Dort hob er einen Stein auf und zog einen goldenen Ring unter demselben hervor. Dann stand er und sah ein wenig herum. Die Sonne, welche früher ein trüber, roter Glutpunkt gewesen war, war nun gar nicht mehr sichtbar, sondern ein verschleierter, grauer, heißer Himmel stand über der Gegend. Wir würden in unsern Ländern eine solche Luft sehr heiß nennen, aber dort war sie im Vergleiche mit Tagen, wo die Sonne unausgesetzt niederscheint, bedeutend kühler geworden. Abdias atmete sie wie eine Labung und strich sich mit der flachen Hand ein paarmal über die Seiten seines Körpers herab. Er schaute durch das schweigende Getrümmer, das unter ihm lag, und stieg dann hinab. Als er bei der zerrissenen Aloe war, begannen kleine Tropfen zu fallen, und was in diesem Erdstriche eine Seltenheit ist, ein grauer, sanfter Landregen hing nach und nach über der ganzen ruhigen Ebene; denn auch das ist selten, daß die Regenzeit so stille und ohne den heftigen Stürmen herannaht.

Abdias stieg auf der entgegengesetzten Seite, als er heraufgegangen war, hinab, wanderte durch allerlei wohlbekannte Irrgänge und Windungen der Trümmer und hatte ziemlich weit zu gehen, bis er das Ziel, wohin er wollte, erreichte, nämlich die Wohnung des vorzüglichsten seiner Nachbarn, wo er glaubte, daß er auch einige andere antreffen würde. Wirklich waren mehrere da, und als sich das Gerücht verbreitete, er sei über die Schwelle des Gaal hineingegangen, kamen noch immer mehrere herbei.

Er sagte zu ihnen: „Wenn ich durch die schöneren Kleider, die ich trug, und durch den größeren Handel, den ich trieb, unsern Aufenthalt verraten, die Plünderer hergelockt und euch Schaden verursacht habe, so will ich auch denselben ersetzen, so gut ich kann. Ihr werdet nicht alles verloren haben; denn ihr seid weise und habt Kleinodien geborgen. Bringet ein Papier oder Pergament und Tinte herbei. Ich habe manche Schuldforderungen draußen ausstehen, die mir meine Freunde bezahlen müssen, sobald die Zeit um ist. Ich werde sie euch hier aufschreiben und werde die Erlaubnis dazu schreiben, daß ihr das Geld als euer Eigentum einnehmen dürfet."

„Wer weiß, ob es wahr ist, daß er etwas zu fordern hat", sagte einer der Anwesenden.

„Wenn es nicht wahr ist", antwortete Abdias, „so habt ihr mich immer hier und könnt mich steinigen oder sonst mit mir tun, was euch gefällt."

„Das ist richtig, laßt ihn nur schreiben", riefen andere,

während das herbeigebrachte Pergament und die Tinte hingeschoben wurden.

„Er ist so weise wie Salomo“, sagten diejenigen, welche ihn heute am meisten verschimpft und verspottet hatten.

Und als er auf dem Pergamente eine lange Reihe aufgeschrieben, sie ihnen dargereicht und sie alle gesagt hatten, daß sie einstweilen zufrieden sein wollen, bis er sich erholt habe und auch das andere ersetzen kann, zog er den Ring aus seinem Kaftan hervor und sagte: „Du hast eine Milcheselin, Gaal, wenn du mir dieselbe ablassen willst, so bin ich geneigt, dir diesen Ring dafür zu geben, der einen großen Wert hat.“

„Den Ring bist du als Ersatz schuldig, wir werden ihn dir nehmen“, riefen sogleich mehrere.

„Wenn ihr mir den Ring nehmt“, antwortete er, „so werde ich den Mund zuschließen und euch in Zukunft niemals mehr sagen, wo ich Geld habe, wer mir etwas schuldig ist, wo ich im Handel etwas erworben habe, und ihr werdet nie mehr etwas von mir bekommen, das euch eueren Schaden vermindern könnte.“

„Das ist wahr“, sagte einer, „laßt ihm den Ring, und, Gaal, gib ihm die Eselin dafür.“

Den Ring hatten sie unterdessen angeschaut, und da sie erkannt hatten, daß er viel kostbarer sei, als der Preis der Eselin beträgt, sagte Gaal, er werde ihm die Eselin geben, wenn er zu dem Ringe noch ein Stück Geld hinzulegen könne.

„Ich kann nichts mehr hinzulegen“, antwortete Abdias, „denn sie haben mir alles genommen, wie ihr selber gesehen habt. Gib mir den Ring, ich werde ohne die Eselin fortgehen.“

„Lasse den Ring“, sagte Gaal, „ich werde dir die Eselin senden.“

„Nein“, antwortete Abdias, „du darfst sie mir nicht senden, sondern du mußt mir einen Riemen geben, an welchem ich sie fortführen werde. Oder gib den Ring.“

„Ich werde den Riemen und die Eselin geben“, sagte Gaal.

„Sogleich“, sagte Abdias.

„Sogleich“, antwortete Gaal. „Geh hinaus, Jephrem, und führe sie aus der Grube herauf, in welcher sie steht.“

Während der Diener ging, um die Eselin zu holen, fragte Abdias die Leute, ob sie keinen seiner Diener oder keine der Zofen seines Weibes gesehen haben; „denn“, sagte er, „sie sind alle fortgegangen.“

„Sind alle deine Diener fort?“ fragte man, „nein, wir haben sie nicht gesehen.“

„Ist vielleicht eines davon bei dir, Gad, oder bei dir, Simon, oder bei einem andern?“

„Nein, nein, wir sind selber alle fortgelaufen und haben nichts von ihnen gesehen.“

Indessen war Jephrem mit der Eselin gekommen, Abdias trat aus der Schwelle der Höhle Gaals heraus, man gab ihm den Riemen in die Hand, und er führte die Eselin über den Schutt davon. Aus den Fenstern steckten sich die Köpfe und schauten ihm nach.

Er ging durch die Wege der Trümmer und gedachte eine Stelle aufzusuchen, die abgelegen war, die er recht wohl kannte und die öfter als Zufluchtsort gedient hatte, ob er denn nicht eins oder das andere seiner Diener dort finden könnte, wohin sie sich vielleicht geflüchtet haben möchten. Der Regen hatte unterdessen überhandgenommen und war zwar fein geblieben, aber ganz allgemein geworden. Er ging durch den Brei des Sandes oder an den Schlinggewächsen vorbei, die aus verschiedenen Spalten hervorkamen und die liegenden Baustücke überwuchsen, er ging neben nickenden Aloeblüten und an triefenden Myrten vorüber. Kein Mensch begegnete ihm auf dem Wege, und es war kein Mensch ringsum zu sehen. Als er an die Stelle kam, die er sich gedacht hatte, ging er durch die niedrige, flache Pforte, die bis auf ihre Mitte im Sande stand, hinein und zog die Eselin hinter sich her. Er ging durch alle Räume des versteckten Gewölbes; aber er fand es ganz leer. Dann ging er wieder heraus und stieg noch auf ein Mauerstück, um sich umzusehen, ob er vielleicht eines erblicken könnte – aber es war nichts zu sehen als überall dasselbe Bild uralter Trümmer, über welche allseitig und emsig das feine, hier so kostbare Wasser rieselte, daß sie wie in einem düsteren Firnisse glänzten; er sah keinen einzigen Menschen darin, auch hörte er nichts als das sanfte Rieseln der rinnenden Gewässer. Er wollte seine Stimme nicht erheben, um zu rufen; denn wollte ihm eins eine Antwort geben, das ihn höre, so konnte es ja auch den Weg in seine Behausung finden und dort seine Anordnungen erwarten. Sie werden gewiß bei einem der Leute versteckt sein, der sie nicht verraten will. Er dachte sich, sie mögen ihn nun für einen Bettler halten und ihn fliehen – und er erkannte dies Benehmen als natürlich. Er stieg wieder von dem Mauerstücke herab, nahm den Riemen der Eselin, den er unterdessen um einen Knauf gewunden hatte, und trat den Weg zu dem Triumphbogen an. Obwohl er, da er das Oberkleid abgelegt hatte, um es auf Deborah zu breiten, ganz durchnäßt war, so achtete er nicht darauf und zog das Tier hinter sich her. Als er zu Hause angekommen war, ging er durch die Tür in die Vorderstube, führte die Eselin mit und band sie dort an. Er hatte in der Stube niemanden gefunden. Im Hineingehen durch den schmalen Gang dachte er, wenn drinnen auch noch niemand sei, so werde er selber Deborahs Diener sein und sie pflegen, soweit er es in seiner jetzigen Lage könne.

Aber sie hatte einer Pflege nicht mehr not; denn da er außer Hause war, hatte sie nicht geschlummert, sondern sie war gestorben. Das unerfahrene Weib hatte sich, wie ein hilfloses Tier, verblutet. Sie wußte es selber nicht, daß sie sterbe, sondern da ihr Abdias die stärkende Brühe gegeben hatte, tat sie wie eines, das recht ermüdet ist und sanft einschläft. Sie schlief auch ein, nur daß sie nicht mehr erwachte.

Als Abdias eintrat, war das Gemach noch immer einsam, es war auch hierher noch niemand zurückgekehrt. Uram, wie ein Bild aus dunklem Erze gegossen, saß an Deborahs Lager und wachte noch immer, Augen und Pistolen gegen die Tür gerichtet; sie aber lag, wie ein Bild von Wachs, bleich und schön und starr hinter ihm – und das Kind lag an ihrer Seite, schlummerte süß und regte im Traume die kleinen Lippen, als sauge es. – – Abdias tat einen furchtsamen Blick hin und schlich näher; mit eins wurde ihm die Gefahr klar, und er dachte an das, worauf er früher vergessen hatte – er stieß aus Überraschung einen schwachen Schrei aus – dann aber nahm er das Oberkleid, das er früher auf sie gebreitet hatte, und andere Lappen, die da lagen, weg, um zu sehen: es war deutlich, auf was er nicht geachtet und was sie gar nicht gewußt hatte. Er zupfte aus einem Kleide eine Faser heraus, die so fein und leichter war, als es eine Flaumfeder sein konnte, und hielt sie vor ihren Mund: aber sie rührte sich nicht. Er legte die Hand auf ihr Herz; er fühlte es nicht. Er griff ihre nackten Arme an: sie begannen schon kühler zu werden. Er hatte bei Karawanen, in Wüsten und im Hospitale Menschen sterben gesehen und erkannte das Angesicht. Er stand auf und ging in den nassen Kleidern, die an seinem Körper klebten, in der Stube herum. Der Knabe Uram blieb in gleicher Stellung auf dem Boden sitzen und ließ die Augen den Bewegungen seines Herrn folgen. Dieser ging endlich in die Zimmer daneben, warf die nassen Kleider von seinem Leibe auf einen Haufen und suchte sich aus den Dingen, die herum waren, einen Anzug zusammen. Dann ging er in die Vorderstube hinaus, nahm von der Eselin etwas Milch in eine Schale, trug die Milch herein, wickelte einen kleinen Lappen zusammen, tat ihn in die Milch, daß er sich ansauge, und brachte ihn dann an den Mund des Kindes. Dieses saugte daran, wie es am Busen einer Mutter getan hätte. Als es die Lippen immer schwächer regte, aufhörte und wieder fortschlief, legte er es weg von der Seite der Mutter in ein Bettlein, das er aus Kleidern in eine Mauernische gemacht hatte. Dann setzte er sich auf eine Bank nieder, welche von Steinen gebildet wurde, die zufällig aus der Mauerecke hervorstanden. Wie er saß, flossen aus seinen Augen Tränen, wie geschmolzenes Erz. Es stand nämlich Deborah vor ihm, wie er sie zuerst in Balbek gesehen hatte, da er zufällig an ihrem Hause vorüberging und das Gold des Abends nicht nur um die Zinnen ihres Hauses, sondern auch um die aller übrigen floß. Von einem weißen Mauerstücke flog ein Paradiesvogel auf und tauchte sein Gefieder in die gelbe Glut. Wie er sie dann abgeholt hatte, wie sie, von den Ihrigen über die Terrasse herabgeleitet, gesegnet worden war und wie er sie dann von allen Angehörigen weggenommen und auf sein Kamel gehoben hatte. – Jetzt wird sie bei ihrem verstorbenen Vater sein und ihm erzählen, wie es bei Abdias gewesen ist.

Er blieb immerfort auf den Steinen sitzen, auf die er sich

niedergelassen hatte. Es war in dem stillen Gemache niemand bei ihm als Uram, der ihm zuschaute.

Da endlich dieser Tag zur Neige ging und es in der Höhle allgemach so dunkel geworden war, daß man kaum mehr etwas sehen konnte, stand er auf und sagte: „Uram, lieber Knabe, lege diese Waffe weg, es ist hier niemand zu bewachen, sondern zünde die Hornlaterne an, gehe zu den Nachbarinnen und Klageweibern, sage ihnen, daß deine Herrin gestorben ist und daß sie kommen sollen, um sie zu waschen und mit andern Kleidern anzukleiden. Sage ihnen, daß ich noch zwei Goldstücke habe, die ich ihnen geben werde."

Der Knabe legte die Pistole auf die lockere Erde, stand auf, suchte die Zündsachen auf dem ihm wohlbekannten Platze, zündete die Laterne an, die Abdias, als er aus dem Keller gekommen war, hingestellt hatte, und ging hinaus. Der Lichtstreifen der mitgenommenen Laterne zog sich durch den Gang davon, und es war hierinnen jetzt finsterer, als es früher gewesen ist, weil das Licht den Gegensatz erzeugt hatte. Abdias zündete sich nichts an, sondern suchte nach der Wange des Weibes, kniete nieder und küßte sie zum Abschiede. Aber sie war jetzt schon kalt. Dann ging er zum Zündplatze, wo ein Stück einer Wachskerze lag, fachte dieselbe an und leuchtete gegen das Weib. Das Angesicht war das nämliche, mit dem sie ihn angesehen hatte, als er ihr Labung gereicht, und mit dem sie dann eingeschlafen war. Er meinte, wenn er nur genauer hinschaute, so müßte er sehen, wie es sich regte und die Brust sich im Atmen hebe. Aber es atmete nichts, und das Starren der toten Glieder dauerte fort. Auch das Kind regte sich nicht. Als sei es gleichfalls gestorben. Er ging zu demselben hin, um darnach zu sehen. Aber es lag in tiefem Schlafe, und sehr viele kleine Tröpflein standen auf der Stirne desselben. Er hatte es nämlich aus Übervorsicht zu stark mit Tüchern bedeckt. Daher nahm er etwas davon weg, um die Hülle leichter zu machen. Während er dieses tat, fiel sein langer Schatten von seinem Rücken weg über die Leiche des toten Weibes. Vielleicht schaute er auf das kleine Angesichtchen, ob er in demselben nicht Spuren von Zügen der Verstorbenen entdecken könnte. Aber er entdeckte sie nicht, denn das Kind war noch zu klein.

Der Sklave Uram kehrte sehr lange nicht zurück, gleichsam als fürchtete er sich und wolle nicht mehr kommen, aber da schon das Stück Wachskerze fast zu Ende gebrannt war und Abdias bereits ein anderes angezündet hatte, näherte sich der Tür ein verworrenes Murmeln und Rufen, und Uram trat an der Spitze eines Menschenhaufens in das Zimmer. Er bestand größtenteils aus Weibern. Einige davon waren gekommen, um zu klagen und zu jammern, wie es ihr Geschäft war, andere, sich an dem Unglücke zu erregen; und wieder andere, um es anzuschauen. Unter den Angekommenen war auch Mirtha, die Leibdienerin Deborahs, die sie immer am meisten geliebt hatte und der sie vollends alle ihre Neigung zuwendete, da sie dieselbe ihrem Manne abgewendet hatte. Sie war ebenfalls aus Furcht davongerannt wie die andern, als die Plünderer hereingebrochen waren, und war dann aus Haß gegen Abdias nicht mehr zurückgekehrt. Als sie aber am Abende gehört hatte, daß ihre Herrin ein Kind geboren habe und dann gestorben sei, schloß sie sich an den Menschenhaufen an, den man neben einer Laterne auf den regendurchweichten Wegen durch die dichten Trümmer gegen die Behausung des Abdias hin gehen sah. Sie wollte sehen, ob beide Dinge wahr seien. Als sie in dem Gemache angekommen war und den Gebieter ihrer Herrin stehen sah, drang sie schreiend und weinend aus dem Haufen hervor, warf sich vor ihm nieder, umschlang seine Füße und verlangte Bestrafung von ihm. Er aber sagte nichts als die Worte: „Stehe auf, und achte nur auf Deborahs Kind und beschütze es, da dasselbe dort liegt und gar niemanden zur Pflege hat."

Als sie sich auch von der Leiche der Herrin aufgerichtet und sich ein wenig beruhigt hatte, nahm er sie an der Hand und führte sie zu dem Kinde hin. Sie, die Augen immer auf ihn gerichtet, setzte sich neben demselben nieder, um es zu beschützen, und sie deckte sein Angesicht mit einem Tuche zu, damit es keine bezaubernden Augen anschauen könnten.

Die andern Leute, die herbeigekommen waren, riefen durcheinander: „Ach der Jammer – ach das Elend – ach das Unglück!"

Abdias aber schrie ihnen zu: „Laßt sie ruhen, die sie

nichts angeht; ihr aber, deren Beschäftigung diese Sache ist, klaget um sie, badet sie, salbet sie und gebt ihr ihren Schmuck. – Aber sie hat keinen Schmuck mehr – nehmt nur von dem, was da herumliegt, das Beste, und kleidet sie an, wie sie begraben werden soll."

Diejenigen, die sich über sie gebeugt hatten und sie an allen Stellen betasten wollten, gingen auseinander – aber die andern legten Hand an sie, um ihre Pflicht zu tun, derentwillen sie hergekommen waren. Abdias setzte sich in dem Schatten nieder, den der Menschenknäuel in die hintere Ecke warf; denn man hatte zwei alte Lampen angezündet, um zu allem besser sehen zu können, was man zu tun hatte.

„Das ist ein verstockter Mann", murmelten einige untereinander.

Die Totenweiber hatten indessen die oberflächlichsten Kleider von der Leiche getan, hoben sie dann auf und trugen sie in das Gemach nebenan, um sie vollends entkleiden zu können. Dann holten sie Wasser aus den von dem heutigen Regen angefüllten Zisternen, machten in der Küche Feuer, um es zu wärmen, taten es dann in eine Wanne und badeten und wuschen mit demselben den Leichnam, der noch nicht starr war und namentlich in der Wärme des Wassers die Glieder aufgelöset herniederhängen ließ. Als er rein war, legten sie ihn auf ein Tuch und salbten ihn überall mit Salben, die sie zu diesem Zwecke mit sich herbeigebracht hatten. Dann rissen sie aus den offenen Schreinen und lasen von dem Boden auf, was da geblieben war, und kleideten die Leiche vollständig an. Was nach diesem Geschäfte von Hüllen noch übriggeblieben war, packten sie zusammen und trugen es nach Hause.

Die Leiche war wieder in das Gemach, in dem sie früher gewesen war, herausgetragen und auf die Erde niedergelegt worden. Deborah lag nun da, angekleidet wie das Weib eines armen Mannes. Es bildeten sich Gruppen, um in der Nacht zu wachen, die Totenweiber waren auch wieder zurückgekehrt, manche Menschen gingen in den nächtlichen Trümmerwegen zu Abdias' Höhle ab und zu, und in dem Vorgemache, das nach auswärts führte, klagten und heulten die Weiber, die um Lohn herbeigekommen waren.

Am andern Tage begrub Abdias sein Weib in dem steinernen Grabe und zahlte die zwei versprochenen Goldstücke.

Sie hatte wenig Glück in dieser Ehe gehabt, und als es angefangen hätte, mußte sie sterben.

Die Nachbarn segneten sie mit ihren Lippen in das Grab hinein, als dasselbe mit den nämlichen Steinen geschlossen wurde, unter denen Aron und Esther schliefen, und sagten: Abdias sei es eigentlich gewesen, der sie um das Leben gebracht habe.

3. Ditha

Als Deborah begraben worden war und sich der letzte Stein über ihrem Leibe zu dem Nachbarsteine gefügt hatte, gleichsam als lägen sie zufällig da und bärgen nicht so kostbare Dinge wie die Körper verstorbener Angehörigen, und da sie auch so schwer befunden worden waren und so fest aufeinander lastend, daß keine etwa begierig schweifende Hyäne die Glieder auszuscharren vermochte: ging Abdias nach Hause und stand vor dem kleinen Kinde. Mirtha hatte in einem anderen Gemache eine bessere und tiefere Mauernische ausgefunden. Sie war einstens mit Seide ausgefüttert und mit seidenen Polstern bedeckt gewesen. Esther hatte gerne das schöne Kind Abdias darauf gelegt, damit sich sein süßes Lächeln recht heiter von der schönen, dunklen, grünen Seide hervorhebe. Jetzt waren aber keine solchen Dinge in der Nische vorhanden; denn die Vorhänge und Überzüge aus Seide waren herabgerissen und auf Saumtieren verpackt worden, die Kissen lagen allein da und waren zerfetzt, so daß das, womit sie gefüllt waren, ein zartes, dünnes Gras, gleichsam das Haar der Wüste, herausquoll, wie das Innere eines menschlichen Körpers. Mirtha zog dieses feine Gefüllsel gar heraus, lockerte es mit ihren Fingern auf und polsterte damit den nackten, von spitzigen Steinen unterbrochenen Boden der Nische. Dann suchte sie unter den herumliegenden Lumpen etwas zusammen, was sie darauf breitete, um das Kind auf dieses Bettlein legen zu können. Von Linnen war überhaupt wenig in der Wüste, und das Beste dieses Wenigen hatten die Reiter mitgenommen. Daher machte sie aus Wolle, aus andern Stoffen, ja aus seidenen Lappen, deren Farbe nicht mehr zu erkennen war, Windel und legte sie auf einen Haufen neben die Nische. Da das neugeborne Mädchen auf diesem Bettlein schlief, war es, daß Abdias von dem Begräbnisse heimkam und sich vor dasselbe hinstellte.

„Es ist so gut", sagte er, „Mirtha; wir müssen nun weitersorgen."

Er ging hinaus und führte die Eselin, die er gekauft hatte und die noch immer in dem Gemache angebunden war, in dem er sie gelassen hatte, herein. Er stellte sie, damit sie recht gut verwahrt sei, in das Gewölbe, welches sonst das Prunkgemach Esthers gewesen war und in das von oben herab durch das vergitterte Fenster das Licht fiel. Dort band er sie sorgsam an und richtete den hölzernen Riegel, mit welchem die Tür inwendig versehen war, wieder her, daß man ihn nachts, da man herinnen schlief, immer vorschieben könne. Von dem Vorrate dürren Wüstenheues, mit dem er sonst immer seine Kamele gefüttert hatte, war genug vorhanden, indem das Heu nicht in seiner Behausung, deren Äußeres, insoferne es brennbar war, von den Soldaten abgebrannt worden war, sondern in einer nicht weit davon befindlichen trockenen Höhle der Trümmer aufbewahrt worden war. Die Plünderer hatten es wohl gefunden, hatten auch versucht, es anzuzünden, aber wegen Mangel an Luftzug, und weil es so dicht gepackt war, hatte es nicht in Flamme geraten können. Sie rissen daher soviel heraus, als ihnen der Übermut eingab, nahmen mit, was sie für die nächsten Augenblicke brauchten und auf ihren Tieren unterbringen konnten, und ließen das übrige zerstreut liegen. Als sich Abdias des Heues und seiner Brauchbarkeit versichert hatte, ging er wieder in seine Wohnung zurück und suchte dort sehr lange unter all dem vielen Plunder die reinsten und womöglich aus Linnen verfertigten Lappen heraus, damit sie dem Kinde zum Saugen dienten, wenn man ihm die frische, warm aus dem Körper der Eselin kommende Milch zur Nahrung gab. Diese Lappen legte er alle auf einem Steine zusammen, der sich in dem Gemache des

Kindes befand. Sodann sah er nach den Zisternen. Er hatte in früherer Zeit hinter dem hohen Schutte, der auf seiner Wohnung lag, dort, wo ein sehr großes Fries und darauf liegende Felsenstücke immerwährenden Schatten gaben, zwei Zisternen graben lassen. Gewöhnlich aber war nur in einer derselben Wasser, die andere war leer. Dies rührte daher, weil die Zisterne mittelst eines Schlauches, den man absperren konnte, mit einer Wassergrube im Keller, die künstlich eingesäumt und dicht gepflastert war, in Verbindung stand, in welche Grube Abdias immer größere Wasserteile, wenn sie sich oben sammelten, abließ, damit das Wasser im Keller frischer werde und keine so große Menge durch Verdünstung verliere, als wenn es oben in der warmen Luft gestanden wäre, der es noch dazu eine größere Oberfläche darbot als im Keller. Beide Zisternen fand Abdias nach dem gestrigen Regen ganz voll, und er ließ die eine, wie gewöhnlich, unter die Erde ablaufen.

Das dürre, schlechte Kamel, auf welchem er gestern gekommen war, das er auf dem Sande vor seinem Hause gelassen hatte, hatte er ganz vergessen. Er erinnerte sich jetzt desselben und wollte darnach sehen. Es war zwar nicht mehr auf der Stelle, auf welcher es noch kniete, da Abdias die Pistolen herausgerissen hatte, aber es war doch schon in dem Stalle. Der Knabe Uram hatte es dem Manne, der es gestern, gleichsam um sich für seinen Verlust ein wenig zu entschädigen, fortgeführt hatte, wieder genommen, er hatte es durch die Mauertrümmer fortgeführt, hatte es zu einer gelben Lacke, die er recht wohl wußte und die er niemanden andern gönnte, geführt, ließ es die ganze Lacke austrinken, damit das Wasser nicht, wenn wieder die heiße Sonne käme, verlorenginge, dann hatte er es in den Stall gebracht, nachdem er ihm noch zuvor das Geschirr und Riemzeug, welches noch auf ihm war, herabgenommen hatte. In dem Stalle fand es Abdias stehen. Es war das einzige, wo noch vor kurzem mehrere und weit edlere und bessere gestanden waren. Es hatte ein wenig von dem durch die Plünderer herumgestreuten, halb versenkten Heue vor sich und fraß begierig von demselben. Abdias ließ etwas Mais, davon auch ein Vorrat dageblieben war, hinzugeben und von der Höhle frischeres Heu holen. Dann sagte er zu

Uram, den er in dem Stalle getroffen und durch den er diese letzteren Dinge hatte besorgen lassen: „Uram, gehe noch heute, solange die Sonne scheint, hinaus über den Sandkamm und suche die Herde, sie muß dort herum wo sein – und wenn du sie gefunden hast, so zeige dich dem Hirtenrichter und sage, daß er dir von dem Anteile des Einwohners Abdias einen mit dessen Namen gezeichneten Hammel gebe. Diesen nimm an den Strick und führe ihn noch vor Abend hierher, daß wir ihn schlachten, etwas braten und etwas durch Meersalz aufbewahren, damit wir so lange durchkommen, bis die Karawane, die morgen fortgehen wird, wieder zurückkehrt und so viel mitbringt, daß wir das gewöhnliche Leben zum Teil wieder anfangen können. Wenn du die Herde nicht bald findest, so suche nicht sehr lange, sondern kehre um und komme noch bei Tage nach Hause, daß wir um etwas anderes umsehen können. Hörst du? Hast du alles wohl verstanden?"

„Ja", sagte der Knabe, „ich werde die Herde schon finden."

„Hast du aber auch etwas zu essen?" fragte Abdias.

„Ja, ich habe in der oberen Stadt ein Täschchen voll Weizen genommen", antwortete der Knabe.

„Nun gut", sagte Abdias.

Nach diesen Worten langte Uram einen Strick von einem Haken des Stalles herunter, wo er gewöhnlich zu dem Behufe des aufgetragenen Geschäftes hing, nahm noch einen langen Stab von sehr schwerem Holze und lief über das Trümmerwerk davon, das in großen Haufen von dem Stalle des Abdias gegen die Wüste hinaus ging.

Abdias sah ihm ein Weilchen nach, bis er die hüpfende Gestalt nicht mehr erblicken konnte. Dann wendete er sich um und begab sich wieder in seine Wohnung. Zum Mittagsmahle nahm er ein paar Hände voll Maiskörner und trank von dem warmen Wasser der oberen Zisterne. Mirtha ließ er eine Schale voll Milch von der Eselin nehmen und gab ihr von dem dürren Brote, das da war; denn das bessere war zum Teile weggenommen, zum Teile verschleppt und verschleudert worden, auch konnte wegen dem zu starken Austrocknen in der heißen Wüste niemals ein großer Vorrat auf einmal gebacken werden.

Den ganzen Nachmittag brachte Abdias damit zu, die

Wohnung in einen solchen Stand zu setzen, daß sie von außen vor jedem nicht gar zu gewaltigen Angriffe gesichert war. Er schleppte die Lappen, und was von guten Dingen zerrissen herumlag, in zwei Gemächer zusammen, die jetzt zur Wohnung bestimmt waren, das andere verrammelte er zum Teile, zum Teile band er es mit vorgefundenen Strikken zusammen, so daß es hielt und die Eingänge, die etwa zu den Gemächern sein könnten, verwahrt waren. Teilweise hatte er auch ganz neue Riegel angebracht, er hatte die Klammern und Arben[18] mit guten Nägeln angenagelt. Als er fertig war, saß er auf der Steinbank und ruhte ein kleines Weilchen. Die Schmerzen, welche von der gestrigen Mißhandlung durch die Soldaten herrührten, waren heute viel heftiger geworden, als sie gestern in der ersten Aufregung waren, und hatten den Körper weit ungelenker gemacht. Er war einige Male in den Keller gegangen, hatte von dem kostbaren kalten Wasser eine Schale voll genommen, hatte ein Tuch eingetaucht und sich mit demselben die Lenden und andere schmerzende Stellen befeuchtet.

Gegen Abend kam ein Bote, welcher von den Dienern und Dienerinnen, die sonst in Abdias' Hause waren, abgesandt war. Uram und Mirtha waren die einzigen, die sich wieder eingefunden hatten und bei Abdias den Tag über geblieben waren. Der Bote forderte im Namen der Leute, deren Kennzeichen er mitbrachte, den rückständigen Lohn, den sie trotzig begehrten, weil sie meinten, er sei nunmehr ein Bettler. Abdias sah die Forderungen an und gab dann dem Boten das Geld, das er in lauter sehr kleinen Münzen aus dem schlechten Kaftane zog, den er nun anhatte. Er sagte, daß er die Nachbarn grüßen lasse und daß er, wenn sie wollten, noch einige schlechte seidene Dinge um sehr billiges Geld zu verkaufen hätte, sie möchten morgen kommen, wenn es ihnen genehm wäre, etwas davon zu erstehen.

Der Bote nahm das Geld, ließ die Papiere, welche von Seite der Diener den Empfang bestätigten, in Abdias' Hand und ging fort.

Als schon die in jenen Ländern sehr kurze Dämmerung eingebrochen war und als Abdias, welcher recht gut wußte, wie schnell eine sehr finstere Nacht auf sie folge, bereits mehrere Male über die Trümmer nach Uram ausgeschaut hatte, dessen Verirren in der gegenstandlosen Wüste er fürchtete, kam der Knabe, als noch die letzten schwachen Strahlen leuchteten, hinter den dunkeln Mauerstücken, durch herabhängendes Buschwerk noch dunkler gemacht, hervor, den Hammel, welcher Widerstand leistete, mehr hinter sich herzerrend als ihn führend. Abdias gewahrte ihn bald, trat zu ihm hinzu und geleitete ihn zu dem Eingange des äußeren Gemaches, das in seine Wohnung führte. Dort war der Hammel angebunden, und nachdem Uram belobt worden war, wurde ihm ferner aufgetragen, daß er wieder die Hornlaterne anzünden und nach einem Manne, etwa dem Fleischer Asser, suchen möchte, welcher gegen Geld den Hammel schlachte und teile. Abdias war nämlich wegen der vielen Schmerzen, die er in seinem Leibe hatte und die denselben immer ungefügiger machten, gleichsam als rieben sich die Muskeln, die er bewegen wollte, schmerzhaft aneinander oder als trotzten sie, nicht leicht imstande, bei der Sache zu helfen, noch weniger aber, sie selber zu verrichten, wie er wohl sonst öfter getan hatte. Der Knabe zündete die Laterne an und eilte fort. Nach nicht gar langer Zeit kam er wieder zurück und führte den Fleischer Asser neben sich. Dieser trat zu Abdias ein, und als man nach einigem Handeln einig geworden war, erklärte er sich, daß er den Hammel schlachten, ausziehen und nach der gesetzmäßigen Art teilen wolle. Abdias nahm die Laterne, leuchtete gegen den Hammel hin, um dessen Zeichen zu sehen und sich zu versichern, daß er der seine sei und er nicht etwa einem fremden schlachte. Nachdem er über diesen Punkt in Richtigkeit war, sagte er, das Geschäft möge beginnen. Der Fleischer band sich das Tier, wie er es brauchte, legte es gegen eine Grube, in die das Blut abfließen konnte, und tötete es. Dann zog er die Haut ab und teilte das Fleisch in Teile, wie es bedungen worden war und wie es bei den Bewohnern der verwüsteten Stadt in Gebrauch gekommen. Der Knabe mußte ihm mit einer Kerze, die angezündet worden war, leuchten. Nachdem all das verrichtet war und der Fleischer, wie man ausgemacht hatte, die Eingeweide genommen und seinen Lohn erhalten hatte, mußte ihn Uram wieder mit der Hornlaterne in seine Wohnung zurückgeleiten. Als er von diesem Gange abermals nach Hause gekommen war, verscharrten er und Abdias die blutige Grube mit Erde, taten dann Wasser, Reis und ein Stück Fleisch nebst Salz und Kräutern in einen Topf, machten Feuer und kochten das Ganze bei Kamelmist und einigen Resten von Myrtenreisigbündeln, welche nicht verbrannt worden waren. Als diese Speise bereitet war, aßen Abdias und der Knabe davon und trugen auch Mirtha, welche immer innen bei dem Kinde sitzen geblieben war, einen Teil hinein. Zum Trinken bekamen sie Wasser aus der oberen Zisterne; denn das in dem Keller wurde gespart. Nachem alles dieses vorüber war, ging Abdias zu dem äußern Eingange der Wohnung und verwahrte und verschloß ihn von innen, und nachdem er mit dem Knaben noch die Reste des Fleisches teils eingesalzen, teils frisch zum morgigen Gebrauche in die tief unter die Erde gegrabene Grube gebracht hatte, die zur Aufbewahrung von derlei Gegenständen da war, verschloß und verband er auch alle übrigen Türen, die in der Behausung waren, von innen, und die Bewohner dieser Gemächer begaben sich zur Ruhe. Wo sonst beinahe ein Gewühl von Dienern und Leuten gewesen war, schliefen nun statt vieler Menschen Abdias, der Knabe Uram, die Magd Mirtha und das kleine Kind Ditha. Judith war es nach Esthers Mutter genannt worden; Mirtha hatte es aber den ganzen Tag über mit der Verkleinerung Ditha angeredet. Abdias hatte sich auf dem Boden des Gemaches gebettet, in dem das Kind war, Mirtha schlief neben der Nische, in der Ditha lag, eine Lampe brannte in dem Zimmer, und im Nebengemache war die eingekaufte Eselin. Uram lag draußen im Vorgemache in trocknen Palmenblättern.

Als am andern Tage die Sonne aufgegangen war, kamen viele Nachbarn und wollten von Abdias die seidenen Sachen, von denen er ihnen hatte Meldung tun lassen, kaufen. Er lag von den vielen Schmerzen seines Körpers halb zurückgelehnt in einem Haufen Wüstenstroh. Uram hatte alle die Lappen, die ihm Abdias bezeichnet hatte, herbeigetragen und hatte sie aufeinander geschichtet. Es waren teils alte Kleider, welche von noch älteren, völlig unbrauchbaren herausgesucht worden waren, teils waren es Überreste in größeren und kleineren Stücken Stoffes, mit dem er sonst gehandelt hatte, teils endlich waren es Fetzen seiner eigenen Geräte und Matten, welche von den Plünderern zerrissen und wegen ihrer Unbedeutenheit so wie die Stoffreste hingeworfen worden waren. Die Nachbarn handelten um alle Dinge, selbst die unbedeutendsten, und kauften alle Flecke, die ihnen Abdias vorlegte, ein. Als nach vielem Handeln und Herabdrücken der Preise alle Sachen verkauft und die dafür ausgedungenen Preise gezahlt waren, nahmen die Käufer ihr Erstandenes zusammen und gingen fort. Der übrige Teil des Tages verging wie der gestrige unter Verrichtungen zur Verbesserung der Lage. Abdias stand zu Mittage wieder auf, ging zu dem Landesflecke neben seiner Wohnung hinaus, wo er sonst seine Gemüse stehen hatte, und sah nach. Es war manches da, manches war wegen Nichtbeachtung zugrunde gegangen. Was am besten den Himmelsstrich vertragen konnte, wollte er stehen lassen und besorgen. Er kargte sich ein wenig Wasser von der oberen Zisterne ab und befeuchtete die am meisten bedürftigen damit. Er glaubte, es um so eher tun zu können, weil die Regenzeit bevorstand und wieder Wasser bringen würde. Die Eselin versorgte er selber mit Heu, welches er aus der Mitte des Stockes herausnahm, wo es am wenigsten von dem Brandgeruche des Hauses eingesaugt hatte. Er gab ihr Wasser, worunter sogar ein Teil des kühlen aus dem Keller gemischt wurde; er ließ sie durch Uram abends hinaus in die Luft führen und, während er selber dabeistand, von den verschiedenen Gräsern, Disteln und Gesträuchen fressen, die in dem Sande, dem Lehme und dem Schutte des Trümmerwerks wuchsen. Das schlechte Kamel, welches allein in dem Stalle stand, versorgte Uram. Draußen in der Herde, welche gemeinschaftlich in der Wüste gehalten wurde, waren noch einige, aber wenige Tiere sein, diejenigen, welche in den Wohnungen der Trümmer waren, waren von den Plünderern fortgetrieben worden.

Nach wenigen Tagen kam ein Teil der fortgegangenen Karawane zurück und brachte solche Dinge und Sachen mit, welche zu dem täglichen Verkehre gehörten und dazu dienten, daß sie das Leben, wie es vor dem Einbruche der Plünderer geherrscht hatte, wieder nach und nach anfangen konnten. Abdias kaufte in den darauffolgenden Tagen allgemach ein, was er brauchte, und in kurzer Zeit stellte sich das tägliche Hin- und Herhandeln wieder ein, welches unter Menschen in einer Gemeinde notwendig ist, daß sie gesellig leben und ihren Zustand, er sei noch so niedrig, wie er will, einrichten können. Die Nachbarn wunderten sich nicht, daß Abdias Geld habe, und zwar mehr, als er durch den Verkauf der Waren gelöset haben konnte; denn sie selber hatten ja auch eins, das sie im Sande vergraben gehalten.

So verging gemach eine Zeit nach der andern. Abdias lebte still fort, an jedem Tage so wie an dem vorhergegangenen. Den Nachbarn fiel es auf, und sie dachten, er warte nur auf seine Zeit, welche den Augenblick bringen würde, an dem er sich für alle vergangenen Unbilden rächen könnte. Er aber stand in seiner Wohnung und betrachtete das kleine Kind. Es hatte winzige Fingerchen, die es noch nicht zu regen verstand, es hatte kleine, unkennbare Züge in dem unentwickelten Angesichtchen, das sich noch kaum zu entfalten begann, und in diesem Angesichtchen hatte es blaue Augen. Diese Augen standen in der sehr schönen Bläue offen, aber regten sich noch nicht, weil sie noch das Sehen nicht verstanden, sondern die Außenwelt lag gewaltig, gleichsam wie ein totgeborner Riese, darauf. Die blauen Augen waren Ditha allein eigentümlich, da weder Abdias noch Deborah blaue Augen hatten, sondern tiefschwarze, wie es ihrem Stamme und jenem Lande, in dem sie lebten, eigen zu sein pflegt. Er hatte nie vorher besonders Kinder betrachtet. Dieses aber betrachtete er. Er reisete auch nicht fort, wie er sonst getan hatte, um Handel zu treiben und zu erwerben, sondern blieb immer da. Er dankte oft Jehova, daß er einen solchen Strom sanften Fühlens in das Herz des Menschen zu leiten vermöge. Wenn es Nacht war, saß er zuweilen wieder, wie er es früher auch getan, auf dem hochgetürmten Schutte seines Hauses, dort, wo die zerrissene Aloe stand, und betrachtete die Gestirne, die tiefen, funkelnden Augen des Südens, die hier täglich zahllos und feurig herniedersehen. Abdias wußte aus seinen unzähligen Wanderungen sehr gut, daß im fortlaufenden Jahre immer andere Sterne am Himmel prangen, der einzige

Schmuck, der in der Wüste, wo keine Jahreszeiten sind, in dem einen Jahre hinum sich erneuert.

Endlich, nach sehr langer Zeit, kam auch der zweite Überrest der gleich nach der Zerstörung in die Welt hinausgeschickten Karawane. Die verbrannten und zerlumpten Leute derselben brachten alle Dinge, die man noch vollends brauchte; sie brachten Waren und Kleinode, um wieder damit zu handeln, und endlich brachten sie an die Eigentümer jenen Teil der von Abdias abgetretenen Summe, der eben zur Zeit des Karawanenzuges fällig gewesen war. Die Nachbarn waren nun zufrieden, sie achteten ihren Genossen Abdias und dachten, wie er wieder hinaus ginge und Handel treibe, so würde er bald wieder so reich sein, daß er ihnen allen Schaden ersetzen könnte, den sie erlitten hatten und den er ihnen doch eigentlich nur allein durch sein unvorsichtiges und kühnes Leben zugefügt hatte. Sie rüsteten bald wieder einen Zug und gaben ihm alles mit, was zur Einrichtung eines Handels und Tausches, wie sie ihn vor der Plünderung zu führen gewohnt waren, nötig war. Abdias hatte an dem Unternehmen keinen Teil genommen. Es schien, als schütze er nur das kleine Wesen, welches noch kein Mensch, ja noch nicht einmal ein Tier war.

Die Regenzeit hatte sich indessen eingestellt, und wie es alljährlich bei derselben der Brauch war, verkroch sich alles in seine Häuser und Höhlen, was nicht unmittelbar von dem Lose getroffen war, hinaus in die Ferne zu müssen, um die Geschäfte zu besorgen. Die Zeit des Regens, wußten sie, so vorteilhaft sie ihren wenigen Gemüsestellen, dann den Gesträuchen und den Weideplätzen der Wüste ist, so nachteilig ist sie den Menschen und erzeugt die in ihrer Lage und ihrem Wohnorte ohnedem so gerne hereinbrechenden Krankheiten. Auch Abdias mit seinen wenigen Untergebenen hielt sich so gut als möglich verschlossen.

Die Zisternen füllten sich und gingen über, die einzige Quelle, welche in der Stadt in einem tiefen Brunnen floß und zu der alle Bewohner ihre Zuflucht nahmen, wenn die lange Dürre herrschte und jede Zisterne versiegt war, rauschte und füllte fast den Brunnen bis oben; die Gesträuche und Gräser und Palmen troffen, und wenn wieder die einzelnen unsäglich heißen Blicke der Sonne kamen, freuten sich die Gewächse, wuchsen in einer Nacht ins Unglaubliche, und sie schauerten und zitterten gleichsam in Wonne, wenn das furchtbare Krachen des Himmels über ihnen rollte und sich fast täglich und stündlich in mehreren abwechselnden Stärken wiederholte. Der Schutt der Trümmer wurde zu Brei, die Felsenmauern wurden abgewaschen, oder sie, so wie die kahlen und sandigen Hügel, überzogen sich mit Grün, daß sie nicht mehr zu erkennen waren.

Nach einer Zeit hörten diese Erscheinungen allmählich wieder auf. Sie hörten in diesem Trümmerwerke um so eher auf, weil dasselbe in der Wüste gelegen war, in welcher sonst der viele ringsherumliegende Sand aus den Strahlen der Sonne eine solche Wärme brütete, daß sie jede Wolke, wenn sie nicht übermäßig dicht und wasserreich war, aufsaugte und in unsichtbaren Dunst lösete. Die dichten, hängenden, grauen Massen, aus welchen nur zuzeiten weiße, wässerige, schimmernde Stellen leuchteten und die die geschlungenen furchtbaren Blitze jenes Himmelsstriches brachten, wurden nach und nach höher, trennten sich, daß einzelne Ballen am Himmel standen, die sich dunkler und blauer färbten, weiße, schimmernde Ränder hatten und den klaren Äther und die scheinende Sonne in immer längeren Zeiträumen herabblicken ließen – endlich war schon über dem Trümmerwerke und der Wüste ganz heiterer Himmel, nur daß am Rande draußen noch durch ein paar Wochen aus Dunkelblau und Weiß gemischte Ballen und Massen zogen, aus denen Blitze leuchteten; bis auch dieses allgemach aufhörte und der beginnende und nun fortdauernde reine Himmel und die reine Sonne leer und gefegt über dem funkelnden Geschmeide des regendurchnäßten Landes stand.

Die Scheibe der Sonne und die ewigen Sterne löseten sich nun täglich ab. An der Oberfläche des Bodens waren die Wirkungen des Regens bald verschwunden, er war dürr und staubig, daß die Bewohner an den Regen wie an ein Märchen zurückdachten; nur die tiefer gelegenen Wurzeln und Brunnen empfanden noch die Güte der unendlichen, zu einem aufzubewahrenden Schatze hineingesunkenen

Menge des Wassers. Aber auch das minderte sich immer mehr und mehr, die kurzlebenden grünen Hügel wurden rötlich, und an vielen Stellen blickte Weiß aus ihnen hervor, was den täglich heiteren Himmel immer dunkler und blauer und die Sonne immer geschnittener und feuriger machte.

Abdias lebte zu dieser Zeit in seinem Hause immer fort wie seither. Der Augenblick zur Rache schien noch nicht gekommen zu sein.

Als aber seit dem Regen schon eine lange Zeit vergangen, als die flachen Hügel Sandes auch nicht mehr rot, sondern weiß waren, als die Hitze gleichsam blendend über dem Sande stand, trüber, rötlicher Schein an dem Gesichtskreise schwebte, jedes Lüftchen draußen, wenn das Auge in die Ferne dringen wollte, den sanften, undurchdringlichen Höhenrauch des Staubes führte, als die Trümmer, die Myrten und Palmen grau waren, die Luft täglich heiter, als sollte das ewig währen, und die Erde trocken, als sei Wasser ein in diesem Lande unbekanntes Gut – da das Mädchen Ditha recht gesund und stark war: ging Abdias einmal hinter sein Haus um die verdorrten Palmen und den Triumphbogen herum zu einer Stelle, die neben schwarzen, gleichsam versengten Steinen lag, und grub in der Abgelegenheit der Felsen, wo er wenig erblickt werden konnte, mit einer Handkelle im Sand und in der Erde. Es kamen, da er geschickt arbeitete, mehrere Goldstücke zum Vorscheine, und dann wieder mehrere. Er zählte sie. Dann grub er wieder und fand noch manche. Als er sie, auf seinen Füßen sitzend, endlich noch einmal alle gezählt hatte und wahrscheinlich genügend fand, hörte er zu graben auf und wühlte den trockenen Sand wieder über die flachen einzelnen, nicht gar großen Steine, unter denen eigentlich das Gold gelegen war, bis die Stelle aussah, als wäre nur jemand zufällig hier gewesen und hätte zufällig den Sand mit seinen Füßen in Unruhe gebracht. Er trat noch auf der Stelle mit seinen Sohlen hin und her, wie wenn jemand gestanden wäre, sich umgekehrt und nach verschiedenen Richtungen hinaus geschaut hätte. Dann ging er fort und ging ziemlich weit von hier zu einer andern Stelle, auf welcher er es ebenso machte. Zu Mittag ging er nach Hause, um etwas zu essen, Dann ging er sogleich wieder hinaus, suchte noch mehrere solche Plätze und tat an jedem wie an dem ersten. Wo ihm der Sand, von dem Winde angeregt, große Hügel über den Schatz gelagert hatte, grub er immer fort, wieviel Zeit auch dabei vergehen mochte, er häufte Berge Schutt neben sich an, kniete tief in demselben und sah nach – und überall kam ihm das edle, von keinem Roste angegriffene Gold entgegen, wie er es zur Aufbewahrung anvertraut hatte. Gegen Abend kam er rückwärts um den hochgetürmten Schutt auf seinem Hause, von dem wir öfter gesprochen haben, heran. Er schien mit seiner Arbeit fertig zu sein. Er stieg auf den Gipfel hinauf und sah herum – und nachdem er die unendliche Leere, gleichsam als müßte er von einem Paradiese scheiden, lange angeschaut hatte, stieg er nieder, ging in seine Gewölbe und begab sich bald zur Nachtruhe.

Am andern Tage, als das Licht anbrach, sagte er zu Uram: „Lieber Knabe, gehe hinaus in die Wüste, ob du nicht die Herde finden kannst, zähle die Hammel und die andern Tiere, die mein gehören, und komme dann und sage, wieviel ich noch habe."

Der Knabe richtete sich und ging fort.

Abdias aber, als er den Knaben nicht mehr sah, begab sich in das Gemach, in welchem Deborah gestorben war und in welchem sie ihm die kleine Ditha geboren hatte. Dort sperrte er sich ein, so gut er konnte, daß Mirtha nicht hereinkäme und auch kein Nachbar ihn etwa zufällig besuchte. Als er sich so versichert hatte, ging er in die anstoßende Höhle – denn das Gewölbe war eigentlich ein Doppelgemach –, zog kleine, spitzige eiserne Brechwerkzeuge aus seinem Busen heraus, näherte sich einer Ecke der Mauer und begann dort einen der Steine aus seinen Fugen zu lösen. Als ihm dieses gelungen war, zeigte sich hinter dem herausgenommenen Steine in dem dicken Mauerwerke eine Höhlung, in welcher ein flaches Kästchen aus Kupfer stand, ganz mit Grünspan überzogen. Er nahm das Kästchen heraus und öffnete den Deckel. Im Innern lagen, in Seide und Wolle eingewickelt, einige Papiere. Er nahm sie heraus, setzte sich nieder und zählte sie einzeln auf seinen Kaftan. Sodann legte er sie zusammen auf eine

Stelle hin, zog eine hölzerne Büchse aus seiner Tasche, in welcher der Staub eines geschmeidigen, seifenförmigen Steines war, und rieb mit dem Staube jedes Papier so lange, bis es nicht mehr rauschte. Dann tat er sie einzeln jedes in ein flaches Täschchen von feiner, wasserdichter Wachsseide und nähete die Täschchen an verschiedenen Stellen seines Kaftans ein, der mit vielen und allerlei Flecken bedeckt war. Als er dieses Geschäft zu Ende gebracht hatte, legte er das leere Kästchen, die Brechwerkzeuge und die Büchse, in der der geschmeidige Staub gewesen war, in die Höhlung der Mauer und fügte den herausgenommenen Stein mit seinen Händen wieder ein. Die Fugen verklebte er mit einer eigenen Art von Mörtel, der sehr schnell trocknete, die Farbe der Mauer hatte und machte, daß man die bestrichene Stelle von jeder andern nicht unterscheiden konnte.

Da diese Dinge vollendet waren, machte er die Türen wieder auf und ging hinaus. Die Zeit neigte sich bereits gegen Mittag. Er aß ein wenig und gab auch Mirtha zu essen. Hierauf begab er sich in das Gemach, in welchem die Eselin stand, und schirrte dieselbe vollständig zu einer Reise an. Er erklärte dann Mirtha, daß er fortziehen wolle, um einen andern Wohnplatz zu suchen, sie möchte sich richten und zu der Reise in Bereitschaft sein. Das Mädchen willigte ein und begann sogleich, weil er sagte, daß es sein müsse, sich und das Kind zu dem Zuge so zu richten, wie sie es am zweckdienlichsten erachtete. Das hagere Kamel hatte Abdias schon mehrere Tage vorher verkauft, damit seine Nachbarn nicht glaubten, daß er Geld habe. Er zog also nach einer Stunde die Eselin hervor, hob Mirtha, die sich vollständig ausgerüstet hatte, auf dieselbe hinauf, gab ihr das Kind und führte sie fort. Sie zogen durch verschiedene Teile der Trümmerstadt, die nicht bewohnt waren, hin und her, an hohen Klumpen vorüber, von denen Kräuter und dürre Stängel herabschauten, bis sie endlich an dem Rande der Stadt ankamen. Dort führte sie Abdias über graue Rasen und Steppen, dann über Flächen und endlich in einer geraden Linie in das ebene Land, in welchem kein Gras war und unendlich viele kleine Steinchen am Boden lagen. Hier ging er darüber, und bald hatte sie die rote goldene Sandluft der Wüste eingeschlungen, daß sie von der Trümmerstadt nicht mehr hätten gesehen werden können, so wie sie den grauen Streifen der Stadt nicht mehr sahen.

Abdias hatte sich Sohlen auf die Füße gebunden und leitete die Eselin an dem ledernen Riemen hinter sich her. Für sich und Mirtha hatte er die Büchse mit dem verdichteten Brühstoffe eingesteckt, nebst Weingeist und Geschirre, um zu kochen: das Tier trug Wasser und sein Futter. Den ursprünglich weißen Arabermantel, der aber jetzt vom Schmutze völlig vergelbt war, nahm er selber auf seine Schultern, ebenso trug er einen Bündel gedörrter Früchte, damit die Eselin nicht zu sehr überladen wäre. Seitens Mirthas, auf der Gegenseite, damit das Gleichgewicht des Sattels hergestellt sei, war ein Körbchen angebracht, darin ein Bettlein war, daß man das Kind, wenn es für Mirtha zu schwer würde und derselben die Arme weh täten, hineinlegen könne. Über das Körbchen war ein Schirmtuch zu spannen.

Die Eselin ging geduldig und gehorsam in dem Sande, der ihre Hufe röstete. Abdias reichte ihr mehrmals Wasser, auch mußte sie einmal, da die mitgenommene Milch in der Hitze des Tages sich zu säuern begann, für Ditha gemolken werden.

So zog man fort. Die Sonne senkte sich nach und nach dem Rande der Erde zu. Mirtha redete nichts, da sie den Mann Abdias haßte, weil er sein Weib umgebracht hatte. Er schwieg auch beständig und ging vor der Eselin her, daß ihm die Haut von den wunden Füßen hing. Zuweilen sah er nur in das Körbchen hinein, in welchem das Kind schlief, und sah, ob noch der Schatten auf dem Gesichtchen desselben wäre.

Als es Abend wurde und die Sonne als eine riesengroße, blutrote Scheibe an dem Rande der Erde lag, die sich gleichfalls als ein vollkommenes flaches Rund aus dem Himmel schnitt, wurde haltgemacht, um die Nachtruhe zu genießen. Abdias breitete ein großes Tuch aus, welches unter dem Sattel auf dem Rücken der Eselin lag, ließ sich Mirtha auf das Tuch setzen, stellte das Körbchen mit dem Kinde daneben und gab den weißen Mantel her, daß sich beide damit zudecken könnten, wenn die Nacht gekommen wäre und sie schlafen würden. Dann tränkte er die Eselin und legte ihr Heu vor, auch einige Händevoll Reis hielt er in Bereitschaft, um sie ihr später zu geben. Hierauf packte er seine Kochvorrichtungen aus, das heißt eine Weingeistlampe, eine Wasserkanne und den Brühestoff. Als er angezündet, Wasser gehitzt und die Suppe bereitet hatte, gab er Mirtha zu essen, aß selber, trank von dem schlechten lauen Wasser des Schlauches und gab Mirtha zu trinken. Zum Nachtische wurden einige der getrockneten Früchte aus dem Sacke genommen. Da alles dieses geschehen war, legte sich Mirtha zur Ruhe, beschwichtigte das im ganzen heutigen Tage erst jetzt zum ersten Male weinende Kind, und in kurzem schliefen beide fest und gut. Abdias benützte, als er gegessen hatte, den noch kleinen Überrest der Tageshelle, um einige von den Goldstücken, welche er gestern aus dem Sande ausgegraben hatte, in die Pistolenhalfter und in den Sattel, der einige kleine Höhlungen in dem Holze hatte, zu tun und zuzunähen. Er tat die Münzen in gehöhlte Stellen, wo sie sich nicht rühren und nicht klappern konnten, und heftete alte Lederflecke darauf, oder er trennte hie und da das schon vorhandene Flickwerk und schob die Geldstücke hinein, worauf er das Getrennte wiederherstellte. Als bei diesem Geschäfte die Nacht hereinbrach und schnell ihre in jenen Ländern so tiefe Dunkelheit auf die Erde breitete, legte er alles seitwärts und rüstete sich zur Ruhe. Er breitete vorerst noch ganz einhüllend den Mantel über Ditha und Mirtha, daß sie vor den giftigen Dünsten der Wüste beschützt würden. Sodann legte er sich selber auf den bloßen Sand nieder, den Kaftan, den er ausgezogen und mit dem er sich zugedeckt hatte, über sein Gesicht ziehend. Um den einen Arm hatte er den Riemen der Eselin geschlungen, welche müde war und sich gleichfalls schon in dem Sande niedergelegt hatte. An dem andern lagen handrecht zwei Pistolen, jede vierläufig, die unter Tags in dem Halfter gesteckt waren und die er auf alle Fälle zu sich nahm, obwohl in diesem weiten Sande weder Tiere und kaum auch Menschen zu fürchten waren.

Die Nacht verging ruhig, und mit Anbruch des nächsten Tages wurde die Reise fortgesetzt. Abdias war, als sich der erste Saum des leeren Himmels in Osten anzündete, aufgestanden, hatte das Heu und die Lappen, die er auf das Riemwerk gebreitet hatte, daß es sich nicht nässe und dann in der Hitze leide, weggeräumt und gesammelt, worauf er dann Kola, die Eselin, sattelte und alle die andern Dinge an ihren Platz tat. Nachdem er und Mirtha gegessen hatten und Ditha mit der Milch des Tieres getränkt worden war, brach man auf.

Ehe noch ein kleiner Teil dieses ihres zweiten Reisetages vergangen war, standen schon die blauen Berge, Abdias' nächstes Ziel, sehr groß und deutlich an dem Rande der Wüste, aber sie standen stundenlange so klar und deutlich da, ohne daß es schien, daß man sich ihnen nur zollbreit genähert hätte. Abdias hatte für seinen Zweck mit Absicht einen Weg eingeschlagen, der zwar ein bedeutend längerer war als jeder andere, aber den Vorteil hatte, daß er kürzere Zeit in der Wüste führte, indem er nur eine Bucht derselben durchschnitt und gegen die benannten blauen Gebirge zu lief. Abdias hatte dieses getan, um die Wüstenluft zu vermeiden, die Mirtha und Ditha noch nie geatmet hatten. Aber nicht bloß durch einige Stunden standen die wunderschönen, blauen, lockenden Berge aufrecht vor ihnen am Rande der Ebene, gleichsam zum Greifen nahe, sondern sie standen den ganzen Tag so, obwohl man sich ihnen in gerader Richtung näherte, und änderten weder ihre Farbe noch ihre Größe. Erst da das kurze Abenddämmern jenes Himmelsstriches kam, erreichte man zwar nicht sie selber, wohl aber ein grünes Eiland, gleichsam ein Vorland derselben, auf welchem für Kola, die Eselin, frische Pflanzen, für alle drei aber eine klare Quelle war. Als man sich auf die Insel begeben und dort, was sie bot, namentlich das kühle Wasser, genossen hatte, zog Abdias die Reisegesellschaft wieder zurück gegen die Wüste und ließ sie auf einem Platze zum Nachtlager stille halten, auf welchem Sand war und Disteln und Kaktuspflanzen in großen Zwischenräumen zerstreut standen. Er tat dieses des Taues willen, der auf Wüsteninseln in sehr großer Menge zu fallen pflegt und für diejenigen, die dort unter freiem Himmel schlafen, ungesund ist. Er machte genau die nämlichen Vorbereitungen wie in der vergangenen Nacht und verbarg den noch übriggebliebenen Rest der Goldstücke in jene Stellen des

Sattels, der Gurten und des andern Geschirres der Eselin, welche zu diesem Zwecke noch da waren. Einen Teil des Goldes aber steckte er zu sich in verschiedene Fächer seiner Kleider, daß, wenn Räuber über ihn kämen, sie dasselbe fänden und in der Meinung, daß es sein gesamtes Geld sei, nicht weitersuchten. Wie in der vergangenen Nacht legte er sich wieder auf den bloßen Sand und schlief.

Da der Morgen dämmerte, wurde er, der heute viel besser geschlafen hatte als gestern, durch seltsame Töne geweckt. Es war ihm, als träumte er sich um dreißig Jahre zurück, als läge er mit seinem Haupte wieder an dem Halse seines Kameles und höre das Schnaufen desselben, mitten in der ringsum ruhenden Karawane liegend. Er rieb sich seine von dem feinen Wüstensande schmerzenden Augen, und da er sie öffnete, sah er wirklich ein Kamel vor sich stehen, das der Morgenglut der Wüste entgegenschnaufte und seinen kleinen Kopf hochgehoben hatte. Auch einen Mann erblickte er, einen Schlafgenossen, den sie in der Nacht bekommen haben mußten. Derselbe lag auf dem Boden im tiefsten Schlafe begraben und den Riemen des Kameles um seinen Arm geschlungen, wie es Abdias gerne machte. Abdias sprang empor, ging näher gegen die Gruppe der zwei Wesen, die in einer kleinen Entfernung von ihm war, und da er hinzugekommen, traute er seinen Augen kaum – es war der furchtbar abgehetzte Knabe Uram, der da vor dem Kamele auf dem Boden lag. Derselbe schlief auf dem Rükken liegend und das Antlitz gerade gegen den Himmel emporzeigend. Dieses Antlitz, das sonst so jugendlich heiter und frisch war, war aber jetzt so entstellt, als sei der Knabe in diesen zwei Tagen um zehn Jahre älter geworden. Als ihn Abdias aufgeweckt hatte und die inzwischen aufgestandene Mirtha auch herzugekommen war, erfuhr man den Zusammenhang der Sache. Da der Knabe die Herde gefunden und unter den vielen Tieren, die den Bewohnern der Trümmerstadt gehörten, die des Juden Abdias gezählt und, um keine Irrung zu begehen, noch einmal gezählt hatte, ging er wieder nach Hause, indem er auf dem Wege das Brot und die Datteln aß, die er sich als Mittagsmahl mitgenommen hatte, und die herausbekommene Zahl, damit er sie nicht vergäße, immer wiederholte. Zu Hause, wo er nachmittag angekommen war, habe er seinen Herrn Abdias gesucht – er suchte ihn in allen Gewölben, in dem Stalle, bei dem Heue, bei den Zisternen, an der Aloe – und fand ihn nicht; erst, als er auch bemerkte, daß Mirtha und Ditha ebenfalls fehlen und die Eselin auch nicht da sei, sei ihm Abdias' Auswanderung klargeworden. Er habe nun dem Juden Gad ein Kamel gestohlen und sei nachgejagt. Zuerst hat er die Spuren der Eselin gesucht und dieselben wirklich in den Tälern zwischen den Trümmern gefunden, wie sie in Umwegen gegen die Wüste hinaus gingen. Dann erst hat er das Kamel genommen, ist daraufgestiegen und zu dem Punkte in aller Schnelligkeit hingeritten, wo die Spur in die Wüste mündete. Allein so deutlich die Tritte des Hufes, dessen kleine Gestalt er recht gut kannte, in dem Trümmerwerke und vorzüglich auf lockerem Grasboden waren, so sehr waren sie in dem weichen Sande der Wüste verschwunden. Er sah gar nichts mehr, das einem Tritte ähnlich war, sondern nur die feinen Schneiden des gewehten Sandes, und da mußte er gegen die mutmaßliche Richtung zu beiden Seiten immer hin und her jagen, ob er auf der fahlen Fläche, die da schimmerte und noch unzählig viele andere Sternchen und Flimmerchen hatte, die glänzten, nicht einen schwarzen Punkt sähe, der die Hinziehenden vorstelle, oder etwa zufällig die Reisespuren wiederfände. Dann sei er so durstig geworden und so erhitzt, daß er nichts mehr sehen konnte, weil der Boden vor seinen Augen zu wallen angefangen habe. Hierauf habe er sich mit beiden Händen an dem Kamele gehalten, weil es doch viel stärker gewesen sei als er – und dieses sei heute nachts geraden Weges hierhergerannt. Es muß die Reisenden oder die Quelle gewittert haben; denn es hat, ehe sich beide zur Ruhe begeben, eine ungeheure Menge Wasser aus der Quelle getrunken.

Abdias streichelte die Haare und das Angesicht des Jünglings und sagte, er dürfe nun schon bei ihm bleiben. Dann bereitete er die Suppe und gab ihm zu essen. Auch von den Früchten reichte er ihm einen kleinen Teil und sagte, er solle wenig essen, daß es ihm nicht schade; denn nach seiner Rechnung mußte der Knabe an fünfzig Stunden nichts genossen haben. Dann ließ Abdias die beiden Tiere, das

Kamel und die Eselin, von dem frischen Futter, welches auf der Insel war, soviel fressen, als er glaubte, daß ihnen zuträglich sei, die eigentlich mehr an das trockene Futter gewohnt waren. Von diesem trockenen Futter bekamen sie dann noch einen geringen Rest; denn es mußte jetzt geschont werden, weil Uram gar keinen Vorrat mit sich genommen hatte und das Land und die Gebirge noch ferne waren, wo man wieder einen bekommen konnte.

„Hast du denn nicht daran gedacht, daß das Kamel matt werden und dich nicht mehr weiter tragen könnte, ehe du uns fändest?" fragte Abdias.

„Freilich habe ich daran gedacht", antwortete der Knabe, „deshalb habe ich es so lange trinken lassen, als es nur wollte, ehe ich fortritt, auch habe ich ihm von den Körnern zu fressen gegeben, die in unserer Wohnung lagen und wovon du einen Teil ausgeschüttet hast."

„Hast du einem unserer Nachbarn gesagt, daß du die Meinung gefaßt hast, daß ich fortgezogen sei?" fragte Abdias weiter.

„Nein, ich habe keinem Menschen ein Wort gesagt, daß sie uns nicht nachfolgen und uns etwa finden", sagte der Knabe.

„Gut", antwortete Abdias, indem er an der Aufzäumung der Eselin weiterarbeitete.

Uram hatte indessen die elende Ausrüstung, die das Kamel hatte, in den Stand gesetzt, dessen sie fähig war. Man traf die Verabredung, daß Abdias und der Knabe, je nachdem einer oder der andere von ihnen müder würde, in der Benützung des Kameles abwechseln sollten. Mirtha und Ditha wurden auf der Eselin untergebracht wie gewöhnlich. Als alles in Ordnung war, brachen sie auf.

So zog nun die auf diese Weise vergrößerte Reisegesellschaft weiter, und wie die ersten zwei Tage gewesen waren, waren alle folgenden. Nachdem man von der Insel weg noch drei volle Tage gezogen war, kam man erst in fruchtbares Land und in das gegen sie heranschreitende Gebirge. Abdias hatte hier in ein einziges schlechtes Dorf abgelenkt, um sich dort mit allem Nötigen zu versehen, was man brauchte und was auszugehen drohte. Dann bog er wieder gegen die Einöden ab, die hier ganz anders waren als in der

Wüste, aber gewiß nicht minder schön, erhaben und furchtbar. Die Menschen, Hütten und Dörfer meidend, zog man weiter, entweder durch Schluchten, oder auf einsamen Bergrücken, oder gegen sachte steigendes, mit würzigem Grase versehenes Staffelland. Die Vorsichten, welche man im Weiterziehen und hauptsächlich beim Nachtlager anwendete, waren jetzt weit mehr als in der Wüste. Abdias hatte auch den Knaben bewaffnet; denn er hatte in dem Rüstzeuge der Eselin weit mehr Waffen in Fächern angebracht als die zwei vierläufigen Pistolen, die er bisher in der Wüste bei seinem Nachtlager immer an seiner Seite gehabt hatte. Er trug jetzt bei Tage vier Pistolen in seinem Gürtel und hatte einen schuhlangen Dolch in der Gürtelscheide stecken. Dem Knaben gab er drei Pistolen und ebenfalls einen Dolch. Jeden Morgen wurden die Ladungen neu untersucht und neu gemacht. Bei der Nachtruhe lagen die Pistolen neben den Schlafenden; die Kleider blieben, wie natürlich ist, auf dem Leibe. Auch wurde jetzt alle Nacht zur Verscheuchung der Löwen und anderer Tiere ein Feuer gemacht, wozu die Brennstoffe mühselig unter Tag gesammelt und auf dem Kamele weiterbefördert wurden. Zur Unterhaltung des Feuers und zur Wache mußten Abdias und der Knabe abwechseln und immer einer aufrecht an dem Feuer sitzen und herumschauen.

Aber es traf keine der gefürchteten Gefahren ein. Die Nächte vergingen still und lautlos, mit den feurigen, scharfen Sternen aus dem dunkelblauen Himmel jenes Landes herniederschauend; die Tage waren schimmernd und heiter, und jeder so schön und wolkenlos oder scheinbar noch schöner und klarer als sein Vorgänger. Die Glieder der Gesellschaft waren wohl, die kleine Ditha war gesund, und die freie Luft, welche immer unter dem Tüchelchen ihres Körbchens strich, rötete ihre Wänglein, wie an einem zarten Apfel. Man hatte auf dem Zuge weder Menschen noch Tiere gesehen, manchen einsamen Adler ausgenommen, der zuweilen, wie sie weitergingen, hoch ober ihnen in den leeren Lüften hing. Es hatte sie ein schönes Glück geleitet, gleichsam als zöge ein glänzender Engel über ihren Häuptern mit.

Am frühen Morgen des neunundzwanzigsten Tages ihres

Zuges, da sie über eine strauchlose, sachte ansteigende Fläche zogen, riß plötzlich die Farbe des Landes, die lieblich dämmernde, die sie nun so viele Wochen gesehen hatten, ab, und am perlenlichten Morgenhimmel draußen lag ein unbekanntes Ungeheuer. Uram riß die Augen auf. Es war ein dunkelblauer, fast schwarzer Streifen, in furchtbar gerader, langer Linie sich aus der Luft schneidend, nicht wie die gerade Linie der Wüste, die in sanfter Schönheit, oft in fast rosenfarbner Dämmerung unerkennbar in dem Himmel lag; sondern es war wie ein Strom, und seine Breite stand so gerade empor, als müßte er augenblicklich über die Berge hereinschlagen.

„Das ist das Mittelmeer", sagte Abdias, „jenseits dessen das Land Europa liegt, in welches wir ziehen."

Seine zwei Gefährten staunten das neue Wunderwerk an, und je weiter sie kamen, desto mehr entfaltete sich der vorher schmal scheinende Strom, Farben und Lichterspiele waren auf ihm, und am Mittage desselben Tages, als sie an dem Rande des Tafellandes angekommen waren, riß die feste Erde jäh ab, sie stürzte vor ihnen hinunter und legte in der Tiefe die Fläche des Meeres vor ihre Füße. Ein dunkler, waldreicher Streifen der afrikanischen Küste lief an dem nassen Saum hin, eine weiße Stadt blickte aus ihm auf, und unzählige weiße Punkte von Landhäusern waren in dem Grün zu sehen, gleichsam Segel, die aus dem Grün ebenso wie die andern aus dem schreckhaft dunklen Blau des Meeres leuchteten.

So schön ist der Scheidegruß, den das traurige Sandland seinem Sohne nachruft, der es verläßt, um die feuchten Küsten Europas aufzusuchen.

Abdias stieg mit den Seinigen in die Stadt hinunter, aber nicht in der eigentlichen Stadt hielt er sich auf, sondern weiter draußen, wo ein weißer Damm in die blauen Wogen lief, viele Schiffe standen und ihr Stangenwerk, wie die Äste eines dürren Waldes, in die Lüfte hoben. Hier mietete er sich in ein Häuschen ein, um zu warten, bis ein Schiff reisefertig wäre, nach Europa zu gehen und ihn mitzunehmen. Er ging fast gar nicht aus, außer wenn er sich in dem Hafen erkundigte, und Uram blieb immer bei ihm. Das Kamel hatten sie verkauft, weil es ihnen fortan unnütz war, die Eselin aber mußte in dem Häuschen untergebracht werden. So lebten sie sehr abgeschieden drei Wochen, bis eines Tages ein Schiff ausgerüstet war und im Begriffe stand, nach Europa abzugehen, und zwar nach dem Punkte, wohin Abdias am meisten zielte. Er hatte mit dem Herrn desselben eine Übereinkunft getroffen, und infolge derselben schiffte er sich mit dem Kinde, mit Uram und mit der Eselin auf das Fahrzeug ein. Mirtha hatte ihn einer Liebe halber, die sie in der weißen Stadt gefunden hatte, verlassen und war nicht zu bewegen gewesen, ihm zu folgen. Auch eine andere Wärterin hatte er nicht bekommen; denn wie große Anbote er auch machte, die er in Europa zahlen wollte, sobald sie angekommen sein würden, mochte doch keine einzige mit ihm gehen, weil sie ihm nicht traute. Selbst auf das Schiff, wo er dann Geld zu zahlen versprach, folgte ihm keine, und auf dem Lande Geld zu zeigen, hielt er selber nicht für gut; auch wußte er recht wohl, daß es nur dazu gedient hätte, daß ihn dann nur ein solches Weib verraten hätte, ohne doch mitzugehen, weil er diese Leute kannte, daß sie an ihrem Flecke Aufenthaltes, wie schlecht er sei, haften und in keinen andern, am wenigsten in das verdächtige und gehaßte Europa gehen, wo die Ungläubigen wohnen. Also stieg er allein mit Uram zu Schiffe.

Als endlich der Zeitpunkt der Abfahrt gekommen war und als sie beide auf dem schwimmenden Hause standen, wurden nun die großen eisernen Anker aus dem Wasser hervorgezogen, die Waldesküste begann vor ihnen zu schwanken und zurückzusinken. Wie sie immer mehr hinausrückten, kam weiter unten noch ein Küstenstrich zum Vorscheine, aus welchem das weiße Haus Meleks leuchtete. Abdias schaute darauf hin, aber wie der Streifen der Küste immer weiter und weiter zurückwich, das Land endlich gleichsam wie ein törichtes Märchen eingesunken war und um das ganze Schiff sich nichts regte als die Wellen, wie unzählige glänzende Silberschuppen: saß er nieder und versenkte die Augen in die Züge seines Kindes.

Das Schiff ging nun fort und fort – und er saß und hielt das Kind in seinen Armen. Sooft diejenigen, die noch mitreiseten, hinblickten, sahen sie dasselbe Bild des Mannes, wie er saß und das Kind auf seinen Armen hielt. Er stand bloß dann auf und ging abseits, wenn er es nährte oder reinigte oder den Lappen, in die es eingewickelt war, eine andere Lage gab, daß es leichter liege. Uram lag zwischen hingeworfenen hölzernen Geräten und neben einem gerungenen kreisförmigen Haufen von Tauen.

Es gibt Menschen, die vielerlei lieben und ihre Liebe teilen – sie werden von vielen Dingen sanft gezogen: andere haben nur eines und müssen das Gefühl dafür steigern, daß sie die übrigen tausend linden Seidenfäden des Wohles entbehren lernen, womit das Herz der erstern täglich süß umhüllet und abgezogen wird.

Abdias und Uram waren immer auf dem Verdecke. Die Fahrt war sehr schön, der Himmel stets heiter, und ein sanfter Zug spielte in den Segeln. Wenn ein Wölklein an dem Himmel erschien, sahen die Reisenden darauf hin, ob es nicht einen Sturm bringen werde – aber es brachte keinen, das Wölklein verschwand immer wieder, ein Tag war so ruhig wie der andere, die Wellen waren klein, als dienten sie bloß, die Fläche, die sonst eben wäre, zu unterbrechen und heiter zu beleben – – und so lag eines Nachmittags die schimmernde, freundliche Küste Europas auf dem blauen Wasser – die Küste Europas, nach welchem Lande Abdias sich einst gesehnet hatte. Mit schmeichelnden Wogen trug der Ozean das Schiff, während die Sonne gemach nach Westen sank, dem nördlichen Lande immer näher und näher – ein glänzender Punkt nach dem andern hob sich aus der dunkeln Fläche, leuchtende Streifen standen endlich aufwärts, und als die Sonne zuletzt hinter den Westrand gesunken war, lag ein ganzer Gürtel von Palästen um die schwarze Bucht geschlungen.

Das Schiff mußte nun vor seinen Ankern liegend harren und seine Menschen und seine Sachen behalten, bis die Zeit um wäre, in der es sich zeigen sollte, daß es keine böse Seuche gebracht habe.

Als nun diese Zeit vergangen war und die Menschen und die Waren gelandet wurden, wunderten sich einige und andere lachten, als ein hagerer, häßlicher Jude über das Brett des Bootes schritt, statt Päcken von Waren ein kleines Kind an seinem Busen tragend, und wie hinter ihm ein fast nackter, gelenker Knabe, gleichsam ein schönes dunkles Erzbild, folgte, eine halbverhungerte Eselin nach sich ziehend – auf allen dreien lag dasselbe Grau der Wüste und der Ferne, wie auf den Tieren der Wildnis eine fremde, verwitterte Farbe zu liegen pflegt. – Einen Augenblick staunten die vielen, die da standen und zuschauten, die Fremdlinge an – im nächsten waren dieselben von dem Strome des menschenwimmelnden Weltteiles verschlungen und in seinen Wogen fortgeführt. Das Bild zeigte wieder sonst nichts, als was es den ganzen Tag zeigt: eine unruhige, durcheinandergehende Menge, die nach ihrem Vorteil, nach ihrer Lust oder nach andern Dingen rennt, umstanden von den ruhigen, großen, glänzenden, oft prachtvoll gebauten Häusern.

Wir aber wollen den fremden Ankömmlingen einen Augenblick vorauseilen, um die Stelle anzuzeigen, wo wir sie wiederfinden werden.

Es liegt ein sehr vereinsamtes Tal in einem fernen und abgelegenen Teile unsers schönen Vaterlandes. Sehr viele werden das Tal nicht kennen, da es eigentlich nicht einmal einen Namen hat und, wie wir sagten, so sehr vereinsamt ist. Es führt keine Straße durch, auf der Wägen und Wanderer kämen, es hat keinen Strom, auf dem Schiffe erschienen, es hat keine Reichtümer und Schönheiten, um die Reiselust zu locken, und so mag es oft Jahrzehente daliegen, ohne daß irgendein irrender Wanderer über seinen Rasen ginge. Aber ein sanfter Reiz der Öde und Stille liegt darüber ausgegossen, ein freundlich Spinnen der Sonnenstrahlen längs der grünen Fläche, als schienen sie mit vorzugsweiser Liebe und Milde auf diesen Ort, da er gegen Mitternacht durch einen starken und breiten Landrücken geschützt ist und so die Strahlen günstig aufnimmt. Zur Zeit, da sich das zutrug, was wir hier erzählt haben, war das Tal ganz und gar unbewohnt: jetzt steht ein nettes weißes Haus auf seinem Weidegrunde und einige Hütten ringsherum, sonst ist es noch fast öde wie vorher. Einst war nur der weiche Rasengrund, beinahe ganz ohne Bäume, nur hie und da von einem grauen Steinblocke unterbrochen. Der Rasengrund schwingt sich zu einer sanften Wiege herum, die, wie wir sagten, gegen Mitternacht durch einen ansteigenden Landrücken geschlossen ist, auf dessen Höhe ein Föhrenwald, wie ein mattes Band, am Himmel hinzieht; im Mittage aber hat es eine Aussicht, die durch das hereinschauende Blau entfernter Berge umschlungen ist. Sonst bietet die Wiege auf ihrem Grunde nichts dar als das Grün des Bodens und das Grau der Steine; denn die schmale Schlange des Baches, der in ihrer Tiefe fließt, ist dem betrachtenden Auge von mäßiger Entfernung aus nicht mehr sichtbar.

An der Mitternachtseite dieses Tales, jenseits des Föhrenwaldes, beginnen wieder die von Menschen gepflegten Gegenden, namentlich stehen die Felder gerne in großen Strichen hin mit der blauen Blume des Flachses bepflanzt. Auch gegen Mittag in nicht gar großer Entfernung sind wieder bebaute Fluren. Nur die Talwiege, wie das oft bei Landbebauern geschieht, weil sie in der Tat dem Anbauer größere Hindernisse entgegensetzte, stand im Rufe der gänzlichen Unfruchtbarkeit. Es ward nie ein Versuch gemacht, zu ergründen, ob sich dieser Ruf bestätige, sondern man nahm ihn von vornehinein als wahr an, und so lag die Wiege Jahrhunderte hindurch unbenützt da. Es ging nur ein sehr schmaler, an den meisten Stellen bloß durch das niedergetretene Gras erkennbarer Pfad durch das Tal, auf welchem Pfade regelmäßig im Frühlinge und Herbste einzelne Bewohner eines ziemlich entfernten Bergdorfes zu einer weit jenseits des Tales liegenden Gnadenkirche pilgerten, weil zur Kirche durch das unfruchtbare Tal der nächste Weg ging.

Als Abdias in sehr vielen Ländern Europas herumgewandert war, um eine Stelle zu finden, an der er sich niederlassen könnte, und zufällig auch in das oben beschriebene Tal kam, beschloß er sogleich, hier zu bleiben. Was die meisten abgeschreckt hatte, das Tal zur Wohnung zu nehmen, die Öde und Unfruchtbarkeit: das zog ihn vielmehr an, weil es eine Ähnlichkeit mit der Lieblichkeit der Wüste hatte. Vorzüglich erinnerte ihn unsere beschriebene Wiege an einen Talbogen, der im Grase Mossuls seitwärts jener Stelle herum ging, an der der Sage nach die uralte Stadt Ninive gestanden haben soll. Der Talbogen hatte ebenfalls wie unsere Wiege nur Gras ohne Bäume, nur daß in dem Talbogen Mossuls auch nicht einmal graue Steine aus dem Grase herausragten und die einzige dämmernde Farbe desselben unterbrachen und daß auch kein so schönes Bergesblau hereinblickte wie in unsere Wiege.

Abdias hatte sich von mehreren Fürsten und Herren Briefe verschafft, welche ihm erlaubten, in ihren Ländern zu reisen und sich in denselben aufzuhalten. Er hatte auch einen Handelsfreund, den er bisher nicht von Angesicht, sondern nur durch Briefe gekannt hatte. Er suchte denselben auf und verabredete mit ihm den Plan, daß, wenn er sich gerne ein Fleck Landes erwürbe, auf dem er seine künftige Wohnung gründen möchte, der Handelsfreund dazu den Namen geben[19] würde, als hätte er selber das Land gekauft, als bebaute er es selber, als führe er eine Wohnung auf und als ließe er nur gegen Entgelt den Juden im Genusse aller dieser Dinge. Um den noch möglichen Mißbrauch des Kauf- und Eintragbriefes zu vermeiden, würde Abdias seinen Freund durch eine ausgestellte Gegenforderung gleichen Wertes binden, die er gegen denselben geltend machen könne. Als er in das öde Tal gekommen war, beschloß er, da zu bleiben, sich ein Haus zu bauen, etwas Felder anzulegen und sich einzurichten. Er nahm sich deshalb vor, den noch übrigen Rest der Goldstücke aus dem Riemzeuge der Eselin zu lösen und die englischen Papiere, welche so gut in den wasserdichten Wachsseidentäschchen verborgen waren, aus seinem Kaftan zu schneiden. Er wollte alles recht wohl herrichten und in Gang bringen, damit, wenn er nach Afrika reiste, um Melek ein Messer in das Herz zu rennen – und wenn er etwa dabei erwischt und umgebracht würde, Ditha versorgt sei. Er mußte sie vorher auch ein bißchen erziehen, daß sie groß genug wäre und sich schon selber forthelfen könne, wenn er nicht mehr erschiene.

Es wunderten sich die Bewohner des entfernten Bergdorfes, als einmal einer durch das unfruchtbare Tal zu der Gnadenkirche wallfahrten ging und die Nachricht zurückbrachte, daß an einem Platze des Tales das Land aufgerissen sei und Balken und Steine und Vorrichtungen herumlägen, als würde hier zu einem Häuserbaue geschritten. Und wie wieder einmal ein anderer zu der Kirche ging, stand

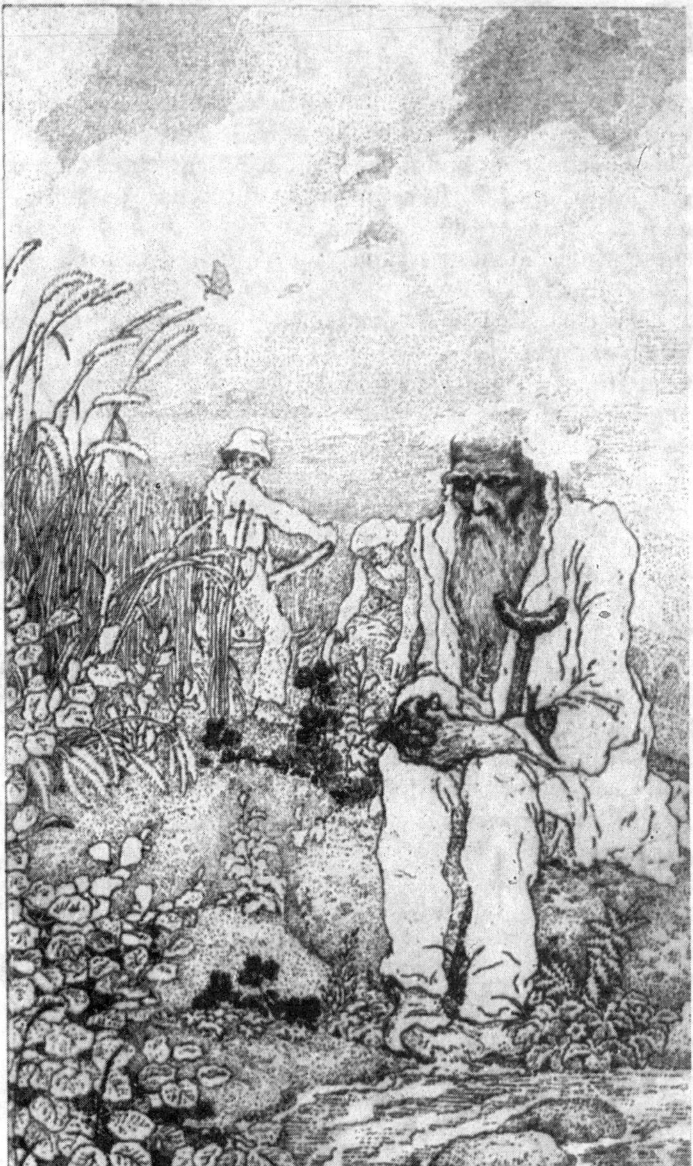

schon Mauerwerk, und es arbeiteten Leute daran. Ein fernerer brachte Nachricht von dem weiteren Fortschreiten des Baues, manche gingen nur dieser neuen Sache wegen in die Kirche, da sie sonst vielleicht zu einer andern Zeit gegangen sein würden – man redete davon, bis endlich ein blankes weißes Haus von mäßiger Größe aus dem Grün des Bodens schimmerte und daneben der Anfang eines Gartens gelegt wurde. Auf die Fragen, wie und was das sei, kam immer die Antwort: ein fremder, absonderlich und seltsam aussehender Mann lasse das alles bauen und habe den Grund daneben gekauft.

Als das weiße Haus einmal länger stand, als der Garten fertig war und die hohen, festen Planken um denselben herumliefen, gewöhnten sich die seltenen Vorübergehenden daran, als an ein Ding, das einmal so sei, insbesondere da der Besitzer nie zu ihnen hinauskam und mit ihnen redete, sie also auch nichts von ihm zu reden hatten – und sie sahen die Dinge so an wie die Steine, die hie und da aus dem Grase hervorstanden, oder wie die Gegenstände, die zufällig an dem Wege lagen.

Abdias ging nun daran, da das Mauerwerk fertig und nach dem Rate seines Bauherrn vollständig ausgetrocknet war, das Innere des Hauses einzurichten. Er ließ doppelte Riegel hinter alle Türen machen, er ließ starke Eisengitter vor die Fenster stellen, und er ließ statt der früheren Planken sogar noch eine hohe, feste Mauer um den Garten führen. Dann kamen Geräte, wie sie in Europa gebräuchlich waren, und darunter mischte er Einrichtungen, wie er sie in Afrika gehabt hatte; er legte nämlich überall Teppiche nicht bloß auf den Boden, sondern auch auf solche Geräte, die für keine verfertigt waren, er machte aus Teppichen und weichen Fellen, die er kaufte, Betten zum Ruhen, und daß man darauf in der Kühle der Zimmer sitzen könne. Um diese Kühle zu erzeugen, ließ er, wie er es ebenfalls in Afrika gelernt hatte, Gemächer mit sehr dicken Mauern verfertigen, in den Gemächern hatte er nur in großen Zwischenräumen ein paar kleine Fenster, die doppelte gegliederte Fensterbalken der Art hatten, daß ihre Dächelchen übereinandergelegt oder zur Hereinlassung von mehrerem Lichte waagrecht gestellt werden konnten. Er hatte diese

Balken in Europa kennengelernt und wendete sie statt der Myrten an, welche in der Wüstenstadt sein oben gelegenes Fenster umrankt und überwuchert hatten, daß die brennenden Strahlen der dortigen Sonne nicht eindringen konnten. Die kleinen Fenster der Gemächer aber gingen nicht unmittelbar in die freie Luft, sondern in einen andern Raum, der ebenfalls eine Art Gemach oder Vorhaus bildete und durch dicke Türen und ebenfalls durch gegliederte Fensterbalken zu schließen war, damit die Strahlen der Sonne und der Durchzug der äußern heißen Luft abgehalten würden. Lauter Anstalten, die er in Europa nicht nötig hatte. Was ihn schier am meisten freute, war ein Brunnen, den ihm ein Meister an einem stets schattigen Teile seines eigenen Hofes gemacht hatte, wo man nur an einem Metallknopfe hin und her zu ziehen brauchte, daß kristallhelles, eiskaltes Wasser in das steinerne Becken herausfloß. Anfangs wollte er das häufige Ziehen nicht zulassen und den großen Verbrauch des Wassers hindern, daß es nicht vielleicht zu schnell zu Ende gehe, aber da das Wasser durch zwei Jahre unvermindert und gleich frisch dem Zuge des Metallknopfes folgte, erkannte er, daß hier ein Schatz sei, den man nicht leeren, den sie hier nicht schätzen können und den man in der Wüstenstadt für das höchste Gut gehalten hätte. Überhaupt waren er und Uram in der ersten Zeit ihres Wanderns in Europa über die prächtigen Quellen, die es hat, entzückt, wunderten sich, wie die Leute, die da leben, sich nichts daraus machten, und tranken oft, vorzüglich wenn sie im Gebirge waren und ein recht glasklarer Strahl aus Steinen hervorschoß, mit Lust und dem Wasser zu Ehren, selbst wenn sie nicht durstig waren. Sie priesen die Wässer des Gebirges vor denen der Ebene, wenn ihnen auch das Gebirge selber nicht besonders gefiel, da es sie beengte und ihnen die Weite und Unendlichkeit benahm, an die sie gewohnt waren. Im Garten, den er bereits mit einer hohen Mauer umfangen hatte, war aber noch nichts als Gras; allein auf künftigen Schatten bedacht, ließ er Bäume pflanzen und nahm sich vor, sie selber zu pflegen und zu betreuen, daß sie schnell wüchsen und doch in wenigen Jahren schon Schatten auf den Rasen und auf die weiße Mauer des Hauses würfen. Für eine Abteilung, wo Gemüse und andere nützliche Dinge wüchsen, würde er in der Zukunft schon sorgen, jetzt müsse er, dachte er, nur das Notwendigste zuerst in den vollkommenen Stand setzen.

Die inneren Gemächer waren nun alle eingerichtet, das Haus war fertig und von außen gegen Angriffe geschützt. Diener und Dienerinnen hatte er von dem Volke seines Glaubens bekommen.

Als der ganze Bau in wohnlichem Zustande war, wozu er beinahe drei ganze Jahre gebraucht hatte, ging er daran, ihn zu beziehen. Er nahm Ditha aus dem hölzernen Häuschen, welches mit doppelten Holzwänden für das Kind und ihn als Notwohnung errichtet worden war, heraus und ließ es in die steinerne Wohnung in das für dasselbe eigens eingerichtete Gemach tragen. Er folgte, indem er die ganz wenigen Dinge, die er in dem Holzhäuschen gehabt hatte, mit sich nahm. Das Häuschen wurde nun sofort abgerissen.

Ein Ziel, welches er in dem Lande Europa angestrebt hatte, hatte er nun erreicht, nämlich einen Wohnplatz. In diesem saß er nun mit Ditha ganz allein; denn Uram war schon im Verlaufe des ersten Jahres ihrer europäischen Wanderung, obwohl er vermöge seiner Jugend alles, was ihm aufgestoßen war, mit Neugierde und oft mit Entzükken betrachtet hatte, an dem fremden Klima verschmachtet. Abdias saß mit Ditha allein. Dieser wollte er nun alle Aufmerksamkeit zuwenden, daß sie, wie er sich vorgenommen hatte, ein wenig erzogen würde, indem er bisher, da er eine Wohnung für sie baute, nicht viel Zeit gehabt hatte, sich nach ihr umzusehen, und auch die Diener, die ihr beigegeben worden waren, sie bloß nährten, pflegten und schützten und im andern sie liegen ließen, wie sie nur wollte. Sie war aber übrigens in ihrem Körperchen gesund und blühend. Und so lag sie nun vor ihm da, ein ehrwürdig Rätsel, aus seinem Wesen hervorgegangen und einer unbekannten Enthüllung harrend.

Abdias ging nun mit demselben Eifer, mit dem er bisher alles betrieben hatte, daran, sich mit Ditha zu beschäftigen, obwohl er eigentlich nicht wußte, wie er es anfangen sollte, sie zu entfalten und vorwärtszubringen. Er hielt sich schier immer in ihrem Zimmer auf. Er berührte sie, er redete mit ihr, er setzte sie in ihrem Bettchen auf, er setzte sie auf den

Teppich des Fußbodens, er stellte sie auf ihre Füße, er versuchte, ob sie gehen könne, er wollte sehen, ob sie nicht eine kleine Strecke laufe, wenn er ihr einen lockenden Gegenstand vorhalte, und sehr viele Dinge der gleichen Art: aber sehr bald sah er, daß das Mädchen nicht sei, wie es sein sollte. Er gab die Schuld auf die zwei Dienerinnen, die er in Europa bloß zu dem einzigen Dienste für Ditha genommen hatte und welche nur für ihren Körper gesorgt hatten, daß er gesund sei und gedeihe, für die sonstige Entwicklung aber nichts getan zu haben schienen.

Das Kind war jetzt schon um vier Jahre herum alt, aber es hatte nicht die Art und Weise eines vierjährigen Kindes. Sein Angesichtchen war unsäglich lieb und schön, und es entfaltete sich täglich mehr als das reizende Ebenbild des Vaters, wie er aussah, da er noch jung und schön gewesen war; nur war die Kraft des Vaters durch leise Züge der Mutter gemildert, die in der Bildung des Angesichtes zum Vorschein kamen. Der Körper war fast der eines vierjährigen Kindes, nur schien er viel zarter und nicht so stark zu den Bewegungen zu sein, welche Kinder in diesem Alter schon zu machen pflegen. Aber es lagen auch diese Bewegungen nicht in ihren Gliedern, der Vater wußte nicht, wegen bisheriger Vernachlässigung derselben oder weil sie überhaupt noch nicht da waren. Sie konnte noch nicht gehen und zeigte auch keinen Drang dazu, wie er sich doch sonst schon in viel jüngeren Kindern äußert, wenn sie nach Gegenständen ihres Wohlgefallens hinstreben. Ja sogar sie kroch auch nicht einmal, wie doch die unentwickeltsten Kinder versuchen, sobald sie sich nur sitzend zu erhalten vermögen. Wenn man sie auf den Boden niedersetzte, so blieb sie auf demselben Platze sitzen, man mochte noch so reizende Gegenstände oder Naschwerk, das sie sehr lieb hatte, in ihre Nähe legen. Stehen konnte sie schon, aber wenn man sie auf die Füße stellte, blieb sie unbeweglich stehen, klammerte sich an die sie haltende Hand, und wenn man diese wegzog, stand sie einsam in der Luft da, strebte nach keiner Richtung weiter, ihre Füßchen zitterten, und in den Mienen sprach sich Angst und die Bitte um Hilfe aus. Wenn man ihr dann die Hand gab und damit einen ihrer Finger berührte, so hielt sie sich schnell daran, faßte mit beiden Händchen darnach und zeigte Neigung, niederzusitzen. Wenn man ihr aber das verweigerte, so blieb sie stehen, sich an der dargereichten Hand festhaltend und nichts weiter versuchend. Am vergnügtesten schien sie zu sein, wenn sie in ihrem Bettchen lag. Da fühlte sie den meisten Halt um sich, war, wie es sonst auch ihre Weise war, sehr fromm, fast nie weinend, langte nach nichts, sondern hielt gerne eine Hand in der andern und tastete und spielte mit den Fingern der einen in denen der andern. Auch das Angesichtchen zeigte noch nicht die Erregtheit, die sonst Kinder haben, wenn sie durch die ersten und vermöge ihres hilflosen Körperchens sehr heftigen Verlangungen bewegt werden. Nicht einmal, wenn der Vater, den sie recht gut kannte, mit ihr redete, sie liebkoste oder streichelte, zeigte sie die Belebung, die sonst die kleinsten Kinder haben. Die Züge des unaussprechlich schönen Angesichtes blieben immer ruhig, die Augen mit dem lieblichsten, von Abdias oft so bewunderten Blau standen offen, gingen nicht hin und her und waren leer und leblos. Die Seele schien noch nicht auf den schönen Körper heruntergekommen zu sein. Ihre Zunge redete auch noch nicht, sondern wenn es sehr gut ging, lallte sie seltsame Töne, die keiner der menschlichen Sprachen ähnlich waren und von denen man auch nicht wußte, was sie bedeuteten.

Abdias konnte sich nicht helfen, er mußte denken, daß Ditha blödsinnig sei.

Nun war er eigentlich ganz allein in seinem Hause; denn Ditha war noch niemand, und Uram war gestorben. Er hatte Ditha nach Europa gebracht, um sie zu bergen. Sie war eine Lüge – ewig mit derselben reglosen Miene und mit den ruhigen Augen. Er dachte sich, er werde viele Jahre so bei ihr sitzen, dann werde er sterben, ihre Züge werden sich auch nicht regen, denn sie wird nicht wissen, daß jemand gestorben ist – und wenn sein Antlitz starr geworden, dann wird erst recht der alte tote Vater der jungen schönen Tochter gleichen, so wie sie jetzt schon ferne der sanften vor Jahren gestorbenen Mutter gleicht.

Er wollte wenigstens aus dem blödsinnigen Körper soviel entwickeln, als aus ihm zu entwickeln wäre. Er dachte, wenn er den Körper recht gesund und recht stark machte, wenn er ihn zu außerordentlichen Tätigkeiten reize – vielleicht könnte er eine Art Seele hervorlocken, wie jetzt gar keine vorhanden sei.

Er brachte Ditha in eine andere Räumlichkeit; denn sie war bisher in einem jener kühlen Gemächer gewesen, wie wir sie oben beschrieben haben. Die neue Wohnung war luftig und licht, sie bestand aus zwei Zimmern, deren Fenster geradezu in das Freie gingen und deren Türen sich auf Gänge öffneten, die viele Fenster hatten. Er ließ nun oft ganze Ströme Luft herein, ließ sie durch die Zimmer streichen und setzte Ditha darein, daß alle Teile ihres Körpers diese labende Flüssigkeit genießen könnten. Er reichte ihr ihre Nahrung selber und bestimmte immer, worin sie zu bestehen hätte. Er wollte sie nämlich recht leicht und nährend haben, und sie mußte in einer ganz bestimmten Ordnung fertig werden. Die Kleider, die sie anhaben sollte, gab er ebenfalls selbst an, sie sollten keinen Teil des Körpers drücken, sollten nicht zu heiß und nicht zu kühl sein und den Zutritt der Luft und der Sonne nicht zu stark hemmen. Sooft es nur wegen des in diesen Ländern so ungleichen Wetters anging, mußte sie ins Freie gebracht werden und oft ganze Tage darin zubringen. Er nahm sie an der Hand, er führte sie herum und hörte nicht eher auf, als bis er an ihrer immer mehr und immer schwerer anziehenden Hand merkte, daß sie schon sehr müde geworden sei und nur mehr den Körper armselig schleppe. Wenn die Strahlen der Mittagssonne zwar nicht steilrecht, wie es in seinem Vaterlande jährlich einmal beinahe genau der Fall gewesen war, aber doch sehr warm herniederschienen, wurde sie leicht bedeckt in das Gras des Gartens unter den Schein der heißen Sonne gesetzt und lange da gelassen, daß auf dem Angesichte, auf der Stirne und auf dem Nacken große Tropfen standen und das feine Linnen, das gerne ihren Körper bedeckte, anzukleben begann. Dann ward sie anders angekleidet, in die Zimmer gebracht, und dort ging er mit ihr, sie an der Hand haltend, herum, sie auch öfter in den langen Gang hinausführend und dort auf und ab ziehend. Die Füßchen – das sah er bald – wurden zunehmend stärker. Ihr Angesicht mußte täglich mit Seife und frischem Wasser gewaschen werden, die schönen blauen Augen bekamen jeden Morgen ein Bad von reinem Brunnenwasser, und die Haare, so gelb und klar wie goldener Flachs, mußten gekämmt und gebürstet und gewaschen werden, daß auf dem Boden des Hauptes nicht ein Stäubchen und nicht ein Faserchen von Unrat lag, sondern die Haut so rein und eben glänzte wie auf dem Buge des sanft hinabgehenden Nakkens. Wenn er oft im Garten oder sonst wo vor ihr auf den Knien kniend sich heiser rief: „Ditha komme her – Ditha komme her!", so ward sie dann in ein kaltes Bad getan, dessen Wasser man im Augenblicke erst aus dem Brunnen geschöpft hatte. Ihre entkleideten Glieder wurden von der reinen Flut, die in einem marmornen, sehr großen Becken spielte, umflossen, nasse Tücher rieben den Körper, und in den hinaufgebundenen gelben Haaren hingen die klaren Tropfen wie Diamanten. Wenn es ihr manchmal zu kalt geworden war oder wenn man sie zu stark gebürstet hatte, da sie herausgestellt worden war, so zitterten ihre Glieder, und das Angesichtchen verzog sich sanft zum Weinen.

So verging eine Zeit, Abdias war fast unablässig bei ihr und beobachtete die Äußerungen ihres Körpers.

Die meiste Regung einer Seele, ja eigentlich die einzige, glaubte er, gebe sie gegen Klänge; denn er redete recht oft und Mannigfaltiges zu ihr. Er hatte ein feines Silberglöckchen – dieses brachte er herbei und ließ es leise vor ihren Ohren tönen. Sie merkte darauf hin, das sah man deutlich. Und wie man den Klang die Tage fort öfter vor ihren Ohren wiederholte, lächelte sie – und immer deutlicher und immer süßer wurde dieses Lächeln; je öfter man den schmeichelnden Klang vor sie brachte. Ja später begehrte sie ihn sogar selber; denn sie ward unruhig und sprach ihre unbekannten Worte, bis er begann: dann ward sie stille, und ein Ding wie Freude, ja sogar wie ein sehr verstandesvolles Mienenspiel schimmerte in ihren Zügen.

Abdias kam bei dieser Entdeckung auf einen Gedanken, der sich wie ein Blitz, wie eine leuchtende Lufterscheinung durch sein Haupt jagte, er dachte: das arme, gemarterte Kind könne bloß blind sein.

Sogleich begann er, als ihm dieser Gedanke gekommen war, Versuche, um zu prüfen, ob es wahr sei oder nicht. Er ließ das Mädchen leicht gekleidet auf sein Bettchen legen.

Dann holte er eine lange, sehr spitzige Nadel, und mit derselben stach er sie in die Hand. Die Hand zuckte zurück. Er stach wieder, und sie zuckte wieder. Dann berührte er bloß die Hand mit der Spitze der Nadel, und siehe, sie zog sich auch zurück. Das Kind mußte, wenn es sah, nun die Nadel kennen und mußte wissen, daß die feine Spitze derselben das Schmerzende sei. Er näherte nun die Nadelspitze dem schönen, großen, blauen Augapfel – immer mehr – immer mehr fast bis zur Berührung: es erfolgte keine Regung, in ruhigem Vertrauen stand das Auge offen. Er holte nun noch aus der Küche eine glühende Kohle, nahm sie in eine Zange und näherte sie dem Auge – er schwang sie stille, aber dicht vor dem Antlitze in Kreisen, daß sie flammende Linien zog: aber es erfolgte ebenfalls keine Bewegung in dem Angesichte, welche zeigte, daß das Kind die feurigen Kreise gesehen hatte. In derselben sprachlosen Ruhe blieb das schöne Auge. Er versuchte noch eins; er schlug mit seinen Fingerspitzen sehr schnell, aber lautlos nahe oberhalb der Wimpern durch die Luft, bei welchem Verfahren fast alle Menschen und um soviel mehr die Kinder blinzen müssen: aber Ditha wußte nichts, daß diese Bewegungen so nahe an ihren Augenlidern vor sich gingen.

Es war für ihn nun richtig, und alle bisherigen Erscheinungen an dem Mädchen waren ihm klar. Es war blind. In der andauernden Nacht war die junge, verkannte, über das Wesen der Welt ahnungslose Seele bloß hilflos gebunden gewesen und hatte nicht gewußt, was sie entbehre.

Noch in demselben Augenblicke, als Abdias diese Entdeckung gemacht hatte, wurde in die entfernte Stadt um den Arzt geschickt. Er kam erst am nächsten Tage und bestätigte mit seinen Kenntnissen, was Abdias vermutet hatte. Sofort wurde nun wieder ein ganz anderes Verfahren mit dem Kinde eingeschlagen. Es wurde wieder in ein Zimmer verbannt, es wurde ihm ein kleiner Sessel gemacht, auf dessen Lehne es das Haupt zurücklegen konnte, daß die Augen, die schönen, aber unnützen Augen, aufwärts gerichtet wären, daß der Arzt und der Vater in dieselben hineinschauen konnten. Abdias schaute oft hinein, aber nicht das geringste, nicht die kleinste Kleinigkeit war zu entdekken, wodurch sich diese Augen von andern gewöhnlichen Menschenaugen unterschieden, außer, daß sie schöner waren als andere, daß sie klar und mild waren, wie man selten menschliche Augen finden würde.

Es begannen nun, obwohl der Arzt gesagt hatte, daß er wenig Hoffnung geben könnte, mehrere Versuche, die Augen zu heilen, und wurden lange Zeit fortgesetzt. Abdias tat alles pünktlich, was der Arzt vorschrieb, und Ditha litt schier alles geduldig, obwohl das Kind keine Ahnung haben konnte, was man mit ihm vorhatte und welche Kleinode man ihm zu geben bemüht war. Als endlich der Arzt erklärte, daß seine Mittel erschöpft seien und er das wiederholen müsse, was er gleich anfangs gesagt habe, daß nämlich das Kind wahrscheinlich nie würde hergestellt werden, sondern die Zeit seines Lebens blind bleiben müßte: belohnte Abdias den Arzt für seine bisher gehabten Bemühungen und nahm einen andern. Allein auch dieser tat nach einiger Zeit dieselbe Erklärung – und so kam ein dritter, ein vierter und mehrere. Da alle übereinstimmten, dem Kinde sei das Licht der Augen nicht zu geben, da die Ratschläge der verschiedensten Menschen, die von dem Übel hörten und sich herzudrängten, vergebens angewendet wurden, da Abdias bei jedem neuen fehlgeschlagenen Versuche seine Hoffnung auf eine tiefere Stufe herabstimmte: gab er den Rest derselben endlich ganz auf, insbesondere da keine Ärzte mehr waren, die man fragen konnte, und selten ein Mensch kam, der einen Ratschlag erteilte, oder wenn es geschah, derselbe schon von vorneherein alle Spuren der Unvernunft an der Stirne trug. Er gewöhnte sich daran und nahm den Gedanken in sein Eigentum auf, daß er ein blindes Kind habe und daß dasselbe blind bleiben müsse.

Statt nun eine Erziehung zu beginnen, die soviel an Geist und Leben entwickelt hätte, als nur immer zu entwikkeln war, verfiel Abdias auf einen ganz andern Gedanken, nämlich einen ungeheuren Reichtum auf das Kind zu laden, damit es sich durch denselben einstens, wenn er stürbe, Hände kaufen könnte, die es pflegen, und Herzen, die es lieben würden. Einen großen Reichtum wollte er auf das Kind häufen, daß es sich dereinst mit jedem Genusse seiner andern Sinne umringen könnte, wenn es schon den des einen entbehren müßte.

Infolge dieses Entschlusses wurde nun Abdias geizig. Er entließ alle Diener bis auf eine Magd, eine Wärterin Dithas und einen Wächter des Hauses. Er selbst versagte sich alles und jedes, er ging in schlechten Kleidern, nährte sich schlecht, ja wie einst in seiner fünfzehnjährigen Lehrzeit fing er jetzt bei grauen Haaren an zu lernen, wie man wieder Geld und Gut erringen könne, er fing an zu jagen und zu rennen und Gewinn und Zinsen zu sammeln, er fing an zu wuchern, namentlich mit der Zeit, und dies alles um so mehr, gleichsam mit der Angst eines Raubtieres, da ihn der Gedanke an sein Alter und an seinen nahen Tod verfolgte. Er ließ sich daher keine Ruhe – das Geschäft, welches er kannte und welches ihm in Afrika Reichtümer eingetragen hatte, nahm er wieder vor, nämlich den Handel, er trieb ihn so, wie er ihn in Afrika getrieben hatte – und wenn es in mancher Nacht stürmte und tosete, daß der Hund in seine Hütte kroch und der Iltis in seinen Bau, daß kein Mensch auf der Straße war, ging der gebeugte schwarze Schatten des Juden über die Felder, oder er klopfte, wenn er sich verirrt hatte, an ein kleines Fenster, um ein Nachtlager bittend, das man ihm oft widerwillig gab, öfter verweigerte; denn da er jetzt viel unter die Menschen kam, lernte man ihn kennen, und er ist ein Gegenstand des Hasses und des Abscheues geworden. Das Unglück, in welchem sein Mädchen gefangen war, schrieb man dem gerechten Urteile Gottes zu, der den maßlosen Geiz des Vaters strafen wollte. Die Diener, welche er aus seinem Volke genommen hatte, hielten es nicht für gefehlt, wenn sie ihn betrogen, und sie hätten dieses, wenn er nur nicht so scharfsichtig gewesen wäre, gerne in noch größerem Maßstabe getan.

Wenn er zu Hause war, saß er immer in Dithas Zimmer, sobald er nur seine Rechnungen und seine Geschäfte abgetan hatte. Der kleine Sessel mit der Hinterlehne für ihr schönes Haupt war ihr liebgeworden, sie saß jetzt gerne darinnen, obwohl er für die aufblühenden und emporstrebenden Glieder zu klein geworden war. Da kauerte der Jude auf einem kleinen Schemel neben ihr und sprach immerwährend zu ihr. Er lehrte sie Worte sagen, deren Bedeutung sie nicht hatte – sie sagte die Worte nach und erfand andere, welche aus ihrem inneren Zustande genommen waren, die er nicht verstand und die er wieder lernte. So sprachen sie stundenlange miteinander, und jedes wußte, was das andere wollte. Sie streichelte öfter mit ihren kunstreichen Händen, nachdem sie ein wenig in der Luft gesucht hatte, seine harten Wangen und seine schlichten, dünner werdenden Haare. Zuweilen legte er Geschenke in ihre Hand, ein Stückchen Stoff zu einem Kleide, dessen Feinheit sie greifen konnte und verstand; namentlich Linnen, das sie sehr liebte, dessen Glätte, Weiche und Reinheit sie besonders zu beurteilen verstand und das, weil sie nie unter Menschen kam und Putz brauchte, nicht nur das ihrem Körper zunächstliegende, sondern meistens auch einzige Kleidungsstück war. Wenn sie ihr linnenes Überkleid über das untere getan hatte, um damit im Hause zu sein, legte sie seine Falten so schön und machte vorne die Spange zu, daß Sehende geglaubt haben würden, sie hätte das Werk vor dem Spiegel gemacht. Und dann strich sie mit der Hand längs des Stoffes hinab und faßte ihn zwischen Daumen und Zeigefinger und sagte: „Vater, das ist noch weicher als das andere."

Die Füßchen, an denen Schuhe waren, stellte sie nebeneinander auf den Schemel und griff die Weichheit desselben. Manchmal gab er ihr Eßwaren, die er gebracht, Früchte und dergleichen – und wenn sie den Kern oder anderes, das wegzulegen war, zwischen den Fingern hielt, suchte sie nach der danebenstehenden Tasse, damit ja nichts beschmutzt würde.

Ihr Gliederbau bildete sich allgemach höher, und wenn sie in dem Grase des Gartens ging, oder die weiße Gestalt neben der weißen Mauer desselben, so gab sie das Bild eines erwachsenden Mädchens. Unter den sehenden Wesen war Asu, der Hund, von dem Abdias am meisten geliebt wurde. Er hatte ihn einstens, weil man seine Mutter erschlagen hatte und er noch blind war, aufgelesen und erzogen. Dieser Hund, da er erwachsen war, begleitete Abdias überall, und wenn er halbe Tage lang bei Ditha in dem Zimmer oder manchmal auch in dem Grase des Gartens saß, so saß der Hund immer dabei, wendete kein Auge von den beiden, als verstünde er, was sie sagten, und als liebte er sie beide. Wenn Abdias nachts in sein Zimmer ging, um zu schlafen, legte er dem Hunde unter dem Tische seinen Teppich zurecht und richtete ihn, daß er weich sei.

Mit diesem Hunde hatte Abdias ein Unglück, als wenn es mit dem Manne immer hätte so sein müssen, daß sich die Dinge zu den seltensten Widrigkeiten verketten.

Es war zu einer Zeit, da sich eben in vielen Teilen der Gegend Fälle von Hundswut ergeben hatten, daß Abdias eine Reise nach Hause machte, und zwar auf einem Maultiere reitend und wie gewöhnlich von Asu begleitet. In einem Walde, der nur mehr einige Meilen von seinem Hause entfernt war und der Länge nach gegen jenen Föhrenwald mündete, von dem wir oben gesprochen haben, merkte er an dem Tiere eine besondere Unruhe, die sich ihm aufdrang, weil er sonst nicht viel hingeschaut hatte. Der Hund gab unwillige Töne, er lief dem Maultiere vor, bäumte sich, und wenn Abdias hielt, so kehrte er plötzlich um und schoß des Weges fort, woher sie gekommen waren. Ritt Abdias nun wieder weiter, so kam das Tier in einigen Sekunden wieder neuerdings vorwärts und trieb das alte Spiel. Dabei glänzten seine Augen so widerwärtig, wie Abdias es nie gesehen hatte, so daß ihm ängstliche Besorgnisse aufzusteigen begannen. Über eine Weile kamen sie zu einem kleinen, flachen Wässerlein, durch welches man hindurchreiten mußte. Hier wollte der Hund nun gar nicht hinein. An seinen Lippen zeigte sich ein leichter Schaum, er stellte sich vor, und mit heiserem Schluchzen schnappte er nach den Füßen des Maultieres, da es dieselben ins Wasser setzen wollte. Abdias nahm eine seiner berberischen Pistolen aus dem Halfter, hielt das Maultier einen Augenblick zurück und drückte das Gewehr gegen den Hund ab. Er sah durch den Rauch, wie das Tier taumelte und blutete. Dann ritt er in der Verwirrung durch das Wasser und jenseits weiter. Nachdem er eine halbe Stunde Weges zurückgelegt hatte, bemerkte er plötzlich, daß er einen Gürtel mit Silbermünze, den er zu diesem Zwecke immer umhatte, nicht mehr habe – und er erkannte den ungeheuren Irrtum in Hinsicht des Hundes. Er hatte den Gürtel an einer Waldstelle, an welcher er sich eine Weile aufgehalten hatte, hingelegt und sah nun, daß er ihn dort vergessen habe. Sogleich jagte er zurück. In Schnelligkeit war das Wässerlein erreicht, aber Asu war nicht dort, er lag nicht an der Stelle, auf welcher er erschossen worden war, sondern es zeigten sich nur Blutspuren da. Abdias jagte weiter zurück, und auf dem Wege sah er überall Blut. Endlich kam er an die Waldstelle, er fand dort den Gürtel – und den sterbenden Hund vor demselben liegend. Das Tier machte vor Freuden unbeholfene Versuche zu wedeln und richtete das gläserne Auge auf Abdias. Da dieser auf den Hund niederstürzte, ihm Liebkosungen sagte und die Wunde untersuchte, wollte das Tier mit matter Zunge seine Hand lecken – aber es war nicht mehr möglich, und nach einigen Augenblicken war es tot. Abdias sprang nun auf und wollte sich die weißen Haare ausraufen – er heulte – er stieß ungeheure Verwünschungen aus – er lief gegen das Maultier hin und riß die zweite Pistole aus dem Halfter und krampfte seine Finger darum. Nach einer Weile warf er sie in das Gras des Waldes. Den Gürtel nahm er zehnmal auf, warf ihn zehnmal hin und stampfte ihn mit den Füßen. Endlich, als schon beinahe die Nacht hereingebrochen war, da er doch den Hund kaum in der Hälfte des Nachmittages erschossen hatte, nahm er den Gürtel mit Dithas Gelde wieder auf und band ihn um. Er suchte die hingeworfene Pistole in dem Grase und steckte sie in das Halfter. Dann bestieg er das Maultier und schlug wieder den Weg nach Hause ein. Da schon das Morgengrauen auf das öde Tal niederschien, kam er an seinem Hause an, alle Kleider mit dem Blute des ermordeten Tieres besudelt; denn er hatte es beinahe in seinen Schoß gelegt, als er die Wunde untersuchte. Er hatte wohl wenig Glauben an die Rettung gehabt, da er wußte, wie gut er in der Wüste schießen gelernt hatte. Den Tag, als er angekommen war, gönnte er sich Ruhe, am andern aber mietete er sich zwei Männer, reisete mit ihnen zu der Waldesstelle, und sie mußten den Hund vor seinen Augen in die Erde verscharren.

Dann kam er zurück und betrieb seine Geschäfte fort, wie er sie vordem betrieben hatte.

Einige Zeit nach diesem Ereignisse verfiel er in eine Krankheit. Man weiß nicht, war es die Erregung, die er von dieser Tatsache hatte, oder war es der ihm ungewohnte, feindselige Landstrich, was ihn darniederwarf: genug, die Krankheit war gefährlich, und er konnte sehr lange nicht von derselben genesen.

Aber gerade in dieser Krankheit, wo man meinte, daß alles in einfacher Ruhe nun fortgehen werde, geschah es auch wieder, daß eine jener Wendungen in dem Geschicke dieses Mannes eintrat, wie wir schon öfter Gelegenheit hatten sie in seinem Leben zu bemerken. Es geschah eine wundervolle Begebenheit – eine Begebenheit, die so lange wundervoll bleiben wird, bis man nicht jene großen, verbreiteten Kräfte der Natur wird ergründet haben, in denen unser Leben schwimmt, und bis man nicht das Liebesband zwischen diesen Kräften und unserm Leben wird freundlich binden und lösen können. Bisher sind sie uns kaum noch mehr als bloß wunderlich, und ihr Wesen ist uns fast noch nicht einmal in Ahnungen bekannt.

Ditha war beinahe völlig herangewachsen – ein schlankes Mädchen mit blühenden Gliedern, die sich auszubilden versprachen und eine große Schönheit zu hoffen berechtigten. Abdias war während seiner Krankheit nicht zu ihr in ihr Zimmer gekommen; aber auch sie war in dieser Zeit nicht gesund gewesen: ein seltsames Zittern war an ihren Gliedern, das öfter verschwand, öfter kam und anhielt, zu verschiedenen Zeiten erschien, und namentlich, wenn heiße, dunstige Tage waren. Der Arzt konnte es nicht recht erkennen und sagte, es sei von dem Wachsen, weil sie in letzter Zeit ganz vorzüglich in die Höhe gegangen sei und sich die Glieder wider Vermögen gedehnt hätten. Bis sie sich voller rundeten, würden die Erscheinungen verschwinden. Abdias war in den Tagen der Wiedergenesung, wo man schon in den Zimmern und in den Grenzen des Hauses herumgehen kann, aber noch nicht weiter fort, und seinen Beschäftigungen nicht nachzukommen vermag. Als er in diesem Zustande eines Tages auf seiner Stube saß und mit Rechnungen und Entwürfen beschäftiget war, insbesondere darüber nachdachte, wie er es beginnen müsse, um die Zeit, die er jetzt krank war, hereinzubringen, daß sie im ganzen Verlaufe nicht zum Nachteile wäre: geschah es, daß ein Gewitter heraufzog. Er achtete nicht weiter darauf, da die Gewitter, die er hier erlebt hatte, sich nicht von ferne an Heftigkeit und Stärke mit denen vergleichen ließen, die er in der Wüstenstadt und sonst in Afrika gesehen hatte. Aber mit einem Male, wie er wieder so rechnete und da der Regen noch kaum leise auf die Dächer niederträufelte, geschah ein schmetternder Schlag, von Feuer begleitet, das das ganze Haus in einen blendenden Schein setzte. Abdias erkannte augenblicklich, daß der Blitz in sein Haus gefahren sei. Sein erster Gedanke war Ditha. Obgleich in den Gliedern noch ermüdet, eilte er sogleich in ihr Zimmer. Der Blitz war durch dasselbe gegangen, er hatte die Decke und den Boden durchgeschlagen, daß dicker Staub in der Stube war, er hatte die eisernen Drähte des Käfigs, in dem das Schwarzkehlchen war, dessen Singen Ditha so erfreute, niedergeschmolzen, ohne den Vogel zu verletzen; denn derselbe saß gesund auf seinen Sprossen – auch Ditha war unbeschädigt; denn sie saß aufrecht in ihrem Bette, in das sie sich gelegt hatte, weil sie heute ganz besonders mit dem Zittern behaftet gewesen war. Abdias, der gewitterkundige Wüstenbewohner, sah das alles mit einem Blicke, er stieß nun schnell ein Fenster auf, um den heftigen, widrigen Phosphorgeruch zu verscheuchen, dann sah er gegen Ditha – und wie er genau hinblickte, bemerkte er, daß eine fürchterliche Erregung auf ihrem Antlitze lag, wie Entsetzen, wie Todesschreck. Als er näher ging, um zu sehen, wie es sei, kreischte sie, als drohte sich ein Ungeheuer über sie zu legen, und sie regte die Hände wie abwehrend entgegen – es war das erste Mal, daß sie die Hände nach etwas geradezu ausstreckte. – – Eine wahnsinnige Vermutung stieg in Abdias auf: er rannte nach dem Herde, auf welchem man eben ein Feuer hatte, riß einen glühenden Stumpf heraus, lief in Dithas Zimmer und schwang ihn vor ihren Augen. Sie aber tat wieder einen Schrei, arbeitete dann heftig mit den Gesichtszügen, als wollte sie etwas beginnen, was sie nicht konnte – endlich, als hätte sie es plötzlich gefunden, regten sich mit einmal ihre Augen im Haupte, indem sie den funkelnden Kreisen des Feuerbrandes folgten. Der Arzt war nicht anwesend. Abdias rannte nach dem Hauswächter und sagte, er gebe ihm hundert Goldstücke, wenn er reite, was ein Pferd zu rennen vermöge, und den Arzt bringe. Der Wächter zog ein Pferd aus dem Stalle, sattelte es in Schnelligkeit und ritt davon. Abdias sah ihm von einem Fenster aus, das er schnell aufgerissen hatte, zu. Indessen der Mann das Pferd sattelte, hatte Abdias die Eingebung gehabt, alle Fensterbalken in Dithas Zimmer zuzumachen und noch dazu die Vorhänge herabzulassen, damit die Augen vorerst in der ihnen holden Finsternis blieben und von dem plötzlich eindringenden Lichte nicht verletzt würden. Als er dieses getan hatte, wobei Ditha immer stille gewesen war, hatte er, wie wir oben sagten, das Fenster des Ganges aufgerissen, um dem abreitenden Boten zuzusehen, dann ging er leise wieder in ihr Zimmer zu ihrem Bette, setzte sich zu ihr und fing über eine Weile zu reden an. Die Stimme war das Gewisseste, was sie an ihm kannte, und sie übte nach und nach ihren gewöhnlichen Einfluß aus. Das geschreckte Kind beruhigte sich nach einiger Zeit – und in der Finsternis vergaß es gemach den furchtbar herrlichen Sturm des ersten Sehens. Nach mehreren Augenblicken fing es sogar selber zu reden an und erzählte ihm von fernen bohrenden Klängen, die da gewesen, von schneidenden, stummen, aufrechten Tönen, die in dem Zimmer gestanden seien. Er antwortete ihr auf alles und sagte recht freundliche Worte der Liebe. Bisweilen, wenn ein kurzer Stillstand des Gespräches war, stand er auf, rang in der Finsternis die Hände über seinem Haupte, oder er krampfte sie ineinander, wie man in Holz oder Eisen knirscht, um die innere Erregung abzuleiten. – Dann setzte er sich doch wieder zu dem Bette und blieb längere Zeit sitzen, indem er sich mehr und mehr beruhigen lernte. Ditha, welche zu der Stimme noch ein anderes Merkmal hinzugeben wollte, faßte nach seinen Händen, und als sie dieselben hatte, streichelte sie darüber hin, um sich zu überzeugen, daß er es wirklich sei, den sie habe. Er blieb nun ganz bei ihr sitzen, und sie fing nach und nach an, die gewöhnlichen Dinge, wie sie bei ihr alle Tage vorkamen, zu reden. Sie schien hiebei immer müder zu werden, insbesondere, da sie ihm auf sein Befragen erzählte, daß das Zittern ganz aufgehört habe, was recht gut sei. Nach einer Weile sagte sie gar nichts mehr, nachdem sie noch einige zutrauliche unzusammenhängende Worte geredet hatte, richtete ihr Köpfchen auf dem Kissen zurechte, und es schlossen sich im Schlafe die Augenlider über die neuen, gerade erst bekommenen und von ihr noch nicht gekannten Juwelen. Abdias lösete, als sie ruhig schlief, sachte seine Hand aus der ihrigen und ging in den Garten hinaus, um zu schauen, wie denn jetzt der Tag draußen beschaffen wäre. Es war Abend. Dasselbe Gewitter, welches Ditha sehend gemacht hatte, hatte ihm mit Hagel das Hausdach und seinen Nachbarn die Ernte zerschlagen – er aber hatte davon nichts gemerkt. Jetzt, da er im nassen Grase stand, war alles vorüber. Die Gegend war sehr stille, die Sonne ging eben im tiefen Abend unter und spannte im Morgen, wohin eben das Gewitter hinauszog, einen weiten schimmernden Regenbogen über den ganzen dunkeln Grund desselben. Nach Mitternacht kam endlich der ersehnte Arzt. Er hielt es aber nicht für gut, das sanft schlummernde Mädchen zu wecken, sondern ordnete an, daß die Untersuchung erst bei Tageslichte zu geschehen habe. Er billigte übrigens, was Abdias getan hatte.

Als am andern Morgen die Sonne aufgegangen war, wurde Dithas Zimmer nur insoweit gelichtet, daß man den Versuch mit ihr anstelle, ob sie sehe oder nicht; denn ihr das volle Licht zu geben, hielt man für schädlich. Der Versuch war kurz, und der Arzt erklärte, daß sie sehe. Man beschloß nun, daß das Zimmer, das sie nicht verlassen durfte, nur allmählich gelichtet werde, damit sie sich an die Gegenstände, die nach und nach hervortauchten, gewöhne und das Auge durch allzugroßen und ungewohnten Lichtreiz nicht erkranke. Man sagte ihr, sie sei unwohl und müsse das Zimmer hüten, aber die Krankheit würde bald vorübergehen und dann würde sie mit ihren Augen sehen. Sie wußte nicht, was Sehen sei, aber sie blieb geduldig auf ihrem kleinen Sessel sitzen, lehnte das Haupt auf die Lehne desselben zurück und hatte einen grünen Schirm ober den Augen, den sie bloß griff. Eine Verhüllung nach der andern wurde von den Fenstern zurückgetan, ein Raum kam nach und nach um sie zum Vorscheine, sie wußte aber nicht, was es sei – die Fensterbalken wurden allgemach gelichtet – endlich wurden die letzten Vorhänge der Fenster emporgezogen – – und die ganze große Erde und der ungeheure Himmel schlug in das winzig kleine Auge hinein. – – Sie aber wußte nicht, daß das alles nicht sie sei, sondern ein anderes, außer ihr Befindliches, das sie zum Teile bisher gegriffen habe und das sie auch ganz greifen könnte, wenn sie nur durch die Räume in unendlich vielen Tagen dahin zu gelangen vermöchte.

Abdias fing nun an, Ditha sehen zu lehren. Er nahm sie bei der Hand, daß sie fühle, daß das dieselbe Hand sei, die sie so oft an der ihrigen im Zimmer oder im Garten herumgeführt hatte. Er hob sie von dem kleinen Sessel empor. Der Arzt und die drei Diener des Hauses standen dabei. Er führte sie einen Schritt von dem Sessel weg, dann ließ er sie die Lehne greifen, die ihr so lieb geworden war, dann die Seitenarme des Stuhles, die Füße und anderes – und sagte, das sei ihr Sessel, auf dem sie immer gerne gesessen sei. Dann hob er den Schemel empor und ließ sie ihn fühlen und sagte: hierauf habe sie die Füße gehabt. Dann ließ er sie ihre eigene Hand, ihren Arm, die Spitze ihres Fußes sehen – er gab ihr den Stab, dessen sie sich gerne zum Fühlen bedient hatte, ließ sie ihn nehmen und die Finger sichtbar um ihn herumschlingen – er ließ sie sein Gewand greifen, gab ihr ein Stückchen Leinwand, führte ihre Hand darüber hin und sagte, das sei das Linnen, welches sie so liebe und gerne befühlt habe. Dann setzte er sie wieder in den Sessel zurück, kauerte vor sie hin, zeigte mit den zwei Zeigefingern seiner Hände auf seine Augen und sagte, das seien die Dinge, mit denen sie nun alles, was um sie herum sei, sehe, wenn auch hundert Arme aneinandergefügt zu kurz seien, es zu greifen. Er ließ sie die Augenlider schließen und mit ihren Fingern die durch sie verhüllten Äpfel greifen. Sie kannte – tat aber die Finger schnell weg und öffnete die Lider wieder. Er wies ihr nun, da sie saß, alle Dinge des Zimmers, die sie sehr gut kannte, und sagte ihr, wie sie dieselben gebraucht habe. Um ihr dann den Raum zu weisen, führte er das widerstrebende Mädchen, weil es anzustoßen fürchtete, durch das Zimmer zu den verschiedenen Gegenständen, von einem zu dem andern, und zeigte, wie man Zeit brauche, um zu jedem zu gelangen, obgleich sie alle auf einmal in dem Auge seien. Er blieb den ganzen Tag bei ihr in dem Zimmer. Die äußeren Gegenstände des Gartens und der Fluren wollte er ihr noch nicht zeigen, damit sie nicht mit zu viel auf einmal überladen werde und es ihr schade. Beim Essen zeigte er ihr die Speisen, nannte ihr den Löffel; denn Messer und Gabel hatte sie bisher nie gehandhabt, und sie fuhr ebenso ungeschickt zum Munde, wie sie es getan, da sie noch blind gewesen war.

Am Abende dieses Tages hatte das Kind ein bedeutend heftiges Fieber. Man brachte es zu Bette.

Als es immer dunkler geworden und endlich die Nacht hereingebrochen war, meinte das Kind, es sei wieder blind geworden, und sagte es dem Vater. Dieser aber antwortete ihm, das sei die Nacht, wo, wie sie es wissen müsse, sich bisher immer alle zu Bette gelegt hatten, um zu schlafen, weil das Tageslicht, bei dem allein die Augen sehen, vergangen sei und erst nach einiger Zeit wiederkommen würde, während welcher sich die Augen schließen und die Menschen schlummern. Daß sie aber nicht blind sei, könne er ihr gleich zeigen. Er zündete eine große Lampe an und stellte sie auf den Tisch. Sofort zeigten sich wieder alle Gegenstände, aber anders als bei Tage, grell hervortretend und von tiefen und breiten Schatten unterbrochen. Die Flamme der Lampe erinnerte Ditha an den Blitz, und sie sagte, ein solcher Hauch sei bei ihr gewesen, als es gestern so gekracht habe und der Vater dann zu ihrem Bette hereingestürzt sei. Abdias löschte die Lampe wieder aus, setzte sich zu ihrem Bette, nahm sie bei der Hand, wie in den Tagen der Blindheit, und redete mit ihr, bis sie, wie gewöhnlich, entschlummerte.

Als sie am andern Tage ruhig und gestärkt erwachte und die Dinge im Zimmer schon mit viel mehr Fassung betrachtete als gestern, ließ er sie ankleiden, und da gegen die Hälfte des Vormittags hin der Tau auf den Gräsern vergangen war, führte er sie in den Garten, und nicht nur in den Garten, sondern auch in das Freie hinaus, in das Tal. Er zeigte ihr hier den Himmel, das unendliche tiefe Blau, in dem die silbernen Länder, die Wolken, schwammen, und sagte ihr, das sei blau, das weiß. Dann zeigte er auf die Erde, wie die sanfte, weiche Wiege des Tales so von ihnen hinausging, und sagte, das sei das Land, auf dem sie wandeln, das Weiche unter ihren Füßen sei das grüne Gras, das Blendende, das ihre Augen nicht vertragen und das noch einschneidender sei als gestern die Lampe, sei die Sonne, die Lampe des Tages, die nach dem Schlummer immer komme, den Tag mache und den Augen die Kraft gebe, alles sehen zu können. Dann führte er sie in den Hof zu dem Brunnen, zog vor ihren Augen an dem Metallknopfe, daß der Strahl hervorschoß, und zeigte ihr das ihm so merkwürdige Wasser und ließ sie von der hellen, kristallenen, frischen Flut einen Trunk tun, den er mit einem Glase schöpfte. Er zeigte ihr am Tage hinüber die Bäume, die Blumen, er erklärte ihr die Farben, was namentlich ein ganz Neues für sie war und was sie beim Nachsagen nicht nur durcheinanderwarf, sondern auch ganz unrichtig anwendete, insbesondere wenn Farben und Klänge zugleich sich in ihrem Haupte drängten. Zwischen den Gräsern waren oft Tierchen, die er ihr zeigte, und wenn ein Vogel durch die Luft strich, suchte er ihre Augen auf ihn hinzulenken. Auch das Gehen mußte er ihr erst beibringen und angewöhnen, wenn sie so von dem Garten weg auf den Anger des öden Tales hinauswandelten; denn sie griff den Boden gleichsam mit den Fühlfäden ihrer Füße und getraute sich nicht, die Spitze schnell und sicher vor sich in das Gras zu setzen, weil sie nicht wußte, wie groß oder klein der Abgrund zwischen diesem und dem nächsten Tritte sei, wodurch es kam, daß sie jetzt im Sehen weit unsicherer ging als früher in der Blindheit; denn da hatte sie den Fuß jederzeit im Bewußtsein des festen Bodens, den sie bisher immer gegriffen, vorwärts gestellt und hatte nicht gewußt, welche ungeheure Menge von Gegenständen auf dem nächsten Schritte liege. Ditha hatte an allem, was sie sah, Freude, schaute immer herum und bewunderte insbesondere das Haus, in dem sie wohnten, das einzige, merkwürdigste Ding dieser Art, das sie auf dem öden Grunde des Grases erblickte. Sie wollte beinahe nicht in die Stube gehen, daß sie das Blau des Himmels, das ihr besonders gefiel, und das lange, immer fortgehende Grün des Grundes nicht verliere. Sie schaute in einem fort und begriff nicht, wie ihr ein Baum, ein Stück Mauer des Gartens oder ein flatternder Zipfel des Gewandes ihres Vaters gleich einen so großen Teil der Welt nehmen könne und wie sie mit der kleinen Hand, wenn sie sie unter die Stirne lege, gleich alles, alles bedecke.

Der Abend kam wie am vorigen Tage mit Erschöpfung in seinem Geleite, und der Vater schläferte die Tochter wie gestern ein, um morgen in dem begonnenen Geschäfte fortzufahren.

Abdias gab nun den Handel, den er die Zeit her so eifrig betrieben hatte, auf und beschäftigte sich bloß mit Ditha, sie in dem neuen Reiche des Sehens fort zu führen.

Was den andern Eltern weit auseinandergerückt, gleichsam in Millionen Augenblicke verdünnt erscheint, das wurde ihm jetzt gewissermaßen auf einmal zugeteilt. Eilf Jahre waren Dithas Augen zugehüllt gewesen, eilf Jahre war sie auf der Welt gewesen und hatte auf das Sehen warten müssen, nachdem ihr diese Welt schon auf einer andern Seite, auf der Seite des engen, dunkeln, einsamen Tastens war zugeteilt gewesen: aber wie man von jener fabelhaften Blume erzählt, die viele Jahre braucht, um im öden grauen Kraute zu wachsen, dann aber in wenigen Tagen einen schlanken Schaft emportreibt und gleichsam mit Knallen in einem prächtigen Turm von Blumen aufbricht – so schien es mit Ditha; seit die zwei Blumen ihres Hauptes aufgegangen waren, schoß ein ganz anderer Frühling rings um sie herum mit Blitzesschnelle empor; aber nicht allein die äußere Welt war ihr gegeben, sondern auch ihre Seele begann sich zu heben. Gleichsam wie die Flatterflügel wachsen, daß man sie sieht, wenn der junge Vogel noch an der Stelle sitzt, an welcher er aus der Puppe gekommen war, die die Fittiche so lange eingefaltet gehalten hatte, so dehnte das junge Innere Dithas die neuen, eben erst erhaltenen Schwingen – denn die Sekunden flogen mit Kleinodien herbei, auf den Augenblicken lagen Weltteile, und jeder Tag endete mit einer Last, die er ihr auflud. So wunderbar ist das Licht, daß auch ihr Körper in sehr kurzer Zeit ein anderer ward; die Wangen wurden rot, die Lippen blüheten, und nach wenigen Wochen war sie in ihren Gliedern voller und stärker. Abdias hatte lauter weiße Haare, sein Gesicht war schwarz, von gekreuzten Narben durchzogen, und in den Zügen war Verfall eingegraben. So ging er neben der Tochter, die jetzt schon schlank und sicher wandelte; denn sie waren schier immer im Freien, das Ditha so liebte, und er nicht minder. – Aber nicht nur schöner ward das Antlitz des Mädchens, sondern es begann auch zu leben und sichtlich immer mehr das Schönste zu zeigen, was der Mensch vermag, das Herz.

Wie Abdias vor mehreren Jahren angefangen hatte, plötzlich geizig zu werden, so wußte man jetzt nicht mehr, ist er es noch oder nicht. Er ging immer neben dem Mädchen. Alle, die den Juden haßten, sahen mit sichtbarlichem Wohlgefallen in das unschuldige Angesicht seiner Tochter.

Auch die Augen, die einst so starren, unheimlichen Bilder, wurden nun menschlich lieb und traulich; denn sie fingen zu reden an, wie Menschenaugen reden – und Fröhlichkeit oder Neugierde oder Staunen malte sich darinnen – auch Liebe malte sich, wenn sie plaudernd und schmeichelnd auf Abdias' Züge schaute, die nur ihr allein nicht häßlich erschienen; denn was die Außenwelt für ihre Augen war, das war er für ihr Herz – ja er war ihr noch mehr als die Außenwelt; denn sie glaubte immer, er sei es, der ihr diese ganze äußere Welt gegeben habe.

So verging der Sommer, so der für das Mädchen sehr traurige Winter, und wieder ein Sommer und ein Winter. Ditha gedieh immer mehr und blühte immer schöner.

In zwei Dingen war sie eigentümlich und von den gewöhnlichen Menschen abweichend.

Das erste betraf ein Naturwunder, das wohl zuweilen, aber selten vorkömmt. Abdias hatte es in jüngeren Jahren auch gehabt, aber mit dem Alter hatte es sich allmählich verloren. Man bemerkte nämlich an Ditha seit dem Tage, an welchem der Blitz in ihr Zimmer geschlagen und ihre Nerven umgestimmt hatte, daß sie an Gewittertagen oder auch nur an solchen, wo Gewitter drohten und an dem entfernten Gesichtskreise hinauszogen, ganz besonders lebhaft, sogar heiter und freudig gestimmt sei, unähnlich den andern Mädchen und Frauen, welche Gewitter gewöhnlich fürchten. Sie liebte dieselben, und wenn eines wo immer am Himmel stand, ging sie hinaus, um zu sehen, ob es komme. Einmal in der Dämmerung einer sehr gewitterschwülen Nacht, da sie eben an dem offenen Fenster stand und dem entfernten Blitzen zusah, bemerkte Abdias, der hinter ihr in einem Stuhle saß, daß ein leichter, schwacher, blasser Lichtschein um ihr Haupt zu schweben beginne und daß die Enden der Seidenbändchen, womit ihr Haar gebunden war, sich sträuben und gerade emporständen. Er erschrak nicht, denn gerade dieses war auch die Erscheinung gewesen, die bei ihm in der Jugend öfters ohne Veranlassung und in späteren männlichen Jahren bei starker Erregung wahrgenommen und ihm von seiner Mutter mehr als einmal erzählt worden war. Er ist gewöhnlich, wie die Mutter sagte, zu solchen Zeiten sehr heiter gewesen oder ist sehr stark gewachsen. Einen Nachteil aber hatte die Erscheinung für seinen Körper nie gehabt. Abdias blieb ganz stille hinter Ditha in dem Stuhle sitzen und sagte ihr nichts von dem, was er an ihr sehe. Er hatte ohnedem gleich nach dem Tage, an welchem der Blitz in Dithas Zimmer gefahren war, ihre Schlafstelle in ein anderes Gemach verlegt, jetzt, da er diese Erscheinung wahrgenommen hatte, ließ er auch sogleich Blitzableiter auf das Haus setzen, wie er sie an mehreren Orten Europas gesehen hatte. Er erinnerte sich jetzt auch, daß ihm einmal im Morgenlande erzählt worden war, daß, wenn es nachts an dem Himmel blitzte und ein Gewitter nicht auszubrechen vermöge, die Blumen unten manchmal eine leichte Flamme aus ihrem Kelche entlassen oder daß gar ein fester, ruhiger Schein darüber steht, der nicht weicht und doch nicht die Blätter und die zarten Fäden verbrennt. Ja diese Blumen sind dann gar die schönsten.

Abdias beobachtete nun Ditha genauer und sah die Erscheinung in diesem Sommer noch zweimal an ihr. Im Winter war nichts zu bemerken.

Das zweite, was Ditha eigentümlich und von andern Menschen abweichend hatte, war wohl nur eine natürliche Folge ihrer Verhältnisse, die von allem verschieden waren, was Menschen gewöhnlich begegnen kann, es war die Folge ihres früheren Zustandes und ihrer einsamen Entwicklung. Wie nämlich bei andern Menschen das Tag- und Traumleben gesondert ist, war es bei ihr vermischt. Bei andern ist der Tag die Regel, die Nacht die Ausnahme: bei ihr war der Tag vielmehr das Ausgenommene. Ihre vergangene, lange, vertraute Nacht reichte nun in ihren Tag herüber, und jene willkürlichen, von andern Menschen nicht verstandenen Bilder ihrer innern Welt, die sie sich damals gemacht hatte, mischten sich nun unter ihre äußeren, und so entstand ein träumend sinnendes Wesen, nur zuweilen von einem schnell handelnden unterbrochen, wie es eigentlich Abdias' Natur war; es entstand eine Denk- und Redeweise, die den andern, welche sie gar nicht kannten, so fremd war, wie wenn etwa eine redende Blume vor ihnen stände. Sonst einsam in ihrer Nacht sitzend, war sie auch jetzt gerne allein oder mit ihrem Vater, der sie sehr gut verstand. Aus jener langen Nacht mochte es auch herkommen, daß sie nicht die brennenden, sondern die kühlen und dämmernden Farben vorzugsweise liebte, und darunter wieder das Blau. Als sie einmal etwas weit von ihrem Hause waren, durch den Föhrenwald gingen, von dem wir oben geredet haben, und jenseits desselben an einem großen blühenden Flachsfelde standen, rief sie aus: „Vater, sieh nur, wie der ganze Himmel auf den Spitzen dieser grünen, stehenden Fäden klingt!"

Sie verlangte hierauf, daß ein Stück davon nach Hause genommen würde. Er aber führte sie näher, zog einige Fäden aus, zeigte ihr die feinen kleinen Blumen und machte ihr so klar, daß man nicht gleich ein ganzes Stück von diesem Blau wegnehmen könne. Dafür versprach er ihr, daß sie bald zu Hause ein solches blaues Feld haben werde. So sprach sie auch von violetten Klängen und sagte, daß sie ihr lieber seien als die, welche aufrecht stehen und widerwärtig seien, wie glühende Stäbe. Ihre Stimme, die sie in der letzten Zeit ihrer Blindheit immer lieber zum Singen als zum Sprechen erhoben hatte, wendete sich frühzeitig einer sanften, klaren Alte zu. So lebte sie eine Welt aus Sehen und Blindheit, und so war ja auch das Blau ihrer Augen, so wie das unsers Himmels, aus Licht und Nacht gewoben.

Als sie den Gebrauch ihrer Augen bekommen hatte und Abdias, wie wir schon oben bemerkten, aufgehört hatte, seine Zeit dem Handel und dem Herumreisen zuzuwenden, fing er etwas anderes an. Er hatte zugleich mit dem Platze, auf welchem das Haus und der Garten stand, einen nicht gar kleinen Landteil des unfruchtbaren Tales erworben. Er hatte diesen Teil bisher unbenützt liegen lassen und nur, wenn er mit seinen Füßen darüberwandelte, gedacht: dies gehört mir. Jetzt fing er an, diesen Teil zu bebauen, und wollte ihn nach und nach in Felder umwandeln, wie er hinter den verdorrten Palmen in der Wüstenstadt auch ein Feld gehabt hatte, auf dem ihm etwas Gemüse und dünn stehender, niedriger Mais wuchs. Er dingte Knechte, kaufte die gehörigen Gerätschaften und fing an. Zum ersten Umgraben und zur Klärung der Erde, daß sie eine Saat annehme, hatte er eine große Zahl Taglöhner aus entfernten Gegenden kommen lassen. Zugleich fing er den Bau der Scheuern und anderer Gebäude an, welche bestimmt waren, die Ernte aufzunehmen. Da alles in zureichendem Stande war, entließ er die fremden Arbeiter und führte die Sache durch seine Knechte fort. In dem Garten hatte er wohl schon bei seiner Ankunft des Schattens wegen Bäume gesetzt, nun aber gab er noch allerlei Gesträuche hinzu, er lockerte einen Teil des Bodens, der früher bloß mit Gras bewachsen gewesen war, auf und legte Blumenbeete an. Auf einer andern Seite des Hauses wurde Erde für Gemüse aufgegraben.

Schon in dem ersten Frühlinge, an welchem Ditha sah, wogte ein schöner grüner Kornwald an einer Stelle, an welcher früher nur kurzes, fahlgrünes Gras gewesen war und graue Steine aus dem Boden hervorgesehen hatten. Als die Halme gelb geworden waren, standen gleichsam für Ditha die blauen Zyanen darin. Abdias ging unter all dem herum, und oft, wenn der mäßige Vormittagswind die reifenden Ähren zu silbernen Wogen mischte, stand seine Gestalt aus dem Rohrfeld hervorragend da, wie er den weißen Turban um seine schwarze Stirne geschlungen hatte, der dunkle Kaftan im Winde sich regte und der große Bart, der vom Antlitze niederhing, noch weißer war als der Turban.

Gleich im ersten Sommer wurde ein Stück Feld hergerichtet und mit Flachs besäet. Als er blühte, wurde Ditha hinausgeführt, und Abdias sagte ihr, der ganze Himmel, der da auf den Spitzen dieser grünen, stehenden Fäden klinge, gehöre ihr. Ditha stand nun recht oft vor dem blauen Tuche des Feldes und sah es an. Auf dem Heimwege pflückte sie sich einen Strauß von Zyanen, die im Korne standen.

Gegen die Mitte dieses Sommers ging ein mit dem gelben Getreide des Abdias hoch beladener Wagen in die neugebaute Scheuer und widerlegte den Wahn der in der Entfernung wohnenden Nachbarn, daß das grüne, mit Steinen besäete Wiesental unfruchtbar sei. Diesem Wagen folgte bald ein zweiter, ein dritter – und er wurde so lange beladen, bis alles Ausgesäete als Ernte zu Hause war. An einem andern Platze wurde schon wieder zur Vergrößerung der Felder für das nächste Jahr gereutet.

So lebte Abdias wieder in einer andern ihm vollkommen neuen Tätigkeit, und er betrieb sie immer weiter. Nachdem mehrere Jahre vergangen waren, hatte er schon alles Land, welches ihm eigen gehörte, umgegraben, und er sann bereits darüber nach, an seinen Handelsfreund zu schreiben, daß er durch dessen Vermittlung wieder ein neues Stück dazubekomme, welches er bearbeiten wollte. Seinen Garten hatte er erweitert und die Mauer um das Stück ziehen lassen. Die Gebäude, die er zum Wirtschaftsbetriebe aufgeführt hatte, wurden zu klein, und er baute immer an der Erweiterung. Auch sann er über neue Dinge, die er unternehmen, und über Anlagen und Baulichkeiten, die er erfinden wollte.

Er hatte wieder mehrere Diener und Mägde genommen. Das Innere des Hauses richtete er fast so her, wie die Wohnung der Wüstenstadt zur Zeit der Esther gewesen war. Er legte weiche Teppiche, er baute durch Bretter und seidene Überzüge Nischen, ließ Ruhebetten in dieselben stellen und gelbseidene Vorhänge vor sie niederhängen, die man auseinanderziehen konnte. In mehrere Fächer tat er Dinge, daß sie einst Ditha, wenn er tot wäre und sie die Schlüssel bekäme, finden möge. Im Hofraume und draußen im Tale pflanzte er Bäumchen, die ihr Schatten geben, wenn sie eine Matrone sein würde. Wenn er nach Art des Alters nicht schlafen konnte oder wenn ihm die lange europäische Dämmerung zu lange wurde, stand er auf und ging zu ihrem Bette, in dem sie meistens rot und gesund, wie eine Rose, schlummerte. Dann sah man ihn in dem Garten herumgehen und dies und jenes anschauen und befestigen.

Aus Büchern lesen oder sonst etwas lernen hatte er Ditha nicht lassen; es war ihm nicht eingefallen. Von fremden Menschen kam nie einer in das Haus des Abdias herein, und wenn ein Wanderer in das Tal kam, so sah man ihn höchstens mit der hohlen Hand aus dem Bache trinken und dann weitergehen. Die Knechte des Abdias bearbeiteten seine Felder, taten, wie er anordnete, führten das Getreide auf den Markt und brachten das bestimmte Geld heim, das Abdias immer voraus wußte, wieviel es sein mußte, weil er die Marktpreise kannte. Sonst waren sie meistens unter sich und in dem Gesindhause, das am andern Ende des Gartens stand; denn obwohl sie hier aus dem Volke seines Glaubens genommen worden waren, hatten sie doch eine Scheu vor ihm und seinem abenteuerlichen Wesen. So waren auch die andern Diener. Die Zofe Dithas saß schier immer in der Stube, weil man sie hatte aus der Stadt kommen lassen, sie nähete Kleider oder las; denn sie haßte die Luft und die Sonne. Abdias und Ditha waren immer draußen. Als er Bäume gepflanzt hatte, damit sie Schatten geben, hatte er den Himmel Europas nicht gekannt oder nicht auf ihn gedacht; denn sie brauchten hier kaum einen Schatten. Wenn eine heiße Sonne schien, daß jedes Wesen ermattet war und Wohnung oder Kühle suchte, saß Ditha gerne auf dem Sandwege des Gartens unter abgefallener Bohnenblüte und ließ die Mittagsstrahlen auf sich niederregnen, indem sie leise eine Weise sang, die sie selber erfunden hatte. Abdias aber, in dem weiten Talare, mit den funkelnden Augen, weißem Haupte und Barte, saß auf dem Bänkchen an dem Hause und glänzte im Mittagsscheine. So wuchs Ditha auf, gleichsam neben Erlen, Wacholder und anderm Gesträuche der schlanke Schaft einer Wüstenaloe – so waren sie allein, und auf dem Tale lag gleichsam eine öde afrikanische Sonne.

Er hatte nach Europa verlangt, er war nun da. In Europa wurde er nicht mehr geschlagen, sein Eigentum wurde ihm nicht genommen, allein er hatte den afrikanischen Geist und die Natur der Einsamkeit nach Europa gebracht.

Öfter saß Ditha oben an dem Getreideabhange, bis wohin Abdias ganz nahe an dem Föhrenwalde seine Anlagen ausgedehnt hatte, und betrachtete die Halme des Getreides oder der Gräser, die darin wuchsen, oder die Wolken, die an dem Himmel zogen, oder sie ließ Gräsersamen über die graue Seide ihres Kleides rieseln und sah zu, wie er rieselte. Abdias kleidete sie nämlich gerne reich, und wenn sie nicht in dem von ihr noch immer sehr geliebten Linnen ging, so ging sie in dunkelfarbiger Seide, entweder blau, oder grau, oder violett, oder schwach braun – aber niemals schwarz. Der Schnitt ihres Kleides war wohl von ferne dem europäischen ähnlich, da die Kleider von ihrer Zofe gemacht wurden, aber er mußte immer so sein, daß die Kleider weit und faltig um sie hingen, da sie von ihrer Heimat her an keinen Druck gewöhnt war und keinen litt. Öfter stand sie auf, wenn sie lange an dem Rande des Kornes gesessen war, und wandelte allein an dem Saume des Getreides dahin, daß ihre Gestalt weit in dem Tale gesehen wurde, wie sie entweder in Linnen leuchtete oder schwach und unbestimmt in Seide glänzte. Abdias holte sie dann gewöhnlich ab, und sie gingen miteinander nach Hause. Er dachte, er müsse mit ihr verständig reden, daß sie selber verständig würde und fortleben könnte, wenn er tot sei. Und wenn sie so gingen, redete er mit ihr: er erzählte ihr arabische Wüstenmärchen, dichtete ihr südliche Bilder und warf seine Beduinengedanken gleichsam wie ein Geier des Atlasses an ihr Herz. Er bediente sich hiezu meistens der arabischen Sprache, welche die seines Vaters war. Er hatte wohl, wie er es in seinen jugendlichen Wanderjahren sich angewöhnt hatte, sehr schnell die Sprache des Landes gelernt und hatte sie mit denen, mit welchen er früher im Handel umgegangen war, geredet und redete sie mit denen, die er jetzt im Dienste hatte; aber mit Ditha sprach er am liebsten Arabisch. Da er aber auch zuweilen eine andere Sprache des Morgenlandes gegen sie gebrauchte, da sie auch sowohl von seinem Munde als auch von dem der Dienstleute die Landessprache lernte; so kannte sie eigentlich ein Gemisch von allem, drückte sich darin aus und hatte eine Gedankenweise, die dieser Sprache angemessen war.

Wenn Abdias nun so voraus dachte, wie alles werden würde; wenn er an einen künftigen Bräutigam dachte, so fiel ihm die schöne, dunkle, freundliche Gestalt Urams ein, dem er sie gegeben hätte – aber da Uram tot war, konnte er sich nichts anders denken, als daß Ditha immer schöner und blühender werde und so fortleben würde.

Und in der Tat schien es, daß dieser Wunsch in Erfüllung gehen sollte. Sie war in der letzten Zeit bedeutend vollkommener geworden. Ihr Körper war stärker, das Auge ward schöner, dunkler, sehnsüchtiger, die Lippe reifer und ihr Wesen kräftiger, wie sie denn überhaupt in ihrer Art das Traumhafte ihrer Mutter mit dem Feurigen ihres Vaters verband. Sie liebte diesen Vater unsäglich, und wenn sie oft gedrängt war von der wilden, ungebändigten Liebe, dann nahm sie seine alte Hand und drückte deren Finger gegen ihre Augen, ihre Stirne, ihr Herz – den Kuß kannte sie nicht, weil sie keine Mutter hatte – er aber gab nie einen, da er häßlich war.

Weil Ditha während ihrer Blindheit fast immer gesessen war oder ihre Füße nur schwach in Bewegung hatte setzen können, wenn sie ging, ja weil sie einen bei weitem größeren Teil ihrer Zeit in dem Bette zubrachte als außerhalb desselben, so war ihre Entwicklung sehr langsam gegangen, und obwohl sie, da ihr das Licht der Augen zuteil geworden war, schneller als früher fortschritt, so kam doch die Zeit der Reife bei ihr später, als sie sonst zu kommen pflegt. Sie war schon sechzehn Jahre alt, als sie an jenem Zeitpunkte angelangt zu sein schien. Ihr früheres drängendes Wesen stillte sich, das Auge wurde milder und schmachtender, und die Glieder waren schlank und freudig, wie bei jedem vollkommenen Wesen dieser Erde.

Abdias tat sich absichtlich einen Schmerz an oder er opferte etwas Liebes, damit nicht das Schicksal ein Größeres begehre.

Wie bei allen Mädchen in dieser Zeit große Veränderungen vor sich gehen, wie namentlich in Dithas Stamme eine ruhige Schlankheit des Leibes und ein zartes Scheuen des Blickes das Hereintreten des Jungfrauenalters anzeigen, so war dieses bei Ditha ganz besonders der Fall. Ihr körperliches Wesen schien in der Tat in einer Art Spannung zu sein, und obwohl sie freudig und heiter und fast so kühn war wie früher, so war es doch, als sei ein Ausdruck süßen Leidens über sie ausgegossen.

Es war eben Sommer und die Zeit der Ernte.

Ditha ging zu dieser Zeit an einem Nachmittage, der den andern Leuten recht heiß vorkam, über den Hügelsaum eines Kornfeldes empor, das der Vater am Tage vorher hatte abmähen lassen. Sie ging so lange, bis sie an dem oberen Rande angekommen war; denn sie hatte dort ein Feld mit Flachs, den sie spät gesäet hatte, zu dem sie sonst, da das Korn stand, immer mit Umwegen hatte gelangen müssen und der jetzt alle Tage in Blüte zu brechen versprach. Sie war ganz allein durch die Stoppeln emporgegangen und stand ganz allein, die höchste Gestalt, auf dem Saume der Anhöhe, wenn man den weiter draußen stehenden Föhrenwald ausnimmt, dessen Wipfel noch näher an dem Himmel hinzuziehen schienen. Auf dem Kornfelde hatten sie die Knechte des Abdias hinaufgehen gesehen, die eben über dasselbe Kornfeld nach Hause kehrten, weil sie ein Gewitter fürchteten. Sie kümmerten sich aber nicht weiter um sie. Nur einer, da er ein wenig später den Vater sah, der Ditha zu suchen schien, sagte, wenn er seine Tochter suche, sie sei oben auf dem Bühel. Wirklich hatte sie Abdias gesucht; denn die zarte Wolkenwand war dichter geworden und schob sich über den Himmel empor, obgleich an dem größeren Teile desselben noch das reine Blau herrschte und die Sonne noch heißer niederschien als früher. Er stieg also, da er von dem Knechte die Nachricht erhalten hatte, über dasselbe Kornfeld, das wir erwähnten, empor, sah Ditha am Rande des Flachses stehen und ging ganz zu ihr hinzu. Das Feld war über und über in blauer Blüte, und auf den kleinen zitternden Blättchen, über die kein Lüftchen ging, war eine große Anzahl von Tierchen.

„Was tust du denn hier, Ditha?“ fragte Abdias.

„Ich schaue meinen Flachs an“, antwortete das Mädchen, „siehe, gestern war keine einzige Blume offen, und heute sind sie alle da. Ich glaube, die Stille und die Wärme haben sie hervorgetrieben.“

„Siehst du nicht die Wolken am Himmel“, sagte Abdias, „sie kommen herauf, und wir müssen nach Hause gehen, sonst wirst du naß und krank.“

„Ich sehe die Wolken“, antwortete Ditha, „aber sie kommen noch nicht so bald, wir können schon noch hinuntergehen. Wenn sie aber auch eher kommen, als sie versprechen, so werde ich doch nicht naß, denn ich will in ein solches Haus, wie sie hier aus Garben gemacht haben, hineingehen, will dort niedersitzen und zusehen, wie die silbernen Regenkugeln in die Halme niederschießen, davon von jedem nur ein abgemähtes Stückchen emporsteht. Bei mir drinnen aber wird es warm und trocken sein."

Abdias schaute gegen den Abendhimmel, und in der Tat schien die Vermutung des Kindes wahr zu werden, daß die Wolken eher kommen würden, als sie versprachen; denn die gleiche und schwachfärbige Wand, die noch vor kurzem an dem Abendhimmel stand, hatte sich gelöset und in Ballen gesondert, die mit weißen Rändern überhingen und alle Augenblicke die Farbe änderten. Gegen unten, am Gesichtskreise hin, war rötliches Grau.

Abdias erkannte, daß sie vor dem Regen kaum mehr das Haus erreichen würden und daß vielleicht der Rat Dithas der beste wäre. Da er aber der Leichtigkeit des Garbenhauses nicht traute, wenn etwa ein Wind käme, so fing er an, mit eigenen Händen noch mehr Garben herbeizutragen. Als Ditha seine Absicht begriff, half sie ihm, bis ein solcher Vorrat beisammen war, daß er die Wetterseite mit einer dichten Garbenmauer besetzen und dem Ganzen eine solche Festigkeit geben konnte, daß es nicht leicht vom Winde zu zerreißen war. Gegen Morgen ließ er die Öffnung frei, daß sie auf das Spiel des Regens hinaussehen und eine Übersicht auf den Abzug des Gewitters haben könnten. Das Obdach wurde endlich fertig, aber es rührte sich noch immer kein Lüftchen, und es fiel kein Tropfen. Die gelben Stoppeln lagen vor ihnen, die zarten, von dem Schirme der weggenommenen Halme entblößten Gräschen regten sich nicht, und über dem blauen Felde des Flachses hoch in der Luft sang eine Lerche, von dem fernen, tiefen Donner zuweilen unterbrochen.

Ditha hatte ihre Gewitterfreudigkeit, sie wendete sich gegen Abend und sagte: „Wie es so herrlich ist, wie es so unsäglich herrlich ist. Weil du nun auch da bist, o Vater, so ist es mir noch lieber."

Sie standen vor ihrer aus Garben aufgebauten Behausung, schauten die Wolken an und waren in jedem Augenblicke bereit, wenn der Regen beginne, sich in die Hütte hineinzusetzen. In den oberen Teilen des Himmels mußte schon der Wind herrschen; denn die grauen Schleier, welche dem Gewitter vorherzugehen pflegen, liefen sichtlich dahin, sie hatten schon die Sonne überholt, standen bereits über den Häuptern der Zuschauenden und eilten gegen Morgen.

Abdias hatte im Innern des gebauten Obdaches mehrere Garben zu einem Sitze zurechtgelegt und setzte sich hinein. Ditha, mit der den Kindern eigentümlichen Liebe zur Heimlichkeit, setzte sich in dem kleinen gelben Häuschen zu ihm. Der vor ihnen gegen Morgen offengelassene Raum nützte gerade so viel, daß sie zu ihren Füßen ein Teilchen Stoppelfeld sahen, dann ein Stückchen Flachs und oben die grauen, luftigen Schleier, die am Himmel hinzogen, auch konnten sie die Lerche hören, die oberhalb des Flachses sang. Die Donner waren noch immer ferne, obgleich die Wolken schon den ganzen Himmel angefüllt hatten und nicht nur über ihre Häupter, sondern auch schon weit gegen Morgen hinaus gegangen waren.

In diesem Verstecke saßen sie und sprachen miteinander.

„Glaubst du nicht auch", sagte Ditha, „daß die Wolken gar nicht dicht sind und daß sie gewiß nicht große und gar schwere Tropfen werden fallen lassen? Es wäre mir leid, wenn sie die feinen, schönen Linnenblüten herabschlügen, die heute erst aufgebrochen sind."

„Ich denke, daß sogar schwere Tropfen die blauen Blätter nicht abzuschlagen vermögen, weil sie erst heute aufgeblüht sind und noch strenge haften", sagte Abdias.

„Ich liebe die Flachspflanzen sehr", fing nach einer Weile Schweigens Ditha wieder an, „es hat mir Sara auf mein Befragen vor langer Zeit, da noch das traurige schwarze Tuch in meinem Haupte war, vieles von dem Flachse erzählt, aber ich habe es damals nicht verstanden. Jetzt aber verstehe ich es und habe es selbst beobachtet. Sie ist ein Freund des Menschen, diese Pflanze, hat Sara gesagt, sie hat den Menschen lieb. Ich weiß es jetzt, daß es so ist. Zuerst hat sie die schöne Blüte auf dem grünen Säulchen, dann, wenn sie tot ist und durch die Luft und das Wasser zubereitet wird, gibt sie uns die weichen silbergrauen Fasern, aus denen die Menschen das Gewebe machen, welches, wie schon Sara sagte, ihre eigentlichste Wohnung ist, von der Wiege bis zum Grabe. Siehst du, das ist auch wahr: wie sie nur so wunderbar, diese Pflanze, zu dem weißen, lichten Schnee zu bleichen ist – dann legt man die Kinder, wenn sie recht klein sind, wie ich war, hinein und hüllt die Glieder zu – ihrer Tochter hat Sara viel Linnen mitgegeben, da sie fortzog, um den fremden Mann zu heiraten, der sie wollte; sie war eine Braut, und je größere Berge dieses Schnees man einer Braut mitgeben kann, desto reicher ist sie – unsere Knechte tragen die weißen Linnenärmel auf den bloßen Armen – und wenn wir tot sind, hüllen sie die weißen Tücher um uns, weißt du.“ – –

Sie schwieg plötzlich. Ihm war es, als hätte er seitwärts an der Garbe einen sanften Schein lodern gesehen. Er dachte, sie habe wieder ihren Schimmer; denn er hatte schon früher alle Spitzen von Bändchen und Haaren an ihr aufwärts stehen gesehen. – Aber sie hatte ihren Schimmer nicht gehabt. Da er hinblickte, war schon alles vorüber. Es war auf den Schein ein kurzes heiseres Krachen gefolgt, und Ditha lehnte gegen eine Garbe zurück und war tot.

Kein Tropfen Regen fiel, nur die dünnen Wolken rieselten, wie schnell gezogene Schleier, über den Himmel.

Der Greis gab nicht einen Laut von sich, sondern er starrte das Wesen vor sich an und glaubte es nicht, daß dies Ding seine Tochter sei. Ihre Augen waren geschlossen, und der redende Mund stand stille.

Er schüttelte sie und redete ihr zu – – aber sie sank aus seiner Hand und war tot.

Er selber hatte nicht die geringste Erschütterung empfunden. Draußen war es, als sei auch noch kein Gewitter an die Stelle gekommen. Die folgenden Donner waren wieder ferne, es ging kein Lüftchen, und zeitweise sang noch die Lerche.

Dann stand der Mann auf, lud das tote Mädchen mechanisch auf seine Schulter und trug sie nach Hause.

Zwei Hirten, die ihm begegneten, entsetzten sich, wie sie ihn so im Winde, der mittlerweile aufgestanden war, schreiten sahen und wie das Haupt und der Arm des Kindes rückwärts seiner Schulter herabhing.

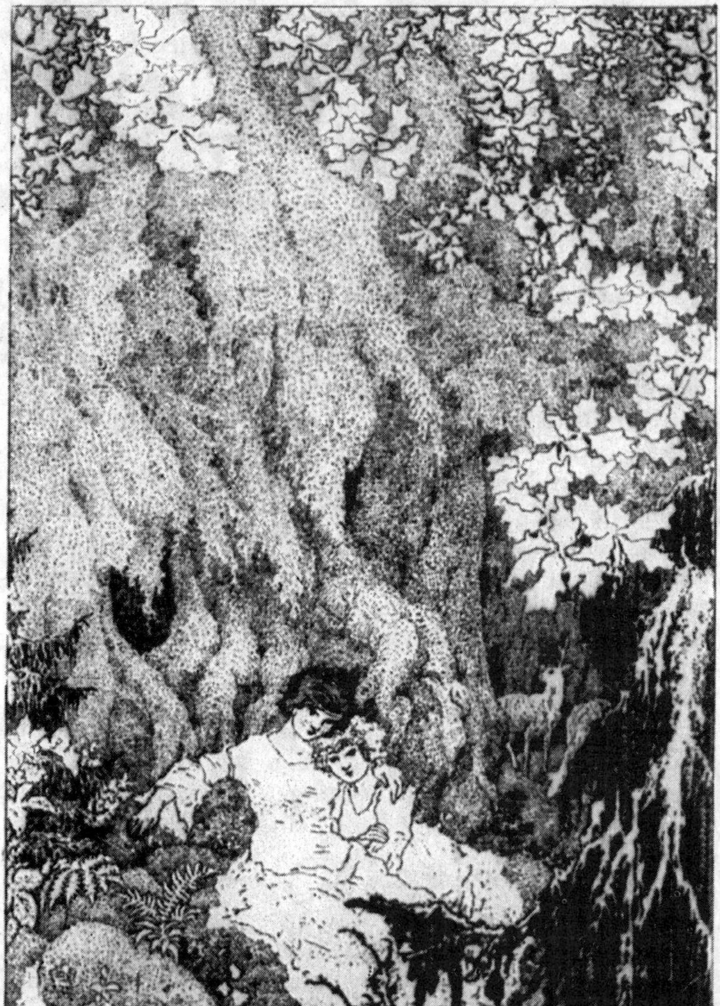

Das neue Wunder und Strafgericht, wie sie es nannten, flog sogleich durch das Land. Am dritten Tage nach dem Unglücke kamen Brüder seines Volkes und legten die Lilie in die Erde.

Das Gewitter, welches dem Kinde mit seiner weichen Flamme das Leben von dem Haupte geküßt hatte, schüttete an dem Tage noch auf alle Wesen reichlichen Segen herab und hatte, wie jenes, das ihr das Augenlicht gegeben, mit einem schönen Regenbogen im weiten Morgen geschlossen.

Abdias saß nach diesem Ereignisse auf dem Bänkchen vor seinem Hause und sagte nichts, sondern er schaute die Sonne an. Er saß viele Jahre, die Knechte besorgten auf Anordnung des Handelsfreundes, von dem wir öfter geredet hatten, die Felder – aus Dithas Gliedern sproßten Blumen und Gras – eine Sonne nach der andern verging, ein Sommer nach dem andern – und er wußte nicht, wie lange er gesessen war, denn nach glaublichen Aussagen war er wahnsinnig gewesen.

Auf einmal erwachte er wieder und wollte jetzt nach Afrika reisen, um Melek ein Messer in das Herz zu stoßen; aber er konnte nicht mehr; denn seine Diener mußten ihn am Morgen aus dem Hause bringen und mittags und abends wieder hinein.

Dreißig Jahre nach dem Tode Dithas lebte Abdias noch. Wie lange nachher, weiß man nicht. In hohem Alter hatte er die schwarze Farbe verloren und war wieder gebleicht worden, wie er in seiner Jugend gewesen war. Viele Menschen haben ihn auf der Bank seines Hauses sitzen gesehen.

Eines Tages saß er nicht mehr dort, die Sonne schien auf den leeren Platz und auf seinen frischen Grabhügel, aus dem bereits Spitzen von Gräsern hervorsahen.

Wie alt er geworden war, wußte man nicht. Manche sagten, es seien weit über hundert Jahre gewesen.

Das öde Tal ist seit der Zeit ein fruchtbares, das weiße Haus steht noch, ja es ist nach der Zeit noch verschönert und vergrößert worden, und das Ganze ist das Eigentum der Söhne des Handelsfreundes des Abdias.

So endete das Leben und die Laufbahn des Juden Abdias.

Brigitta

1. Steppenwanderung

Es gibt oft Dinge und Beziehungen in dem menschlichen Leben, die uns nicht sogleich klar sind und deren Grund wir nicht in Schnelligkeit hervorzuziehen vermögen. Sie wirken dann meistens mit einem gewissen schönen und sanften Reize des Geheimnisvollen auf unsere Seele. In dem Angesichte eines Häßlichen ist für uns oft eine innere Schönheit, die wir nicht auf der Stelle von seinem Werte herzuleiten vermögen, während uns oft die Züge eines andern kalt und leer sind, von denen alle sagen, daß sie die größte Schönheit besitzen. Ebenso fühlen wir uns manchmal zu einem hingezogen, den wir eigentlich gar nicht kennen, es gefallen uns seine Bewegungen, es gefällt uns seine Art, wir trauern, wenn er uns verlassen hat, und haben eine gewisse Sehnsucht, ja eine Liebe zu ihm, wenn wir oft noch in späteren Jahren seiner gedenken: während wir mit einem andern, dessen Wert in vielen Taten vor uns liegt, nicht ins reine kommen können, wenn wir auch jahrelang mit ihm umgegangen sind. Daß zuletzt sittliche Gründe vorhanden sind, die das Herz herausfühlt, ist kein Zweifel, allein wir können sie nicht immer mit der Waage des Bewußtseins und der Rechnung hervorheben und anschauen. Die Seelenkunde hat manches beleuchtet und erklärt, aber vieles ist ihr dunkel und in großer Entfernung geblieben. Wir glauben daher, daß es nicht zu viel ist, wenn wir sagen, es sei für uns noch ein heiterer, unermeßlicher Abgrund, in dem Gott und die Geister wandeln. Die Seele in Augenblikken der Entzückung überfliegt ihn oft, die Dichtkunst in kindlicher Unbewußtheit lüftet ihn zuweilen; aber die Wissenschaft mit ihrem Hammer und Richtscheite steht häufig erst an dem Rande und mag in vielen Fällen noch gar nicht einmal Hand angelegt haben.

Zu diesen Bemerkungen bin ich durch eine Begebenheit veranlaßt worden, die ich einmal in sehr jungen Jahren auf dem Gute eines alten Majors erlebte, da ich noch eine sehr große Wanderlust hatte, die mich bald hier, bald dort ein Stück in die Welt hinein trieb, weil ich noch weiß Gott was zu erleben und zu erforschen verhoffte.

Ich hatte den Major auf einer Reise kennengelernt, und schon damals lud er mich wiederholt ein, ihn einmal in seiner Heimat zu besuchen. Allein ich hielt dies für eine bloße Redeformel und Artigkeit, wie Reisende wohl oft zu wechseln pflegen, und hätte der Sache wahrscheinlich keine weitere Folge gegeben, wenn nicht im zweiten Jahre unserer Trennung ein Brief von ihm gekommen wäre, in welchem er sich angelegentlich um mein Befinden erkundigte und zuletzt wieder die alte Bitte hinzufügte, doch einmal zu ihm zu kommen und einen Sommer, ein Jahr oder fünf oder zehn Jahre bei ihm zuzubringen, wie es mir gefällig wäre; denn er sei jetzt endlich gesonnen, auf einem einzigen winzigen Punkte dieser Erdkugel kleben zu bleiben und kein anderes Stäubchen mehr auf seinen Fuß gelangen zu lassen als das der Heimat, in welcher er nunmehr ein Ziel gefunden habe, das er sonst vergeblich auf der ganzen Welt gesucht hatte.

Da es nun eben Frühling war, da ich neugierig war, sein Ziel kennenzulernen, da ich eben nicht wußte, wo ich hinreisen sollte, beschloß ich, seiner Bitte nachzugeben und seiner Einladung zu folgen.

Er hatte sein Gut im östlichen Ungarn – zwei Tage schlug ich mich mit Plänen herum, wie ich die Reise am geschicktesten machen sollte, am dritten Tage saß ich im Postwagen und rollte nach Osten, während ich mich, da ich das Land nie gesehen hatte, bereits mit Bildern von Heiden und Wäldern trug – und am achten wandelte ich bereits auf einer Pußta, so prachtvoll und öde, als sie nur immer Ungarn aufzuweisen haben mag.

Anfangs war meine ganze Seele von der Größe des Bildes gefaßt: wie die endlose Luft um mich schmeichelte, wie die Steppe duftete und ein Glanz der Einsamkeit überall und allüberall hinaus webte: aber wie das morgen wieder so wurde, übermorgen wieder – immer gar nichts als der feine

Ring, in dem sich Himmel und Erde küßten, gewöhnte sich der Geist daran, das Auge begann zu erliegen und von dem Nichts so übersättigt zu werden, als hätte es Massen von Stoff auf sich geladen – es kehrte in sich zurück, und wie die Sonnenstrahlen spielten, die Gräser glänzten, zogen verschiedene einsame Gedanken durch die Seele, alte Erinnerungen kamen wimmelnd über die Heide, und darunter war auch das Bild des Mannes, zu dem ich eben auf der Wanderung war – ich griff es gerne auf, und in der Öde hatte ich Zeit genug, alle Züge, die ich von ihm erfahren hatte, in meinem Gedächtnisse zusammenzusuchen und ihnen neue Frische zu geben.

In Unteritalien, beinahe in einer ebenso feierlichen Öde, wie die war, durch die ich heute wandelte, hatte ich ihn zum ersten Male gesehen. Er war damals in allen Gesellschaften gefeiert und, obwohl schon fast fünfzig Jahre alt, doch noch das Ziel von manchen schönen Augen; denn nie hat man einen Mann gesehen, dessen Bau und Antlitz schöner genannt werden konnte, noch einen, der dieses Äußere edler zu tragen verstand. Ich möchte sagen, es war eine sanfte Hoheit, die um alle seine Bewegungen floß, so einfach und so siegend, daß er mehr als einmal auch Männer betörte. Auf Frauenherzen aber, ging die Sage, soll er einst wahrhaft sinnverwirrend gewirkt haben. Man trug sich mit Geschichten von Siegen und Eroberungen, die er gemacht haben soll und die wunderbar genug waren. Aber ein Fehler, sagte man, hänge ihm an, der ihn erst recht gefährlich mache; nämlich, es sei noch niemanden, selbst der größten Schönheit, die diese Erde trage, gelungen, ihn länger zu fesseln, als es ihm eben beliebte. Mit aller Lieblichkeit, die ihm jedes Herz gewann und das der Erkornen mit siegreicher Wonne füllte, benahm er sich bis zu Ende, dann nahm er Abschied, machte eine Reise und kam nicht wieder. – Aber dieser Fehler, statt sie abzuschrecken, gewann ihm die Weiber nur noch mehr, und manche rasche Südländerin mochte glühen, ihr Herz und ihr Glück, so bald als nur immer möglich, an seine Brust zu werfen. Auch reizte es sehr, daß man nicht wußte, woher er sei und welche Stellung er unter den Menschen einnehme. Obwohl sie sagten, daß die Grazien um seinen Mund spielen, setzten sie doch hinzu, daß auf seiner Stirne eine Art Trauer wohne, die der Zeiger einer bedeutenden Vergangenheit sei – aber das war am Ende das Lockendste, daß niemand diese Vergangenheit wußte. Er soll in Staatsbegebenheiten verwickelt gewesen sein, er soll sich unglücklich vermählt, er soll seinen Bruder erschossen haben – und was dieser Dinge mehr waren. Das aber wußten alle, daß er sich jetzt sehr stark mit Wissenschaften beschäftigte.

Ich hatte schon sehr viel von ihm gehört und erkannte ihn augenblicklich, als ich ihn einmal auf dem Vesuve Steine herabschlagen und dann zu dem neuen Krater hinzu gehen und freundlich auf das blaue Ringeln des Rauches schauen sah, der noch sparsam aus der Öffnung und aus den Ritzen quoll. Ich ging über die gelbglänzenden Knollen zu ihm hin und redete ihn an. Er antwortete gerne, und ein Wort gab das andere. Wirklich war damals eine furchtbar zerworfene, dunkle Öde um uns, die so schroffer wurde, als der unsäglich anmutige, tiefblaue Südhimmel gerade über ihr stand, zu dem die Rauchwölkchen traulich seitwärts zogen. Wir sprachen damals lange miteinander, gingen dann aber jeder allein von dem Berge.

Später fand sich wieder Gelegenheit, daß wir zusammenkamen, wir besuchten uns dann öfter und waren endlich bis zu meiner Heimreise fast unzertrennt beieinander. Ich fand, daß er an den Wirkungen, die sein Äußeres machen sollte, ziemlich unschuldig war. Aus seinem Innern brach oft so etwas Ursprüngliches und Anfangsmäßiges, gleichsam als hätte er sich, obwohl er schon gegen die fünfzig Jahre ging, seine Seele bis jetzt aufgehoben, weil sie das Rechte nicht hatte finden können. Dabei erkannte ich, als ich länger mit ihm umging, daß diese Seele das Glühendste und Dichterischste sei, was mir bis dahin vorgekommen ist, daher es auch kommen mochte, daß sie das Kindliche, Unbewußte, Einfache, Einsame, ja oft Einfältige an sich hatte. Er war sich dieser Gaben nicht bewußt und sagte in Natürlichkeit die schönsten Worte, die ich je aus einem Munde gehört habe, und nie in meinem Leben, selbst später nicht, als ich Gelegenheit hatte, mit Dichtern und Künstlern umzugehen, habe ich einen so empfindlichen Schönheitssinn angetroffen, der durch Ungestalt und Roheit bis zur Unge-

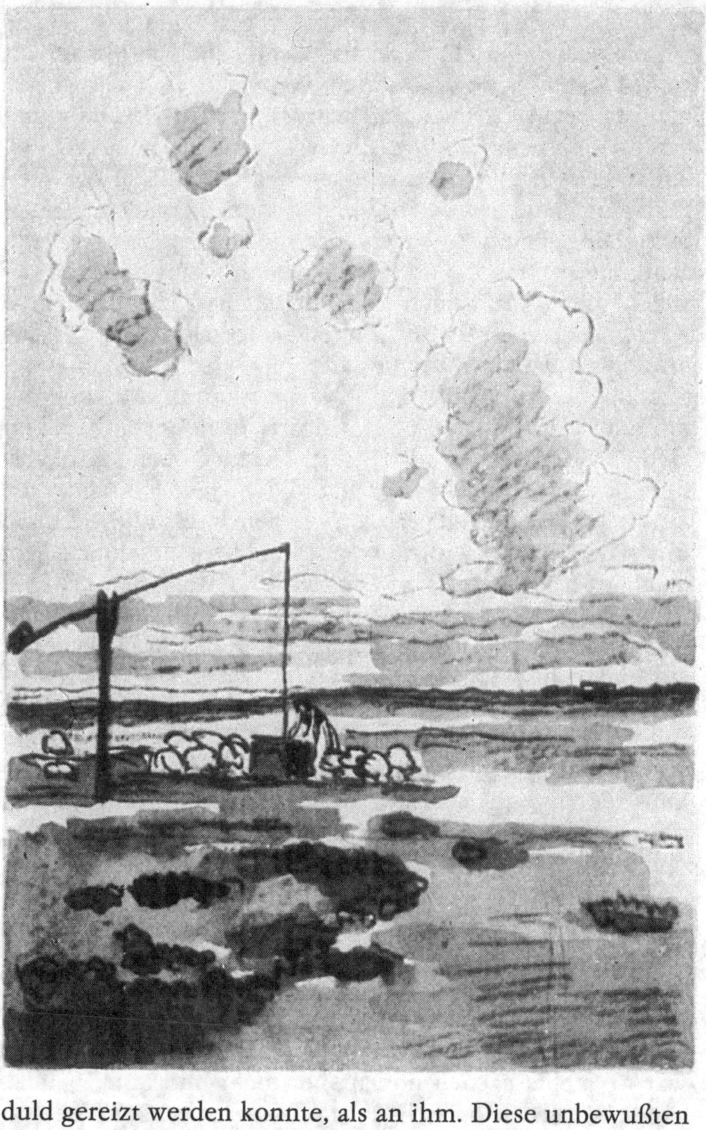

duld gereizt werden konnte, als an ihm. Diese unbewußten Gaben mochten es auch sein, die ihm alle Herzen des andern Geschlechtes zufliegen machten, weil dieses Spielen und Glänzen an Männern in vorgerückten Jahren gar so selten ist. Eben daher mochte es auch kommen, daß er mit mir als einem ganz jungen Menschen so gerne umging, so wie ich meinerseits in jenen Zeiten eigentlich auch noch nicht recht diese Dinge zu würdigen vermochte und mir dieselben erst recht einleuchtend wurden, da ich älter war und daranging, die Erzählung seines Lebens zusammenzustellen. Wie weit es mit seinem sagenhaften Glücke bei Weibern ging, habe ich nie erfahren können, da er niemals über diese Dinge sprach und sich auch nie Gelegenheit zu Beobachtungen vorfand. Von jener Trauer, die auf seiner Stirne sitzen sollte, konnte ich ebenfalls nichts wahrnehmen, so wie ich auch von seinen früheren Schicksalen damals nichts erfuhr, als daß er einst beständige Reisen gemacht habe, jetzt aber schon jahrelang in Neapel sei und Lava und Altertümer sammle. Daß er in Ungarn Besitzungen habe, erzählte er mir selber und lud mich, wie ich oben sagte, wiederholt dahin ein.

Wir lebten ziemlich lange nebeneinander und trennten uns zuletzt, da ich fortging, nicht ohne Teilnahme. Aber mancherlei Gestalten von Ländern und Menschen drangen nachher noch durch mein Gedächtnis, so daß es mir endlich nicht im Traume beigekommen wäre, daß ich einmal auf einer ungarischen Heide zu diesem Manne unterwegs sein würde, wie ich es nun wirklich war. Ich malte mir sein Bild in Gedanken immer mehr aus und senkte mich so hinein, daß ich oft Mühe hatte, nicht zu glauben, ich sei in Italien; denn so heiß, so schweigsam war es auf der Ebene, auf der ich wandelte, wie dort, und die blaue Dunstschichte der Ferne spiegelte sich mir zum Trugbilde der Pontinischen Sümpfe.

Ich ging aber doch nicht in gerader Richtung auf das mir in dem Briefe bezeichnete Gut des Majors los, sondern ich machte mehrere Kreuz- und Querzüge, um mir das Land zu besehen. So wie mir das Bild desselben früher immer meines Freundes wegen mit Italien zusammengeflossen war, so webte es sich nun immer mehr und immer eigentümlicher als Selbständiges und Ganzes heraus. Ich war über hundert Bächlein, Bäche und Flüsse gegangen, ich hatte oft bei Hirten und ihren zottigen Hunden geschlafen, ich hatte aus jenen einsamen Heidebrunnen getrunken, die mit dem furchtbar hohen Stangenwinkel zum Himmel sehen, und ich hatte unter manchem tief herabgehenden Rohrdache gegessen – dort lehnte der Sackpfeifer, dort flog der schnelle Fuhrmann über die Heide, dort glänzte der weiße Mantel des Roßhirten – – oft dachte ich mir, wie denn mein Freund in diesem Lande aussehen werde; denn ich hatte ihn nur in Gesellschaft gesehen und in dem Getriebe, wo sich alle Menschen wie die Bachkiesel gleichen. Dort war er im Äußern der glatte, feine Mann gewesen – hier aber war alles anders, und oft, wenn ich ganze Tage nichts sah als das ferne, rötlich blaue Dämmern der Steppe und die tausend kleinen weißen Punkte darinnen, die Rinder des Landes, wenn zu meinen Füßen die tiefschwarze Erde war und so viel Wildheit, so viel Üppigkeit, trotz der uralten Geschichte so viel Anfang und Ursprünglichkeit, dachte ich, wie wird er sich denn hier benehmen. Ich ging in dem Lande herum, ich lebte mich immer mehr in seine Art und Weise und in seine Eigentümlichkeiten hinein, und es war mir, als hörte ich den Hammer schallen, womit die Zukunft dieses Volkes geschmiedet wird. Jedes in dem Lande zeigt auf kommende Zeiten, alles Vergehende ist müde, alles Werdende feurig, darum sah ich recht gerne seine endlosen Dörfer, sah seine Weinhügel aufstreben, sah seine Sümpfe und Röhrichte, und weit draußen seine sanftblauen Berge ziehen.

Nach monatlangem Herumwandern glaubte ich endlich eines Tages, ich müsse mich nun in sehr großer Nähe bei dem Gute meines Freundes befinden, und des vielen Schauens doch etwas müde, beschloß ich, dem Pilgern ein Ziel zu setzen und gerade auf die Besitzung meines künftigen Beherbergers zuzulenken. Ich war den ganzen Nachmittag durch ein heißes Steinfeld gegangen; links stiegen fernblaue Berghäupter am Himmel auf – ich hielt sie für die Karpaten –, rechts stand zerrissenes Land mit jener eigentümlich rötlichen Färbung, wie sie so oft der Hauch der Steppe gibt: beide aber vereinigten sich nicht, und zwischen beiden ging das endlose Bild der Ebenen fort. Endlich, wie ich eben aus einer Mulde, in der das Bette eines ausgetrockneten Baches lief, emporstieg, sprang rechts ein Kastanienwald und ein weißes Haus herüber – eine Sandwehe hatte mir beides bisher gedeckt. – Drei Meilen, drei

Meilen – so hatte ich fast den ganzen Nachmittag gehört, wenn ich nach Uwar fragte – so hieß das Schloß des Majors – drei Meilen: aber da ich die ungarischen Meilen aus Erfahrung kannte, so war ich gewiß ihrer fünfe gegangen und wünschte daher sehnlich, das Haus möchte Uwar heißen. In nicht großer Ferne stiegen Felder gegen einen Erddamm empor, auf denen ich Menschen sah. Diese wollte ich fragen und durchschritt zu dem Zwecke einen Flügel des Kastanienwaldes. Hier sah ich nun, was ich, durch die vielen Gesichtstäuschungen dieses Landes belehrt, sogleich geahnet, nämlich daß das Haus nicht an dem Walde liege, sondern erst hinter einer Ebene, die von den Kastanien weg lief, und daß es ein sehr großes Gebäude sein müsse. Über die Ebene aber sah ich eine Gestalt herübersprengen, gerade auf jene Felder zu, auf denen die Leute arbeiteten. Auch sammelten sich alle Arbeiter um die Gestalt, da sie bei ihnen angekommen war, wie um einen Herrn – aber meinem Major sah das Wesen ganz und gar nicht ähnlich. Ich ging langsam gegen die Erdlehne empor, die auch weiter entfernt war, als ich dachte, und kam eben an, als bereits die ganze Glut der Abendröte um die dunkeln, wogenden Maisfelder und die Gruppen bärtiger Knechte und um den Reiter loderte. Dieser aber war nichts anderes als ein Weib, etwa vierzig Jahre alt, welches sonderbar genug die weiten landesmäßigen Beinkleider anhatte und auch wie ein Mann zu Pferde saß. Da die Knechte schon auseinandergingen und sie fast allein auf dem Flecke war, richtete ich mein Anliegen an sie. Meinen Wanderstab unter das Ränzlein stützend, zu ihr emporschauend und mir gleichsam die Strahlen der Abendröte, die schief herein kamen, aus dem Gesichte streichend, sagte ich deutsch zu ihr: „Guten Abend, Mutter."

„Guten Abend", antwortete sie in derselben Sprache.

„Gewährt mir eine Bitte und sagt: heißt jenes Gebäude Uwar?"

„Jenes Gebäude heißt nicht Uwar. Seid Ihr nach Uwar bestellt?"

„Allerdings. Ich habe dort meinen Reisefreund, den Major, zu besuchen, der mich dahin eingeladen hat."

„So geht nur ein wenig neben meinem Rosse her."

Mit diesen Worten setzte sie ihr Pferd in Schritt und ritt langsam, damit ich ihr folgen konnte, zwischen den hohen grünen Maisbüscheln den Abhang hinan. Ich ging hinter ihr her und hatte Gelegenheit, meine Blicke auf die Umgebung richten zu können – und in der Tat, ich bekam immer mehr Ursache, mich zu verwundern. Wie wir höher kamen, öffnete sich zusehends das Tal hinter uns, ein ganzer, ungeheurer Gartenwald lief von dem Schlosse in die Berge hinein, die hinter ihm begannen, Alleen streckten sich gegen die Felder, ein Wirtschaftsstück nach dem andern legte sich bloß und schien in trefflichem Stande. Ich habe nie dieses lange, fette, frische Blatt des Maises gesehen, und nicht ein Gräschen war zwischen seinen Stängeln. Der Weinberg, an dessen Rande wir eben ankamen, erinnerte mich an die des Rheins, nur habe ich am Rheine nicht dieses derbe Trotzen und Strotzen von Blatt und Reben gesehen wie hier. Die Ebene zwischen den Kastanien und dem Schlosse war eine Wiese, so rein und sanft, als wäre Sammet gebreitet, sie war mit eingehegten Wegen durchschnitten, in denen die weißen Rinder des Landes wandelten, aber glatt und schlank wie Hirsche. Das Ganze hob sich wunderbar von dem Steinfelde ab, das ich heute durchwandelt hatte und das jetzt in der Abendluft draußen lag und in den rötlich spinnenden Strahlen heiß und trocken hereinsah zu dieser kühlen, grünen Frische.

Indessen waren wir zu einem jener weißen Häuschen gelangt, wie ich mehrere im Grün der Rebengelände zerstreut wahrgenommen hatte, und das Weib sagte zu einem jungen Manne, der trotz des heißen Juniabends in seinem zottigen Pelze stak und vor der Tür des Häuschens allerlei hantierte: „Milosch, der Herr will heute noch nach Uwar, wenn du etwa die zwei Weidebraunen nähmest, ihm einen gäbest und ihn bis zum Galgen geleitetest."

„Ja", erwiderte der Bursche und stand auf.

„Jetzt geht nur mit ihm, er wird Euch schon richtig führen", sagte das Weib und wendete ihr Pferd, um des Weges zurück zu reiten, den sie mit mir gekommen war.

Ich hielt sie für eine Art Schaffnerin und wollte ihr ein namhaftes Geldstück für den Dienst geben, den sie mir soeben geleistet hatte. Sie aber lachte nur und zeigte hiebei eine Reihe sehr schöner Zähne. Durch den Weinberg ritt sie langsam hinab, dann hörten wir aber bald darauf die schnellen Hufschläge ihres Pferdes, wie sie über die Ebene flog.

Ich steckte mein Geld wieder ein und wendete mich zu Milosch. Dieser hatte einstweilen zu seinem Pelze einen breiten Hut aufgesetzt und führte mich um eine Strecke in den Weinpflanzungen fort, bis wir in eine Talkrümme stiegen und auf Wirtschaftsgebäude stießen, aus denen er zwei jener kleinen Rosse zog, wie man sie auf den Heiden dieses Landes antrifft. Meines sattelte er, seines bestieg er, wie es war, und sofort ritten wir in die Abenddämmerung hinein dem dunkeln Osthimmel entgegen. Es mochte ein sonderbarer Anblick gewesen sein: der deutsche Wandersmann samt Ränzlein, Knotenstock und Kappe zu Pferde sitzend, neben ihm der schlanke Ungar mit rundem Hute, Schnurrbart, Zottelpelz und flatternden weißen Beinkleidern – beide in Nacht und Wüste reitend. In der Tat war es eine Wüste, in die wir jenseits der Weinberge gerieten, und die Ansiedelung war wie eine Fabel darinnen. Eigentlich war die Wüste wieder mein altes Steinfeld, und zwar sich selber so gleich geblieben, daß ich wähnte, wir reiten denselben Weg zurück, den ich gekommen bin, wenn mich nicht das schmutzige Rot, das noch hinter meinem Rücken am Himmel glühte, belehrt hätte, daß wir wirklich gegen Morgen reiten.

„Wie weit ist noch nach Uwar?“ fragte ich.

„Es sind noch anderthalb Meilen“, antwortete Milosch.

Ich fügte mich in die Antwort und ritt hinter ihm her, so gut ich konnte. Wir ritten an denselben unzähligen grauen Steinen vorbei, wie ich sie heute den ganzen Tag zu Tausenden gezählt habe. Sie glitten mit falschem Lichte auf dem dunklen Boden hinter mich, und weil wir eigentlich auf trocknem, sehr festen Moore ritten, hörte ich keinen Hufschlag unserer Pferde, außer wenn zufällig das Eisen auf einen der Steine schlug, die sonst diese Tiere, an derlei Wege gewöhnt, sehr gut zu vermeiden wissen. Der Boden war immer eben, nur daß wir wieder zwei oder drei Mulden hinab und hinan gestiegen waren, in deren jeder ein starrer Strom von Kieselgerölle lag.

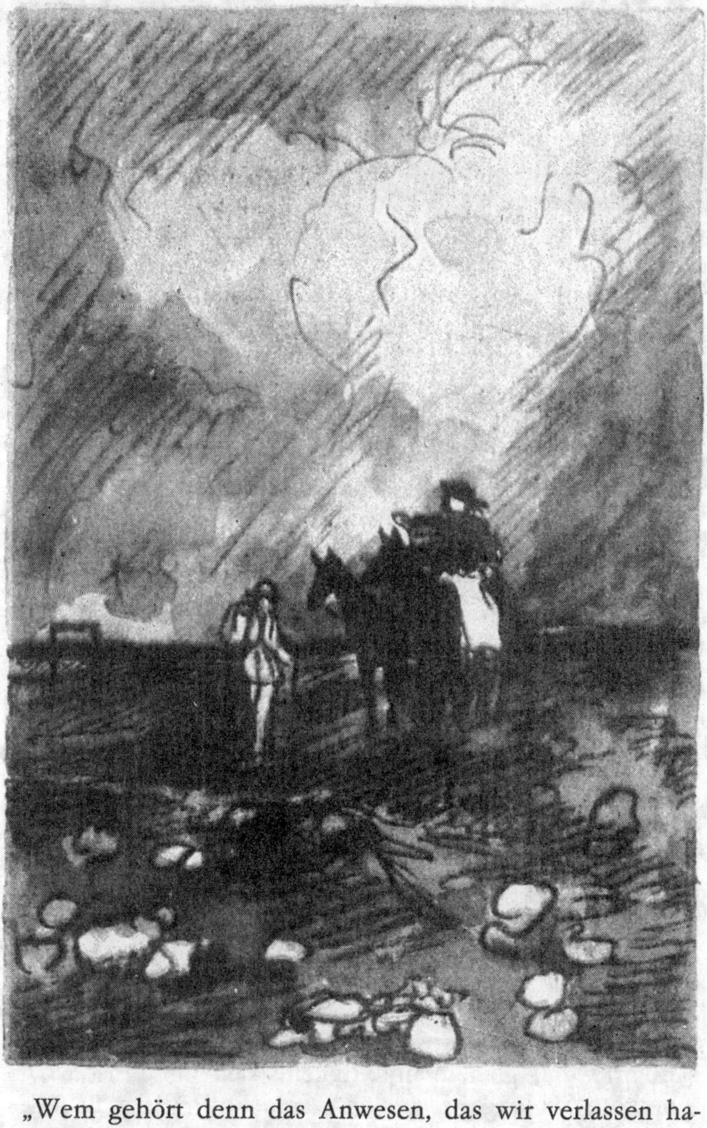

„Wem gehört denn das Anwesen, das wir verlassen haben?“ fragte ich meinen Begleiter.

„Maroshely“, antwortete er.

Ich wußte nicht, weil er die Worte schnell vor mir reitend gesprochen hatte, ob dies der Name des Besitzers sei oder ob ich überhaupt recht verstanden habe; denn die Bewegung erschwerte das Sprechen und Hören.

Endlich ging ein blutrotes Stück Mond auf, und in seinem schwachen Lichte stand auch schon das schlanke Gerüste auf der Heide, das ich für das Ziel meiner Begleitung hielt.

„Hier ist der Galgen", sagte Milosch, „dort unten, wo es glänzt, rinnt ein Bach, daneben ist ein schwarzer Haufen, auf den geht zu, es ist eine Eiche, auf der sonst die Übeltäter aufgehängt worden sind. Jetzt darf das nicht mehr sein, weil ein Galgen ist. Von der Eiche beginnt ein gemachter Weg, an welchem junge Bäume zu beiden Seiten stehen. Auf dem Wege geht etwas weniger als eine Stunde fort, dann zieht an der Glockenstange des Gitters. Hört, wenn auch nicht zugesperrt ist, geht doch nicht hinein; es ist wegen der Hunde. Zieht nur an der Glockenstange. So, jetzt steigt ab, und macht den Rock besser zu, daß Ihr nicht das Fieber bekommt."

Ich stieg ab, und obwohl ich mit meiner Belohnung bei der Schaffnerin nicht gut angekommen war, bot ich Milosch doch auch wieder eine. Er nahm sie an und steckte sie in den Pelz. Dann haschte er nach dem Zügel meines Pferdes, wandte sich und flog eilends davon, ehe ich nur sagen konnte, er möge dem Herrn der Pferde meinen Dank melden, daß ich so unbedingt auf einem in der Nacht fortreiten durfte. Offenbar hatte er von dem Orte weg getrachtet. Ich blickte hin. Es standen zwei Säulen, und darauf war ein Querbalken. So ragte es in das gelbe Mondlicht empor. Oben lag etwas wie ein Kopf. In der Tat aber mochte es irgendeine Erhöhung sein. Ich ging weiter, gleichsam als ob das Gras der Heide hinter mir lispelte und sich etwas am Fuße des Galgens rührte. Von Milosch war nicht mehr das geringste zu vernehmen, als sei er gar nie dagewesen. Ich kam sogleich zu der Todeseiche. Der Bach schillerte und glänzte und ringelte sich um Binsen, wie eine tote Schlange. Daneben war der schwarze Bau des Baumes. Ich ging um ihn herum, und jenseits war ein gerader weißer Weg, von dem Monde beschienen. Der Weg war gestampft und hatte Gräben und eine Allee junger Pappeln. Es tat mir wohl, daß ich wieder meine Schritte schallen hörte, wie es daheim in unserem Lande auf den Wegen der Fall ist.

Ich ging langsam dahin. Der Mond hob sich mehr und mehr und stand endlich klar an dem warmen Sommerhimmel. Die Heide lief wie eine fahle Scheibe unter ihm weg. Endlich, da eine gute Stunde vergangen sein mochte, hoben sich vor mir schwarze Klumpen, wie ein Wald oder ein Garten, und in kurzer Frist stieß der Weg an ein Gitter, das in einer Mauer stand, die außer dem Walde hinlief und hinter sich riesengroße Wipfel hatte, die todesstille in dem Silber der Nachtluft emporstanden. An dem Gitter war ein Glockengriff, ich zog, und es schellte von innen. Gleich darauf ertönte nicht etwa ein Bellen, sondern zwei Stöße jenes tiefen, entschloßnen und neugierigen Schnaufens edler Hunde – ein dumpfer Sprung – und der größte, schönste Hund, den ich in meinem Leben gesehen habe, stand von innen an dem Gitter. Er stellte sich auf die Hinterfüße, faßte mit den vorderen die eisernen Stangen und sah auf mich heraus, ohne nur den geringsten Laut zu geben, wie es die ernste Art dieser Tiere gewohnt ist. Bald kamen murrend und jagend noch zwei kleinere und jüngere derselben Gattung, glatte Bulldoggen, und alle schauten unverwandt auf mich. Nach einer Weile hörte ich auch nahende Menschentritte, und ein Mann im zottigen Pelze kam und fragte um mein Begehren. Ich entgegnete, ob ich in Uwar sei, und nannte meinen Namen. Er mußte Weisung haben, denn sofort beschwichtigte er mit ungarischen Worten die Hunde und öffnete dann das Gitter.

„Der Herr hat Briefe von Euch und erwartet Euch schon lange“, sagte der Mann, als wir weitergingen.

„Ich habe ihm ja geschrieben, daß ich mir Euer Land ansehen wolle“, antwortete ich.

„Und das habt Ihr lange angesehen“, sagte er.

„Freilich“, antwortete ich. „Ist der Herr Major noch wach?“

„Er ist gar nicht zu Hause, sondern in der Sitzung, morgen früh wird er herüberreiten. Für Euch hat er drei Zimmer richten lassen und gesagt, daß wir Euch hineinführen sollen, wenn Ihr in seiner Abwesenheit kämet.“

„Nun so führt mich hinein.“

„Wohl.“

Diese Worte waren die einzigen, die wir auf dem langen Wege wechselten, den wir meiner Meinung nach eher durch einen Urwald als durch einen Garten machten. Riesige Tannen streckten sich gegen den Himmel, und mannsdicke Eichenäste griffen herum. Der größere Hund ging ruhig neben uns, die andern schnoberten in meinen Kleidern und jagten sich dann gelegentlich. Als wir so den Hain durchschritten hatten, kamen wir zu einer baumlosen Erhöhung, auf welcher das Schloß stand – soviel ich jetzt erkennen konnte, ein großes viereckiges Gebäude. Aber die Erhöhung führte eine breite Steintreppe empor, auf der das schönste Mondlicht starrte. Hinter der Treppe war ein etwas ebener Platz und dann ein großes Gitter, das statt des Tores des Hauses diente. Als wir an dem Gitter angekommen waren, sprach mein Begleiter einige Worte zu den Hunden, worauf sie in den Garten zurückschossen. Nun schloß er das Gitter auf und führte mich in das Gebäude.

Auf der Treppe brannte noch Licht und beglänzte hohe, seltsame Steinbilder mit weiten Stiefeln und schleppenden Gewändern. Es mochten ungarische Könige sein. Dann empfing uns im ersten Geschosse ein langer, mit Rohrmatten belegter Gang. Wir gingen ihn entlang und stiegen dann noch eine Treppe hoch. Hier war wieder ein solcher Gang, und einen der Türflügel, die in demselben waren, öffnend, sagte mein Begleiter, hier seien meine Zimmer. Wir gingen hinein. Nachdem er in jedem mehrere Kerzen angezündet hatte, wünschte er mir gute Nacht und ging fort. In einer Weile wurde von einem anderen Wein, Brot und kalter Braten gebracht, worauf mir von ihm, wie von seinem Vorgänger, gute Nacht geboten wurde. Ich erkannte hieraus und aus der völligen Einrichtung der Zimmer, daß ich nun allein bleiben würde, und ging daher an die Türen und schloß mich ab.

Hierauf aß ich und musterte dabei meine Wohnung. Das erste Zimmer, in welchem die Speisen auf einen großen Tisch gestellt wurden, war sehr geräumig. Die Kerzen strahlten hell und beleuchteten alles. Die Geräte waren anders, als sie bei uns gebräuchlich sind. In der Mitte stand eine lange Tafel, an deren einem Ende ich aß. Um die Tafel waren Bänke von Eichenholz gestellt, nicht eigentlich wohnlich aussehend, sondern wie zu Sitzungen bestimmt. Sonst war nur noch hie und da ein Stuhl zu sehen. An den Wänden hingen Waffen aus verschiedenen Zeiten der Geschichte. Sie mochten einst der ungarischen angehören. Es waren noch viele Bogen und Pfeile darunter. Außer den Waffen hingen auch Kleider da, ungarische, die man aus früheren Zeiten aufgehoben hatte, und dann jene schlotternden seidenen, die entweder Türken oder gar Tartaren angehört haben mochten.

Als ich mit meinem Nachtmahle fertig war, ging ich in die zwei Nebenzimmer, die auf diesen Saal folgten. Sie waren kleiner und, wie ich gleich bei dem ersten Blicke, da ich eingeführt wurde, bemerkt hatte, wohnlicher eingerichtet als der Saal. Es waren Stühle, Tische, Schränke, Waschgeräte, Schreibzeug und alles da, was ein einsamer Wanderer in seiner Wohnung nur immer wünschen kann. Selbst Bücher lagen auf dem Nachttische, und sie waren sämtlich in deutscher Sprache. In jedem der zwei Zimmer stand ein Bett, aber statt der Decke war auf ein jedes das weite volkstümliche Kleidungsstück gebreitet, welches die Bunda heißen. Es ist dies gewöhnlich ein Mantel aus Fellen, wobei die rauhe Seite nach innen, die glatte weiße nach außen gekehrt ist. Letztere hat häufig allerlei farbiges Riemzeug und ist mit aufgenähten farbigen Zeichnungen von Leder verziert.

Ehe ich mich schlafen legte, ging ich noch, wie es immer an fremden Orten meine Gewohnheit ist, an das Fenster, um zu schauen, wie es draußen aussähe. Es war nicht viel zu sehen. Das aber erkannte ich im Mondlichte, daß die Landschaft nicht deutsch sei. Wie eine andere, nur riesengroße Bunda lag der dunkle Fleck des Waldes oder Gartens unten auf die Steppe gebreitet – draußen schillerte das Grau der Heide – dann waren allerlei Streifen, ich wußte nicht, waren es Gegenstände dieser Erde oder Schichten von Wolken.

Nachdem ich meine Augen eine Weile über diese Dinge hatte gehen lassen, wendete ich mich wieder ab, schloß die Fenster, entkleidete mich, ging zu dem nächstbesten Bette und legte mich nieder.

Als ich das weiche Pelzwerk der Bunda über meine ermüdeten Glieder zog und als ich schon fast die Augen zutat, dachte ich noch: „So bin ich nun begierig, was ich in dieser Wohnung Freundliches oder Häßliches erleben werde."

Dann entschlummerte ich, und alles war tot, was schon in meinem Leben gewesen ist, und was ich sehnlichst wünschte, daß noch in dasselbe eintreten möchte.

2. Steppenhaus

Wie lange ich geschlafen habe, weiß ich nicht, aber daß es nicht fest und gut war, das wußte ich. Es mußte die allzu große Müdigkeit daran schuld sein. Die ganze Nacht ging ich auf dem Vesuve herum und sah den Major bald in einem Pilgeranzuge in Pompeji sitzen, bald im Fracke zwischen den Schlacken stehen und Steine suchen. In meinem Morgentraum tönte Pferdegewieher und Hundegebell, dann schlief ich einige Zeit fest, und als ich erwachte, war heller Tag in dem Zimmer, und ich sah hinaus in den Saal, in dem die Waffen und Kleider von der Sonne beschienen hingen. Unten erbrauste der dunkle Park von dem Lärmen der Vögel, und als ich aufgestanden und an eines der Fenster getreten war, funkelte die Heide draußen in einem Netze von Sonnenstrahlen. Da ich noch kaum angekleidet war, klopfte es an meine Tür, ich öffnete, und es trat mein Reisefreund herein. Ich war immer die Tage her begierig gewesen, wie er aussehen möge, und er sah nicht anders aus, als er eben aussehen konnte, nämlich so zu der ganzen Umgebung stimmend, daß es schien, ich hätte ihn immer so gesehen. Auf der Oberlippe hatte er den gebräuchlichen Bart, der die Augen noch funkelnder machte, das Haupt deckte ein breiter, runder Hut, und von den Lenden fiel das weite, weiße Beinkleid hinab. Es war ganz natürlich, daß er so sein mußte, ich konnte plötzlich nicht mehr denken, wie ihm der Frack stehe, seine Tracht schien mir reizend, daß mir mein deutscher Flaus, der bestaubt und herabgeschunden auf einer Bank unter dem verschossenen Seidenkleide eines Tartaren lag, fast erbärmlich vorkam.

Sein Rock war kürzer, als sie gewöhnlich in Deutschland sind, stand aber sehr gut zu dem Ganzen. Mein Freund schien zwar gealtert; denn seine Haare mischten sich mit Grau, und sein Antlitz war voll von jenen feinen und kurzen Linien, die bei wohlgebildeten Menschen, die sich lange erhalten, doch endlich die wachsende Zahl der Jahre anzeigen; aber er erschien mir so angenehm und einnehmend wie immer.

Er grüßte mich sehr freundlich, sehr herzlich, ja fast innig – und als wir eine halbe Stunde geplaudert hatten, waren wir schon wieder so bekannt wie zuvor. Es schien, als hätten wir uns seit unserer italienischen Reise gar nicht getrennt. Da ich mich ankleidete und dazu bemerkte, daß ein Koffer mit meinen andern Sachen ankommen werde, schlug er vor, ich möchte bis dahin, oder wenn ich wollte, in der Zeit meines ganzen Hierseins ungarische Kleider anziehen. Ich ging in die Sache ein, und die nötigen Bestandstücke waren bald herbeigeschafft, wobei er bemerkte, daß er in den nächsten Tagen schon für Abwechslung sorgen werde. Wie wir nun so in den Hof hinunterkamen zu den mit uns gleich gekleideten Knechten und wie diese aus den finstern Schnurrbärten und den buschigen Augenbraunen so beifällig auf uns blickten und uns die Pferde zu einem Morgenritte zuführten, war etwas so Edles und Beruhigendes in dem Schauspiele, daß ich mich innerlichst recht davon erquickt fühlte.

Wir ritten von der großen, sanften Dogge begleitet in den Besitzungen des Majors herum. Er zeigte mir alles und gab gelegentlich Befehle und Lobsprüche. Der Park, durch den wir zuerst ritten, war eine freundliche Wildnis, sehr gut gehegt, rein gehalten und von Wegen durchschnitten. Als wir hinaus auf die Felder kamen, wogten sie im dunkelsten Grün. Nur in England habe ich ein gleiches gesehen; aber dort, schien es mir, war es zarter und weichlicher, während dieses hier kräftiger und sonnedurchdrungener erschien. Wir ritten hinter dem Parke sachte bergan, und an dem Kamme dieser sanften Höhe, die gegen die Heide ging, zogen sich die Weinpflanzungen dahin. Überall war ein dunkles, breites Blatt, die Pflanzungen nahmen einen großen Strich ein, an allen Stellen waren Pfirsichbäume eingestreut, und von den gehörigen Orten blickten, wie in Maroshely, die weißen, leuchtenden Punkte der Wächterhäuschen herüber. Auf die Heide gekommen, sahen wir seine Rinder, eine große, zerstreute, fast unübersehbare Herde. Eine Stunde Reitens führte uns dann zu den Gestüten und Schäfereien. Da wir über die Heide kamen, zeigte er auf einen schmalen, schwarzen Streifen, der sehr weit im Westen das hingehende Grau der Steppe schnitt, und sagte: „Das sind die Weinberge von Maroshely, von wo Ihr gestern die Pferde hattet."

Den Rückweg nahmen wir auf einer andern Seite, und hier zeigte er mir seine Gärten, seine Obstanlagen und seine Glashäuser. Ehe wir dazu kamen, ritten wir an einem sehr unansehnlichen Landstriche vorbei, auf dem bedeutend viele Menschen beschäftigt waren. Auf meine Frage sagte er, dies seien Bettler, Herumstreicher, selbst Gesindel, die er durch pünktliche Bezahlung gewonnen habe, daß sie ihm arbeiten. Sie trocknen eben einen sumpfigen Strich und legen eine Straße an.

Zu Mittage, da wir nach Hause gekommen waren, aßen wir mit allen Knechten und Mägden in einer Art Vorhalle oder vielmehr unter einem ungeheuren Vordache, an dem ein riesiger Nußbaum stand. An dem hölzernen Brunnengerüste musizierten eben durchziehende Zigeuner. – Es war zu Tische auch ein Fremder gekommen, ein Jüngling in frühesten Jahren. Er fiel mir durch seine außerordentliche Schönheit auf. Er hatte Briefe aus der Nachbarschaft gebracht und war nach dem Essen wieder fortgeritten. Von dem Major war er sehr achtungsvoll, fast zärtlich behandelt worden.

Den heißen Nachmittag verbrachten wir in den kühlen Zimmern. Abends zeigte mir mein Gastfreund das Abendrot der Heide. Wir ritten eigens zu dem Zwecke hinaus, nachdem er mir geraten hatte, so wie er gegen die Fieberluft der Ebene einen Pelz umzutun, wenn ihn auch die noch warme Luft entbehrlich zu machen scheint. Wir warteten, da wir hinausgekommen waren, an dem von ihm angegebenen Punkte, bis die Sonne untergegangen war. Und in der Tat, es war ein prachtvoller Anblick, der nun folgte: auf der ganzen schwarzen Scheibe der Heide war die Riesenglocke des brennend gelben, flammenden Himmels gestellt, so sehr in die Augen wogend und sie beherrschend, daß jedes Ding der Erde schwarz und fremd wird. Ein Grashalm der Heide steht wie ein Balken gegen die Glut, ein gelegentlich vorübergehendes Tier zeichnet ein schwarzes Ungeheuer auf den Goldgrund, und arme Wacholder- und Schlehenbüsche malen ferne Dome und Paläste. Im Osten fängt dann nach wenigen Augenblicken das feuchte, kalte Blau der Nacht heraufzusteigen an und schneidet mit trübem und undurchsichtigem Dunste den eigentlichen Glanz der Kuppel des Himmels.

Die Erscheinung dauert vorzüglich in den Junitagen, wo die Sonne hoch steht, sehr lange. Als wir schon zu Hause waren, als wir schon das Abendmahl eingenommen und einige Zeit miteinander verplaudert hatten, als ich dann in meinem Schlafzimmer war, an dem Fenster stand und bereits fast die Mitternacht herankam, stand noch ein trüb gelbes Stückchen Licht im Westen, während schon im blauen Osten die rote Scheibe des Halbmondes glühte.

Ich nahm mir an diesem Abende vor, morgen oder übermorgen, oder wenn sich immer in den nächstfolgenden Tagen eine Gelegenheit ergäbe, den Major um das Ziel zu fragen, von dem er mir geschrieben hatte, daß er es endlich gefunden habe und daß es ihn auf immerwährende Zeiten an die Heimat binde.

Des andern Morgens weckte er mich vor Sonnenaufgang und fragte, ob ich den Tag für mich zubringen oder ob ich ihn mit ihm teilen wolle. Beides stehe mir auch in der Zukunft frei. Wenn ich an den Geschäften und Bestrebungen des Hauses teilnehmen wollte, so dürfe ich nur an dem Tage, an dem ich solches im Sinne habe, beim Klange der Hofglocke, die jeden Morgen geläutet werde, aufstehen und mich zu dem gemeinschaftlichen Frühmahle einfinden. Hätte ich aber an einem Tage abgesonderte Pläne, so seien schon seine Leute, falls er selber nicht da wäre, angewiesen, mir mit Pferden, mit Begleitung oder mit anderm Nötigen an der Hand zu sein. Lieb wäre es ihm, wenn ich ihn von solchen Dingen, vorzüglich, wenn sie weitere Entfernungen von Hause beträfen, immer vorher in Kenntnis setzte, damit er mich vor Umwegen, Schwierigkeiten und vielleicht auch vor kleinen Gefahren, die eintreten könnten, bewahre. Ich war ihm für seine Bereitwilligkeit dankbar und erklärte, daß ich heute und morgen und überhaupt so lange, bis es mir anders einfiele, seine Zeit teilen wolle.

Ich stand daher auf, kleidete mich an und begab mich unter das Vordach zu dem Frühmahle. Die Leute waren schon fast fertig und trennten sich, um zu ihren verschiedenen Arbeiten zu gehen. Der Major hatte meiner geharrt und wartete, bis ich mit der Einnahme meines Frühstückes fertig war. Dann wurden die gesattelten Pferde vorgeführt. Ich fragte nicht, was er tun werde, sondern folgte ihm, wohin er ritt.

Wir ritten heute nicht mehr so im allgemeinen herum, daß er mir überhaupt seine Besitzungen und Beschäftigungen zeige, sondern er sagte, er wolle das, was der heutige Tag von ihm fordere, tun und ich möge ihm zusehen, falls es mir nicht lange Weile mache.

Wir kamen zu gedehntem Wiesenlande, auf dem Heu gemacht wurde. Der schöne ungarische Braune, den der Major ritt, trug ihn tanzend auf dem schönen, weichen, geschorenen Rasengrün hin. Er stieg ab, während ein Knecht das Pferd hielt, und besah an verschiedenen Schobern das Heu. Es wurde von dem Knechte bemerkt, daß es auf den Nachmittag zum Einführen bestimmt sei. Der Major ordnete, solange die Wiese geschoren sei, das Schlagen mehrerer Gräben an, damit überflüssiges Wasser abgehe, und an andern Stellen, damit es gesammelt werde. Von der Wiese schlug er den Weg zu den Gewächshäusern ein, die nicht, wie es sonst gewöhnlich ist, in der Nähe des Wohnhauses waren, sondern auf einem geeigneten Platze, wo ein sanfter Erdhang seine Dachung gegen Aufgang und Mittag zeigte. Es war an diesen Häusern ein kleiner, reiner Stall angebracht, wohin der Major und seine Begleitung, wenn zufällig eine da war, ihre Pferde tun konnten; denn es war nicht selten der Fall, daß er sich hier lange aufhalten mußte, und wenn Besuch da war, der die Gewächsanlagen besehen wollte, geschah es wohl auch, daß mehrere Stunden darüber hingingen. Wir taten unsere Pferde gesattelt in den Stall, und er ging zuerst daran, mehrere Gewächsstücke und Pflanzen, die auf Begehren zu Versendungen geordnet wurden, zu besichtigen, dann ging er in die Gärtnerstube, wo Schreibereien lagen, und brachte ziemlich lange Zeit an dem Tische bei denselben zu. Ich sah indessen die Dinge um mich an, von denen ich aber gerade soviel und sowenig verstand, als ein unaufhörlich Reisender, welcher unzählige Gewächshäuser besah, verstehen kann. Als ich aber später in seinem Bücherzimmer die Werke und Abbildungen über diesen Zweig ein wenig durchging, erkannte ich, wie wenig ich eigentlich von dem Kerne dieser Sache wußte.

„Wenn man von diesen reizenden Dingen", sagte der Major zu einer andern Zeit einmal, „die so gerne vom Hundertsten ins Tausendste führen, wirklich Früchte haben soll, so muß man sie vom Grunde aus betreiben und die andern, die darin arbeiten, bedeutend zu übertreffen suchen."

Von der Gärtnerstube herauskommend, sah er eine Weile mehreren Weibern zu, die mit Abstauben und Reinigen der grünen Kamelienblätter beschäftiget waren. Diese Pflanze war damals noch selten und teuer. Er untersuchte auch die gereinigten und machte seine Bemerkungen. Von da kamen wir an den vielen reinen, weißen Sandbeeten der Glashäuser vorüber, in denen die ganz jungen Pflänzchen standen, dann an all den Blumen und Gewächsen, deren Zucht er sich zur Aufgabe gemacht hatte. An dem entgegengesetzten Ausgange der Anlagen warteten unsere Pferde, die ein Gärtnerbursche indessen hintenherum geführt hatte. Hier waren die Stellen zur Bereitung und Mischung der Erden, die von Eseln in Körben aus verschiedenen Gegenden und oft von weit entfernten Nadelwaldungen das ganze Jahr hindurch herbeigebracht werden. Selbst zum Brennen der Erde waren bestimmte Orte, und in der Nähe war das Eichenholz aufgeschichtet, das im Winter zur Erwärmung dient.

Da, wie ich schon gestern bemerkt hatte, von den Gewächsanlagen nicht weit auf die Heide war, so ritten wir nun auf dieselbe hinaus. Der gute Lauf unserer schlanken Pferde trug uns bald so weit auf die einförmige, morgenduftige Ebene hinaus, daß wir das Schloß und den Park nur mehr als einen dunklen Fleck in der Ferne liegen sahen. Hier stießen wir zu seinen Hirten. Einige Stangen, so mager, daß von ihnen als Schutzwerken gar keine Rede sein

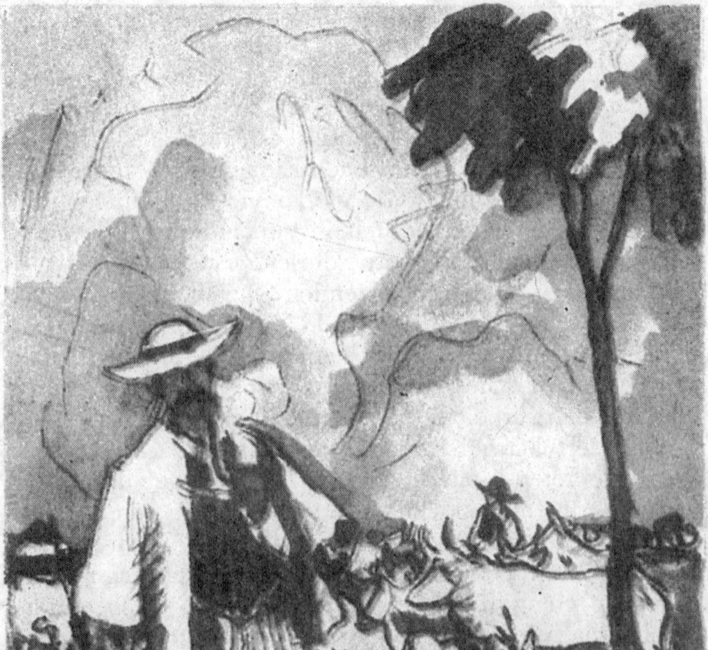

kann, bildeten eine Hütte oder vielleicht gar nur ein Zeichen, welches in der Steppe leicht gesehen und gefunden werden kann. Unter diesen Stangen brannte oder glimmte vielmehr ein Feuer, das von den zähen Ästen oder den Wurzeln der Wacholder- und Schlehen- und anderer Krüppelsträuche unterhalten wurde. Hier bereiteten die Hirten, die um eilf Uhr schon Mittag hielten, ihr Mahl. Braune Gestalten, deren Pelze auf der Erde umherlagen, standen in schmutzig weißen Beinkleidern und Hemdärmeln um den Major herum und antworteten auf seine Fragen. Andere, da sie seine Ankunft auf der weithin gedehnten Fläche wahrgenommen hatten, jagten auf kleinen, unscheinbaren Rossen herbei, die weder Sattel noch Decke und statt Zügel und Halfter oft nur einen Strick hatten. Sie stiegen ab, hielten ihre Tiere an der Hand und umringten den Major, der ebenfalls abgestiegen war und sein Pferd zu halten gab. Sie sprachen nicht bloß von ihrer Beschäftigung mit ihm, sondern auch von andern Dingen, und er kannte sie fast alle mit Namen. Er war so leutselig mit ihnen, als wäre er einer aus ihrer Mitte, und dies, wie ich glaubte, erweckte eine Art Begeisterung unter den Menschen. Wie bei uns in den Bergen, so waren auch hier die Tiere den ganzen Sommer über im Freien. Es waren jene weißen, langgehörnten Rinder, welche in dem Lande vorkommen und sich von den Kräutern der Steppe nähren, die eine Würze und einen Blumengeruch haben, die wir Alpenländler ihnen kaum zutrauen sollten. Bei diesen Tieren bleiben die Menschen, die ihnen zugegeben sind, ebenfalls im Freien und haben oft gar nichts über sich als den Himmel und die Sterne der Heide, oft nur, wie wir eben gesehen hatten, einige Stangen oder eine gegrabene Hütte von Erde. Sie standen vor dem Major, dem Grundherrn, wie sie ihn hier hießen, und hörten seinen Anordnungen zu. Als er wieder aufstieg, hielt ihm einer, der blitzende Augen aus dem Schwarz seines Gesichtes und seiner Braunen herauszeigte, das Pferd, während sich ein anderer mit langen Haaren und dichtem Schnurrbarte bückte und ihm die Steigbügel hielt.

„Lebt wohl, Kinder", sagte er beim Fortreiten, „ich werde euch bald wieder besuchen, und wenn die Nachbarn herüberkommen, werden wir einen Nachmittag auf der Heide liegen und bei euch essen."

Er hatte diese Worte auf ungarisch gesagt und sie mir auf meine Bitte verdeutscht.

Im Fortreiten sagte er zu mir: „Wenn es Euch ergötzt, diese Heidewirtschaft einmal im einzelnen genau anzuschauen, und Ihr etwa einmal allein herauskommen wolltet, um mit diesen Leuten gleichsam zu leben, müßt Ihr auf die Hunde achten, die sie haben. Sie sind nicht immer so zahm und geduldig, wie Ihr sie heute gesehen habt, sondern sie würden Euch strenge mitfahren. Ihr müßt es mir vorher sagen, daß ich Euch hingeleite, oder wenn ich nicht kann, daß ich Euch einen bekannten Hirten mitgebe, der Euch führe und den die Hunde lieben."

Ich hatte in der Tat, da wir bei dem Hirtenfeuer waren, die ungemein großen, schlanken, zottigen Hunde bewundert, derlei ich auf meiner ganzen Wanderung nicht angetroffen habe und die so sittsam neben und unter uns am Feuer herum saßen, als verstünden sie etwas von der Verhandlung und nähmen daran teil.

Wir wendeten uns, da wir fortritten, dem Schlosse wieder zu, da bereits die Zeit zum Mittagessen heranrückte. Als wir, so wie gestern, in der Nähe der Strecke vorüberkamen, auf der die Leute arbeiteten, um den Sumpf zu trocknen und die Grundrisse einer Straße zu ziehen, sagte er, indem er auf ein Weizenfeld zeigte, an dem wir ziemlich nahe vorbeiritten und auf welchem die Frucht außerordentlich schön stand: „Diese guten Schollen, wenn sie ihre Schuldigkeit tun, müssen uns das Geld herbeischaffen, daß wir auch an andern Stellen etwas verrichten können. Die Leute arbeiten da drüben in der Öde das ganze Jahr. Sie haben ihren Taglohn und kochen gleich neben ihren Geschäften im Freien. Zum Schlafen gehen sie in jene hölzernen Hütten, die Ihr seht. Im Winter, wenn sich Eis bildet, gehen wir den tiefern Stellen zu, denen wir jetzt wegen zu großer Weiche des Bodens nicht ankönnen, und füllen Gerölle der Heide und Steine, die wir von den Weinpflanzungen nehmen, hinein."

Wirklich erblickte ich, da ich auf die eigentümliche Anlage hinüberschaute, die hölzernen Hütten, von denen er gesprochen hatte, und sah an verschiedenen Stellen des Heiderückens schwachen Rauch aufgehen, der die kunstlosen Herde anzeigen mochte, auf denen die Leute ihr Mittagessen kochten.

Als wir in den Park einritten, umsprungen von den großen und kleinen Doggen, läutete in dem Herrenhause eben die Glocke, die uns und die anderen Leute zum Mahle rief.

Ich fragte an dem Abende dieses Tages meinen Reisefreund nicht um sein Ziel, wie ich mir tags vorher beim Schlafengehen so fest vorgenommen hatte.

Der Nachmittag verging, wie gewöhnlich, zu Hause, nur daß der Major gegen fünf Uhr auf dem gebahnten Wege mit der Pappelallee, auf dem ich in der Nacht gekommen war, ich weiß nicht wohin fuhr, während ich die Bücher musterte, die er mir in immer größerer Anzahl aus seinem Bücherzimmer auf meine Stube bringen ließ.

Des folgenden Tages hatte der Major viel zu schreiben, und ich brachte schier den ganzen Tag damit zu, seine Pferde, die er zu Hause hatte, zu besehen und mit seinen Leuten Bekanntschaft zu machen.

An dem Tage, der nachher folgte, war ich mit ihm in der Schäferei, die zwei Stunden Reitens entfernt ist und in welcher wir den ganzen Tag zubrachten. Er hat einige Leute dort, die bedeutende Bildung verraten und mit ihm in das Wesen der Sache, die sie lieben, einzugehen scheinen. Hier sah ich auch, daß alle Zweige seiner Tätigkeit ihre eigene Geldverwaltung haben, indem er den Schäfereien eine Summe vorstreckte, die aus einem andern Bereiche genommen war. Die Sache wurde sehr genau und richtig in die Papiere aufgenommen und verbrieft. Die Anlagen sind sehr weitschichtig und die Zuchten nach ihrem Bedürfnis geordnet.

Ein anderes Mal sah ich die Gestüte, und wir waren auf der Weide, auf welcher seine Füllen und die jüngeren Pferde gewöhnlichen Schlages unter Hirten stehen, wie anderswo die Rinder.

Auf diese Weise lernte ich nach und nach den ganzen Kreis seiner Tätigkeit kennen, welcher wahrhaftig nicht geringfügig war. Ich wunderte mich, daß er diesen Sachen eine solche Aufmerksamkeit und Umsicht zuwendete, da ich ihn doch früher mehr als träumend und in Wissenschaften herum dichtend und forschend gekannt habe.

„Ich glaube", sagte er einmal, „daß man es so mit dem Boden eines Landes beginnen müsse. Unsere Verfassung, unsere Geschichte ist sehr alt, aber noch vieles ist zu tun; wir sind in ihr, gleichsam wie eine Blume in einem Gedenkbuche, aufgehoben worden. Dieses weite Land ist ein größeres Kleinod, als man denken mag, aber es muß doch immer mehr gefaßt werden. Die ganze Welt kömmt in ein Ringen, sich nutzbar zu machen, und wir müssen mit. Welcher Blüte und Schönheit ist vorerst noch der Körper dieses Landes fähig, und beide müssen hervorgezogen werden. Ihr müßt es ja gesehen haben, da Ihr zu mir kamt. Diese Heiden sind der feinste schwarze Ackergrund, in diesen Anhöhen voll glitzernden Gesteins bis zu jenen blauen Bergen hin, die Ihr im Norden sehet, schläft der feurige Fluß des Weines und dämmert von Erde umflort der Glanzblick des Metalles. Zwei sehr edle Ströme ziehen durch unser Land, über ihnen ist, sozusagen, die Luft noch tot und harret, daß unzählige bunte Wimpel in ihr flattern. Vielerlei Volk ist in dem Lande, manches ist ein Kind, dem man vormachen muß, was es beginnen soll. Seit ich in der Mitte meiner Leute lebe, über die ich eigentlich mehr Recht habe, als Ihr Euch denket, seit ich mit ihnen in ihrer Kleidung gehe, ihre Sitten teile und mir ihre Achtung erworben habe, ist es mir eigentlich, als hätte ich dieses und jenes Glück errungen, das ich sonst immer in der einen oder der andern Entfernung gesucht habe."

Ich fragte den Mann nun gar nicht mehr um sein Ziel, dessen er in seinem Briefe an mich erwähnt hatte.

Vorzugsweise waren es die Getreidearten, denen er seine Aufmerksamkeit zugewendet hatte. Und sie standen aber auch in einer Fülle und Schönheit, daß ich schon neugierig war, wenn sich diese Ähren der Reife zuwenden und wenn wir sie heimführen würden.

Die Einsamkeit und Kraft dieser Beschäftigungen erinnerte mich häufig an die alten starken Römer, die den Landbau auch so sehr geliebt hatten und die wenigstens in ihrer früheren Zeit auch gerne einsam und kräftig waren.

„Wie schön und ursprünglich", dachte ich, „ist die Bestimmung des Landmannes, wenn er sie versteht und veredelt. In ihrer Einfalt und Mannigfaltigkeit, in dem ersten Zusammenleben mit der Natur, die leidenschaftlos ist, grenzt sie zunächst an die Sage von dem Paradiese."

Da ich einmal längere Zeit auf der Besitzung des Majors

war, da ich die Teile derselben übersah und verstehen lernte, da die Dinge vor mir wuchsen und ich an dem Gedeihen derselben Anteil nahm: hatte mich das gleichförmig sanfte Abfließen dieser Tage und Geschäfte so eingesponnen, daß ich mich wohl und ebenmäßig angeregt fühlte und auf unsere Städte vergaß, gleichsam als wäre das ein Kleines, was in ihnen bewegt wird.

Da wir wieder einmal unter den Pferden gewesen waren, die auf der Heide sind, und da sich zu den Hirten derselben auch die gesellt hatten, die das Geschäft der Rinder über sich haben, so daß zufällig eine größere Menge dieser Menschen auf der Heide beisammen und bei uns waren, sagte der Major im Nachhausefahren zu mir – denn dieses Mal hatte er ein schönes Heidegespann mit Riemengeschirr vor einem Wagen gespannt, der mit großer Spurweite sicher auf dem Grase der Heide dahinrollte: „Diese würde ich sogar zum Blutvergießen führen können, sobald ich mich nur an ihre Spitze stellte. Sie sind mir unbedingt zugetan. Auch die andern, die Knechte und die Arbeiter, die ich zu Hause habe, würden sich eher ihre Glieder zerschlagen lassen, ehe einer zugäbe, daß mir ein Haar gekrümmt würde. Wenn ich nun die dazu rechne, die mir wegen dem Verhältnisse der Grundherrlichkeit untertan sind und die mir, wie ich bei vielen Gelegenheiten erfahren konnte, vom Grunde des Herzens zugetan sind, so würde ich, wie ich glaube, eine ziemlich große Zahl von Menschen zusammenbringen, die mich lieben. – – Seht nur, und ich bin erst zu ihnen gekommen, als mein Haupt schon grau geworden war und als ich viele Jahre auf sie vergessen hatte. Wie müßte es sein, so Hunderttausende zu leiten und sie zum Guten zu führen; denn meistens, wenn sie vertrauen, sind sie wie Kinder und folgen zum Guten wie zum Bösen."

„Einmal", fuhr er nach einer Weile fort, „habe ich geglaubt, ich werde ein Künstler oder Gelehrter werden. Ich habe aber eingesehen, daß diese ein tiefes, ernstes Wort zu der Menschheit sagen müssen, das sie begeistert und edler und größer macht – oder daß wenigstens der Gelehrte Dinge zutage schaffe und erfinde, welche die Menschen in dem irdischen Gute, in den Mitteln fördern und weiterbringen. In beiden Fällen aber ist es notwendig, daß ein solcher

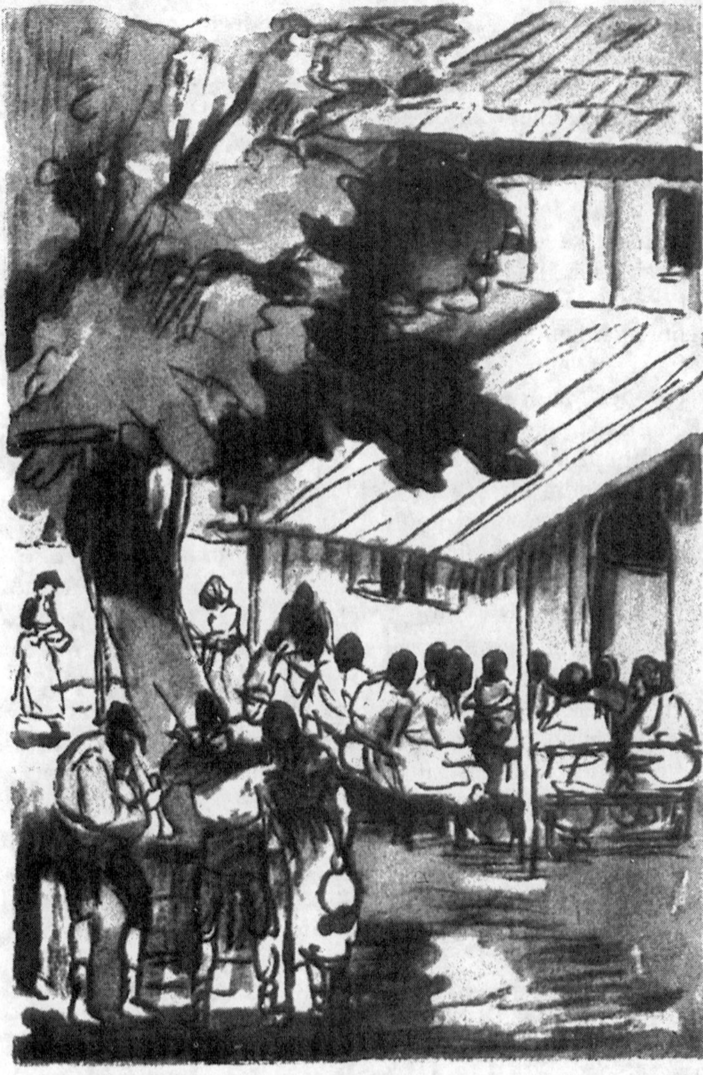

Mann zuerst selber ein einfaches und großes Herz habe. Aber da ich dies nicht besitze, so ließ ich alles wieder fahren, und es ist nun vorbei."

Mir war es, da er diese Worte sagte, als ginge ein sanfter Schatten über sein Auge und als blicke es in diesem Augenblicke noch immer mit jener Schwärmerei in die Luft hinaus wie einstens, wenn wir manchmal müßig auf dem Epomeo saßen, ein ganzes Meer von Himmelsbläue um uns feierte, unten die See glänzte und er von allerlei Wünschen und Träumen junger Herzen redete. Darum kam mir auch plötzlich der Gedanke, ob etwa das Glück, von dem er mir sagte, daß er es gefunden habe, doch noch nicht ganz da sei.

Das war das einzige Mal gewesen, daß er seit unserer Bekanntschaft auf seine Vergangenheit angespielt hatte, vorher in unserem ganzen Umgange nie. Ich habe auch nie gefragt, so wie ich später nicht fragte. Wer viel reiset, lernt schon die Menschen schonen und läßt sie in dem inneren Haushalte ihres Lebens gewähren, der sich nicht aufschließt, wenn es nicht freiwillig ist. Ich war nun schon ziemlich lange auf Uwar und war gerne da, weil ich an den Beschäftigungen des Ortes mit Aufmerksamkeit und öfter auch mit wirklicher Tätigkeit Anteil nahm und weil ich zu andern Zeiten an dem Tagebuche meiner Reisen und Erfahrungen weiterschrieb: aber das glaubte ich zu erkennen, daß in dem reinen, beschäftigten Leben des Majors irgendein Bodensatz liege, der es nicht zur völligen Abklärung kommen ließ, und mir war, als sei doch irgendeine Art Trauer da, die sich natürlich bei einem Manne nur durch Ruhe und Ernst ausdrückt.

Sonst war er in seinem Leben und in seinem Umgange mit mir sehr einfach, und von einer Zurückhaltung oder Verstellung war nicht im geringsten die Rede. So stand auf dem Tische seines Schreibzimmers, in das ich sehr oft kam und an dem wir an heißen Nachmittagen oder abends bei der Kerze, wenn wir noch nicht schlafen gingen, von verschiedenen Dingen plauderten, ein Bild – es war in schönem Goldrahmen das verkleinerte Bild eines Mädchens von vielleicht zwanzig, zweiundzwanzig Jahren – aber sonderbar war es, wie auch der Maler die Sache verschleiert haben mochte, es war nicht das Bild eines schönen, sondern eines häßlichen Mädchens – die dunkle Farbe des Angesichtes und der Bau der Stirne waren seltsam, aber es lag etwas wie Stärke und Kraft darinnen, und der Blick war wild, wie bei einem entschlossenen Wesen. Daß dieses Mädchen etwa in seinem früheren Leben eine Rolle gespielt habe, wurde mir klar, und mir fiel der Gedanke ein, warum sich denn dieser Mensch nicht vermählt habe, so wie mir dieser Gedanke auch schon bei unserer italienischen Bekanntschaft gekommen war; aber nach meinen Grundsätzen hatte ich damals nicht gefragt und fragte auch jetzt nicht. Er durfte freilich das Bild ruhig auf dem Tische stehen lassen; denn es kam niemand von seinen Leuten in das Schreibgemach, sondern sie mußten im Vorzimmer, wo ein Glöcklein beim Eintritte läutete, stehenbleiben, wenn ihm einer etwas zu sagen hatte. Auch von seinen Bekannten und von Besuchenden kam niemand in das Zimmer, da er sie immer in seiner anderen Wohnung empfing. Es war also schon ein Grad Vertraulichkeit, daß ich da hinein durfte und alles besehen konnte, was da stand und lag. Diese Vertraulichkeit mochte ich wohl dem Umstande zu verdanken haben, daß ich nie forschte und grübelte.

Mittlerweile war die Ernte gekommen, und nie werde ich jener heitern, vergnüglichen Zeit vergessen.

Der Major mußte unterdessen auch einige Male kleine Reisen in die Nachbarschaft machen und lud mich dazu ein. In keinem Lande sind die Entfernungen zwischen den bewohnten Punkten oft so groß wie hier, aber mit den schnellen Rossen legt man sie reitend oder mit den leichten Wägen über die Heide fahrend in verhältnismäßig kurzer Zeit zurück. Einmal hatte der Major das enganliegende ungarische Volkskleid an, er war in großem Schmucke, mit dem Säbel an der Seite. Es stand ihm sehr wohl. Er hielt in einer Versammlung seiner Gespanschaft über gemeinsame Angelegenheiten eine ungarische Rede. Da es von jeher meine Gewohnheit war, in jedem Lande, in das ich kam, schnell soviel von der Sprache zu lernen, als mir nur immer möglich war, so hatte ich auch bereits von den Leuten des Majors und allen, die mich umgaben, etwas Ungarisch gelernt, daher verstand ich manches von der Rede, die bei einem Teile heftige Bewunderung, bei dem andern heftigen Tadel hervorrief; im Nachhausefahren übersetzte er sie mir vollständig ins Deutsche. Nachmittag bei Tische sah ich ihn in jenem Tage im Fracke, wie einstens in Italien, so wie die meisten der Anwesenden ihre Volkskleidung abgelegt hatten und in dem gemeinschaftlichen europäischen Fracke waren.

Auch zu anderen Besuchen, die er in der Nachbarschaft machte, hatte ich ihn begleitet. Hier erfuhr ich nun, daß vier solcher Sitze bestehen, wie der Major einen hatte. Man hatte vor einigen Jahren einen Bund geschlossen, den Landbau und die Hervorrufung der ursprünglichen Erzeugnisse dadurch zu heben, daß man dies zuerst in dem besten Maßstabe auf den eigenen Besitzungen tue und so den andern mit einem Beispiele vorangehe, namentlich wenn sie sehen, daß Wohlhabenheit und besseres Leben sich aus dem Dinge entwickle. Der Bund hatte auch seine Gesetze, und die Beigetretenen hielten landwirtschaftliche Versammlungen. Außer diesen vier großen Musterhöfen, die eigentlich bis jetzt erst nur die einzigen Mitglieder des Bundes waren, hatten schon einige kleinere Besitzer angefangen, das Verfahren ihrer größeren Nachbarn nachzuahmen, ohne daß sie deswegen eigentlich Glieder des Bundes waren. Zur Sitzung, aber nur als Zuhörer oder gelegentlich als Ratfrager, durften alle Landwirte und andere Menschen kommen, wenn sie sich nur vorher angemeldet hatten. Und sie nahmen nicht sparsam teil, wie ich aus einer Versammlung abnahm, die vier Stunden Reitens von Uwar entfernt bei dem Mitgliede Gömör abgehalten wurde, wo von Mitgliedern nur der Major und Gömör, aber von Zuhörern eine ziemliche Menge war.

Ich bin nach der Hand noch zweimal ganz allein bei Gömör gewesen und habe das letzte Mal sogar mehrere Tage bei ihm zugebracht.

Da die Ernte sich zu ihrem Ende neigte und die Arbeiten etwas weniger wurden, sagte der Major eines Tages zu mir: „Weil wir jetzt ein wenig Muße bekommen werden, werden wir in der nächsten Woche zu meiner Nachbarin Brigitta Maroshely hinüberreiten und ihr einen Besuch machen. Sie werden in meiner Nachbarin Maroshely das herrlichste Weib auf dieser Erde kennenlernen."

Zwei Tage nach diesem Ausspruche stellte er mir Brigittas Sohn vor, der zufällig herübergekommen war. Es war dies derselbe junge Mann, der am ersten Tage meines Aufenthaltes in Uwar mit uns zu Mittag gespeist hatte und der mir wegen seiner außerordentlichen Schönheit damals aufgefallen war. Er blieb schier den ganzen Tag bei uns und war mit uns auf verschiedenen Punkten der Besitzungen. Er war, wie ich schon das erste Mal bemerkte, in den frühesten Jahren des Jünglings, kaum bei dem Übergange vom Knaben zum Jünglinge, und er gefiel mir sehr wohl. Sein dunkles, sanftes Auge sprach so schön zu mir; und wenn er zu Pferde saß, so kraftvoll und so demütig: neigte sich mein ganzes Wesen zu ihm. Ich hatte einen Freund, der so war und in den frühesten Jahren seiner Jugend in das kalte Grab mußte. Gustav, so hieß der Sohn Brigittas, erinnerte mich lebhaft an ihn.

Seit der Major den Ausspruch über Brigitta getan hatte und seit ich ihren Sohn kannte, war ich sehr neugierig, sie nun auch persönlich zu sehen.

Über die Vergangenheit meines Gastfreundes, das Majors, hatte ich ein weniges von Gömör, als ich bei ihm war, erfahren. Gömör ist, wie mancher seiner Freunde, die ich bei ihm kennengelernt hatte, von offener, freundlicher Zunge und sagte mir unaufgefordert, was er wußte. Der Major sei nicht in der Gegend geboren. Er stamme von einer sehr reichen Familie. Er sei seit seiner Jugend fast immer auf Reisen gewesen, man wisse eigentlich nicht recht, wo, so wie man auch nicht wisse, in welchen Diensten er sich den Majorsrang verdient habe. Auf seiner Besitzung Uwar ist er in seinem ganzen früheren Leben nicht gewesen. Vor einigen Jahren kam er, machte sich in Uwar ansässig und schloß sich dem Bunde der Landwirtschaftsfreunde an. Damals waren nur erst zwei Glieder des Bundes: er, Gömör, selber und Brigitta Maroshely. Eigentlich war es kein Bund; denn die Zusammenkünfte und die Gesetze kamen erst später auf, sondern die zwei Nachbarn, er und Brigitta, haben einstimmig die bessere Bewirtschaftung ihrer Güter in dieser öden Gegend begonnen. Im Grunde sei es Brigitta gewesen, welche den Anfang gemacht habe. Weil sie eher unschön als angenehm zu nennen sei, so habe sie ihr Gatte, ein junger, leichtsinniger Mensch, dem sie in ihren jüngeren Jahren angetraut worden war, verlassen und sei nicht wiedergekommen. Damals erschien sie mit ihrem Kinde auf ihrem Sitze Maroshely, habe wie ein Mann umzuändern und zu wirtschaften begonnen und sei bis jetzt noch gekleidet und reite wie ein Mann. Sie halte ihre Dienerschaft zusammen, sei tätig und wirtschafte vom Morgen bis in die Nacht. Man könne hier sehen, was unausgesetzte Arbeit vermöge; denn sie habe auf dem Steinfelde fast Wunder gewirkt. Er sei, als er sie kennengelernt habe, ihr Nachahmer geworden und habe ihre Art und Weise auf seiner Besitzung eingeführt. Bis jetzt habe er es nicht bereut. Der Major sei anfangs, da er sich in Uwar niedergelassen hatte, mehrere Jahre nicht zu ihr hinübergekommen. Dann sei sie einmal todkrank geworden: da sei er zu ihr über die Heide geritten und habe sie gesund gemacht. Von der Zeit an kam er dann immer zu ihr. Die Leute sagten damals, er habe die Heilkräfte des Magnetismus angewendet, deren er teilhaftig sei, aber niemand weiß eigentlich in der Sache etwas Rechtes zu sagen. Es hat sich ein ungewöhnlich inniges und freundschaftliches Band entwickelt – der höchsten Freundschaft sei das Weib auch würdig – aber ob die Leidenschaft, die der Major zu der häßlichen und bereits auch alternden Brigitta gefaßt habe, natürlich sei, das sei eine andere Frage – und Leidenschaft sei es ganz gewiß, das erkenne ein jeder, der hinüberkomme. Der Major würde gewiß Brigitta heiraten, wenn er könnte – er gräme sich offenbar tief, daß er es nicht könne; aber weil man von ihrem angetrauten Manne nichts wisse, so könne kein Totenschein und kein Trennungsschein herbeigebracht werden. Es spreche diese Tatsache recht sehr zu Gunsten Brigittas und verurteile ihren Gemahl, der einst so leichtsinnig von ihr gegangen sei, während nun ein so ernster Mann sich sehne, sie zu besitzen.

Diese Dinge hatte mir Gömör über den Major und Brigitta gesagt, und ich kam noch ein paar Male mit Gustav, ihrem Sohne, bei Gelegenheit eines Besuches, den wir bei Nachbarn machten, zusammen, ehe der Tag erschien, der bestimmt war, daß wir zu seiner Mutter hinüberreiten sollten.

Am Vorabende dieses Tages, da schon das tausendstimmige Zirpen der abendlichen Heidegrillen in meine schlaftrunkenen Ohren fiel, dachte ich noch an sie. Dann träumte mir allerlei von ihr, vorzüglich kam ich von dem

Traume nicht los, daß ich auf der Heide vor der seltsamen Reiterin stehe, die mir damals die Pferde mitgegeben hatte, daß sie mich mit schönen Augen banne, daß ich immer stehen müsse, daß ich keinen Fuß heben könne und daß ich alle Tage meines Lebens nicht mehr von dem Flecke der Heide wegzukommen vermöge. Dann schlief ich fest ein, erwachte des andern Tages frisch und gestärkt, die Pferde wurden vorgeführt, und ich freute mich, nun die auch von Angesicht zu Angesicht zu sehen, die heute so vielfach im Traume bei mir gewesen war.

3. Steppenvergangenheit

Ehe ich entwickle, wie wir nach Maroshely geritten sind, wie ich Brigitta kennengelernt habe und wie ich noch recht oft auf ihrem Gute gewesen bin, ist es nötig, daß ich einen Teil ihres früheren Lebens erzähle, ohne den das Folgende nicht verständlich wäre. Wie ich zu so tiefgehender Kenntnis der Zustände, die hier geschildert werden, gelangen konnte, wird sich aus meinen Verhältnissen zu dem Major und zu Brigitta ergeben und am Ende dieser Geschichte von selbst klarwerden, ohne daß ich nötig hätte, vor der Zeit zu enthüllen, was ich auch nicht vor der Zeit, sondern durch die natürliche Entwicklung der Dinge erfuhr.

Es liegt im menschlichen Geschlechte das wundervolle Ding der Schönheit. Wir alle sind gezogen von der Süßigkeit der Erscheinung und können nicht immer sagen, wo das Holde liegt. Es ist im Weltall, es ist in einem Auge, dann ist es wieder nicht in Zügen, die nach jeder Regel der Verständigen gebildet sind. Oft wird die Schönheit nicht gesehen, weil sie in der Wüste ist oder weil das rechte Auge nicht gekommen ist – oft wird sie angebetet und vergöttert und ist nicht da: aber fehlen darf sie nirgends, wo ein Herz in Inbrunst und Entzücken schlägt oder wo zwei Seelen aneinander glühen; denn sonst steht das Herz stille, und die Liebe der Seelen ist tot. Aus welchem Boden aber diese Blume bricht, ist in tausend Fällen tausendmal anders; wenn sie aber da ist, darf man ihr jede Stelle des Keimens nehmen, und sie bricht doch an einer andern hervor, wo man es gar nicht geahnet hatte. Es ist nur dem Menschen eigen und adelt nur den Menschen, daß er vor ihr kniet – und alles, was sich in dem Leben lohnt und preiset, gießt sie allein in das zitternde, beseligte Herz. Es ist traurig für einen, der sie nicht hat oder nicht kennt oder an dem sie kein fremdes Auge finden kann. Selbst das Herz der Mutter wendet sich von dem Kinde ab, wenn sie nicht mehr, ob auch nur einen einzigen Schimmer dieses Strahles an ihm zu entdecken vermag.

So war es mit dem Kinde Brigitta geschehen. Als es geboren ward, zeigte es sich nicht als der schöne Engel, als der das Kind gewöhnlich der Mutter erscheint. Später lag es in dem schönen goldenen Prunkbettchen in den schneeweißen Linnen mit einem nicht angenehm verdüsterten Gesichtchen, gleichsam als hätte es ein Dämon angehaucht. Die Mutter wandte, von sich selber unbemerkt, das Auge ab und heftete es auf zwei kleine, schöne Engel, die auf dem reichen Teppiche des Bodens spielten. Wenn fremde Leute kamen, tadelten sie das Kind nicht, lobten es nicht und fragten nach den Schwestern. So wurde es immer größer. Der Vater ging öfter durch das Zimmer nach seinen Geschäften, und wenn die Mutter wohl manchmal gleichsam aus verzweiflungsvoller Brünstigkeit die andern Kinder herzte, sah sie nicht das starre, schwarze Auge Brigittas, das sich hinheftete, als verstünde das winzige Kind schon die Kränkung. Wenn sie weinte, half man ihrem Bedürfnisse ab; weinte sie nicht, ließ man sie ruhig liegen, alle hatten für sich zu tun, und sie richtete die großen Augen auf die Vergoldung des Bettchens oder auf die Schnörkel der Wandtapeten. Da die Glieder stark geworden waren und ihre Wohnung nicht mehr in dem engen Bettchen bestand, saß sie in einem Winkel, spielte mit Steinchen und sagte Laute, die sie von niemanden gehört hatte. Als sie in ihren Spielen vorrückte und behender ward, verdrehte sie oft die großen, wilden Augen, wie Knaben tun, die innerlich bereits dunkle Taten spielen. Auf die Schwestern schlug sie, wenn sie sich in ihre Spiele einmischen wollten – und wenn jetzt die Mutter in einer Anwandlung verspäteter Liebe und Barmherzigkeit das kleine Wesen in die Arme schloß und mit Tränen benetzte, so zeigte dasselbe keineswegs Freude, sondern weinte und wand sich aus den umfassenden Händen. Die Mutter aber wurde dadurch noch mehr zugleich liebend und erbittert, weil sie nicht wußte, daß die kleinen Würzlein, als sie einst den warmen Boden der Mutterliebe suchten und nicht fanden, in den Fels des eigenen Herzens schlagen mußten und da trotzen.

So ward die Wüste immer größer.

Als die Kinder emporwuchsen und schöne Kleider ins Haus kamen, waren jene Brigittas immer recht, die der Schwestern wurden mannigfach geändert, bis sie paßten. Die andern bekamen Verhaltungsregeln und Lob, sie nicht einmal Tadel, wenn sie auch ihr Kleidchen beschmutzt oder zerdrückt hatte. Da das Lernen kam und die Stunden des Vormittags ausgefüllt waren, saß sie untenan und starrte mit dem einzigen Schönen, das sie hatte, mit den in der Tat schönen, düstern Augen auf die Ecke des fernen Buches oder der Landkarte; und wenn der Lehrer eine seltene, rasche Frage an sie tat, erschrak sie und wußte keine Antwort. Aber an langen Abenden, oder sonst, wenn man im Gesellschaftszimmer saß und sie nicht vermißte, lag sie auf der Erde über durcheinandergeworfenen Büchern oder über Bildern und zerrissenen Karten, die die andern nicht mehr brauchten. Sie mochte eine phantastische, verstümmelte Welt in ihr Herz hinein brüten. Sie hatte von den Büchern ihres Vaters, da der Schlüssel immer stak, beinahe die Hälfte gelesen, ohne daß man es ahnte. Darunter waren die meisten, die sie nicht verstehen konnte. In der Wohnung fand man oft Papiere, auf denen seltsame, wilde Dinge gezeichnet waren, die von ihr sein mußten.

Als die Mädchen in das Jungfrauenalter getreten waren, stand sie wie eine fremde Pflanze unter ihnen. Die Schwestern waren weich und schön geworden, sie bloß schlank und stark. In ihrem Körper war fast Manneskraft, was sich dadurch erwies, daß sie eine Schwester, wenn sie ihr Tändeleien sagen oder sie liebkosen wollte, mit dem schlanken Arme bloß ruhig wegbog oder daß sie, wie sie gerne tat, Hand an knechtliche Arbeit legte, bis ihr die Tropfen auf der Stirne standen. Musik machen lernte sie nicht, aber sie ritt gut und kühn, wie ein Mann, lag oft mit dem schönsten

Kleide auf dem Rasen des Gartens und tat halbe Reden und Ausrufungen in das Laub der Büsche. Nun kam es auch, daß der Vater begann, ihr Ermahnungen über ihr störriges und stummes Wesen zu geben. Dann, wenn sie auch eben redete, hörte sie plötzlich auf, wurde noch stummer und noch störriger. Es half nichts, daß ihr die Mutter Zeichen gab und zur Kundgebung ihres Unmutes in bittrer Ratlosigkeit die Hände rang. Das Mädchen redete nicht. Als sich der Vater einmal so weit vergaß, daß er sie, die Erwachsene, weil sie durchaus nicht in das Gesellschaftszimmer gehen wollte, körperlich strafte, sah sie ihn bloß mit den heißen, trockenen Augen an und ging doch nicht hinüber, er hätte ihr tun können, was er wollte.

Wenn nur einer gewesen wäre, für die verhüllte Seele ein Auge zu haben und ihre Schönheit zu sehen, daß sie sich nicht verachte. – Aber es war keiner: die andern konnten es nicht, und sie konnte es auch nicht.

Ihr Vater lebte in der Hauptstadt, wie es überhaupt seine Gewohnheit war, und gab sich einem glänzenden Wohlleben hin. Als seine Mädchen herangewachsen waren, verbreitete sich der Ruf ihrer Schönheit durch das Land, viele kamen herbei, sie zu sehen, und die Versammlungen und Gesellschaften in dem Hause wurden noch zahlreicher und belebter, als sie es bisher gewesen waren. Manches Herz schlug heftig und trachtete nach dem Besitze der Kleinode, welche dieses Haus beherbergte – aber die Kleinode achteten nicht darauf, oder sie waren noch zu jung, solche Huldigungen zu verstehen. Desto mehr gaben sie sich den Vergnügungen hin, die solche Gesellschaften mit sich führten, und ein Putzkleid oder die Anordnung eines Festes konnte sie tagelang auf das ergreifendste und innigste beschäftigen. Brigitta, als die jüngste, wurde nicht gefragt, als verstünde sie die Sache nicht. Sie war manchmal in den Versammlungen gegenwärtig, und dann trug sie immer ein weites, schwarzseidenes Kleid, das sie sich selber zusammengemacht hatte – oder sie mied dieselben, saß indessen auf ihrem Zimmer, und man wußte nicht, was sie dort tat.

So gingen ein paar Jahre hin.

Gegen Ende derselben erschien ein Mann in der Hauptstadt, der in den verschiedenen Kreisen derselben Aufsehen erregte. Er hieß Stephan Murai. Sein Vater hatte ihn auf dem Lande auferzogen, um ihn für das Leben vorzubereiten. Als seine Erziehung vollendet war, mußte er zuerst Reisen machen, und dann sollte er die gewählte Gesellschaft seines Vaterlandes kennenlernen. Dies war die Ursache, daß er in die Hauptstadt kam. Hier wurde er bald der fast einzige Gegenstand der Gespräche. Einige rühmten seinen Verstand, andere sein Benehmen und seine Bescheidenheit, wieder andere sagten, daß sie nie etwas so Schönes gesehen hätten als diesen Mann. Mehrere behaupteten, er sei ein Genie, und wie es an Verleumdungen und Nachreden auch nicht fehlte, sagten manche, daß er etwas Wildes und Scheues an sich habe und daß man es ihm ansehe, daß er in dem Walde auferzogen worden sei. Einige meinten auch, er besitze Stolz, und wenn es darauf ankomme, gewiß auch Falschheit. Manches Mädchenherz war im mindesten doch neugierig, ihn einmal erblicken zu können. Brigittas Vater kannte die Familie des neuen Ankömmlings sehr gut, er war in früheren Jahren, da er noch Ausflüge machte, öfter auf ihre Besitzungen gekommen und war nur später, da er immer in der Hauptstadt lebte und sie nie, mit ihr außer Berührung geraten. Da er sich um den Stand der Güter, der einst ein vortrefflicher gewesen war, erkundigte und erfuhr, daß derselbe jetzt noch bedeutend besser sei und bei der einfachen Lebensweise der Familie sich noch immer verbessere: dachte er, wenn der Mann sonst auch noch in seinem Wesen nach seinem Sinne wäre, so könnte er einen erwünschten Bräutigam für eine seiner Töchter abgeben. Da aber dasselbe mehrere Väter und Mütter dachten, so beeilte sich Brigittas Vater, ihnen den Vorsprung abzugewinnen. Er lud den jungen Mann in sein Haus, dieser sagte zu und war schon mehrere Male in einer Abendgesellschaft desselben gewesen. Brigitta hatte ihn nicht gesehen, weil sie gerade in jener Zeit schon seit länger her nicht in das Gesellschaftszimmer gekommen war.

Einmal ging sie zu ihrem Oheime, der eine Art Fest veranstaltet und sie dazu geladen hatte. Sie war auch schon in früheren Zeiten manchmal nicht ungern zu der Familie des Oheims gegangen. An jenem Abende saß sie in ihrem ge-

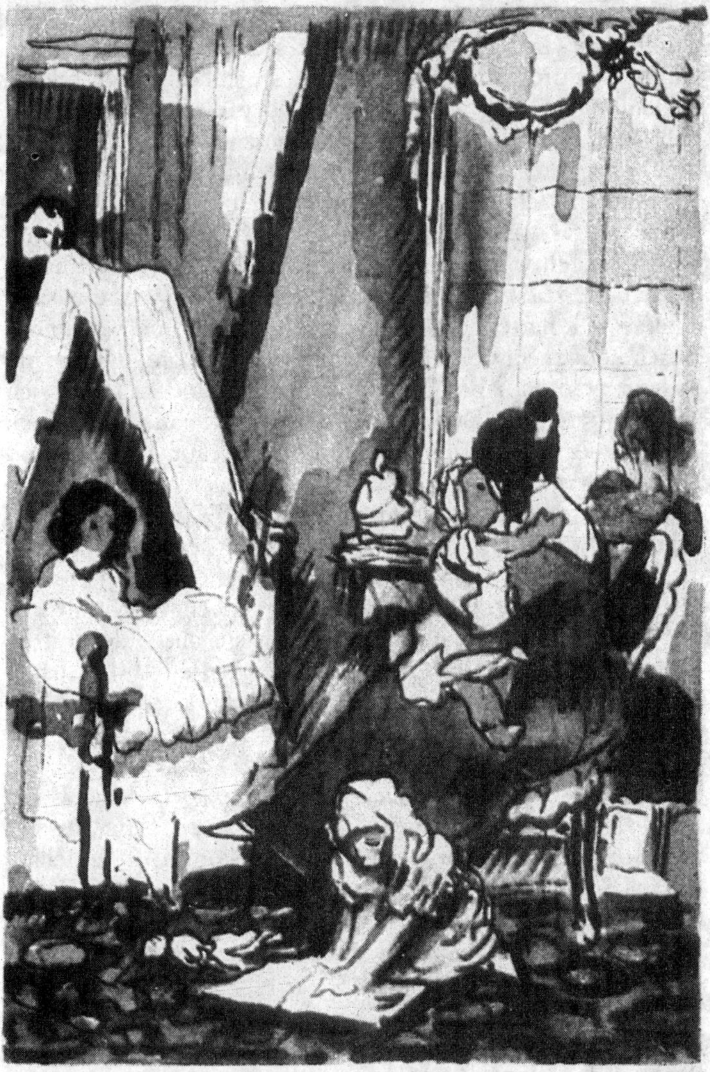

wöhnlichen schwarzseidenen Kleide da. Um das Haupt hatte sie einen Kopfputz, den sie selber gemacht hatte und den ihre Schwestern häßlich nannten. Wenigstens war es in der ganzen Stadt nicht Sitte, einen solchen zu tragen, aber er stand zu ihrer dunklen Farbe sehr gut.

Es waren viele Menschen zugegen, und da sie einmal durch eine Gruppe derselben hindurchblickte, sah sie zwei dunkle, sanfte Jünglingsaugen auf sie geheftet. Sie blickte gleich wieder weg. Da sie später noch einmal hinschaute, sah sie, daß die Augen wieder gegen sie gerichtet gewesen seien. Es war Stephan Murai, der sie angeblickt hatte.

Ungefähr acht Tage darnach wurde bei ihrem Vater getanzt. Murai war auch geladen und kam, da schon die meisten zugegen waren und der Tanz bereits begonnen hatte. Er schaute zu, und da man sich zum zweiten Tanze zusammengestellt hatte, ging er gegen Brigitta hin und bat sie mit bescheidener Stimme um einen Tanz. Sie sagte, daß sie nie tanzen gelernt habe. Er verbeugte sich und mischte sich wieder unter die Zuschauer. Später sah man ihn tanzen. Brigitta setzte sich hinter einem Tische auf ein Sofa und sah dem Treiben zu. Murai sprach mit verschiedenen Mädchen, tanzte und scherzte mit ihnen. Er war an diesem Abende besonders lieb und verbindlich gewesen. Endlich war die Unterhaltung aus, man zerstreute sich nach allen Richtungen, um seine Behausung zu suchen. Als Brigitta in ihr Schlafgemach gekommen war, das sie mit vielen Bitten und Trotzen ihren Eltern abgerungen hatte, daß sie es allein bewohnen durfte, und als sie sich dort entkleidete, schoß sie im Vorbeistreifen einen Blick in den Spiegel und sah die braune Stirne durch denselben gleiten, und die rabenschwarze Locke, die sich um die Stirne schlang. Dann ging sie, da sie weder beim Anziehen noch beim Ausziehen ein Dienstmädchen um sich litt, gegen ihr Bett, deckte es selber ab, schlug die schneeweißen Linnen von ihrem Lager, das sie sich immer sehr hart machen ließ, zurück, legte sich darauf, tat den schlanken Arm unter ihr Haupt und schaute mit den schlaflosen Augen gegen die Decke des Zimmers.

Als nun in der Folge öfters Gesellschaften waren und Brigitta denselben beiwohnte, wurde sie wieder von Murai bemerkt, sie wurde von ihm sehr ehrfurchtsvoll gegrüßt, und wenn sie ging, brachte er ihr das Tuch, und wenn sie fort war, hörte man auch gleich darauf seinen Wagen unten rollen, der ihn nach Hause führte.

Dies dauerte längere Zeit.

Einmal war sie wieder bei dem Oheime, und da sie wegen der großen Hitze, die in dem Saale herrschte, auf den Balkon, dessen Türen immer offenstanden, hinausgetreten war und dichte Nacht um sie lag: vernahm sie seinen Tritt zu ihr und sah dann auch in der Dunkelheit, daß er sich neben sie stellte. Er sprach nichts als gewöhnliche Dinge, aber wenn man auf seine Stimme horchte, so war es, als sei etwas Furchtsames in derselben. Er lobte die Nacht und sagte, daß man ihr unrecht tue, wenn man sie schelte, da sie doch so schön und milde sei; sie allein umhülle, sänftige und beruhige das Herz. Dann schwieg er, und sie schwieg auch. Als sie wieder in das Zimmer getreten war, ging er auch hinein und stand lange an einem Fenster.

Da Brigitta in dieser Nacht zu Hause angelangt war, da sie sich in ihr Zimmer begeben hatte und den Putzflitter Stück um Stück von dem Leibe nahm, trat sie im Nachtgewande vor den Spiegel und sah lange, lange hinein. Es kamen ihr Tränen in die Augen, die nicht versiegten, sondern mehreren Platz machten, die hervordrangen und herabrannen. Es waren die ersten Seelentränen in ihrem ganzen Leben gewesen. Sie weinte immer mehr und immer heftiger, es war, als müßte sie das ganze versäumte Leben nachholen und als müßte ihr um vieles leichter werden, wenn sie das Herz herausgeweint hätte. Sie war in die Knie gesunken, wie sie es öfters zu tun gewohnt war, und saß auf ihren eigenen Füßen. Auf dem Boden neben ihr lag zufällig ein Bildchen, es war ein Kinderbildchen, auf dem dargestellt war, wie sich ein Bruder für den andern opfere. Dieses Bildchen drückte sie an ihre Lippen, daß es zerknittert und naß wurde.

Da endlich die Quellen nachgelassen hatten und die Kerzen herabgebrannt waren, saß sie noch auf der Erde vor dem Spiegeltische, gleichsam wie ein ausgeweintes Kind, und sann. Es lagen die Hände in dem Schoße, die Schleifen und Krausen des Nachtgewandes waren feucht und hingen ohne Schönheit um den keuschen Busen. Sie ward stiller und unbeweglicher.

Endlich schöpfte sie ein paarmal frischen Atem, fuhr mit der flachen Hand über die Augenwimpern und ging zu Bette. Als sie lag und die Nachtlampe, die sie nach ausgelöschten Kerzen hinter einen kleinen Schirm gestellt hatte, düster brannte, sagte sie noch die Worte: „Es ist ja nicht möglich, es ist ja nicht möglich!"

Dann entschlummerte sie.

Als sie in der Zukunft wieder mit Murai zusammenkam, war es wie früher: er zeichnete sie nur noch mehr aus, aber sonst war sein Benehmen scheu, fast zaghaft. Er redete beinahe nichts mit ihr. Sie selber tat ihm keinen einzigen, auch nicht den kleinsten Schritt entgegen.

Als sich nach einiger Zeit wieder einmal eine Gelegenheit ergab, mit ihr allein zu sprechen, deren manche früher schon ungenützt vorübergegangen waren, nahm er sich den Mut, er redete sie an und sagte, daß ihm erscheine, daß sie ihm abgeneigt sei – und wenn dies so wäre, so habe er die einzige Bitte, sie möchte ihn doch kennenlernen, vielleicht sei er doch ihrer Aufmerksamkeit nicht ganz unwert, vielleicht habe er Eigenschaften oder könne sich dieselben erwerben, die ihm ihre Hochachtung gewännen, wenn auch nichts, das er noch heiliger wünschte.

„Nicht abgeneigt, Murai", antwortete sie, „o nein, nicht abgeneigt; aber ich habe auch eine Bitte an Sie: tun Sie es nicht, tun Sie es nicht, werben Sie nicht um mich, Sie würden es bereuen."

„Warum denn, Brigitta, warum denn?"

„Weil ich", antwortete sie leise, „keine andere Liebe fordern kann als die allerhöchste. Ich weiß, daß ich häßlich bin, darum würde ich eine höhere Liebe fordern als das schönste Mädchen dieser Erde. Ich weiß es nicht, wie hoch, aber mir ist, als sollte sie ohne Maß und Ende sein. Sehn Sie – da nun dies unmöglich ist, so werben Sie nicht um mich. Sie sind der einzige, der darnach fragte, ob ich auch ein Herz habe, gegen Sie kann ich nicht falsch sein."

Sie hätte vielleicht noch mehr gesagt, wenn nicht Leute herzugekommen wären; aber ihre Lippe bebte vor Schmerz.

Daß Murais Herz durch diese Worte nicht beschwichtigt, sondern nur noch mehr entflammt wurde, begreift sich. Wie einen Engel des Lichtes verehrte er sie, er blieb zurückgezogen, sein Auge ging an den größten Schönheiten, die ihn umringten, vorüber, das ihre mit sanfter Bitte zu suchen. So war es unabänderlich fort. Auch an ihr begann nun die dunkle Macht und die Größe des Gefühles in der verarmten Seele zu zittern. An beiden erschien es offen. Die Umgebungen begannen das Unglaubliche zu ahnen, und man erstaunte unverhohlen. Murai legte seine Seele entschieden vor dem Angesichte aller Welt dar. Eines Tages, in einem einsamen Zimmer, da die Musik, zu deren Anhörung man zusammengekommen war, von ferne her erscholl, da er vor ihr stand und nichts redete, da er ihre Hand faßte, sie sanft gegen sich ziehend, widerstand sie nicht, und da er sein Angesicht immer mehr gegen sie neigte und sie seine Lippen plötzlich auf den ihrigen empfand, drückte sie süß entgegen. Sie hatte noch nie einen Kuß gefühlt, da sie selbst von ihrer Mutter und ihren Schwestern nie geküßt worden war – und Murai hat nach vielen Jahren einmal gesagt, daß er nie mehr eine solche reine Freude erlebt habe als damals, da er zum ersten Male diese vereinsamten, unberührten Lippen auf seinem Munde empfand.

Der Vorhang zwischen den beiden war nun zerrissen, und das Schicksal ging seine Wege. In wenigen Tagen war Brigitta die erklärte Braut des gefeierten Mannes, die Eltern beider Teile hatten eingewilligt. Es wurde nun ein freundlicher Umgang. Aus dem tiefen Herzen des bisher unbekannten Mädchens ging ein warmes Dasein hervor, anfangs unscheinbar und unbedeutend, dann in reicher, heiterer Entwickelung. Der Instinkt, der den Mann an dieses Weib gezogen, hatte ihn nicht getäuscht. Sie war stark und keusch, wie kein anderes Weib. Weil sie ihr Herz nicht durch Liebesgedanken und Liebesbilder vor der Zeit entkräftet hatte, wehte der Odem eines ungeschwächten Lebens in seine Seele. Auch ihr Umgang war reizend. Weil sie stets allein gewesen war, hatte sie auch allein ihre Welt gebaut, und er wurde in ein neues, merkwürdiges, nur ihr angehörendes Reich eingeführt. Wie sich dann ihr Wesen vor ihm entfaltete, erkannte er zu allem dem noch ihr inniges und heißes Lieben, das wie ein goldner Strom in vollen Ufern quoll, in vollen, aber auch in einsamen; denn wie das Herz der andern Menschen zwischen eine halbe Welt geteilt ist, war das ihre beisammengeblieben, und da es nur ein einziger erkannt hat, war es nun auch Eigentum dieses einzigen. Er lebte so in Freude und Gehobenheit die Tage des Brautstandes durch.

Es ging die Zeit mit rosenfarbnen Flügeln, und in ihr das Geschick mit seinen dunkeln Schwingen.

Der Vermählungstag war endlich gekommen. Murai hatte seine schweigende Braut, da die heilige Handlung vorüber war, auf der Schwelle der Kirche in die Arme geschlossen, sie dann in seinen Wagen gehoben und in seine Wohnung geführt, die er, da die jungen Leute beschlossen hatten, in der Stadt zu bleiben, aus dem Reichtume seines Vaters, der ihm alles Ersparte zur Verfügung stellte, auf das schönste und glänzendste hatte einrichten lassen. Murais Vater war zur Vermählung von seinem Landsitze, den er zum bleibenden Aufenthaltsorte gewählt hatte, hereingekommen. Seine Mutter konnte leider die Freude nicht teilen; denn sie war schon längst gestorben. Von Seite der Braut waren Vater und Mutter, dann die Schwestern, der Oheim und mehrere nahe Verwandte zugegen. Murai, so wie Brigittas Vater, hatte gewollt, daß der Tag öffentlich und mit großem Glanze gefeiert werde, und so war er auch vorübergegangen.

Als sich endlich die letzten Gäste entfernt hatten, führte Murai seine Gattin durch eine Reihe beleuchteter Zimmer, da sie sich bisher immer mit einem hatte begnügen müssen, bis in das Wohngemach zurück. Dort saßen sie noch, und er sagte die Worte: „Wie gut und herrlich ist alles abgegangen, und wie schön hat es sich erfüllt. Brigitta! Ich habe dich erkannt. Da ich dich das erste Mal sah, wußte ich schon, daß mir dieses Weib nicht gleichgültig bleiben werde; aber ich erkannte noch nicht, werde ich dich unendlich lieben oder unendlich hassen müssen. Wie glücklich ist es gekommen, daß es die Liebe ward!“

Brigitta sagte nichts, sie hielt ihn an der Hand und ließ die glänzenden Augen in sanfter Ruhe durch das Zimmer blicken.

Dann befahlen sie, daß die Reste des Festes weggeräumt würden, daß die Menge der überflüssigen Lichter ausgetan und die Festgemächer eine gewöhnliche Wohnung würden. Dies geschah; die Diener begaben sich in ihre Zimmer, und auf die neue Wohnung und auf die neue Familie, die aus zweien bestand und erst einige Stunden alt war, senkte sich die erste Nacht hernieder.

Von nun an lebten sie in ihrer Wohnung fort. So wie sie, da sie sich kennengelernt hatten, nur in Gesellschaften zusammengetroffen waren und so wie sie im Brautstande nur immer öffentlich erschienen waren, so blieben sie nun immer zu Hause. Sie dachten nicht, daß etwas Äußerliches zu ihrem Glücke erforderlich sei. Obgleich die Wohnung im allgemeinen mit allem versehen war, was ihr nur immer not tat, so blieb doch im einzelnen noch so vieles zu verbessern und zu verschönern übrig. Sie klügelten dieses heraus, sie überlegten, was man dort und da noch anbringen könnte, gingen einander mit Rat und Tat an die Hand, daß sich der Raum immer mehr und mehr und reiner ordnete und die Eintretenden mit klarer Wohnlichkeit und einfacher Schönheit empfing.

Über Jahresfrist gebar sie ihm einen Sohn, und dieses neue Wunder hielt sie wieder und noch mehr zu Hause. Brigitta pflegte ihr Kind, Murai versah seine Geschäfte; denn der Vater hatte ihm einen Teil der Güter abgetreten, und diese verwaltete er von der Stadt aus. Dies machte manche Umwege nötig und häufte manche Dinge, die sonst zu entraten gewesen wären.

Als der Knabe so weit entwickelt war, daß unmittelbare Pflege nicht gar so sehr mehr not tat, als Murai seine Geschäfte schon geordnet und in einen gleichen Gang gebracht hatte, fing er an, seine Gattin häufiger auf öffentliche Plätze, in Gesellschaften, auf Spaziergänge, in das Schauspiel zu führen, als er es sonst zu tun gewohnt war. Hiebei bemerkte sie, daß er sie vor Leuten noch zarter und noch aufmerksamer behandle als selber zu Hause.

Sie dachte: „Jetzt weiß er, was mir fehlt“, und hielt das erstickende Herz an sich.

Im nächsten Frühlinge nahm er sie und sein Kind auf eine Reise mit, und da sie gegen den Herbst zurückkamen, schlug er vor, lieber für beständig auf dem Lande, auf einem seiner Güter zu wohnen; denn auf dem Lande sei es doch viel schöner und viel annehmlicher als in der Stadt.

Brigitta folgte ihm auf das Landgut.

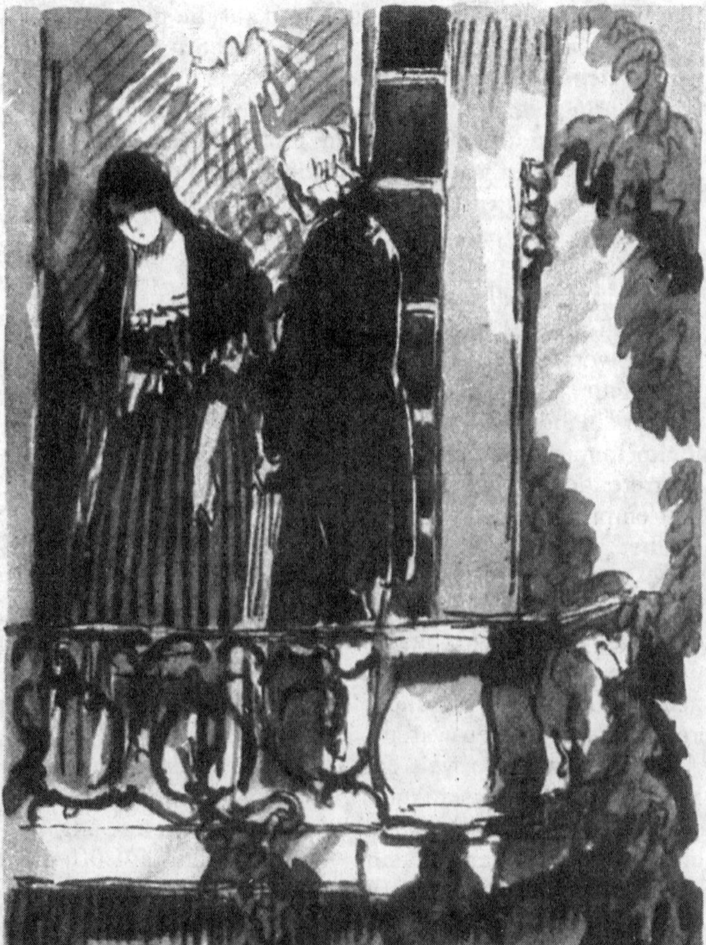

Hier fing er an zu wirtschaften und umzuändern und den Rest der Zeit, der ihm übrig war, zum Jagen zu verwenden. Und hier führte ihm das Schicksal ein ganz anderes Weib entgegen, als er es immer zu sehen gewohnt war. Auf einer der einsamen Jagden, die er jetzt häufig tat, wo er nämlich mit seiner Büchse allein durch die Gegend ging oder ritt, hatte er sie erblickt. Als er einmal sein Pferd langsam durch einen Weidebruch ein wenig abwärts leitete, hatte er plötzlich durch das dichte Gebüsch her zwei Augen gegenüber, erschrocken und schön wie die einer fremdländischen Gazelle, und neben den grünen Blättern hatte das süßeste Morgenrot der Wangen geglüht. Es war nur ein Augenblick; denn ehe er recht hinsehen konnte, hatte das Wesen, das ebenfalls zu Pferde war und in dem Gebüsche stand, das Pferd gewendet und flog über die Ebene zwischen den leichten Büschen davon.

Es war Gabriele gewesen, die Tochter eines greisen Grafen, der in der Nachbarschaft wohnte, ein wildes Geschöpf, das ihr Vater auf dem Lande erzog, wo er ihr alle und jede Freiheit ließ, weil er meinte, daß sie sich nur so am naturgemäßesten entfalte und nicht zu einer Puppe gerate, wie er sie nicht leiden konnte. Die Schönheit dieser Gabriele war schon weithin berühmt geworden, nur zu Murais Ohren war der Ruf noch nicht gedrungen, weil er bisher nie auf diesem seinem Landgute gewesen war und in letzter Zeit sich auf seiner großen Reise befunden hatte.

Nach mehreren Tagen trafen die beiden schier auf derselben Stelle wieder zusammen, und dann öfter und öfter. Sie fragten nicht, wer und woher sie seien, sondern das Mädchen, gleichsam ein Abgrund von Unbefangenheit, scherzte, lachte, neckte ihn und trieb ihn meistens zu kühnen, übermütigen Wettreiten an, wo sie wie ein himmlisches, tolles, glühendes Rätsel neben ihm herflog. Er scherzte mit und ließ sie meistens siegen.

Eines Tages aber, als sie, vor Erschöpfung atemlos, nur durch wiederholtes Haschen nach seinem Zügel andeuten konnte, daß sie wolle, daß er halten solle, und als sie beim Herabheben vom Pferde schmachtend geflüstert hatte, sie sei besiegt – damals, nachdem er ihren Steigbügelriemen, an dem etwas gebrochen war, wiederhergestellt hatte und sie nun verglühend an einem Baumstamme stehen sah – riß er sie plötzlich an sich, preßte sie an sein Herz, und ehe er sehen konnte, ob sie zürne oder frohlocke, sprang er auf sein Pferd und jagte davon. – Es war Übermut gewesen, aber ein Taumel unbeschreiblichen Entzückens war in jenem Augenblicke in ihm, und vor seiner Seele, wie er heimritt, hing das Bild der sanften Wange, des süßen Atems und der spiegelnden Augen.

Sie hatte sich von da an nicht mehr gesucht, aber da sie sich einmal zufällig auf einen Augenblick in dem Saale eines Nachbars sahen, wurden beider Wangen von einem tiefen Scharlache übergossen.

Murai ging dann auf eine seiner ferneren Besitzungen und änderte dort alle Verhältnisse um, die er vorfand.

Brigittas Herz aber war zu Ende. Es war ein Weltball von Scham in ihrem Busen emporgewachsen, wie sie so schwieg und wie eine schattende Wolke in den Räumen des Hauses herumging. Aber endlich nahm sie das aufgequollne, schreiende Herz gleichsam in ihre Hand und zerdrückte es.

Als er von seinen Umänderungen auf dem entfernten Landgute zurückkam, ging sie in sein Zimmer und trug ihm mit sanften Worten die Scheidung an. Da er heftig erschrak, da er sie bat, da er ihr Vorstellungen machte, sie aber immer dieselben Worte sagte: „Ich habe es dir gesagt, daß es dich reuen wird, ich habe es dir gesagt, daß es dich reuen wird" – sprang er auf, nahm sie bei der Hand und sagte mit inniger Stimme: „Weib, ich hasse dich unaussprechlich, ich hasse dich unaussprechlich!"

Sie sagte kein Wort, sondern sah ihn bloß mit den trockenen, entzündeten Augen an – aber als er nach drei Tagen seine Reisekoffer gepackt und fortgeschickt hatte, als er nun selber in Reisekleidern gegen Abend fortgeritten war: so lag sie, wie einst, da sie die Dichtungen ihres Herzens den Büschen des Gartens zugerufen hatte, auch jetzt vor Schmerz auf dem Teppiche ihres Zimmerbodens, und so heiße Tropfen rannen aus ihren Augen, als müssen sie ihr Gewand, den Teppich und das Getäfel des Bodens durchbrennen – es waren die letzten, die sie dem noch immer Heißgeliebten nachsandte, dann keine mehr. Er ritt indessen auf der finstern Ebene und hatte hundertmal im Sinne, sich mit der Sattelpistole das siedende Gehirn zu zerschmettern. Er war bei seinem Ritte, da es noch Tag war, an Gabrielen vorübergekommen, sie stand auf dem Balkon ihres Schlosses, aber er hatte nicht hinaufgesehen und war weitergeritten.

Nach einem halben Jahre sandte er die Einwilligung zur Scheidung und trat ihr auch den Knaben ab, war es nun, daß er ihn in ihren Händen besser aufgehoben meinte, war es noch die alte Liebe, die ihr nicht alles rauben wollte, ihr, die nun ganz allein sei, während ihm die weite Welt vor Augen lag. In Bezug auf das Vermögen hatte er für sie und den Knaben am günstigsten gesorgt, wie es nur immer möglich war. Er sandte die Papiere, die diese Sache enthielten, mit. Dies war das erste und letzte Zeichen, das Murai von seinem Dasein gegeben hatte, nachher kam keines mehr, und er erschien auch nicht wieder. Die Summen, die er brauchte, waren an ein Antwerpner Haus angewiesen. Dies sagte später sein Verwalter, mehr wußte der auch nicht.

Um diese Zeit waren kurz nacheinander Brigittas Vater, ihre Mutter und die beiden Schwestern gestorben. Murais Vater, der ohnedem schon sehr alt war, starb auch in kurzer Zeit darnach.

So war Brigitta im strengen Sinne des Wortes ganz allein mit ihrem Kinde.

Sie hatte sehr weit von der Hauptstadt ein Haus auf einer öden Heide, wo sie niemand kannte. Das Gut hieß Maroshely, woher auch der Name der Familie stammte. Nach der Scheidung nahm sie ihren ursprünglichen Namen Maroshely wieder an und begab sich in das Heidehaus, um sich dort zu verbergen.

So wie sie einstens, wenn man ihr wohl aus Mitleiden eine schöne Puppe gegeben hatte, dieselbe nach kurzer Freude wieder wegwarf und schlechte Dinge in ihr Bettchen trug, als Steine, Hölzchen und dergleichen; so nahm sie jetzt auch ihr größtes Gut, das sie hatte, nach Maroshely mit, ihren Sohn, pflegte und hütete ihn, und ihr Auge hing einzig und allein über dem Bettchen desselben.

Wie er größer wurde und sein kleines Auge und sein Herz sich erweiterte, tat es auch das ihre mit; sie begann die Heide um sich zu sehen, und ihr Geist fing an, die Öde rings um sich zu bearbeiten. Sie nahm Männerkleider, stieg wieder, wie einst in ihrer Jugend, zu Pferde und erschien unter ihrem Gesinde. Wie der Knabe sich nur auf einem Pferde halten konnte, war er überall mit, und die tätige, schaffende, heischende Seele seiner Mutter floß allgemach in ihn. Diese Seele griff immer weiter um sich, der Himmel des Erschaffens senkte sich in sie; grüne Hügel schwellten sich, Quellen rannen, Reben flüsterten, und in das öde Steinfeld war ein kraftvoll weiterschreitend Heldenlied gedichtet. Und die Dichtung trug, wie sie tut, auch ihren Segen. Manche ahmten nach, es erhob sich der Verein, Entferntere wurden begeistert, und hie und da auf der öden, blinden Heide schlug sich ein menschlich freies Walten wie ein schönes Auge auf.

Nach fünfzehn Jahren, während welchen Brigitta auf Maroshely hauste, kam der Major, indem er seinen Landsitz Uwar, wo er sonst nie gewesen war, bezog. Von diesem Weibe lernte er, wie er mir selber sagte, Tätigkeit und Wirken – und zu diesem Weibe faßte er jene tiefe und verspätete Neigung, von der wir oben erzählt haben.

Nachdem nun, wie am Eingange des Abschnittes erwähnt wurde, dieser Teil aus Brigittas früherem Leben erzählt ist, gehen wir wieder in der Entwicklung der Zustände weiter, wo wir sie gelassen.

4. Steppengegenwart

Wir ritten nach Maroshely. Brigitta ist wirklich jenes reitende Weib gewesen, das mir die Pferde mitgegeben hatte. Sie erinnerte sich mit freundlichem Lächeln an unsere alte Bekanntschaft. Meine Wangen wurden rot, weil ich auf das Trinkgeld dachte. Es war niemand anderer zum Besuche da als der Major und ich. Er stellte mich als einen Reisebekannten vor, mit dem er einmal viel zusammen gewesen sei und von dem er sich schmeichle, daß er nun von einem Bekannten in einen Freund überzugehen im Begriffe sei. Ich erlebte die Freude – und es war mir wirklich keine unbedeutende –, daß sie fast alle Dinge wußte, die sich auf mein früheres Zusammensein mit ihm bezogen, daß er ihr also viel von mir erzählt haben mußte, daß er noch mit Vorliebe bei jenen Tagen verweile und daß sie es der Mühe wert hielt, sich diese Sache zu merken.

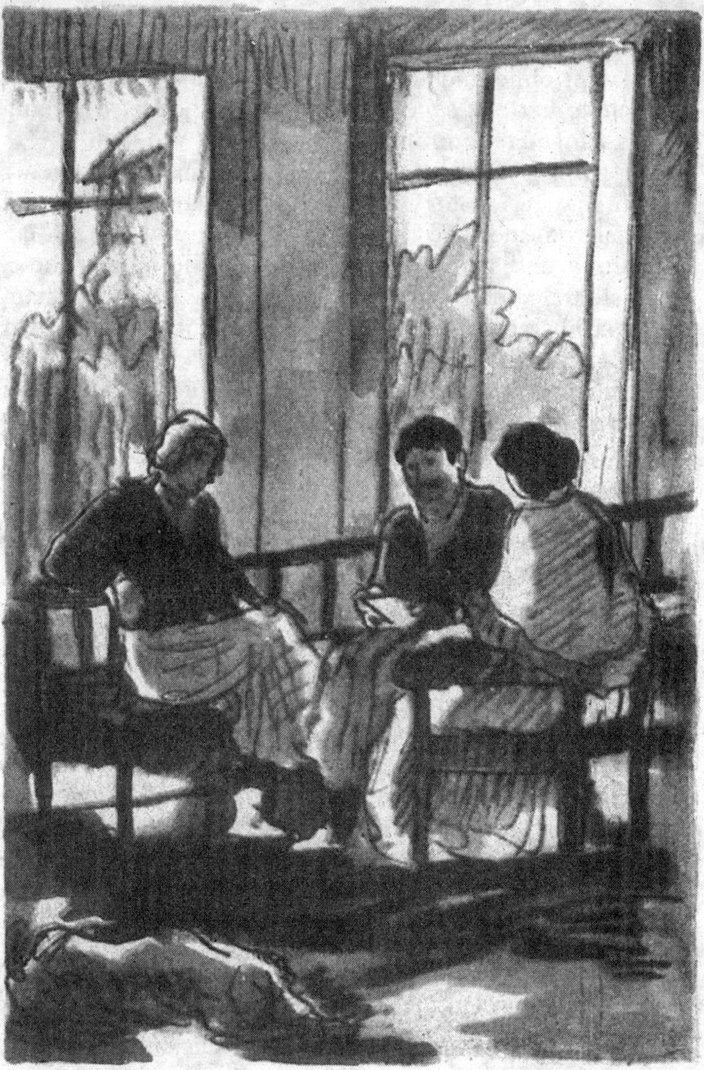

Sie sagte, sie wolle mich nicht in ihrem Schlosse und in ihren Feldern herumführen, ich werde das gelegentlich sehen, wenn wir spazierengehen und wenn ich oft genug von Uwar werde herübergekommen sein, wozu sie mich höflich einlade. Dem Major machte sie einen Vorwurf, warum er denn so lange nicht herübergekommen sei. Er entschuldigte sich mit den vielen Geschäften und hauptsächlich damit, daß er ohne mich nicht herüberreiten wollte und daß er doch vorher erst sehen wollte, wie sehr oder wie wenig ich zu seiner Freundin passe.

Wir gingen in einen großen Saal, in dem wir ein wenig ausruhten. Der Major zog eine Schreibtafel hervor und fragte sie um mehrere Dinge, die sie klar und einfach beantwortete und von denen er sich manche aufzeichnete. Auch sie fragte dann um Verschiedenes, was sich auf manchen Nachbar, auf die Geschäfte des Augenblickes oder auf den künftigen Landtag bezog. Ich sah bei dieser Gelegenheit, mit welch tiefem Ernste sie die Dinge behandelten und welche Aufmerksamkeit der Major auf ihre Meinungen legte. Wo sie in etwas unsicher war, gestand sie ihre Unwissenheit und bat den Major um Berichtigung.

Als wir ausgeruht hatten und der Major die Schreibtafel einsteckte, standen wir auf, um in den Besitzungen einen Spaziergang zu machen. Hier redete man häufig von den Veränderungen, die erst jüngst in ihrem Hause entstanden waren. Wenn sie hiebei auf Dinge seines Hauses kam, war es mir, als läge eine Art Zärtlichkeit darinnen, wie sie sich um dieselben bekümmerte. Sie zeigte ihm den neuen hölzernen Säulengang am Gartengeschosse des Hauses und fragte, ob sie Reben hinan ziehen solle; an seinen Hoffenstern, meinte sie, ließe sich auch so ein Ding anbringen, wo es sich in der Spätherbstsonne recht angenehm sitze. Sie führte uns in den Park, der vor zehn Jahren ein wüster Eichenwald gewesen war; jetzt gingen Wege durch, flossen eingehegte Quellen und wandelten Rehe. Sie hatte durch unsägliche Ausdauer um den ungeheuren Umfang desselben eine hohe Mauer gegen die Wölfe aufführen lassen. Das Geld hiezu zog sie langsam aus ihrem Viehstande und aus den Maisfeldern, deren Pflege sie sehr emporgebracht hatte. Als die Einhegung fertig war, ging man in einem geschlossenen Jagen Schritt für Schritt durch jede Stelle des Parkes, um zu sehen, ob man nicht etwa einen Wolf zu künftiger Brut mit eingemauert habe. Aber es war keiner zugegen. Dann erst wurden Rehe in die Einhegung gesetzt und für anderes Vorkehrungen gemacht. Die Rehe, schien es, wußten das alles und dankten ihr dafür; denn wenn wir manches bei unserem Gange sahen, war es nicht scheu und blickte mit den dunkeln, glänzenden Augen gegen uns herüber. Brigitta führte ihre Gäste und Freunde recht gerne durch den Park, weil sie ihn liebte. Wir kamen oben auch zur Anlage der Fasanen. Wie wir so durch die Wege gingen und weiße Wolken durch die Eichenwipfel hereinschauten, gewann ich Gelegenheit, Brigitta zu betrachten. Ihre Augen, schien es mir, waren noch schwärzer und glänzender als die der Rehe und mochten heute besonders hell strahlen, weil der Mann an ihrer Seite ging, der ihr Wirken und Schaffen zu würdigen verstand. Ihre Zähne waren schneeweiß, und der für ihre Jahre noch geschmeidige Wuchs zeugte von unverwüstlicher Kraft. Da sie den Major erwartet hatte, war sie in Frauenkleidern und hatte ihre Geschäfte beiseite gesetzt, weil sie den Tag für uns widmete.

Unter Gesprächen der verschiedensten Art, von der Zukunft des Landes, von Hebung und Verbesserung des gemeinen Mannes, von Bearbeitung und Benützung des Bodens, von Ordnung und Einschränkung des Donaustromes, von ausgezeichneten Persönlichkeiten der Vaterlandsfreunde, kamen wir durch den größten Teil des Parkes, da sie uns, wie ich schon oben sagte, nicht durch ihre Besitzungen herumführen, sondern uns nur Gesellschaft leisten wollte. Da wir zu dem Hause zurückkehrten, war es Essenszeit. Zum Mahle kam auch Gustav, der Sohn Brigittas, mit ziemlich verbrannten Wangen, ein lieblich schlanker Jüngling, eine Blume von Gesundheit. Er hatte heute an der Stelle der Mutter die Felder besucht und die Arbeiten eingeteilt und berichtete ihr jetzt manches mit kurzen Worten. Bei Tische saß er horchend und bescheiden untenan; in seinen schönen Augen lag Begeisterung für die Zukunft und unendliche Güte für die Gegenwart. Da auch, wie bei dem Major, das Gesinde mit an dem Tische saß, so bemerkte ich meinen Freund Milosch, der mich zum Zeichen alter Bekanntschaft grüßte.

Der größte Teil des Nachmittages verging mit Besichtigung mehrerer Veränderungen, die dem Major neu waren, mit einer Runde im Garten und mit einem Gange durch den Weinberg.

Gegen Abend nahmen wir Abschied. Da wir unsere Kleider zusammensuchten, machte Brigitta dem Major einen Vorwurf, daß er neulich in der Nachtluft von Gömör weg in leichten Kleidern nach Hause geritten sei – ob er denn nicht wisse, wie tückisch die Tauluft dieser Ebene sei, daß er sich so aussetze?! Er verteidigte sich nicht und sagte, er werde in Zukunft schon vorsichtiger sein. Ich aber wußte recht gut, daß er damals seine Bunda Gustav aufgenötigt hatte, der ohne eine gekommen war und dem er vorgelogen hatte, daß er noch eine andere im Stalle liegen habe. Dieses Mal aber schieden wir mit allem hinlänglich versorgt und verwahrt. Brigitta selbst bekümmerte sich um jedes und ging erst in das Haus zurück, als wir schon in unsern dichten Oberkleidern zu Pferde saßen und der Mond aufging. Sie hatte dem Major noch ein paar Aufträge gegeben und beurlaubte sich dann mit einfacher, edler Freundlichkeit.

Die Gespräche der zwei Menschen waren den ganzen Tag über ruhig und heiter gewesen, aber mir schien es, als zitterte eine heimliche Innigkeit durch, der sich beide schämten Raum zu geben, wahrscheinlich, weil sie sich für zu alt hielten. Auf dem Rückwege aber sagte der Major zu mir, als ich mich einiger wahrhafter, aufrichtiger Lobesworte auf diese Frau nicht enthalten konnte: „Freund! ich bin oft in meinem Leben heiß begehrt worden, ob auch so geliebt, weiß ich nicht; aber die Gesellschaft und die Achtung dieser Frau ist mir ein größeres Glück auf dieser Welt geworden als jedes andere in meinem Leben, das ich für eines gehalten habe."

Er hatte diese Worte ohne alle Leidenschaft gesagt, aber mit einer solchen Ruhe der Gewißheit, daß ich in meinem Herzen von der Wahrheit derselben vollständig überzeugt war. Mir geschah es in diesem Augenblicke beinahe, was sonst nicht meine Art ist, daß ich den Major um diese Freundschaft und um sein häusliches Wirken beneidete; denn ich hatte damals recht auf der ganzen Welt nichts Festes, um mich daran zu halten, als etwa meinen Wanderstab, den ich wohl in Bewegung setzte, dieses und jenes Land zu sehen, der aber doch nicht recht nachhalten wollte.

Als wir nach Hause kamen, trug mir der Major an, daß ich noch den Sommer und Winter bei ihm zubringen möchte. Er hatte begonnen, mich mit größerer Vertraulichkeit zu behandeln und mich tiefer in sein Leben und sein Herz blicken zu lassen, daß ich eine große Liebe und Neigung zu dem Manne faßte. Ich sagte also zu. Und da ich dieses nun einmal getan hätte, sagte er, so wolle er mir auch sogleich einen Geschäftszweig seines Hauses auftragen, den ich ständig besorgen sollte – es würde mich nicht reuen, sagte er, und würde mir gewiß in der Zukunft von Nutzen sein. Ich willigte ebenfalls ein, und in der Tat, es war mir von Nutzen. Daß ich nun einen Hausstand habe, daß ich eine liebe Gattin habe, für die ich wirke, daß ich nun Gut um Gut, Tat um Tat in unsern Kreis hereinziehe, verdanke ich dem Major. Als ich einmal ein Teil jenes einträchtigen Wirkens war, das er entfaltete, wollte ich doch die Sache so gut machen, als ich konnte, und da ich mich übte, machte ich sie immer besser, ich war nütze und achtete mich – und da ich die Süßigkeit des Schaffens kennenlernte, erkannte ich auch, um wieviel mehr wert sei, was ein gegenwärtig Gutes setzt, als das bisherige Hinschlendern, das ich Erfahrungen sammeln nannte, und ich gewöhnte mich an Tätigkeit.

So ging die Zeit nach und nach hin, und ich war unendlich gerne in Uwar und seiner Umgebung.

Ich kam in diesen Verhältnissen öfter nach Maroshely. Man achtete mich, und ich war fast wie ein Glied der Familien und lernte die Sachlage immer besser kennen. Von einer unheimlichen Leidenschaft, von einem fieberhaften Begehren oder gar von Magnetismus, wie ich gehört hatte, war keine Spur. Dagegen war das Verhältnis zwischen dem Major und Brigitta von ganz merkwürdiger Art, daß ich nie ein ähnliches erlebt habe. Es war ohne Widerrede das, was wir zwischen Personen verschiedenen Geschlechtes Liebe nennen würden, aber es erschien nicht als solches. Mit einer Zartheit, mit einer Verehrung, die wie an die Hinneigung zu einem höheren Wesen erinnerte, behandelte der Major das alternde Weib; sie war mit sichtlicher innerlicher Freude darüber erfüllt, und diese Freude, wie eine späte Blume, blühte auf ihrem Antlitze und legte einen Hauch von Schönheit darüber, wie man es kaum glauben sollte, aber auch die feste Rose der Heiterkeit und Gesundheit. Sie gab dem Freunde dieselbe Achtung und Verehrung zurück, nur daß sich zuweilen ein Zug von Besorgnis um seine Gesundheit, um seine kleinen Lebensbedürfnisse und dergleichen einmischte, der doch wieder dem Weibe und der Liebe angehörte. Über dieses hinaus ging das Benehmen beider nicht um ein Haar – und so lebten sie nebeneinander fort.

Der Major sagte einmal zu mir, daß sie in einer Stunde, wo sie, wie es selten zwischen Menschen geschieht, miteinander inniger über sich selber sprachen, festgesetzt haben, daß Freundschaft der schönsten Art, daß Aufrichtigkeit, daß gleiches Streben und Mitteilung zwischen ihnen herrschen sollte, aber weiter nichts; an diesem sittlich festen Altare wollen sie stehenbleiben, vielleicht glücklich bis zum Lebensende – sie wollen keine Frage weiter an das Schicksal tun, daß es keinen Stachel habe und nicht wieder tükkisch sein möge. Dies sei nun schon mehrere Jahre so und werde so bleiben.

Das hatte der Major zu mir gesagt – allein in einiger Zeit darauf tat das ungefragte Schicksal von selber eine Antwort, die alles schnell und auf unerwartete Art lösete.

Es war schon sehr spät im Herbste, man könnte sagen, zu Anfang winters, ein dichter Nebel lag eines Tages auf der bereits festgefrornen Heide, und ich ritt eben mit dem Major auf jenem neugebauten Wege mit der jungen Pappelallee, wir hatten vor, vielleicht ein wenig zu jagen, als wir plötzlich durch den Nebel herüber zwei dumpfe Schüsse fallen hörten.

„Das sind meine Pistolen, und keine andern", rief der Major.

Ehe ich etwas begreifen und fragen konnte, sprengte er schon die Allee entlang, so furchtbar, wie ich nie ein Pferd habe laufen gesehen, ich folgte ihm nach, weil ich ein Unglück ahnete, und als ich wieder zu ihm kam, traf ich auf ein Schauspiel, so gräßlich und so herrlich, daß noch jetzt meine Seele schaudert und jauchzt: an der Stelle, wo der Galgen steht und der Binsenbach schillert, hatte der Major den Knaben Gustav gefunden, der sich nur noch matt gegen ein Rudel Wölfe wehrte. Zwei hatte er erschossen, einen, der vorne an sein Pferd gesprungen war, wehrte er mit seinem Eisen, die andern bannte er für den Augenblick mit der Wut seiner vor Angst und Wildheit leuchtenden Augen, die er auf sie bohrte; aber harrend und lechzend umstanden sie ihn, daß eine Wendung, ein Augenzucken, ein Nichts Grund werden könne, mit eins auf ihn zu fallen – da, im Augenblicke der höchsten Not, erschien der Major. Als ich ankam, war er schon wie ein verderblich Wunder, wie ein Meteor, mitten unter ihnen – der Mann war fast entsetzlich anzuschauen, ohne Rücksicht auf sich, fast selber wie ein Raubtier warf er sich ihnen entgegen. Wie er von dem Pferde gekommen war, hatte ich nicht gesehen, da ich später ankam; den Knall seiner Doppelpistole hatte ich gehört, und wie ich auf dem Schauplatze erschien, glänzte sein Hirschfänger gegen die Wölfe, und er war zu Fuß. Drei – vier Sekunden mochte es gedauert haben, ich hatte bloß Zeit, mein Jagdgewehr unter sie abzudrücken, und die unheimlichen Tiere waren in den Nebel zerstoben, als wären sie von ihm eingetrunken worden.

„Ladet", schrie der Major, „sie werden gleich wieder hier sein."

Er hatte die weggeschleuderten Pistolen aufgerafft und stieß die Patronen hinein. Wir luden auch, und in dem Augenblicke, da wir ein wenig still waren, vernahmen wir den unheimlichen Trab um die Galgeneiche herum. Es war klar, die hungrigen, geängsteten Tiere umkreisten uns, bis ihnen wieder etwa der Mut zum Angriffe gewachsen sein würde. Eigentlich sind diese Tiere, wenn sie nicht von dem Hunger gespornt werden, feig. Wir waren zu einer Wolfsjagd nicht gerüstet, der unselige Nebel lag dicht vor unsern Augen, daher schlugen wir den Weg zu dem Schlosse ein. Die Pferde schossen in Todesangst dahin, und da wir so ritten, sah ich es mehr als einmal wie einen jagenden Schatten neben mir, grau im grauen Nebel. In unsäglicher Geduld eilte die Herde neben uns. Wir mußten in steter Bereitschaft sein. Von dem Major fiel einmal links ein Schuß, aber wir erkannten nichts, zum Reden war keine Zeit, und so langten wir an dem Parkgitter an, und wie wir hineindrangen, brachen die edlen, schönen, dahinter harrenden Doggen neben uns heraus, und in demselben Augenblicke scholl auch schon aus dem Nebel ihr wütendes Heulen, hinter den Wölfen heidewärts schweifend.

„Sitzt alle auf", rief der Major den entgegeneilenden Knechten zu, „laßt alle Wolfshunde los, daß meine armen Doggen nichts leiden. Bietet die Nachbarn auf und jagt, soviel Tage ihr wollt. Ich gebe für jeden toten Wolf das doppelte Schußgeld, die ausgenommen, die an der Galgeneiche liegen; denn die haben wir selbst getötet. An der Eiche liegt vielleicht auch eine der Pistolen, die ich voriges Jahr an Gustav geschenkt habe, denn ich sehe nur eine in seiner Hand, und das Sattelfach der andern ist leer; seht zu, ob es so ist."

„Seit fünf Jahren", sagte er zu mir gewendet, da wir im Parke weiterritten, „hat sich kein Wolf so nahe zu uns gewagt, und es war sonst ganz sicher hier. Es muß einen harten Winter geben, und er muß in den nördlichen Ländern schon begonnen haben, daß sie sich bereits so weit herab drücken."

Die Knechte hatten den Befehl des Herrn vernommen, und in weniger Zeit, als es mir glaublich schien, war ein Haufen Jäger ausgerüstet, und das Geschlecht jener schönen zottigen Hunde war neben ihnen, das den ungarischen Heiden eigen und für sie so unentbehrlich ist. Man beredete sich, wie man die Nachbarn abholen wolle, und dann gingen sie fort, um eine Jagd einzuleiten, von der sie erst in acht, vierzehn oder noch mehreren Tagen zurückkehren würden.

Wir hatten alle drei, ohne von den Pferden zu steigen, dem größten Teil dieser Anstalten zugeschaut. Als wir uns aber von den Wirtschaftsgebäuden dem Schlosse zuwendeten, sahen wir, daß Gustav doch verwundet sei. Als wir nämlich unter dem Torbogen anlangten, von wo wir in unsere Zimmer wollten, wandelte ihn eine Übelkeit an, und er drohte von dem Pferde zu sinken. Einer von den Leuten fing ihn auf und hob ihn herunter, da sahen wir, daß die Lenden des Tieres von Blut gefärbt waren. Wir brachten ihn in eine Wohnung des Erdgeschosses, die gegen den Garten hinaus ging, der Major befahl sogleich, Feuer in den Kamin zu machen und das Bett zu bereiten. Als indessen die schmerzende Stelle entblößt worden war, untersuchte er selber die Wunde. Es war ein leichter Biß im Schenkel, ohne Gefahr, nur der Blutverlust und die vorhergegangene Aufregung ließ jetzt den Jüngling mit Ohnmachten kämpfen. Er ward in das Bett gebracht und sofort ein Bote an den Arzt und einer an Brigitta abgefertigt. Der Major blieb bei dem Bette und sorgte, daß keine der Ohnmachten überhandnehmen könne. Als der Arzt kam, gab er ein stärkendes Mittel, erklärte die Sache für durchaus ungefährlich und sagte, daß der Blutverlust selber ein Heilmittel gewesen sei, da er die Heftigkeit der Entzündung mindere, die sonst solchen Bißwunden gerne folge. Das einzige Krankheitsübel sei die Gewalt der Gemütsbewegung, und ein paar Tage Ruhe werde das Fieber und die Abspannung gänzlich heben. Man war beruhigt und erfreut, und der Arzt schied unter den Danksagungen aller; denn es war keiner, der den Knaben nicht liebte. Gegen Abend erschien Brigitta, und nach ihrer entschlossenen Art ruhte sie nicht eher, als bis die den Körper ihres Sohnes Glied um Glied geprüft und sich überzeugt hatte, daß außer der Bißwunde nichts vorhanden sei, das ein Übel drohen könnte. Als die Untersuchung vorüber war, blieb sie doch noch an dem Bette sitzen und reichte nach der Vorschrift des Arztes die Arznei. Für die Nacht mußte ihr ein schnell zusammengerafftes Bette in dem Krankenzimmer gemacht werden. Am andern Morgen saß sie wieder neben dem Jünglinge und horchte auf seinen Atem, da er schlief und so süß und erquickend schlief, als wolle er nie mehr erwachen. – Da geschah ein herzerschütternder Auftritt. Ich sehe den Tag noch vor Augen. Ich war hinabgegangen, um mich nach dem Befinden Gustavs zu erkundigen, und trat in das Zimmer, das neben dem Krankengemache befindlich war, ein. Ich habe schon gesagt, daß die Fenster gegen den Garten hinaus gingen: die Nebel hatten sich gehoben, und eine rote Wintersonne schaute durch die entlaubten Zweige in das Zimmer herein. Der Major war schon zugegen, er stand an dem Fenster, das Angesicht gegen das Glas gekehrt, als sähe er hinaus. Im Krankengemache, durch dessen Tür ich hineinschaute und dessen Fenster durch ganz leichte Vorhänge etwas verdunkelt war, saß Brigitta und sah auf ihren Sohn. Plötzlich entrang sich ihren Lippen ein freudiger

Seufzer, ich blickte genauer hin und sah, daß ihr Auge mit Süßigkeit an dem Antlitze des Knaben hänge, der die seinigen offen hatte; denn er war nach langem Schlafe aufgewacht und schaute heiter um sich. Aber auch auf der Stelle, wo der Major gestanden war, hatte ich ein leichtes Geräusch vernommen, und wie ich hinblickte, sah ich, daß er sich halb umgewendet hatte und daß an seinen Wimpern zwei harte Tropfen hingen. Ich ging gegen ihn und fragte ihn, was ihm sei. Er antwortete leise: „Ich habe kein Kind."

Brigitta mußte mit ihrem scharfen Gehöre die Worte vernommen haben; denn sie erschien in diesem Augenblicke unter der Tür des Zimmers, sah sehr scheu auf meinen Freund, und mit einem Blicke, den ich nicht beschreiben kann und der sich gleichsam in der zaghaftesten Angst nicht getraute, eine Bitte auszusprechen, sagte sie nichts als das einzige Wort: „Stephan."

Der Major wendete sich vollends herum – beide starrten sich eine Sekunde an – nur eine Sekunde – dann aber vorwärts tretend lag er eines Sturzes in ihren Armen, die sich mit maßloser Heftigkeit um ihn schlossen. Ich hörte nichts als das tiefe, leise Schluchzen des Mannes, wobei das Weib ihn immer fester umschlang und immer fester an sich drückte.

„Nun keine Trennung mehr, Brigitta, für hier und die Ewigkeit."

„Keine, mein teurer Freund!"

Ich war in höchster Verlegenheit und wollte stille hinausgehen; aber sie hob ihr Haupt und sagte: „Bleiben Sie, bleiben Sie."

Das Weib, das ich immer ernst und strenge gesehen hatte, hatte an seinem Halse geweint. Nun hob sie, noch in Tränen schimmernd, die Augen – und so herrlich ist das Schönste, was der arme, fehlende Mensch hienieden vermag, das Verzeihen, daß mir ihre Züge wie in unnachahmlicher Schönheit strahlten und mein Gemüt in tiefer Rührung schwamm.

„Arme, arme Gattin", sagte er beklommen, „fünfzehn Jahre mußte ich dich entbehren, und fünfzehn Jahre warst du geopfert."

Sie aber faltete die Hände und sagte bittend in sein Antlitz blickend: „Ich habe gefehlt, verzeihe mir, Stephan, die Sünde des Stolzes – ich habe nicht geahnt, wie gut du seist – es war ja bloß natürlich, es ist ein sanftes Gesetz der Schönheit, das uns ziehet." – –

Er hielt ihr den Mund zu und sagte: „Wie kannst du nur so reden, Brigitta – ja, es zieht uns das Gesetz der Schönheit, aber ich mußte die ganze Welt durchziehen, bis ich lernte, daß sie im Herzen liegt und daß ich sie daheim gelassen in einem Herzen, das es einzig gut mit mir gemeint hat, das fest und treu ist, das ich verloren glaubte und das doch durch alle Jahre und Länder mit mir gezogen. – O Brigitta, Mutter meines Kindes! Du standest Tag und Nacht vor meinen Augen."

„Ich war dir nicht verloren", antwortete sie, „ich habe traurige, reuevolle Jahre verlebt! – Wie bist du gut geworden, jetzt kenne ich dich, wie bist du gut geworden, Stephan!"

Und wieder stürzten sie sich in die Arme, als könnten sie sich nicht ersättigen, als könnten sie an das gewonnene Glück nicht glauben. Sie waren wie zwei Menschen, von denen eine große Last genommen ist. Die Welt stand wieder offen. Eine Freude, wie man sie nur an Kindern findet, war an ihnen – in dem Augenblicke waren sie auch unschuldig wie die Kinder; denn die reinigendste, die allerschönste Blume der Liebe, aber nur der höchsten Liebe, ist das Verzeihen, darum wird es auch immer an Gott gefunden und an Müttern. Schöne Herzen tun es öfter – schlechte nie.

Die zwei Gatten hatten mich wieder vergessen und wandten sich in das Krankenzimmer, wo Gustav, der das Ganze dunkel ahnte, wie eine glühende, blühende Rose lag und ihnen atemlos entgegenharrte.

„Gustav, Gustav, er ist dein Vater, und du hast es nicht gewußt", rief Brigitta, als sie über die Schwelle in das verdunkelte Zimmer traten.

Ich aber ging in den Garten hinaus und dachte: „O wie heilig, o wie heilig muß die Gattenliebe sein, und wie arm bist du, der du von ihr bisher nichts erkanntest und das Herz nur höchstens von der trüben Lohe der Leidenschaft ergreifen ließest.«

Erst spät ging ich in das Schloß zurück und fand alles gelöset und gelüftet. Geschäftige Freude, wie heiterer Sonnenschein, wehte durch alle Zimmer. Man empfing mich mit offenen Armen als Zeugen des schönsten Auftrittes. Man hatte mich schon allenthalben suchen lassen, da ich ihnen, als sie zu sehr mit sich beschäftigt waren, aus den Augen gekommen war. Sie erzählten mir teils gleich in abgebrochenen Sätzen, teils die folgenden Tage im Zusammenhange alles, was sich zugetragen hatte und was ich oben angemerkt habe.

Mein Reisefreund war also Stephan Murai gewesen. Er war unter dem Namen Bathori, der einem seiner weiblichen Vorfahren gehörte, gereiset. So hatte ich ihn auch gekannt, aber er ließ sich immer Major nennen, welchen Rang er in Spanien erworben hatte, und alle Welt nannte ihn auch den Major. Da er in der ganzen Welt gewesen war, ging er, von seinem Innern gezogen, unter demselben Namen nach dem wüsten Sitze Uwar, wo er nie gewesen war, wo ihn niemand kannte und wo er, wie er recht gut wußte, der Nachbar seines getrennten Weibes werden würde. Gleichwohl kam er nicht zu ihr hinüber, die schon so schön auf Maroshely waltete, bis der Ruf die Kunde ihrer Todeskrankheit zu ihm trug. Da machte er sich auf, ritt hinüber, trat zu ihr, die ihn vor Fieber nicht kannte, blieb Tag und Nacht bei ihrem Bette, wachte über sie und pflegte sie, bis sie genas. Damals, durch den gegenseitigen Anblick gerührt und von leiser Liebe getrieben, aber dennoch ängstlich vor der Zukunft, weil sie sich nicht kannten und weil sich wieder etwas Fürchterliches zutragen könnte, schlossen sie jenen seltsamen Vertrag der bloßen Freundschaft, den sie jahrelang hielten und den bisher keines zuerst anzurühren wagte, bis ihn das Geschick durch einen scharfen Schnitt, den es in beider Herzen tat, trennte und zu dem schöneren, natürlicheren Bunde wieder zusammenfügte.

Alles war nun gut.

Nach vierzehn Tagen wurde es in der Gegend kundgetan, und die lästigen Glückwünscher kamen von nahe und von ferne.

Ich aber blieb noch den ganzen Winter bei den Leuten, und zwar auf Maroshely, wo vorläufig alles wohnte und von wo der Major im Sinne hatte Brigitta nie fortzuziehen, weil sie da in Mitte ihrer Schöpfung sei. Am freudigsten war schier Gustav, der immer so an dem Major gehangen war, der ihn immer leidenschaftlich und einseitig den herrlichsten Mann dieser Erde nannte und der ihn nun als Vater verehren durfte, ihn, an dem sein Auge wie an einer Gottheit hing.

Ich habe jenes Winters zwei Herzen kennengelernt, die sich nun erst recht zu einer vollen, wenn auch verspäteten Blume des Glückes aufschlossen.

Ich werde diese Herzen nie, nie vergessen! – –

Im Frühjahr nahm ich wieder mein deutsches Gewand, meinen deutschen Stab und wanderte dem deutschen Vaterlande zu. Ich sah auf dem Rückwege Gabrielens Grabmal, die schon vor zwölf Jahren im Gipfel ihrer jugendlichen Schönheit gestorben war. Auf dem Marmor standen zwei große weiße Lilien.

Mit trüben, sanften Gedanken zog ich weiter, bis die Leitha überschritten war und die lieblichen blauen Berge des Vaterlandes vor meinen Augen dämmerten.

Bunte Steine

Vorrede

Es ist einmal gegen mich bemerkt worden, daß ich nur das Kleine bilde und daß meine Menschen stets gewöhnliche Menschen seien. Wenn das wahr ist, bin ich heute in der Lage, den Lesern ein noch Kleineres und Unbedeutenderes anzubieten, nämlich allerlei Spielereien für junge Herzen. Es soll sogar in denselben nicht einmal Tugend und Sitte geprediget werden, wie es gebräuchlich ist, sondern sie sollen nur durch das wirken, was sie sind. Wenn etwas Edles und Gutes in mir ist, so wird es von selber in meinen Schriften liegen; wenn aber dasselbe nicht in meinem Gemüte ist, so werde ich mich vergeblich bemühen, Hohes und Schönes darzustellen, es wird doch immer das Niedrige und Unedle durchscheinen. Großes oder Kleines zu bilden hatte ich bei meinen Schriften überhaupt nie im Sinne, ich wurde von ganz anderen Gesetzen geleitet. Die Kunst ist mir ein so Hohes und Erhabenes, sie ist mir, wie ich schon einmal an einem anderen Orte gesagt habe, nach der Religion das Höchste auf Erden, so daß ich meine Schriften nie für Dichtungen gehalten habe und noch mich je vermessen werde, sie für Dichtungen zu halten. Dichter gibt es sehr wenige auf der Welt, sie sind die hohen Priester, sie sind die Wohltäter des menschlichen Geschlechtes; falsche Propheten aber gibt es sehr viele. Allein wenn auch nicht jede gesprochenen Worte Dichtung sein können, so können sie doch etwas anderes sein, dem nicht alle Berechtigung des Daseins abgeht. Gleichgestimmten Freunden eine vergnügte Stunde zu machen, ihnen allen, bekannten wie unbekannten, einen Gruß zu schicken, und ein Körnlein Gutes zu dem Baue des Ewigen beizutragen, das war die Absicht bei meinen Schriften und wird auch die Absicht bleiben. Ich wäre sehr glücklich, wenn ich mit Gewißheit wüßte, daß ich nur diese Absicht erreicht hätte. Weil wir aber schon einmal von dem Großen und Kleinen reden, so will ich meine Ansichten darlegen, die wahrscheinlich von denen vieler anderer Menschen abweichen. Das Wehen der Luft, das Rieseln des Wassers, das Wachsen der Getreide, das Wogen des Meeres, das Grünen der Erde, das Glänzen des Himmels, das Schimmern der Gestirne halte ich für groß: das prächtig einherziehende Gewitter, den Blitz, welcher Häuser spaltet, den Sturm, der die Brandung treibt, den feuerspeienden Berg, das Erdbeben, welches Länder verschüttet, halte ich nicht für größer als obige Erscheinungen, ja ich halte sie für kleiner, weil sie nur Wirkungen viel höherer Gesetze sind. Sie kommen auf einzelnen Stellen vor und sind die Ergebnisse einseitiger Ursachen. Die Kraft, welche die Milch im Töpfchen der armen Frau emporschwellen und übergehen macht, ist es auch, die die Lava in dem feuerspeienden Berge emportreibt und auf den Flächen der Berge hinabgleiten läßt. Nur augenfälliger sind diese Erscheinungen und reißen den Blick des Unkundigen und Unaufmerksamen mehr an sich, während der Geisteszug des Forschers vorzüglich auf das Ganze und Allgemeine geht und nur in ihm allein Großartigkeit zu erkennen vermag, weil es allein das Welterhaltende ist. Die Einzelheiten gehen vorüber, und ihre Wirkungen sind nach kurzem kaum noch erkennbar. Wir wollen das Gesagte durch ein Beispiel erläutern. Wenn ein Mann durch Jahre hindurch die Magnetnadel, deren eine Spitze immer nach Norden weist, tagtäglich zu festgesetzten Stunden beobachtete und sich die Veränderungen, wie die Nadel bald mehr, bald weniger klar nach Norden zeigt, in einem Buche aufschriebe, so würde gewiß ein Unkundiger dieses Beginnen für ein kleines und für Spielerei ansehen: aber wie ehrfurchterregend wird dieses Kleine und wie begeisterungerweckend diese Spielerei, wenn wir nun erfahren, daß diese Beobachtungen wirklich auf dem ganzen Erdboden angestellt werden und daß aus den daraus zusammengestellten Tafeln ersichtlich wird, daß manche kleine Veränderungen an der Magnetnadel oft auf allen Punkten der Erde gleichzeitig und in gleichem Maße vor sich gehen, daß also ein magnetisches Gewitter über die ganze Erde geht, daß die ganze Erdoberfläche gleichzeitig gleichsam ein magnetisches Schauern empfindet. Wenn wir, so wie wir für das Licht die Augen haben, auch für die Elektrizität und den aus ihr kommenden Magnetismus ein Sinneswerkzeug hätten, welche große Welt, welche Fülle von unermeßlichen Erscheinungen würde uns da aufgetan sein. Wenn wir aber auch dieses leibliche Auge nicht haben, so haben wir dafür das geistige der Wissenschaft, und diese lehrt uns, daß die elektrische und magnetische Kraft auf einem ungeheuren Schauplatze wirke, daß sie auf der ganzen Erde und durch den ganzen Himmel verbreitet ist, daß sie alles umfließe und sanft und unablässig verändernd, bildend und lebenerzeugend sich darstelle. Der Blitz ist nur ein ganz kleines Merkmal dieser Kraft, sie selber aber ist ein Großes in der Natur. Weil aber die Wissenschaft nur Körnchen nach Körnchen erringt, nur Beobachtung nach Beobachtung macht, nur aus Einzelnem das Allgemeine zusammenträgt, und weil endlich die Menge der Erscheinungen und das Feld des Gegebenen unendlich groß ist, Gott also die Freude und die Glückseligkeit des Forschens unversieglich gemacht hat, wir auch in unseren Werkstätten immer nur das einzelne darstellen können, nie das Allgemeine, denn dies wäre die Schöpfung: so ist auch die Geschichte des in der Natur Großen in einer immerwährenden Umwandlung der Ansichten über dieses Große bestanden. Da die Menschen in der Kindheit waren, ihr geistiges Auge von der Wissenschaft noch nicht berührt war, wurden sie von dem Nahestehenden und Auffälligen ergriffen und zu Furcht und Bewunderung hingerissen: aber als ihr Sinn geöffnet wurde, da der Blick sich auf den Zusammenhang zu richten begann, so sanken die einzelnen Erscheinungen immer tiefer, und es erhob sich das Gesetz immer höher, die Wunderbarkeiten hörten auf, das Wunder nahm zu.

So wie es in der äußeren Natur ist, so ist es auch in der inneren, in der des menschlichen Geschlechtes. Ein ganzes Leben voll Gerechtigkeit, Einfachheit, Bezwingung seiner selbst, Verstandesgemäßigkeit, Wirksamkeit in seinem Kreise, Bewunderung des Schönen, verbunden mit einem heiteren, gelassenen Sterben, halte ich für groß: mächtige Bewegungen des Gemütes, furchtbar einherrollenden Zorn, die Begier nach Rache, den entzündeten Geist, der nach Tätigkeit strebt, umreißt, ändert, zerstört und in der Erregung oft das eigene Leben hinwirft, halte ich nicht für größer, sondern für kleiner, da diese Dinge so gut nur Hervorbringungen einzelner und einseitiger Kräfte sind, wie Stürme, feuerspeiende Berge, Erdbeben. Wir wollen das sanfte Gesetz zu erblicken suchen, wodurch das menschliche Geschlecht geleitet wird. Es gibt Kräfte, die nach dem Bestehen des Einzelnen zielen. Sie nehmen alles und verwenden es, was zum Bestehen und zum Entwickeln desselben notwendig ist. Sie sichern den Bestand des einen und dadurch den aller. Wenn aber jemand jedes Ding unbedingt an sich reißt, was sein Wesen braucht, wenn er die Bedingungen des Daseins eines anderen zerstört, so ergrimmt etwas Höheres in uns, wir helfen dem Schwachen und Unterdrückten, wir stellen den Stand wieder her, daß er ein Mensch neben dem andern bestehe und seine menschliche Bahn gehen könne, und wenn wir das getan haben, so fühlen wir uns befriedigt, wir fühlen uns noch viel höher und inniger, als wir uns als Einzelne fühlen, wir fühlen uns als ganze Menschheit. Es gibt daher Kräfte, die nach dem Bestehen der gesamten Menschheit hinwirken, die durch die Einzelkräfte nicht beschränkt werden dürfen, ja im Gegenteil beschränkend auf sie selber einwirken. Es ist das Gesetz dieser Kräfte, das Gesetz der Gerechtigkeit, das Gesetz der Sitte, das Gesetz, das will, daß jeder geachtet, geehrt, ungefährdet neben dem anderen bestehe, daß er seine höhere menschliche Laufbahn gehen könne, sich Liebe und Bewunderung seiner Mitmenschen erwerbe, daß er als Kleinod gehütet werde, wie jeder Mensch ein Kleinod für alle andern Menschen ist. Dieses Gesetz liegt überall, wo Menschen neben Menschen wohnen, und es zeigt sich, wenn Menschen gegen Menschen wirken. Es liegt in der Liebe der Ehegatten zueinander, in der Liebe der Eltern zu den Kindern, der Kinder zu den Eltern, in der Liebe der Geschwister, der Freunde zueinander, in der süßen Neigung beider Geschlechter, in der Arbeitsamkeit, wodurch wir erhalten werden, in der Tätigkeit, wodurch man für seinen Kreis, für die Ferne, für die Menschheit wirkt, und endlich in der Ordnung und Gestalt, womit ganze Gesellschaften und Staaten ihr Dasein umgeben und zum Abschlusse bringen. Darum haben alte und neue Dichter vielfach diese Gegenstände benützt, um ihre Dichtungen dem Mitgefühle naher und ferner Geschlechter anheimzugeben. Darum sieht der Menschenforscher, wohin er seinen Fuß setzt, überall nur dieses Gesetz allein, weil es das einzige Allgemeine, das einzige Erhaltende und nie Endende ist. Er sieht es ebensogut in der niedersten Hütte wie in dem höchsten Palaste, er sieht es in der Hingabe eines armen Weibes und in der ruhigen Todesverachtung des Helden für das Vaterland und die Menschheit. Es hat Bewegungen in dem menschlichen Geschlechte gegeben, wodurch den Gemütern eine Richtung nach einem Ziele hin eingeprägt worden ist, wodurch ganze Zeiträume auf die Dauer eine andere Gestalt gewonnen haben. Wenn in diesen Bewegungen das Gesetz der Gerechtigkeit und Sitte erkennbar ist, wenn sie von demselben eingeleitet und fortgeführt worden sind, so fühlen wir uns in der ganzen Menschheit erhoben, wir fühlen uns menschlich verallgemeinert, wir empfinden das Erhabene, wie es sich überall in der Seele senkt, wo durch unmeßbare große Kräfte in der Zeit oder im Raume auf ein gestaltvolles, vernunftgemäßes Ganzes zusammen gewirkt wird. Wenn aber in diesen Bewegungen das Gesetz des Rechtes und der Sitte nicht ersichtlich ist, wenn sie nach einseitigen und selbstsüchtigen Zwecken ringen, dann wendet sich der Menschenforscher, wie gewaltig und furchtbar sie auch sein mögen, mit Ekel von ihnen ab und betrachtet sie als ein Kleines, als ein des Menschen Unwürdiges. So groß ist die Gewalt dieses Rechts- und Sittengesetzes, daß es überall, wo es immer bekämpft worden ist, doch endlich allezeit siegreich und herrlich aus dem Kampfe hervorgegangen ist. Ja wenn sogar der einzelne oder ganze Geschlechter für Recht und Sitte untergegangen sind, so fühlen wir sie nicht als besiegt, wir fühlen sie als triumphierend, in unser Mitleid mischt sich ein Jauchzen und Entzücken, weil das Ganze höher steht als der Teil, weil das Gute größer ist als der Tod, wir sagen da, wir empfinden das Tragische und werden mit Schauern in den reineren Äther des Sittengesetzes emporgehoben. Wenn wir die Menschheit in der Geschichte wie einen ruhigen Silberstrom einem großen, ewigen Ziele entgegengehen sehen, so empfinden wir das Erhabene, das vorzugsweise Epische. Aber wie gewaltig und in großen Zügen auch das Tragische und Epische wirken, wie ausgezeichnete Hebel sie auch in der Kunst sind, so sind es hauptsächlich doch immer die gewöhnlichen, alltäglichen, in Unzahl wiederkehrenden Handlungen der Menschen, in denen dieses Gesetz am sichersten als Schwerpunkt liegt, weil diese Handlungen die dauernden, die gründenden sind, gleichsam die Millionen Wurzelfasern des Baumes des Lebens. So wie in der Natur die allgemeinen Gesetze still und unaufhörlich wirken und das Auffällige nur eine einzelne Äußerung dieser Gesetze ist, so wirkt das Sittengesetz still und seelenbelebend durch den unendlichen Verkehr der Menschen mit Menschen, und die Wunder des Augenblickes bei vorgefallenen Taten sind nur kleine Merkmale dieser allgemeinen Kraft. So ist dieses Gesetz, so wie das der Natur das welterhaltende ist, das menschenerhaltende.

Wie in der Geschichte der Natur die Ansichten über das Große sich stets geändert haben, so ist es auch in der sittlichen Geschichte des Menschen gewesen. Anfangs wurden sie von dem Nächstliegenden berührt, körperliche Stärke und ihre Siege im Ringkampfe wurden gepriesen, dann kamen Tapferkeit und Kriegesmut, dahinzielend, heftige Empfindungen und Leidenschaften gegen feindselige Haufen und Verbindungen auszudrücken und auszuführen, dann wurde Stammeshoheit und Familienherrschaft besungen, inzwischen auch Schönheit und Liebe so wie Freundschaft und Aufopferung gefeiert, dann aber erschien ein Überblick über ein Größeres: ganze menschliche Abteilungen und Verhältnisse wurden geordnet, das Recht des Ganzen vereint mit dem des Teiles und Großmut gegen den Feind und Unterdrückung seiner Empfindungen und Leidenschaften zum Besten der Gerechtigkeit hoch und herrlich gehalten, wie ja Mäßigung schon den Alten als die erste männliche Tugend galt, und endlich wurde ein völkerumschlingendes Band als ein Wünschenswertes gedacht, ein Band, das alle Gaben des einen Volkes mit denen des andern vertauscht, die Wissenschaft fördert, ihre Schätze für alle Menschen darlegt und in der Kunst und Religion zu dem einfach Hohen und Himmlischen leitet.

Wie es mit dem Aufwärtssteigen des menschlichen Geschlechtes ist, so ist es auch mit seinem Abwärtssteigen. Untergehenden Völkern verschwindet zuerst das Maß. Sie gehen nach Einzelnem aus, sie werfen sich mit kurzem Blicke auf das Beschränkte und Unbedeutende, sie setzen das Bedingte über das Allgemeine; dann suchen sie den Genuß und das Sinnliche, sie suchen Befriedigung ihres Hasses und Neides gegen den Nachbar, in ihrer Kunst wird das Einseitige geschildert, das nur von einem Standpunkte Gültige, dann das Zerfahrene, Unstimmende, Abenteuerliche, endlich das Sinnenreizende, Aufregende und zuletzt die Unsitte und das Laster, in der Religion sinkt das Innere zur bloßen Gestalt oder zur üppigen Schwärmerei herab, der Unterschied zwischen Gut und Böse verliert sich, der einzelne verachtet das Ganze und geht seiner Lust und seinem Verderben nach, und so wird das Volk eine Beute seiner inneren Zerwirrung oder die eines äußeren, wilderen, aber kräftigeren Feindes. – –

Da ich in dieser Vorrede in meinen Ansichten über Großes und Kleines so weit gegangen bin, so sei es mir auch erlaubt zu sagen, daß ich in der Geschichte des menschlichen Geschlechtes manche Erfahrungen zu sammeln bemüht gewesen bin und daß ich einzelnes aus diesen Erfahrungen zu dichtenden Versuchen zusammengestellt habe; aber meine eben entwickelten Ansichten und die Erlebnisse der letztvergangenen Jahre lehrten mich, meiner Kraft zu mißtrauen, daher jene Versuche liegenbleiben mögen, bis sie besser ausgearbeitet oder als unerheblich vernichtet werden.

Diejenigen aber, die mir durch diese keineswegs für junge Zuhörer passende Vorrede gefolgt sind, mögen es auch nicht verschmähen, die Hervorbringungen bescheidenerer Kräfte zu genießen und mit mir zu den harmlosen folgenden Dingen übergehen.

Im Herbst 1852 *Adalbert Stifter*

Einleitung

Als Knabe trug ich außer Ruten, Gesträuchen und Blüten, die mich ergötzten, auch noch andere Dinge nach Hause, die mich fast noch mehr freuten, weil sie nicht so schnell Farbe und Bestand verloren wie die Pflanzen, nämlich allerlei Steine und Erddinge. Auf Feldern, an Rainen, auf Heiden und Hutweiden, ja sogar auf Wiesen, auf denen doch nur das hohe Gras steht, liegen die mannigfaltigsten dieser Dinge herum. Da ich nun viel im Freien herumschweifen durfte, konnte es nicht fehlen, daß ich bald die Plätze entdeckte, auf denen die Dinge zu treffen waren, und daß ich die, welche ich fand, mit nach Hause nahm.

Da ist an dem Wege, der von Oberplan nach Hossenreuth führt, ein geräumiges Stück Rasen, welches in die Felder hineingeht und mit einer Mauer aus losen Steinen eingefaßt ist. In diesen Steinen stecken kleine Blättchen, die wie Silber und Diamanten funkeln und die man mit einem Messer oder mit einer Ahle herausbrechen kann. Wir Kinder hießen diese Blättchen Katzensilber und hatten eine sehr große Freude an ihnen.

Auf dem Berglein des Altrichters befindet sich ein Stein, der so fein und weich ist, daß man ihn mit einem Messer schneiden kann. Die Bewohner unserer Gegend nennen ihn Taufstein. Ich machte Täfelchen, Würfel, Ringe und Petschafte aus dem Steine, bis mir ein Mann, der Uhren, Barometer und Stammbäume verfertigte und Bilder lakkierte, zeigte, daß man den Stein mit einem zarten Firnisse anstreichen müsse und daß dann die schönsten blauen, grünen und rötlichen Linien zum Vorscheine kämen.

Wenn ich Zeit hatte, legte ich meine Schätze in eine Reihe, betrachtete sie und hatte mein Vergnügen an ihnen. Besonders hatte die Verwunderung kein Ende, wenn es auf einem Steine so geheimnisvoll glänzte und leuchtete und äugelte, daß man es gar nicht ergründen konnte, woher denn das käme. Freilich war manchmal auch ein Stück Glas darunter, das ich auf den Feldern gefunden hatte und das in allerlei Regenbogenfarben schimmerte. Wenn sie dann sagten, daß sei ja nur ein Glas, und noch dazu ein verwitterndes, wodurch es eben diese schimmernden Farben erhalten habe, so dachte ich: Ei, wenn es auch nur ein Glas ist, so hat es doch die schönen Farben, und es ist zum Staunen, wie es in der kühlen, feuchten Erde diese Farben empfangen konnte, und ich ließ es unter den Steinen liegen.

Dieser Sammelgeist nun ist noch immer nicht von mir gewichen. Nicht nur trage ich noch heutzutage buchstäblich Steine in der Tasche nach Hause, um sie zu zeichnen oder zu malen und ihre Abbilder dann weiter zu verwenden, sondern ich lege ja auch hier eine Sammlung von allerlei Spielereien und Kram für die Jugend an, an dem sie eine Freude haben und den sie sich zur Betrachtung zurecht richten möge. Freilich müssen meine jungen Freunde zu dieser Sammlung bedeutend älter sein als ich, da ich mir meine seltsamen Feldsteine zur Ergötzung nach Hause trug. Es wird der Fall nicht eintreten, daß ein Juwel in der Sammlung sei, so wie kaum die Gefahr vorhanden ist, daß ich unter meinen Steinen einstens etwa einen ungeschliffenen Diamant oder Rubin gehabt habe und ohne mein Wissen unermeßlich reich gewesen sei. Wenn aber manches Glasstück unter diesen Dingen ist, so bitte ich meine Freunde zu denken, wie ich bei meinem Glase gedacht habe: es hat doch allerlei Farben, und mag bei den Steinen belassen bleiben.

Wenn man einem Verstorbenen eine Sammlung widmen könnte, würde ich diese meinem verstorbenen jungen Freunde Gustav widmen. Ich hatte ihn zufällig kennengelernt, ihn liebgewonnen, und er hatte mir wie einem Vater vertraut. Er hatte Freude an Spielereien, so wie er auch gleich einem Mädchen noch immer gelegentlich ein Stückchen Naschwerk liebte und, wenn er bei mir zu Tische war, auch stets bekam. Möge er in seiner lichteren Heimat manchmal an den älteren Freund denken, der noch immer in dieser Welt ist und noch ein Stückchen Zeit dazubleiben wünscht.

Weil es unermeßlich viele Steine gibt, so kann ich gar nicht voraussagen, wie groß diese Sammlung werden wird.

Im Herbste 1852 *Der Verfasser*

Granit

Vor meinem väterlichen Geburtshause, dicht neben der Eingangstür in dasselbe, liegt ein großer achteckiger Stein von der Gestalt eines sehr in die Länge gezogenen Würfels. Seine Seitenflächen sind roh ausgehauen, seine obere Fläche aber ist von dem vielen Sitzen so fein und glatt geworden, als wäre sie mit der kunstreichsten Glasur überzogen. Der Stein ist sehr alt, und niemand erinnert sich, von einer Zeit gehört zu haben, wann er gelegt worden sei. Die urältesten Greise unsers Hauses waren auf dem Steine gesessen, so wie jene, welche in zarter Jugend hinweggestorben waren und nebst all den andern in dem Kirchhofe schlummern. Das Alter beweist auch der Umstand, daß die Sandsteinplatten, welche dem Steine zur Unterlage dienen, schon ganz ausgetreten und dort, wo sie unter die Dachtraufe hinausragten, mit tiefen Löchern von den herabfallenden Tropfen versehen sind.

Eines der jüngsten Mitglieder unseres Hauses, welche auf dem Steine gesessen waren, war in meiner Knabenzeit ich. Ich saß gerne auf dem Steine, weil man wenigstens dazumal eine große Umsicht von demselben hatte. Jetzt ist sie etwas verbaut worden. Ich saß gerne im ersten Frühlinge dort, wenn die milder werdenden Sonnenstrahlen die erste Wärme an der Wand des Hauses erzeugten. Ich sah auf die geackerten, aber noch nicht bebauten Felder hinaus, ich sah dort manchmal ein Glas wie einen weißen feurigen Funken schimmern und glänzen, oder ich sah einen Geier vorüberfliegen, oder ich sah auf den fernen blaulichen Wald, der mit seinen Zacken an dem Himmel dahingeht, an dem die Gewitter und Wolkenbrüche hinabziehen, und der so hoch ist, daß ich meinte, wenn man auf den höchsten Baum desselben hinaufstiege, müßte man den Himmel angreifen können. Zu andern Zeiten sah ich auf der Straße, die nahe an dem Hause vorübergeht, bald einen Erntewagen, bald eine Herde, bald einen Hausierer vorüberziehen.

Im Sommer saß gerne am Abende auch der Großvater auf dem Steine und rauchte sein Pfeifchen, und manchmal, wenn ich schon lange schlief oder in den beginnenden Schlummer nur noch gebrochen die Töne hineinhörte, saßen auch teils auf dem Steine, teils auf dem daneben befindlichen Holzbänkchen oder auf der Lage von Baubrettern junge Burschen und Mädchen und sangen anmutige Lieder in die finstere Nacht.

Unter den Dingen, die ich von dem Steine aus sah, war öfter auch ein Mann von seltsamer Art. Er kam zuweilen auf der Hossenreuther Straße mit einem glänzenden schwarzen Schubkarren heraufgefahren. Auf dem Schubkarren hatte er ein glänzendes schwarzes Fäßchen. Seine Kleider waren zwar vom Anfange an nicht schwarz gewesen, allein sie waren mit der Zeit sehr dunkel geworden und glänzten ebenfalls. Wenn die Sonne auf ihn schien, so sah er aus, als wäre er mit Öl eingeschmiert worden. Er hatte einen breiten Hut auf dem Haupte, unter dem die langen Haare auf den Nacken hinabwallten. Er hatte ein braunes Angesicht, freundliche Augen, und seine Haare hatten bereits die gelblich weiße Farbe, die sie bei Leuten unterer Stände, die hart arbeiten müssen, gerne bekommen. In der Nähe der Häuser schrie er gewöhnlich etwas, was ich nicht verstand. In Folge dieses Schreiens kamen unsere Nachbarn aus ihren Häusern heraus, hatten Gefäße in der Hand, die meistens schwarze hölzerne Kannen waren, und begaben sich auf unsere Gasse. Während dies geschah, war der Mann vollends näher gekommen und schob seinen Schubkarren auf unsere Gasse herzu. Da hielt er stille, drehte den Hahn in dem Zapfen seines Fasses und ließ einem jeden, der unterhielt, eine braune zähe Flüssigkeit in sein Gefäß rinnen, die ich recht gut als Wagenschmiere erkannte und wofür sie ihm eine Anzahl Kreuzer oder Groschen gaben. Wenn alles vorüber war und die Nachbarn sich mit ihrem Kaufe entfernt hatten, richtete er sein Faß wieder zusammen, strich alles gut hinein, was hervorgequollen war, und fuhr weiter. Ich war bei dem Vorfalle schier alle Male zugegen; denn wenn ich auch eben nicht auf der Gasse war, da der Mann kam, so hörte ich doch so gut wie die Nachbarn sein Schreien und war gewiß eher auf dem Platze als alle andern.

Eines Tages, da die Lenzsonne sehr freundlich schien und alle Menschen heiter und schelmisch machte, sah ich ihn wieder die Hossenreuther Straße herauffahren. Er schrie in der Nähe der Häuser seinen gewöhnlichen Gesang, die Nachbarn kamen herbei, er gab ihnen ihren Bedarf, und sie entfernten sich. Als dieses geschehen war, brachte er sein Faß wie zu sonstigen Zeiten in Ordnung. Zum Hineinstreichen dessen, was sich etwa an dem Hahne oder durch das Lockern des Zapfens an den untern Faßdauben angesammelt hatte, hatte er einen langen, schmalen, flachen Löffel mit kurzem Stiele. Er nahm mit dem Löffel geschickt jedes Restchen Flüssigkeit, das sich in einer Fuge oder in einem Winkel versteckt hatte, heraus und strich es bei den scharfen Rändern des Spundloches hinein. Ich saß, da er dieses tat, auf dem Steine und sah ihm zu. Aus Zufall hatte ich bloße Füße, wie es öfter geschah, und hatte Höschen an, die mit der Zeit zu kurz geworden waren. Plötzlich sah er von seiner Arbeit zu mir herzu und sagte: „Willst du die Füße eingeschmiert haben?“

Ich hatte den Mann stets für eine große Merkwürdigkeit gehalten, fühlte mich durch seine Vertraulichkeit geehrt und hielt beide Füße hin. Er fuhr mit seinem Löffel in das Spundloch, langte damit herzu und tat einen langsamen Strich auf jeden der beiden Füße. Die Flüssigkeit breitete sich schön auf der Haut aus, hatte eine außerordentlich klare, goldbraune Farbe und sandte die angenehmen Harzdüfte zu mir empor. Sie zog sich ihrer Natur nach allmählich um die Rundung meiner Füße herum und an ihnen hinab. Der Mann fuhr indessen in seinem Geschäfte fort, er hatte ein paar Male lächelnd auf mich herzu geblickt, dann steckte er seinen Löffel in eine Scheide neben das Faß, schlug oben das Spundloch zu, nahm die Tragbänder des Schubkarrens auf sich, hob letzteren empor und fuhr damit davon. Da ich nun allein war und ein zwar halb angenehmes, aber desungeachtet auch nicht ganz beruhigtes Gefühl hatte, wollte ich mich doch auch der Mutter zeigen. Mit vorsichtig in die Höhe gehaltenen Höschen ging ich in die Stube hinein. Es war eben Samstag, und an jedem Samstage mußte die Stube sehr schön gewaschen und gescheuert werden, was auch heute am Morgen geschehen war, so wie der Wagenschmiermann gerne an Samstagen kam, um am Sonntage dazubleiben und in die Kirche zu gehen. Die gut ausgelaugte und wieder getrocknete Holzfaser des Fußbodens nahm die Wagenschmiere meiner Füße sehr begierig auf, so daß hinter jedem meiner Tritte eine starke Tappe auf dem Boden blieb. Die Mutter saß eben, da ich hereinkam, an dem Fenstertische vorne und nähte. Da sie mich so kommen und vorwärts schreiten sah, sprang sie auf. Sie blieb einen Augenblick in der Schwebe, entweder weil sie mich so bewunderte oder weil sie sich nach einem Werkzeuge umsah, mich zu empfangen. Endlich aber rief sie: „Was hat denn dieser heillose, eingefleischte Sohn heute für Dinge an sich?“

Und damit ich nicht noch weiter vorwärts ginge, eilte sie mir entgegen, hob mich empor und trug mich, meines Schreckes und ihrer Schürze nicht achtend, in das Vorhaus hinaus. Dort ließ sie mich nieder, nahm unter der Bodenstiege, wohin wir, weil es an einem andern Orte nicht erlaubt war, alle nach Hause gebrachten Ruten und Zweige legen mußten und wo ich selber in den letzten Tagen eine große Menge dieser Dinge angesammelt hatte, heraus, was sie nur immer erwischen konnte, und schlug damit so lange und so heftig gegen meine Füße, bis das ganze Laubwerk der Ruten, meine Höschen, ihre Schürze, die Steine des Fußbodens und die Umgebung voll Pech waren. Dann ließ sie mich los und ging wieder in die Stube hinein.

Ich war, obwohl es mir schon von Anfange bei der Sache immer nicht so ganz vollkommen geheuer gewesen war, doch über diese fürchterliche Wendung der Dinge, und weil ich mit meiner teuersten Verwandten dieser Erde in dieses Zerwürfnis geraten war, gleichsam vernichtet. In dem Vorhause befindet sich in einer Ecke ein großer Steinwürfel, der den Zweck hat, daß auf ihm das Garn zu den Hausweben mit einem hölzernen Schlegel geklopft wird. Auf diesen Stein wankte ich zu und ließ mich auf ihn nieder. Ich konnte nicht einmal weinen, das Herz war mir gepreßt und die Kehle wie mit Schnüren zugeschnürt. Drinnen hörte ich die Mutter und die Magd beratschlagen, was zu tun sei, und fürchtete, daß, wenn die Pechspuren nicht weggingen, sie wieder herauskommen und mich weiter züchtigen würden.

In diesem Augenblicke ging der Großvater bei der hintern Tür, die zu dem Brunnen und auf die Gartenwiese führte, herein und ging gegen mich hervor. Er war immer der Gütige gewesen und hatte, wenn was immer für ein Unglück gegen uns Kinder hereingebrochen war, nie nach dem Schuldigen gefragt, sondern nur stets geholfen. Da er nun zu dem Platze, auf dem ich saß, hervorgekommen war, blieb er stehen und sah mich an. Als er den Zustand, in welchem ich mich befand, begriffen hatte, fragte er, was es denn gegeben habe und wie es mit mir so geworden sei. Ich wollte mich nun erleichtern, allein ich konnte auch jetzt wieder nichts erzählen, denn nun brachen bei dem Anblicke seiner gütigen und wohlmeinenden Augen alle Tränen, die früher nicht hervorzukommen vermocht hatten, mit Gewalt heraus und rannen in Strömen herab, so daß ich vor Weinen und Schluchzen nur gebrochene und verstümmelte Laute hervorbringen und nichts tun konnte, als die Füßchen emporheben, auf denen jetzt auch aus dem Peche noch das häßliche Rot der Züchtigung hervorsah.

Er aber lächelte und sagte: „So komme nur her zu mir, komme mit mir."

Bei diesen Worten nahm er mich bei der Hand, zog mich sanft von dem Steine herab und führte mich, der ich ihm vor Ergriffenheit kaum folgen konnte, durch die Länge des Vorhauses zurück und in den Hof hinaus. In dem Hofe ist ein breiter, mit Steinen gepflasterter Gang, der rings an den Bauwerken herumläuft. Auf diesem Gange stehen unter dem Überdache des Hauses gewöhnlich einige Schemel oder derlei Dinge, die dazu dienen, daß sich die Mägde beim Hecheln des Flachses oder andern ähnlichen Arbeiten darauf niedersetzen können, um vor dem Unwetter geschützt zu sein. Zu einem solchen Schemel führte er mich hinzu und sagte: „Setze dich da nieder und warte ein wenig, ich werde gleich wiederkommen."

Mit diesen Worten ging er in das Haus, und nachdem ich ein Weilchen gewartet hatte, kam er wieder heraus, indem er eine große, grünglasierte Schüssel, einen Topf mit Wasser und Seife und Tücher in den Händen trug. Diese Dinge stellte er neben mir auf das Steinpflaster nieder, zog mir, der ich auf dem Schemel saß, meine Höschen aus, warf sie seitwärts, goß warmes Wasser in die Schüssel, stellte meine Füße hinein und wusch sie so lange mit Seife und Wasser, bis ein großer weiß und braun gefleckter Schaumberg auf der Schüssel stand, die Wagenschmiere, weil sie noch frisch war, ganz weggegangen und keine Spur mehr von Pech auf der Haut zu erblicken war. Dann trocknete er mit den Tüchern die Füße ab und fragte: „Ist es nun gut?"

Ich lachte fast unter den Tränen, ein Stein nach dem andern war mir während des Waschens von dem Herzen gefallen, und waren die Tränen schon linder geflossen, so drangen sie jetzt nur mehr einzeln aus den Augen hervor. Er holte mir nun auch andere Höschen und zog sie mir an. Dann nahm er das trocken gebliebene Ende der Tücher, wischte mir damit das verweinte Angesicht ab und sagte: „Nun gehe da über den Hof bei dem großen Einfahrtstore auf die Gasse hinaus, daß dich niemand sehe und daß du niemanden in die Hände fallest. Auf der Gasse warte auf mich, ich werde dir andere Kleider bringen und mich auch ein wenig umkleiden. Ich gehe heute in das Dorf Melm, da darfst du mitgehen, und da wirst du mir erzählen, wie sich dein Unglück ereignet hat und wie du in diese Wagenschmiere geraten bist. Die Sachen lassen wir da liegen, es wird sie schon jemand hinwegräumen."

Mit diesen Worten schob er mich gegen den Hof und ging in das Haus zurück. Ich schritt leise über den Hof und eilte bei dem Einfahrtstore hinaus. Auf der Gasse ging ich sehr weit von dem großen Steine und von der Haustür weg, damit ich sicher wäre, und stellte mich auf eine Stelle, von welcher ich von ferne in die Haustür hineinsehen konnte. Ich sah, daß auf dem Platze, auf welchem ich gezüchtigt worden war, zwei Mägde beschäftigt waren, welche auf dem Boden knieten und mit den Händen auf ihm hin und her fuhren. Wahrscheinlich waren sie bemüht, die Pechspuren, die von meiner Züchtigung entstanden waren, wegzubringen. Die Hausschwalbe flog kreischend bei der Tür aus und ein, weil heute unter ihrem Neste immer Störung war, erst durch meine Züchtigung und nun durch die arbeitenden Mägde. An der äußersten Grenze unserer Gasse, sehr weit von der Haustür entfernt, wo der kleine Hügel, auf dem unser Haus steht, schon gegen die vorbeigehende Straße abzufallen beginnt, lagen einige ausgehauene Stämme, die zu einem Baue oder zu einem anderen ähnlichen Werke bestimmt waren. Auf diese setzte ich mich nieder und wartete.

Endlich kam der Großvater heraus. Er hatte seinen breiten Hut auf dem Haupte, hatte seinen langen Rock an, den er gerne an Sonntagen nahm, und trug seinen Stock in der Hand. In der andern hatte er aber auch mein blaugestreiftes Jäckchen, weiße Strümpfe, schwarze Schnürstiefelchen und mein graues Filzhütchen. Das alles half er mir anziehen und sagte: „So, jetzt gehen wir."

Wir gingen auf dem schmalen Fußwege durch das Grün unsers Hügels auf die Straße hinab und gingen auf der Straße fort, erst durch die Häuser der Nachbarn, auf denen die Frühlingssonne lag und von denen die Leute uns grüßten, und dann in das Freie hinaus. Dort streckte sich ein weites Feld und schöner grüner Rasen vor uns hin, und heller, freundlicher Sonnenschein breitete sich über alle Dinge der Welt. Wir gingen auf einem weißen Wege zwischen dem grünen Rasen dahin. Mein Schmerz und mein Kummer war schon beinahe verschwunden, ich wußte, daß ein guter Ausgang nicht fehlen konnte, da der Großvater sich der Sache annahm und mich beschützte; die freie Luft und die scheinende Sonne übten einen beruhigenden Einfluß, und ich empfand das Jäckchen sehr angenehm auf meinen Schultern und die Stiefelchen an den Füßen, und die Luft floß sanft durch meine Haare.

Als wir eine Weile auf der Wiese gegangen waren, wie wir gewöhnlich gingen, wenn er mich mitnahm, nämlich daß er seine großen Schritte milderte, aber noch immer große Schritte machte und ich teilweise neben ihm trippeln mußte, sagte der Großvater: „Nun, sage mir doch auch einmal, wie es denn geschehen ist, daß du mit so vieler Wagenschmiere zusammengeraten bist, daß nicht nur deine ganzen Höschen voll Pech sind, daß deine Füße voll waren, daß ein Pechfleck in dem Vorhause ist, mit Pech besudelte Ruten herumliegen, sondern daß auch im ganzen Hause, wo man nur immer hinkömmt, Flecken von Wagenschmiere anzutreffen sind. Ich habe deiner Mutter schon gesagt, daß du mit mir gehest, du darfst nicht mehr besorgt sein, es wird dich keine Strafe mehr treffen."

Ich erzählte ihm nun, wie ich auf dem Steine gesessen sei, wie der Wagenschmiermann gekommen sei, wie er mich gefragt habe, ob ich meine Füße eingeschmiert haben wolle, wie ich sie ihm hingehalten und wie er auf jeden einen Strich getan habe, wie ich in die Stube gegangen sei, um mich der Mutter zu zeigen, wie sie aufgesprungen sei, wie sie mich genommen, in das Vorhaus getragen, mich mit meinen eigenen Ruten gezüchtiget habe und wie ich darnach auf dem Steine sitzen geblieben sei.

„Du bist ein kleines Närrlein", sagte der Großvater, „und der alte Andreas ist ein arger Schalk, er hat immer solche Streiche ausgeführt und wird jetzt heimlich und wiederholt bei sich lachen, daß er den Einfall gehabt hat. Dieser Hergang bessert deine Sache sehr. Aber siehst du, auch der alte Andreas, so übel wir seine Sache ansehen mögen, ist nicht so schuldig, als wir andern uns denken; denn woher soll denn der alte Andreas wissen, daß die Wagenschmiere für die Leute eine so schreckende Sache ist und daß sie in einem Hause eine solche Unordnung anrichten kann; denn für ihn ist sie eine Ware, mit der er immer umgeht, die ihm seine Nahrung gibt, die er liebt und die er sich immer frisch holt, wenn sie ihm ausgeht. Und wie soll er von gewaschenen Fußböden etwas wissen, da er jahraus, jahrein bei Regen und Sonnenschein mit seinem Fasse auf der Straße ist, bei der Nacht oder an Feiertagen in einer Scheune schläft und an seinen Kleidern Heu oder Halme kleben hat. Aber auch deine Mutter hat recht; sie mußte glauben, daß du dir leichtsinnigerweise die Füße selber mit so vieler Wagenschmiere beschmiert habest und daß du in die Stube gegangen seiest, den schönen Boden zu besudeln. Aber lasse nur Zeit, sie wird schon zur Einsicht kommen, sie wird alles verstehen, und alles wird gut werden. Wenn wir dort auf jene Höhe hinaufgelangen, von der wir

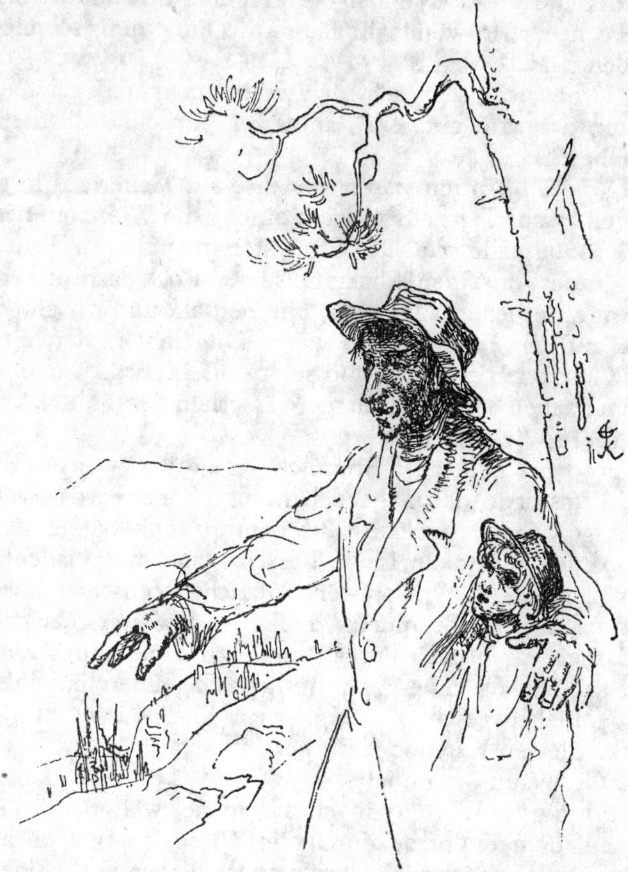

weit herum sehen, werde ich dir eine Geschichte von solchen Pechmännern erzählen, wie der alte Andreas ist, die sich lange vorher zugetragen hat, ehe du geboren wurdest und ehe ich geboren wurde, und aus der du ersehen wirst, welche wunderbare Schicksale die Menschen auf der Welt des lieben Gottes haben können. Und wenn du stark genug bist und gehen kannst, so lasse ich dich in der nächsten Woche nach Spitzenberg und in die Hirschberge mitgehen, und da wirst du am Wege im Fichtengrunde eine solche Brennerei sehen, wo sie die Wagenschmiere machen, wo sich der alte Andreas seinen Vorrat immer holt und wo also das Pech her ist, womit dir heute die Füße eingeschmiert worden sind."

„Ja, Großvater", sagte ich, „ich werde recht stark sein."

„Nun, das wird gut sein", antwortete er, „und du darfst mitgehen."

Bei diesen Worten waren wir zu einer Mauer aus losen Steinen gelangt, jenseits welcher eine grüne Wiese mit dem weißen Fußpfade war. Der Großvater stieg über den Steigstein, indem er seinen Stock und seinen Rock nach sich zog und mir, der ich zu klein war, hinüberhalf; und wir gingen dann auf dem reinen Pfade weiter. Ungefähr in der Mitte der Wiese blieb er stehen und zeigte auf die Erde, wo unter einem flachen Steine ein klares Wässerlein hervorquoll und durch die Wiese fortrann.

„Das ist das Behringer Brünnlein", sagte er, „welches das beste Wasser in der Gegend hat, ausgenommen das wundertätige Wasser, welches auf dem Brunnberge in dem überbauten Brünnlein ist, in dessen Nähe die Gnadenkapelle zum guten Wasser steht. Manche Menschen holen sich aus diesem Brünnlein da ihr Trinkwasser, mancher Feldarbeiter geht weit herzu, um da zu trinken, und mancher Kranke hat schon aus entfernten Gegenden mit einem Kruge hieher geschickt, damit man ihm Wasser bringe. Merke dir den Brunnen recht gut."

„Ja, Großvater", sagte ich.

Nach diesen Worten gingen wir wieder weiter. Wir gingen auf dem Fußpfade durch die Wiese, wir gingen auf einem Wege zwischen Feldern empor und kamen zu einem Grunde, der mit dichtem, kurzem, fast grauem Rasen bedeckt war und auf dem nach allen Richtungen hin in gewissen Entfernungen voneinander Föhren standen.

„Das, worauf wir jetzt stehen", sagte der Großvater, „sind die Dürrschnäbel, es ist ein seltsamer Name, entweder kömmt er von dem trockenen, dürren Boden oder von dem mageren Kräutlein, das tausendfältig auf dem Boden sitzt und dessen Blüte ein weißes Schnäblein hat mit einem gelben Zünglein darin. Siehe, die mächtigen Föhren gehören den Bürgern zu Oberplan je nach der Steuerbarkeit, sie haben die Nadeln nicht in zwei Zeilen, sondern in Scheiden wie grüne Borstbüschel, sie haben das geschmeidige, fette Holz, sie haben das gelbe Pech, sie streuen sparsamen Schatten, und wenn ein schwaches Lüftchen geht, so hört man die Nadeln ruhig und langsam sausen."

Ich hatte Gelegenheit, als wir weitergingen, die Wahrheit dessen zu beobachten, was der Großvater gesagt hatte. Ich sah eine Menge der weißgelben Blümlein auf dem Boden, ich sah den grauen Rasen, ich sah auf manchem Stamme das Pech wie goldene Tropfen stehen, ich sah die unzähligen Nadelbüschel auf den unzähligen Zweigen gleichsam aus winzigen dunkeln Stiefelchen herausragen, und ich hörte, obgleich kaum ein Lüftchen zu verspüren war, das ruhige Sausen in den Nadeln.

Wir gingen immer weiter, und der Weg wurde ziemlich steil.

Auf einer etwas höheren und freieren Stelle blieb der Großvater stehen und sagte: „So, da warten wir ein wenig."

Er wendete sich um, und nachdem wir uns von der Bewegung des Aufwärtsgehens ein wenig ausgeatmet hatten, hob er seinen Stock empor und zeigte auf einen entfernten mächtigen Waldrücken in der Richtung, aus der wir gekommen waren, und fragte: „Kannst du mir sagen, was das dort ist?"

„Ja, Großvater", antwortete ich, „das ist die Alpe, auf welcher sich im Sommer eine Viehherde befindet, die im Herbste wieder herabgetrieben wird."

„Und was ist das, das sich weiter vorwärts von der Alpe befindet?" fragte er wieder.

„Das ist der Hüttenwald", antwortete ich.

„Und rechts von der Alpe und dem Hüttenwalde?"

„Das ist der Philippgeorgsberg."

„Und rechts von dem Philippgeorgsberge?"

„Das ist der Seewald, in welchem sich das dunkle und tiefe Seewasser befindet."

„Und wieder rechts von dem Seewalde?"

„Das ist der Blockenstein und der Sesselwald."

„Und wieder rechts?"

„Das ist der Tussetwald."

„Und weiter kannst du sie nicht kennen; aber da ist noch

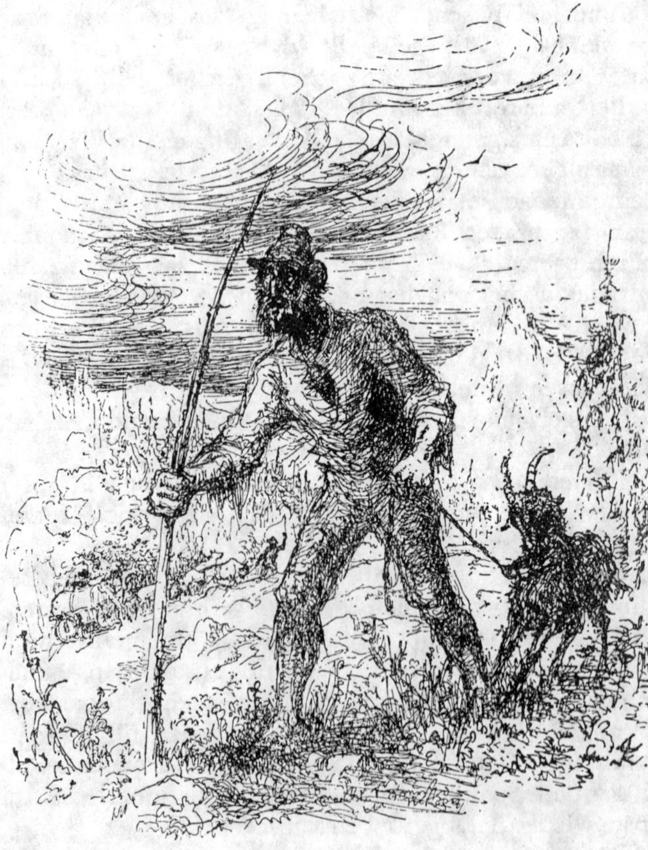

mancher Waldrücken mit manchem Namen, sie gehen viele Meilen weit in die Länder fort. Einst waren die Wälder noch viel größer als jetzt. Da ich ein Knabe war, reichten sie bis Spitzenberg und die vordern Stiftshäuser, es gab noch Wölfe darin, und die Hirsche konnten wir in der Nacht, wenn eben die Zeit war, bis in unser Bette hinein brüllen hören. Siehst du die Rauchsäule dort, die aus dem Hüttenwalde aufsteigt?"

„Ja, Großvater, ich sehe sie."

„Und weiter zurück wieder eine aus dem Walde der Alpe?"

„Ja, Großvater."

„Und aus den Niederungen des Philippgeorgsberges wieder eine?"
„Ich sehe sie, Großvater."
„Und weit hinten im Kessel des Seewaldes, den man kaum erblicken kann, noch eine, die so schwach ist, als wäre sie nur ein blaues Wölklein?"
„Ich sehe sie auch, Großvater."
„Siehst du, diese Rauchsäulen kommen alle von den Menschen, die in dem Walde ihre Geschäfte treiben. Da sind zuerst die Holzknechte, die an Stellen die Bäume des Waldes umsägen, daß nichts übrig ist als Strünke und Strauchwerk. Sie zünden ein Feuer an, um ihre Speisen daran zu kochen und um auch das unnötige Reisig und die Äste zu verbrennen. Dann sind die Kohlenbrenner, die einen großen Meiler türmen, ihn mit Erde und Reisern bedecken und in ihm aus Scheitern die Kohlen brennen, die du oft in großen Säcken an unserem Hause vorbei in die ferneren Gegenden hinausführen siehst, die nichts zu brennen haben. Dann sind die Heusucher, die in den kleinen Wiesen und in den von Wald entblößten Stellen das Heu machen oder es auch mit Sicheln zwischen dem Gesteine schneiden. Sie machen ein Feuer, um ebenfalls daran zu kochen oder daß sich ihr Zugvieh in den Rauch lege und dort weniger von den Fliegen geplagt werde. Dann sind die Sammler, welche Holzschwämme, Arzneidinge, Beeren und andere Sachen suchen und auch gerne ein Feuer machen, sich daran zu laben. Endlich sind die Pechbrenner, die sich aus Walderde Öfen bauen oder Löcher mit Lehm überwölben und daneben sich Hütten aus Waldbäumen aufrichten, um in den Hütten zu wohnen und in den Öfen und Löchern die Wagenschmiere zu brennen, aber auch den Teer, den Terpentin und andere Geister. Wo ein ganz dünnes Rauchfädlein aufsteigt, mag es auch ein Jäger sein, der sich sein Stücklein Fleisch bratet oder der Ruhe pflegt. Alle diese Leute haben keine bleibende Stätte in dem Walde; denn sie gehen bald hierhin, bald dorthin, je nachdem sie ihre Arbeit getan haben oder ihre Gegenstände nicht mehr finden. Darum haben auch die Rauchsäulen keine bleibende Stelle, und heute siehest du sie hier und ein anderes Mal an einem anderen Platze."

„Ja, Großvater."

„Das ist das Leben der Wälder. Aber laß uns nun auch das außerhalb betrachten. Kannst du mir sagen, was das für weiße Gebäude sind, die wir da durch die Doppelföhre hin sehen?"

„Ja, Großvater, das sind die Pranghöfe."

„Und weiter von den Pranghöfen links?"

„Das sind die Häuser von Vorder- und Hinterstift."

„Und wieder weiter links?"

„Das ist Glöckelberg."

„Und weiter gegen uns her am Wasser?"

„Das ist die Hammermühle und der Bauer David."

„Und die vielen Häuser ganz in-unserer Nähe, aus denen die Kirche emporragt und hinter denen ein Berg ist, auf welchem wieder ein Kirchlein steht?"

„Aber, Großvater, das ist ja unser Marktflecken Oberplan, und das Kirchlein auf dem Berge ist das Kirchlein zum guten Wasser."

„Und wenn die Berge nicht wären und die Anhöhen, die uns umgeben, so würdest du noch viel mehr Häuser und Ortschaften sehen: die Karlshöfe, Stuben, Schwarzbach, Langenbruck, Melm, Honnetschlag, und auf der entgegengesetzten Seite Pichlern, Pernek, Salnau und mehrere andere. Das wirst du einsehen, daß in diesen Ortschaften viel Leben ist, daß dort viele Menschen Tag und Nacht um ihren Lebensunterhalt sich abmühen und die Freude genießen, die uns hienieden gegeben ist. Ich habe dir darum die Wälder gezeigt und die Ortschaften, weil sich in ihnen die Geschichte zugetragen hat, welche ich dir im Heraufgehen zu erzählen versprochen habe. Aber laß uns weitergehen, daß wir bald unser Ziel erreichen, ich werde dir die Geschichte im Gehen erzählen."

Der Großvater wendete sich um, ich auch, er setzte die Spitze seines Stockes in die magere Rasenerde, wir gingen weiter, und er erzählte: „In allen diesen Wäldern und in allen diesen Ortschaften hat sich einst eine merkwürdige Tatsache ereignet, und es ist ein großes Ungemach über sie gekommen. Mein Großvater, dein Ururgroßvater, der zu damaliger Zeit gelebt hat, hat es uns oft erzählt. Es war einmal in einem Frühlinge, da die Bäume kaum ausgeschlagen hatten, da die Blütenblätter kaum abgefallen waren, daß eine schwere Krankheit über diese Gegend kam und in allen Ortschaften, die du gesehen hast, und auch in jenen, die du wegen vorstehender Berge nicht hast sehen können, ja sogar in den Wäldern, die du mir gezeigt hast, ausgebrochen ist. Sie ist lange vorher in entfernten Ländern gewesen und hat dort unglaublich viele Menschen dahingerafft. Plötzlich ist sie zu uns hereingekommen. Man weiß nicht, wie sie gekommen ist: haben sie die Menschen gebracht, ist sie in der milden Frühlingsluft gekommen, oder haben sie Winde und Regenwolken dahergetragen: genug, sie ist gekommen und hat sich über alle Orte ausgebreitet, die um uns herum liegen. Über die weißen Blütenblätter, die noch auf dem Wege lagen, trug man die Toten dahin, und in dem Kämmerlein, in das die Frühlingsblätter hineinschauten, lag ein Kranker, und es pflegte ihn einer, der selbst schon krankte. Die Seuche wurde die Pest geheißen, und in fünf bis sechs Stunden war der Mensch gesund und tot, und selbst die, welche von dem Übel genasen, waren nicht mehr recht gesund und recht krank und konnten ihren Geschäften nicht nachgehen. Man hatte vorher in Winterabenden erzählt, wie in andern Ländern eine Krankheit sei und die Leute an ihr wie an einem Strafgerichte dahinsterben; aber niemand hatte geglaubt, daß sie in unsere Wälder hereinkommen werde, weil nie etwas Fremdes zu uns hereinkömmt, bis sie kam. In den Ratschlägerhäusern ist sie zuerst ausgebrochen, und es starben gleich alle, die an ihr erkrankten. Die Nachricht verbreitete sich in der Gegend, die Menschen erschraken und rannten gegeneinander. Einige warteten, ob es weitergreifen würde, andere flohen und trafen die Krankheit in den Gegenden, in welche sie sich gewendet hatten. Nach einigen Tagen brachte man schon die Toten auf den Oberplaner Kirchhof, um sie zu begraben, gleich darauf von nahen und fernen Dörfern und von dem Marktflecken selbst. Man hörte fast den ganzen Tag die Zügenglocke läuten, und das Totengeläute konnte man nicht mehr jedem einzelnen Toten verschaffen, sondern man läutete es allgemein für alle. Bald konnte man sie auch nicht mehr in dem Kirchhofe begraben, sondern man machte große Gruben auf dem freien Felde, tat die Toten hinein und scharrte sie mit Erde zu. Von manchem Hause ging kein Rauch empor, in manchem hörte man das Vieh brüllen, weil man es zu füttern vergessen hatte, und manches Rind ging verwildert herum, weil niemand war, es von der Weide in den Stall zu bringen. Die Kinder liebten ihre Eltern nicht mehr und die Eltern die Kinder nicht, man warf nur die Toten in die Grube und ging davon. Es reiften die roten Kirschen, aber niemand dachte an sie, und niemand nahm sie von den Bäumen, es reiften die Getreide, aber sie wurden nicht in der Ordnung und Reinlichkeit nach Hause gebracht wie sonst, ja manche wären gar nicht nach Hause gekommen, wenn nicht doch noch ein mitleidiger Mann sie einem Büblein oder Mütterlein, die allein in einem Hause gesund geblieben waren, einbringen geholfen hätte. Eines Sonntages, da der Pfarrer von Oberplan die Kanzel bestieg, um die Predigt zu halten, waren mit ihm sieben Personen in der Kirche; die andern waren gestorben oder waren krank oder bei der Krankenpflege oder aus Wirrnis und Starrsinn nicht gekommen. Als sie dieses sahen, brachen sie in ein lautes Weinen aus, der Pfarrer konnte keine Predigt halten, sondern las eine stille Messe, und man ging auseinander. Als die Krankheit ihren Gipfel erreicht hatte, als die Menschen nicht mehr wußten, wollten sie in dem Himmel oder auf der Erde Hilfe suchen, geschah es, daß ein Bauer aus dem Amischhause von Melm nach Oberplan ging. Auf der Drillingsföhre saß ein Vöglein und sang:

Eßt Enzian und Pimpinell,
steht auf, sterbt nicht so schnell.
Eßt Enzian und Pimpinell,
steht auf, sterbt nicht so schnell.

Der Bauer entfloh, er lief zu dem Pfarrer nach Oberplan und sagte ihm die Worte, und der Pfarrer sagte sie den Leuten. Diese taten, wie das Vöglein gesungen hatte, und die Krankheit minderte sich immer mehr und mehr, und noch ehe der Haber in die Stoppeln gegangen war und ehe die braunen Haselnüsse an den Büschen der Zäune reiften, war sie nicht mehr vorhanden. Die Menschen getrauten sich wieder hervor, in den Dörfern ging der Rauch empor, wie man die Betten und die andern Dinge der Kranken verbrannte, weil die Krankheit sehr ansteckend gewesen war; viele Häuser wurden neu getüncht und gescheuert, und die Kirchenglocken tönten wieder friedfertige Töne, wenn sie entweder zu dem Gebete riefen oder zu den heiligen Festen der Kirche."

In dem Augenblicke, gleichsam wie durch die Worte hervorgerufen, tönte hell, klar und rein mit ihren deutlichen tiefen Tönen die große Glocke von dem Turme zu Oberplan, und die Klänge kamen zu uns unter die Föhren herauf.

„Siehe", sagte der Großvater, „ist es schon vier Uhr und schon Feierabendläuten; siehst du, Kind, diese Zunge sagt uns beinahe mit vernehmlichen Worten, wie gut und wie glücklich und wie befriedigt wieder alles in dieser Gegend ist." Wir hatten uns bei diesen Worten umgekehrt und schauten nach der Kirche zurück. Sie ragte mit ihrem dunkeln Ziegeldache und mit ihrem dunkeln Turme, von dem die Töne kamen, empor, und die Häuser drängten sich wie eine graue Taubenschar um sie.

„Weil es Feierabend ist", sagte der Großvater, „müssen wir ein kurzes Gebet tun."

Er nahm seinen Hut von dem Haupte, machte ein Kreuz und betete. Ich nahm auch mein Hütchen ab und betete ebenfalls. Als wir geendet, die Kreuze gemacht und unsere Kopfbedeckungen wieder aufgesetzt hatten, sagte der Großvater: „Es ist ein schöner Gebrauch, daß am Samstage nachmittags mit der Glocke dieses Zeichen gegeben wird, daß nun der Vorabend des Festes des Herrn beginne und daß alles strenge Irdische ruhen müsse, wie ich ja auch an Samstagen nachmittags keine ernste Arbeit vornehme, sondern höchstens einen Gang in benachbarte Dörfer mache. Der Gebrauch stammt von den Heiden her, die früher in den Gegenden waren, denen jeder Tag gleich war und denen man, als sie zum Christentume bekehrt waren, ein Zeichen geben mußte, daß der Gottestag im Anbrechen sei. Einstens wurde dieses Zeichen sehr beachtet; denn wenn die Glocke klang, beteten die Menschen und setzten ihre harte Arbeit zu Hause oder auf dem Felde aus. Deine Großmutter, als sie noch ein junges Mädchen war, kniete jederzeit bei dem Feierabendläuten nieder und tat ein kurzes Gebet. Wenn ich damals an Samstagabenden, so wie ich jetzt in andere Gegenden gehe, nach Glökkelberg ging, denn deine Großmutter ist von dem vordern Glöckelberg zu Hause, so kniete sie oft bei dem Klange des Dorfglöckleins mit ihrem roten Leibchen und schneeweißen Röckchen neben dem Gehege nieder, und die Blüten des Geheges waren ebenso weiß und rot wie ihre Kleider."

„Großvater, sie betet jetzt auch noch immer, wenn Feierabend geläutet wird, in der Kammer neben dem blauen Schreine, der die roten Blumen hat", sagte ich.

„Ja, das tut sie", erwiderte er, „aber die andern Leute beachten das Zeichen nicht, sie arbeiten fort auf dem Felde und arbeiten fort in der Stube, wie ja auch die Schlage unsers Nachbars, des Webers, selbst an Samstagabenden forttönt, bis es Nacht wird und die Sterne am Himmel stehen."

„Ja, Großvater."

„Das wirst du aber nicht wissen, daß Oberplan das schönste Geläute in der ganzen Gegend hat. Die Glocken sind gestimmt, wie man die Saiten einer Geige stimmt, daß sie gut zusammen tönen. Darum kann man auch keine mehr dazu machen, wenn eine bräche oder einen Sprung bekäme, und mit der Schönheit des Geläutes wäre es vorüber. Als dein Oheim Simon einmal vor dem Feinde im Felde lag und krank war, sagte er, da ich ihn besuchte: ‚Vater, wenn ich nur noch einmal das Oberplaner Glöcklein hören könnte!', aber er konnte es nicht mehr hören und mußte sterben."

In diesem Augenblicke hörte die Glocke zu tönen auf, und es war wieder nichts mehr auf den Feldern als das freundliche Licht der Sonne.

„Komme, lasse uns weitergehen", sagte der Großvater.

Wir gingen auf dem grauen Rasen zwischen den Stämmen weiter, immer von einem Stamme zum andern. Es wäre wohl ein ausgetretener Weg gewesen, aber auf dem Rasen war es weicher und schöner zu gehen. Allein die Sohlen meiner Stiefel waren von dem kurzen Grase schon so glatt geworden, daß ich kaum einen Schritt mehr zu tun vermochte und beim Gehen nach allen Richtungen ausglitt.

Da der Großvater diesen Zustand bemerkt hatte, sagte er: „Du mußt mit den Füßen nicht so schleifen; auf diesem Grase muß man den Tritt gleich hinstellen, daß er gilt, sonst bohnt man die Sohlen glatt, und es ist kein sicherer Halt möglich. Siehst du, alles muß man lernen, selbst das Gehen. Aber komme, reiche mir die Hand, ich werde dich führen, daß du ohne Mühsal fortkömmst."

Er reichte mir die Hand, ich faßte sie, und ging nun gestützt und gesicherter weiter.

Der Großvater zeigte nach einer Weile auf einen Baum und sagte: „Das ist die Drillingsföhre."

Ein großer Stamm ging in die Höhe und trug drei schlanke Bäume, welche in den Lüften ihre Äste und Zweige vermischten. Zu seinen Füßen lag eine Menge herabgefallener Nadeln.

„Ich weiß es nicht", sagte der Großvater, „hatte das Vöglein die Worte gesungen, oder hat sie Gott dem Manne in das Herz gegeben: aber die Drillingsföhre darf nicht umgehauen werden, und ihrem Stamme und ihren Ästen darf kein Schaden geschehen."

Ich sah mir den Baum recht an, dann gingen wir weiter und kamen nach einiger Zeit allmählich aus den Dürrschnäbeln hinaus. Die Stämme wurden dünner, sie wurden seltener, hörten endlich ganz auf, und wir gingen auf einem sehr steinigen Wege zwischen Feldern, die jetzt wieder erschienen, hinauf. Hier zeigte mir der Großvater wieder einen Baum und sagte: „Siehe, das ist die Machtbuche, das ist der bedeutsamste Baum in der Gegend, er wächst aus dem steinigsten Grunde empor, den es gibt. Siehe, darum ist sein Holz auch so fest wie Stein, darum ist sein Stamm so kurz, die Zweige stehen so dicht und halten die Blätter fest, daß die Krone gleichsam eine Kugel bildet, durch die nicht ein einziges Äuglein des Himmels hindurchschauen kann. Wenn es Winter werden will, sehen die Leute auf diesen Baum und sagen: Wenn einmal die Herbstwinde durch das dürre Laub der Machtbuche sausen und ihre Blätter auf dem Boden dahintreiben, dann kömmt bald der Winter. Und wirklich hüllen sich in kurzer Zeit die Hügel und Felder in die weiße Decke des Schnees. Merke dir den Baum, und denke in späten Jahren, wenn ich längst im

Grabe liege, daß es dein Großvater gewesen ist, der ihn dir zuerst gezeigt hat."

Von dieser Buche gingen wir noch eine kleine Zeit aufwärts und kamen dann auf die Schneidelinie der Anhöhe, von der wir auf die jenseitigen Gegenden hinübersahen und das Dorf Melm in einer Menge von Bäumen zu unsern Füßen erblickten.

Der Großvater blieb hier stehen, zeigte mit seinem Stocke auf einen entfernten Wald und sagte: „Siehst du, dort rechts hinüber der dunkle Wald ist der Rindlesberg, hinter dem das Dorf Rindles liegt, das wir nicht sehen können. Weiter links, wenn der Nadelwald nicht wäre, würdest du den großen Alschhof erblicken. Zur Zeit der Pest ist in dem Alschhofe alles ausgestorben bis auf eine einzige Magd, welche das Vieh, das in dem Alschhofe ist, pflegen mußte, zwei Reihen Kühe, von denen die Milch zu dem Käse kömmt, den man in dem Hofe bereitet, dann die Stiere und das Jungvieh. Diese mußte sie viele Wochen lang nähren und warten, weil die Seuche den Tieren nichts anhaben konnte und sie fröhlich und munter blieben, bis ihre Herrschaft Kenntnis von dem Ereignisse erhielt und von den übriggebliebenen Menschen ihr einige zu Hilfe sendete. In der großen Hammermühle, die du mir im Heraufgehen gezeigt hast, sind ebenfalls alle Personen gestorben bis auf einen einzigen krummen Mann, der alle Geschäfte zu tun hatte und die Leute befriedigen mußte, die nach der Pest das Getreide zur Mühle brachten und ihr Mehl haben wollten; daher noch heute das Sprichwort kömmt: ‚Ich habe mehr Arbeit als der Krumme im Hammer.' Von den Priestern in Oberplan ist nur der alte Pfarrer übriggeblieben, um der Seelsorge zu pflegen, die zwei Kapläne sind gestorben, auch der Küster ist gestorben und sein Sohn, der schon die Priesterweihe hatte. Von den Badhäusern, die neben der kurzen Zeile des Marktes die gebogene Gasse machen, sind drei gänzlich ausgestorben."

Nach diesen Worten gingen wir in dem Hohlwege und unter allerlei lieblichen Spielen von Licht und Farben, welche die Sonne in den grünen Blättern der Gesträuche verursachte, in das Dorf Melm hinunter.

Der Großvater hatte in dem ersten Hause desselben, im

Machthofe, zu tun. Wir gingen deshalb durch den großen Schwibbogen desselben hinein. Der Machtbauer stand in dem Hofe, hatte bloße Hemdsärmel an den Armen und viele hochgipflige Metallknöpfe auf der Weste. Er grüßte den Großvater, als er ihn sah, und führte ihn in die Stube; mich aber ließen sie auf einem kleinen hölzernen Bänklein neben der Tür im Hofe sitzen und schickten mir ein Butterbrot, das ich verzehrte. Ich rastete, betrachtete die Dinge, die da waren, als: die Wägen, welche abgeladen unter dem Schoppendache ineinandergeschoben standen, die Pflüge und Eggen, welche, um Platz zu machen, in einen Winkel zusammengedrängt waren, die Knechte und Mägde, die hin und her gingen, ihre Samstagsarbeit taten und sich zur Feier des Sonntages rüsteten; und die Dinge gesellten sich zu denen, mit denen ohnehin mein Haupt angefüllt war, zu Drillingsföhren, Toten und Sterbenden und singenden Vöglein.

Nach einer Zeit kam der Großvater wieder heraus und sagte: „So, jetzt bin ich fertig, und wir treten unsern Rückweg wieder an."

Ich stand von meinem Bänklein auf, wir gingen dem Schwibbogen zu, der Bauer und die Bäuerin begleiteten uns bis dahin, nahmen bei dem Schwibbogen Abschied und wünschten uns glückliche Heimkehr.

Da wir wieder allein waren und auf unserem Rückwege den Hohlweg hinanschritten, fuhr der Großvater fort: „Als es tief in den Herbst ging, wo die Preiselbeeren reifen und die Nebel sich schon auf den Mooswiesen zeigen, wandten sich die Menschen wieder derjenigen Erde zu, in welcher man die Toten ohne Einweihung und Gepränge begraben hatte. Viele Menschen gingen hinaus und betrachteten den frischen Aufwurf, andere wollten die Namen derer wissen, die da begraben lagen, und als die Seelsorge in Oberplan wieder vollkommen hergestellt war, wurde die Stelle wie ein ordentlicher Kirchhof eingeweiht, es wurde feierlicher Gottesdienst unter freiem Himmel gehalten, und alle Gebete und Segnungen nachgetragen, die man früher versäumt hatte. Dann wurde um den Ort eine Planke gemacht und ungelöschter Kalk auf denselben gestreut. Von da an bewahrte man das Gedächtnis an die Vergangenheit in allerlei Dingen. Du wirst wissen, daß manche Stellen unserer Gegend noch den Beinamen Pest tragen, zum Beispiel Pestwiese, Peststeig, Pesthang; und wenn du nicht so jung wärest, so würdest du auch die Säule noch gesehen haben, die jetzt nicht mehr vorhanden ist, die auf dem Marktplatze von Oberplan gestanden war, und auf welcher man lesen konnte, wann die Pest gekommen ist, und wann sie aufgehört hat, und auf welcher ein Dankgebet zu dem Gekreuzigten stand, der auf dem Gipfel der Säule prangte."

„Die Großmutter hat uns von der Pestsäule erzählt", sagte ich.

„Seitdem aber sind andere Geschlechter gekommen", fuhr er fort, „die von der Sache nichts wissen und die die Vergangenheit verachten, die Einhegungen sind verlorengegangen, die Stellen haben sich mit gewöhnlichem Grase überzogen. Die Menschen vergessen gerne die alte Not und halten die Gesundheit für ein Gut, das ihnen Gott schuldig sei und das sie in blühenden Tagen verschleudern. Sie achten nicht der Plätze, wo die Toten ruhen, und sagen den Beinamen Pest mit leichtfertiger Zunge, als ob sie einen andern Namen sagten, wie etwa Hagedorn oder Eiben."

Wir waren unterdessen wieder durch den Hohlweg auf den Kamm der Anhöhe gekommen und hatten die Wälder, zu denen wir uns im Heraufgehen umwenden mußten, um sie zu sehen, jetzt in unserem Angesichte, und die Sonne neigte sich in großem Gepränge über ihnen dem Untergange zu.

„Wenn nicht so die Abendsonne gegen uns schiene", sagte der Großvater, „und alles in einem feurigen Rauche schwebte, würde ich dir die Stelle zeigen können, von der ich jetzt reden werde und die in unsere Erzählung gehört. Sie ist viele Wegestunden von hier, sie ist uns gerade gegenüber, wo die Sonne untersinkt, und dort sind erst die rechten Wälder. Dort stehen die Tannen und Fichten, es stehen die Erlen und Ahorne, die Buchen und andere Bäume wie die Könige, und das Volk der Gebüsche und das dichte Gedränge der Gräser und Kräuter, der Blumen, der Beeren und Moose steht unter ihnen. Die Quellen gehen von allen Höhen herab und rauschen und murmeln und erzählen, was sie immer erzählt haben, sie gehen über Kiesel wie leichtes Glas, und vereinigen sich zu Bächen, um hinaus in die Länder zu kommen, oben singen die Vögel, es leuchten die weißen Wolken, die Regen stürzen nieder, und wenn es Nacht wird, scheint der Mond auf alles, daß es wie ein genetztes Tuch aus silbernen Fäden ist. In diesem Walde ist ein sehr dunkler See, hinter ihm ist eine graue Felsenwand, die sich in ihm spiegelt, an seinen Seiten stehen dunkle Bäume, die in das Wasser schauen, und vorne sind Himbeer- und Brombeergehege, die einen Verhau machen. An der Felsenwand liegt ein weißes Gewirre herabgestürzter Bäume, aus den Brombeeren sieht mancher weiße Stamm empor, der von dem Blitze zerstört ist, und schaut auf den See, große graue Steine liegen hundert Jahre herum, und die Vögel und das Gewild kommen zu dem See, um zu trinken."

„Das ist der See, Großvater, den ich im Heraufgehen genannt habe", sagte ich, „die Großmutter hat uns von seinem Wasser erzählt und den seltsamen Fischen, die darin sind, und wenn ein weißes Wölklein über ihm steht, so kömmt ein Gewitter."

„Und wenn ein weißes Wölklein über ihm steht", fuhr der Großvater fort, „und sonst heiterer Himmel ist, so gesellen sich immer mehrere dazu, es wird ein Wolkenheer, und das löst sich von dem Walde los und zieht zu uns mit dem Gewitter heraus, das uns den schweren Regen bringt und auch öfter den Hagel. Am Rande dieses Waldes, wo heutzutage schon Felder sind, wo aber dazumal noch dichtes Gehölze war, befand sich zur Zeit der Pest eine Pechbrennerhütte. In derselben wohnte der Mann, von dem ich dir erzählen will. Mein Großvater hat sie noch gekannt, und er hat gesagt, daß man zeitweilig von dem Walde den Rauch habe aufsteigen sehen, wie du heute die Rauchfäden hast aufsteigen gesehen, da wir heraufgegangen sind."

„Ja, Großvater", sagte ich.

„Dieser Pechbrenner", fuhr er fort, „wollte sich in der Pest der allgemeinen Heimsuchung entziehen, die Gott über die Menschen verhängt hatte. Er wollte in den höchsten Wald hinaufgehen, wo nie ein Besuch von Menschen hinkömmt, wo nie eine Luft von Menschen hinkömmt, wo alles anders ist als unten und wo er gesund zu bleiben gedachte. Wenn aber doch einer zu ihm gelangte, so wollte er ihn eher mit einem Schürbaume erschlagen, als daß er ihn näher kommen und die Seuche bringen ließe. Wenn aber die Krankheit lange vorüber wäre, dann wollte er wieder zurückkehren und weiterleben. Als daher die schwarzen Schubkarrenführer, die von ihm die Wagenschmiere holten, die Kunde brachten, daß in den angrenzenden Ländern schon die Pest entstanden sei, machte er sich auf und ging in den hohen Wald hinauf. Er ging aber noch weiter, als wo der See ist, er ging dahin, wo der Wald noch ist, wie er bei der Schöpfung gewesen war, wo noch keine Menschen gearbeitet haben, wo kein Baum umbricht, als wenn er vom Blitze getroffen ist oder von dem Winde umgestürzt wird; dann bleibt er liegen, und aus seinem Leibe wachsen neue Bäumchen und Kräuter empor; die Stämme stehen in die Höhe, und zwischen ihnen sind die unangesehenen und unangetasteten Blumen und Gräser und Kräuter."

Während der Großvater dieses sagte, war die Sonne untergegangen. Der feurige Rauch war plötzlich verschwunden, der Himmel, an welchem keine einzige Wolke stand, war ein goldener Grund geworden, wie man in alten Gemälden sieht, und der Wald ging nun deutlich und dunkelblau in diesem Grunde dahin.

„Siehe, Kind, jetzt können wir die Stelle sehen, von der ich rede", sagte der Großvater, „blicke da gerade gegen den Wald, und da wirst du eine tiefere blaue Färbung sehen, das ist das Becken, in welchem der See ist. Ich weiß nicht, ob du es siehst."

„Ich sehe es", antwortete ich, „ich sehe auch die schwachen grauen Streifen, welche die Seewand bedeuten."

„Da hast du schärfere Augen als ich", erwiderte der Großvater; „gehe jetzt mit den Augen von der Seewand rechts und gegen den Rand empor, dann hast du jene höheren großen Waldungen. Es soll ein Fels dort sein, der wie ein Hut überhängende Krempen hat und wie ein kleiner Auswuchs an dem Waldrande zu sehen ist."

„Großvater, ich sehe den kleinen Auswuchs."

„Er heißt der Hutfels und ist noch weit oberhalb des Sees im Hochwalde, wo kaum ein Mensch gewesen ist. An dem

See soll aber schon eine hölzerne Wohnung gestanden sein. Der Ritter von Wittinghausen hat sie als Zufluchtsort für seine zwei Töchter im Schwedenkriege erbaut. Seine Burg ist damals verbrannt worden, die Ruinen stehen noch wie ein blauer Würfel aus dem Thomaswalde empor."

„Ich kenne die Ruine, Großvater."

„Das Haus war hinter dem See, wo die Wand es beschützte, und ein alter Jäger hat die Mädchen bewacht. Heutzutage ist von alle dem keine Spur mehr vorhanden. Von diesem See ging der Pechbrenner bis zum Hutfels hinan und suchte sich einen geeigneten Platz aus. Er war aber nicht allein, sondern es waren sein Weib und seine Kinder mit ihm, es waren seine Brüder, Vettern, Muhmen und Knechte mit, er hatte sein Vieh und seine Geräte mitgenommen. Er hatte auch allerlei Sämereien und Getreide mitgeführt, um in der aufgelockerten Erde anbauen zu können, daß er sich Vorrat für die künftigen Zeiten sammle. Nun baute man die Hütten für Menschen und Tiere, man baute die Öfen zum Brennen der Ware, und man säte die Samen in die aufgegrabenen Felder. Unter den Leuten im Walde war auch ein Bruder des Pechbrenners, der nicht in dem Walde bleiben, sondern wieder zu der Hütte zurückkehren wollte. Da sagte der Pechbrenner, daß er ihnen ein Zeichen geben solle, wenn die Pest ausgebrochen sei. Er solle auf dem Hausberge in der Mittagsstunde eine Rauchsäule aufsteigen lassen, solle dieselbe eine Stunde gleichartig dauern lassen und solle dann das Feuer dämpfen, daß sie aufhöre. Dies solle er zur Gewißheit drei Tage hintereinander tun, daß die Waldbewohner daran ein Zeichen erkennen, das ihnen gegeben worden sei. Wenn aber die Seuche aufgehört habe, solle er ihnen auch eine Nachricht geben, daß sie hinabgehen könnten und die Krankheit nicht bekämen. Er solle eine Rauchsäule um die Mittagsstunde von dem Hausberge aufsteigen lassen, solle sie eine Stunde gleichartig erhalten und dann das Feuer löschen. Dies solle er vier Tage hintereinander tun, aber an jedem Tage eine Stunde später; an diesem besonderen Vorgange würden sie erkennen, daß nun alle Gefahr vorüber sei. Wenn er aber erkranke, so solle er den Auftrag einem Freunde oder Bekannten als Testament hinterlassen und dieser ihn wieder einem Freunde oder Bekannten, so daß einmal einer eine Rauchsäule errege und von dem Pechbrenner eine Belohnung zu erwarten habe. Kennst du den Hausberg?“

„Ja, Großvater“, antwortete ich, „es ist der schwarze spitzige Wald, der hinter Pernek emporsteigt und auf dessen Gipfel ein Felsklumpen ist.“

„Ja“, sagte der Großvater, „der ist es. Es sollen einmal drei Brüder gelebt haben, einer auf der Alpe, einer auf dem Hausberge und einer auf dem Thomaswalde. Sie sollen sich Zeichen gegeben haben, wenn einem eine Gefahr drohte, bei Tage einen Rauch, bei Nacht ein Feuer, daß es gesehen würde und daß die andern zu Hilfe kämen. Ich weiß nicht, ob die Brüder gelebt haben. In dem hohen Walde wohnten nun die Ausgewanderten fort, und als die Pest in unsern Gegenden ausgebrochen war, stieg um die Mittagsstunde eine Rauchsäule von dem Hausberge empor, dauerte eine Stunde gleichartig fort und hörte dann auf. Dies geschah drei Tage hintereinander, und die Leute in dem Walde wußten, was sich begeben hatte. – Aber siehe, wie es schon kühl geworden ist und wie bereits der Tau auf die Gräser fällt, komme, ich werde dir dein Jäckchen zumachen, daß du nicht frierst, und werde dir dann die Geschichte weitererzählen.“

Wir waren während der Erzählung des Großvaters in die Dürrschnäbel gekommen, wir waren an der Drillingsföhre vorübergegangen und unter den dunklen Stämmen auf dem fast farblosen Grase bis zu den Feldern von Oberplan gekommen. Der Großvater legte seinen Stock auf den Boden, beugte sich zu mir herab, nestelte mir das Halstuch fester, richtete mir das Westchen zurecht und knöpfte mir das Jäckchen zu. Hierauf knöpfte er sich auch seinen Rock zu, nahm seinen Stab, und wir gingen wieder weiter.

„Siehst du, mein liebes Kind“, fuhr er fort, „es hat aber alles nichts geholfen, und es war nur eine Versuchung Gottes. Da die Büsche des Waldes ihre Blüten bekommen hatten, weiße und rote, wie die Natur will, da aus den Blüten Beeren geworden waren, da die Dinge, welche der Pechbrenner in die Walderde gebaut hatte, aufgegangen und gewachsen waren, da die Gerste die goldenen Barthaare bekommen hatte, da das Korn schon weißlich wurde, da die

Haberflocken an den kleinen Fädlein hingen und das Kartoffelkraut seine grünen Kugeln und blaulichen Blüten trug: waren alle Leute des Pechbrenners, er selber und seine Frau bis auf einen einzigen kleinen Knaben, den Sohn des Pechbrenners, gestorben. Der Pechbrenner und sein Weib waren die letzten gewesen, und da die Überlebenden immer die Toten begraben hatten, der Pechbrenner und sein Weib aber niemand hinter sich hatten und der Knabe zu schwach war, sie zu begraben, blieben sie als Tote in ihrer Hütte liegen. Der Knabe war nun allein in dem fürchterlichen, großen Walde. Er ließ die Tiere aus, welche in den Ställen waren, weil er sie nicht füttern konnte, er dachte, daß sie an den Gräsern des Waldes eine Nahrung finden würden, und dann lief er selber von der Hütte weg, weil er den toten Mann und das tote Weib entsetzlich fürchtete. Er ging auf eine freie Stelle des Waldes, und da war jetzt überall niemand, niemand als der Tod. Wenn er in der Mitte von Blumen und Gesträuchen niederkniete und betete oder wenn er um Vater und Mutter und um die andern Leute weinte und jammerte und wenn er dann wieder aufstand, so war nichts um ihn als die Blumen und Gesträuche und das Vieh, welches unter die Bäume des Waldes hinein weidete und mit den Glocken läutete. Siehst du, so war es mit dem Knaben, der vielleicht gerade so groß war wie du. Aber siehe, die Pechbrennerknaben sind nicht wie die in den Marktflecken oder in den Städten, sie sind schon unterrichteter in den Dingen der Natur, sie wachsen in dem Walde auf, sie können mit dem Feuer umgehen, sie fürchten die Gewitter nicht und haben wenig Kleider, im Sommer keine Schuhe und auf dem Haupte statt eines Hutes die berußten Haare. Am Abende nahm der Knabe Stahl, Stein und Schwamm aus seiner Tasche und machte sich ein Feuer; das in den Öfen der Pechbrenner war längst ausgegangen und erloschen. Als ihn hungerte, grub er mit der Hand Kartoffeln aus, die unter den emporwachsenden Reben waren, und briet sie in der Glut des Feuers. Zu trinken gaben ihm Quellen und Bäche. Am anderen Tage suchte er einen Ausweg aus dem Walde. Er wußte nicht mehr, wie sie in den Wald hinaufgekommen waren. Er ging auf die höchste Stelle des Berges, er kletterte auf einen Baum und spähte, aber er sah nichts als Wald und lauter Wald. Er gedachte nun zu immer höhern und höhern Stellen des Waldes zu gehen, bis er einmal hinaussähe und das Ende des Waldes erblickte. Zur Nahrung nahm er jetzt auch noch die Körner der Gerste und des Kornes, welche er samt den Ähren auf einem Steine über dem Feuer röstete, wodurch sich die Haare und Hülsen verbrannten, oder er löste die rohen, zarten Kornkörner aus den Hülsen, oder er schälte Rüben, die in den Kohlbeeten wuchsen. In den Nächten hüllte er sich in Blätter und Zweige und deckte sich mit Reisig. Die Tiere, welche er ausgelassen hatte, waren fortgegangen, entweder weil sie sich in dem Walde verirrt hatten oder weil sie auch die Totenhütte scheuten und von ihr flohen; er hörte das Läuten nicht mehr, und sie kamen nicht zum Vorscheine. Eines Tages, da er die Tiere suchte, fand er auf einem Hügel, auf welchem Brombeeren und Steine waren, mitten in einem Brombeerengestrippe ein kleines Mädchen liegen. Dem Knaben klopfte das Herz außerordentlich, er ging näher, das Mädchen lebte, aber es hatte die Krankheit und lag ohne Bewußtsein da. Er ging noch näher, das Mädchen hatte weiße Kleider und ein schwarzes Mäntelchen an, es hatte wirre Haare und lag so ungefüg in dem Gestrippe, als wäre es hineingeworfen worden. Er rief, aber er bekam keine Antwort, er nahm das Mädchen bei der Hand, aber die Hand konnte nichts fassen und war ohne Leben. Er lief in das Tal, schöpfte mit seinem alten Hute, den er aus der Hütte mitgenommen hatte, Wasser, brachte es zu dem Mädchen zurück und befeuchtete ihm die Lippen. Dies tat er nun öfter. Er wußte nicht, womit dem Kinde zu helfen wäre, und wenn er es auch gewußt hätte, so hätte er nichts gehabt, um es ihm zu geben. Weil er durch das verworrene Gestrippe nicht leicht zu dem Platze gelangen konnte, auf welchem das Mädchen lag, so nahm er nun einen großen Stein, legte ihn auf die kriechenden Ranken der Brombeeren und wiederholte das so lange, bis er die Brombeeren bedeckt hatte, bis sie niedergehalten wurden, und die Steine ein Pflaster bildeten. Auf dieses Pflaster kniete er nieder, rückte das Kind, sah es an, strich ihm die Haare zurecht, und weil er keinen Kamm hatte, so wischte er die nassen Locken mit seinen Händen ab, daß sie wieder schönen, feinen menschlichen Haaren glichen. Weil er aber das Mädchen nicht heben konnte, um es auf einen besseren Platz zu tragen, so lief er auf den Hügel, riß dort das dürre Gras ab, riß die Halme ab, die hoch an dem Gesteine wachsen, sammelte das trockene Laub, das von dem vorigen Herbste übrig war und das entweder unter Gestrippen hing oder von dem Winde in Steinklüfte zusammengeweht worden war, und tat alles auf einen Haufen. Da es genug war, trug er es zu dem Mädchen und machte ihm ein weicheres Lager. Er tat die Dinge an jene Stellen unter ihrem Körper, wo sie am meisten not taten. Dann schnitt er mit seinem Messer Zweige von den Gesträuchen, steckte sie um das Kind in die Erde, band sie an den Spitzen mit Gras und Halmen zusammen und legte noch leichte Äste darauf, daß sie ein Dach bildeten. Auf den Körper des Mädchens legte er Zweige und bedeckte sie mit breitblättrigen Kräutern, zum Beispiel mit Huflattich, daß sie eine Decke bildeten. Für sich holte er dann Nahrung aus den Feldern des toten Vaters. Bei der Nacht machte er ein Feuer aus zusammengetragenem Holze und Moder. So saß er bei Tage bei dem bewußtlosen Kinde, hütete es und schützte es vor Tieren und Fliegen, bei Nacht unterhielt er ein glänzendes Feuer. Siehe, das Kind starb nicht, sondern die Krankheit besserte sich immer mehr und mehr, die Wänglein wurden wieder lieblicher und schöner, die Lippen bekamen die Rosenfarbe und waren nicht mehr so bleich und gelblich, und die Äuglein öffneten sich und schauten herum. Es fing auch an zu essen, es aß die Erdbeeren, die noch zu finden waren, es aß Himbeeren, die schon reiften, es aß die Kerne der Haselnüsse, die zwar nicht reif, aber süß und weich waren, es aß endlich sogar das weiße Mehl der gebratenen Kartoffeln und die zarten Körner des Kornes, was ihm alles der Knabe brachte und reichte; und wenn es schlief, so lief er auf den Hügel und erkletterte einen Felsen, um überall herumzuspähen, auch suchte er wieder die Tiere, weil die Milch jetzt recht gut gewesen wäre. Aber er konnte nichts erspähen und konnte die Tiere nicht finden. Da das Mädchen schon stärker war und mithelfen konnte, brachte er es an einen Platz, wo überhängende Äste es schützten, aber da er dachte, daß ein Gewitter kommen und der Regen durch die Äste schlagen könnte, so suchte er eine Höhle, die trocken war, dort machte er ein Lager und brachte das Mädchen hin. Eine Steinplatte stand oben über die Stätte, und sie konnten schön auf den Wald hinaussehen. Ich habe dir gesagt, daß jene Krankheit sehr heftig war, daß die Menschen in fünf bis sechs Stunden gesund und tot waren; aber ich sage dir auch: wer die Krankheit überstand, der war sehr bald gesund, nur daß er lange Zeit schwach blieb und lange Zeit sich pflegen mußte. In dieser Höhle blieben nun die Kinder, und der Knabe ernährte das Mädchen und tat ihm alles und jedes Gute, was es notwendig hatte. Nun erzählte ihm auch das Mädchen, wie es in den Wald gekommen sei. Vater und Mutter und mehrere Leute hätten ihre ferne Heimat verlassen, als sich die Krankheit genähert habe, um höhere Orte zu suchen, wo sie von dem Übel nicht erreicht werden würden. In dem großen Walde seien sie irregegangen, der Vater und die Mutter seien gestorben, und das Mädchen sei allein übriggeblieben. Wo Vater und Mutter gestorben seien, wo die andern Leute hingekommen, wie es selber in die Brombeeren geraten sei, wußte es nicht. Auch konnte es nicht sagen, wo die Heimat sei. Der Knabe erzählte dem Mädchen auch, wie sie ihre Hütte verlassen hätten, wie alle in den Wald gegangen wären und wie sie gestorben seien und er allein nur am Leben geblieben wäre. Siehst du, so saßen die Kinder in der Höhle, wenn der Tag über den Wald hinüberzog und das Grüne beleuchtete, die Vöglein sangen, die Bäume glänzten und die Bergspitzen leuchteten; oder sie schlummerten, wenn es Nacht war, wenn es finster und still war oder der Schrei eines wilden Tieres tönte oder der Mond am Himmel stand und seine Strahlen über die Wipfel goß. Du kannst dir denken, wie es war, wenn du betrachtest, wie schon hier die Nacht ist, wie der Mond so schauerlich in den Wolken steht, wo wir doch schon so nahe an den Häusern sind, und wie er auf die schwarzen Vogelbeerbäume unsers Nachbars herniederscheint."

Wir waren, während der Großvater erzählte, durch die Felder von Oberplan herabgegangen, wir waren über die Wiese gegangen, in welcher das Behringer Brünnlein ist,

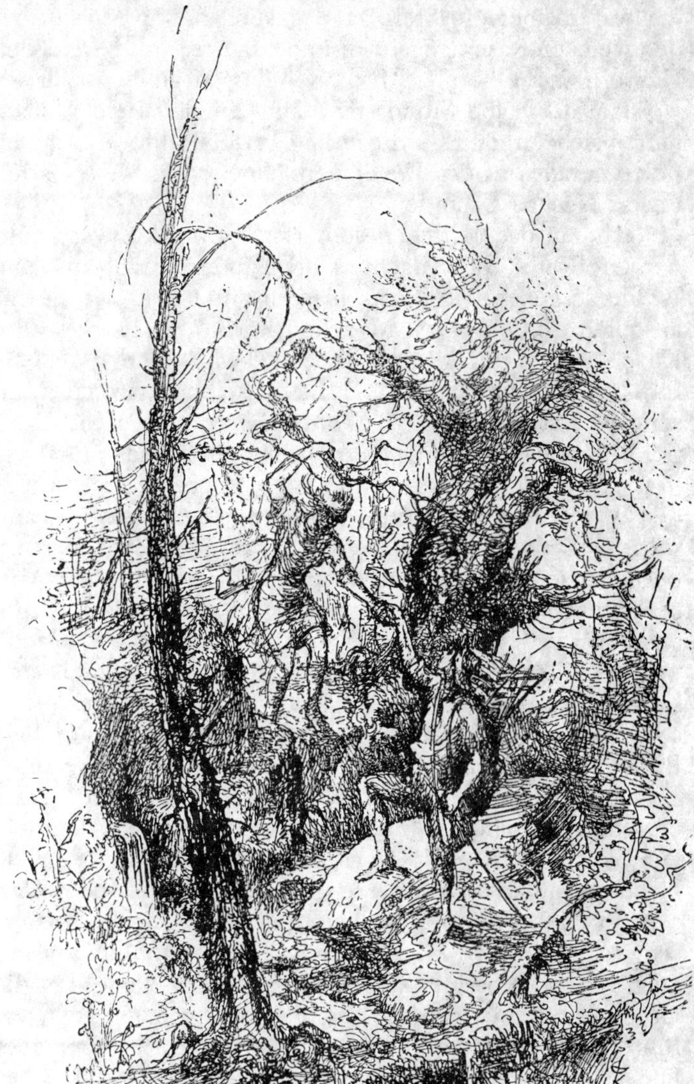

wir waren über die Steinwand gestiegen, wir waren über den weichen Rasen gegangen und näherten uns bereits den Häusern von Oberplan. Es war indessen völlig Nacht geworden, der halbe Mond stand am Himmel, viele Wolken hatten sich aufgetürmt, die er beglänzte, und seine Strahlen fielen gerade auf die Vogelbeerbäume, die in dem Garten unsers Nachbars standen.

„Nachdem das Mädchen sehr stark geworden war“, fuhr der Großvater fort, „dachten die Kinder daran, aus dem Walde zu gehen. Sie beratschlagten unter sich, wie sie das anstellen sollten. Das Mädchen wußte gar nichts; der Knabe aber sagte, daß alle Wässer abwärts rinnen, daß sie fort und fort rinnen, ohne stille zu stehen, daß der Wald sehr hoch sei und daß die Wohnungen der Menschen sehr tief liegen, daß bei ihrer Hütte selber ein breites rinnendes Wasser vorbeigegangen wäre, daß sie von dieser Hütte in den Wald gestiegen seien, daß sie immer aufwärts und aufwärts gegangen und mehreren herabfließenden Wassern begegnet seien; wenn man daher an einem rinnenden Wasser immer abwärts gehe, so müsse man aus dem Walde hinaus und zu Menschen gelangen. Das Mädchen sah das ein, und mit Freuden beschlossen sie so zu tun. Sie rüsteten sich zur Abreise. Von den Feldern nahmen sie Kartoffeln, soviel sie tragen konnten, und viele zusammengebundene Büschel von Ähren. Der Knabe hatte aus seiner Jacke einen Sack gemacht, und für Erdbeeren und Himbeeren machte er schöne Täschchen aus Birkenrinde. Dann brachen sie auf. Sie suchten zuerst den Bach in dem Tale, aus dem sie bisher getrunken hatten, und gingen dann an seinem Wasser fort. Siehst du, der Knabe leitete das Mädchen, weil es schwach war und weil er in dem Wald erfahrener war; er zeigte ihm die Steine, auf die es treten, er zeigte ihm die Dornen und spitzigen Hölzer, die es vermeiden sollte, er führte es an schmalen Stellen, und wenn große Felsen oder Dickichte und Sümpfe kamen, so wichen sie seitwärts aus und lenkten dann klug immer wieder der Richtung des Baches zu. So gingen sie immer fort. Wenn sie müde waren, setzten sie sich nieder und rasteten, wenn sie ausgerastet hatten, gingen sie weiter. Am Mittag machte er ein Feuer, und sie brieten Kartoffeln und rösteten sich ihre Getreide-

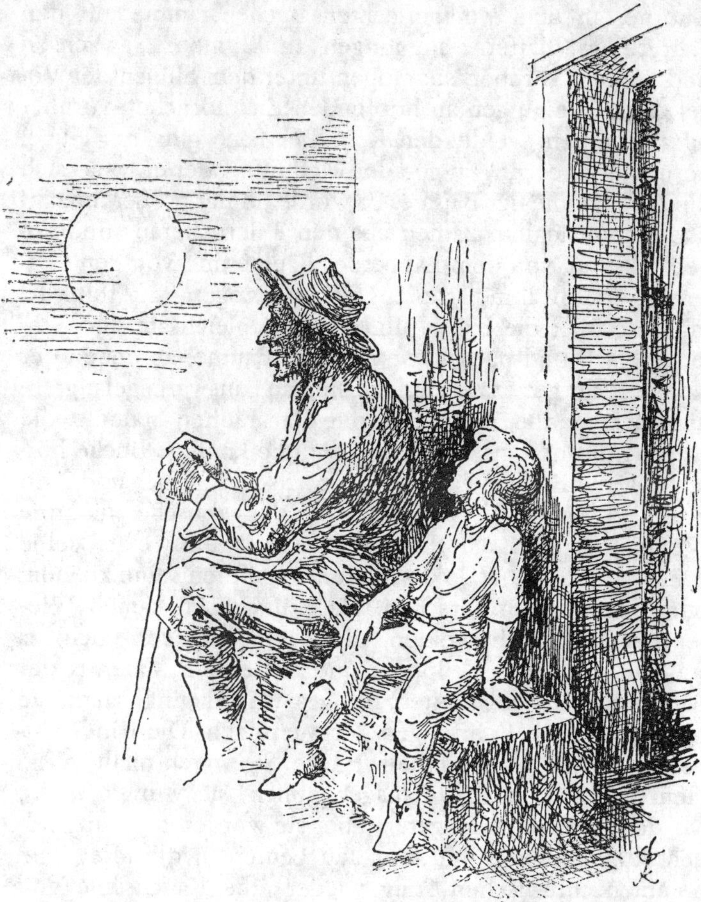

ähren. Das Wasser suchte er in einer Quelle oder in einem kalten Bächlein, die winzig über weißen Sand aus der schwarzen Walderde oder aus Gebüsch und Steinen hervorrannen. Wenn sie Stellen trafen, wo Beeren und Nüsse sind, so sammelten sie diese. Bei der Nacht machte er ein Feuer, machte dem Mädchen ein Lager und bettete sich selber, wie er sich in den ersten Tagen im Walde gebettet hatte. So wanderten sie weiter. Sie gingen an vielen Bäumen vorüber, an der Tanne mit dem herabhängenden Bartmoose, an der zerrissenen Fichte, an dem langarmigen

Ahorne, an dem weißgefleckten Buchenstamme mit den lichtgrünen Blättern, sie gingen an Blumen, Gewächsen und Steinen vorüber, sie gingen unter dem Singen der Vögel dahin, sie gingen an hüpfenden Eichhörnchen vorüber oder an einem weidenden Reh. Der Bach ging um Hügel herum, oder er ging in gerader Richtung, oder er wand sich um die Stämme der Bäume. Er wurde immer größer, unzählige Seitenbächlein kamen aus den Tälern heraus und zogen mit ihm, von dem Laube der Bäume und von den Gräsern tropften ihm Tropfen zu und zogen mit ihm. Er rauschte über die Kiesel und erzählte gleichsam den Kindern. Nach und nach kamen andere Bäume, an denen der Knabe recht gut erkannte, daß sie nach auswärts gelangten; die Zackentanne, die Fichte mit dem rauhen Stamme, die Ahorne mit den großen Ästen und die knollige Buche hörten auf, die Bäume waren kleiner, frischer, reiner und zierlicher. An dem Wasser standen Erlengebüsche, mehrere Weiden standen da, der wilde Apfelbaum zeigte seine Früchte, und der Waldkirschbaum gab ihnen seine kleinen, schwarzen, süßen Kirschen. Nach und nach kamen Wiesen, es kamen Hutweiden, die Bäume lichteten sich, es standen nur mehr Gruppen, und mit einem Male, da der Bach schon als ein breites, ruhiges Wasser ging, sahen sie die Felder und Wohnungen der Menschen. Die Kinder jubelten und gingen zu einem Hause. Sie waren nicht in die Heimat des Knaben hinausgekommen, sie wußten nicht, wo sie hingekommen waren, aber sie wurden recht freundlich aufgenommen und von den Leuten in die Pflege genommen. Inzwischen stieg wieder eine Rauchsäule von dem Hausberge empor, sie stieg in der Mittagsstunde auf, blieb eine Stunde gleichartig und hörte dann auf. Dies geschah vier Tage hintereinander, an jedem Tage um eine Stunde später: aber es war niemand da, das Zeichen verstehen zu können."

Als der Großvater bis hieher erzählt hatte, waren wir an unserem Hause angekommen.

Er sagte: „Da wir müde sind und da es so warm ist, so setzen wir uns ein wenig auf den Stein, ich werde dir die Geschichte zu Ende erzählen."

Wir setzten uns auf den Stein, und der Großvater fuhr

fort: „Als man in Erfahrung gebracht hatte, wer der Knabe sei und wohin er gehörte, wurde er samt dem Mädchen in die Pechbrennerhütte zu dem Oheim gebracht. Der Oheim ging in den Wald hinauf und verbrannte vor Entsetzen die Waldhütte, in welcher der tote Pechbrenner mit seinem Weibe lag. Auch das Mädchen wurde von seinen Verwandten ausgekundschaftet und in der Pechbrennerhütte abgeholt. Siehst du, es ist in jenen Zeiten auch in andern Teilen der Wälder die Pest ausgebrochen, und es sind viele Menschen an ihr gestorben; aber es kamen wieder andere Tage, und die Gesundheit war wieder in unsern Gegenden. Der Knabe blieb nun bei dem Oheime in der Hütte, wurde dort größer und größer, und sie betrieben das Geschäft des Brennens von Wagenschmiere, Terpentin und andern Dingen. Als schon viele Jahre vergangen waren, als der Knabe schon beinahe ein Mann geworden war, kam einmal ein Wägelchen vor die Pechbrennerhütte gefahren. In dem Wägelchen saß eine schöne Jungfrau, die ein weißes Kleid und ein schwarzes Mäntelchen anhatte und an der Brust ein Brombeersträußlein trug. Sie hatte die Wangen, die Augen und die feinen Haare des Waldmädchens. Sie war gekommen, den Knaben zu sehen, der sie gerettet und aus dem Walde geführt hatte. Sie und der alte Vetter, der sie begleitete, baten den Jüngling, er möchte mit ihnen in das Schloß des Mädchens gehen und dort leben. Der Jüngling, der das Mädchen auch recht liebte, ging mit. Er lernte dort allerlei Dinge, wurde immer geschickter und wurde endlich der Gemahl des Mädchens, das er zur Zeit der Pest in dem Walde gefunden hatte. Siehst du, da bekam er ein Schloß, er bekam Felder, Wiesen, Wälder, Wirtschaften und Gesinde, und wie er schon in der Jugend verständig und aufmerksam gewesen war, so vermehrte und verbesserte er alles und wurde von seinen Untergebenen, von seinen Nachbarn und Freunden und von seinem Weibe geachtet und geliebt. Er starb als ein angesehener Mann, der im ganzen Lande geehrt war. Wie verschieden die Schicksale der Menschen sind. Seinen Oheim hat er oft eingeladen zu kommen, bei ihm zu wohnen und zu leben, dieser aber blieb in der Pechbrennerhütte und betrieb das Brenngeschäft fort und fort, und als der Wald immer kleiner wurde, als die Felder und Wiesen bis zu seiner Hütte vorgerückt waren, ging er tiefer in das Gehölze und trieb dort das Brennen der Wagenschmiere weiter. Seine Nachkommen, die er erhielt, als er in den Ehestand getreten war, blieben bei der nämlichen Beschäftigung, und von ihm stammt der alte Andreas ab, der auch nur ein Wagenschmierfuhrmann ist und nichts kann, als im Lande mit seinem schwarzen Fasse herumziehen und törichten Knaben, die es nicht besser verstehen, die Füße mit Wagenschmiere anstreichen."

Mit diesen Worten hörte der Großvater zu erzählen auf. Wir blieben aber noch immer auf dem Steine sitzen. Der Mond hatte immer heller und heller geschienen, die Wolken hatten sich immer länger und länger gestreckt, und ich schaute stets auf den schwarzen Vogelbeerbaum des Nachbars.

Da streckte sich das Antlitz der Großmutter aus der Tür heraus, und sie fragte, ob wir denn nicht zum Essen gehen wollten. Wir gingen nun in die Stube der Großeltern, die Großmutter tat ein schönes, aus braun- und weißgestreiftem Pflaumenholze verfertigtes Hängetischchen von der Wand herab, überdeckte es mit weißen Linnen, gab uns Teller und Eßgeräte und stellte ein Huhn mit Reis auf. Da wir aßen, sagte sie mit böser Miene, daß der Großvater noch törichter und unbesonnener sei als der Enkel, weil er zum Waschen von Wagenschmierfüßen eine grünglasierte Schüssel genommen habe, so daß man sie jetzt aus Ekel zu nichts mehr verwenden könne.

Der Großvater lächelte und sagte: „So zerbrechen wir die Schüssel, daß sie nicht einmal aus Unachtsamkeit doch genommen wird, und kaufen eine neue; es ist doch besser, als wenn der Schelm länger in der Angst geblieben wäre. Du nimmst dich ja auch um ihn an."

Bei diesen Worten zeigte er gegen den Ofen, wo in einem kleinen Wännchen meine Pechhöschen eingeweicht waren.

Als wir gegessen hatten, sagte der Großvater, daß ich nun schlafen gehen solle, und er geleitete mich selber in meine Schlafkammer. Als wir durch das Vorhaus gingen, wo ich in solche Strafe gekommen war, zwitscherten die jungen Schwalben leise in ihrem Neste wie schlaftrunken, in der großen Stube brannte ein Lämpchen auf dem Tische, das alle Samstagsnächte die ganze Nacht zu Ehren der heiligen Jungfrau brannte, in dem Schlafgemache der Eltern lag der Vater in dem Bette, hatte ein Licht neben sich und las, wie er gewöhnlich zu tun pflegte; die Mutter war nicht zu Hause, weil sie bei einer kranken Muhme war. Da wir den Vater gegrüßt hatten und er freundlich geantwortet hatte, gingen wir in das Schlafzimmer der Kinder. Die Schwester und die kleinen Brüderchen schlummerten schon. Der Großvater half mir, mich entkleiden, und er blieb bei mir, bis ich gebetet und das Deckchen über mich gezogen hatte. Dann ging er fort. Aber ich konnte nicht schlafen, sondern dachte immer an die Geschichte, die mir der Großvater erzählt hatte, ich dachte an diesen Umstand und an jenen, und es fiel mir mehreres ein, um was ich fragen müsse. Endlich machte doch die Müdigkeit ihr Recht gelten, und der Schlaf senkte sich auf die Augen. Als ich noch im halben Entschlummern war, sah ich bei dem Scheine des Lichtes, das aus dem Schlafzimmer der Eltern hereinfiel, daß die Mutter hereinging, ohne daß ich mich zu vollem Bewußtsein emporrichten konnte. Sie ging zu dem Gefäße des Weihbrunnens, netzte sich die Finger, ging zu mir, bespritzte mich und machte mir das Kreuzzeichen auf Stirn, Mund und Brust, ich erkannte, daß alles verziehen sei, und schlief nun plötzlich mit Versöhnungsfreuden, ich kann sagen, beseligt ein.

Aber der erste Schlaf ist doch kein ruhiger gewesen. Ich hatte viele Sachen bei mir, Tote, Sterbende, Pestkranke, Drillingsföhren, das Waldmädchen, den Machtbauer, des Nachbars Vogelbeerbaum, und der alte Andreas strich mir schon wieder die Füße an. Aber der Verlauf des Schlafes muß gut gewesen sein; denn als man mich erweckte, schien die Sonne durch die Fenster herein, es war ein lieblicher Sonntag, alles war festlich, wir bekamen nach dem Gebete das Festtagsfrühstück, bekamen die Festtagskleider, und als ich auf die Gasse ging, war alles rein, frisch und klar, die Dinge der Nacht waren dahin, und der Vogelbeerbaum des Nachbars war nicht halb so groß als gestern. Wir erhielten unsere Gebetbücher und gingen in die Kirche, wo wir den

Vater und Großvater auf ihren Plätzen in dem Bürgerstuhle sahen.

Seitdem sind viele Jahre vergangen, der Stein liegt noch vor dem Vaterhause, aber jetzt spielen die Kinder der Schwester darauf, und oft mag das alte Mütterlein auf ihm sitzen und nach den Weltgegenden ausschauen, in welche ihre Söhne zerstreut sind.

Wie es aber auch seltsame Dinge in der Welt gibt, die ganze Geschichte des Großvaters weiß ich, ja durch lange Jahre, wenn man von schönen Mädchen redete, fielen mir immer die feinen Haare des Waldmädchens ein: aber von den Pechspuren, die alles einleiteten, weiß ich nichts mehr, ob sie durch Waschen oder durch Abhobeln weggegangen sind, und oft, wenn ich eine Heimreise beabsichtige, nahm ich mir vor, die Mutter zu fragen, aber auch das vergaß ich jedesmal wieder.

Kalkstein

Ich erzähle hier eine Geschichte, die uns einmal ein Freund erzählt hat, in der nichts Ungewöhnliches vorkömmt und die ich doch nicht habe vergessen können. Unter zehn Zuhörern werden neun den Mann, der in der Geschichte vorkömmt, tadeln, der zehnte wird oft an ihn denken. Die Gelegenheit zu der Geschichte kam von einem Streite, der sich in der Gesellschaft von uns Freunden darüber entspann, wie die Geistesgaben an einen Menschen verteilt sein können. Einige behaupten, es könne ein Mensch mit einer gewissen Gabe außerordentlich bedacht sein und die andern doch nur in einem geringen Maße besitzen. Man wies dabei auf die sogenannten Virtuosen hin. Andere sagten, die Gaben der Seele seien immer im gleichen Maße vorhanden, entweder alle gleich groß oder gleich mittelmäßig oder gleich klein, nur hänge es von dem Geschicke ab, welche Gabe vorzüglich ausgebildet wurde, und dies rufe den Anschein einer Ungleichheit hervor. Raffael hätte unter andern Jugendeindrücken und Zeitverhältnissen statt eines großen Malers ein großer Feldherr werden können. Wieder andere meinten, wo die Vernunft als das übersinnliche Vermögen und als das höchste Vermögen des Menschen überhaupt in großer Fülle vorhanden sei, da seien es auch die übrigen untergeordneten Fähigkeiten. Das Umgekehrte gelte jedoch nicht; es könne eine niedere Fähigkeit besonders hervorragen, die höhern aber nicht. Wohl aber, wenn was immer für eine Begabung, sie sei selber hoch oder niedrig, bedeutend ist, müssen es auch die ihr untergeordneten sein. Als Grund gaben sie an, daß die niedere Fähigkeit immer die Dienerin der höhern sei und daß es ein Widersinn wäre, die höhere, gebietende Gabe zu besitzen und die niedere, dienende nicht. Endlich waren noch einige, die sagten, Gott habe die Menschen erschaffen, wie er sie erschaffen habe, man könne nicht wissen, wie er die Gaben verteilt habe, und könne darüber nicht hadern, weil es ungewiß sei, was in der Zukunft in dieser Beziehung noch zum Vorschein kommen könne. Da erzählte mein Freund seine Geschichte.

Ihr wißt alle, sagte er, daß ich mich schon seit vielen Jahren mit der Meßkunst beschäftige, daß ich in Staatsdiensten bin und daß ich mit Aufträgen dieser Art von der Regierung bald hierhin, bald dorthin gesendet wurde. Da habe ich verschiedene Landesteile und verschiedene Menschen kennengelernt. Einmal war ich in der kleinen Stadt Wengen und hatte die Aussicht, noch recht lange dort bleiben zu müssen, weil sich die Geschäfte in die Länge zogen und noch dazu mehrten. Da kam ich öfter in das nahe gelegene Dorf Schauendorf und lernte dessen Pfarrer kennen, einen vortrefflichen Mann, der die Obstbaumzucht eingeführt und gemacht hatte, daß das Dorf, das früher mit Hecken, Dickicht und Geniste umgeben war, jetzt einem Garten glich und in einer Fülle freundlicher Obstbäume dalag. Einmal war ich von ihm zu einer Kirchenfeierlichkeit geladen, und ich sagte, daß ich später kommen würde, da ich einige notwendige Arbeiten abzutun hätte. Als ich mit meinen Arbeiten fertig war, begab ich mich auf den Weg nach Schauendorf. Ich ging über die Feldhöhen hin, ich ging durch die Obstbäume, und da ich mich dem Pfarrhofe näherte, sah ich, daß das Mittagsmahl bereits begonnen haben müsse. In dem Garten, der wie bei vielen katholischen Pfarrhöfen vor dem Hause lag, war kein Mensch, die gegen den Garten gehenden Fenster waren offen, in der Küche, in die mir ein Einblick gegönnt war, waren die Mägde um das Feuer vollauf beschäftigt, und aus der Stube drang einzelnes Klappern der Teller und Klirren der Eßgeräte. Da ich eintrat, sah ich die Gäste um den Tisch sitzen und ein unberührtes Gedecke für mich aufbewahrt. Der Pfarrer führte mich zu demselben hin und nötigte mich zum Sitzen. Er sagte, er wolle mir die anwesenden Mitglieder nicht vorstellen und ihren Namen nicht nennen, einige seien mir ohnehin bekannt, andere würde ich im Verlaufe des Essens schon kennenlernen, und die übrigen würde er mir, wenn wir aufgestanden wären, nennen. Ich setzte mich also nieder, und was der Pfarrer vorausgesagt hatte, geschah. Ich wurde mit manchem Anwesenden bekannt, von manchem erfuhr ich Namen und Verhältnisse, und da die Gerichte sich ablöseten und der Wein die Zungen öffnete, war manche junge Bekanntschaft schon wie eine alte. Nur ein einziger Gast war nicht zu erkennen. Lächelnd und freundlich saß er da, er hörte aufmerksam alles an, er wandte immer das Angesicht der Gegend, wo eifrig gesprochen wurde, zu, als ob ihn eine Pflicht dazu antriebe, seine Mienen gaben allen Redenden recht, und wenn an einem andern Orte das Gespräch wieder lebhafter wurde, wandte er sich dorthin und hörte zu. Selber aber sprach er kein Wort. Er saß ziemlich weit unten, und seine schwarze Gestalt ragte über das weiße Linnengedecke der Tafel empor, und obwohl er nicht groß war, so richtete er sich nie vollends auf, als hielte er das für unschicklich. Er hatte den Anzug eines armen Landgeistlichen. Sein Rock war sehr abgetragen, die Fäden waren daran sichtbar, er glänzte an manchen Stellen, und an andern hatte er die schwarze Farbe verloren und war rötlich oder fahl. Die Knöpfe daran waren von starkem Bein. Die schwarze Weste war sehr lang und hatte ebenfalls beinerne Knöpfe. Die zwei winzig kleinen Läppchen von weißer Farbe – das einzige Weiße, das er an sich hatte –, die über sein schwarzes Halstuch herabgingen, bezeugten seine Würde. Bei den Ärmeln gingen, wie er so saß, manchmal ein ganz klein wenig eine Art Handkrausen hervor, die er immer bemüht war, wieder heimlich zurückzuschieben. Vielleicht waren sie in einem Zustande, daß er sich ihrer ein wenig hätte schämen müssen. Ich sah, daß er von keiner Speise viel nahm und dem Aufwärter, der sie darreichte, immer höflich dankte. Als der Nachtisch kam, nippte er kaum von dem besseren Weine, nahm von dem Zuckerwerke nur kleine Stückchen und legte nichts auf seinen Teller heraus, wie doch die andern taten, um nach der Sitte ihren Angehörigen eine kleine Erinnerung zu bringen.

Dieser Eigenheiten willen fiel mir der Mann auf.

Als das Mahl vorüber war und die Gäste sich erhoben hatten, konnte ich auch den übrigen Teil seines Körpers betrachten. Die Beinkleider waren von demselben Stoffe und in demselben Zustande wie der Rock, sie reichten bis unter die Knie und waren dort durch Schnallen zusammengehalten. Dann folgten schwarze Strümpfe, die aber fast grau waren. Die Füße standen in weiten Schuhen, die große Schnallen hatten. Sie waren von starkem Leder und hatten dicke Sohlen. So angezogen stand der Mann, als sich Gruppen zu Gesprächen gebildet hatten, fast allein da, und sein Rücken berührte beinahe den Fensterpfeiler. Sein körperliches Aussehen stimmte zu seinem Anzuge. Er hatte ein längliches, sanftes, fast eingeschüchtertes Angesicht mit sehr schönen, klaren blauen Augen. Die braunen Haare gingen schlicht gegen hinten zusammen, es zogen sich schon weiße Fäden durch sie, die anzeigten, daß er sich bereits den fünfzig Jahren nähere oder daß er Sorge und Kummer gehabt haben müsse.

Nach kurzer Zeit suchte er aus einem Winkel ein spanisches Rohr hervor, das einen schwarzen Beinknopf hatte, wie die an seinen Kleidern waren, näherte sich dem Hausherrn und begann Abschied zu nehmen. Der Hausherr fragte ihn, ob er denn schon gehen wolle, worauf er antwortete, es sei für ihn schon Zeit, er habe vier Stunden nach seinem Pfarrhofe zu gehen und seine Füße seien nicht mehr so gut wie in jüngeren Jahren. Der Pfarrer hielt ihn nicht auf. Er empfahl sich allseitig, ging zur Tür hinaus, und gleich darauf sahen wir ihn durch die Kornfelder dahinwandeln, den Hügel, der das Dorf gegen Sonnenuntergang begrenzte, hinansteigen und dort gleichsam in die glänzende Nachmittagsluft verschwinden.

Ich fragte, wer der Mann wäre, und erfuhr, daß er in einer armen Gegend Pfarrer sei, daß er schon sehr lange dort sei, daß er nicht wegverlange und daß er selten das Haus verlasse, außer bei einer sehr dringenden Veranlassung. –

Es waren seit jenem Gastmahle viele Jahre vergangen, und ich hatte den Mann vollständig vergessen, als mich mein Beruf einmal in eine fürchterliche Gegend rief. Nicht daß Wildnisse, Schlünde, Abgründe, Felsen und stürzende Wässer dort gewesen wären – das alles zieht mich eigentlich an –, sondern es waren nur sehr viele kleine Hügel da, jeder Hügel bestand aus nacktem grauem Kalksteine, der aber nicht, wie es oft bei diesem Gesteine der Fall ist, zerrissen war oder steil abfiel, sondern in rundlichen, breiten Gestalten auseinanderging und an seinem Fuß eine lange gestreckte Sandbank um sich herum hatte. Durch diese Hü-

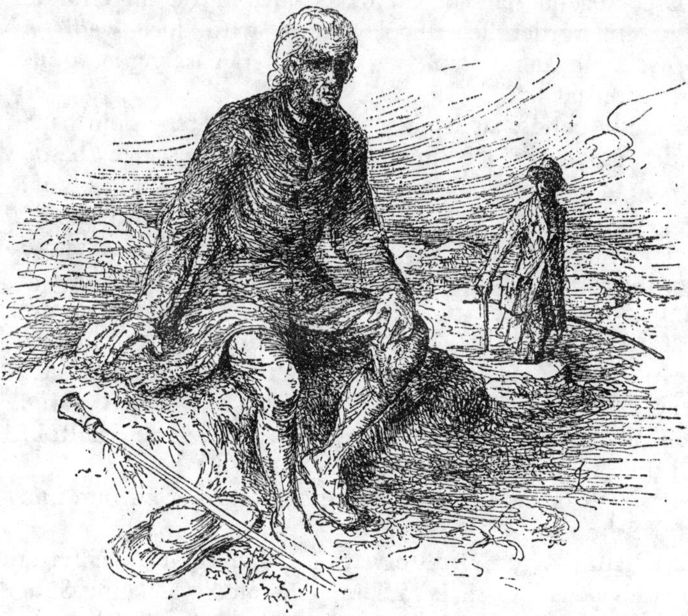

gel ging in großen Windungen ein kleiner Fluß namens Zirder. Das Wasser des Flusses, das in der grauen und gelben Farbe des Steines und Sandes durch den Widerschein des Himmels oft dunkelblau erschien, dann die schmalen grünen Streifen, die oft am Saume des Wassers hingingen, und die andern einzelnen Rasenflecke, die in dem Gesteine hie und da lagen, bildeten die ganze Abwechslung und Erquickung in dieser Gegend.

Ich wohnte in einem Gasthofe, der in einem etwas besseren und darum sehr entfernten Teile der Gegend lag. Es ging dort eine Straße über eine Anhöhe und führte, wie das in manchen Gegenden der Fall ist, den Namen Hochstraße, welchen Namen auch der Gasthof hatte. Um nicht durch Hinundhergehen zu viele Zeit zu verlieren, nahm ich mir immer kalte Speisen und Wein auf meinen Arbeitsplatz mit und aß erst am Abende mein Mittagsmahl. Einige meiner Leute wohnten auch in dem Gasthofe, die andern richteten sich ein, wie es ging, und bauten sich kleine hölzerne Hüttchen in dem Steinlande.

Die Gegend namens Steinkar, obwohl sie im Grunde nicht außerordentlich abgelegen ist, wird doch wenigen Menschen bekannt sein, weil keine Veranlassung ist, dorthin zu reisen.

Eines Abends, als ich von meinen Arbeiten allein nach Hause ging, weil ich meine Leute vorausgeschickt hatte, sah ich meinen armen Pfarrer auf einem Sandhaufen sitzen. Er hatte seine großen Schuhe fast in den Sand vergraben, und auf den Schößen seines Rockes lag Sand. Ich erkannte ihn in dem Augenblicke. Er war ungefähr so gekleidet wie damals, als ich ihn zum ersten Male gesehen hatte. Seine Haare waren jetzt viel grauer, als hätten sie sich beeilt, diese Farbe anzunehmen, sein längliches Angesicht hatte deutliche Falten bekommen, und nur die Augen waren blau und klar wie früher. An seiner Seite lehnte das Rohr mit dem schwarzen Beinknopfe.

Ich hielt in meinem Gange inne, trat näher zu ihm und grüßte ihn.

Er hatte keinen Gruß erwartet, daher stand er eilfertig auf und bedankte sich. In seinen Mienen war keine Spur vorhanden, daß er mich erkenne; es konnte auch nicht sein; denn bei jenem Gastmahle hat er mich gewiß viel weniger betrachtet als ich ihn. Er blieb nur so vor mir stehen und sah mich an. Ich sagte daher, um ein Gespräch einzuleiten: „Euer Ehrwürden werden mich nicht mehr kennen."

„Ich bin nicht der Ehre teilhaftig", antwortete er.

„Aber ich habe die Ehre gehabt", sagte ich, auf den Ton seiner Höflichkeit eingehend, „mit Euer Ehrwürden an ein und derselben Tafel zu speisen."

„Ich kann mich nicht mehr erinnern", erwiderte er.

„Euer Ehrwürden sind doch derselbe Mann", sagte ich, „der einmal vor mehreren Jahren auf einem Kirchenfeste bei dem Pfarrer zu Schauendorf war und nach dem Speisen der erste fortging, weil er, wie er sagte, vier Stunden bis zu seinem Pfarrhofe zu gehen hätte?"

„Ja, ich bin derselbe Mann“, antwortete er, „ich bin vor acht Jahren zu der hundertjährigen Jubelfeier der Kircheneinweihung nach Schauendorf gegangen, weil es sich gebührt hat, ich bin bei dem Mittagsessen geblieben, weil mich der Pfarrer eingeladen hat, und bin der erste nach dem Essen fortgegangen, weil ich vier Stunden nach Hause zurückzulegen hatte. Ich bin seither nicht mehr nach Schauendorf gekommen.“

„Nun, an jener Tafel bin ich auch gesessen“, sagte ich, „und habe Euer Ehrwürden heute sogleich erkannt.“

„Das ist zu verwundern – nach so vielen Jahren“, sagte er.

„Mein Beruf bringt es mit sich“, erwiderte ich, „daß ich mit vielen Menschen verkehre und sie mir merke, und da habe ich denn im Merken eine solche Fertigkeit erlangt, daß ich auch Menschen wiedererkenne, die ich vor Jahren und auch nur ein einziges Mal gesehen habe. Und in dieser abscheulichen Gegend haben wir uns wieder gefunden.“

„Sie ist, wie sie Gott erschaffen hat“, antwortete er, „es wachsen hier nicht so viele Bäume wie in Schauendorf, aber manches Mal ist sie auch schön, und zuweilen ist sie schöner als alle andern in der Welt.“

Ich fragte ihn, ob er in der Gegend ansässig sei, und er antwortete, daß er siebenundzwanzig Jahre Pfarrer in dem Kar sei. Ich erzählte ihm, daß ich hieher gesendet worden sei, um die Gegend zu vermessen, daß ich die Hügel und Täler aufnehme, um sie auf dem Papier verkleinert darzustellen, und daß ich in der Hochstraße draußen wohne. Als ich ihn fragte, ob er oft hieherkomme, erwiderte er: „Ich gehe gerne heraus, um meine Füße zu üben, und sitze dann auf einem Stein, um die Dinge zu betrachten.“

Wir waren während dieses Gespräches ins Gehen gekommen, er ging an meiner Seite, und wir redeten noch von manchen gleichgültigen Dingen, vom Wetter, von der Jahreszeit, wie diese Steine besonders geeignet seien, die Sonnenstrahlen einzusaugen und von anderem.

Waren seine Kleider schon bei jenem Gastmahle schlecht gewesen, so waren sie jetzt womöglich noch schlechter. Ich konnte mich nicht erinnern, seinen Hut damals gesehen zu haben, jetzt aber mußte ich wiederholt auf ihn hinblicken; denn es war nicht ein einziges Härchen auf ihm.

Als wir an die Stelle gelangt waren, wo sein Weg sich von dem meinigen trennte und zu seinem Pfarrhofe in das Kar hinabführte, nahmen wir Abschied und sprachen die Hoffnung aus, daß wir uns nun öfter treffen würden.

Ich ging auf meinem Wege nach der Hochstraße dahin und dachte immer an den Pfarrer. Die ungemeine Armut, wie ich sie noch niemals bei einem Menschen oberhalb des Bettlerstandes angetroffen habe, namentlich nicht bei solchen, die andern als Muster der Reinlichkeit und Ordnung vorzuleuchten haben, schwebte mir beständig vor. Zwar war der Pfarrer beinahe ängstlich reinlich, aber gerade diese Reinlichkeit hob die Armut noch peinlicher hervor und zeigte die Lockerheit der Fäden, das Unhaltbare und Wesenlose dieser Kleidung. Ich sah noch auf die Hügel, welche nur mit Stein bedeckt waren, ich sah noch auf die Täler, in welchen sich nur die langen Sandbänke dahinzogen, und ging dann in meinen Gasthof, um den Ziegenbraten zu verzehren, den sie mir dort öfter vorsetzten.

Ich fragte nicht um den Pfarrer, um keine rohe Antwort zu bekommen.

Von nun an kam ich öfter mit dem Pfarrer zusammen. Da ich den ganzen Tag in dem Steinkar war und abends noch öfter in demselben herumschlenderte, um verschiedene Richtungen und Abteilungen kennenzulernen, da er auch zuweilen herauskam, so konnte es nicht fehlen, daß wir uns trafen. Wir kamen auch einige Male zu Gesprächen. Er schien nicht ungerne mit mir zusammenzutreffen, und ich sah es auch gerne, wenn ich mit ihm zusammenkam. Wir gingen später öfter miteinander in den Steinen herum oder saßen auf einem und betrachteten die andern. Er zeigte mir manches Tierchen, manche Pflanze, die der Gegend eigentümlich waren, er zeigte mir die Besonderheiten der Gegend und machte mich auf die Verschiedenheiten mancher Steinhügel aufmerksam, die der sorgfältigste Beobachter für ganz gleich gebildet angesehen haben würde. Ich erzählte ihm von meinen Reisen, zeigte ihm unsere Werkzeuge und erklärte ihm bei Gelegenheit unserer Arbeiten manchmal deren Gebrauch.

Ich kam nach der Zeit auch einige Male mit ihm in seinen Pfarrhof hinunter. Wo das stärkste Gestein sich ein wenig auflöset, gingen wir über eine sanftere Abdachung gegen das Kar hinab. An dem Rande der Gesteine lag eine Wiese, es standen mehrere Bäume darauf, unter ihnen eine schöne, große Linde, und hinter der Linde stand der Pfarrhof. Er war damals ein weißes Gebäude mit einem Stockwerke, das sich von dem freundlicheren Grün der Wiese, von den Bäumen und von dem Grau der Steine schön abhob. Das Dach war mit Schindeln gedeckt. Die Dachfenster waren mit Türchen versehen, und die Fenster des Hauses waren mit grünen Flügelbalken zu schließen. Weiter zurück, wo die Landschaft einen Winkel macht, stand gleichsam in die Felsen versteckt die Kirche mit dem rot angestrichenen Kirchturmdache. In einem anderen Teile des Kar stand in einem dürftigen Garten die Schule. Diese drei einzigen Gebäude waren das ganze Kar. Die übrigen Behausungen waren in der Gegend zerstreut. An manchem Stein gleichsam angeklebt lag eine Hütte mit einem Gärtchen mit Kartoffeln oder Ziegenfutter. Weit draußen gegen das Land hin lag auch ein fruchtbarerer Teil, der zu der Gemeinde gehörte und der auch Acker-, Wiesen- und Kleegrund hatte.

Im Angesichte der Fenster des Pfarrhofes ging am Rande der Wiese die Zirder vorüber, und über den Fluß führte ein hoher Steg, der sich gegen die Wiese herabsenkte. Die Wiesenfläche war nicht viel höher als das Flußbett. Dieses Bild des hohen Steges über den einsamen Fluß war nebst der Steingegend das einzige, das man von dem Pfarrhofe sehen konnte.

Wenn ich mit dem Pfarrer in sein Haus ging, führte er mich nie in das obere Stockwerk, sondern er geleitete mich stets durch ein geräumiges Vorhaus in ein kleines Stüblein. Das Vorhaus war ganz leer, nur in einer Mauervertiefung, die sehr breit, aber seicht war, stand eine lange hölzerne Bank. Auf der Bank lag immer, sooft ich den Pfarrhof besuchte, eine Bibel, ein großes, in starkes Leder gebundenes Buch. In dem Stüblein war nur ein weicher, unangestrichener Tisch, um ihn einige Sesseln derselben Art, dann an der Wand eine hölzerne Bank und zwei gelb angestrichene Schreine. Sonst war nichts vorhanden, man müßte nur ein kleines, sehr schön aus Birnholz geschnitztes mittelalterliches Kruzifix hieher rechnen, das über dem ebenfalls kleinen Weihbrunnenkessel an dem Türpfosten hing.

Bei diesen Besuchen machte ich eine seltsame Entdekkung. Ich hatte schon in Schauendorf bemerkt, daß der arme Pfarrer immer heimlich die Handkrausen seines Hemdes in die Rockärmel zurückschiebe, als hätte er sich ihrer zu schämen. Dasselbe tat er auch jetzt immer. Ich machte daher genauere Beobachtungen und kam darauf, daß er sich seiner Handkrausen keineswegs zu schämen habe, sondern daß er, wie mich auch andere Einblicke in seine Kleidung belehrten, die feinste und schönste Wäsche trug, welche ich jemals auf Erden gesehen hatte. Diese Wäsche war auch immer in der untadelhaftesten Weiße und Reinheit, wie man es nach dem Zustande seiner Kleider nie vermutet hätte. Er mußte also auf die Besorgung dieses Teiles die größte Sorgfalt verwenden. Da er nie davon sprach, schwieg ich auch darüber, wie sich wohl von selber versteht.

Unter diesem Verkehre ging ein Teil des Sommers dahin.

Eines Tages war in den Steinen eine besondere Hitze. Die Sonne hatte zwar den ganzen Tag nicht ausgeschienen, aber dennoch hatte sie den matten Schleier, der den ganzen Himmel bedeckte, so weit durchdrungen, daß man ihr blasses Bild immer sehen konnte, daß um alle Gegenstände des Steinlandes ein wesenloses Licht lag, dem kein Schatten beigegeben war, und daß die Blätter der wenigen Gewächse, die zu sehen waren, herabhingen; denn obgleich kaum ein halbes Sonnenlicht durch die Nebelschichte der Kuppel drang, war doch eine Hitze, als wären drei Tropensonnen an heiterem Himmel und brennten alle drei nieder. Wir hatten sehr viel gelitten, so daß ich meine Leute kurz nach zwei Uhr entließ. Ich setzte mich unter einen Steinüberhang, der eine Art Höhle bildete, in welcher es bedeutend kühler war als draußen in der freien Luft. Ich verzehrte dort mein Mittagsmahl, trank meinen eingekühlten Wein und las dann. Gegen Abend wurde die Wolkenschicht nicht zerrissen, wie es doch an solchen Tagen sehr häufig geschieht, sie wurde auch nicht dichter, sondern lag in derselben gleichmäßigen Art wie den ganzen Tag über den Himmel. Ich ging daher sehr spät aus der Höhle; denn so wie die Schleierdecke am Himmel sich nicht geändert hatte, so war die Hitze auch kaum minder geworden, und man hatte in der Nacht keinen Tau zu erwarten. Ich wandelte sehr langsam durch die Hügel dahin, da sah ich den Pfarrer in den Sandlehnen daherkommen und den Himmel betrachten. Wir näherten uns und grüßten uns. Er fragte mich, wo wir heute gearbeitet hätten, und ich sagte es ihm. Ich erzählte ihm auch, daß ich in der Höhle gelesen habe, und zeigte ihm das Buch. Hierauf gingen wir miteinander in dem Sande weiter.

Nach einer Weile sagte er: „Es wird nicht mehr möglich sein, daß Sie die Hochstraße erreichen."

„Wieso?" fragte ich.

„Weil das Gewitter ausbrechen wird", antwortete er.

Ich sah nach dem Himmel. Die Wolkendecke war eher dichter geworden, und auf allen kahlen Steinflächen, die wir sehen konnten, lag ein sehr sonderbares bleifarbenes Licht.

„Daß ein Gewitter kommen wird", sagte ich, „war wohl den ganzen Tag zu erwarten, allein wie bald die Dunstschichten sich verdichten, erkühlen, den Wind und die Elektrizität erzeugen und sich herabschütten wird, kann man, glaube ich, nicht ermessen."

„Man kann es wohl nicht genau sagen", antwortete er, „allein ich habe siebenundzwanzig Jahre in der Gegend gelebt, habe Erfahrungen gesammelt, und nach ihnen wird das Gewitter eher ausbrechen, als man denkt, und wird sehr stark sein. Ich glaube daher, daß es das beste wäre, wenn Sie mit mir in meinen Pfarrhof gingen und die Nacht heute dort zubrächten. Der Pfarrhof ist so nahe, daß wir ihn noch leicht erreichen, wenn wir auch das Gewitter schon deutlich an dem Himmel sehen, dort sind Sie sicher und können morgen an Ihre Geschäfte gehen, sobald es Ihnen beliebt."

Ich erwiderte, daß es desohngeachtet nicht unmöglich sei, daß aus der Dunstschicht sich auch nur ein Landregen entwickle. In diesem Falle sei ich geborgen; ich habe ein Mäntelchen aus Wachstaffet bei mir, das dürfe ich nur aus der Tasche ziehen und umhängen, und der Regen könne mir nichts anhaben. Ja, wenn ich auch ohne diesen Schutz wäre, so sei ich in meinem Amte schon so oft vom Regen durchnäßt worden, daß ich, um ein derartiges Ereignis zu vermeiden, nicht jemanden zur Last sein und Unordnung in sein Hauswesen bringen möchte. Sollte aber wirklich ein Gewitter bevorstehen, das Platzregen oder Hagel oder gar einen Wolkenbruch bringen könnte, dann nähme ich sein Anerbieten dankbar an und bitte um einen Unterstand für die Nacht, aber ich mache die Bedingung, daß es wirklich nichts weiter sei als ein Unterstand, daß er sich in seinem Hause nicht beirren lasse und sich weiter keine Last auferlege, als daß er mir ein Plätzchen unter Dach und Fach gäbe; denn ich bedürfe nichts als ein solches Plätzchen. Übrigens führe unser Weg noch ein gutes Stück auf demselben gemeinschaftlichen Pfade dort, da könnten wir die Frage verschieben, indessen den Himmel betrachten und zuletzt nach der Gestalt der Sache entscheiden.

Er willigte ein und sagte, daß, wenn ich bei ihm bliebe, ich nicht zu fürchten hätte, daß er sich eine Last auferlege, ich wisse, daß es bei ihm einfach sei, und es werde keine andere Anstalt gemacht werden, als die notwendig sei, daß ich die Nacht bei ihm zubringen könnte.

Nachdem wir diesen Vertrag geschlossen hatten, gingen wir auf unserem Wege weiter. Wir gingen sehr langsam, teils der Hitze wegen, teils weil es von jeher schon so unsere Gewohnheit war.

Plötzlich flog ein schwacher Schein um uns, unter dem die Felsen erröteten.

Es war der erste Blitz gewesen, der aber stumm war und dem kein Donner folgte.

Wir gingen weiter. Nach einer Weile folgten mehrere Blitze, und da der Abend bereits ziemlich dunkel geworden war und da die Wolkenschichte auch einen dämmernden Einfluß ausübte, stand unter jedem Blitze der Kalkstein in rosenroter Farbe vor uns.

Als wir zu der Stelle gelangt waren, an welcher unsere Wege sich teilten, blieb der Pfarrer stehen und sah mich an. Ich gab zu, daß ein Gewitter komme, und sagte, daß ich mit ihm in seinen Pfarrhof gehen wolle.

Wir schlugen also den Weg in das Kar ein und gingen über den sanften Steinabhang in die Wiese hinunter.

Als wir bei dem Pfarrhofe angelangt waren, setzten wir uns noch ein wenig auf das hölzerne Bänklein, das vor dem Hause stand. Das Gewitter hatte sich nun vollständig entwickelt und stand als dunkle Mauer an dem Himmel. Nach einer Weile entstanden auf der gleichmäßigen dunkelfarbigen Gewitterwand weiße, laufende Nebel, die in langen, wulstigen Streifen die untern Teile der Wolkenwand säumten. Dort war also vielleicht schon Sturm, während bei uns sich noch kein Gräschen und kein Laub rührte. Solche laufende, gedunsene Nebel sind bei Gewittern oft schlimme Anzeichen, sie verkünden immer Windausbrüche, oft Hagel und Wasserstürze. Den Blitzen folgten nun auch schon deutliche Donner.

Endlich gingen wir in das Haus.

Der Pfarrer sagte, daß es seine Gewohnheit sei, bei nächtlichen Gewittern ein Kerzenlicht auf den Tisch zu stellen und bei dem Lichte ruhig sitzen zu bleiben, solange das Gewitter dauere. Bei Tage sitze er ohne Licht bei dem Tische. Er fragte mich, ob er auch heute seiner Sitte treu bleiben dürfe. Ich erinnerte ihn an sein Versprechen, sich meinetwegen nicht die geringste Last aufzulegen. Er führte mich also durch das Vorhaus in das bekannte Stüblein und sagte, daß ich meine Sachen ablegen möchte.

Ich trug gewöhnlich an einem ledernen Riemen ein Fach über die Schulter, in welchem Werkzeuge zum Zeichnen, Zeichnungen und zum Teil auch Meßwerkzeuge waren. Neben dem Fache war eine Tasche befestigt, in der sich meine kalten Speisen, mein Wein, mein Trinkglas und meine Vorrichtung zum Einkühlen des Weines befanden. Diese Dinge legte ich ab und hing sie über die Lehne eines in einer Ecke stehenden Stuhles. Meinen langen Meßstab lehnte ich an einen der gelben Schreine.

Der Pfarrer war indessen hinausgegangen und kam nun mit einem Lichte in der Hand herein. Es war ein Talglicht, welches in einem messingenen Leuchter stak. Er stellte den Leuchter auf den Tisch und legte eine messingene Lichtschere dazu. Dann setzten wir uns beide an den Tisch, blieben sitzen und erwarteten das Gewitter.

Dasselbe schien nicht mehr lange ausbleiben zu wollen. Als der Pfarrer das Licht gebracht hatte, war die wenige

Helle, die von draußen noch durch die Fenster hereingekommen war, verschwunden, die Fenster standen wie schwarze Tafeln da, und die völlige Nacht war hereingebrochen. Die Blitze waren schärfer und erleuchteten trotz des Kerzenlichtes bei jedem Aufflammen die Winkel des Stübleins. Die Donner wurden ernster und dringender. So blieb es eine lange Weile. Endlich kam der erste Stoß des Gewitterwindes. Der Baum, welcher vor dem Hause stand, schauerte einen Augenblick leise, wie von einem kurz abgebrochenen Lüftchen getroffen, dann war es wieder stille. Über ein kleines kam das Schauern abermals, jedoch länger und tiefer. Nach einem kurzen Zeitraume geschah ein starker Stoß, alle Blätter rauschten, die Äste mochten zittern, nach der Art zu urteilen, wie wir den Schall herein vernahmen, und nun hörte das Tönen gar nicht mehr auf. Der Baum des Hauses, die Hecken und dasselbe und alle Gebüsche und Bäume der Nachbarschaft waren in einem einzigen Brausen befangen, das nur abwechselnd abnahm und schwoll. Dazwischen schallten die Donner. Sie schallten immer schneller und immer heller. Doch war das Gewitter noch nicht da. Zwischen Blitz und Donner war noch eine Zeit, und die Blitze, so hell sie waren, waren doch keine Schlangen, sondern nur ein ausgebreitetes allgemeines Aufleuchten.

Endlich schlugen die ersten Tropfen an die Fenster. Sie schlugen stark und einzeln gegen das Glas, aber bald kamen Genossen, und in kurzem strömte der Regen in Fülle herunter. Er wuchs schnell, gleichsam rauschend und jagend, und wurde endlich dergestalt, daß man meinte, ganze zusammenhängende Wassermengen fielen auf das Haus hernieder, das Haus dröhne unter dem Gewichte und man empfinde das Dröhnen und Ächzen herein. Kaum das Rollen des Donners konnte man vor dem Strömen des Wassers hören, das Strömen des Wassers wurde ein zweites Donnern. Das Gewitter war endlich über unserem Haupte. Die Blitze fuhren wie feurige Schnüre hernieder, und den Blitzen folgten schnell und heiser die Donner, die jetzt alles andere Brüllen besiegten und in ihren tieferen Enden und Ausläufen das Fensterglas erzittern und klirren machten.

Ich war nun froh, daß ich dem Rate des Pfarrers gefolgt

hatte. Ich hatte selten ein solches Gewitter erlebt. Der Pfarrer saß ruhig und einfach an dem Tische des Stübleins, und das Licht der Talgkerze beleuchtete seine Gestalt.

Zuletzt geschah ein Schlag, als ob er das ganze Haus aus seinen Fugen heben und niederstürzen wollte, und gleich darauf wieder einer. Dann war ein Weilchen Anhalten, wie es oft bei solchen Erscheinungen der Fall ist, der Regen zuckte einen Augenblick ab, als ob er erschrocken wäre, selbst der Wind hielt inne. Aber es wurde bald wieder wie früher; allein die Hauptmacht war doch gebrochen, und alles ging gleichmäßiger fort. Nach und nach milderte sich das Gewitter, der Sturm war nur mehr ein gleichartiger Wind, der Regen war schwächer, die Blitze leuchteten blässer, und der Donner rollte matter, gleichsam landauswärts gehend.

Als endlich das Regnen nur ein einfaches Niederrinnen war und das Blitzen ein Nachleuchten, stand der Pfarrer auf und sagte: „Es ist vorüber."

Er zündete sich ein Stümpfchen Licht an und ging hinaus. Nach einer Weile kam er wieder herein und trug auf einem Eßbrette mehrere Dinge, die zu dem Abendmahle bestimmt waren. Er setzte von dem Eßbrette ein Krüglein mit Milch auf den Tisch und goß aus demselben zwei Gläser voll. Dann setzte er auf einem grünglasierten Schüsselchen Erdbeeren auf und auf einem Teller mehrere Stücke schwarzen Brotes. Als Bestecke legte er auf jeden Platz ein Messer und ein kleines Löffelchen, dann trug er das Eßbrett wieder hinaus.

Als er hereingekommen war, sagte er: „Das ist unser Abendmahl, lassen Sie es sich genügen."

Er trat zu dem Tisch, faltete die Hände und sprach bei sich einen Segen, ich tat desgleichen, und nun setzten wir uns zu unserem Abendessen nieder. Die Milch tranken wir aus den Gläsern, von dem schwarzen Brote schnitten wir uns Stückchen mit dem Messer und aßen die Erdbeeren mit dem Löffelchen. Da wir fertig waren, sprach er wieder mit gefalteten Händen ein Dankgebet, holte das Eßbrett und trug die Reste wieder fort.

Ich hatte in meiner Tasche noch Teile von meinem Mittagmahle und in meiner Flasche noch Wein. Ich sagte daher: „Wenn Euer Ehrwürden erlauben, so nehme ich die Überbleibsel meines heutigen Mittagessens aus meinem Ränzchen heraus, weil sie sonst verderben würden."

„Tun Sie nur nach Ihrem Gefallen", antwortete er.

Ich nahm daher meine Tasche und sagte: „Da sehen Euer Ehrwürden auch zugleich, wie ich bei meinem Wanderleben Tafel halte und wie mein Trink- und Eßgeschirr beschaffen ist."

„Sie müssen wissen", fuhr ich fort, „daß, sosehr man das Wasser und insbesonders das Gebirgswasser lobt, und so nützlich und herrlich dieser Stoff auch in dem großen Haushalte der Natur ist, dennoch, wenn man tagelang auf offenem Felde im Sonnenscheine arbeitet oder in heißen Steinen und heißem Sande herumgeht oder in Klippen klettert, ein Trunk Wein mit Wasser ungleich mehr labt und Kraft gibt als das lautere, auserlesenste Wasser der Welt. Das lernte ich bei meinem Amte bald kennen und versah mich daher stets bei allen meinen Reisen mit Wein. Aber nur guter Wein ist es, der gute Dienste leistet. Ich hatte mir daher auch auf die Hochstraße einen reinen, guten Wein kommen lassen und nehme täglich einen Teil mit in meine Steinhügel."

Der arme Pfarrer sah mir zu, wie ich meine Vorrichtungen auseinanderpackte. Er betrachtete die kleinen blechernen Tellerchen, deren mehrere in eine unbedeutende flache Scheibe zusammenzupacken waren. Ich stellte die Tellerchen auf den Tisch. Dazu tat ich von meinem Fache Messer und Gabeln. Dann schnitt ich Scheibchen von feinem weißen Weizenbrote, das ich wöchentlich zweimal kommen ließ, dann Scheibchen von Schinken, von kaltem Braten und Käse. Das breitete ich auf den Tellern aus. Hierauf bat ich ihn um eine Flasche Wassers; denn das allein, sagte ich, führe ich nicht mit mir, da ich es in der Natur überall finden müsse. Als er in einem Kruge Wasser gebracht hatte, legte ich meine Trinkvorrichtungen auseinander. Ich tat die Flasche, die noch halb voll Wein war, heraus, ich stellte die zwei Gläser – eines habe ich immer zum Vorrate – auf den Tisch, und dann zeigte ich ihm, wie ich den Wein kühle. Das Glas wird in ein Fach von sehr lockerem Stoffe gestellt, der Stoff mit einer sehr dünnen Flüssigkeit, die Äther heißt und die ich in einem Fläschchen immer mitführe, befeuchtet, welche Flüssigkeit sehr schnell und heftig verdünstet und dabei eine Kälte erzeugt, daß der Wein frischer wird, als wenn er eben von dem Keller käme, ja als ob er sogar in Eis stünde. Da ich auf diese Weise zwei Gläser Wein aufgefrischt, mit Wasser vermischt und eins auf seinen Platz gestellt hatte, lud ich ihn ein, mit mir zu speisen.

Er nahm, gleichsam um meiner Einladung Ehre anzutun, ein winziges Bißchen von den Dingen, nippte an dem Glase und war nicht mehr zu bewegen, etwas Weiteres zu nehmen.

Ich aß von den aufgestellten Speisen nun auch nur sehr weniges und packte dann alles wieder zusammen, indem ich mich der Unhöflichkeit, die ich eigentlich in der Übereilung begangen hatte, schämte.

Ich tat schnell einen Blick in das Angesicht des Pfarrers; aber es sprach sich nicht der kleinste Zug von Unfreundlichkeit aus.

Da der Tisch leer war, saßen wir noch eine Zeit bei der Talgkerze und sprachen. Dann schritt der Pfarrer daran, mein Bett zu bereiten. Er trug eine große wollene Decke herein, legte sie vierfach zusammen und tat sie auf die Bank, die an der Mauer stand. Aus einer ähnlichen Decke machte er ein Kissen. Dann öffnete er einen der gelben Schreine, nahm ein Leintuch von außerordentlicher Schönheit, Feinheit und Weiße heraus, tat es auseinander und breitete es über mein Lager. Als ich bei dem schwachen Scheine der Kerze die ungemeine Trefflichkeit des Linnenstückes gesehen und dann unwillkürlich meine Augen auf ihn gewendet hatte, errötete er in seinem Angesichte.

Als Hülle für meinen Körper legte er eine dritte Wolldecke auf das Lager.

„Das ist Ihr Bett, so gut ich es machen kann“, sagte er, „Sie dürfen nur sagen, wann Sie bereitet sind, die Ruhe zu suchen.“

„Das lasse ich Euer Ehrwürden über“, antwortete ich, „wann Sie zum Schlafen Ihre Zeit haben, richten Sie sich nach derselben. Ich bin an keine Stunde gebunden, meine

Lebensweise bringt es mit sich, daß ich bald kurz, bald lang schlafe, bald früher, bald später mein Lager suche."

„Auch ich bin keiner Zeit untertan", erwiderte er, „und kann den Schlummer nach meinen Pflichten einrichten; aber da es wegen des Gewitters heute später geworden ist als sonst, da Sie morgen gewiß sehr bald aufstehen und wahrscheinlich in die Hochstraße gehen werden, um manches zu holen, so dächte ich, wäre Ruhe das beste, und wir sollten sie suchen."

„Ich stimme Ihnen vollständig bei, Herr Pfarrer", sagte ich.

Nach diesem Gespräche verließ er das Stüblein, und ich dachte, er habe sich nach seiner Schlafkammer begeben. Ich entkleidete mich daher, so weit ich es immer gewohnt bin, und legte mich auf mein Bett. Eben wollte ich das Licht, das ich auf einen Stuhl neben meinem Bette gestellt hatte, auslöschen, als der Pfarrer wieder hereintrat. Er hatte sich umgekleidet und trug jetzt grauwollene Strümpfe, grauwollene Beinkleider und eine grauwollene Jacke. Schuhe hatte er nicht, sondern er ging auf den Strümpfen. So trat er in das Stüblein.

„Sie haben sich schon zur Ruhe gelegt", sagte er, „ich bin gekommen, Ihnen eine gute Nacht zu sagen und dann auch den Schlaf zu suchen. Also schlummern Sie wohl, wie es auf dem Bette möglich ist."

„Ich werde gut schlafen", erwiderte ich, „und wünsche Ihnen ein gleiches."

Nach diesen Worten ging er zu dem Weihbrunnenkessel, der unter dem kleinen, schön geschnitzten Kruzifixe hing, besprengte sich mit Tropfen des Wassers und verließ das Stüblein.

Ich sah bei dem Lichte meiner Kerze, wie er in dem geräumigen Vorhause sich auf die hölzerne Bank, die in der flachen Nische stand, legte und die Bibel sich als Kissen unter das Haupt tat.

Als ich dieses gesehen hatte, sprang ich von meinem Lager auf, ging in den Nachtkleidern in das Vorhaus hinaus und sagte: „Mitnichten, Euer Ehrwürden, so ist das nicht gemeint, Sie dürfen nicht auf dieser nackten Bank schlafen, während Sie mir das bessere Bett einräumen. Ich bin gewohnt, auf allen Lagern zu schlafen, selbst im Freien unter einem Baume, lassen Sie mich diese Bank benützen, und begeben Sie sich in das Bett, das Sie mir abtreten wollen."

„Nein, lieber Herr", antwortete er, „ich habe Ihnen kein Bett abgetreten, wo das Ihrige ist, wird sonst nie eines gemacht, und wo ich jetzt liege, schlafe ich alle Nächte."

„Auf dieser harten Bank und mit diesem Buche als Kissen schlafen Sie alle Nächte?" fragte ich.

„Wie Sie durch Ihren Stand an alle Lager gewohnt sind, selbst an eines im Freien", erwiderte er, „so bin ich auch durch meinen Stand gewohnt, auf dieser Bank zu schlafen und dieses Buch als Kissen zu haben."

„Ist das wirklich möglich?" fragte ich.

„Ja, es ist so", antwortete er, „ich sage keine Lüge. Ich hätte mir ja auch auf dieser Bank ein Bett machen können, wie ich Ihnen eines auf der Ihrigen gemacht habe; allein ich habe schon seit sehr langer Zeit her angefangen, in diesen Kleidern und auf dieser Bank hier, wie Sie mich sehen, zu schlafen, und tue es auch heute." Da ich noch immer mißtrauisch zögerte, sagte er: „Sie können in Ihrem Herzen ganz beruhigt sein, ganz beruhigt."

Ich wendete gegen dieses nichts mehr ein, namentlich war der Grund, daß er sich ja auch ein Bett hätte machen können, überzeugend.

Nach einer Weile, während welcher ich noch immer dagestanden war, sagte ich: „Wenn es eine alte Gewohnheit ist, hochwürdiger Herr, so habe ich freilich nichts mehr einzuwenden; aber Sie werden es auch begreifen, daß ich anfänglich dagegen sprach, weil man gewöhnlich überall ein gebettetes Lager hat."

„Ja, man hat es", sagte er, „und gewöhnt sich daran und meint, es müsse so sein. Aber es kann auch anders sein. An alles gewöhnt sich der Mensch, und die Gewohnheit wird dann sehr leicht, sehr leicht."

Nach diesen Worten ging ich wieder, nachdem ich ihm zum zweiten Male eine gute Nacht gewünscht hatte, in mein Stüblein und legte mich wieder in mein Bett. Ich erinnerte mich nun auch, daß ich wirklich nie ein Bett gesehen habe, so oft ich früher in der Behausung des Pfarrers gewesen war. Ich dachte noch eine Zeitlang an die Sache und konnte nicht umhin, die äußerste Feinheit des Linnens des

Pfarrers sehr wohltätig an meinem Körper zu empfinden. Nach einer kurzen Zeit lieferte der Pfarrer den tatsächlichen Beweis, daß er an sein Lager gewohnt sei; denn ich hörte aus dem sanften, regelmäßigen Atmen, daß er bereits in tiefen Schlummer gesunken sei.

Da ich nun auch ruhig war, da alles in dem Pfarrhause totenstille war, da der Wind aufgehört hatte, der Regen kaum nur leise zu vernehmen war und die Blitze wie verloren nur mehr selten mit mattem Scheine das Fenster berührten, senkte sich auch auf meine Augen der Schlummer, und nachdem ich die Kerze ausgelöscht hatte, vernahm ich noch einige Male das Fallen eines Tropfens an das Fenster, dann war mir's, als ob daran der schwache Aufblick eines Leuchtens geschähe, und dann war nichts mehr. –

Ich schlief sehr gut, erwachte spät, und es war schon völliger Tag, als ich die Augen öffnete. Es war, als ob es ein zartes Geräusch gewesen wäre, das mein völliges Aufwachen veranlaßt hatte. Als ich die Augen vollkommen öffnete und herumsah, erblickte ich in dem Vorhause den Pfarrer in seinen grauen Nachtkleidern, wie er eben beschäftigt war, meine Kleider mit einer Bürste vom Staube zu reinigen. Ich erhob mich schnell von meinem Lager, ging hinaus und störte ihn in seinem Beginnen, indem ich sagte, das dürfe nicht sein, so etwas könne ich von ihm nicht annehmen, es liege nicht in seinem Stande, es mache der Staub nichts, und wenn ich ihn fort wollte, so könnte ich ihn ja selber mit einer Bürste schnell abstreifen.

„Es liegt nicht in meinem Stande als Priester, aber es liegt in meinem Stande als Gastfreund", sagte er, „ich habe nur eine einzige alte Dienerin, die nicht in dem Hause wohnt, sie kömmt zu gewissen Stunden, um meine kleinen Dienste zu verrichten, und ist heute noch nicht da."

„Nein, nein, das tut nichts", antwortete ich, „ich erinnere Sie an Ihr Versprechen, sich keine Last aufzulegen."

„Ich lege mir keine Last auf", erwiderte er, „und es ist schon bald gut."

Mit diesen Worten tat er noch ein paar Striche mit der Bürste auf dem Rocke und ließ sich dann beides, Bürste und Kleider, nehmen. Er ging aus dem Vorhause in ein anderes, mir bis dahin unbekanntes Gemach. Ich kleidete mich indessen an. Nach einer Zeit kam auch er vollständig angekleidet herein. Er hatte die alten schwarzen Kleider an, die er am Tage und alle vorhergehenden Tage angehabt hatte. Wir traten an das Fenster. Der Schauplatz hatte sich vollkommen geändert. Es war ein durchaus schöner Tag, und die Sonne erhob sich strahlend in einem unermeßlichen Blau. Was doch so ein Gewitter ist! Das Zarteste, das Weichste der Natur ist es, wodurch ein solcher Aufruhr veranlaßt wird. Die feinen, unsichtbaren Dünste des Himmels, die in der Hitze des Tages oder in der Hitze mehrerer Tage unschädlich in dem unermeßlichen Raume aufgehängt sind, mehren sich immer, bis die Luft an der Erde so erhitzt und verdünnt ist, daß die oberen Lasten derselben niedersinken, daß die tieferen Dünste durch sie erkühlt werden oder daß sie auch von einem andern kalten Hauche angeweht werden, wodurch sie sich sogleich zu Nebelballen bilden, das elektrische Feuer erzeugen und den Sturm wachrufen, neue Kälte bewirken, neue Nebel erregen, sodann mit dem Sturme daherfahren und ihre Mengen, die zusammenschießen, sei es in Eis, sei es in geschlossenen Tropfen, auf die Erde niederschütten. Und haben sie sie niedergeschüttet und hat die Luft sich gemischt, so steht sie bald wieder in ihrer Reinheit und Klarheit oft schon am andern Tage da, um wieder die Dünste aufzunehmen, die in der Hitze erzeugt werden, wieder allmählich dasselbe Spiel zu beginnen und so die Abwechslung von Regen und Sonnenschein zu bewirken, welche die Freude und das Gedeihen von Menschen, Tieren und Gewächsen ist.

Der unermeßliche Regen der Nacht hatte die Kalksteinhügel glatt gewaschen, und sie standen weiß und glänzend unter dem Blau des Himmels und unter den Strahlen der Sonne da. Wie sie hintereinander zurückwichen, wiesen sie in zarten Abstufungen ihre gebrochenen Glanzfarben in Grau, Gelblich, Rötlich, Rosenfarbig, und dazwischen lagen die länglichen, nach rückwärts immer schöneren luftblauen Schatten. Die Wiese vor dem Pfarrhofe war frisch und grün, die Linde, die ihre älteren und schwächeren Blätter durch den Sturm verloren hatte, stand neugeboren da, und die anderen Bäume und die Büsche um den Pfarrhof hoben ihre nassen, glänzenden Äste und Zweige gegen die Sonne. Nur in der Nähe des Steges war auch ein anderes, minder angenehmes Schauspiel des Gewitters. Die Zirder war ausgetreten und setzte einen Teil der Wiese, von der ich gesagt habe, daß sie um wenig höher liegt als das Flußbett, unter Wasser. Der hohe Steg senkte sich mit seinem abwärts gehenden Teile unmittelbar in dieses Wasser. Allein, wenn man von dem Schaden absieht, den die Überschwemmung durch Anführung von Sand auf der Wiese verursacht haben mochte, so war auch diese Erscheinung schön. Die große Wasserfläche glänzte unter den Strahlen der Sonne, sie machte zu dem Grün der Wiese und dem Grau der Steine den dritten, stimmenden und schimmernden Klang, und der Steg stand abenteuerlich wie eine dunkle Linie über dem silbernen Spiegel.

Der Pfarrer zeigte mir mehrere Stellen sehr entfernter Gegenden, die man sonst nicht sehen konnte, die aber heute deutlich in der gereinigten Luft wie klare Bilder zu erblicken waren.

Nachdem wir eine kleine Zeit das Morgenschauspiel, das die Augen unwillkürlich auf sich gezogen hatte, betrachtet hatten, brachte der Pfarrer kalte Milch und schwarzes Brot zum Frühmahle. Wir verzehrten beides, und ich schickte mich dann zum Fortgehen an. Ich nahm mein Fach und meine Tasche mit dem Lederriemen über die Schulter, nahm meinen Stab von der Ecke neben dem gelben Schreine, nahm meinen weißen Wanderhut und sagte dem Pfarrer herzlichen Dank für meine Beherbergung während des starken Gewitters.

„Wenn es nur nicht zu schlecht gewesen ist“, sagte er.

„Nein, nein, Euer Ehrwürden“, erwiderte ich, „es war alles lieb und gut von Ihnen. Ich bedaure nur, daß ich Ihnen Störung und Unruhe verursacht habe, ich werde künftig genau auf das Wetter und den Himmel sehen, daß meine Unvorsichtigkeit nicht wieder ein anderer büßen muß.“

„Ich habe gegeben, was ich gehabt habe“, sagte er.

„Und ich wünsche sehr, einen Gegendienst leisten zu können“, erwiderte ich.

„Menschen leben nebeneinander und können sich manchen Gefallen tun“, sagte er.

Mit diesen Worten waren wir in das Vorhaus hinausgelangt.

„Ich muß Ihnen noch meine dritte Stube zeigen“, sagte er, „hier habe ich ein Gemach, in welchem ich mich auskleide und ankleide, daß mich niemand sieht, und in welchem ich noch mancherlei Sachen aufbewahrt habe.“

Mit diesen Worten führte er mich aus dem Vorhause in ein Seitenzimmer oder eigentlich in ein Gewölbe, dessen Tür ich früher nicht beachtet hatte. In dem Gewölbe waren wieder sehr schlechte Geräte. Ein großer weicher, stehender Schrein, in dem Kleider und andere solche Dinge, wahrscheinlich auch die Wolldecken meines Lagers, aufbewahrt wurden, ein paar Stühle und ein Brett, auf dem schwarze Brote lagen und ein Topf mit Milch stand; das war die ganze Gerätschaft. Als wir wieder aus dem Zimmer herausgetreten waren, schloß er es zu, wir nahmen Abschied und versprachen, uns bald wieder zu sehen.

Ich trat in die kühle, reine Luft und auf die nasse Wiese hinaus. Ich hatte wohl noch den Gedanken, wie es sonderbar sei, daß wir immer nur in dem Erdgeschosse gewesen seien und daß ich doch in der Nacht und am Morgen deutlich Tritte oberhalb unser in dem Pfarrhofe vernommen hatte; allein ich ließ mich den Gedanken nicht weiter anfechten und schritt vorwärts.

Ich ging nicht auf meinem eigentlichen Wege, sondern ich schlug die Richtung gegen die Zirder ein. Wenn man ein Land vermißt, wenn man viele Jahre lang Länder und ihre Gestalten auf Papier zeichnet, so nimmt man auch Anteil an der Beschaffenheit der Länder und gewinnt sie lieb. Ich ging gegen die Zirder, weil ich sehen wollte, welche Wirkungen ihr Austritt hervorgebracht hatte und welche Veränderungen er in der unmittelbaren Nähe eingeleitet haben möge. Als ich eine Weile vor dem Wasser stand und sein Walten betrachtete, ohne daß ich eben andere Wirkungen als den bloßen Austritt wahrnehmen konnte, so erlebte ich plötzlich ein Schauspiel, welches ich bisher nicht gehabt hatte, und bekam eine Gesellschaft, die mir bisher in dem Steinlande nicht zuteil geworden war. Außer meinen Arbeitern, mit denen ich so bekannt war und die mit mir so bekannt waren, daß wir uns wechselweise wie Werkzeuge vorkommen mußten, hatte ich nur einige Menschen in meinem Gasthause, manchen Wanderer auf dem Wege und den armen Pfarrer in den Gesteinen gesehen. Jetzt sollte es anders werden. Als ich hinblickte, sah ich von dem jenseitigen Ufer, welches höher und nicht überschwemmt war, einen lustigen, fröhlichen Knaben über den Steg daherlaufen. Als er gegen das Ende des Steges kam, welches sich in das Überschwemmungswasser der Zirder hinabsenkte, kauerte er sich nieder, und soviel ich durch mein Handfernrohr wahrnehmen konnte, nestelte er sich die Schuhriemen auf und zog Schuhe und Strümpfe aus. Allein nachdem er beides ausgezogen hatte, ging er nicht in das Wasser herab, wie ich vermutet hatte, sondern blieb an der Stelle. Gleich darauf kam ein zweiter Knabe und tat dasselbe. Dann kam ein barfüßiger, der auch stehenblieb, dann mehrere andere. Endlich kam ein ganzer Schwarm Kinder über den Steg gelaufen, und als sie gegen das Ende desselben gekommen waren, duckten sie sich nieder, gleichsam wie ein Schwarm Vögel, der durch die Luft geflogen kömmt und an einer kleinen Stelle einfällt, und ich konnte unschwer wahrnehmen, daß sie sämtlich damit beschäftiget waren, Schuhe und Strümpfe auszuziehen.

Als sie damit fertig waren, ging ein Knabe über den Steg

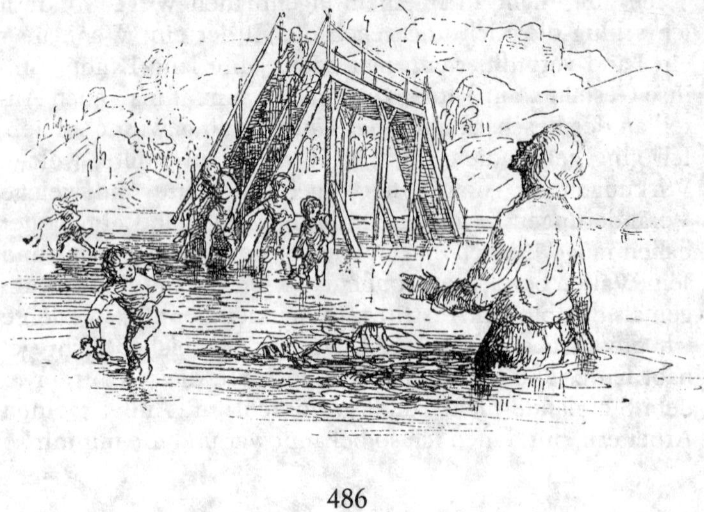

herab und behutsam in das Wasser. Ihm folgten die andern. Sie nahmen auf ihre Höschen keine Rücksicht, sondern gingen damit tief in das Wasser, und die Röckchen der Mädchen schwammen um ihre Füße in dem Wasser herum. Zu meinem Erstaunen erblickte ich jetzt auch mitten im Wasser eine größere schwarze Gestalt, die niemand anderer als der arme Pfarrer im Kar war. Er stand bis auf die Hüften im Wasser. Ich hatte ihn früher nicht gesehen und auch nicht wahrgenommen, wie er hineingekommen war, weil ich mit meinen Augen immer weiterhin gegen den Steg geblickt hatte und sie erst jetzt mehr nach vorn richtete, wie die Kinder gegen meinen Standpunkt heranschritten. Alle Kinder gingen gegen den Pfarrer zu, und nachdem sie eine Weile bei ihm verweilt und mit ihm gesprochen hatten, traten sie den Weg gegen das Ufer an, an dem ich stand. Da sie ungleich vorsichtig auftraten, so zerstreuten sie sich im Herangehen durch das Wasser, erschienen wie schwarze Punkte auf der glänzenden Fläche und kamen einzeln bei mir an. Da ich sah, daß keine Gefahr in dem überall seichten Überschwemmungswasser vorhanden sei, blieb ich auf meiner Stelle stehen und ließ sie ankommen. Die Kinder kamen heran und blieben bei mir stehen. Sie sahen mich anfangs mit trotzigen und scheuen Angesichtern an; aber da ich von Jugend auf ein Kinderfreund gewesen bin, da ich stets die Kinder als Knospen der Menschheit außerordentlich geliebt habe und seit meiner Verehlichung selbst mit einer Anzahl davon gesegnet worden bin, da zuletzt auch keine Art von Geschöpfen so schnell erkennt, wer ihnen gut ist, und auf diesem Boden ebenso schnell Vertrauen gewinnt als Kinder: so war ich bald von einem Kreise plaudernder und rühriger Kinder umringt, die sich bemühten, Fragen zu geben und Fragen zu beantworten. Es war leicht zu erraten, auf welchem Wege sie sich befanden, da sie sämtlich an ledernen oder leinenen Bändern ihre Schultaschen um die Schultern gehängt hatten. Weil aber auch ich meine Tasche und mein Fach an einem ledernen Riemen um meine Schultern trug, so mochte es ein lächerlicher Anblick gewesen sein, mich gleichsam wie ein großes Schulkind unter den kleinen stehen zu sehen. Einige bückten sich und waren bemüht, ihre Schuhe und

Strümpfe wieder anzuziehen, andere hielten sie noch in den Händen, sahen zu mir auf und redeten mit mir.

Ich fragte sie, woher sie kämen, und erhielt zur Antwort, daß sie aus den Karhäusern und Steinhäusern seien und daß sie in die Schule in das Kar gehen.

Als ich sie fragte, warum sie auf dem Stege zusammen gewartet hätten und nicht einzeln, wie sie gekommen wären, in das Wasser gestiegen seien, sagten sie, weil die Eltern befohlen hätten, sie sollten sehr vorsichtig sein und nicht allein, sondern alle zusammen in das Wasser gehen, wenn ein solches jenseits des Steges auf der Zirderwiese sei.

„Wenn aber das Wasser auf der Wiese so tief wäre, daß es über das Haupt eines großen Menschen hinausginge?" fragte ich.

„So kehren wir wieder um", antworteten sie.

„Wenn aber erst das Wasser mit Gewalt daherkäme, wenn ihr bereits über den Steg gegangen wäret und euch auf der Wiese befändet, was tätet ihr dann?"

„Das wissen wir nicht."

Ich fragte sie, wie lange sie von den Steinhäusern und Karhäusern hieher brauchten, und erhielt die Antwort: eine Stunde. So weit mochten auch die genannten Häuser wirklich entfernt sein. Sie liegen jenseits der Zirder in einem ebenso unfruchtbaren Boden wie das Kar, aber ihre Bewohner treiben viele Geschäfte, namentlich brennen sie Kalk aus ihren Steinen und verführen ihn weit.

Ich fragte sie, ob ihnen die Eltern auch aufgetragen hätten, die Schuhe und Strümpfe zu schonen, erhielt die Antwort ja und bewunderte die Unfolgerichtigkeit, indem sie die trockenen Schuhe und Strümpfe in den Händen hielten und mit bitterlich nassen Höschen und Röckchen vor mir standen.

Ich fragte, was sie in dem Winter täten.

„Da gehen wir auch herüber", sagten sie.

„Wenn aber Schneewasser auf der Wiese ist?"

„Da ziehen wir die Schuhe nicht aus, sondern gehen mit ihnen durch."

„Und wenn der Steg eisig ist?"

„Da müssen wir achtgeben."

„Und wenn außerordentliches Schneegestöber ist?"
„Das macht nichts."
„Und wenn ungeheuer viel Schnee liegt und kein Weg ist?"
„Dann bleiben wir zu Hause."

In diesem Augenblicke kam der Pfarrer mit den letzten Kindern gegen mich heran. Es war auch Zeit; denn die Kinder waren bereits so zutraulich geworden, daß mir ein winzig kleiner Knabe, der den Grund und Anfang aller Wissenschaften auf einem kleinen Papptäfelchen trug, seine Buchstaben aufsagen wollte.

Da mich der Pfarrer in der Mitte der Kinder ansichtig wurde, grüßte er sehr freundlich und sagte, das sei schön von mir, daß ich auch zur Hilfe herbeigeeilt wäre.

Ich erschrak über diese Zumutung, sagte aber gleich, ich sei eben nicht zur Hilfe herbeigeeilt, da ich nicht gewußt hätte, daß Kinder über den Steg kommen würden, aber wenn Hilfe nötig geworden wäre, so würde ich sie gewiß auch geleistet haben.

Bei dieser Gelegenheit, als ich ihn so unter den Kindern stehen sah, bemerkte ich, daß er bei weitem tiefer im Wasser gewesen sein müsse als die Kinder; denn er war bis über die Hüften naß, und dies hätte bei manchem Kinde beinahe an den Hals gereicht. Ich begriff den Widerspruch nicht und fragte ihn deshalb. Er sagte, das sei leicht zu erklären. Der Wennerbauer, dem das überschwemmte Stück Wiese gehöre, auf dem er eben im Wasser gestanden sei, habe vorgestern Steine aus der Wiese graben und wegführen lassen. Die Grube sei geblieben. Da er nun heute die Wiese gegen die Zirder mit Wasser überdeckt gesehen hätte, habe er geglaubt, daß der Weg der Kinder etwa nahe an dieser Grube vorbeigehen und daß eines in derselben verunglücken könnte. Deshalb habe er sich zu der Grube stellen wollen, um alle Gefahr zu verhindern. Da sie aber abschüssig war, sei er selber in die Grube geglitten, und einmal darin stehend, sei er auch darin stehengeblieben. Eines der kleineren Kinder hätte in der Grube sogar ertrinken können, so tief sei sie gegraben worden. Man müsse Sorge tragen, daß die Wiese wieder abgeebnet werde; denn das Wasser bei Überschwemmungen sei trüb und lasse die

Tiefe und Ungleichheit des Bodens unter sich nicht bemerken.

Die nassen Kinder drängten sich um den nassen Pfarrer, sie küßten ihm die Hand, sie redeten mit ihm, er redete mit ihnen, oder sie standen da und sahen zutraulich zu ihm hinauf.

Er aber sagte endlich, sie sollten jetzt die nassen Röckchen auswinden, das Wasser aus allen Kleidern drücken oder abstreifen, und wer Schuhe und Strümpfe habe, solle sie anziehen, dann sollen sie gehen, daß sie sich nicht erkühlen, sie sollen sich in die Sonne stellen, daß sie eher trocken würden, und sollen dann in die Schule gehen und dort sehr sittsam sein.

„Ja, das werden wir tun", sagten sie.

Sie folgten der Weisung auch sogleich, sie duckten oder kauerten sich nieder, sie wanden die Röckchen aus, sie drückten das Wasser aus den Füßen der Höschen, oder sie drängten und streiften es aus Falten und Läppchen, und ich sah, daß sie darin eine große Geschicklichkeit hatten. Auch war die Sache nicht so bedeutend; denn sie hatten alle entweder ungebleichte oder rot- oder blaugestreifte leinene Kleidchen an, die bald trocken werden würden und denen man dann kaum ansehen würde, daß sie naß gewesen seien; und in Hinsicht der Gesundheit, dachte ich, würde der jugendliche Körper leicht die Feuchtigkeit überwinden. Da sie mit dem Auspressen des Wassers fertig waren, gingen sie an das Anziehen der Schuhe und Strümpfe. Als sie auch dieses Geschäft beendigt hatten, nahm der Pfarrer wieder von mir Abschied, dankte mir noch einmal, daß ich hiehergekommen sei, und begab sich mit den Kindern auf den Weg in das Kar.

Ich rief den Kindern zu, sie sollten recht fleißig sein, sie riefen zurück: „Ja, ja" und gingen mit dem Pfarrer davon.

Ich sah die Gestalt des Pfarrers unter dem Kinderhaufen über die nasse Wiese der Karschule zugehen, wendete mich dann auch und schlug den Weg in meine Steine ein. Ich wollte nicht mehr in die Hochstraße gehen, sondern gleich meine Leute und meinen Arbeitsplatz aufsuchen, teils weil ich keine Zeit zu verlieren hatte, teils weil ich ohnedem noch mit den Resten von Lebensmitteln versehen war, die der Pfarrer gestern abends verschmäht hatte. Auch wollte ich meine Leute beruhigen, die gewiß erfahren haben würden, daß ich in der Nacht nicht in der Hochstraße gewesen sei, und deshalb meinetwillen besorgt sein könnten.

Als ich in die Höhe der Kalksteinhügel hinaufstieg, dachte ich an die Kinder. Wie groß doch die Unerfahrenheit und Unschuld ist. Sie gehen auf das Ansehn der Eltern dahin, wo sie den Tod haben können; denn die Gefahr ist bei den Überschwemmungen der Zirder sehr groß und kann bei der Unwissenheit der Kinder unberechenbar groß werden. Aber sie kennen den Tod nicht. Wenn sie auch seinen Namen auf den Lippen führen, so kennen sie seine Wesenheit nicht, und ihr emporstrebendes Leben hat keine Empfindung von Vernichtung. Wenn sie selbst in den Tod gerieten, würden sie es nicht wissen, und sie würden eher sterben, ehe sie es erführen.

Als ich so dachte, hörte ich das Glöcklein von dem Turme der Karkirche in meine Steine hereinklingen, das eben zu der Morgenmesse rief, die der Pfarrer abhalten und der die Kinder beiwohnen würden.

Ich ging tiefer in die Steine hinab und fand meine Leute, die sich freuten, mich zu sehen, und die mir Lebensmittel gebracht hatten. –

Da ich lange in der Gegend verweilte, konnte ich es nicht vermeiden, auch aus dem Munde der Menschen manches über den Pfarrer zu hören. Da erfuhr ich, daß es wirklich wahr sei, woran ich vermöge seiner Aussage ohnehin nicht mehr gezweifelt hatte, daß er schon seit vielen Jahren in seinem Vorhause auf der hölzernen Bank schlafe und die Bibel unter dem Kopfe habe; daß er hiebei im Sommer nur die grauen Wollkleider anhabe und im Winter sich auch einer Decke bediene. Seine Kleider trage er so lange und erhalte sie so beisammen, daß sich niemand erinnern könne, wann er sich einmal neue angeschafft hätte. Das obere Stockwerk seines Pfarrhofes habe er vermietet. Es sei ein Mann gekommen, der in einem Amte gestanden, dann in den Ruhestand versetzt worden war und der seinen Gehalt nun in der Gegend verzehre, in welcher er geboren worden sei. Er habe den Umstand, daß der Pfarrer seine

Zimmer vermiete, benützt, um sich mit seiner Tochter da einzumieten, daß er immer den Schauplatz vor Augen habe, in dem er seine Kindheit zugebracht hatte. Es war mir diese Tatsache wieder ein Beweis, wie süß uns nach den Worten des Dichters der Geburtsboden zieht und seiner nicht vergessen läßt, daß hier ein Mann eine Gegend als ein Labsal und als eine Erheiterung seines Alters aufsucht, aus der jeder andere fortzukommen trachten würde. Der Pfarrer, sagte man, esse zum Frühmahle und am Abende nur ein Stück schwarzen Brotes, und sein Mittagessen bereite ihm seine Dienerin Sabine, welche es in ihrer Wohnung koche und es ihm in den Pfarrhof bringe. Es bestehe häufig aus warmer Milch oder einer Suppe oder im Sommer selbst aus kalten Dingen. Wenn er krank sei, lasse er keinen Arzt und keine Arznei kommen, sondern liege und enthalte sich der Speisen, bis er gesund werde. Von den Einkünften seiner Miete und seines Amtes tue er Gutes, und zwar an Leute, die er sorgsam aussuche. Er habe keine Verwandten und Bekannten. Seit den Jahren, seit denen er da sei, sei niemand bei ihm auf Besuch gewesen. Alle seine Vorgänger seien nur kurze Zeit Pfarrer in dem Kar gewesen und seien dann fortgekommen; er aber sei schon sehr lange da, und es habe den Anschein, daß er bis zu seinem Lebensende da bleiben werde. Er gehe auch nicht auf Besuche in die Nachbarschaft, ja er gehe nicht viel mit Menschen um, und wenn er nicht in seinen Amtsgeschäften oder in der Schule sei, so lese er in seinem Stüblein oder er gehe über die Wiese in das Steinkar, gehe dort im Sande herum oder sitze dort einsam auf seinen Gedanken.

Es hatte sich in der Gegend der Ruf verbreitet, daß er wegen seiner Lebensweise Geld habe, und er ist deshalb schon dreimal beraubt worden.

Ich konnte von diesen Dingen weder wissen, was wahr sei noch was nicht wahr sei. So oft ich zu ihm kam, sah ich die ruhigen, klaren blauen Augen, das einfache Wesen und die bittere, ungeheuchelte Armut. Was seine Vergangenheit gewesen sei, in das drang ich nicht ein und mochte nicht eindringen.

Ich hatte auch mehrere Predigten von ihm gehört. Sie

waren einfach christlich, und wenn auch von Seite der Beredsamkeit manches einzuwenden gewesen wäre, so waren sie doch klar und ruhig, und es war eine solche Güte in ihnen, daß sie in das Herz gingen.

Die Zeit meiner Arbeiten in jener Gegend zog sich in die Länge. Die Steinnester jener unwirtlichen Landschaften setzten uns solche Hindernisse entgegen, daß wir Aussicht hatten, doppelt so viele Zeit zu brauchen als auf einem gleichen Flächenraume einer gezähmten und fruchtbaren Gegend. Dazu kam noch, daß uns von den Behörden gleichsam eine Frist gesetzt wurde, in der wir fertig sein sollten, indem wir die Bestimmung bekamen, zu einer gewissen Zeit in einem anderen Teile des Reiches beschäftigt zu werden. Ich wollte mir die Schande nicht antun, mich saumselig finden zu lassen. Ich bot daher alles auf, das Geschäft in einen lebhaften Gang zu bringen. Ich verließ die Hochstraße, ich ließ mir in dem Teile des Steinkars, in dem wir arbeiteten, eine Bretterhütte als Wohnung aufschlagen, ich wohnte dort und ließ mir mit meinen Leuten gemeinschaftlich an einem Feuer kochen. Ich zog auch alle Leute zu mir, daß sie auf dem Arbeitsschauplatze oder in der Nähe in errichteten Hüttchen wohnten, und ich nahm noch mehrere fremde Menschen als Handlanger auf, um nun alles recht tüchtig und lebendig zu fördern.

Da ging es nun an ein Hämmern, Messen, Pflöckeschlagen, Kettenziehen, an ein Aufstellen der Meßtische, an ein Absehen durch die Gläser, an ein Bestimmen der Linien, Winkelmessen, Rechnen und dergleichen. Wir rückten durch die Steinhügel vor, und unsere Zeichen verbreiteten sich auf dem Kalkgebiete. Da es eine Auszeichnung war, diesen schwierigen Erdwinkel aufzunehmen, so war ich stolz darauf, es recht schön und ansehnlich zu tun, und arbeitete oft noch bis tief in die Nacht hinein in meiner Hütte. Ich zeichnete manche Blätter doppelt und verwarf die minder gelungenen. Der Stoff wurde sachgemäß eingereiht.

Daß mir bei diesen Arbeiten der Pfarrer in den Hintergrund trat, ist begreiflich. Allein da ich ihn einmal schon längere Zeit nicht im Steinkar sah, wurde ich unruhig. Ich war gewöhnt, seine schwarze Gestalt in den Steinen zu sehen, von weitem sichtbar, weil er der einzige dunkle Punkt in der graulich dämmernden oder unter dem Strahle der hinabsinkenden Sonne rötlich beleuchteten Kalkflur war. Ich fragre deshalb nach ihm und erfuhr, daß er krank sei. Sogleich beschloß ich, ihn zu besuchen. Ich benutzte die erste freie Zeit dazu, oder vielmehr, ich machte mir den ersten Abend frei und ging zu ihm.

Ich fand ihn nicht auf seinem gewöhnlichen Lager in dem Vorhause, sondern in dem Stüblein auf der hölzernen Bank, auf welcher er mir in der Gewitternacht ein Bett gemacht hatte. Man hatte ihm die Wolldecken unter den Leib gegeben, die ich damals gehabt hatte, und er hatte es zugelassen, weil er krank war. Man hatte ihm auch eine Hülle gegeben, um seinen Körper zudecken zu können, und man hatte den fichtenen Tisch an sein Bett gerückt, daß er Bücher darauf legen und andere Dinge darauf stellen konnte.

So fand ich ihn.

Er lag ruhig dahin und war auch jetzt nicht zu bewegen gewesen, einen Arzt oder eine Arznei anzunehmen, selbst nicht die einfachsten Mittel zuzulassen, die man ihm in sein Zimmer brachte. Er hatte den seltsamen Grund, daß es eher eine Versuchung Gottes sei, eingreifen zu wollen, da Gott die Krankheit sende, da Gott sie entferne oder den beschlossenen Tod folgen lasse. Endlich glaubte er auch nicht so sehr an die gute Wirkung der Arzneien und an das Geschick der Ärzte.

Da er mich sah, zeigte er eine sehr heitere Miene, es war offenbar, daß er darüber erfreut war, daß ich gekommen sei. Ich sagte ihm, daß er verzeihen möge, daß ich erst jetzt komme, ich hätte es nicht gewußt, daß er krank sei, ich wäre wegen der vielen Arbeiten nicht von meiner Hütte in dem Steinkar herausgekommen, ich hätte ihn aber vermißt, hätte ihm nachgefragt, und sei nun gekommen.

„Das ist schön, das ist recht schön“, sagte er.

Ich versprach, daß ich nun schon öfter kommen werde.

Ich erkannte bei näheren Fragen über seinen Zustand, daß seine Krankheit weniger eine bedenkliche als vielmehr eine längere sein dürfte, und ging daher mit Beruhigung weg. Desohngeachtet fuhr ich eines Tages mit herein bestellten Postpferden in die Stadt hinaus und beriet mich mit einem mir bekannten Arzte daselbst, indem ich ihm alle Zustände, die ich dem Pfarrer in mehreren Besuchen abgefragt hatte, darlegte. Er gab mir die Versicherung, daß ich recht gesehen hätte, daß das Übel kein gefährliches sei, daß die Natur da mehr tun könne als der Mensch und daß der Pfarrer in etwas längerer Zeit schon genesen werde.

Da ich nun öfter zu dem Pfarrer kam, so wurde ich es so gewöhnt, abends ein wenig auf dem Stuhle neben seinem Bette zu sitzen und mit ihm zu plaudern, daß ich es nach und nach alle Tage tat. Ich ging nach meiner Tagesarbeit aus dem Steinkar über die Wiese in den Pfarrhof und verrichtete meine Hausarbeit später bei Licht in meiner Hütte. Ich konnte es um so leichter tun, da ich jetzt ziemlich nahe an dem Pfarrhofe wohnte, was in der Hochstraße bei weitem nicht der Fall gewesen war. Ich war aber nicht der einzige, der sich des Pfarrers annahm. Die alte Sabine, seine Aushelferin, kam nicht nur öfter in die Wohnung des Pfarrers herüber, als es eigentlich ihre Schuldigkeit gewesen wäre, sondern sie brachte die meiste Zeit, die sie von ihrem eigenen Hauswesen, das nur ihre einzige Person betraf, absparen konnte, in dem Pfarrhofe zu und verrichtete die kleinen Dienste, die bei einem Kranken notwendig waren. Außer dieser alten Frau kam auch noch ein junges Mädchen, die Tochter des Mannes, welcher in dem ersten Stockwerke des Pfarrhofes zur Miete war. Das Mädchen war bedeutend schön, es brachte dem Pfarrer entweder eine Suppe oder irgend etwas anderes, oder es erkundigte sich um sein Befinden, oder es hinterbrachte die Frage des Vaters, ob er dem Pfarrer in irgendeinem Stücke beistehen könne. Der Pfarrer hielt sich immer sehr stille, wenn das Mädchen in das Zimmer trat, er regte sich unter seiner Hülle nicht und zog die Decke bis an sein Kinn empor.

Auch der Schullehrer kam oft herüber, und auch ein paar Amtsbrüder aus der Nachbarschaft waren eingetroffen, um sich nach dem Befinden des Pfarrers zu erkundigen.

War es nun die Krankheit, welche den Mann weicher stimmte, oder war es der tägliche Umgang, der uns näherbrachte, wir wurden seit der Krankheit des Pfarrers viel besser miteinander bekannt. Er sprach mehr und teilte sich mehr mit. Ich saß an dem fichtenen Tisch, der an seinem

Bette stand, und kam pünktlich alle Tage an die Stelle. Da er nicht ausgehen konnte und nicht in das Steinkar kam, so mußte ich die Veränderungen, die dort vorkamen, berichten. Er fragte mich, ob die Brombeeren an dem Kulterloche schon zu reifen begännen, ob der Rasen gegen die Zir-

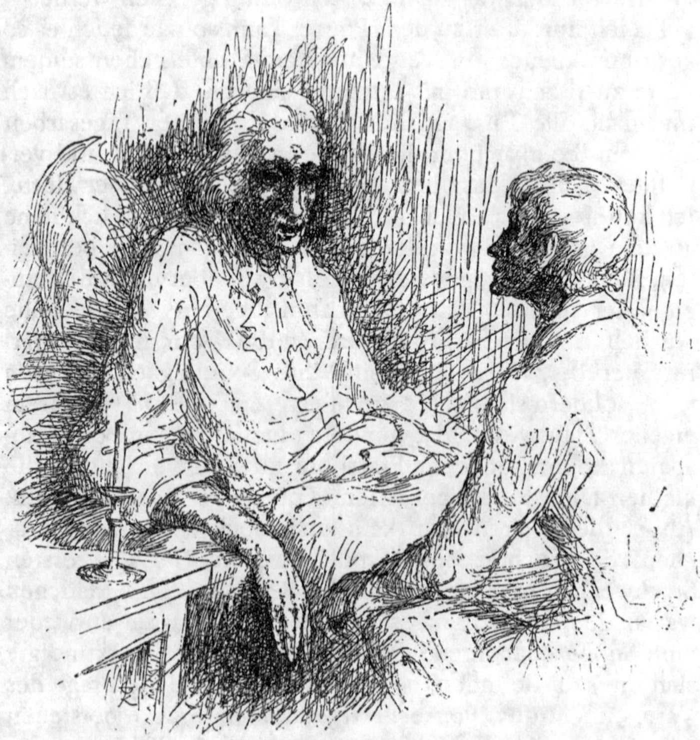

derhöhe, welchen der Frühling immer sehr schön grün färbe, schon im Vergelben und Ausdorren begriffen sei, ob die Hagebutten schon reiften, ob das Verwittern des Kalksteins vorwärtsgehe, ob die in die Zirder gefallenen Stücke sich vermehrten und der Sand sich vervielfältigte und dergleichen mehr. Ich sagte es ihm, ich erzählte ihm auch andere Dinge, ich sagte ihm, wo wir gearbeitet hätten, wie weit wir vorgerückt wären und wo wir morgen beginnen würden. Ich erklärte ihm hiebei manches, was ihm in unsern Arbeiten dunkel war. Auch las ich ihm zuweilen etwas vor, namentlich aus den Zeitungen, die ich mir wöchentlich zweimal durch einen Boten in das Steinkar hereinbringen ließ.

Eines Tages, da die Krankheit sich schon bedeutend zum Besseren wendete, sagte er, er hätte eine Bitte an mich.

Als ich ihm erwiderte, daß ich ihm sehr gerne jeden Dienst erweise, der nur immer in meiner Macht stehe, daß er nur sagen solle, was er wolle, ich würde es gewiß tun, antwortete er: „Ich muß Ihnen, ehe ich meine Bitte ausspreche, erst etwas erzählen. Bemerken Sie wohl, ich erzähle es nicht, weil es wichtig ist, sondern damit Sie sehen, wie alles so gekommen ist, was jetzt ist, und damit Sie vielleicht geneigter werden, meine Bitte zu erfüllen. Sie sind immer sehr gut gegen mich gewesen, und Sie sind sogar neulich, wie ich erfahren habe, in die Stadt hinausgefahren, um einen Arzt über meine Zustände zu befragen. Dies gibt mir nun den Mut, mich an Sie zu wenden.

Ich bin der Sohn eines wohlhabenden Gerbers in unserer Hauptstadt. Mein Urgroßvater war ein Findling aus Schwaben und wanderte mit dem Stabe in der Hand in unsere Stadt ein. Er lernte das Gerbergewerbe aus Güte mildtätiger Menschen, er besuchte dann mehrere Werkstätten, um in ihnen zu arbeiten, er ging in verschiedene Länder, um sich mit seinen Händen sein Brot zu verdienen und dann die Art kennenzulernen, wie überall das Geschäft betrieben wird. Unterrichtet kehrte er wieder in unsere Stadt zurück und arbeitete in einer ansehnlichen Lederei. Dort zeichnete er sich durch seine Kenntnisse aus, er ward endlich Werkführer, und der Herr des Gewerbes vertraute ihm mehrere Geschäfte an und übertrug ihm die Ausführung mancher Versuche zu neuen Bereitungen. Dabei versuchte sich der Urgroßvater in kleinen Handelsgeschäften, er kaufte mit geringen Mitteln Rohstoffe und verkaufte sie wieder. So erwarb er sich ein kleines Vermögen. Da er schon an Jahren zunahm, kaufte er sich in der entfernten Vorstadt einen großen Garten, an den noch unbenützte Gründe stießen. Er baute auf diesem Grunde eine Werkstätte und ein Häuschen, heiratete ein armes Mädchen und trieb nun als eigener Herr sein Gewerbe und seine Handelschaft. Er brachte es vorwärts und starb als ein geachteter, bei den Geschäftsleuten angesehener Mann. Er hatte einen einzigen Sohn, meinen Großvater.

Der Großvater trieb das Geschäft seines Vaters fort. Er dehnte es noch weiter aus. Er baute ein großes Haus am Rande des Gartens, daß die Fenster dahin gingen, wo in Zukunft eine Straße mit Häusern sein würde. Rückwärts des Hauses baute er die Werkstätten und Aufbewahrungsplätze. Der Großvater war überhaupt ein Freund des Bauens. Er baute außer dem Hause noch einen großen Hof, der zu weiteren Werkstätten und zu verschiedenen Teilen unseres Geschäftes benützt wurde. Die öden Gründe neben unserem Garten verkaufte er, und weil die Stadt einen großen Aufschwung nahm, so waren diese Gründe sehr teuer. Den Garten umgab er mit einer Mauer, die wieder regelmäßige Unterbrechungen mit Eisengittern hatte. Er brachte das Geschäft sehr empor und legte die großen Kaufgewölbe an, in welchen die Waren, die wir selbst erzeugten und die, mit welchen wir Handelschaft trieben, niedergelegt wurden. Der Großvater hatte wieder nur einen Sohn, der das Gewerbe weiterführte, meinen und meines Bruders Vater.

Der Vater baute nur noch die Trockenböden auf das Stockwerk der Werkstätte, er baute an das Haus einen kleinen Flügel gegen den Garten und baute ein Gewächshaus. Zu seiner Zeit war schon vor den Fenstern des Hauptgebäudes eine Straße entstanden, welche mit Häusern gesäumt, mit Steinen gepflastert und von Gehenden und Fahrenden besetzt war. Ich erinnerte mich noch aus meiner Kindheit, daß unser Haus sehr groß und geräumig war, daß es viele Höfe und Fächer hatte, die zur Betreibung des Gewerbes dienten. Am liebsten erinnere ich mich noch des schönen Gartens, in dem Bäume und Blumen, Kräuter und Gemüse standen. In den Räumen der Gebäude und der Höfe gingen die von ihrer Arbeit in ihren Leinenkleidern fast gelbbraun gefärbten Gesellen herum, in dem großen Gewölbe zu ebener Erde und in den zwei kleinen daran stoßenden lagen Lederballen aufgetürmt, auf den Stangen des Trockenbodens hingen Häute, und in den großen Austeilzimmern wurden sie gesondert und geordnet. In dem Verkaufsgewölbe lagen sie zierlich in den Fächern. Im Rinderstalle standen Kühe, im Pferdestall waren sechs Pferde und in dem Wagenbehältnis Kutschen und Wägen, ich erinnere mich sogar noch auf den großen schwarzen Hund Hassan, der im großen Hofe war und bei dem Tore desselben jedermann hineinließ, aber niemand hinaus.

Unser Vater war ein großer, starker Mann, der in den weitläufigen Räumen des Hauses herumging, alles besah und alles anordnete. Er ging fast nie aus dem Hause, außer wenn er Geschäfte hatte oder in die Kirche ging; und wenn er zu Hause war und nicht eben bei der Arbeit nachsah, so saß er an dem Schreibtische und schrieb. Öfter wurde er auch in dem Garten gesehen, wie er mit den Händen auf dem Rücken dahinging oder wie er so da stand und auf einen Baum hinaufsah oder wie er die Wolken betrachtete. Er hatte eine Freude an der Obstzucht, hatte einen eigenen Gärtner hiefür genommen und hatte Pfropfgereiser aus allen Gegenden Europas verschrieben. Er war gegen seine Leute sehr gut, er hielt sie ausreichend, sah, daß einem jeden sein Teil werde, daß er aber auch tue, was ihm obliege. Wenn einer krank war, ging er selber zu seinem Bette, fragte ihn, wie er sich befinde, und reichte ihm oft selber die Arznei. Er hatte im Hause nur den allgemeinen Namen Vater. Dem Prunke war er abgeneigt, daß er eher zu schlicht und unscheinbar daherging als zu ansehnlich, seine Wohnung war einfach, und wenn er in einem Wagen ausfuhr, so mußte es ein sehr bürgerlich aussehender sein.

Wir waren zwei Brüder, Zwillinge, und die Mutter hatte bei unserer Geburt ihr Leben verloren. Der Vater hatte sie sehr hoch geehrt und daher keine Frau mehr genommen; denn er hat sie nie vergessen können. Weil auf der Gasse zu viel Lärm war, wurden wir in den hintern Flügel gegen den Garten getan, den der Vater an das Haus angebaut hatte. Es war eine große Stube, in der wir waren, die Fenster gingen gegen den Garten hinaus, die Stube war durch einen langen Gang von der übrigen Wohnung getrennt, und damit wir nicht bei jedem Ausgange durch den vordern Teil des Hauses gehen mußten, ließ der Vater in dem Gartenflügel eine Treppe bauen, auf welcher man unmittelbar in den Garten und von ihm ins Freie gelangen konnte.

Nach dem Tode der Mutter hatte der Vater die Leitung des Hauswesens einer Dienerin anvertraut, welche schon bei der Mutter, ehe sie Braut wurde, in Diensten gestanden und gleichsam ihre Erzieherin gewesen war. Die Mutter hatte sie auf ihrem Totbette dem Vater empfohlen. Sie hieß Luise. Sie führte über alles die Leitung und Aufsicht, was die Speise und den Trank betraf, was sich auf die Wäsche, auf die Geschirre, auf die Geräte des Hauses, auf Reinigung der Treppen und Stuben, auf Beheizung und Lüftung bezog, kurz, über alles, was das innere Hauswesen anbelangt. Sie stand an der Spitze der Mägde. Sie besorgte auch die Bedürfnisse von uns beiden Knaben.

Da wir größer geworden waren, bekamen wir einen Lehrer, der bei uns in dem Hause wohnte. Es wurden ihm zwei schöne Zimmer hergerichtet, die sich neben unserer Stube befanden und mit dieser Stube den ganzen hintern Teil des Flügels ausmachten, der den Namen Gartenflügel führte. Wir lernten von ihm, was alle Kinder zu Anfange ihres Lernens vornehmen müssen: Buchstaben kennen, Lesen, Rechnen, Schreiben. Der Bruder war viel geschickter als ich, er konnte sich die Buchstaben merken, er konnte sie zu Silben verbinden, er konnte deutlich und in Absätzen lesen, ihm kam in der Rechnung immer die rechte Zahl, und seine Buchstaben standen in der Schrift gleich und auf der nämlichen Linie. Bei mir war das anders. Die Buchstabennamen wollten mir nicht einfallen, dann konnte ich die Silbe nicht sagen, die sie mir vorstellten, und beim Lesen waren die großen Wörter sehr schwer, und es war eine Pein, wenn sehr lange kein Beistrich erschien. In der Rechnung befolgte ich die Regeln, aber es standen am Ende meistens ganz andere Zahlen da, als uns herauskommen mußten. Bei dem Schreiben hielt ich die Feder sehr genau, sah fest auf die Linie, fuhr gleichmäßig auf und nieder, und doch standen die Buchstaben nicht gleich, sie senkten sich unter die Linie, sie sahen nach verschiedenen Richtungen, und die Feder konnte keinen Haarstrich machen. Der Lehrer war sehr eifrig, der Bruder zeigte mir auch vieles, bis ich die Sachen machen konnte. Wir hatten in der Stube einen großen eichenen Tisch, auf welchem wir lernten. An jeder der zwei Langseiten des Tisches waren mehrere Fächer angebracht, die herauszuziehen waren, wovon die eine Reihe dem Bruder diente, seine Schulsachen hineinzulegen, die andere mir. In jeder der hintern Ecken der Stube stand ein Bett, und neben dem Bette ein Nachttischchen. Die Tür unsers Zimmers stand nachts in das Schlafzimmer des Lehrers offen.

Wir gingen sehr häufig in den Garten und beschäftigten uns dort. Wir fuhren oft mit unsern Schimmeln durch die Stadt, wir fuhren auch auf das Land, oder sonst irgendwo herum, und der Lehrer saß immer bei uns in dem Wagen. Wir gingen mit ihm auch aus, wir gingen entweder auf einer Bastei der Stadtmauer oder in einer Allee spazieren, und wenn etwas Besonderes in der Stadt ankam, das sehenswürdig war, und es der Vater erlaubte, so gingen wir mit ihm hin, es zu sehen.

Als wir in den Gegenständen der unteren Schulen gut unterrichtet waren, kamen die Gegenstände der lateinischen Schule an die Reihe, und der Lehrer sagte uns, daß wir aus ihnen vor dem Direktor und vor den Professoren werden Prüfungen ablegen müssen. Wir lernten die lateinische und griechische Sprache, wir lernten die Naturgeschichte und Erdbeschreibung, das Rechnen, die schriftlichen Aufsätze und andere Dinge. In der Religion wurden wir von dem würdigen Kaplane unserer Pfarrkirche in unserem Hause unterrichtet, und der Vater ging uns in religiösen und sittlichen Dingen mit einem guten Beispiel voran. Aber wie es in dem früheren Unterrichte gewesen war, so war es hier auch wieder. Der Bruder lernte alles recht gut, er machte seine Aufgaben gut, er konnte das Lateinische und Griechische deutsch sagen, er konnte die Buchstabenrechnungen machen, und seine Briefe und Aufsätze waren, als hätte sie ein erwachsener Mensch geschrieben. Ich konnte das nicht. Ich war zwar auch recht fleißig, und im Anfange eines jeden Dinges ging es nicht übel, ich verstand es und konnte es sagen und machen; aber wenn wir weiter vorrückten, entstand eine Verwirrung, die Sachen kreuzten sich, ich konnte mich nicht zurechtfinden und hatte keine Einsicht. In den Übertragungen aus der deutschen Sprache befolgte ich alle Regeln sehr genau, aber da waren immer bei einem Worte mehrere Regeln, die sich widersprachen, und wenn die Arbeit fertig war, so war sie voll Fehler. Ebenso ging es bei den Übertragungen in das Deutsche. Es standen in dem lateinischen oder griechischen Buche immer so fremde Worte, die sich nicht fügen wollten, und wenn ich sie in dem Wörterbuche aufschlug, waren sie nicht darin, und die Regeln, die wir in unserer Sprachlehre lernten, waren in den griechischen und lateinischen Büchern nicht befolgt. Am besten ging es noch in zwei Nebengegenständen, die der Vater zu lernen befohlen hatte, weil wir sie in unserer Zukunft brauchen könnten, in der französischen und italienischen Sprache, für welche in jeder Woche zweimal ein Lehrer in das Haus kam. Der Bruder und unser Lehrer nahmen sich meiner sehr an und suchten mir beizustehen. Aber da die Prüfungen kamen, genügte ich nicht, und meine Zeugnisse waren nicht gut.

So vergingen mehrere Jahre. Da die Zeit vorüber war, welche der Vater zur Erlernung dieser Dinge bestimmt hatte, sagte er, daß wir jetzt unser Gewerbe lernen müßten, das er uns nach seinem Tode übergeben würde und das wir gemeinsam so ehrenwert und ansehnlich fortzuführen hätten, wie es unsere und seine Vorfahren getan hätten. Er sagte, wir müßten auf die nämliche Weise unterrichtet werden wie unsere Voreltern, damit wir auf die nämliche Weise zu handeln verstünden wie sie. Wir müßten alle Handgriffe und Kenntnisse unseres Geschäftes von unten hinauf lernen, wir müßten zuerst arbeiten können, wie jeder gute und der beste Arbeiter in unserem Handwerke, damit wir den Arbeiter und die Arbeit beurteilen könnten, damit wir wüßten, wie die Arbeiter behandelt werden sollen, und damit wir von den Arbeitern geachtet würden. Dann erst sollten wir zur Erlernung der weiteren in der Handelschaft nötigen Dinge übergehen.

Der Vater wollte, daß wir auch so leben sollten, wie unsere Arbeiter lebten, daß wir ihre Lage verstünden und ihnen nicht fremd wären. Er wollte daher, daß wir mit ihnen essen, wohnen und schlafen sollten. Unser bisheriger Lehrer verließ uns, indem er jedem von uns ein Buch zum Andenken hinterließ, wir zogen aus der Studierstube fort und gingen in die Arbeiterwohnung hinüber.

Der Vater hatte den besten Gesellen unseres Geschäftes, der zugleich Werkführer war, zu unserem Lehrmeister bestimmt und uns überhaupt seiner Aufsicht übergeben. Wir bekamen jeder unsern Platz in seiner Werkstätte, waren mit dem Handwerkzeuge versehen und mußten beginnen, wie jeder Lehrling. Zum Speisen kamen wir an den nämlichen Tisch, an dem alle unsere Arbeiter saßen, aber wir kamen an die untersten Plätze, wo sich die Lehrlinge befanden. Als Schlafgemach hatten wir auch das der Lehrlinge, an welches das Schlafzimmer des Werkführers stieß, der der einzige war, welcher ein eigenes Zimmer zum Schlafen hatte. Deshalb mußte er immer nicht nur ein sehr geschickter Arbeiter sein, sondern auch durch Rechtlichkeit, Sitte und Lebenswandel sich auszeichnen. Ein anderer wurde in unserem Hause zu dieser Stelle gar nicht genommen. Er hatte die besondere Aufsicht über die Lehrlinge, weil diese noch einer Erziehung bedurften. Zum Lager erhielten wir ein Bett wie die Lehrlinge, und zur Bekleidung hatten wir das Kleid aller unserer Arbeiter.

So begann die Sache. Aber auch hier war es genau wieder so, wie es in allen vorhergegangenen Dingen gewesen war. Der Bruder arbeitete schnell, und seine Arbeitsstücke waren schön. Ich machte es genauso, wie der Lehrmeister es angab, aber meine Stücke wurden nicht so, wie sie sein mußten, und wurden nicht so schön wie die meines Bruders. Ich war aber außerordentlich fleißig. Des Abends saßen wir oft in der großen Gesprächstube der Arbeiter und hörten ihren Reden zu. Es kamen auch böse Beispiele von Arbeitern vor, aber sie sollten uns nicht verlocken, sondern sie sollten uns befestigen und einen Abscheu einflößen. Der Vater sagte, wer leben soll, muß das Leben kennen, das Gute und das Böse davon, muß aber von dem Letzteren nicht angegriffen, sondern gestärkt werden. An solchen Abenden holte ich den Arbeitern gerne Dinge, um welche sie mich schickten, Wein, Käse und andere Gegenstände. Sie hatten mich deshalb auch sehr lieb.

Wenn wir in einer Werkstätte unterrichtet waren und die Sachen machen konnten, kamen wir in eine andere, bis wir endlich freigesprochen wurden und als Lehrlinge in die Handelschaft traten. Als wir auch da fertig waren, kamen wir in die Schreibstube zu den Schreibereien unseres Geschäftes.

Da endlich nach geraumer Zeit unsere Lehrjahre vorüber

waren, kamen wir in das Zimmer der Söhne vom Hause und erhielten die einfachen Kleider, wie sie unser Vater zu tragen pflegte.

Nicht lange nach der Zeit der Vollendung der Lehre, und da der Bruder schon überall zu den Geschäften beigezogen wurde, erkrankte der Vater. Er erkrankte nicht so ernstlich, daß eine Gefahr zu befürchten gewesen wäre, so wie er auch nicht in dem Bette liegen mußte, aber seine starke Gestalt nahm ab, sie wurde leichter, er ging viel in dem Hause und in dem Garten herum und nahm sich nicht mehr so um die Geschäfte an, wie es früher seine Gewohnheit und seine Freude gewesen war.

Der Bruder nahm sich um die Führung des Gewerbes an, ich brauchte mich nicht einzumischen, und der Vater blieb endlich den größten Teil des Tages, wenn er nicht eben in dem Garten war, in seinem Wohnzimmer.

Um jene Zeit tat ich die Bitte, daß man erlauben möge, daß ich wieder unsere alte Studierstube beziehen und dort wohnen dürfe. Man gewährte die Bitte, und ich schaffte meine Habseligkeiten durch den langen Gang in die Stube. Weil der Vater in dem Geschäfte keine Anordnungen und keine Befehle erteilte und weil mir der Bruder keine Arbeit auftrug, hatte ich Muße, zu tun, was ich wollte. Da man mir damals, als ich in unseren Lehrgegenständen keine genügenden Zeugnisse erhalten hatte, keinen Vorwurf gemacht hatte, so beschloß ich, jetzt alles nachzuholen und alles so zu lernen, wie es sich gebührte. Ich nahm ein Buch aus der Lade, setzte mich dazu und las den Anfang. Ich verstand alles und lernte es und merkte es mir. Am andern Tage wiederholte ich das, was ich an dem vorigen Tage gelernt hatte, versuchte, ob ich es noch wisse, und lernte ein neues Stück dazu. Ich gab mir nur Weniges zur Aufgabe, aber ich suchte, es zu verstehen und es gründlich in meinem Gedächtnisse aufzubewahren. Ich gab mir auch Aufgaben zur Ausarbeitung, und sie gelangen. Ich suchte die Aufgaben hervor, welche uns damals von unserem Lehrer gegeben worden waren, machte sie noch einmal und machte jetzt keinen Fehler. Wie ich es mit dem einen Buche gemacht hatte, machte ich es auch mit den andern. Ich lernte sehr fleißig, und nach und nach war ich schier den ganzen Tag in der Stube beschäftigt. Wenn ich eine freie Zeit hatte, so saß ich gerne nieder, nahm das Buch in die Hand, welches mir mein Lehrer zum Angedenken gegeben hatte, und dachte an den Mann, der damals bei uns gewesen war.

In der Stube war alles geblieben, wie es einst gewesen war. Der große eichene Tisch stand noch in der Mitte, er hatte noch die Male, die wir entweder absichtlich mit dem Messer oder zufällig mit andern Werkzeugen in sein Holz gebracht hatten, er zeigte noch die vertrockneten Tintenbäche, welche entstanden waren, wenn mit dem Tintengefäße ein Unglück geschehen war und wenn mit allem Waschen und Reiben keine Abhilfe mehr gebracht werden konnte. Ich zog die Fächer heraus. Da lagen noch in den meinigen meine Lehrbücher mit dem Rötel- oder Bleifederzeichen in ihrem Innern, wie weit wir zu lernen hätten; es lagen noch die Papierhefte darinnen, in welchen die Ausarbeitungen unserer Aufgaben geschrieben waren, und es leuchteten die mit roter Tinte gemachten Striche des Lehrers hervor, die unsere Fehler bedeuteten; es lagen noch die veralteten, bestaubten Federn und Bleistiften darinnen. Ebenso war es in den Fächern des Bruders. Auch in ihnen lagen seine alten Lerngeräte in bester Ordnung beisammen. Ich lernte jetzt an demselben Tische meine Aufgaben, an welchem ich sie vor ziemlich vielen Jahren gelernt hatte. Ich schlief in dem nämlichen Bette und hatte das Nachttischchen mit dem Lichte daneben. Das Bette des Bruders aber blieb leer und war immer zugedeckt. In den zwei Zimmern, in welchen damals der Lehrer gewohnt hatte, hatte ich einige Kästen mit Kleidern und andern Sachen, sonst waren sie auch unbewohnt und hatten nur noch die alten Geräte. So war ich der einzige Bewohner des hintern Gartenflügels, und dieser Zustand dauerte mehrere Jahre.

Plötzlich starb unser Vater. Mein Schreck war fürchterlich. Kein Mensch hatte geglaubt, daß es so nahe sei und daß es überhaupt eine Gefahr geben könnte. Er hatte sich zwar in der letzten Zeit immer mehr zurückgezogen, seine Gestalt war etwas verfallen, auch brachte er oft mehrere Tage in dem Bette zu; allein wir hatten uns an diesen Zustand so gewöhnt, daß er uns zuletzt auch als ein regelmäßiger erschien, jeder Hausbewohner sah ihn als den Vater an, der Vater gehörte so notwendig zu dem Hause, daß man sich seinen Abgang nicht denken konnte, und ich habe mir wirklich nie gedacht, daß er sterben könnte und daß er so krank sei. In dem ersten Augenblicke war alles in Verwirrung, dann aber wurden die Leichenvorbereitungen gemacht. Mit seinem Leichenzuge gingen alle Armen des Stadtbezirkes, es gingen die Männer seines Geschäftes mit, seine Freunde, viele Fremde, die Arbeiter seines Hauses und seine zwei Söhne. Es wurden sehr viele Tränen geweint, wie man um wenige Menschen des Landes weint, und die Leute sagten, daß ein vortrefflicher Mann, ein auserlesener Bürger und ein ehrenvoller Geschäftsmann begraben worden sei. Nach einigen Tagen wurde das Testament eröffnet, und in demselben stand, daß wir beiden Brüder als Erben eingesetzt seien und uns das Geschäft gemeinschaftlich zugefallen sei.

Der Bruder sagte mir nach einiger Zeit, daß die ganze Last des Geschäftes nun auf unsern Schultern liege, und ich eröffnete ihm hiebei, daß ich das Lateinische, Griechische, die Naturgeschichte, die Erdbeschreibung und die Rechenkunst, worin ich damals, als wir unterrichtet wurden, geringe Fortschritte gemacht hatte, nachgelernt hätte und daß ich jetzt beinahe vollkommen in diesen Dingen bewandert wäre. Er aber antwortete mir, daß Lateinisch, Griechisch und die übrigen Fächer zu unserem Berufe nicht geradehin notwendig seien und daß ich zu spät diese Mühe verwendet hätte. Ich erwiderte ihm, daß, so wie ich diese Lernfächer nachgelernt hätte, ich auch alle die Arbeiten und Kenntnisse, die zu unserem Geschäfte unmittelbar notwendig wären, allmählich nachlernen würde. Hierauf sagte er wieder, daß, wenn das Geschäft auf mich warten müßte, ich zu einer Zeit fertig werden würde, wenn es bereits zugrunde gegangen wäre. Er versprach aber, daß er sich so annehmen werde, wie es in seinen Kräften möglich sei, und daß er mir überlasse zu tun, wie es mir gefalle, daß ich Einsicht nehmen könne, daß ich mithelfen könne, daß ich noch lernen könne und daß mein Teil mir aber in jedem Falle unverkümmert bewahrt werden solle.

Ich ging wieder in die Studierstube zurück, mischte mich in die Geschäfte nicht, weil ich sie wohl nicht verstand, und er ließ mich dort. Ja, er schickte mir sogar bessere Geräte und versah mich mit mehreren Bequemlichkeiten, daß der Aufenthalt in der Stube mir nicht unangenehm würde. Nach einiger Zeit erschien er mit dem Rechtsanwalte unseres Hauses, mit Personen des Gerichtes und mit Zeugen, welche Freunde unsers Vaters gewesen waren, und gab mir ein gerichtliches Papier, auf welchem verzeichnet war, was ich für Ansprüche an die Erbschaft habe, welcher mein Teil sei und was mir in Zukunft gebühre. Der Bruder, die Zeugen und ich unterschrieben die Schrift.

Ich fuhr nun mit dem Lernen fort, der Bruder leitete den ganzen Umfang des Geschäftes. Nach einem Vierteljahre brachte er mir eine Summe Geldes und sagte, das seien die Zinsen, welche mir von meinem Anteile an der Erbschaft, der in dem Gewerbe tätig sei, gebühren. Er sagte, daß er mir alle Vierteljahre diese Summe einhändigen werde. Er fragte mich, ob ich zufrieden sei, und ich antwortete, daß ich sehr zufrieden sei.

Nachdem so wieder eine Zeit vergangen war, stellte er mir einmal vor, daß mein Lernen doch zu etwas führen müsse, und er fragte mich, ob ich nicht geneigt wäre, zu einem der gelehrten Stände hinzuarbeiten, zu denen die Dinge, mit welchen ich mich jetzt beschäftige, die Vorarbeit seien. Als ich ihm antwortete, daß ich nie darüber nachgedacht habe und daß ich nicht wisse, welcher Stand sich für mich ziemen könnte, sagte er, das sei jetzt auch nicht notwendig, ich möchte nur aus den Kenntnissen, die ich mir jetzt erworben hätte, nach und nach die Prüfungen ablegen, damit ich beglaubigte Schriften über meine Anwartschaft in den Händen hätte, ich möchte mir die fehlenden Wissenschaften noch zu erwerben trachten und mich über sie gleichfalls Prüfungen unterziehen, und wenn dann der Zeitpunkt gekommen wäre, mich für einen besondern Stand zu entscheiden, hätte ich wieder mehr Erfahrungen gesammelt und sei dann leichter in der Lage, mich zu bestimmen, wohin ich mich zu wenden hätte.

Mir gefiel der Vorschlag recht gut, und ich sagte zu. Nach einiger Zeit machte ich die ersten Prüfungen aus den unteren Fächern, und sie fielen außerordentlich gut aus. Dies machte mir Mut, und ich ging mit Eifer an die Erlernung der weiteren Kenntnisse. Mir zitterte innerlich das Herz vor Freude, daß ich einmal einem jener Stände, die ich immer mit so vieler Ehrfurcht betrachtet hatte, die der Welt mit ihren Wissenschaften und mit ihrer Geschicklichkeit dienen, angehören sollte. Ich arbeitete sehr fleißig, ich kargte mir die Zeit ab, ich kam wenig in die andern Räume des Hauses hinüber, und nachdem wieder eine Zeit vergangen war, konnte ich abermals eine Prüfung mit gutem Erfolg ablegen.

So war ich vollständig ein Bewohner des hintern Gartenflügels geworden, durfte es bleiben und konnte mich mit gutem Gewissen meinen Bestrebungen hingeben.

An unsern hinteren Gartenteil stieß ein zweiter Garten, der aber eigentlich kein Garten war, sondern mehr ein Anger, auf dem hie und da ein Baum stand, den niemand pflegte. Hart an einem Eisengitter unseres Gartens ging der Weg vorüber, der in dem fremden Garten war. Ich sah in jenem Garten immer sehr schöne weiße Tücher und andere Wäsche auf langen Schnüren aufgehängt. Ich blickte oft teils aus meinen Fenstern, teils durch das Eisengitter, wenn ich eben in dem Garten war, darauf hin. Wenn sie trocken waren, wurden sie in einen Korb gesammelt, während eine Frau dabeistand und es anordnete. Dann wurden wieder nasse aufgehängt, nachdem die Frau die zwischen Pflöcken gespannten Schnüre mit einem Tuche abgewischt hatte. Diese Frau war eine Witwe. Ihr Gatte hatte ein Amt gehabt, das ihn gut nährte. Kurz nach seinem Tode war auch sein alter gütiger Herr gestorben, und der Sohn desselben hatte ein so hartes Herz, daß er der Witwe nur so viel gab, daß sie nicht gerade verhungerte. Sie mietete daher das Gärtchen, das an unsern Garten stieß, sie mietete auch das kleine Häuschen, welches in dem Garten stand. Mit dem Gelde, das ihr ihr Gatte hinterlassen hatte, richtete sie nun das Häuschen und den Garten dazu ein, daß sie für die Leute, welche ihr das Vertrauen schenken würden, Wäsche besorgte, feine und jede andere. Sie ließ in dem Häuschen Kessel einmauern und andere Vorrichtungen machen, um die Wäsche zu sieden und die Laugen zu bereiten. Sie ließ Waschstuben herrichten, sie bereitete Orte, wo geglättet und gefaltet wurde, und für Zeiten des schlechten Wetters und des Winters ließ sie einen Trockenboden aufführen. In dem Garten ließ sie Pflöcke in gleichen Entfernungen voneinander einschlagen, an den Pflöcken Ringe befestigen und durch die Ringe Schnüre ziehen, welche oft gewechselt wurden. Hinter dem Häuschen ging ein Bach vorüber, welcher die Witwe verleitet hatte, hier ihre Waschanstalt zu errichten. Von dem Bache führten Pumprinnen in die Kessel, und über dem Wasser des Baches war eine Waschhütte erbaut. Die Frau hatte viele Mägde genommen, welche arbeiten und die Sache gehörig bereiten mußten, sie stand dabei, ordnete an, zeigte, wie alles richtig zu tun sei, und da sie die Wäsche nicht mit Bürsten und groben Dingen behandeln ließ und darauf sah, daß sie sehr weiß sei und daß das Schlechte ausgebessert wurde, so bekam sie sehr viele Kundschaften, sie mußte ihre Anstalt erweitern und mehr Arbeiterinnen nehmen, und nicht selten kam manche vornehme Frau und saß mit ihr unter dem großen Birnbaume des Gartens.

Diese Frau hatte auch ein Töchterlein, ein Kind, nein, es war doch kein Kind mehr – ich wußte eigentlich damals nicht, ob es noch ein Kind sei oder nicht. Das Töchterlein hatte sehr feine rote Wangen, es hatte feine rote Lippen, unschuldige Augen, die braun waren und freundlich um sich schauten. Über die Augen hatte es Lider, die groß und sanft waren und von denen lange Wimpern niedergingen, die zart und sittsam aussahen. Die dunkeln Haare waren von der Mutter glatt und rein gescheitelt und lagen schön an dem Haupte. Das Mädchen trug manchmal ein längliches Körbchen von feinem Rohre; über dem Körbchen war ein weißes, sehr feines Tuch gespannt, und in dem Körbchen mochte ganz auserlesene Wäsche liegen, welche das Kind zu einer oder der andern Frau zu tragen hatte.

Ich sah es gar so gerne an. Manchmal stand ich an dem Fenster und sah auf den Garten hinüber, in welchem immer ohne Unterbrechung, außer wenn es Nacht wurde oder schlechtes Wetter kam, Wäsche an den Schnüren hing, und ich hatte die weißen Dinge sehr lieb. Da kam zuweilen das Mädchen heraus, ging auf dem Anger hin und wieder und hatte mancherlei zu tun, oder ich sah es, obwohl das Häuschen sehr unter Zweigen versteckt war, an dem Fenster stehen und lernen. Ich wußte bald auch die Zeit, an welcher es die Wäsche forttrug, und da ging ich manchmal in den Garten hinunter und stand an dem eisernen Gitter. Da der Weg an dem Gitter vorüberging, mußte das Mädchen an mir vorbeikommen. Es wußte recht wohl, daß ich da stehe; denn es schämte sich immer und nahm sich im Gange zusammen.

Eines Tages, da ich die Wäscheträgerin von ferne kommen sah, legte ich schnell einen sehr schönen Pfirsich, den ich zu diesem Zwecke schon vorher gepflückt hatte, durch die Öffnung der Gitterstäbe hinaus auf ihren Weg und ging in das Gebüsche. Ich ging so tief hinein, daß ich sie nicht sehen konnte. Als schon so viele Zeit vergangen war, daß sie lange vorübergekommen sein mußte, ging ich wieder hervor; allein der Pfirsich lag noch auf dem Wege. Ich wartete nun die Zeit ab, wann sie wieder zurückkommen würde. Aber da sie schon zurückgekommen war und ich nachsah, lag der Pfirsich noch auf dem Wege. Ich nahm ihn wieder herein. Das nämliche geschah nach einer Zeit noch einmal. Beim dritten Male blieb ich stehen, als der Pfirsich mit seiner sanften roten Wange auf dem Sande lag, und sagte, da sie in die Nähe kam: ‚Nimm ihn.‘ Sie blickte mich an, zögerte ein Weilchen, bückte sich dann und nahm die Frucht. Ich weiß nicht mehr, wo sie dieselbe hingesteckt hatte, aber das weiß ich gewiß, daß sie sie genommen hatte. Nach Verlauf von einiger Zeit tat ich dasselbe wieder, und sie nahm wieder die Frucht. So geschah es mehrere Male, und endlich reichte ich ihr den Pfirsich mit der Hand durch das Gitter.

Zuletzt kamen wir auch zum Sprechen. Was wir gesprochen haben, weiß ich nicht mehr. Es muß gewöhnliches Ding gewesen sein. Wir nahmen uns auch bei den Händen.

Mit der Zeit konnte ich nicht mehr erwarten, wenn sie mit dem Körbchen kam. Ich stand alle Mal an dem Gitter. Sie blieb stehen, wenn sie zu mir gekommen war, und wir redeten miteinander. Einmal bat ich sie, mir die Dinge in dem Körbchen zu zeigen. Sie zog den linnenen Deckel mit kleinen Schnürchen auseinander und zeigte mir die Sachen. Da lagen Krausen, feine Ärmel und andere geglättete Dinge. Sie nannte mir die Namen, und als ich sagte, wie

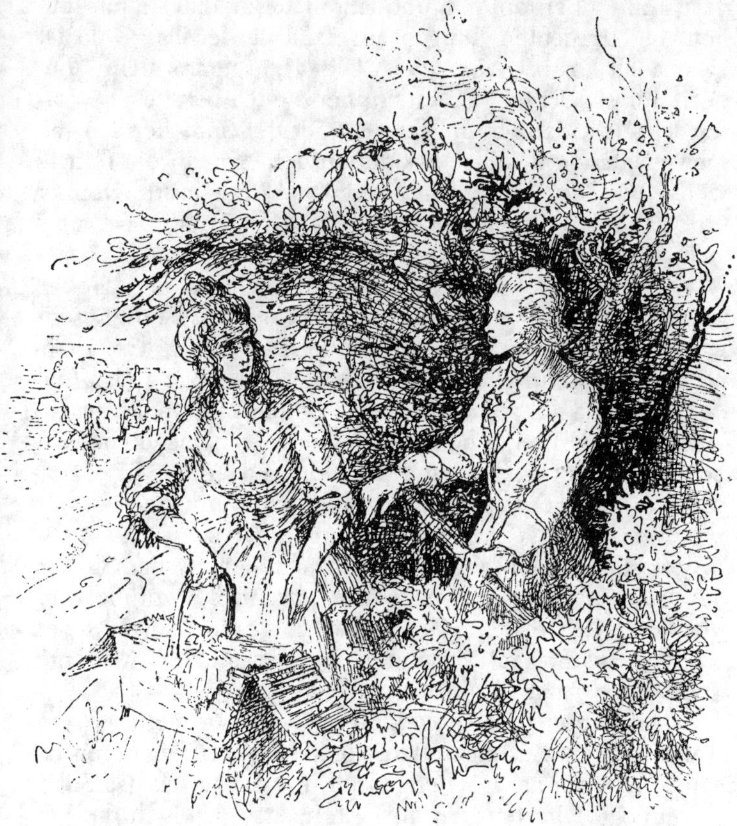

schön das sei, erwiderte sie: ‚Die Wäsche gehört einer alten Gräfin, einer vornehmen Frau, ich muß sie ihr immer selber hintragen, daß ihr nichts geschieht, weil sie so schön ist.‘ Da ich wieder sagte: ‚Ja, das ist schön, das ist außerordentlich schön‘, antwortete sie: ‚Freilich ist es schön, meine Mutter sagt: die Wäsche ist nach dem Silber das erste Gut in einem Hause, sie ist auch feines weißes Silber und kann, wenn sie unrein ist, immer wieder zu feinem weißem Silber gereinigt werden. Sie gibt unser vornehmstes und nächstes Kleid. Darum hat die Mutter auch so viele Wäsche gesammelt, daß wir nach dem Tode des Vaters genug hatten, und darum hat sie auch die Reinigung der Wäsche für andere Leute übernommen und läßt nicht zu, daß sie mit rauhen und unrechten Dingen angefaßt werde. Das Gold ist zwar auch kostbar, aber es ist kein Hausgeräte mehr, sondern nur ein Schmuck'. Ich erinnerte mich bei diesen Worten wirklich, daß ich an dem Körper der Sprechenden immer am Rande des Halses oder an den Ärmeln die feinste weiße Wäsche gesehen hatte und daß ihre Mutter immer eine schneeweiße Haube mit feiner Krause um das Angesicht trug.

Von diesem Augenblicke an begann ich von dem Gelde, welches mir der Bruder alle Vierteljahre zustellte, sehr schöne Wäsche, wie die der vornehmen Gräfin war, anzuschaffen, und mir alle Arten silberne Hausgeräte zu kaufen.

Einmal, da wir so beieinanderstanden, kam die Mutter in der Nähe vorüber und rief: ‚Johanna, schäme dich.' Wir schämten uns wirklich und liefen auseinander. Mir brannten die Wangen vor Scham, und ich wäre erschrocken, wenn mir jemand im Garten begegnet wäre.

Von der Zeit an sahen wir uns nicht mehr an dem Gitter. Ich ging jedesmal in den Garten, wenn sie vorüberkam, aber ich blieb in dem Gebüsch, daß sie mich nicht sehen konnte. Sie ging mit geröteten Wangen und mit niedergeschlagenen Augen vorüber.

Ich ließ nun in die zwei Zimmer, die an meine Wohnstube stießen, Kästen stellen, von denen ich die oberen Fächer hatte schmal machen lassen, in welche ich das Silber hineinlegte, die unteren aber breit, in welche ich die Wäsche tat. Ich legte das Zusammengehörige zusammen und umwand es mit rotseidenen Bändern.

Nach geraumer Zeit sah ich das Mädchen lange nicht an dem eisernen Gitter vorübergehen, ich getraute mir nicht zu fragen, und als ich endlich doch fragte, erfuhr ich, daß es in eine andere Stadt gegeben worden sei und daß es die Braut eines fernen Anverwandten werden würde.

Ich meinte damals, daß ich mir die Seele aus dem Körper weinen müsse.

Aber nach einer Zeit ereignete sich etwas Furchtbares. Mein Bruder hatte einen großen Wechsler, der ihm stets auf Treu und Glauben das Geld für laufende Ausgaben bis zu einer festgesetzten Summe lieferte, um sich nach Umständen immer wieder auszugleichen. Ich weiß es nicht, haben andere Leute meinem Bruder den Glauben untergraben oder hat der Wechsler selber, weil zwei Handelschaften, die uns bedeutend schuldeten, gefallen waren und uns um unsern Reichtum brachten, Mißtrauen geschöpft: er weigerte sich fortan, die Wechsel unseres Hauses zu zahlen. Der Bruder sollte mehrere mit Summen decken, und es fehlte hinlängliches bares Geld dazu. Die Freunde, an welche er sich wendete, schöpften selber Mißtrauen, und so kam es, daß die Wechselgläubiger die Klage anstellten, daß unser Haus, unsere andern Besitzungen und unsere Waren abgeschätzt wurden, ob sie hinreichen, ohne daß man an unsere ausstehenden Forderungen zu greifen hätte. Da nun dies bekannt wurde, kamen alle, welche eine Forderung hatten, und wollten sie erfüllt haben; aber die, welche uns schuldeten, kamen nicht. Der Bruder wollte mir nichts entdecken, damit ich mich nicht kränkte, er gedachte es noch vorüberzuführen. Allein da der Verkauf unseres Hauses zu sofortiger Deckung der Wechselschulden angeordnet wurde, konnte er es mir nicht mehr verbergen. Er kam auf meine Stube und sagte mir alles. Ich gab ihm das Geld, das ich hatte; denn meine Bedürfnisse waren sehr gering gewesen, und ich hatte einen großen Teil meiner Einkünfte ersparen können. Ich öffnete die schmalen oberen Fächer meiner Kästen und legte alles mein Silber auf unsern eichenen Lerntisch heraus und bot es ihm an. Er sagte, daß das nicht reiche, um das Haus und das Geschäft zu retten, und er weigerte sich, es anzunehmen. Auch das Gericht machte keine Forderung an mich, aber ich konnte es nicht leiden, daß mein Bruder etwas unerfüllt ließe und sein Gewissen belastete, ich tat daher alles zu den andern Werten. Es reichte zusammen hin, daß allen Gläubigern ihre Forderungen ausgezahlt und sie bis auf das genaueste befriediget werden konnten. Allein unser schönes Haus mit seinem hinteren Flügel und unser schöner Garten war verloren.

Ich weiß nicht, welche andere Schläge noch kamen; aber auch die Aussicht, mit dem ausstehenden Gelde noch ein kleines Geschäft einzuleiten und uns nach und nach wieder emporzuschwingen, war in kurzer Zeit vereitelt.

Mein Bruder, welcher unverheiratet war, grämte sich so,

daß er in ein Fieber verfiel und starb. Ich allein und mehrere Menschen, denen er Gutes getan hatte, gingen mit der Leiche. Da vom Urgroßvater her immer nur ein Sohn als einziges Kind und Nachfolger bis auf uns beide Brüder gewesen war, da auch die Haushälterin Luise schon länger vorher mit Tod abgegangen war, so hatte ich keinen Verwandten und keinen Bekannten mehr.

Ich hatte den Gedanken gefaßt, ein Verkünder des Wortes des Herrn, ein Priester, zu werden. Wenn ich auch unwürdig wäre, dachte ich, so könnte mir doch Gott seine Gnade verleihen, zu erringen, daß ich nicht ein ganz verwerflicher Diener und Vertreter seines Wortes und seiner Werke sein könnte.

Ich nahm meine Zeugnisse und Schriften zusammen, ging in die Priesterbildungsanstalt und bat beklemmt um Aufnahme. Sie wurde mir gewährt. Ich zog zur festgesetzten Zeit in die Räume ein und begann meine Lernzeit. Sie ging gut vorüber, und als ich fertig war, wurde ich zum Diener Gottes geweihet. Ich tat meine ersten Dienste bei älteren Pfarrern als Mitarbeiter in der Seelsorge, die ihnen anvertraut war. Da kam ich in verschiedene Lagen und lernte Menschen kennen. Von den Pfarrern lernte ich in geistlichen und weltlichen Eigenschaften. Als eine solche Reihe von Jahren vergangen war, daß man es mir nicht mehr zu arg deuten konnte, wenn ich um eine Pfarre einkäme, bat ich um die jetzige und erhielt sie. Ich bin nun über siebenundzwanzig Jahre hier und werde auch nicht mehr weggehen. Die Leute sagen, die Pfarre sei schlecht, aber sie trägt schon, wovon ein Verkünder des Evangeliums leben kann. Sie sagen, die Gegend sei häßlich, aber auch das ist nicht wahr, man muß sie nur gehörig anschauen. Meine Vorgänger sind von hier auf andere Pfarrhöfe versetzt worden. Da aber meine jetzt lebenden Mitbrüder, die in meinen Jahren und etwas jünger sind, sich während ihrer Vorbereitungszeit sehr auszeichneten und mir in allen Eigenschaften überlegen sind, so werde ich nie bitten, von hier auf einen anderen Platz befördert zu werden. Meine Pfarrkinder sind gut, sie haben sich manchem meiner lehrenden Worte nicht verschlossen und werden sich auch ferner nicht verschließen.

Dann habe ich noch einen anderen, weltlicheren und einzelneren Grund, weshalb ich an dieser Stelle bleibe. Sie werden denselben schon einmal später erfahren, wenn Sie nämlich die Bitte, die ich an Sie stellen will, erhören. Ich komme nun zu dieser Bitte, aber ich muß noch etwas sagen, ehe ich sie ausspreche. Ich habe zu einem Zwecke in diesem Pfarrhofe zu sparen angefangen, der Zweck ist kein schlechter, er betrifft nicht bloß ein zeitliches Wohl, sondern auch ein anderes. Ich sage ihn jetzt nicht, er wird schon einmal kundwerden; aber ich habe um seinetwillen zu sparen begonnen. Von dem Vaterhause habe ich kein Vermögen mitgebracht; was noch an Gelde eingegangen ist, wurde zu verschiedenen Dingen verwendet, und seit Jahren ist nichts mehr eingegangen. Ich habe von dem väterlichen Erbe nur das einzige Kruzifix, welches an meiner Tür dort über dem Weihbrunngefäße hängt. Der Großvater hat es einmal in Nürnberg gekauft, und der Vater hat es mir, weil es mir stets gefiel, geschenkt. So fing ich also an, von den Mitteln meines Pfarrhofes zu sparen. Ich legte einfache Kleider an und suche sie lange zu erhalten, ich verabschiedete das Bett und legte mich auf die Bank in dem Vorhause und tat die Bibel zum Zeugen und zur Hilfe unter mein Haupt. Ich hielt keine Bedienung mehr und mietete mir die Dienste der alten Sabine, die für mich hinreichen. Ich esse, was für den menschlichen Körper gut und zuträglich ist. Den oberen Teil des Pfarrhofes habe ich vermietet. Ich habe schon zweimal darüber einen Verweis von dem hochwürdigen bischöflichen Konsistorium erhalten, aber jetzt lassen sie es geschehen. Weil die Leute bei mir bares Geld vermuten, was auch wahr gewesen ist, so bin ich dreimal desselben beraubt worden, aber ich habe wieder von vorne angefangen. Da die Diebe nur das Geld genommen hatten, so suchte ich es ihnen zu entrücken. Ich habe es gegen Waisensicherheit angelegt, und wenn kleine Zinsen anwachsen, so tue ich sie stets zu dem Kapitale. So bin ich nun seit vielen Jahren nicht behelligt worden. In der langen Zeit ist mir mein Zustand zur Gewohnheit geworden, und ich liebe ihn. Nur habe ich eine Sünde gegen dieses Sparen auf dem Gewissen: ich habe nämlich noch immer das schöne Linnen, das ich mir in der Stube in unserem Gartenflügel angeschafft hatte. Es ist ein sehr großer Fehler, aber ich habe versucht, ihn durch noch größeres Sparen an meinem Körper und an anderen Dingen gutzumachen. Ich bin so schwach, ihn mir nicht abgewöhnen zu können. Es wäre gar zu traurig, wenn ich die Wäsche weggeben müßte. Nach meinem Tode wird sie ja auch etwas eintragen, und den ansehnlicheren Teil gebrauche ich ja gar nicht."

Ich wußte nun, weshalb er sich seiner herrlichen Wäsche schämte.

„Es ist mir nicht lieb", fuhr er fort, „daß ich hier den Menschen nicht so helfen kann, wie ich möchte; aber ich kann es dem Zwecke nicht entziehen, und es können ja nicht alle Menschen im ganzen Umfange wohltun, wie sie wünschten, dazu wäre der größte Reichtum nicht groß genug.

Sehen Sie, nun habe ich Ihnen alles gesagt, wie es mit mir gewesen ist und wie es noch mit mir ist. Jetzt kömmt meine Bitte, Sie werden sie mir vielleicht, wenn Sie an alles denken, was ich Ihnen erzählt habe, gewähren. Sie ist aber beschwerlich zu erfüllen, und nur Ihre Freundlichkeit und Güte erlaubt mir, sie vorzubringen. Ich habe mein Testament bei dem Gerichte zu Karsberg in dem Schlosse niedergelegt. Ich vermute, daß es dort sicher ist, und ich habe den Empfangschein hier in meinem Hause. Aber alle menschlichen Dinge sind wandelbar, es kann Feuer, Verwüstung, Feindeseinbruch oder sonst ein Unglück kommen und das Testament gefährden. Ich habe daher noch zwei gleichlautende Abschriften verfaßt, um sie so sicher als möglich niederzulegen, daß sie nach meinem Tode zum Vorscheine kommen mögen und ihr Zweck erfüllt werde. Da wäre nun meine Bitte, daß Sie eine Abschrift in Ihre Hände nähmen und aufbewahrten. Die andere behalte ich entweder hier, oder ich gebe sie auch jemanden, daß er sie ebenfalls zu ihrem Zwecke aufbewahre. Freilich müßten Sie da erlauben, daß Ich Ihnen, wenn Sie von dieser Gegend scheiden, von Zeit zu Zeit einen kleinen Brief schreibe, worin ich Ihnen sage, daß ich noch lebe. Wenn die Briefe ausbleiben, so wissen Sie, daß ich gestorben bin. Dann müßten Sie das Testament durch ganz sichere Hände und gegen Bescheinigung nach Karsberg gelangen lassen, oder überhaupt dorthin, wo die Ämter sind, die es in Erfüllung bringen können. Es ist das alles nur zur Vorsicht, wenn das gerichtlich niedergelegte verlorengehen sollte. Das Testament ist zugesiegelt, und den Inhalt werden Sie nach meinem Tode erfahren, wenn Sie nämlich nicht abgeneigt sind, meine Bitte zu erfüllen."

Ich sagte dem Pfarrer, daß ich mit Freuden in seinen Wunsch eingehe, daß ich das Papier so sorgfältig bewahren wolle, wie meine eigenen besten Sachen, deren Vernichtung mir unersetzlich wäre, und daß ich allen seinen Weisungen gerne nachkommen wolle. Übrigens hoffe ich, daß der Zeitpunkt noch sehr ferne sei, wo das Testament und seine zwei andern Genossen entsiegelt werden würden.

„Wir stehen alle in Gottes Hand", sagte er, „es kann heute sein, es kann morgen sein, es kann noch viele Jahre dauern. Zum Zwecke, den ich neben meinen Seelsorgerpflichten verfolge, wünsche ich, daß es nicht so bald sei; aber Gott weiß, wie es gut ist, und er bedarf zuletzt auch zur Krönung dieses Werkes meiner nicht."

„Da aber auch ich vor Ihnen sterben könnte", erwiderte ich, „so werde ich zur Sicherheit eine geschriebene Verfügung zu dem Testamente legen, wodurch meine Verpflichtung in andere Hände übergehen soll."

„Sie sind sehr gut", antwortete er, „ich habe gewußt, daß Sie so freundschaftlich sein werden, ich habe es gewiß gewußt. Hier wäre das Papier."

Mit diesen Worten zog er unter seinem Hauptkissen ein Papier hervor. Dasselbe war gefaltet und mit drei Siegeln gesiegelt. Er reichte es in meine Hand. Ich betrachtete die Siegel, sie waren rein und unverletzt und trugen ein einfaches Kreuz. Auf der obern Seite des Papiers standen die Worte: Letzter Wille des Pfarrers im Kar. Ich ging an den Tisch, nahm ein Blatt aus meiner Brieftasche, schrieb darauf, daß ich von dem Pfarrer im Kar an dem bezeichneten Tage ein mit drei Siegeln, die ein Kreuz enthalten, versiegeltes Papier empfangen habe, das die Aufschrift „Letzter Wille des Pfarrers im Kar" trage. Diese Bescheinigung reichte ich ihm dar, und er schob sie ebenfalls unter das Kissen seines Hauptes. Das Testament tat ich einstweilen in die Tasche, in welcher ich meine Zeichnungen und Arbeiten hatte.

Nach dieser Unterredung blieb ich noch eine geraume Zeit bei dem Pfarrer, und das Gespräch wendete sich auf andere, gleichgültigere Gegenstände. Es kam Sabine herein, um ihm Speise zu bringen, es kam das Mädchen aus dem ersten Stockwerke herunter, um sich nach seinem Befinden zu erkundigen. Da die Sterne an dem hohen Himmel standen, ging ich durch das bleiche Gestein und den weichen Sand in meine Hütte und dachte an den Pfarrer. Ich tat das Testament vorerst in meinen Koffer, wo ich meine besten Sachen hatte, um es später in meinem Hause gut zu verwahren.

Die Zeit nach der Erzählung des Pfarrers ging mir in meinem Steingewirre dahin, wie sie mir vorher dahingegangen war. Wir maßen und arbeiteten und zeichneten; ich sammelte mir unter tags Stoff, besuchte gegen Abend den Pfarrer, saß ein paar Stunden an seinem Bette und arbeitete dann in der Nacht in meiner Hütte, während mir einer meiner Leute auf einem Notherde derselben einen schmalen Braten briet.

Nach und nach wurde der Pfarrer besser, endlich stand er auf, wie es der Arzt in der Stadt vorausgesagt hatte, und zuletzt kam er auch wieder in das Steinkar, wandelte in den Hügeln herum oder stand bei uns und schaute unsern Arbeiten zu.

Wie aber endlich alles ein Ende nimmt, so war es auch mit unserem langen Aufenthalte im Steinkar. Wir waren immer weiter vorgerückt, wir näherten uns der Grenzlinie unseres angewiesenen Bezirks immer mehr und mehr, endlich waren die Pflöcke auf ihr aufgestellt, es war bis dahin gemessen, und nach geringen schriftlichen Arbeiten war das Steinkar in seinem ganzen Abbilde in vielen Blättern in unserer Mappe. Die Stangen, die Pflöcke, die Werke wurden sofort weggeschafft, die Hütten abgebrochen, meine Leute gingen nach ihren Bestimmungen auseinander, und das Steinkar war wieder von diesen Bewohnern frei und leer.

Ich packte meinen Koffer, nahm von dem Pfarrer, von dem Schullehrer, von Sabine, von dem Mietmann und seiner Tochter und von andern Leuten Abschied, ließ den Koffer in die Hochstraße bringen, ging zu Fuße dahin, bestellte mir Postpferde, und da diese angelangt waren, fuhr ich von dem Schauplatze meiner bisherigen Tätigkeit fort.

Eines sehr seltsamen Gefühles muß ich Erwähnung tun, das ich damals hatte. Es ergriff mich nämlich beinahe eine tiefe Wehmut, als ich von der Gegend schied, welche mir, da ich sie zum ersten Male betreten hatte, abscheulich erschienen war. Wie ich immer mehr und mehr in die bewohnteren Teile hinauskam, mußte ich mich in meinem Wagen umkehren und nach den Steinen zurückschauen, deren Lichter so sanft und matt schimmerten und in deren Vertiefungen die schönen blauen Schatten waren, wo ich so lange verweilt hatte, während ich jetzt zu grünenden Wiesen, zu geteilten Feldern und unter hohe, strebende Bäume hinausfuhr.

Nach fünf Jahren ergriff ich eine Gelegenheit, die mich in die Nähe brachte, das Steinkar wieder zu besuchen. Ich fand den Pfarrer in demselben zuweilen herumgehen, wie früher, oder gelegentlich auf einem der Steine sitzen und herumschauen. Seine klaren blauen Augen waren die nämlichen geblieben.

Ich zeigte ihm die Briefe, die ich von ihm empfangen und die ich aufbewahrt hatte. Er bedankte sich sehr schön, daß ich auf jeden der Briefe ihm eine Antwort gesendet hätte, er freue sich der Briefe und lese oft in denselben. Er zeigte sie mir, da wir in seinem Stübchen wieder an dem fichtenen Tische beisammensaßen.

Die Zirder floß mit ihrem himmelblauen Bande durch die Steine, diese hatten die graue Farbe, und der Sand lagerte zu ihren Füßen. Die grünen Streifen und die wenigen Gesträuche waren wie immer. In der Hochstraße war der Wirt, die Wirtin und fast auch ihre Kinder wie früher, ja die alten Gäste schienen an den Tischen zu sitzen, so sehr bleiben die Menschen die nämlichen, die in jenen Gegenden den Verkehr über die Anhöhe treiben.

Nach diesem Besuche in jener Gegend führte mich weder ein Geschäft mehr dahin, noch fand ich Zeit, aus freiem Antriebe wieder einmal das Kar zu besuchen. Viele Jahre gingen vorüber, und der Wunsch des Pfarrers, daß ihn Gott seines Zweckes willen lange leben lassen möchte, schien in Erfüllung gehen zu wollen. Alle Jahre bekam ich mehrere

Briefe von ihm, die ich regelmäßig beantwortete und die regelmäßig im nächsten Jahre wieder anlangten. Nur eins glaubte ich zu bemerken, daß die Buchstaben nämlich etwas zeigten, als zittere die Hand.

Nach langen Jahren kam einmal ein Brief von dem Schullehrer. In demselben schrieb er, daß der Pfarrer erkrankt sei, daß er von mir rede und daß er gesagt habe: „Wenn er es wüßte, daß ich krank bin." Er nehme sich daher die Erlaubnis, mir dieses zu melden, weil er doch nicht erkennen könne, ob es nicht zu etwas gut sei, und er bitte mich deshalb um Verzeihung, daß er so zudringlich gewesen.

Ich antwortete ihm, daß ich seinen Brief als keine Zudringlichkeit ansehen könne, sondern daß er mir einen Dienst damit erwiesen habe, indem ich an dem Pfarrer im Kar großen Anteil nähme. Ich bitte ihn, er möge mir öfter über das Befinden des Pfarrers schreiben, und wenn es schlechter würde, mir dieses sogleich anzeigen. Und sollte Gott wider Vermuten schnell etwas Menschliches über ihn verhängen, so solle er mir auch dieses ohne geringstes Versäumen melden.

An den Pfarrer schrieb ich auch zu seiner Beruhigung, daß ich von seiner Erkrankung gehört habe, daß ich den Schullehrer gebeten habe, er möge mir über sein Befinden öfter schreiben; ich ersuchte ihn, daß er sich nicht selber anstrengen möchte, an mich zu schreiben, daß er sich ein Bett in das Stübchen machen lassen solle und daß sich, wie es ja auch in früheren Jahren geschehen sei, sein Unwohlsein in kurzer Zeit wieder heben könnte. Mein Beruf gestatte für den Augenblick keinen Besuch.

Er antwortete mir desohngeachtet in einigen Zeilen, daß er sehr, sehr alt sei, daß er geduldig harre und sich nicht fürchte.

Da der Schullehrer zwei Briefe geschrieben hatte, in denen er sagte, daß mit dem Pfarrer keine Veränderung vorgegangen sei, kam ein dritter, der meldete, daß derselbe nach Empfang der heiligen Sterbsakramente verschieden sei.

Ich machte mir Vorwürfe, setzte jetzt alles beiseite und machte mich reisefertig. Ich zog das versiegelte Papier aus meinem Schreine hervor, ich nahm auch die Briefe des

Pfarrers mit, die zur Erweisung der Handschrift dienen könnten, und begab mich auf den Weg nach Karsberg.

Als ich daselbst angekommen war, erhielt ich die Auskunft, daß ein Testament des Pfarrers in dem Schlosse gerichtlich niedergelegt worden sei, daß man ein zweites in seiner Verlassenschaft gefunden habe und daß ich mich in zwei Tagen in dem Schlosse einfinden solle, um mein Testament vorzuzeigen, worauf die Öffnung und Prüfung der Testamente statthaben würde.

Ich begab mich während dieser zwei Tage in das Kar. Der Schullehrer erzählte mir über die letzten Tage des Pfarrers. Er sei ruhig in seiner Krankheit gelegen, wie in jener, da ich ihn so oft besucht habe. Er habe wieder keine Arznei genommen, bis der Pfarrer aus der Wenn, ein Nachbar des Pfarrers im Kar, welcher ihm die Sterbsakramente gereicht hatte, ihm dargetan hätte, daß er auch irdische Mittel gebrauchen und es Gott überlassen müsse, ob sie wirkten oder nicht. Von dem Augenblicke an nahm er alles, was man ihm gab, und ließ alles mit sich tun, was man tun wollte. Er lag wieder in seinem Stübchen, wo man ihm wieder aus den Wolldecken ein Bett gemacht hatte. Sabine war immer bei ihm. Als es zum Sterben kam, machte er keine besondere Vorbereitung, sondern er lag wie alle Tage. Man konnte nicht abnehmen, ob er es wisse, daß er jetzt sterbe oder nicht. Er war wie gewöhnlich und redete gewöhnliche Worte. Endlich schlief er sanft ein, und es war vorüber.

Man entkleidete ihn, um ihn für die Bahre anzuziehen. Man legte ihm das Schönste seiner Wäsche an. Dann zog man ihm sein fadenscheiniges Kleid an, und über das Kleid den Priesterchorrock. So wurde er auf der Bahre ausgestellt. Die Leute kamen sehr zahlreich, um ihn anzuschauen; denn sie hatten so etwas nie gesehen; er war der erste Pfarrer gewesen, der in dem Kar gestorben war. Er lag mit seinen weißen Haaren da, sein Angesicht war mild, nur viel blässer als sonst, und die blauen Augen waren von den Lidern gedeckt. Mehrere seiner Amtsbrüder kamen, ihn zur Erde zu bestatten. Bei der Einsenkung haben viele der herbeigekommenen Menschen geweint.

Ich erkundigte mich nun auch um den Mietmann im ersten Stockwerke. Er kam selbst in das Vorhaus des Pfarrhofes herunter, in dem ich mich befand, und sprach mit mir. Er hatte fast keine Haare mehr und trug daher ein schwarzes Käppchen auf seinem Haupte. Ich fragte nach seiner schönen Tochter, die damals, als sie in meiner Gegenwart öfter in das Krankenzimmer des Pfarrers gekommen war, ein junges, rasches Mädchen gewesen war. Sie war in der Hauptstadt verheiratet und war Mutter von beinahe erwachsenen Kindern. Auch diese war in den letzten Tagen des Pfarrers nicht um ihn gewesen. Der Mietmann sagte mir, daß er jetzt wohl zu seiner Tochter werde ziehen müssen, da er bei der Wiederbesetzung der Pfarre gewiß seine Wohnung verlieren und im Kar keine andere finden werde.

Die alte Sabine war die einzige, die sich nicht geändert hatte, sie sah gerade so aus wie damals, als sie bei meiner ersten Anwesenheit den Pfarrer in seiner Krankheit gepflegt hatte. Niemand wußte, wie alt sie sei, und sie wußte es selbst nicht.

Ich mußte deshalb in dem Vorhause des Pfarrhofes stehenbleiben, weil das Stüblein und das neben dem Vorhause befindliche Gewölbe versiegelt waren. Die einzige hölzerne Bank, die Schlafstätte des Pfarrers, stand an ihrer Stelle, und niemand hatte an sie gedacht. Die Bibel aber lag nicht mehr auf der Bank, man sagte, sie sei in das Stüblein gebracht worden.

Als die zwei Tage vorüber waren, die man als Frist zur Eröffnung des Testamentes anberaumt hatte, begab ich mich nach Karsberg und verfügte mich zur festgesetzten Stunde in den Gerichtssaal. Es waren mehrere Menschen zusammen gekommen, und es waren die Vorstände der Pfarrgemeinde und die Zeugen geladen worden. Die zwei Testamente und das Verzeichnis der Verlassenschaft des Pfarrers lagen auf dem Tische. Man wies mir meine Bescheinigung über den Empfang des Testamentes des Pfarrers vor, die in der Verlassenschaft des Pfarrers gefunden worden war, und forderte mich zur Vorzeigung des Testamentes auf. Ich überreichte es. Man untersuchte Schrift und Siegel und erkannte die Richtigkeit des Testamentes an.

Nach herkömmlicher Art wurde nun das gerichtlich niedergelegte Testament zuerst geöffnet und gelesen. Dann folgte das von mir übergebene. Es lautete Wort für Wort wie das erste. Endlich wurde das in der Wohnung des Pfarrers vorgefundene eröffnet, und es lautete ebenfalls Wort für Wort wie die beiden ersten. Die Zeitangabe und die Unterschrift war in allen drei Urkunden dieselbe. Sofort wurden alle drei Testamente als ein einziges, in drei Abschriften vorhandenes Testament erklärt.

Der Inhalt des Testamentes aber überraschte alle.

Die Worte des Pfarrers, wenn man den Eingang hinwegläßt, in dem er die Hilfe Gottes anruft, die Verfügung unter seinen Schutz stellt und erklärt, daß er bei vollkommnem Gebrauche seines Verstandes und Willens sei, lauten so: „Wie ein jeder Mensch außer seinem Amte und Berufe noch etwas findet oder suchen soll, das er zu verrichten hat, damit er alles tue, was er in seinem Leben zu tun hat, so habe auch ich etwas gefunden, was ich neben meiner Seelsorge verrichten muß: ich muß die Gefahr der Kinder der Steinhäuser und Karhäuser aufheben. Die Zirder schwillt oft an und kann dann ein reißendes Wasser sein, das in Schnelle daherkömmt, wie es ja in den ersten Jahren meiner Pfarre zweimal durch Wolkenbrüche alle Stege und Brücken weggenommen hat. Die Ufer sind niedrig, und das am Kar ist noch niedriger als das Steinhäuser Ufer. Da sind drei Fälle möglich: entweder ist das Karufer überschwemmt, oder es ist auch das Steinhäuser Ufer überschwemmt, oder es wird sogar der Steg hinweggetragen. Die Kinder aus den Steinhäusern und Karhäusern müssen aber über den Steg ins Kar in die Schule gehen. Wenn nun das Karufer überschwemmt ist und sie von dem Stege in das Wasser gehen, so können manche in eine Grube oder in eine Vertiefung geraten und dort verunglücken; denn das kotige Wasser der Überschwemmung läßt den Boden nicht sehen: oder es kann das Wasser, während die Kinder in ihm waten, so schnell steigen, daß sie das Trockene nicht mehr erreichen können und alle verloren sind: oder sie können noch von dem Steinhäuser Ufer auf den Steg kommen, können das Wasser auf dem Karufer zu tief finden, können sich durch Beratschlagen oder Zaudern so lange aufhalten, daß indessen auch das Steinhäuser Ufer mit zu tiefem Wasser bedeckt wird; dann ist der Steg eine Insel, die Kinder stehen auf ihm und können mit ihm fortgeschwemmt werden. Und wenn auch dieses alles nicht geschieht, so gehen sie mit ihren Füßlein im Winter in das Schneewasser, das auch Eisschollen hat, und fügen ihrer Gesundheit großen Schaden zu.

Damit diese Gefahr in der Zukunft aufhöre, habe ich zu sparen begonnen und verordne, wie folgt: von der Geldsumme, welche nach meinem Tode als mein Eigentum gefunden wird, vermehrt um die Geldsumme, welche aus dem Verkaufe meiner hinterlassenen Habe entsteht, soll in der Mitte der Schulkinder der Steinhäuser und Karhäuser ein Schulhaus gebaut werden, dann soll ein solcher Teil der Geldsumme auf Zinsen angelegt werden, daß durch das Erträgnis die Lehrer der Schule erhalten werden können, ferner soll noch ein Teil nutzbringend gemacht werden, daß aus den Zinsen die jährliche Vergütung des Schadens entrichtet werden könne, welchen der Schullehrer im Kar durch den Abgang der Kinder erleidet, und endlich, wenn noch etwas übrigbleibet, so soll es meiner Dienerin Sabine gehören.

Ich habe drei gleiche Testamente geschrieben, daß sie sicherer seien, und wenn noch was immer für eine Verfügung oder Meinung in meinem Nachlasse sollte gefunden werden, welche nicht den Inhalt und Jahres- und Monatstag dieser Testamente trägt, so soll sie ungültig sein.

Damit aber in der Zeit schon die Gefahr vermindert werde, gehe ich alle Tage auf die Wiese am Karufer und sehe, ob keine Gräben, Gruben und Vertiefungen sind, und stecke eine Stange dazu. Den Eigentümer der Wiese bitte ich, daß er entstandene Gruben und Vertiefungen so bald ausebnen lasse, als es angeht, und er hat meine Bitten immer erfüllt. Ich gehe hinaus, wenn die Wiese überschwemmt ist, und suche den Kindern zu helfen. Ich lerne das Wetter kennen, um eine Überschwemmung voraussehen zu können und die Kinder zu warnen. Ich entferne mich nicht weit von dem Kar, um keine Versäumnis zu begehen. Und so werde ich es auch in der Zukunft immer tun."

Diesen Testamenten war die Geldrechnung bis zu dem Zeitpunkte ihrer Abfassung beigelegt. Die Rechnung, die von dieser Zeit an bis gegen die Sterbetage des Pfarrers lief, fand man in seinen Schriften. Die Rechnungen waren mit großer Genauigkeit gemacht. Man ersah auch aus ihnen, wie sorgsam der Pfarrer im Sparen war. Die kleinsten Beträge, selbst Pfennige, wurden zugelegt und neue Quellen, die unscheinbarsten, eröffnet, daraus ein kleines Fädlein floß.

Zur Versteigerung des Nachlasses des Pfarrers wurde der fünfte Tag nach Eröffnung des Testamentes bestimmt.

Da wir von dem Gerichtshause fortgingen, sagte der Mietmann des Pfarrers unter Tränen zu mir: „O wie habe ich den Mann verkannt, ich hielt ihn beinahe für geizig: da hat ihn meine Tochter viel besser gekannt, sie hat den Pfarrer immer sehr liebgehabt. Ich muß ihr die Begebenheit sogleich schreiben."

Der Schullehrer im Kar segnete den Pfarrer, der immer so gut gegen ihn gewesen sei und der sich so gerne in der Schule aufgehalten habe.

Auch die andern Leute erfuhren den Inhalt des Testamentes.

Nur die einzigen, die er am nächsten anging, die Kinder in den Steinhäusern und Karhäusern, wußten nichts davon, oder wenn sie es auch erfuhren, so verstanden sie es nicht und wußten nicht, was ihnen zugedacht worden sei.

Weil ich auch bei der Versteigerung gegenwärtig sein wollte, so ging ich wieder in das Kar zurück und beschloß, die vier Tage dazu anzuwenden, um manche Plätze im Steinkar und andern Gegenden zu besuchen, wo ich einstens gearbeitet hatte. Es war alles unverändert, als ob diese Gegend zu ihrem Merkmale der Einfachheit auch das der Unveränderlichkeit erhalten hätte.

Da der fünfte Tag herangekommen war, wurden die Siegel von den Türen der Pfarrerswohnung abgenommen und die hinterlassenen Stücke des Pfarrers versteigert. Es hatten sich viele Menschen eingefunden, und die Versteigerung war in Hinsicht des Testamentes eine merkwürdige geworden. Es trugen sich auffallende Begebenheiten bei derselben zu. Ein Pfarrer kaufte einen unter den Kleidern des Verstorbenen gefundenen Rock, der das Schlechteste war, was man unter nicht zerrissenen Kleidern finden kann, um einen ansehnlichen Kaufschilling. Die Gemeinde des Kar erstand die Bibel, um sie in ihre Kirche zu stiften. Selbst die hölzerne Bank, die man nicht einmal eingesperrt hatte, fand einen Käufer.

Auch ich erwarb etwas in der Versteigerung, nämlich das kleine, aus Holz geschnitzte Kruzifix von Nürnberg und sämtliche noch übrigen so schönen und feinen Leintücher und Tischtücher. Ich und meine Gattin besitzen die Sachen noch bis auf den heutigen Tag und haben die Wäsche sehr selten gebraucht. Wir bewahren sie als ein Denkmal auf, daß der arme Pfarrer diese Dinge aus einem tiefen dauernden und zarten Gefühle behalten und nie benutzt hat. Zuweilen läßt meine Gattin die Linnen durchwaschen und glätten, dann ergötzt sie sich an der unbeschreiblichen Schönheit und Reinheit, und dann werden die zusammengelegten Stücke mit den alten, ausgebleichten rotseidenen Bändchen, die noch vorhanden sind, umbunden und wieder in den Schrein gelegt. –

Nun stellt sich die Frage, was die Wirkung von all diesen Dingen gewesen sei.

Die Summe, welche der Pfarrer erspart hatte, und die, welche aus der Versteigerung seines Nachlasses gelöst worden war, waren zusammengenommen viel zu klein, als daß eine Schule daraus hätte gegründet werden können. Sie waren zu klein, um nur ein mittleres Haus, wie sie in jener Gegend gebräuchlich sind, zu bauen, geschweige denn ein Schulhaus mit den Lehrzimmern und den Lehrerswohnungen, ferner den Gehalt der Lehrer festzustellen und den früheren Lehrer zu entschädigen.

Es lag in der Natur des Pfarrers, der die Weltdinge nicht verstand und dreimal beraubt werden mußte, bis er das ersparte Geld auf Zinsen anlegte.

Aber wie das Böse stets in sich selber zwecklos ist und im Weltplane keine Wirkung hat, das Gute aber Früchte trägt, wenn es auch mit mangelhaften Mitteln begonnen wird, so war es auch hier: „Gott bedurfte zur Krönung dieses Werkes des Pfarrers nicht.“ Als die Sache mit dem Testamente und dessen Unzulänglichkeit bekannt wurde, traten gleich die Wohlhabenden und Reichen in dem Umkreise zusammen und unterschrieben in kurzem eine Summe, die hinlänglich schien, alle Absichten des Pfarrers

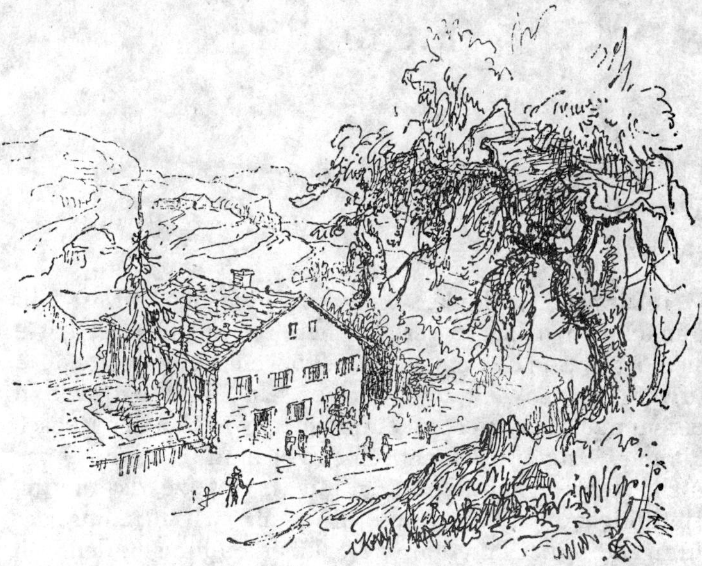

vollziehen zu können. Und sollte noch etwas nötig sein, so erklärte jeder, daß er eine Nachzahlung leisten würde. Ich habe auch mein Scherflein dazu beigetragen.

War ich das erste Mal mit Wehmut von der Gegend geschieden, so flossen jetzt Tränen aus meinen Augen, als ich die einsamen Steine verließ. –

Jetzt, da ich rede, steht die Schule längst in den Steinhäusern und Karhäusern, sie steht in der Mitte der Schulkinder auf einem gesunden und lustigen Platze. Der Lehrer wohnt mit seiner Familie und dem Gehilfen in dem Gebäude, der Lehrer im Kar erhält seine jährliche Entschädigung, und selbst Sabine ist noch mit einem Teile bedacht worden. Sie wollte ihn aber nicht und bestimmte ihn im vorhinein für die Tochter des Schullehrers, die sie immer liebhatte.

Das einzige Kreuz, das für einen Pfarrer in dem Kirchhofe des Kar steht, steht auf dem Hügel des Gründers dieser Dinge. Es mag manchmal ein Gebet dabei verrichtet werden, und mancher wird mit einem Gefühle davorstehen, das dem Pfarrer nicht gewidmet worden ist, da er noch lebte.

Turmalin

Der Turmalin ist dunkel, und was da erzählt wird, ist sehr dunkel. Es hat sich in vergangenen Zeiten zugetragen, wie sich das, was in den ersten zwei Stücken erzählt worden ist, in vergangenen Zeiten zugetragen hat. Es ist darin wie in einem traurigen Briefe zu entnehmen, wie weit der Mensch kömmt, wenn er das Licht seiner Vernunft trübt, die Dinge nicht mehr versteht, von dem innern Gesetze, das ihn unabwendbar zu dem Rechten führt, läßt, sich unbedingt der Innigkeit seiner Freuden und Schmerzen hingibt, den Halt verliert und in Zustände gerät, die wir uns kaum zu enträtseln wissen.

In der Stadt Wien wohnte vor manchen Jahren ein wunderlicher Mensch, wie in solchen großen Städten verschiedene Arten von Menschen wohnen und sich mit den verschiedensten Dingen beschäftigen. Der Mensch, von dem wir hier reden, war ein Mann von ungefähr vierzig Jahren und wohnte auf dem Sankt-Peters-Platze in dem vierten Geschosse eines Hauses. Zu seiner Wohnung führte ein Gang, der mit einem eisernen Gitter verschlossen war, an welchem ein Glockenzug herniederhing, an dem man läuten konnte, worauf eine ältliche Magd erschien, welche öffnete und den Weg zu ihrem Herrn hinein zeigte. Wenn man durch das Gitter eingetreten war, setzte sich der Gang noch fort, rechts hatte er eine Tür, die in die Küche führte, in welcher die Magd war und deren einziges Fenster auf den Gang herausging, links hatte er ein fortlaufendes eisernes Geländer und den offenen Hof. Sein Ende stieß an die Tür zur Wohnung. Wenn man die braune Tür öffnete, kam man in ein Vorzimmer, welches ziemlich dunkel war und in welchem sich die großen Kästen befanden, die die Kleider enthielten. Es diente auch zum Speisen. Von diesem

Vorzimmer kam man in das Zimmer des Herrn. Es war aber eigentlich ein sehr großes Zimmer und ein kleines Nebenzimmer. In dem Zimmer waren alle Wände ganz vollständig mit Blättern von Bildnissen berühmter Männer beklebt. Es war kein Stückchen auch nur handgroß, das von der ursprünglichen Wand zu sehen gewesen wäre. Damit er, oder gelegentlich auch ein Freund, wenn einer kam, diejenigen Männer, die ganz nahe oder hart an dem Fußboden sich befanden, betrachten konnte, hatte er ledergepolsterte Ruhebetten von verschiedener Höhe und mit Rollfüßen versehen machen lassen. Das niederste war eine Hand hoch. Man konnte sie zu was immer für Männern rollen, sich darauf niederlegen und die Männer betrachten. Für die hoch und höher hängenden hatte er doppelgestellige Rolleitern, deren Räder mit grünem Tuche überzogen waren, welche Leitern man in jede Gegend rollen und von deren Stufen aus man verschiedene Standpunkte gewinnen konnte. Überhaupt hatten alle Dinge in der Stube Rollen, daß man sie leicht von einer Stelle zu der andern bewegen konnte, um im Anschauen der Bildnisse nicht beirrt zu sein. In Hinsicht des Ruhmes der Männer war es dem Besitzer einerlei, welcher Lebensbeschäftigung sie angehört hatten und durch welche ihnen der Ruhm zuteil geworden war, er hatte sie womöglich alle.

In dem Zimmer stand auch ein sehr großer Flügel, auf dessen Pulte viele Notenhefte lagen und auf dem er gerne spielte. Es waren auch zwei Fächer auf zwei Gestellen, in welchen sich Geigen befanden, auf welchen er ebenfalls spielte. Auf einem Tische war ein Fach mit zwei Flöten, die er zu seinem eigenen Vergnügen und zu seiner Vervollkommnung in dieser Kunst behandelte. An einem der Fenster stand eine Staffelei mit einem Malerkasten, woran er Bilder in Öl malte. In dem Nebenzimmer hatte er einen großen Schreibtisch, auf welchem er eine Menge Papiere liegen hatte, Gedichte machte, Erzählungen schrieb und neben welchem sein Bücherkasten stand, wenn er etwa ein Buch herausnehmen und sich mit Lesen ergötzen wollte. In diesem Zimmer stand auch sein Bett, und in dem Hintergrunde des Gemaches war eine Vorrichtung, in welcher er in Pappe arbeiten konnte und Fächer, Behältnisse, Schirme und andere Kunstsachen verfertigte.

Diesen Mann hießen sie im Hause den Rentherrn; die meisten aber wußten nicht, ob er den Namen habe, weil er von einer Rente lebte oder weil er in einem Rentamte angestellt war. Dies letztere aber konnte nicht der Fall sein, weil er sonst zu bestimmten Zeiten hätte in sein Amt gehen müssen, er aber zu den verschiedensten Zeiten und oft ganze Tage lang zu Hause war und in den mannigfaltigen Geschäften, die er sich aufgeladen hatte, herum arbeitete. Außerdem ging er in das Kaffeehaus, um den Schachspielern zuzuschauen, oder er ging in der Stadt herum, um die verschiedenen Dinge zu betrachten, die da zu sehen sind, oder er besuchte ein Gasthauskränzchen, zu dem sich regelmäßig an bestimmten Tagen einige Freunde zusammen fanden. Er mußte also offenbar eine kleine Rente haben, von welcher er dieses Leben führen konnte.

Dieser Mann hatte eine wunderschöne Frau von etwa dreißig Jahren, die ihm ein Kindlein, ein Mädchen, geboren hatte. Die Frau bewohnte ein Gemach, das an das große Zimmer ihres Mannes stieß, ebenfalls so groß war und ebenfalls ein kleineres Seitengemach hatte. Man konnte aus dem Zimmer des Mannes in das der Frau gelangen, man konnte aber auch aus dem Vorzimmer durch einen kleinen heimlichen Gang dahin kommen; denn die vier Zimmer der Wohnung lagen in einer Reihe quer gegen die Richtung des äußeren Ganges. Der kleine Gang war darum nützlich, weil die Frau, wenn Freunde bei ihrem Manne waren, unbeirrt und die Männer nicht störend in das Vorzimmer und von da in die Küche hinausgehen konnte.

Die Zimmer der Frau waren nach ihrer Art eingerichtet. Das größere hatte dunkle Vorhänge an den Fenstern, es standen weiche Ruhesitze von demselben Stoffe darin, es stand ein schöner, großer Tisch da, der immer auf das glänzendste vom Staube rein gehalten war und auf seiner Platte einige Bücher oder Zeichnungen oder gelegentlich irgendein anderes Ding trug. An den Fensterpfeilern waren Spiegel, unter denen schmale Pfeilertische standen, auf welchen sich einige schöne Dinge von Silber oder Porzellan befanden. An einem Fenster stand ein sehr feines Arbeitstischchen, auf dem schöne Linnen, zarte Stoffe und andere Arbeitsdinge lagen und davor ein knappes, in die Fenstervertiefung passendes Stühlchen stand. An dem zweiten Fenster war der Stickrahmen mit einem gleichen Stühlchen, und an der kurzen Seitenwand des dritten stand der Schreibtisch, auf dessen reiner grüner Fläche sich die Mappe, das Tintengefäß und geordnete Schreibgeräte zeigten. Um den Tisch wie im Halbkreise standen hohe dunkle und zum Teile breitblätterige Pflanzen. Die große Wanduhr hatte kein Schlagwerk und ging so sanft, daß man sie kaum hörte. Übrigens war im Hintergrunde des Zimmers noch ein Fachgestelle mit Gläsern und Seidenvorhängen, daß die Frau verschiedene Dinge in die Fächer hineinstellen und die Seide davor zusammenziehen konnte.

Das zweite, kleinere Zimmer hatte schneeweiße, in dichte Falten gelegte Fenstervorhänge, in der Nähe der Fenster stand ein Tisch, aber nicht zum Darauflegen schöner Sachen, sondern zu häuslichen Zwecken bestimmt. Dann war ein großes Ruhebett, verschiedene Sessel und Schemel. Im Hintergrunde stand das weiße Bett der Frau, von weißen Vorhängen umhüllt, an demselben war ein Nachttischchen mit einem Leuchter, mit einer Glocke, mit Büchern, Zündzeug und anderen Dingen. In der Nähe dieses Bettes stand auf einem Gestelle ein vergoldeter Engel, welcher die Flügel um die Schultern zusammengefaltet hielt, mit der einen Hand sich stützte, die andere aber sanft ausstreckte, und mit den Fingern die Spitze eines weißen Vorhanges hielt, der in reichen Falten in der Gestalt eines Zeltes auseinander- und niederging. Unter diesem Zelte stand auf einem Tische ein feiner Korb, in dem Korbe war ein weißes Bettchen, und in dem Bettchen war das Kind der beiden Eheleute, das Mädchen, bei dem sie öfter standen und die winzigen roten Lippen und die rosigen Wangen und die geschlossenen Äuglein betrachteten. Zu Schlusse war noch ein sehr schön gemaltes, großes Bild in dem Zimmer, die heilige Mutter mit dem Kinde vorstellend. Es war mit einer Faltung von dunkelm Sammet umgeben.

Die Frau waltete in ihren Zimmern, sie besorgte alles Nötige, was das Kindlein brauchte, beschäftigte sich mit Arbeit, mit Lesen, mit Sticken, mit Besorgung des Hauswesens und andern Dingen dieser Art. Sie verkehrte nicht sehr viel mit der Außenwelt, so wie auch nicht häufig Frauen zu ihr zum Besuche kamen.

Zu derselben Zeit, da dieses Ehepaar auf dem Sankt-Peters-Platze wohnte, lebte in Wien auch ein anderer Mann, der von sich sehr viel reden machte. Er war ein glänzender Künstler, ein Schauspieler, und bildete damals das Entzücken der Welt. Mancher alte Mann unserer Zeit, der ihn noch in seiner Blüte gekannt hat, gerät in Begeisterung, wenn er von ihm spricht, und erzählt, wie er diese oder jene Rolle aufgefaßt und dargestellt habe, und gewöhnlich ist der Schluß solcher Reden, daß man jetzt dergleichen Künstler nicht mehr habe und daß alles, was die neue Zeit bringe, keinen Vergleich mit dem aushalten könne, was die Väter in dieser Art gesehen haben. Manche von uns, die sich jetzt dem höheren Alter nähern, mögen jenen Schauspieler noch gekannt und mögen Leistungen von ihm gesehen haben, aber wahrscheinlich haben sie ihn nicht in der Mitte seines Ruhmes, sondern erst, da derselbe schon von dem Gipfel abwärtsging, gekannt, obwohl er seinen Glanz sehr lange und fast bis in das Greisenalter hinein behauptet hat. Der Mann namens Dall war vorzüglich im Trauerspiele berühmt, obwohl er auch in andern Fächern, namentlich im Schauspiele, mit ungewöhnlichem Erfolge auftrat. Es haben sich noch Erzählungen von einzelnen Augenblicken erhalten, in denen er die Zuschauer bis zum Äußersten hinriß, zur äußersten Begeisterung oder zum äußersten Schauer, so daß sie nicht mehr im Theater, sondern in der Wirklichkeit zu sein meinten und mit Bangen den weiteren Verlauf der Dinge erwarteten. Besonders soll seine Darstellung hoher Personen von einer solchen Würde und Majestät gewesen sein, daß seither nicht mehr dem Ähnliches auf der Bühne zum Vorscheine gekommen sei. Ein sehr gründlicher Kenner solcher Dinge sagte einst, daß Dall seine Rollen nicht durch künstliches Nachsinnen oder durch Vorbereitungen und Einübungen sich zurechtgelegt, sondern daß er sich in dieselben, wenn sie seinem Wesen zusagten, hineingelebt habe, daß er sich dann auf seine Persönlichkeit verließ, die ihm im rechten Augenblicke eingab, was er zu tun habe, und daß er auf diese Weise nicht die Rollen spielte, sondern das in ihnen Geschilderte wirklich war. Daraus erklärt sich, daß, wenn er sich der Lage grenzenlos hingab, er im Augenblicke Dinge tat, die nicht nur ihn selber überraschten, sondern auch die Zuschauer überraschten und ungeheure Erfolge hervorbrachten. Daraus erklärt sich aber auch, daß, wenn er in eine Rolle sich nicht hineinzulegen vermochte, er sie gar nicht, nicht einmal schlecht, darstellen konnte. Darum übernahm er solche Rollen nie und war durch kein Zureden und durch kein noch so eindringliches Beweisen dazu zu bewegen.

Aus dem Gesagten erklärt sich aber auch das Wesen und die Lebensweise Dalls außer dem Theater. Er hatte ein sehr einnehmendes Äußere, war in seinen Bewegungen leicht und gefällig und trug seinen Körper als den Ausdruck eines lebhaften und beweglichen Geistes, der sich durch dieses Werkzeug sehr deutlich aussprach. Er war heiter, suchte seine Freude, wo er sie fand, und liebte die gesellige Laune, daher man, wenn er hinter einem Glase guten Weines bei plaudernden Freunden saß und selber plauderte, unmöglich glauben konnte, daß das derselbe Mann sei, der unsere Seele in seinen großartigen Darstellungen zu den tiefsten Erschütterungen, zu Angst und Entsetzen und zu Freude und Entzücken treiben konnte. Aber gerade weil er das war, was er spielte, und weil er dafür in seinem Körper den treffendsten Ausdruck fand, so stellten sich die Gefühle, die in seinem feurigen Geiste entstanden, auf der Oberfläche seines Körpers feurig dar, sei es in Bewegung, in Ausdruck, in Stimme, und rissen hin. Darum war er der Liebling der Gesellschaft, er belebte sie und gab ihr Empfindungen. Man suchte ihn und bestrebte sich, ihn zu fesseln. Er bewegte sich in den mannigfachsten Kreisen und lernte daraus die leichte und geebnete Freiheit seines Benehmens; aber er wurde von keinem derselben gebannt: wie er sich im Spiele von seinem Geiste leiten ließ, so führte ihn derselbe auch unter Menschen, daß er mit ihnen lebe und empfinde, er führte ihn in die Natur, daß er sie anschaue und fühle; aber er entführte ihn auch wieder von den Menschen, wenn seinem Geiste nichts mehr zur Bewegung gegeben wurde, und er entführte ihn von der Natur, wenn ihre sanfte Sprache aufhörte, ihn zu erregen, und wenn er gewaltigere Eindrücke und tieferen Wechsel suchte. Er lebte daher in Zuständen und verließ sie, wie es ihm beliebte.

Dieser Mann nun war mit dem Rentherrn bekannt, und man konnte sagen, daß er vielleicht in nichts so beständig war als in dieser Bekanntschaft. Er ging sehr gerne, wenn er in was immer für Umgebungen gewesen war, auf den Sankt-Peters-Platz, stieg die vier Treppen empor, läutete an der Glocke des Eisengitters, ließ sich von der ältlichen Magd öffnen und ging durch das Vorzimmer in die Heldenstube des Rentherrn. Da saß er und plauderte mit dem Rentherrn über die vielen verschiedenen Dinge, die dieser trieb. Ja, vielleicht kam er gerade deshalb so gerne in die Gesellschaft des Rentherrn, weil es da so Mannigfaltiges gab. Besonders war es die Kunst, die Dall in allen ihren Gestalten, ja selbst Abarten anzog. Darum wurden die Verse des Rentherrn besprochen, er mußte auf einer seiner zwei Geigen spielen, er mußte auf der Flöte blasen, er mußte das eine oder das andere Musikstück auf dem Flügel vortragen, oder man saß an der Staffelei und sprach über die Farben eines Bildes oder über die Linien einer Zeichnung. Gerade in dem letzteren war Dall am erfahrensten und war selber ein bedeutender Zeichner. Zu den Pappgestalten des Rentherrn gab er Länge und Breite, er gab Beziehungen und Verhältnisse an.

In bezug auf die an die Wände geklebten Bildnisse berühmter Männer legte er sich auf das niederste Ruhebett und musterte die untere Reihe durch. Der Rentherr mußte ihm bei jedem erzählen, was er von ihm wußte, und wenn beide nichts Ausreichendes von einem Manne sagen konnten, als daß er berühmt sei, so suchten sie Bücher hervor und forschten so lange, bis sie Befriedigendes fanden. Dann legte er sich auf die höheren Ruhebette, dann saß er auf den nächsten, dann stand er, und endlich befand er sich auf den verschiedenen Stufen der Leiter. Bei dieser Gelegenheit lernte er die Bequemlichkeit solcher Ruhebette kennen, und der Rentherr mußte ihm einen großen Rollsessel machen lassen, der eine gepolsterte Rücklehne und gute Seitenarme hatte. In diesem Rollsessel saß er gerne, wenn er kam, und man überließ sich der Plauderei.

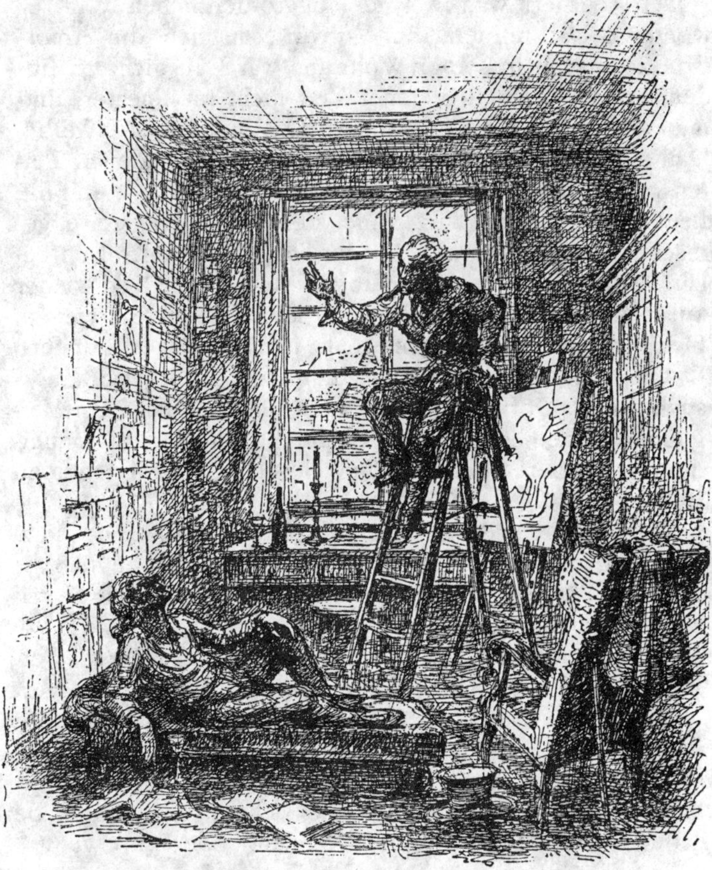

Auf diese Weise verging eine geraume Zeit.

Endlich fing Dall ein Liebesverhältnis mit der Frau des Rentherrn an und setzte es eine Weile fort. Die Frau selber sagte es endlich in ihrer Angst dem Manne.

Dall mußte davon gewußt haben, oder er mußte es an dem Gewissen der Frau gemerkt haben, daß sie ihrem Manne das Verhältnis mit seinem Freunde bekennen würde. Denn er kam in diesen Tagen nicht, obwohl er sonst in der letzten Zeit häufiger in die Wohnung am Sankt-Peters-Platze gekommen war, als es in der früheren Zeit der Fall gewesen war.

Der Rentherr war in einer außerordentlichen Wut, er wollte zu Dall rennen, ihm Vorwürfe machen, ihn ermorden; aber auch in seiner Wohnung war Dall nicht zu finden, er spielte auch in jener Zeit nicht im Theater, und man wußte nicht, wo er war. Der Rentherr gab sich Mühe, Dall aufzufinden, er ging alle Tage zu verschiedenen Zeiten in dessen Wohnung, aber er fand ihn niemals, und die Leute sagten, Dall habe eine kleine Erholungsreise gemacht. Dasselbe war auch in der Stadt in allen Kreisen bekannt, und man sagte, der Künstler werde wohl bald wieder zurückkehren und die Welt mit seinem Glanze erfreuen. Der Rentherr aber ließ sich nicht irremachen, er fuhr fort, Dall zu suchen. Er suchte ihn in allen Teilen der Stadt, er suchte ihn an öffentlichen Plätzen, in der Kirche, an Vergnügungsorten, auf Spaziergängen, er suchte ihn neuerdings in seiner Wohnung. Der Gesuchte war nirgends zu finden.

So trieb es der Rentherr eine geraume Weile fort. Plötzlich aber wurde er sehr stille. Seine Freunde sahen, daß die Unruhe, die ihn in der letzten Zeit befallen hatte, verschwunden war. Er saß ruhig und sinnend. Da ging er zu seinem Weibe und sagte, sie habe an Dall fallen müssen, warum habe er ihn ins Haus geführt, sie habe ihm das Herz gegeben, wie er es Tausenden an einem Schauspielabende aus dem Leibe nehme.

Selber gegen Freunde, denen aus leisen Vermutungen, die in der Stadt herumgingen, die Sache im allgemeinen bekannt wurde, äußerte er sich bewußt oder unbewußt in einem Sinne, daß sie eine Gemütslage in ihm vermuten mußten, wie die eben geschilderte war.

Auch Dall mußte in seiner Entfernung von dem Stande der Sache Nachricht erhalten haben, und er mußte wissen, daß der Rentherr ruhig sei; denn da sich nichts Besonderes ereignete und die Dinge ihren Gang zu gehen schienen, war Dall wieder in der Stadt und wurde wieder auf der Bühne gesehen.

Eines Tages verschwand die Frau des Rentherrn. Sie war ausgegangen, wie sie gewöhnlich auszugehen pflegte, und war nicht wieder gekommen.

Der Rentherr hatte gewartet, er hatte bis in die Nacht ge-

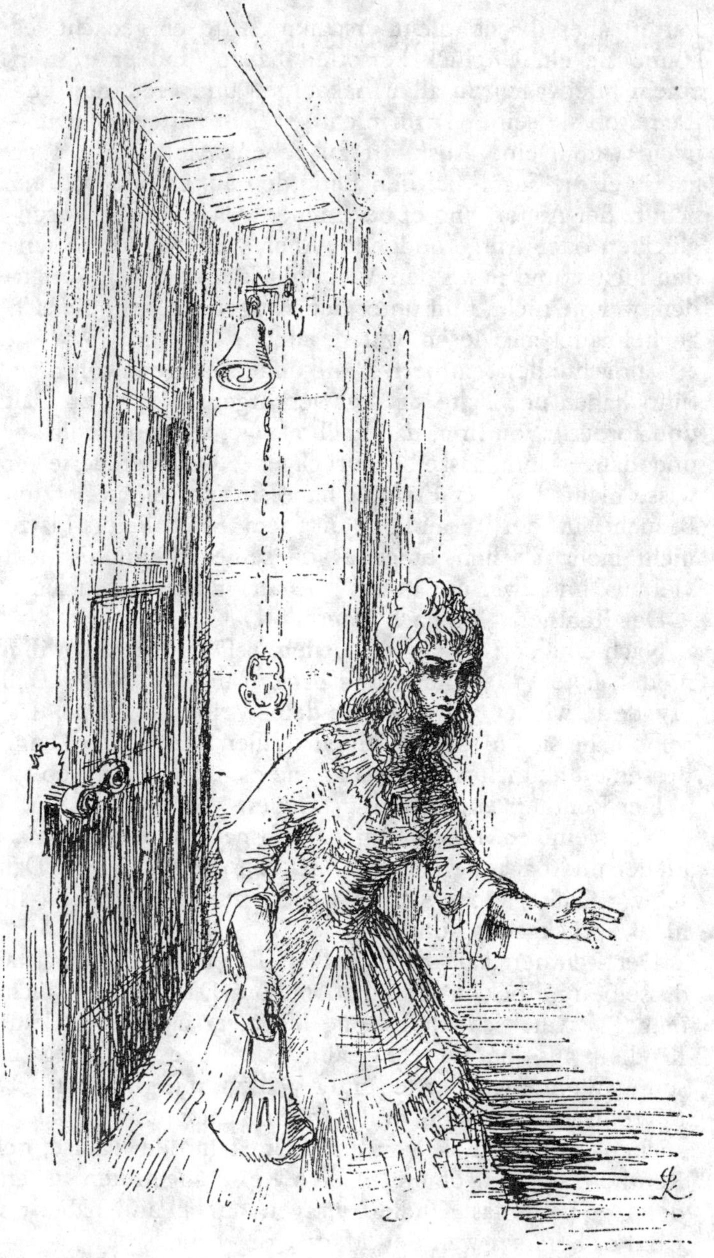

wartet; aber da sie nicht erschien, hatte er gedacht, es könne sie ein Unglück betroffen haben, und er fuhr in einem Mietwagen zu allen Bekannten und Freunden und fragte, ob sie seine Gattin nicht gesehen hätten; aber niemand wußte eine Auskunft zu geben. Am andern Tage zeigte er die Sache bei den Behörden an, er forderte den Schutz der Ämter, und er bekümmerte sich um alle Verunglückten oder Aufgefundenen. Aber auch die Ämter fanden nichts, und unter den Verunglückten, die sich vorfanden, war sie nicht, und unter den Aufgefundenen, die sich als heimatlos auswiesen, war sie nicht.

Da dachte der Rentherr, Dall könne sie irgendwohin geführt haben und halte sie dort verborgen. Er ging zu Dall und forderte von ihm, daß er ihm sage, wo sein Weib sei und daß er ihm dasselbe zurückgebe. Dall beteuerte, er wisse nichts von der Frau, er habe sie seit seinem letzten Besuche in der Wohnung auf dem Sankt-Peters-Platze nicht mehr gesehen, er gehe von seiner Wohnung nicht viel aus, und zwar nur in das Theater und wieder zurück.

Der Rentherr ging nach Hause.

Nach einiger Zeit kam er wieder zu Dall, kniete vor ihm nieder, faltete die Hände und bat ihn um sein Weib. Dall erwiderte wieder, er wisse von dem Weibe gar nichts, dasselbe habe sich nicht mit seinem Willen entfernt, er kenne dessen Aufenthalt nicht und könne es nicht zurückgeben.

Der Rentherr entfernte sich wieder.

Nach einigen Tagen kam er abermals, kniete abermals nieder und bat mit gefalteten Händen um sein Weib. Dall schwor, daß er nicht wisse, wo die Frau sei und daß er sie nicht zurückgeben könne.

Der Rentherr kam nach einigen Tagen noch einmal, tat dasselbe und bekam dieselbe Antwort. Dann kam er nicht mehr. Er verabschiedete seine Magd, er nahm das kleine Kindlein aus dem Bette, er nahm es auf den Arm, ging aus seiner Wohnung, sperrte hinter sich zu und ging fort.

Wenn Freunde zu dem Rentherrn kamen, um ihn zu besuchen, so hörten sie von den Leuten in dem Hause, der Rentherr sei fort, er müsse eine Reise angetreten haben; denn er habe das Kindlein mitgenommen und habe, obwohl es Sommer war, den Mantel angehabt.

So stand die Wohnung in dem vierten Stockwerke des Hauses auf dem Sankt-Peters-Platze leer, und das eiserne Gitter auf dem Gange war geschlossen.

Als ein halbes Jahr vergangen war und weder der Rentherr zurückgekehrt war noch auch jemand die Miete für die Wohnung bezahlt hatte, zeigte der Besitzer des Hauses den Vorfall bei der Obrigkeit an. Man ließ mehrere Freunde des Abwesenden kommen und fragte sie, ob sie dessen Aufenthalt wüßten; allein keiner wußte ihn. Man ließ nach und nach alle kommen, von denen man wußte, daß sie mit dem Rentherrn in Beziehung gewesen seien; aber kein einziger konnte eine Auskunft geben. Auf das Anraten des Gerichtes, und weil ihn sein eigenes Wohlwollen gegen den Rentherrn dazu trieb, entschloß sich der Hausbesitzer, noch eine Zeit zu warten, ob der Rentherr nicht etwa von selber zurückkehren würde. Nach der Aussage der Bewohner des Hauses und des Pförtners desselben habe der Rentherr nicht das Kleinste von seiner Wohnung fortbringen lassen, ja man erinnerte sich nicht einmal genau, ob er bei seiner Abreise einen Koffer gehabt habe oder nicht. Da man nun wußte, daß viele und kostbare Sachen in der Wohnung seien, so war es wahrscheinlich, daß der Rentherr nur verreiset sei, daß ihn irgendein Zufall getroffen haben müsse, der ihn hindere, zurückzukehren oder eine Nachricht zu geben, und daß er schon wiederkommen werde.

Allein da bereits zwei Jahre vergangen waren und da der Rentherr weder selbst zurückgekehrt war noch auch eine Nachricht von sich gegeben hatte, ließ man ihn ämtlich durch die Zeitungen auffordern, daß er von sich Nachricht zu geben und sich auszusprechen hätte, ob er seine dermalige Wohnung auf dem Sankt-Peters-Platze noch ferner behalten und die Miete gesetzmäßig berichten würde. Wenn in einer gegebenen Frist keine Nachricht einginge, so würde man seine Wohnung als aufgekündet betrachten, würde seine Zurücklassenschaft versteigern, davon die angelaufene Miete bezahlen und den etwaigen Rest in gerichtliche Verwahrung nehmen.

Allein auch die Frist verstrich, ohne daß der Rentherr kam oder eine Nachricht eintraf oder jemand erschien, der sich um die Wohnung annahm.

Da schritt man zur ämtlichen Öffnung derselben.

Ein Schlosser mußte das Schloß des eisernen Gitters eröffnen. Die ältliche Magd erschien nicht mehr, die Leute in das Vorzimmer und in die Stube des Rentherrn zu geleiten, ihr Küchenfenster war nicht glatt und rein wie ehedem, sondern es war voll Staub und hing voll Spinneweben. In der Küche war alles wie nach dem Gebrauche, die Magd hatte vor ihrem Weggange alles noch gereinigt und an seinen Platz gestellt, nur war jedes Ding voll Staub, und die hölzernen Küferarbeiten waren zerfallen, und die Reifen lagen um sie. In dem Vorzimmer waren die großen Kästen mit Kleidern erfüllt, von den wollenen flog eine Wolke Motten auf, die andern waren unversehrt. Es hingen auch die Sachen der Frau da, und darunter schöne seidene Gewänder. In dem Speisekasten befanden sich die Eßgeräte und das Silbergeschirr.

Da man das Zimmer des Rentherrn eröffnet hatte, fand sich alles, wie es sonst gewesen war. Der Flügel stand eröffnet, die zwei Geigen waren da, die Fächer mit den Flöten, nur eine Flöte fehlte. Auf der Staffelei war ein angefangenes Bild, auf dem Schreibtische lagen Bücher und Schriften, und das Bett war mit seiner feinen Decke überzogen. Die berühmten Männer waren bestaubt und von der eingeschlossenen Luft vergelbt. Die Ruhebette standen umher, aber sie waren lange nicht gerollt worden. Der große Armsessel des Schauspielers stand mitten in dem Zimmer.

In der Wohnung der Frau war schier keine Veränderung, es standen die Geräte in der alten Ordnung, und es lagen die alten Sachen auf ihnen; aber die kleinen Veränderungen, die doch vor sich gegangen waren, zeigten, wie es hier anders geworden sei. Die schweren Vorhänge hingen ruhig herab, da sie doch sonst bei den geöffneten Fenstern sich leicht bewegt hatten, die Blumen und Pflanzen standen als verdorrte Reiser, die Uhr mit dem sanften Gange hatte auch diesen nicht, das Pendel hing stille, und sie zeigte unabänderlich auf dieselbe Stunde. Die Linnen und anderen Arbeiten lagen wohl auf den Tischen, aber sie zeigten keine anfassende Hand und trauerten unter dem Staube. In dem Seitengemache hingen die weißen Vorhänge in den vielen Falten hernieder, aber in den Falten war der leichte, schnell rieselnde Staub, die heilige Mutter schaute von dem Bilde nieder, die rote Umhüllung war grau, der vergoldete Engel hielt die Spitze des Linnenzeltes, aber auf den Linnen lag der Staub, und unter ihnen war der leere Korb und in ihm nicht mehr das rosige Angesicht des Kindes.

Das Amt nahm alle Gegenstände dadurch in Empfang, daß es dieselben in ein Buch verzeichnete. Dann wurden sie in zwei Zimmer zusammengestellt, daß man sie besser übersehen und überwachen könnte. Hierauf wurde die Wohnung wieder verschlossen und versiegelt.

Unter den vorgefundenen Sachen war nichts, was von dem Aufenthalte und den weiteren Verhältnissen des Rentherrn hätte Kunde geben können. Auch kein Geld wurde gefunden, man vermutete, daß er alles bare auf die Reise mitgenommen habe.

Der Tag der Versteigerung wurde anberaumt, und als diese vor sich gegangen war, wurde ein Teil des Erlöses dem Besitzer des Hauses als angewachsener Mietbetrag samt dessen Zinsen gegeben, der Rest für den abwesenden Rentherrn von dem Amte in Verwahrung genommen. Die Helden waren sämtlich von den Wänden abgelöset worden, die Wohnung in dem vierten Stockwerke im Hause auf dem Sankt-Peters-Platze stand leer, und auf einem an dem Tore desselben angeschlagenen Zettel war zu lesen, daß sie an einen neuen Mieter zu vergeben sei.

Die Sache hatte in Wien großes Aufsehen gemacht, man hatte mehr oder minder eine Ahnung von dem wahren Sachverhalte und redete eine geraume Zeit davon. Einmal ging die Sage, der Rentherr sei in den böhmischen Wäldern, wohne dort in einer Höhle, halte das Kind in derselben verborgen, gehe unter tags aus, um sich den Lebensunterhalt zu erwerben, und kehre abends wieder in die Höhle zurück. Aber es kamen andere Ereignisse der großen Stadt, wie sich überhaupt die Dinge in solchen Orten drängen, man redete von etwas anderem, und nach kurzem waren der Rentherr und seine Begebenheit vergessen.

Es war seit der Zeit, in welcher sich das zugetragen hatte, was oben erzählt worden ist, eine Reihe von Jahren vergangen. Die Erzählung rührt von einer Freundin her, welche den Künstler recht gut gekannt hat und welche das genauere Verhältnis desselben zur Familie des Rentherrn von seinen Freunden erfahren hatte. Denn sie selber war zur Zeit, da die Begebenheit sich zugetragen hatte, noch zu jung gewesen, um viel von ihr berührt zu werden.

Wir lassen nun aus ihrem Munde das Weitere folgen.

Vor ziemlich langer Zeit, erzählte sie, als ich mit meinem Gatten erst einige Jahre vermählt war, hatten wir eine sehr angenehme und freundliche Vorstadtwohnung. Mein Gatte konnte recht leicht den kleinen Weg in die Stadt, in welche ihn täglich seine Amtsgeschäfte riefen, zurücklegen; ich kam nicht oft hinein, weil ich mit meiner Häuslichkeit sehr viel beschäftigt war, weil mir damals die kleinen Kinder viel zu tun gaben, weil ich mich ihrer Pflege sehr gerne widmete, und wenn ich doch in die Stadt mußte, so war, wenn es schön war, der Weg nur ein Spaziergang, und am Ende kostete bei schlechtem Wetter ein Wagen auch nicht gar viel. Für die Kinder aber war die luftige und freie Wohnung, zu welcher auch ein geräumiger Garten gehörte, von entschiedenem Vorteile, und ein bedeutender Arzt, der Freund meines Mannes, widerriet, als der letztere einmal die Wohnung aufgeben wollte, ihm diesen Vorsatz auf das eindringlichste. Die Fenster eines Teils der Wohnung gingen auf den Garten und über ihn weg auf andere Gärten und endlich auf die nahen Weinberge und Waldhügel der Umgebung. Hier war hauptsächlich ich mit den Kindern. Die vorderen Fenster sahen auf die breite, gerade und schöne Hauptstraße der Vorstadt, in welcher ein angenehmes, nicht zu bewegtes Leben herrschte, Kaufbuden und Warenstände waren und Wägen fuhren und Menschen gingen. In diesem Teile der Wohnung war unser Gesellschaftszimmer, noch ein schönes Zimmer und das Arbeitsgemach meines Mannes. Die Entfernung zwischen der Stadt und dem Lande war so gleich und so kurz, daß wir zu keinem einen großen Weg zurückzulegen hatten.

Als einmal ein sehr schöner, milder Morgen war, ich glaube, es war zur Zeit des Frühlingsanbruches, als mein Gatte bereits in der Stadt war, die Kinder aber sich in der Schule befanden, ließ ich mich von der einschmeichelnden Luft bewegen, die Fenster zu öffnen, um die Wohnung zu lüften, und bei dieser Gelegenheit, wie das immer so folgt, auch ein wenig Staub abzuwischen, aufzuräumen und dergleichen. Wir hörten in unsere Wohnung gerne das Kirchglöcklein des Krankenhauses, wenn es zur Messe rief, und ich ging nicht selten, wenn ich eben darnach angekleidet war, hinüber, meine Andacht zu verrichten. Eben tönte auch wieder das Glöcklein durch die Lüfte, als ich bei einem Fenster unsers schönsten Zimmers gegen die Straße hinaussah und ein Abwischtuch ausschwang. Ich hatte aber außer dem Klingen des Glöckleins auch noch einen andern Eindruck, der mich bewog, noch ein Weilchen an dem Fenster zu bleiben. Da ich nämlich hinuntersah, was denn für Leute gingen, erblickte ich ein seltsames Paar. Ein Mann, nach dem Rücken zu schließen, den er mir zukehrte, schon ziemlich bejahrt, mit einem dünnen, gelben Moltonröckchen, blaßblauen Beinkleidern, großen Schuhen und einem kleinen runden Hütchen angetan, ging auf der Straße dahin; er führte ein Mädchen, das ebenso seltsam gekleidet war, in einen braunen Überwurf, der ihr fast wie eine Toga um die Schultern lag. Das Mädchen hatte aber einen so großen Kopf, daß es zum Erschrecken gereichte und daß man immer nach demselben hinsah. Beide gingen mäßig schnell ihres Weges; aber beide so unbeholfen und ungeschickt, daß man sogleich sah, daß sie Wien nicht gewohnt seien und daß sie sich nicht so zu bewegen verstünden wie die anderen Menschen. Aber bei aller Unbeholfenheit und Ungeschicklichkeit war der Mann doch noch beflissen, das Mädchen zu leiten, mit ihm den fahrenden Wägen auszuweichen und es vor dem Zusammenstoße mit Personen zu hüten. Sie schlugen gerade den Weg ein, der zu dem Kirchlein führte, von dem eben das Glöcklein tönte.

Von Neugierde getrieben und weil ich dachte, daß der Mann etwa das Mädchen in die Messe führte, beschloß ich, auch dahinzugehen, meine Andacht zu verrichten und nebenbei auch etwas Näheres von den beiden zu erfahren oder sie zu betrachten. Ich kleidete mich schnell an, warf ein Tuch um, setzte den Hut auf und ging fort. Ich bog in das kleine Gäßchen ein, das von unserer Hauptstraße um die Ecke der Soldatenarzneischule herum gegen die Gegend des Kirchleins führt, wohin ich die zwei Menschen hatte einlenken gesehen; allein ich erblickte sie nicht in dem Gäßchen. Ich ging dasselbe entlang, ging durch den Schwibbogen, der dasselbe damals noch schloß, wendete mich um die Häuserecke und wandelte bis zur Kirche; aber ich sah sie nirgends. Auch in der Kirche, in der wenig Menschen waren, erblickte ich sie nicht. Ich verrichtete nun meine gewöhnliche Andacht, vertiefte mich in dieselbe, und da die Messe vorüber war und ich mich zum Fortgehen rüstete, sah ich mich noch einmal ringsherum, um ihnen Hilfe anzubieten, wenn sie deren vielleicht bedürften; allein ich hatte mich geirrt, das Paar war wirklich nicht in der Kirche. Ich verfügte mich nun auch wieder nach Hause.

Es war seit diesem Vorfalle eine bedeutende Zeit vergangen, und ich hatte ihn längst vergessen, als ich mit meinem Gatten einmal in einer sehr schönen Nacht von der Stadt nach Hause ging. Wir waren in dem Theater in der Hofburg gewesen, und da die Nacht gar so schön und heiter war, so bestimmte uns dieser Umstand, das Anerbieten eines Freundes, der mit uns der Vorstellung beigewohnt hatte, anzunehmen und bevor wir nach Hause gingen, noch ein wenig bei seiner Familie einzutreten. Wie es zu geschehen pflegt, man sprach dort von dem Stücke, man stritt hinüber und herüber, man brachte Erfrischungen, und es wurde Mitternacht, ehe wir aufbrachen. Wir lehnten den Antrag unseres Freundes, uns seinen Wagen zu geben, ab und sagten, es wäre ein Raub an dieser schönen Nacht, wenn wir in dem Wagen säßen und den freien Raum, der zwischen der Stadt und der Vorstadt ist, durchflögen, statt ihn langsam zu durchwandeln und seine freie, erhellte Schönheit zu genießen. Man widersprach uns nicht mehr, und wir machten uns zu Fuße auf.

Als wir aus dem Tore hinaustraten und die Stadt hinter uns ließen, empfing uns der heitere, große Grasplatz mit seinen vielen Bäumen, und eine wirklich herrliche Mondnacht stand über dem Raume. Ein ungeheurer Himmel, wie aus einem Edelsteine gegossen, war über der großen Rundsicht der Vorstädte, nicht ein einziges Wölkchen war an ihm, und von seinem Gipfel schien das Rund des Mondes lichtausgießend nieder. Wir wandelten an der Reihe der

Bäume, die den Fahrweg säumten, dahin, mancher einzelne Wanderer und manches Paar begegnete uns. Weil die Nacht so duftend und beinahe südlich war, machten wir den Weg über den freien Raum noch einmal hin und zurück, so daß wir endlich beinahe die letzten auf dem Platze waren. Wir wendeten uns nun auch, um nach Hause zu gehen. Als wir an der Häuserreihe unserer Vorstadt hingingen und uns kein Mensch mehr begegnete, merkten wir, daß wir doch nicht die einzigen wären, welche von dieser schönen Mondnacht angezogen würden, sondern daß auch noch ein anderer von ihren Strahlen in seinem Herzen erregt wäre; denn wir hörten in der allgemeinen Stille, die nur durch unsere Tritte und durch manchen fernen Ruf einer Nachtigall unterbrochen wurde, ein seltsames Flötenspiel. Wir hörten es anfangs ganz leise, dann, da wir weiterkamen, lauter. Wir blieben ein wenig stehen, um zu horchen. Wenn es ein gewöhnliches Flötenspiel gewesen wäre, würden wir wahrscheinlich bald weitergegangen sein; denn es ist nichts Seltenes, daß man auch noch spät in der Nacht aus irgendeinem Hause unserer Stadt Musik hört; aber das Flötenspiel war so sonderbar, daß wir länger stehenblieben. Es war nicht ein ausgezeichnetes Spiel, es war nicht ganz stümperhaft, aber was die Aufmerksamkeit so erregte, war, daß es von allem abwich, was man gewöhnlich Musik nennt und wie man sie lernt. Es hatte keine uns bekannte Weise zum Gegenstande, wahrscheinlich sprach der Spieler seine eigenen Gedanken aus, und wenn es auch nicht seine eigenen Gedanken waren, so gab er doch jedenfalls so viel hinzu, daß man es als solche betrachten konnte. Was am meisten reizte, war, daß, wenn er einen Gang angenommen und das Ohr verleitet hatte, mitzugehen, immer etwas anderes kam, als was man erwartete, und das Recht hatte, zu erwarten, so daß man stets von vorne anfangen und mitgehen mußte und endlich in eine Verwirrung geriet, die man beinahe irrsinnig hätte nennen können. Und dennoch war trotz des Unzusammenhanges eine Trauer und eine Klage und noch etwas Fremdartiges in dem Spiele, als erzählte der Spieler in ungefügen Mitteln seinen Kummer. Man war beinahe gerührt.

„Das ist sonderbar“, sagte mein Gatte, „der muß das Flötenspiel auf einem eigentümlichen Wege gelernt haben, er stimmt richtig an, er fährt nicht fort, er verhastet die Sache, er kann mit dem Hauche nicht haushalten, er überstürzt ihn und reißt ihn ab und hat doch eine Gattung Herz darin."

Wir konnten auch nicht ergründen, woher das Spiel kam, fast hätten wir geglaubt, daß es aus dem alten Perronschen Hause klinge, in dessen Nähe wir uns befanden; aber das Haus war im Begriffe, abgetragen zu werden, es war schon nur mehr sehr wenig bewohnt, und die Töne klangen durchaus nicht, als kämen sie von irgendeinem Fenster herab.

Als wir noch ein Weilchen gestanden waren, gingen wir weiter, das seltsame Flötenspiel wurde hinter uns undeutlich, endlich hörten wir es gar nicht mehr, wir kamen nach Hause und begaben uns neben unsern Kindern, die schon mehr als die Hälfte ihres erquickenden Schlafes ausgeschlafen hatten, zur Ruhe.

Nach dieser Begebenheit verging wieder eine geraume Zeit.

Wer schon länger in unserer Stadt lebt, wird sich noch des alten Perronschen Hauses erinnern. Wer überhaupt etwa fünfzehn bis zwanzig Jahre her Wien kennt, der wird wissen, daß diese Stadt in beständigem Umwandeln begriffen und daß sie trotz ihres Alters eine neue Stadt ist; denn die Häuser werden immer nach neuer Art und zu dem Zwecke der Benützung umgebaut, alte, unveränderliche Denkmale, wie etwa die Kirche von Sankt Stephan, gibt es zu wenige, als daß sie der Stadt ein allgemeines Aussehen aufdrücken könnten, und so sieht sie immer wie eine von gestern aus. Das alte Perronsche Haus stand an der Hauptstraße der Vorstadt, in welcher wir wohnten, und war nicht gar weit von unserer Wohnung entfernt. Es hatte noch die Eigentümlichkeit, welche die jetzigen jungen Bewohner der Hauptstadt nicht mehr kennen, daß es unterirdische Wohnungen hatte. Die Fenster solcher Wohnungen gingen gewöhnlich dicht an dem Pflaster der Straßen heraus. Sie waren nicht sehr groß, hatten starke eiserne Stäbe, hinter denen sich gewöhnlich noch ein dichtes eisernes Drahtgitter befand, das, wenn der Bewohner nicht besonders reinlichkeitliebend war, mit dem hingeschleuderten und getrockneten Kote der Straße bedeckt war und einen traurigen Anblick gewährte. Das Perronsche Haus war auch ohnedem schon ein sehr altes Haus, es sah schwarz aus und hatte Verzierungen aus sehr alten Zeiten. Es ging nur mit seiner schmäleren Seite auf die Straße, mit den größeren Räumen ging es gegen einen Garten zurück. Es hatte ein kleines Pförtlein, das mit dunkelroter, fast schwarz gewordener Farbe angestrichen und mit vielen metallenen Nägeln beschlagen war, deren Stoff man nicht mehr erkennen konnte, weil sich die breiten Knöpfe mit Schwärze überzogen hatten. Es war wohl neben dem Pförtchen ein größeres Haustor, aber dasselbe war seit undenklichen Zeiten nicht mehr benützt worden, es war geschlossen, es war voll Straßenkot und Staub und hatte zwei Querbalken, die mit eisernen Klammern an der Mauer befestigt waren.

Wir hatten damals einen Freund, der es auch in allen folgenden Zeiten geblieben ist. Es war der Professor Andorf. Er war unvermählt, aber ein heiterer, freundlicher Mann voll geistiger Anlagen, er hatte ein warmes, empfindendes Herz und war für alles Gute und Schöne empfänglich. Er kam sehr oft zu uns, war mit meinem Manne in gelehrten Verbindungen, und es wurde öfter etwas Schönes vorgelesen oder Musik gemacht oder traulich von verschiedenen Dingen gesprochen. Dieser Professor Andorf wohnte in dem Perronschen Hause, er wohnte nicht einmal auf die Gasse heraus, sondern in dem Hofe. Er hatte freiwillig diese Wohnung gewählt, weil sie für seine Beschäftigungen, die in Lesen, Schreiben oder etwas Klavierspielen bestanden, sehr ruhig war; und obwohl er ein heiterer, geselliger Mann war, hatte er doch gerade diese Wohnung gewählt, weil es seinen dichtenden Kräften, die sich nicht sowohl im Hervorbringen als vielmehr im Empfangen äußerten, zusagte, das allmähliche Versinken, Vergehen, Verkommen zu beobachten und zu betrachten, wie die Vögel und andere Tiere nach und nach von dem Mauerwerke Besitz nahmen, aus dem sich die Menschen zurückgezogen hatten; es gehe ihm in der Welt nichts darüber, pflegte er zu sagen, an einem Regentage an seinem Fenster zu stehen und das Wasser von den Disteln, dem Huflattich und den andern Pflanzen, die in dem Hofe stehen, niederträufeln und die Nässe sich in den alten Mauern herabziehen zu sehen.

Einmal sagte mein Gatte, da er schon angezogen war und eben in sein Amt gehen wollte: „Da ist ein Buch, es gehört dem Professor Andorf, es ist sehr wichtig, mir ist daran gelegen, daß es nicht in fremde Hände komme, sei so gut, schlage es in ein Papier ein, siegle das Papier zu, und schicke das Buch durch jemand Zuverlässigen an den Professor. Ich hatte nicht mehr Zeit, das Geschäft selber zu besorgen, und wende mich daher an dich."

Er legte das Buch auf mein Nähtischchen, ich sagte ihm zu, daß ich seinen Auftrag vollziehen würde, und er ging fort, um sich an seine Dienstgeschäfte zu begeben.

Da mir aber im Laufe des Vormittages einfiel, daß ich ohnedem in die Stadt gehen müsse und daß ich da an dem Perronschen Hause vorübergehe, so dachte ich, daß ich ja bei dieser Gelegenheit das Buch selber abgeben könnte, so könne es ganz gewiß in keine unrechten Hände kommen. Ich beschloß also, so zu tun. Da die Zeit gekommen war, kleidete ich mich an, tat das Buch in meine Arbeitstasche, die ich gerne am Arme mitzutragen pflege, und machte mich auf den Weg. Als ich zu dem Perronschen Hause gekommen war, drückte ich auf die Klinke des kleinen roten Pförtchens. Ich war nie in dem Hause gewesen. Die Klinke gab leicht nach, und das Pförtchen öffnete sich. Als ich aber in dem Gange stand, der sich hinter dem Pförtchen öffnete, sah ich mich vergeblich nach einer Stube oder Wohnung um, in der ein Pförtner oder dergleichen wäre, der mir Auskunft geben könnte. Ich ging also in dem Gange weiter, der mir keine Treppe in die höhern Stockwerke zeigte, und gelangte in den Hof. Derselbe war mit großen, aber zum Teile schon zerbrochenen Steinen gepflastert. Ich sah da die Pflanzen des Professors Andorf stehen, die ihn bei dem Regen mit ihrem triefenden Wasser ergötzten, ich sah aber auch bei allen Fugen der Steine das Gras herausstehen, das schön und unzertreten wuchs. An den Mauern, die den Hof bildeten, sah ich mehrere Tore, die zu Stallungen oder Wagenbehältern führen mochten, aber die Tore wurden nie geöffnet, was ihr ausgewittertes, vertrocknetes und zum

Teil zerfallenes Aussehen, das hohe Gras zu ihren Füßen und die braunverrosteten Angeln bewiesen. Es waren auch drei Mündungen, die zu Treppen führten, aber die Mündungen sahen unwirtlich aus, und die Treppen schienen nicht betreten zu werden. Unter den erblindeten oder bläulich schillernden oder teils mit hölzernen Läden verschlossenen Fenstern sah ich auch einige mit reinem Glase, hinter denen weiße Vorhänge waren. Ich schloß, daß diese zu der Wohnung des Professors gehören möchten, wußte aber nicht, wie ich zu dieser Wohnung hinangelangen könnte.

In diesem Augenblicke hörte ich leise Tritte hinter mir und vernahm eine nicht unangenehme, etwas feine Männerstimme, die sagte: „Wünschen Sie etwas?"

Ich wendete mich um und sah ein Männchen hinter mir stehen, das spärliche graue Haare auf dem Haupte und einen schlichten Ausdruck in dem Angesichte hatte. Es war nicht eigentlich angekleidet; denn es hatte nur linnene Beinkleider an, eine ähnliche Jacke, auf dem Kopfe nichts und an den Füßen Pantoffeln.

„Ich suche den Herrn Professor Andorf", sagte ich.

„Was wünschen Sie denn von dem Herrn Professor Andorf?" erwiderte er. „Kann ich vielleicht eine Botschaft oder eine Übergabe bestellen, der Herr Professor ist nicht zu Hause."

Ich sah den Mann näher an. Er hatte ein längliches Angesicht und blaue Augen. Seine Miene stieß nicht ab.

„Ich hätte ein Buch zu übergeben", sagte ich, „das nur in seine Hände gehört, aber da er nicht zu Hause ist, so kann das Buch auch ein anderes Mal zu ihm kommen, mein Gatte kann es ein anders Mal herüberschicken."

„Ich bin der Pförtner des Hauses", erwiderte er, „Sie können mir das Buch schon anvertrauen; wenn Sie es aber vorziehen, es ihm selbst zu übergeben oder durch jemand Ihrer Leute übergeben zu lassen, so treffen Sie den Professor täglich bis neun Uhr früh und meistens auch zwischen vier Uhr und sechs Uhr nachmittags."

Da ich unschlüssig zauderte und ihn ansah, sagte er: „Verehrte Frau, geben Sie mir das Buch, ich werde es behutsam anfassen, daß es nicht schmutzig werde, ich werde nicht in dasselbe hineinsehen und werde es sogleich, wenn

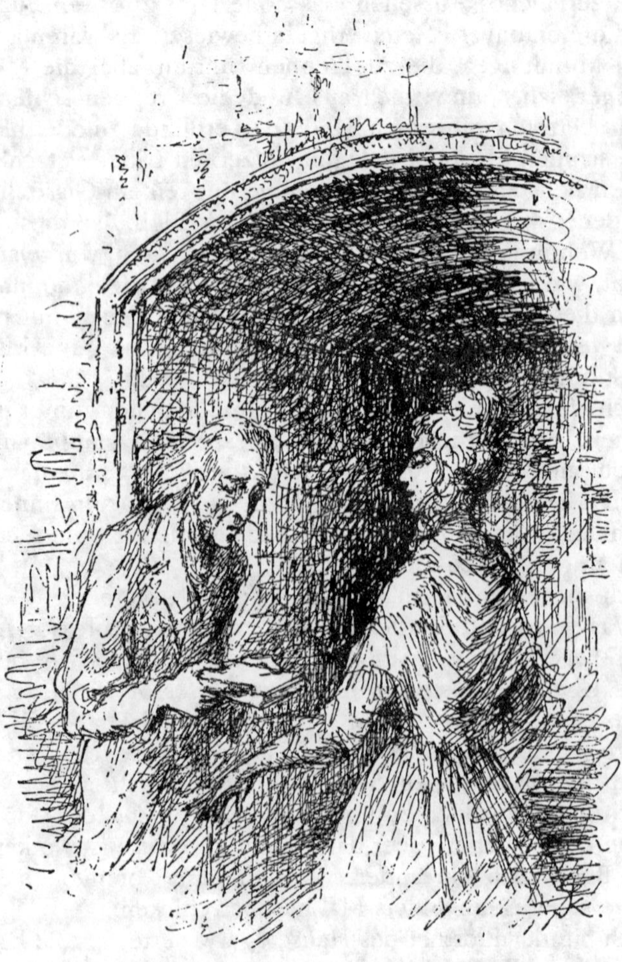

der Herr Professor Andorf nach Hause kömmt, in seine Hände geben."

Ich sah ihn wieder an. Das Anständige in seiner Stellung fiel mir auf. Seine Worte waren in dem Wenigen, was er mir sagte, sehr gewählt, wie man es in der bessern Gesellschaft findet, nur seine blauen Augen hatten etwas Unstättes, als blickten sie immer hin und her. Ich hatte nicht den Mut, ihn durch Mißtrauen zu kränken, ich nestelte meine

Arbeitstasche auf, zog das Buch hervor und gab es in seine Hände. Ich hatte es in kein Papier eingeschlagen, weil ich es selber zu übergeben gedachte. Er bemerkte den Umstand gleich und sagte: „Ich werde das Buch in ein Papier einwickeln, werde es so liegenlassen, bis der Herr Professor kömmt, und werde es ihm so übergeben."

„Ja, tun Sie das", sagte ich, und mit diesen Worten schied ich aus dem Hause.

Aber kaum war ich auf der Gasse, so bemächtigte sich meiner eine Unruhe. Etwa zwanzig Schritte von dem roten Pförtlein an der Mauer des nächsten Hauses saß gerne eine Obstfrau. Sie saß jeden Tag da, wenn nicht gar ein zu abscheuliches Wetter war; denn an gewöhnlichen Regentagen hatte sie einen breiten Schirm über ihr Warenlager ausgebreitet. Ich kannte die Frau sehr gut und hatte oft schon für die Kinder von ihr Obst gekauft. Zu dieser Frau ging ich hin. Ich fragte sie, ob sie den Pförtner des Perronschen Hauses kenne. Sie sagte, daß sie ihn kenne, daß er ein ordentlicher Mann sei, daß, wenn er ausgehe, er gewiß immer vor Anbruch der Nacht nach Hause komme. Man könne ihm nichts nachsagen, er sei sehr stille. Übrigens sei es schon daran, daß man das Perronsche Haus umbauen müsse, es wohnen schon nicht mehr viele Leute darinnen, vornehme schon gar nicht, wenn man den Herrn Professor Andorf ausnehme, wie ich ja selber sehr gut wisse, und in wenig Jahren werde gar niemand mehr drin wohnen wollen. Wenn Herr Perron nicht immer in fremden Ländern wäre, so würde er wissen, wie es mit dem Hause stehe, daß es ihm nicht viel eintrage und daß er besser fahren würde, wenn er es niederrisse und ein anderes an dessen Stelle aufbaute.

Ich kaufte von der Frau einiges Obst, tat es in meine Tasche und setzte meinen Weg in die Stadt fort.

Als mein Gatte nach Hause gekommen war und wir bei dem Mittagessen saßen, drückte mich das Gewissen, und ich sagte ihm, was ich getan habe; aber er nach seiner ihm von jeher innewohnenden Güte und Milde beruhigte mich und sagte, ich hätte vollkommen recht getan, er selber, wenn er das Buch hinübergetragen hätte und ihm das gleiche begegnet wäre, hätte nicht anders gehandelt. Das Buch würde schon in die rechten Hände kommen. Desohngeachtet fragte ich den Professor, als er das erste Mal nach dieser Begebenheit zu uns kam, ob er das Buch erhalten habe, ich hätte es in die Hände des Pförtners des Perronschen Hauses gegeben.

„Das Buch habe ich erhalten", sagte der Professor, „aber ich habe geglaubt, daß Sie es mir durch jenen alten Mann überschickt haben. Daß wir im Perronschen Hause einen Pförtner besitzen, habe ich gar nicht gewußt, und wenn wir einen haben, so muß es der stillste Pförtner der Welt sein; denn ich habe nie etwas von ihm vernommen. Ich habe einen Schlüssel, durch den ich mir das Pförtchen öffne, wenn ich so spät nach Hause komme, daß es schon verschlossen ist. Übrigens tut es mir leid, daß ich nicht zu Hause gewesen bin, da Sie in das Perronsche Haus gekommen sind, daß ich Sie hätte empfangen und Ihnen die vorkommenden Merkwürdigkeiten des Hauses hätte zeigen können."

Wieder war seit diesem Vorfalle eine bedeutende Zeit vergangen, als sich ein neues Merkmal zutrug. Unser ältester Sohn Alfred kam einmal von der Schule nach Hause. Er lief eifrig die Treppe heran, er stürzte in die Stube und rief: „Mutter, ich habe ihm nichts getan, Mutter, ich habe ihm nichts getan."

„Alfred", sagte ich, „was ist dir denn?"

„Mutter, du weißt das Perronsche Haus", erwiderte er, „da ging ich auf dem breiten Pflaster des Weges für die Fußgeher, und da sah ich einen Raben auf dem Pflaster sitzen, der sich nicht fürchtete, der nicht fliegen zu können schien und der vor mir, da ich mich näherte, her ging. Ich duckte mich ein wenig, sprach zu ihm, langte nach ihm, und er ließ sich fangen. Mutter, ich habe ihm nichts getan, ich habe ihn nur gestreichelt. Da sah bei den Erdfenstern des Perronschen Hauses ein fürchterlich großes Angesicht heraus und schrie: ‚Laß, laß.'

Ich blickte nach dem Kopfe hin, er hatte starre Augen, war sehr blaß und war erschreckend groß. Ich ließ den Raben aus, richtete mich empor und lief nach Hause. Mutter, ich habe ihm wirklich nichts getan, ich habe ihn bloß streicheln wollen."

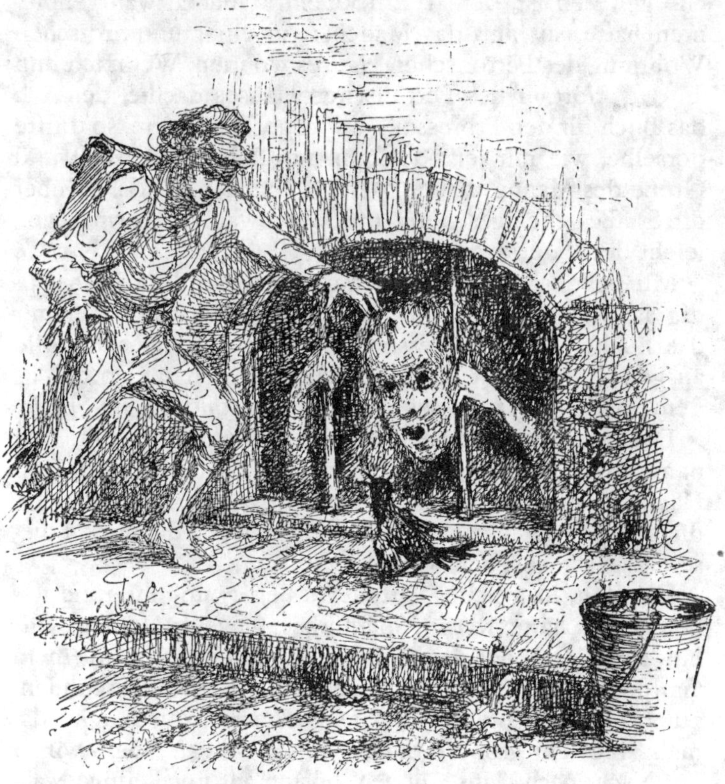

„Ich weiß, Alfred, ich weiß“, sagte ich, „lege deinen Schulsack ab, gehe in die Kinderstube, da wirst du dein Nachmittagsbrot bekommen, und schlage dir den Raben aus dem Sinn, es liegt nichts an ihm.“

Der Knabe küßte mir die Hand und ging leichten Gemütes in die Kinderstube.

Aber mein Gemüt war nicht so leicht, es war nachdenklich geworden. Mir fiel nun das vor vieler Zeit gesehene Paar ein, dem ich einmal in der Richtung nach der Kirche des Krankenhauses nachgegangen bin. Das Mädchen hatte auch damals einen nach des Knaben Ausdruck fürchterlich großen Kopf gehabt. Ich fing nun an, die Begebenheiten zu verbinden. Wenn der von Alfred gesehene Kopf der nämliche gewesen ist, den ich an jenem Mädchen wahrgenommen hatte, so muß das Mädchen in einer unterirdischen Wohnung des Perronschen Hauses wohnen. Wenn ich nun an den Pförtner des Perronschen Hauses dachte, dem ich das Buch für den Professor Andorf gegeben hatte, so dürfte derselbe, wie mir jetzt vorkam, ungefähr die Gestalt und Größe des Mannes haben, den ich mit dem Mädchen über die Straße gehen gesehen hatte. Dann war der Pförtner vielleicht der Vater des Mädchens.

Mir fiel auch noch einmal auf, wie ordentlich, ja anständig sich damals der Pförtner benommen hatte, als er mir das Buch für den Professor Andorf abgenötigt hatte, wie ausgewählt und gut seine Sprache gewesen sei, so daß es den Anschein hat, als sei hier etwas Besonderes im Spiele.

Dies steigerte meine Teilnahme noch mehr, und ich nahm mir vor, gelegentlich dem Pförtner des Perronschen Hauses nachzuforschen und, wenn etwa eine Hilfe notwendig sein sollte, sie nach den kleinen Mitteln, die mir zu diesem Zwecke gegeben waren, zu leisten.

Die Zeit, in welcher Alfred die Begegnung mit dem Raben gehabt hatte, war im Spätherbste gewesen. In dem sehr milden Winter, der darauf folgte, ging ich oft mit meinem Gatten in die Stadt. Wir gingen zum Teile zu Freunden, zum Teile besuchten wir auch das Theater, von dem ich damals eine sehr große Freundin gewesen war. Wenn wir in der Nacht nach Hause gingen, hörten wir noch einige Male das seltsame Flötenspiel, das wir in jener Mondnacht gehört hatten, und wir vernahmen jetzt deutlich, daß es aus den unterirdischen Wohnungen des Perronschen Hauses kam.

Die Gelegenheit aber, mit dem Pförtner des Perronschen Hauses bekannt zu werden, war nicht leicht zu finden. Zuerst wollte ich nicht zudringlich sein, dann war der Professor Andorf so wenig mit dem Pförtner des Hauses bekannt, daß er nicht einmal gewußt hatte, daß das Haus einen Pförtner habe, und endlich kam überhaupt niemand in das Perronsche Haus, durch den eine Verbindung hätte eingeleitet werden können. Es verging ein Teil des Winters, ohne daß ich mein Vorhaben ins Werk setzen konnte.

Einmal war ich damit beschäftigt, unsere schöneren Zimmer ein wenig zu ordnen. Wir hatten am Tage vorher eine

Gesellschaft bei uns gehabt, und es war manches in Unordnung geraten. Da hörte ich von der Gasse herauf ein Gesumme und Gebrause, und da ich ein Fenster öffnete und hinabschaute, sah ich mehrere Menschen an dem Pförtchen des Perronschen Hauses stehen und sah, daß noch immer mehrere hinzu gingen und sich zu ihnen gesellten. Ich rief eines meiner Dienstmädchen und schickte dasselbe hinab, um fragen zu lassen, was es denn gäbe.

Das Mädchen kam nach einer Weile zurück und sagte, der Pförtner des Perronschen Hauses habe sich erschlagen. Ich warf sogleich einen Mantel um, ging hinab und ging gegen das Perronsche Haus. Ich wollte mich aber mit den Leuten, die vor dem roten Pförtchen standen, in kein Gespräch einlassen, sondern ging zu der mir bekannten Obstfrau, die bei ihrem Stande saß, und fragte: „Was ist es denn gewesen, und wie kann sich denn ein Mensch selber totschlagen?"

„Es hat sich niemand erschlagen", antwortete die Frau, „es ist nur der Pförtner des Perronschen Hauses gestorben. Vor einer Viertelstunde, da eben niemand an dieser Seite der Häuser ging, kam das Mädchen, seine Tochter, aus der Wohnung zu mir und sagte mir heimlich, daß der Vater tot sei. Dann ging es gleich wieder in das Perronsche Haus zurück. Ich aber rief den Lehrling des Schusters da herüber, sagte es ihm und sagte, daß er auf das Stadthaus gehen und dort die Meldung von dem machen möge, was mir das Mädchen gesagt habe. Der Lehrling wird es auf dem Wege den Leuten vertraut haben, darum sind sie schon gekommen. Aber von dem Stadthause muß auch bald jemand da sein, ein Amtmann, ein Arzt, ein Beschauer, ein Geschworner oder wer es sein mag."

Während der Rede der Frau hatten sich noch mehr Menschen angesammelt, es ging aber niemand von ihnen durch das rote Pförtchen hinein, entweder aus Achtung vor dem Toten, der im Innern lag, oder aus Scheu vor dem seltsamen Perronschen Hause.

Endlich kamen auch die von dem Amte Abgeordneten, den Befund aufzunehmen.

„Diese Frau hat es mir gesagt", sagte der Lehrling, der auf die Obstfrau zeigte.

Die Obstfrau mußte mit den Amtsabgeordneten gehen. Sie tat es gerne, nachdem sie zuvor ein großes weißes Tuch auf ihren Obstkram gebreitet hatte. Ich nannte mich den Amtsleuten und bat, mich mit in die Wohnung zu nehmen, weil ich im Sinne habe zu helfen, wenn dort etwas not tun sollte. Man gestand es gerne zu. Der Lehrling, als in der Anzeige beteiligt, mußte ebenfalls mit.

Als wir zu dem Pförtchen gelangt waren, drängte sich alles nach demselben, aber die Männer des Amtes sagten, daß niemand, der nicht zu dem Amte gehöre oder von demselben aufgefordert sei, in das Innere des Hauses dürfe. Hierauf wurden zwei Diener der öffentlichen Sicherheit zu beiden Seiten des Pförtchens gestellt, das Pförtchen wurde geöffnet, wir gingen hinein, die Sicherheitsdiener stellten sich dann in die Mündung des Pförtchens und ließen niemand mehr hinein.

Wir begaben uns durch den Gang, der hinter dem Pförtchen war, in den Hof und von dem Hofe unter die Einfahrt, welche durch das Tor geschlossen war, und in der Seitenmauer der Einfahrt zeigte sich eine Tür. Die Tür wurde geöffnet. Hinter ihr ging eine Treppe in die Tiefe hinunter. Als dort gelegen wurde die Wohnung des Pförtners angegeben.

Da wir die Treppe hinuntergestiegen waren und die Wohnung betreten hatten, sahen wir, daß dieselbe nur aus einem einzigen Zimmer bestehe. Neben einer Leiter, die gegen das Fenster empor lehnte, lag der alte tote Mann. Er hatte ein gelbes Moltonröcklein und blaßblaue Beinkleider an. Als ihn die Männer aufgehoben und auf ein Bett, das das seinige schien, gelegt hatten, sah ich aus den Zügen, daß es wirklich der nämliche Mann sei, dem ich das Buch gegeben hatte. Man hatte anfangs die Absicht gehabt, Versuche zu machen, ihn ins Leben zurückzurufen, aber beim Anfassen hatte man schon empfunden, daß er kalt sei, und bei näherer Beschauung zeigte sich auch, daß er unzweifelhaft tot sei.

Wann mußte er denn gestorben sein?

Sonst war niemand in dem Zimmer als das Mädchen mit dem großen Haupte. Es saß tief zurück auf einem weißen, unangestrichenen Stuhle und sah von ferne zu, was man mit dem Manne beginne. Auf einem Schirme, der vor einem Bette stand, das ich für das des Mädchens hielt, saß die Dohle, denn eine solche, kein Rabe war es gewesen, was Alfred hatte fangen wollen. Der Vogel nickte mit dem Kopfe und sprach schier Laute, die aber unverständlich

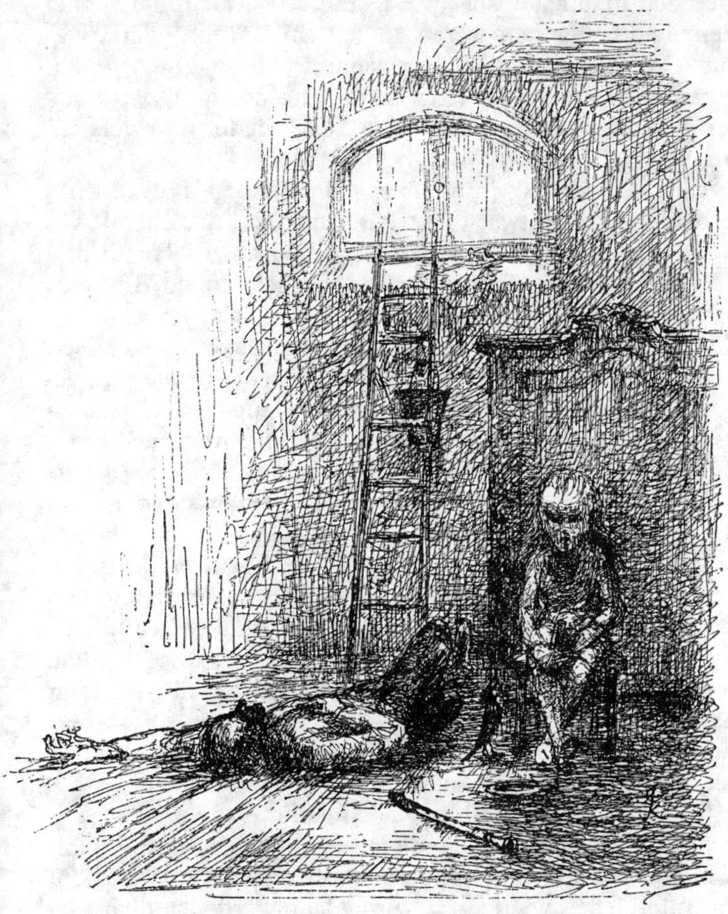

verstümmelt und kaum menschenähnlich waren. Auf dem Tische, der nicht weit von dem Sitze des Mädchens stand, sah ich die Flöte liegen.

Ich wollte, während die Männer die Leiche besahen und auf dem Bette in eine anständige Lage zu bringen suchten, das Mädchen ansprechen, wollte es zutraulich machen und es dann mit mir nehmen, um es aus der traurigen Umgebung zu bringen. Ich näherte mich und sprach es an, wobei ich die höflichste, aber einfachste Sprache versuchte. Das Mädchen antwortete mir zu meinem Erstaunen in der reinsten Schriftsprache, aber was es sagte, war kaum zu verstehen. Die Gedanken waren so seltsam, so von allem, was sich immer und täglich in unserem Umgange ausspricht, verschieden, daß man das Ganze für blödsinnig hätte halten können, wenn es nicht zum Teile wieder sehr verständig gewesen wäre.

Ich hatte zufällig in meinem Mantel einige Stücke Zukkerbäckerei und etwas Obst. Ich nahm ein Stückchen Backwerk heraus und bot es dem Mädchen an. Es langte darnach, aß es und zeigte in den Zügen des großen Antlitzes einen augenfälligen Schein von Freude. Ich versuchte bei dieser Gelegenheit auch, ob ich aus den Zügen herauslesen könnte, wie alt das Mädchen sein möge; aber es war mir wegen der ungewöhnlichen Bildung des Hauptes und des Angesichtes nicht möglich. Es konnte sechzehn Jahre alt sein, es konnte aber auch zwanzig Jahre alt sein.

Ich gab ihm nun auch noch ein zweites Stück, dann ein drittes und dann mehrere.

Ich werde den Sinn dessen, was es sagte, ungefähr in unserer Sprache oder Sprechweise geben, weil man die Gedankenfolge des Mädchens nicht verstehen würde und weil ich auch nicht imstande wäre, die Dinge genauso aus dem Gedächtnisse zu wiederholen, wie es dieselben gesagt hatte.

Ich fragte es, ob es solche Speisen gerne äße, wenn es dieselben hätte, ob sie gut seien.

„Ja, gut", sagte es, „gib mir noch mehr."

„Ich werde dir mehr geben", antwortete ich, „wenn du mit mir gehst und in einer anderen Stube bleibst, bis es Nacht wird und bis es wieder Tag wird. Dann werde ich dich wieder in diese deine Stube zurückführen. Ich habe hier keine solchen süßen Dinge mehr, aber in der Stube, in welche du mit mir gehen sollst, sind viele."

„Ich gehe mit dir", sagte es, „aber wenn der Tag kömmt, gehen wir wieder zu uns her."

„Ja, da gehen wir wieder in diese Stube“, sagte ich.

Ich gab dem Mädchen nun auch einen Apfel von einer besseren Gattung. Es aß ihn mit dem Zeichen, daß er ihm angenehm sei.

Ich fragte das Mädchen auch, ob es keine Mutter habe oder ob keine Geschwister am Leben seien.

Es habe keine Mutter, antwortete es, und es sei immer nur bei dem Vater allein gewesen. Den Begriff Geschwister schien es gar nicht zu kennen.

Ich fragte es hierauf, wie denn der Vater gestorben sei.

„Er ist auf die Leiter gestiegen“, antwortete es, „die zu unserem Fenster hinaufführt. Ich weiß nicht, was er tun wollte, und da ist er herabgefallen und ist liegengeblieben. Ich wartete, bis er wieder gesund werden würde; aber er ist nicht mehr gesund geworden. Er war tot. Da eine Nacht und ein Tag vergangen waren, sagte ich es der Frau, die immer nicht weit von unserm Pförtlein sitzt. Seit dem sind die Leute gekommen.“

Ich teilte den Männern die Nachricht mit und sagte, daß ich das Mädchen in mein Haus führen und einstweilen dasselbe verpflegen würde. Die Behörden, welche die Sache leiten, könnten das Mädchen immer bei mir finden, wenn sie dasselbe zurückfordern sollten. Ich würde auch die Begebenheit meinen Freunden und Bekannten anzeigen, daß wir eine Sammlung von Geld machen, damit man den Mann anständig begraben könne. Die Männer wendeten dagegen nichts ein.

Sie waren unterdessen mit der Leiche fertig geworden. Es hatte sich gezeigt, daß der arme Mann aus was immer für einer Ursache gefallen sein müsse, und zwar, wie der Anschein zeige und das Mädchen aussage, von der Leiter, die gegen das Fenster lehnte, und daß er sich hiebei die Wirbel des Genickes verletzt haben müsse, was den Tod augenblicklich zur Folge gehabt habe. Man bedeutete mir, daß den Gesetzen zufolge eine gerichtliche Zergliederung statthaben müsse und daß es daher um so erwünschter erscheine, wenn das Mädchen aus der Wohnung entfernt würde.

Die Aussage der Obstfrau und des Lehrlings waren zu Papier gebracht worden, und man erklärte ihnen, daß nichts im Wege stehe, daß sie sich entfernen könnten.

Ich trat noch ein wenig zu der Leiche. Sie lag jetzt in ihren Kleidern auf dem Bette. Die Züge waren wenig verändert und waren fast so wie an jenem Vormittage, als der Mann in dem Hofe des Perronschen Hauses vor mir gestanden war und mir das Buch abgedrungen hatte. Die blauen Augen waren geschlossen, und da ihre etwas auffällige Unruhe durch die Lider bedeckt war, so hatte die Miene sogar einen Ausdruck von Milde. Das mochten auch die andern fühlen; denn man stand einen Augenblick schweigend um das Bett herum und betrachtete den Mann. Endlich entfernten sich der Lehrling und die Obstfrau aus dem Zimmer.

Ich trat auch von dem Anblicke hinweg.

Ich näherte mich dem Mädchen und sagte ihm, daß ich es jetzt mit mir führen würde und daß es mir folgen möge, wie es früher gesagt habe.

Das Mädchen erwiderte, daß es schon mit mir gehe und daß wir, wenn wieder der Tag kommen würde, auch wieder in die Stube zurückkehren sollen.

Ich antwortete, das werde ganz gewiß geschehen.

Es folgte mir nun ganz willig. Wir stiegen die Treppe hinan, ich nahm es bei der Hand, wir gingen über den Hof durch den Gang und bei dem roten Pförtchen auf die Gasse hinaus. Auf der Gasse standen noch immer Leute, die sich im Gegenteile eher vermehrt hatten. Eine dichte Gruppe umgab die Obstfrau und den Lehrling, die erzählten, was sie im Innern des Hauses gesehen und erfahren hatten. Ich beeilte meine Schritte, um mich und das Mädchen aus der Menge zu bringen und den Betrachtungen und Verwunderungen zu entziehen, die durch den Anblick des ungewöhnlichen Hauptes des Mädchens angeregt worden waren.

Ich führte es in meine Wohnung.

Dort gab ich ihm eine ordentliche Speise zu essen, da ich vermuten konnte, daß es seit gestern zu keinem regelmäßigen Essen werde gekommen sein. Es mußte auch so gewesen sein; denn das Mädchen aß mit sichtlichem Vergnügen, und es schien sehr erquickt zu werden. Es sagte mir nachträglich, daß es alles Brot gegessen habe, was in der Wohnung gewesen sei.

Wir hatten ein nach dem Garten gelegenes Gemach, das

von einer alten Kinderwärterin, die schon bei meinen Eltern im Dienste gewesen war und dann meine Kinder gepflegt hatte, so lange bewohnt gewesen war, bis endlich ihre Tochter geheiratet hatte, zu der sie dann ging, um bei ihr zu leben und allenfalls auch an ihren Kindern zu tun, was sie so lange an fremden getan hatte. Seit jener Zeit stand das Gemach leer; aber die Geräte waren in demselben geblieben. Ich ließ es nun für das mitgebrachte Mädchen zusammen richten. Ich ließ ein Bett machen und das Stübchen recht warm beheizen. Dann führte ich das Mädchen in dasselbe zurück. Ich hatte Sorge getragen, daß das Mädchen keinem meiner Dienstleute zu Gesichte gekommen war, damit sie es nicht etwa durch unvernünftiges Anstaunen oder gar Ausrufen einschüchterten. Darum hatte ich ihm die Speisen in unser Speisezimmer, in dem es war, ehe es in das Rückstübchen geführt werden konnte, selber gebracht und hatte den Befehl gegeben, daß niemand in das Speisezimmer eintreten dürfe.

Wir hatten eine ältliche Magd, die seit unserer Verehelichung schon bei uns gewesen war, die eine große Anhänglichkeit an uns und unsere Kinder hatte und eine Art Vorrecht genoß, bei Familienangelegenheiten oder bei andern wichtigen Sachen ein Wort mitzureden. Diese Magd rief ich, setzte ihr den Fall mit dem fremden Mädchen auseinander und bat sie, daß sie bei dem Mädchen in dem Stüblein bleiben, daß sie mit ihm freundlich reden, ihm beistehen und ihm den Aufenthalt angenehm machen solle. Sie versprach, alles dieses zu tun. Ich sorgte auch für Wäsche, wenn bei dem fremden Mädchen hierin etwas notwendig sein sollte. Auch gab ich ihm in dem Stübchen noch Zukkerwerk und Obst, um mein Versprechen, das ich gegeben hatte, zu lösen.

Ich sagte dem Mädchen, daß ich mich jetzt entfernen müsse, weil ich andere Dinge zu tun hätte, daß die Magd bei ihm bleiben und daß ich schon wiederkommen würde, um nachzusehen, wie es sich befinde.

Das Mädchen schien dies alles vollkommen zu begreifen.

Ich ging in mein Arbeitszimmer, setzte mich nieder und schrieb an mehrere meiner Bekannten und Freunde, um sie um Beihilfe anzugehen.

Als am Abende mein Gatte nach Hause kam, erzählte ich ihm alles, was vorgefallen war und was ich getan hatte, und fragte ihn, ob es recht gewesen sei.

Er sagte, daß alles recht gewesen sei, er billigte alles und schloß sich selber der Sache an. Er schrieb auch noch einige Briefe, dann nahm er einen Wagen, um persönlich noch zu mehreren Freunden zu fahren. Als er spät in der Nacht nach Hause kam, brachte er gute Zusicherungen, und es waren auch freundliche Antworten auf mehrere Briefe noch an demselben Abende eingegangen. Wir legten uns zufrieden schlafen.

Am andern Morgen ging mein Gatte mit mir in die unterirdische Wohnung. Die gerichtliche Zergliederung hatte stattgefunden. Das Rückenmark war an einer Stelle, wo der feinste Sitz des Lebens zu sein scheint, durch Quetschung der Nackenwirbel verletzt worden, und dadurch ist der Tod erfolgt. Die Leiche war bereits in einem Sarge und war bereitet, beerdigt werden zu können. Wir machten die Anzeige an die Kirche, um die Art der Beerdigung einzuleiten. Während mein Gatte noch mehrere Vorbereitungen machte, ging ich nach Hause, um das fremde Mädchen zu veranlassen, daß es in meiner Wohnung bleibe, bis die Beerdigung vorüber wäre.

Es war schon erwacht und angezogen. Es verlangte nach Hause. Ich sagte ihm, daß ich jetzt nicht Zeit habe, daß mehrere Dinge zu verrichten wären und daß ich nach deren Beendigung gewiß kommen und daß ich es dann selber wieder in seine Wohnung zurückführen würde. Es fügte sich in diese Dinge, es erhielt ein Frühstück, und die Magd, welche ihm beigegeben worden war, blieb bei ihm.

Der Professor Andorf war herübergekommen; er hatte die Sache erfahren. Andere Freunde, an die wir geschrieben hatten, waren gekommen, um den Fall persönlich zu sehen. Viele Menschen hatten sich wieder an dem roten Pförtchen gesammelt. Es waren größtenteils Personen aus den niederen Ständen, welche die Neugierde und eine Art dumpfer Teilnahme, die dieser Gattung eigen ist, herbeigeführt hatte, dann, wie es in einer großen Stadt geschieht, waren die Vorübergehenden stehengeblieben, hatten gefragt, was es gäbe, und hatten sich nach Erhaltung der Antwort, wenn es ihre Zeit nur ein wenig erlaubte, an die Wartenden angeschlossen.

Gegen Ende des Vormittags erschien der Priester, die Leiche wurde eingesegnet, wurde dann in die Kirche gebracht, erhielt dort wieder die gebräuchlichen Gebete und wurde dann auf den Kirchhof geführt. Wir hatten die Beerdigung auf einfache Weise veranstaltet, damit von dem gesammelten Gelde etwas für das hinterlassene Mädchen erübrigt werden könnte. Nach der Wegführung der Leiche hatten sich alle Menschen von dem roten Pförtchen entfernt.

Ich hielt es nun an der Zeit, das Mädchen wieder in seine unterirdische Wohnung zu führen. Ich sah deutlich ein, daß ich mir nur durch genaues Worthalten Zutrauen zu erwerben imstande wäre; denn das Mädchen hatte unter andern merkwürdigen Eigenschaften auch die, daß es den Worten eines andern blind glaubte. Ich ging daher in das Hinterstübchen, sagte, daß ich die Dinge, die mich früher verhindert hätten, verrichtet habe und daß ich jetzt das Mädchen wieder in seine Wohnung führen wolle. Es stand heiter von dem Stuhle auf und folgte mir.

Als wir in die unterirdische Stube gekommen waren, fragte es nach dem Vater. Ich war in Verlegenheit; denn ich hatte gedacht, daß es wisse, daß der Vater tot sei; denn es hatte selbst das Wort gebraucht; und daß es daher besser wissen werde, wohin er gebracht worden sei, wenn es denselben nicht mehr in der Wohnung finden würde. Ich sagte daher, daß es ja wisse, daß der Vater gestorben sei, daß es ja selber gesagt habe, daß er nicht mehr gesund geworden, sondern tot sei, und daß er daher nach dem Gebrauche unserer Religion begraben worden sei.

Es stutzte eine Weile, dann sagte es: „Er wird gar nicht mehr kommen?"

Ich hatte nicht den Mut, ja zu sagen, und ich hatte nicht den Mut, das Mädchen durch Täuschung zu trösten, sondern blieb mitten in meiner Halbheit von Zugeben.

Es sagte nach einer Weile wieder fragend: „Er wird gar nicht mehr kommen?"

Nun hatte ich den Mut nicht mehr, unwahr zu sein, sondern ich sagte dem Mädchen, daß der Vater tot sei, daß er sich nie mehr regen könne, daß er von uns unter die Erde getan worden sei, wie man es mit allen Toten tue, und daß er dort in Ruhe liegenbleiben werde.

Da fing es heftig zu weinen an, ich suchte es zu trösten, aber meine Worte verfingen nichts, es weinte fort, bis es sich selber nach und nach ein wenig sänftigte. Ich fragte es, da es stiller geworden war, ob es wieder mit mir in meine Wohnung gehen wolle, ich würde es, sobald es wollte, abermals hieher zurückführen. Da die Wohnung leer war, machte das Mädchen wenig Widerstand, und ich führte es in das Stübchen, in dem es geschlafen hatte. Nach einer Weile gingen wir wieder in die unterirdische Wohnung. Und so wiederholte ich das Verfahren im Laufe des Tages mehrere Male, teils um das Mädchen zu beschäftigen, teils um es an eine Veränderung seiner Lage zu gewöhnen und ihm den Schein von Freiheit zu lassen, damit es nicht durch Empfindung eines Zwanges widersetzlich und unbehandelbar würde.

Ich gab ihm auch Speisen, von denen ich vermutete, daß sie ihm zusagen könnten.

Gegen Abend, da wir in der unterirdischen Stube waren, schlug ich vor, daß es wieder in dem Stübchen schlafen solle, in welchem es in der vorigen Nacht geschlafen habe, es sei dort warm, es sei ein gutes Bett, es sei die freundliche Magd dort und es sei ein Abendmahl bereitet.

Es sagte, daß es mitgehe, wenn es die Dohle mitnehmen dürfe.

Ich erlaubte es gerne.

Es näherte sich der Dohle, gab ihr seltsamliche, unverständliche Namen und suchte sie zu haschen. Die Dohle duckte sich auf dem Schirme und ließ sich mit beiden Händen des Mädchens nehmen. So trug es dieselbe fort, so kamen wir in mein Hinterstübchen. Ich setzte das Mädchen in einen geräumigen Armstuhl nahe an den Ofen, ich rief die Magd herbei, daß sie Gesellschaft leiste, sorgte für ein Abendmahl und begab mich nach den Anstrengungen des Tages in mein Zimmer.

Die Sachen waren in der Wohnung des Pförtners versiegelt und das Bewegliche in Beschlag genommen worden. Nur den Schlüssel zur Stubentür ließ man mir, damit ich öfter mit der hinterlassenen Tochter die Stube besuchen könnte. Meinen Gatten hatte man gefragt, ob er die Vormundschaft über das Mädchen übernehmen wolle, und er hatte eingewilligt.

Ich wußte nicht, was ich mit dem Mädchen tun sollte. Wir beschlossen daher, dasselbe so lange bei uns zu behalten, bis meinem Manne alle Papiere und etwaigen anderen Dinge des Verstorbenen eingehändigt würden, woraus man dann die Verhältnisse des Verstorbenen würde entnehmen und wissen können, was mit dem Mädchen weiter zu geschehen hätte.

Sehr schwer war es, das Mädchen von dem unterirdischen Gewölbe zu entwöhnen. Es hing mit einer Hartnäkkigkeit an dem Gemache, die unbegreiflich war. Nur durch den öfteren Besuch der unterirdischen Wohnung, den ich mit ihm anstellte, durch zutrauliches Reden über gleichgültige Dinge und endlich durch sorgfältige Pflege, die ihm wohltat, gewöhnte ich es nach und nach an sein neues Stübchen. Ich gab ihm gute Wäsche und ließ ihm Kleider von unseren Mägden verfertigen, die ihm gut standen, in denen es sich wohl befand und durch die es nicht mehr so auffiel. Fast noch mehr als alles andere scheute es die freie Luft, und wenn ich es ein wenig in den winterlichen Garten hinunterbrachte, benahm es sich linkisch und starrte die entlaubten Zweige an. In den ersten Tagen kam niemand zu ihm als ich und die ältliche Magd, nach und nach gewöhnte es sich aber auch an den Anblick von andern aus unserer Familie, und jedem Mitgliede derselben war eingeschärft, das Mädchen freundlich zu behandeln und es etwa nicht durch auffälliges Betrachten zu erschrecken.

Ich begann nach und nach zu untersuchen, was es denn gelernt habe. Allein so gut gewählt und rein seine Worte waren, die oft schwer erraten werden konnten, so wenig hatte es eine Vorstellung oder eine Kenntnis von der geringsten weiblichen Arbeit. Nicht einmal von dem Waschen und Reinigen eines Lappens, von dem Zusammennähen zweier Flecke hatte es einen Begriff. Der Vater mußte alles das außer dem Hause besorgt haben. Dafür sprach es oft, für uns unverständlich, mit der Dohle, wir trafen es zuweilen leise singend an, und es konnte auf der Flöte des

Vaters, die wir ihm hatten verschaffen müssen, ein wenig spielen.

Als es eine bedeutende Anhänglichkeit an mich gewonnen hatte, veranlaßte ich es, von seiner Vergangenheit zu sprechen. Allein entweder hatte es alles Frühere vergessen, oder es hatten die unmittelbar zuletzt vergangenen Dinge eine solche Gewalt über sein Gedächtnis ausgeübt, daß es sich an das, was vorher war, nicht mehr erinnerte. Es erzählte nur immer von dem unterirdischen Gemache.

„Der Vater", sagte es, „ging fort, nahm die Flöte mit, und kam oft erst zur Zeit, da die Lichter brannten, zurück. Er brachte in einem Topfe Speisen, die wir in dem kleinen Ofen wärmten und dann aßen. Oft legte ich auch Holzspäne in den Ofen, wenn er nicht da war, und machte mir eine Speise warm, die in einem Topfe auf dem Gestelle stand; denn es blieb zuweilen viel übrig. Ein anderes Mal hatte ich nichts als Brot, welches ich aß. Zuweilen blieb er auch zu Hause. Er lehrte mich mancherlei Dinge und erzählte viel. Er sperrte immer zu, wenn er fortging. Wenn ich fragte, was ich für eine Aufgabe habe, während er nicht da sei, antwortete er: Beschreibe den Augenblick, wenn ich tot auf der Bahre liegen werde und wenn sie mich begraben; und wenn ich dann sagte: Vater, das habe ich ja schon oft beschrieben, antwortete er: So beschreibe, wie deine Mutter, von ihrem Herzen gepeinigt, in der Welt herumirrt, wie sie sich nicht zurück getraut und wie sie in der Verzweiflung ihrem Leben ein Ende macht. Wenn ich sagte: Vater, das habe ich auch schon oft beschrieben, antwortete er: So beschreibe es noch einmal. Wenn ich dann mit der Aufgabe, wie der Vater tot auf der Bahre liegt und wie die Mutter in der Welt umherirrt und in der Verzweiflung ihrem Leben ein Ende macht, fertig war, stieg ich auf die Leiter und schaute durch die Drahtlöcher des Fensters hinaus. Da sah ich die Säume von Frauenkleidern vorbeigehen, sah die Stiefel von Männern, sah schöne Spitzen von Röcken oder die vier Füße eines Hundes. Was an den jenseitigen Häusern vorging, war nicht deutlich."

Als ich das Mädchen fragte, wo es die Ausarbeitungen der Aufgaben habe, antwortete es, daß der Vater dieselben alle gesammelt habe und daß sie irgendwo aufbewahrt seien. Etwas weniges sei da. Mit diesen Worten ging es zu einem Kleiderkasten, in welchem es seine Kleider hatte, tat aus dem Sacke eines alten abgelegten Rockes einige verknitterte Papiere heraus und reichte sie mir. Ich faltete sie auseinander. Sie waren teils mit Tinte, teils mit Bleifeder beschrieben und häufig durch Kreuze und andere Zeichen ausgestrichen. Es war nicht viel daraus zu entnehmen.

Ich befragte es über Gott, über die Schöpfung der Welt und über andere religiöse Gegenstände. Es sagte die betreffenden Stellen aus dem Katechismus sehr geläufig auf und blickte mit den ruhigen und ausdruckslosen Augen umher. Ich suchte zu ergründen, ob es den religiösen Handlungen unserer Kirche beigewohnt habe, und brachte heraus, daß es wiederholt die Kirche mit dem Vater besucht habe, daß es dort aber nie eine Musik, das heißt ein Flötenspiel, wie es sich ausdrückte, gehört noch mit jemand gesprochen habe. Es mußte also höchstens bei stillen Menschen gewesen sein.

Endlich wurde meinem Gatten die Vormundschaft übertragen und ihm die gerichtlich vorgefundene und aufgezeichnete Verlassenschaft gegen Bescheinigung übergeben. Aus den Papieren, die er sogleich sorgfältig untersuchte, ging hervor, daß der Verstorbene niemand anders war als jener Rentherr, der einmal abgereiset und sodann spurlos verschwunden war. Wir hatten die Geschichte jenes Mannes nur so im allgemeinen gewußt und sie schon längst wieder vergessen. Jetzt wurde sie aufs neue aus der Erinnerung hervorgeholt und von manchem, der es wissen konnte, das nähere Einzelne erforscht.

Das Mädchen mit dem großen Haupte und den breiten Zügen war also das rosige Kind gewesen, das unter dem Gezelte geschlafen hatte, dessen Spitze der vergoldete Engel mit seinen Fingern gehalten hatte, dessen Falten rings um das Bettchen auseinandergegangen waren und das die Eltern mit Wonne betrachtet hatten.

Von Eigentum hatten sich nur einige schlechte Geräte, einige alte Kleider und die Betten vorgefunden. Von Barschaft war ein kleiner Sack mit Kupfermünzen gefüllt vorhanden. Weiter gar nichts.

Mein Gatte forschte unter den Papieren nach einer Aufklärung über den Vermögensstand des Verstorbenen; denn ein solcher mußte doch vorhanden gewesen sein; denn alle, die befragt worden waren, erinnerten sich nicht, daß der Rentherr, als er das Haus auf dem Sankt-Peters-Platze bewohnt hatte, an irgendeinem Amte gestanden sei noch daß er irgendeinen Erwerb getrieben habe, und dennoch habe er anständig und wohlhabend gelebt. Er mußte daher von irgendeinem Anliegen Bezüge genossen haben. Aber in den gesamten Schriften und den kleinsten Zettelchen war nicht das Geringste zu finden. Mein Gatte ging nun in Wien zu allen Ämtern, die mit Gelde oder irgend anderen Werten auch nur von ferne zu tun hatten, und fragte an; aber nirgends konnte eine Auskunft erhalten werden. Er besuchte nun nach und nach alle Geschäftsführer, Stellvertreter, Anwälte, und wie diese Männer alle heißen; aber bei keinem konnte er etwas in Erfahrung bringen. Endlich griff er zu dem Mittel, den Fall in den Zeitungen bekanntzugeben, inwieferne er sich auf die Vermögensfrage bezog, und jedermann zur Mitteilung aufzufordern, der etwa Kenntnis haben könnte; aber es erfolgte keine Antwort. Das Vermögen des armen Mädchens, wenn noch eines vorhanden war, mußte also verloren gegeben werden.

Die Summe, welche nach der Versteigerung der Geräte und andern Dinge, die der Rentherr in seiner Wohnung auf dem Sankt-Peters-Platze zurückgelassen hatte und nach der Bezahlung der Schuld an den Hausbesitzer noch übriggeblieben und in die Verwahrung der Gerichte gegeben worden war, wurde meinem Gatten für das Mädchen eingehändigt. Sie war durch die Zinsen während einer Reihe von Jahren nicht unbeträchtlich angewachsen.

Von der Lebensweise und den Schicksalen des Verstorbenen seit seiner Abreise von Wien konnte mein Gatte nichts Bestimmtes erfahren. Nur, da er alle Wege zur Ermittlung des Lebenslaufes des Verstorbenen und infolgedessen zur Ermittlung des Schicksales des Vermögens des Mädchens einschlug, war das eine zu seiner Kenntnis gekommen, daß ein Mann, dessen Beschreibung ganz auf den Verstorbenen paßte, in den Vorstädten, welche sehr weit von der Wohnung des Verstorbenen entfernt waren, oft gesehen worden war, daß er mit seiner Flöte in Gasthäusern, in Gärten und an öffentlichen Orten erschienen war und dort für kleine Gaben gespielt habe. Aus Küchen habe er gerne Speisen, die man ihm schenkte, in seinem Topfe fortgetragen. Daß er in der Nähe seiner Wohnung gespielt habe, konnte man nicht erfahren.

Von dem Verwalter des Perronschen Hauses erfuhr mein Gatte, daß der Verstorbene zu irgendeiner Zeit, er wisse es selbst nicht mehr genau, wann es gewesen, unentgeltlich in die unterirdische Wohnung aufgenommen worden sei, um Pförtnerdienste zu verrichten, obwohl bis dahin die Inwohner Schlüssel zu dem roten Pförtchen gehabt hatten, die sie auch fernerhin noch behielten. Überhaupt konnte von dem Verwalter des Perronschen Hauses nicht viel in Erfahrung gebracht werden, da er sich der Verfallenheit des Hauses wegen wenig um dasselbe kümmerte und von dem Besitzer auch nicht dazu angehalten wurde.

Eines Tages brachte mein Gatte einen großen Stoß von Schriften in mein Zimmer und reichte sie mir. Ich sah sie an, blätterte sie durch und sah, daß es die Ausarbeitungen und schriftlichen Aufsätze des Mädchens waren. Ich nahm mir nun, wenn ich Zeit hatte, die Mühe, den größten Teil dieser Papiere zu durchlesen. Was soll ich davon sagen? Ich würde sie Dichtungen nennen, wenn Gedanken in ihnen gewesen wären oder wenn man Grund, Ursprung und Verlauf des Ausgesprochenen hätte enträtseln können. Von einem Verständnisse, was Tod, was Umirren in der Welt und sich aus Verzweiflung das Leben nehmen heiße, war keine Spur vorhanden, und doch war dieses alles der trübselige Inhalt der Ausarbeitungen. Der Ausdruck war klar und bündig, der Satzbau richtig und gut, und die Worte, obwohl sinnlos, waren erhaben.

Ich nahm von diesem Umstande Veranlassung, aus Dichtern oder andern Schriftstellern Sätze mit bestimmter gehobner Betonung vorzutragen. Das Mädchen merkte hoch auf. Bald sagte es selber solche Dinge her, und später trug es mit einer Art Schaustellung Teile aus den besten und herrlichsten Schriften unseres Volkes vor. Wenn man aber näher in das Werk einging, von dem es eine Stelle gesagt hatte, und nach dessen Inhalt, Bedeutung und Gestalt forschte, verstand es nicht, was man wollte. Auch war in der Verlassenschaft kein einziges der betreffenden Bücher vorhanden. Das Aufsagen solcher Stellen war ein Reiz für das Mädchen, dem es sich schwärmerisch hingab. Wir kamen dahinter, daß die leisen Worte, die es zur Dohle sagte, ähnliche Dinge enthielten, so wie die Weisen, die es der Flöte des Vaters abzulocken suchte, in demselben Geiste erschienen.

Mein Gatte forschte auch der Mutter des Mädchens nach. Seine Absicht war, dem Mädchen seine natürliche und erste Verwandte und Stütze zu verschaffen, dann aber auch, von der erkundeten Mutter Angaben zu erfahren, aus denen sich über die Lage des Vermögens etwas entnehmen ließe. Mein Gatte forschte anfangs vorsichtig auf dem Wege der Ämter, dann mit der größten Schonung teils durch einzelne Personen, teils durch öffentliche Blätter; aber wie genau auch diese Forschungen angestellt wurden, wie viele Briefe geschrieben, wie viele Aufträge erteilt, wie viele Antworten eingegangen waren: von der Frau ist keine Auskunft angelangt, niemand hatte bis auf den Tag etwas von ihr gehört, sie ist auch nie wieder zurückgekommen.

Von den früheren Schicksalen des Mädchens ist uns durch seine Aussagen nie etwas bekannt geworden.

Wir hatten unsern Hausarzt, den Freund meines Gatten, zu uns bitten lassen, daß er den körperlichen Zustand des Mädchens untersuche, da das auffallend große Haupt auf etwas Ungewöhnliches schließen lasse. Er meinte, daß in dumpfen Aufenthaltsorten und etwa durch Wahnsinn des Vaters dieses Wuchern hervorgerufen worden sei, daß sich Auftreibungen und Drüsenleiden eingestellt haben. Der Gebrauch von Jodbädern würde in beiden Richtungen vielleicht gute Dienste tun. Da ich nun im Frühling ohnehin in die Gegend, wo sich das Bad befindet, eine Reise zu dem Bruder meines Gatten vorhatte, um mehrere Wochen bei ihm zuzubringen, so beschloß ich, das Mädchen mitzunehmen. Ich hoffte von der guten Luft und der Reise nicht minder gute Wirkungen als von dem Bade. Das Haupt wurde in der Tat nach einem zweimonatlichen Aufenthalte auf dem Lande und nach dem vorgeschriebenen Gebrauche des Bades etwas kleiner und gebildeter, und die Züge des Angesichtes wurden geschmeidiger, klarer und sprechender.

Wir unterrichteten das Mädchen auch in den gewöhnlichen Dingen und suchten es zu den unentbehrlichsten Verrichtungen des Lebens anzuleiten. Wir suchten, ihm Geschmack an Verfertigung von allerlei weiblichen Handarbeiten beizubringen und endlich durch Gespräche und durch Lesen einfacher Bücher, hauptsächlich aber durch Umgang jene wilde und zerrissene, ja fast unheimliche Unterweisung in einfache, übereinstimmende und verstandene Gedanken umzuwandeln und ein Verstehen der Dinge der Welt anzubahnen. Wie schwer das war, geht schon aus der Tatsache hervor, daß Monate vergehen mußten, ehe es ertragen konnte, daß Alfred mit der Dohle sprach oder gar mit ihr spielte, gelegentlich auch die Flöte des Vaters anrührte.

Als wir es endlich wagen konnten, mieteten wir dem Mädchen in unserer Nähe ein Zimmer, in dem es wohnte. Die Frau, welche das Zimmer vermietete, nahm sich um das Mädchen an, ein Priester unterwies es in der Religion, wir kamen sehr oft zu ihm hinüber, und so gestaltete es sich milder, seine körperliche Beschaffenheit wurde nachträglich auch besser, so daß es sich in den Lauf der Dinge schicken konnte, daß ihm mein Gatte, nachdem es die Volljährigkeit erreicht hatte, die Urkunden über seine gerichtlich anliegende Summe und über das, was bei der Beerdigung des Vaters übriggeblieben war, einhändigen konnte, und daß es endlich sogar Teppiche, Decken und dergleichen Dinge anfertigte, von denen es im Vereine mit den Zinsen aus seinem kleinen Vermögen lebte, was um so eher möglich wurde, als ihm die Leute, gerührt durch seine Schicksale, die fertigen Stücke immer gerne abkauften. – So erzählte die Frau, und das Mädchen lebte so in den folgenden Jahren fort.

Der große Künstler ist längst tot, der Professor Andorf ist tot, die Frau wohnt schon lange nicht mehr in der Vorstadt, das Perronsche Haus besteht nicht mehr, eine glänzende Häuserreihe steht jetzt an dessen und der nachbarlichen Häuser Stelle, und das junge Geschlecht weiß nicht, was dort gestanden war und was sich dort zugetragen hatte.

Bergkristall

Unsere Kirche feiert verschiedene Feste, welche zum Herzen dringen. Man kann sich kaum etwas Lieblicheres denken als Pfingsten und kaum etwas Ernsteres und Heiligeres als Ostern. Das Traurige und Schwermütige der Karwoche und darauf das Feierliche des Sonntags begleiten uns durch das Leben. Eines der schönsten Feste feiert die Kirche fast mitten im Winter, wo beinahe die längsten Nächte und kürzesten Tage sind, wo die Sonne am schiefsten gegen unsere Gefilde steht und Schnee alle Fluren deckt, das Fest der Weihnacht. Wie in vielen Ländern der Tag vor dem Geburtsfeste des Herrn der Christabend heißt, so heißt er bei uns der Heilige Abend, der darauffolgende Tag der heilige Tag und die dazwischenliegende Nacht die Weihnacht. Die katholische Kirche begeht den Christtag als den Tag der Geburt des Heilandes mit ihrer allergrößten kirchlichen Feier, in den meisten Gegenden wird schon die Mitternachtsstunde als die Geburtsstunde des Herrn mit prangender Nachtfeier geheiligt, zu der die Glocken durch die stille, finstere winterliche Mitternachtluft laden, zu der die Bewohner mit Lichtern oder auf dunkeln, wohlbekannten Pfaden aus schneeigen Bergen an der Kirche eilen, aus der die feierlichen Töne kommen und die aus der Mitte des in beeiste Bäume gehüllten Dorfes mit den langen beleuchteten Fenstern emporragt.

Mit dem Kirchenfeste ist auch ein häusliches verbunden. Es hat sich fast in allen christlichen Ländern verbreitet, daß man den Kindern die Ankunft des Christkindleins – auch eines Kindes, des wunderbarsten, das je auf der Welt war – als ein heiteres, glänzendes, feierliches Ding zeigt, das durch das ganze Leben fortwirkt und manchmal noch spät im Alter bei trüben, schwermütigen oder rührenden Erinnerungen gleichsam als Rückblick in die einstige Zeit mit den bunten, schimmernden Fittichen durch den öden, traurigen und ausgeleerten Nachthimmel fliegt. Man pflegt den Kindern die Geschenke zu geben, die das heilige Christkindlein gebracht hat, um ihnen Freude zu machen. Das tut man gewöhnlich am Heiligen Abende, wenn die tiefe Dämmerung eingetreten ist. Man zündet Lichter, und meistens sehr viele, an, die oft mit den kleinen Kerzlein auf den schönen grünen Ästen eines Tannen- oder Fichtenbäumchens schweben, das mitten in der Stube steht. Die Kinder dürfen nicht eher kommen, als bis das Zeichen gegeben wird, daß der heilige Christ zugegen gewesen ist und die Geschenke, die er mitgebracht, hinterlassen hat. Dann geht die Tür auf, die Kleinen dürfen hinein, und bei dem herrlichen, schimmernden Lichterglanze sehen sie Dinge auf dem Baume hängen oder auf dem Tische herum gebreitet, die alle Vorstellungen ihrer Einbildungskraft weit übertreffen, die sie sich nicht anzurühren getrauen und die sie endlich, wenn sie sie bekommen haben, den ganzen Abend in ihren Ärmchen herumtragen und mit sich in das Bett nehmen. Wenn sie dann zuweilen in ihre Träume hinein die Glockentöne der Mitternacht hören, durch welche die Großen in die Kirche zur Andacht gerufen werden, dann mag es ihnen sein, als zögen jetzt die Englein durch den Himmel oder als kehre der heilige Christ nach Hause, welcher nunmehr bei allen Kindern gewesen ist und jedem von ihnen ein herrliches Geschenk hinterbracht hat.

Wenn dann der folgende Tag, der Christtag, kömmt, so ist er ihnen so feierlich, wenn sie frühmorgens mit ihren schönsten Kleidern angetan in der warmen Stube stehen, wenn der Vater und die Mutter sich zum Kirchgange schmücken, wenn zu Mittage ein feierliches Mahl ist, ein besseres als in jedem Tage des ganzen Jahres, und wenn nachmittags oder gegen den Abend hin Freunde und Bekannte kommen, auf den Stühlen und Bänken herumsitzen, miteinander reden und behaglich durch die Fenster in die Wintergegend hinausschauen können, wo entweder die langsamen Flocken niederfallen oder ein trübender Nebel um die Berge steht oder die blutrote, kalte Sonne hinabsinkt. An verschiedenen Stellen der Stube, entweder auf

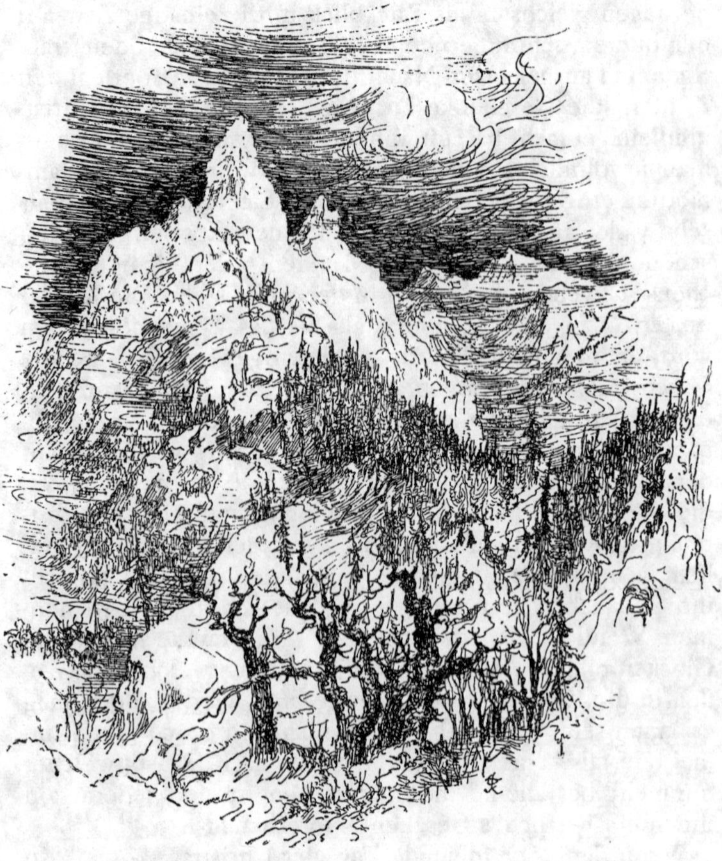

einem Stühlchen oder auf der Bank oder auf dem Fensterbrettchen, liegen die zaubrischen, nun aber schon bekannteren und vertrauteren Geschenke von gestern abend herum.

Hierauf vergeht der lange Winter, es kömmt der Frühling und der unendlich dauernde Sommer – und wenn die Mutter wieder vom heiligen Christe erzählt, daß nun bald sein Festtag sein wird und daß er auch diesmal herabkommen werde, ist es den Kindern, als sei seit seinem letzten Erscheinen eine ewige Zeit vergangen und als liege die damalige Freude in einer weiten nebelgrauen Ferne.

Weil dieses Fest so lange nachhält, weil sein Abglanz so

hoch in das Alter hinaufreicht, so stehen wir so gerne dabei, wenn die Kinder dasselbe begehen und sich darüber freuen. – –

In den hohen Gebirgen unsers Vaterlandes steht ein Dörfchen mit einem kleinen, aber sehr spitzigen Kirchturme, der mit seiner roten Farbe, mit welcher die Schindeln bemalt sind, aus dem Grün vieler Obstbäume hervorragt und wegen derselben roten Farbe in dem duftigen und blauen Dämmern der Berge weithin ersichtlich ist. Das Dörfchen liegt gerade mitten in einem ziemlich weiten Tale, das fast wie ein länglicher Kreis gestaltet ist. Es enthält außer der Kirche eine Schule, ein Gemeindehaus und noch mehrere stattliche Häuser, die einen Platz gestalten, auf welchem vier Linden stehen, die ein steinernes Kreuz in ihrer Mitte haben. Diese Häuser sind nicht bloße Landwirtschaftshäuser, sondern sie bergen auch noch diejenigen Handwerke in ihrem Schoße, die dem menschlichen Geschlechte unentbehrlich sind und die bestimmt sind, den Gebirgsbewohnern ihren einzigen Bedarf an Kunsterzeugnissen zu decken. Im Tale und an den Bergen herum sind noch sehr viele zerstreute Hütten, wie das in Gebirgsgegenden sehr oft der Fall ist, welche alle nicht nur zur Kirche und Schule gehören, sondern auch jenen Handwerken, von denen gesprochen wurde, durch Abnahme der Erzeugnisse ihren Zoll entrichten. Es gehören sogar noch weitere Hütten zu dem Dörfchen, die man von dem Tale aus gar nicht sehen kann, die noch tiefer in den Gebirgen stecken, deren Bewohner selten zu ihren Gemeindemitbrüdern herauskommen und die im Winter oft ihre Toten aufbewahren müssen, um sie nach dem Wegschmelzen des Schnees zum Begräbnisse bringen zu können. Der größte Herr, den die Dörfler im Laufe des Jahres zu sehen bekommen, ist der Pfarrer. Sie verehren ihn sehr, und es geschieht gewöhnlich, daß derselbe durch längeren Aufenthalt im Dörfchen ein der Einsamkeit gewöhnter Mann wird, daß er nicht ungerne bleibt und einfach fortlebt. Wenigstens hat man seit Menschengedenken nicht erlebt, daß der Pfarrer des Dörfchens ein auswärtssüchtiger oder seines Standes unwürdiger Mann gewesen wäre.

Es gehen keine Straßen durch das Tal, sie haben ihre

zweigleisigen Wege, auf denen sie ihre Felderzeugnisse mit einspännigen Wäglein nach Hause bringen, es kommen daher wenig Menschen in das Tal, unter diesen manchmal ein einsamer Fußreisender, der ein Liebhaber der Natur ist, eine Weile in der bemalten Oberstube des Wirtes wohnt und die Berge betrachtet, oder gar ein Maler, der den kleinen spitzen Kirchturm und die schönen Gipfel der Felsen in seine Mappe zeichnet. Daher bilden die Bewohner eine eigene Welt, sie kennen einander alle mit Namen und mit den einzelnen Geschichten von Großvater und Urgroßvater her, trauern alle, wenn einer stirbt, wissen, wie er heißt, wenn einer geboren wird, haben eine Sprache, die von der der Ebene draußen abweicht, haben ihre Streitigkeiten, die sie schlichten, stehen einander bei und laufen zusammen, wenn sich etwas Außerordentliches begibt.

Sie sind sehr stettig, und es bleibt immer beim Alten. Wenn ein Stein aus einer Mauer fällt, wird derselbe wieder hineingesetzt, die neuen Häuser werden wie die alten gebaut, die schadhaften Dächer werden mit gleichen Schindeln ausgebessert, und wenn in einem Hause scheckige Kühe sind, so werden immer solche Kälber aufgezogen, und die Farbe bleibt bei dem Hause.

Gegen Mittag sieht man von dem Dorfe einen Schneeberg, der mit seinen glänzenden Hörnern fast oberhalb der Hausdächer zu sein scheint, aber in der Tat doch nicht so nahe ist. Er sieht das ganze Jahr, Sommer und Winter, mit seinen vorstehenden Felsen und mit seinen weißen Flächen in das Tal herab. Als das Auffallendste, was sie in ihrer Umgebung haben, ist der Berg der Gegenstand der Betrachtung der Bewohner, und er ist der Mittelpunkt vieler Geschichten geworden. Es lebt kein Mann und Greis in dem Dorfe, der nicht von den Zacken und Spitzen des Berges, von seinen Eisspalten und Höhlen, von seinen Wässern und Geröllströmen etwas zu erzählen wüßte, was er entweder selbst erfahren oder von andern erzählen gehört hat. Dieser Berg ist auch der Stolz des Dorfes, als hätten sie ihn selber gemacht, und es ist nicht so ganz entschieden, wenn man auch die Biederkeit und Wahrheitsliebe der Talbewohner hoch anschlägt, ob sie nicht zuweilen zur Ehre und zum Ruhme des Berges lügen. Der Berg gibt den Bewohnern außerdem, daß er ihre Merkwürdigkeit ist, auch wirklichen Nutzen; denn wenn eine Gesellschaft von Gebirgsreisenden hereinkömmt, um von dem Tale aus den Berg zu besteigen, so dienen die Bewohner des Dorfes als Führer, und einmal Führer gewesen zu sein, dieses und jenes erlebt zu haben, diese und jene Stelle zu kennen ist eine Auszeichnung, die jeder gerne von sich darlegt. Sie reden oft davon, wenn sie in der Wirtsstube beieinandersitzen, und erzählen ihre Wagnisse und ihre wunderbaren Erfahrungen und versäumen aber auch nie zu sagen, was dieser oder jener Reisende gesprochen habe und was sie von ihm als Lohn für ihre Bemühungen empfangen hätten. Dann sendet der Berg von seinen Schneeflächen die Wasser ab, welche einen See in seinen Hochwäldern speisen und den Bach erzeugen, der lustig durch das Tal strömt, die Brettersäge, die Mahlmühle und andere kleine Werke treibt, das Dorf reinigt und das Vieh tränkt. Von den Wäldern des Berges kömmt das Holz, und sie halten die Lawinen auf. Durch die innern Gänge und Lockerheiten der Höhen sinken die Wasser durch, die dann in Adern durch das Tal gehen und in Brünnlein und Quellen hervorkommen, daraus die Menschen trinken und ihr herrliches, oft belobtes Wasser dem Fremden reichen. Allein an letzteren Nutzen denken sie nicht und meinen, das sei immer so gewesen.

Wenn man auf die Jahresgeschichte des Berges sieht, so sind im Winter die zwei Zacken seines Gipfels, die sie Hörner heißen, schneeweiß, und stehen, wenn sie an hellen Tagen sichtbar sind, blendend in der finstern Bläue der Luft; alle Bergfelder, die um diese Gipfel herum lagern, sind dann weiß; alle Abhänge sind so; selbst die steilrechten Wände, die die Bewohner Mauern heißen, sind mit einem angeflogenen weißen Reife bedeckt und mit zartem Eise wie mit einem Firnisse belegt, so daß die ganze Masse wie ein Zauberpalast auf dem bereiften Grau der Wälderlast emporragt, welche schwer um ihre Füße herum ausgebreitet ist. Im Sommer, wo Sonne und warmer Wind den Schnee von den Steilseiten wegnimmt, ragen die Hörner nach dem Ausdrucke der Bewohner schwarz in den Himmel und haben nur schöne weiße Äderchen und Sprenkeln auf ihrem Rücken, in der Tat aber sind sie zart fernblau, und was sie Äderchen und Sprenkeln heißen, das ist nicht weiß, sondern hat das schöne Milchblau des fernen Schnees gegen das dunklere der Felsen. Die Bergfelder um die Hörner aber verlieren, wenn es recht heiß ist, an ihren höheren Teilen wohl den Firn nicht nicht, der gerade dann recht weiß auf das Grün der Talbäume herabsieht, aber es weicht von ihren unteren Teilen der Winterschnee, der nur einen Flaum machte, und es wird das unbestimmte Schillern von Bläulich und Grünlich sichtbar, das das Geschiebe von Eis ist, das dann bloß liegt und auf die Bewohner unten hinab grüßt. Am Rande dieses Schillerns, wo es von ferne wie ein Saum von Edelsteinsplittern aussieht, ist es in der Nähe ein Gemenge wilder, riesenhafter Blöcke, Platten und Trümmer, die sich drängen und verwirrt ineinander geschoben sind. Wenn ein Sommer gar heiß und lang ist, werden die Eisfelder weit hinauf entblößt, und dann schaut eine viel größere Fläche von Grün und Blau in das Tal, manche Kuppen und Räume werden entkleidet, die man sonst nur weiß erblickt hatte, der schmutzige Saum des Eises wird sichtbar, wo es Felsen, Erde und Schlamm schiebt, und viel reichlichere Wasser als sonst fließen in das Tal. Dies geht fort, bis es nach und nach wieder Herbst wird, das Wasser sich verringert, zu einer Zeit einmal ein grauer Landregen die ganze Ebene des Tales bedeckt, worauf, wenn sich die Nebel von den Höhen wieder lösen, der Berg seine weiche Hülle abermals umgetan hat und alle Felsen, Kegel und Zacken in weißem Kleide da stehen. So spinnt es sich ein Jahr um das andere mit geringen Abwechslungen ab und wird sich fort spinnen, solange die Natur so bleibt und auf den Bergen Schnee und in den Tälern Menschen sind. Die Bewohner des Tales heißen die geringen Veränderungen große, bemerken sie wohl und berechnen an ihnen den Fortschritt des Jahres. Sie bezeichnen an den Entblößungen die Hitze und die Ausnahmen der Sommer.

Was nun noch die Besteigung des Berges betrifft, so geschieht dieselbe von dem Tale aus. Man geht nach der Mittagsrichtung zu auf einem guten, schönen Wege, der über einen sogenannten Hals in ein anderes Tal führt. Hals heißen sie einen mäßig hohen Bergrücken, der zwei größere und bedeutendere Gebirge miteinander verbindet und über den man zwischen den Gebirgen von einem Tale in ein anderes gelangen kann. Auf dem Halse, der den Schneeberg mit einem gegenüberliegenden großen Gebirgszuge verbindet, ist lauter Tannenwald. Etwa auf der größten Erhöhung desselben, wo nach und nach sich der Weg in das jenseitige Tal hinabzusenken beginnt, steht eine sogenannte Unglücksäule. Es ist einmal ein Bäcker, welcher Brot in seinem Korbe über den Hals trug, an jener Stelle tot gefunden worden. Man hat den toten Bäcker mit dem Korbe und mit den umringenden Tannenbäumen auf ein Bild gemalt, darunter eine Erklärung und eine Bitte um ein Gebet geschrieben, das Bild auf eine rot angestrichene hölzerne Säule getan und die Säule an der Stelle des Unglückes aufgerichtet. Bei dieser Säule biegt man von dem Wege ab und geht auf der Länge des Halses fort, statt über seine Breite in das jenseitige Tal hinüberzuwandern. Die Tannen bilden dort einen Durchlaß, als ob eine Straße zwischen ihnen hin ginge. Es führt auch manchmal ein Weg in dieser Richtung hin, der dazu dient, das Holz von den höheren Gegenden zu der Unglücksäule herabzubringen, der aber dann wieder mit Gras verwächst. Wenn man auf diesem Wege fortgeht, der sachte bergan führt, so gelangt man endlich auf eine freie, von Bäumen entblößte Stelle. Dieselbe ist dürrer Heideboden, hat nicht einmal einen Strauch, sondern ist mit schwachem Heidekraute, mit trockenen Moosen und mit Dürrbodenpflanzen bewachsen. Die Stelle wird immer steiler, und man geht lange hinan; man geht aber immer in einer Rinne, gleichsam wie in einem ausgerundeten Graben, hinan, was den Nutzen hat, daß man auf der großen, baumlosen und überall gleichen Stelle nicht leicht irren kann. Nach einer Zeit erscheinen Felsen, die wie Kirchen gerade aus dem Grasboden aufsteigen und zwischen deren Mauern man längere Zeit hinangehen kann. Dann erscheinen wieder kahle, fast pflanzenlose Rücken, die bereits in die Lufträume der höhern Gegenden ragen und gerade zu dem Eise führen. Zu beiden Seiten dieses Weges sind steile Wände, und durch diesen Damm hängt der Schneeberg mit dem Halse zusammen. Um das Eis zu überwinden, geht man eine geraume Zeit an der Grenze desselben, wo es von den Felsen umstanden ist, dahin, bis man zu dem ältern Firn gelangt, der die Eisspalten überhaupt und in den meisten Zeiten des Jahres den Wanderer trägt. An der höchsten Stelle des Firns erheben sich die zwei Hörner aus dem Schnee, wovon eines das höhere, mithin die Spitze des Berges ist. Diese Kuppen sind sehr schwer zu erklimmen; da sie mit einem oft breiteren, oft engeren Schneegraben – dem Firnschrunde – umgeben sind, der übersprungen werden muß, und da ihre steilrechten Wände nur kleine Absätze haben, in welche der Fuß eingesetzt werden muß, so begnügen sich die meisten Besteiger des Berges damit, bis zu dem Firnschrunde gelangt zu sein und dort die Rundsicht, so weit sie nicht durch das Horn verdeckt ist, zu genießen. Die den Gipfel besteigen wollen, müssen dies mit Hilfe von Steigeisen, Stricken und Klammern tun.

Außer diesem Berge stehen an derselben Mittagseite noch andere, aber keiner ist so hoch, wenn sie sich auch früh im Herbste mit Schnee bedecken und ihn bis tief in den Frühling hinein behalten. Der Sommer aber nimmt denselben immer weg, und die Felsen glänzen freundlich im Sonnenscheine, und die tiefer gelegenen Wälder zeigen ihr sanftes Grün von breiten blauen Schatten durchschnitten, die so schön sind, daß man sich in seinem Leben nicht satt daran sehen kann.

An den andern Seiten des Tales, nämlich von Mitternacht, Morgen und Abend her, sind die Berge langgestreckt und niederer, manche Felder und Wiesen steigen ziemlich hoch hinauf, und oberhalb ihrer sieht man verschiedene Waldblößen, Alpenhütten und dergleichen, bis sie an ihrem Rande mit feingezacktem Walde am Himmel hingehen, welche Auszackung eben ihre geringe Höhe anzeigt, während die mittäglichen Berge, obwohl sie noch großartigere Wälder hegen, doch mit einem ganz glatten Rande an dem glänzenden Himmel hinstreichen.

Wenn man so ziemlich mitten in dem Tale steht, so hat man die Empfindung, als ginge nirgends ein Weg in dieses Becken herein und keiner daraus hinaus; allein diejenigen, welche öfter im Gebirge gewesen sind, kennen diese Täuschung gar wohl: in der Tat führen nicht nur verschiedene Wege, und darunter sogar manche durch die Verschiebungen der Berge fast auf ebenem Boden, in die nördlichen Flächen hinaus, sondern gegen Mittag, wo das Tal durch steilrechte Mauern fast geschlossen scheint, geht sogar ein Weg über den obbenannten Hals.

Das Dörflein heißt Gschaid, und der Schneeberg, der auf seine Häuser herabschaut, heißt Gars.

Jenseits des Halses liegt ein viel schöneres und blühenderes Tal, als das von Gschaid ist, und es führt von der Unglücksäule der gebahnte Weg hinab. Es hat an seinem Eingange einen stattlichen Marktflecken, Millsdorf, der sehr groß ist, verschiedene Werke hat und in manchen Häusern städtische Gewerbe und Nahrung treibt. Die Bewohner sind viel wohlhabender als die in Gschaid, und obwohl nur drei Wegstunden zwischen den beiden Tälern liegen, was für die an große Entfernungen gewöhnten und Mühseligkeiten liebenden Gebirgsbewohner eine unbedeutende Kleinigkeit ist, so sind doch Sitten und Gewohnheiten in den beiden Tälern so verschieden, selbst der äußere Anblick derselben ist so ungleich, als ob eine große Anzahl Meilen zwischen ihnen läge. Das ist in Gebirgen sehr oft der Fall, und hängt nicht nur von der verschiedenen Lage der Täler gegen die Sonne ab, die sie oft mehr oder weniger begünstigt, sondern auch von dem Geiste der Bewohner, der durch gewisse Beschäftigungen nach dieser oder jener Richtung gezogen wird. Darin stimmen aber alle überein, daß sie an Herkömmlichkeiten und Väterweise hängen, großen Verkehr leicht entbehren, ihr Tal außerordentlich lieben und ohne demselben kaum leben können.

Es vergehen oft Monate, oft fast ein Jahr, ehe ein Bewohner von Gschaid in das jenseitige Tal hinüberkömmt und den großen Marktflecken Millsdorf besucht. Die Millsdorfer halten es ebenso, obwohl sie ihrerseits doch Verkehr mit dem Lande draußen pflegen und daher nicht so abgeschieden sind wie die Gschaider. Es geht sogar ein Weg, der eine Straße heißen könnte, längs ihres Tales, und mancher Reisende und mancher Wanderer geht hindurch, ohne nur im geringsten zu ahnen, daß mitternachtwärts seines Weges jenseits des hohen herabblickenden Schneebergs noch ein Tal sei, in dem viele Häuser zerstreut sind und in dem das Dörflein mit dem spitzigen Kirchturme steht.

Unter den Gewerben des Dorfes, welche bestimmt sind, den Bedarf des Tales zu decken, ist auch das eines Schusters, das nirgends entbehrt werden kann, wo die Menschen nicht in ihrem Urzustande sind. Die Gschaider aber sind so weit über diesem Stande, daß sie recht gute und tüchtige Gebirgsfußbekleidung brauchen. Der Schuster ist mit einer kleinen Ausnahme der einzige im Tale. Sein Haus steht auf dem Platze in Gschaid, wo überhaupt die besseren stehen, und schaut mit seinen grauen Mauern, weißen Fenstersimsen und grün angestrichenen Fensterläden auf die vier Linden hinaus. Es hat im Erdgeschosse die Arbeitsstube, die Gesellenstube, eine größere und kleinere Wohnstube, ein Verkaufstübchen, nebst Küche und Speisekammer und allen zugehörigen Gelässen; im ersten Stockwerke, oder eigentlich im Raume des Giebels, hat es die Oberstube oder eigentliche Prunkstube. Zwei Prachtbetten, schöne, geglättete Kästen mit Kleidern stehen da, dann ein Gläserkästchen mit Geschirren, ein Tisch mit eingelegter Arbeit, gepolsterte Sessel, ein Mauerkästchen mit den Ersparnissen, dann hängen an den Wänden Heiligenbilder, zwei schöne Sackuhren, gewonnene Preise im Schießen, und endlich sind auch Scheibengewehre und Jagdbüchsen nebst ihrem Zugehöre in einem eigenen, mit Glastafeln versehenen Kasten aufgehängt. An das Schusterhaus ist ein kleineres Häuschen, nur durch den Einfahrtsschwibbogen getrennt, angebaut, welches genau dieselbe Bauart hat und zum Schusterhause wie ein Teil zum Ganzen gehört. Es hat nur eine Stube mit den dazugehörigen Wohnteilen. Es hat die Bestimmung, dem Hausbesitzer, sobald er das Anwesen seinem Sohne oder Nachfolger übergeben hat, als sogenanntes Ausnahmstübchen zu dienen, in welchem er mit seinem Weibe so lange haust, bis beide gestorben sind, die Stube wieder leer steht und auf einen neuen Bewohner wartet. Das Schusterhaus hat nach rückwärts Stall und Scheune; denn jeder Talbewohner ist, selbst wenn er ein Gewerbe treibt, auch Landbebauer und zieht hieraus seine gute und nachhaltige Nahrung. Hinter diesen Gebäuden ist endlich der Garten, der fast bei keinem besseren Hause in Gschaid fehlt und von dem sie ihre Gemüse, ihr Obst und für festliche Gelegenheiten ihre Blumen ziehen. Wie oft im

Gebirge, so ist auch in Gschaid die Bienenzucht in diesen Gärten sehr verbreitet.

Die kleine Ausnahme, deren oben Erwähnung geschah, und die Nebenbuhlerschaft der Alleinherrlichkeit des Schusters ist ein anderer Schuster, der alte Tobias, der aber eigentlich kein Nebenbuhler ist, weil er nur mehr flickt, hierin viel zu tun hat und es sich nicht im entferntesten beikommen läßt, mit dem vornehmen Platzschuster in einen Wettstreit einzugehen, insbesondere, da der Platzschuster ihn häufig mit Lederflecken, Sohlenabschnitten und dergleichen Dingen unentgeltlich versieht. Der alte Tobias sitzt im Sommer am Ende des Dörfchens unter Holunderbüschen und arbeitet. Er ist umringt von Schuhen und Bundschuhen, die aber sämtlich alt, grau, kotig und zerrissen sind. Stiefel mit langen Röhren sind nicht da, weil sie im Dorfe und in der Gegend nicht getragen werden; nur zwei Personen haben solche, der Pfarrer und der Schullehrer, welche aber beides, flicken und neue Ware machen, nur bei dem Platzschuster lassen. Im Winter sitzt der alte Tobias in seinem Stübchen hinter den Holunderstauden und hat warm geheizt, weil das Holz in Gschaid nicht teuer ist.

Der Platzschuster ist, ehe er das Haus angetreten hat, ein Gemsewildschütze gewesen und hat überhaupt in seiner Jugend, wie die Gschaider sagen, nicht gut getan. Er war in der Schule immer einer der besten Schüler gewesen, hatte dann von seinem Vater das Handwerk gelernt, ist auf Wanderung gegangen und ist endlich wieder zurückgekehrt. Statt, wie es sich für einen Gewerbsmann ziemt und wie sein Vater es zeitlebens getan, einen schwarzen Hut zu tragen, tat er einen grünen auf, steckte noch alle bestehenden Federn darauf und stolzierte mit ihm und mit dem kürzesten Lodenrocke, den es im Tale gab, herum, während sein Vater immer einen Rock von dunkler, womöglich schwarzer Farbe hatte, der auch, weil er einem Gewerbsmanne angehörte, immer sehr weit herabgeschnitten sein mußte. Der junge Schuster war auf allen Tanzplätzen und Kegelbahnen zu sehen. Wenn ihm jemand eine gute Lehre gab, so pfiff er ein Liedlein. Er ging mit seinem Scheibengewehre zu allen Schießen der Nachbarschaft und brachte manchmal einen Preis nach Hause, was er für einen großen Sieg hielt. Der Preis bestand meistens aus Münzen, die künstlich gefaßt waren und zu deren Gewinnung der Schuster mehr gleiche Münzen ausgeben mußte, als der Preis enthielt, besonders, da er wenig haushälterisch mit dem Gelde war. Er ging auf alle Jagden, die in der Gegend abgehalten wurden, und hatte sich den Namen eines guten Schützen erworben. Er ging aber auch manchmal allein mit seiner Doppelbüchse und mit Steigeisen fort, und einmal sagte man, daß er eine schwere Wunde im Kopfe erhalten habe.

In Millsdorf war ein Färber, welcher gleich am Anfange des Marktfleckens, wenn man auf dem Wege von Gschaid hinüberkam, ein sehr ansehnliches Gewerbe hatte, mit vielen Leuten und sogar, was im Tale etwas Unerhörtes war, mit Maschinen arbeitete. Außerdem besaß er noch eine ausgebreitete Feldwirtschaft. Zu der Tochter dieses reichen Färbers ging der Schuster über das Gebirge, um sie zu gewinnen. Sie war wegen ihrer Eingezogenheit, Sittsamkeit und Häuslichkeit belobt. Dennoch, hieß es, soll der Schuster ihre Aufmerksamkeit erregt haben. Der Färber ließ ihn nicht in sein Haus kommen; und hatte die schöne Tochter schon früher keine öffentliche Plätze und Lustbarkeiten besucht und war selten außer dem Hause ihrer Eltern zu sehen gewesen: so ging sie jetzt schon gar nirgends mehr hin als in die Kirche oder in ihrem Garten oder in den Räumen des Hauses herum.

Einige Zeit nach dem Tode seiner Eltern, durch welchen ihm das Haus derselben zugefallen war, das er nun allein bewohnte, änderte sich der Schuster gänzlich. So wie er früher getollt hatte, so saß er jetzt in seiner Stube und hämmerte Tag und Nacht an seinen Sohlen. Er setzte prahlend einen Preis darauf, wenn es jemand gäbe, der bessere Schuhe und Fußbekleidung machen könne. Er nahm keine andern Arbeiter als die besten und trillte sie noch sehr herum, wenn sie in seiner Werkstätte arbeiteten, daß sie ihm folgten und die Sache so einrichteten, wie er befahl. Wirklich brachte er es jetzt auch dahin, daß nicht nur das ganze Dorf Gschaid, das zum größten Teile die Schusterarbeit aus benachbarten Tälern bezogen hatte, bei ihm arbeiten ließ, daß das ganze Tal bei ihm arbeiten ließ und daß endlich sogar einzelne von Millsdorf und andern Tälern hereinkamen und sich ihre Fußbekleidungen von dem Schuster in Gschaid machen ließen. Sogar in die Ebene hinaus verbreitete sich sein Ruhm, daß manche, die in die Gebirge gehen wollten, sich die Schuhe dazu von ihm machen ließen.

Er richtete das Haus sehr schön zusammen, und in dem Warengewölbe glänzten auf den Brettern die Schuhe, Bundstiefel und Stiefel; und wenn am Sonntage die ganze Bevölkerung des Tales hereinkam und man bei den vier Linden des Platzes stand, ging man gerne zu dem Schusterhause hin und sah durch die Gläser in die Warenstube, wo die Käufer und Besteller waren.

Nach seiner Vorliebe zu den Bergen machte er auch jetzt die Gebirgsbundschuhe am besten. Er pflegte in der Wirtsstube zu sagen: es gäbe keinen, der ihm einen fremden Gebirgsbundschuh zeigen könne, der sich mit einem seinigen vergleichen lasse. „Sie wissen es nicht“, pflegte er beizufügen, „sie haben es in ihrem Leben nicht erfahren, wie ein solcher Schuh sein muß, daß der gestirnte Himmel der Nägel recht auf der Sohle sitze und das gebührende Eisen enthalte, daß der Schuh außen hart sei, damit kein Geröllstein, wie scharf er auch sei, empfunden werde, und daß er sich von innen doch weich und zärtlich wie ein Handschuh an die Füße lege.“

Der Schuster hatte sich ein sehr großes Buch machen lassen, in welches er alle verfertigte Ware eintrug, die Namen derer beifügte, die den Stoff geliefert und die Ware gekauft hatten, und eine kurze Bemerkung über die Güte des Erzeugnisses beischrieb. Die gleichartigen Fußbekleidungen hatten ihre fortlaufenden Zahlen, und das Buch lag in der großen Lade seines Gewölbes.

Wenn die schöne Färberstochter von Millsdorf auch nicht aus der Eltern Hause kam, wenn sie auch weder Freunde noch Verwandte besuchte, so konnte es der Schuster von Gschaid doch so machen, daß sie ihn von ferne sah, wenn sie in die Kirche ging, wenn sie in dem Garten war und wenn sie aus den Fenstern ihres Zimmers auf die Matten blickte. Wegen dieses unausgesetzten Sehens hatte es die Färberin durch langes, inständiges und ausdauerndes

Flehen für ihre Tochter dahin gebracht, daß der halsstarrige Färber nachgab und daß der Schuster, weil er denn nun doch besser geworden, die schöne, reiche Millsdorferin als Eheweib nach Gschaid führte. Aber der Färber war desungeachtet auch ein Mann, der seinen Kopf hatte. Ein rechter Mensch, sagte er, müsse sein Gewerbe treiben, daß es blühe und vorwärtskomme, er müsse daher sein Weib, seine Kinder, sich und sein Gesinde ernähren, Hof und Haus im Stande des Glanzes halten und sich noch ein Erkleckliches erübrigen, welches letztere doch allein imstande sei, ihm Ansehen und Ehre in der Welt zu geben; darum erhalte seine Tochter nichts als eine vortreffliche Ausstattung, das andere ist Sache des Ehemanns, daß er es mache und für alle Zukunft es besorge. Die Färberei in Millsdorf und die Landwirtschaft auf dem Färberhause sei für sich ein ansehnliches und ehrenwertes Gewerbe, das seiner Ehre willen bestehen und wozu alles, was da sei, als Grundstock dienen müsse, daher er nichts weggebe. Wenn einmal er und sein Eheweib, die Färberin, tot seien, dann gehöre Färberei und Landwirtschaft in Millsdorf ihrer einzigen Tochter, nämlich der Schusterin in Gschaid, und Schuster und Schusterin könnten dann damit tun, was sie wollten: aber alles dieses nur, wenn die Erben es wert wären, das Erbe zu empfangen; wären sie es nicht wert, so ging das Erbe auf die Kinder derselben, und wenn keine vorhanden wären, mit der Ausnahme des lediglichen Pflichtteiles auf andere Verwandte über. Der Schuster verlangte auch nichts, er zeigte im Stolze, daß es ihm nur um die schöne Färberstochter in Millsdorf zu tun gewesen und daß er sie schon ernähren und erhalten könne, wie sie zu Hause ernährt und erhalten worden ist. Er kleidete sie als sein Eheweib nicht nur schöner als alle Gschaiderinnen und alle Bewohnerinnen des Tales, sondern auch schöner, als sie sich je zu Hause getragen hatte, und Speise, Trank und übrige Behandlung mußte besser und rücksichtsvoller sein, als sie das gleiche im väterlichen Hause genossen hatte. Und um dem Schwiegervater zu trotzen, kaufte er mit erübrigten Summen nach und nach immer mehr Grundstücke so ein, daß er einen tüchtigen Besitz beisammen hatte.

Weil die Bewohner von Gschaid so selten aus ihrem Tale kommen und nicht einmal oft nach Millsdorf hinübergehen, von dem sie durch Bergrücken und durch Sitten geschieden sind, weil ferner ihnen gar kein Fall vorkömmt, daß ein Mann sein Tal verläßt und sich in dem benachbarten ansiedelt (Ansiedlungen in großen Entfernungen kommen öfter vor), weil endlich auch kein Weib oder Mädchen gerne von einem Tale in ein anderes auswandert, außer in dem ziemlich seltenen Falle, wenn sie der Liebe folgt und als Eheweib und zu dem Ehemann in ein anderes Tal kömmt: so geschah es, daß die schöne Färberstochter von Millsdorf, da sie Schusterin in Gschaid geworden war, doch immer von allen Gschaidern als Fremde angesehen wurde, und wenn man ihr auch nichts Übels antat, ja wenn man sie ihres schönen Wesens und ihrer Sitten wegen sogar liebte, doch immer etwas vorhanden war, das wie Scheu oder, wenn man will, wie Rücksicht aussah und nicht zu dem Innigen und Gleichartigen kommen ließ, wie Gschaiderinnen gegen Gschaiderinnen, Gschaider gegen Gschaider hatten. Es war so, ließ sich nicht abstellen und wurde durch die bessere Tracht und durch das erleichterte häusliche Leben der Schusterin noch vermehrt.

Sie hatte ihrem Manne nach dem ersten Jahre einen Sohn und in einigen Jahren darauf ein Töchterlein geboren. Sie glaubte aber, daß er die Kinder nicht so liebe, wie sie sich vorstellte, daß es sein solle, und wie sie sich bewußt war, daß sie dieselben liebe; denn sein Angesicht war meistens ernsthaft und mit seinen Arbeiten beschäftigt. Er spielte und tändelte selten mit den Kindern, und sprach stets ruhig mit ihnen, gleichsam so, wie man mit Erwachsenen spricht. Was Nahrung und Kleidung und andere äußere Dinge anbelangte, hielt er die Kinder untadelig.

In der ersten Zeit der Ehe kam die Färberin öfter nach Gschaid, und die jungen Eheleute besuchten auch Millsdorf zuweilen bei Kirchweihen oder anderen festlichen Gelegenheiten. Als aber die Kinder auf der Welt waren, war die Sache anders geworden. Wenn schon Mütter ihre Kinder lieben und sich nach ihnen sehnen, so ist dieses von Großmüttern öfter in noch höherem Grade der Fall: sie verlangen zuweilen mit wahrlich krankhafter Sehnsucht nach ihren Enkeln. Die Färberin kam sehr oft nach Gschaid herüber, um die Kinder zu sehen, ihnen Geschenke zu bringen, eine Weile da zu bleiben und dann mit guten Ermahnungen zu scheiden. Da aber das Alter und die Gesundheitsumstände der Färberin die öfteren Fahrten nicht mehr so möglich machten und der Färber aus dieser Ursache Einsprache tat, wurde auf etwas anderes gesonnen, die Sache wurde umgekehrt, und die Kinder kamen jetzt zur Großmutter. Die Mutter brachte sie selber öfter in einem Wagen, öfter aber wurden sie, da sie noch im zarten Alter waren, eingemummt einer Magd mitgegeben, die sie in einem Fuhrwerke über den Hals brachte. Als sie aber größer waren, gingen sie zu Fuße entweder mit der Mutter oder mit einer Magd nach Millsdorf, ja da der Knabe geschickt, stark und klug geworden war, ließ man ihn allein den bekannten Weg über den Hals gehen, und wenn es sehr schön war und er bat, erlaubte man auch, daß ihn die kleine Schwester begleite. Dies ist bei den Gschaidern gebräuchlich, weil sie an starkes Fußgehen gewöhnt sind und die Eltern überhaupt, namentlich aber ein Mann wie der Schuster, es gerne sehen und eine Freude daran haben, wenn ihre Kinder tüchtig werden.

So geschah es, daß die zwei Kinder den Weg über den Hals öfter zurücklegten als die übrigen Dörfler zusammen genommen, und da schon ihre Mutter in Gschaid immer gewissermaßen wie eine Fremde behandelt wurde, so wurden durch diesen Umstand auch die Kinder fremd, sie waren kaum Gschaider und gehörten halb nach Millsdorf hinüber.

Der Knabe Konrad hatte schon das ernste Wesen seines Vaters, und das Mädchen Susanna, nach ihrer Mutter so genannt, oder, wie man es zur Abkürzung nannte, Sanna, hatte viel Glauben zu seinen Kenntnissen, seiner Einsicht und seiner Macht und gab sich unbedingt unter seine Leitung, gerade so wie die Mutter sich unbedingt unter die Leitung des Vaters gab, dem sie alle Einsicht und Geschicklichkeit zutraute.

An schönen Tagen konnte man morgens die Kinder durch das Tal gegen Mittag wandern sehen, über die Wiese gehen und dort anlangen, wo der Wald des Halses gegen sie her schaut. Sie näherten sich dem Walde, gingen auf seinem Wege allgemach über die Erhöhung hinan und kamen, ehe der Mittag eingetreten war, auf den offenen Wiesen auf der anderen Seite gegen Millsdorf hinunter. Konrad zeigte Sanna die Wiesen, die dem Großvater gehörten, dann gingen sie durch seine Felder, auf denen er ihr die Getreidearten erklärte, dann sahen sie auf Stangen unter dem Vorsprunge des Daches die langen Tücher zum Trocknen herabhängen, die sich im Winde schlängelten oder närrische Gesichter machten, dann hörten sie seine Walkmühle und seinen Lohstampf, die er an seinem Bache für Tuchmacher und Gerber angelegt hatte, dann bogen sie noch um eine Ecke der Felder und gingen im kurzen durch die Hintertür in den Garten der Färberei, wo sie von der Großmutter empfangen wurden. Diese ahnte immer, wenn die Kinder kamen, sah zu den Fenstern aus und erkannte sie von weitem, wenn Sannas rotes Tuch recht in der Sonne leuchtete.

Sie führte die Kinder dann durch die Waschstube und Presse in das Zimmer, ließ sie niedersetzen, ließ nicht zu, daß sie Halstücher und Jäckchen lüfteten, damit sie sich nicht verkühlten, und behielt sie beim Essen da. Nach dem Essen durften sie sich lüften, spielen, durften in den Räumen des großväterlichen Hauses herumgehen oder sonst tun, was sie wollten, wenn es nur nicht unschicklich oder verboten war. Der Färber, welcher immer bei dem Essen war, fragte sie um ihre Schulgegenstände aus und schärfte ihnen besonders ein, was sie lernen sollten. Nachmittags wurden sie von der Großmutter schon, ehe die Zeit kam, zum Aufbruche getrieben, daß sie ja nicht zu spät kämen. Obgleich der Färber keine Mitgift gegeben hatte und vor seinem Tode von seinem Vermögen nichts wegzugeben gelobt hatte, glaubte sich die Färberin an diese Dinge doch nicht so strenge gebunden, und sie gab den Kindern nicht allein während ihrer Anwesenheit allerlei, worunter nicht selten ein Münzstück und zuweilen gar von ansehnlichem Werte war, sondern sie band ihnen auch immer zwei Bündelchen zusammen, in denen sich Dinge befanden, von denen sie glaubte, daß sie notwendig wären oder daß sie den Kindern Freude machen könnten. Und wenn oft die nämlichen Dinge im Schusterhause in Gschaid ohnedem in aller

Trefflichkeit vorhanden waren, so gab sie die Großmutter in der Freude des Gebens doch, und die Kinder trugen sie als etwas Besonderes nach Hause. So geschah es nun, daß die Kinder am Heiligen Abende schon unwissend die Geschenke in Schachteln gut versiegelt und verwahrt nach Hause trugen, die ihnen in der Nacht einbeschert werden sollten.

Weil die Großmutter die Kinder immer schon vor der Zeit zum Fortgehen drängte, damit sie nicht zu spät nach Hause kämen, so erzielte sie hiedurch, daß die Kinder gerade auf dem Wege bald an dieser, bald an jener Stelle sich aufhielten. Sie saßen gerne an dem Haselnußgehege, das auf dem Halse ist, und schlugen mit Steinen Nüsse auf oder spielten, wenn keine Nüsse waren, mit Blättern oder mit Hölzlein oder mit den weichen braunen Zäpfchen, die im ersten Frühjahre von den Zweigen der Nadelbäume herabfielen. Manchmal erzählte Konrad dem Schwesterchen Geschichten, oder wenn sie zu der roten Unglücksäule kamen, führte er sie ein Stück auf dem Seitenwege links gegen die Höhen hinan und sagte ihr, daß man da auf den Schneeberg gelange, daß dort Felsen und Steine seien, daß die Gemsen herumspringen und große Vögel fliegen. Er führte sie oft über den Wald hinaus, sie betrachteten dann den dürren Rasen und die kleinen Sträucher der Heidekräuter; aber er führte sie wieder zurück und brachte sie immer vor der Abenddämmerung nach Hause, was ihm stets Lob eintrug.

Einmal war am Heiligen Abende, da die erste Morgendämmerung in dem Tale von Gschaid in Helle übergegangen war, ein dünner, trockener Schleier über den ganzen Himmel gebreitet, so daß man die ohnedem schiefe und ferne Sonne im Südosten nur als einen undeutlichen roten Fleck sah, überdies war an diesem Tage eine milde, beinahe laulichte Luft unbeweglich im ganzen Tale und auch an dem Himmel, wie die unveränderte und ruhige Gestalt der Wolken zeigte. Da sagte die Schustersfrau zu ihren Kindern: „Weil ein so angenehmer Tag ist, weil es so lange nicht geregnet hat und die Wege fest sind und weil es auch der Vater gestern unter der Bedingung erlaubt hat, wenn der heutige Tag dazu geeignet ist, so dürft ihr zur Großmutter nach Millsdorf gehen; aber ihr müßt den Vater noch vorher fragen."

Die Kinder, welche noch in ihren Nachtkleidern dastanden, liefen in die Nebenstube, in welcher der Vater mit einem Kunden sprach, und baten um die Wiederholung der gestrigen Erlaubnis, weil ein so schöner Tag sei. Sie wurde ihnen erteilt, und sie liefen wieder zur Mutter zurück.

Die Schustersfrau zog nun ihre Kinder vorsorglich an, oder eigentlich, sie zog das Mädchen mit dichten, gut verwahrenden Kleidern an; denn der Knabe begann sich selber anzukleiden und stand viel früher fertig da, als die Mutter mit dem Mädchen hatte ins reine kommen können. Als sie dieses Geschäft vollendet hatte, sagte sie: „Konrad, gib wohl acht: weil ich dir das Mädchen mitgehen lasse, so müsset ihr beizeiten fortgehen, ihr müsset an keinem Platze stehenbleiben, und wenn ihr bei der Großmutter gegessen habt, so müsset ihr gleich wieder umkehren und nach Hause trachten; denn die Tage sind jetzt sehr kurz, und die Sonne geht gar bald unter."

„Ich weiß es schon, Mutter", sagte Konrad.

„Und siehe gut auf Sanna, daß sie nicht fällt oder sich erhitzt."

„Ja, Mutter."

„So, Gott behüte euch, und geht noch zum Vater, und sagt, daß ihr jetzt fortgehet."

Der Knabe nahm eine von seinem Vater kunstvoll aus Kalbfellen genähte Tasche an einem Riemen um die Schulter, und die Kinder gingen in die Nebenstube, um dem Vater Lebewohl zu sagen. Aus dieser kamen sie bald heraus und hüpften, von der Mutter mit einem Kreuze besegnet, fröhlich auf die Gasse.

Sie gingen schleunig längs des Dorfplatzes hinab und dann durch die Häusergasse und endlich zwischen den Planken der Obstgärten in das Freie hinaus. Die Sonne stand schon über dem mit milchigen Wolkenstreifen durchwobenen Wald der morgendlichen Anhöhen, und ihr trübes rötliches Bild schritt durch die laublosen Zweige der Holzäpfelbäume mit den Kindern fort.

In dem ganzen Tale war kein Schnee, die größeren

Berge, von denen er schon viele Wochen herab geglänzt hatte, waren damit bedeckt, die kleineren standen in dem Mantel ihrer Tannenwälder und im Fahlrot ihrer entblößten Zweige unbeschneit und ruhig da. Der Boden war noch nicht gefroren, und er wäre vermöge der vorhergegangenen langen regenlosen Zeit ganz trocken gewesen, wenn ihn nicht die Jahreszeit mit einer zarten Feuchtigkeit überzogen hätte, die ihn aber nicht schlüpfrig, sondern eher fest und widerprallend machte, daß sie leicht und gering darauf fortgingen. Das wenige Gras, welches noch auf den Wiesen und vorzüglich an den Wassergräben derselben war, stand in herbstlichem Ansehen. Es lag kein Reif und bei näherem Anblicke nicht einmal ein Tau, was nach der Meinung der Landleute baldigen Regen bedeutet.

Gegen die Grenzen der Wiesen zu war ein Gebirgsbach, über welchen ein hoher Steg führte. Die Kinder gingen auf den Steg und schauten hinab. Im Bache war schier kein Wasser, ein dünner Faden von sehr stark blauer Farbe ging durch die trockenen Kiesel des Gerölles, die wegen Regenlosigkeit ganz weiß geworden waren, und sowohl die Wenigkeit als auch die Farbe des Wassers zeigten an, daß in den größeren Höhen schon Kälte herrschen müsse, die den Boden verschließe, daß er mit seiner Erde das Wasser nicht trübe und die das Eis erhärte, daß es in seinem Innern nur wenige klare Tropfen abgeben könne.

Von dem Stege liefen die Kinder durch die Gründe fort und näherten sich immer mehr den Waldungen.

Sie trafen endlich die Grenze des Holzes und gingen in demselben weiter.

Als sie in die höheren Wälder des Halses hinaufgekommen waren, zeigten sich die langen Furchen des Fahrweges nicht mehr weich, wie es unten im Tale der Fall gewesen war, sondern sie waren fest, und zwar nicht aus Trockenheit, sondern, wie die Kinder sich bald überzeugten, weil sie gefroren waren. An manchen Stellen waren sie so überfroren, daß sie die Körper der Kinder trugen. Nach der Natur der Kinder gingen sie nun nicht mehr auf dem glatten Pfade neben dem Fahrwege, sondern in den Gleisen, und versuchten, ob dieser oder jener Furchenaufwurf sie schon trage. Als sie nach Verlauf einer Stunde auf der Höhe des

Halses angekommen waren, war der Boden bereits so hart, daß er klang und Schollen wie Steine hatte.

An der roten Unglücksäule des Bäckers bemerkte Sanna zuerst, daß sie heute gar nicht da stehe. Sie gingen zu dem Platze hinzu und sahen, daß der runde, rot angestrichene Balken, der das Bild trug, in dem dürren Grase liege, das wie dünnes Stroh an der Stelle stand und den Anblick der liegenden Säule verdeckte. Sie sahen zwar nicht ein, warum die Säule liege, ob sie umgeworfen worden oder ob sie von selber umgefallen sei, das sahen sie, daß sie an der Stelle, wo sie in die Erde ragte, sehr morsch war und daß sie daher sehr leicht habe umfallen können; aber da sie einmal lag, so machte es ihnen Freude, daß sie das Bild und die Schrift so nahe betrachten konnten, wie es sonst nie der Fall gewesen war. Als sie alles – den Korb mit den Semmeln, die bleichen Hände des Bäckers, seine geschlossenen Augen, seinen grauen Rock und die umstehenden Tannen – betrachtet hatten, als sie die Schrift gelesen und laut gesagt hatten, gingen sie wieder weiter.

Abermal nach einer Stunde wichen die dunkeln Wälder zu beiden Seiten zurück, dünnstehende Bäume, teils einzelne Eichen, teils Birken und Gebüschgruppen empfingen sie, geleiteten sie weiter, und nach kurzem liefen sie auf den Wiesen in das Millsdorfer Tal hinab.

Obwohl dieses Tal bedeutend tiefer liegt als das von Gschaid und auch um so viel wärmer war, daß man die Ernte immer um vierzehn Tage früher beginnen konnte als in Gschaid, so war doch auch hier der Boden gefroren, und als die Kinder bis zu den Loh- und Walkwerken des Großvaters gekommen waren, lagen auf dem Wege, auf den die Räder oft Tropfen herausspritzten, schöne Eistäfelchen. Den Kindern ist das gewöhnlich ein sehr großes Vergnügen.

Die Großmutter hatte sie kommen gesehen, war ihnen entgegengegangen, nahm Sanna bei den erfrornen Händchen und führte sie in die Stube. Sie nahm ihnen die wärmeren Kleider ab, sie ließ in dem Ofen nachlegen und fragte sie, wie es ihnen im Herübergehen gegangen sei.

Als sie hierauf die Antwort erhalten hatte, sagte sie: „Das ist schon recht, das ist gut, es freut mich gar sehr, daß ihr wieder gekommen seid; aber heute müßt ihr bald fort, der

Tag ist kurz, und es wird auch kälter, am Morgen war es in Millsdorf nicht gefroren.“

„In Gschaid auch nicht“, sagte der Knabe.

„Siehst du, darum müßt ihr euch sputen, daß euch gegen Abend nicht zu kalt wird“, antwortete die Großmutter.

Hierauf fragte sie, was die Mutter mache, was der Vater mache und ob nichts Besonderes in Gschaid geschehen sei.

Nach diesen Fragen bekümmerte sie sich um das Essen, sorgte, daß es früher bereitet wurde als gewöhnlich, und richtete selber den Kindern kleine Leckerbissen zusammen, von denen sie wußte, daß sie eine Freude damit erregen würde. Dann wurde der Färber gerufen, die Kinder bekamen an dem Tische aufgedeckt wie große Personen und aßen nun mit Großvater und Großmutter, und die letzte legte ihnen hiebei besonders Gutes vor. Nach dem Essen streichelte sie Sannas unterdessen sehr rot gewordene Wangen.

Hierauf ging sie geschäftig hin und her und steckte das Kalbfellränzchen des Knaben voll und steckte ihm noch allerlei in die Taschen. Auch in die Täschchen von Sanna tat sie allerlei Dinge. Sie gab jedem ein Stück Brot, es auf dem Wege zu verzehren, und in dem Ränzchen, sagte sie, seien noch zwei Weißbrote, wenn etwa der Hunger zu groß würde.

„Für die Mutter habe ich einen guten gebrannten Kaffee mitgegeben“, sagte sie, „und in dem Fläschchen, das zugestopft und gut verbunden ist, befindet sich auch ein schwarzer Kaffeeaufguß, ein besserer, als die Mutter bei euch gewöhnlich macht, sie soll ihn nur kosten, wie er ist, er ist eine wahre Arznei, so kräftig, daß nur ein Schlückchen den Magen so wärmt, daß es den Körper in den kältesten Wintertagen nicht frieren kann. Die anderen Sachen, die in der Schachtel und in den Papieren im Ränzchen sind, bringt unversehrt nach Hause.“

Da sie noch ein Weilchen mit den Kindern geredet hatte, sagte sie, daß sie gehen sollten.

„Habe acht, Sanna“, sagte sie, „daß du nicht frierst, erhitze dich nicht; und daß ihr nicht über die Wiesen hinauf und unter den Bäumen lauft. Etwa kömmt gegen Abend ein Wind, da müßt ihr langsamer gehen. Grüßet Vater und

Mutter und sagt, sie sollen recht glückliche Feiertage haben."

Die Großmutter küßte beide Kinder auf die Wangen und schob sie durch die Tür hinaus. Nichtsdestoweniger ging sie aber auch selber mit, geleitete sie durch den Garten, ließ sie durch das Hinterpförtchen hinaus, schloß wieder und ging in das Haus zurück.

Die Kinder gingen an den Eistäfelchen neben den Werken des Großvaters vorbei, sie gingen durch die Millsdorfer Felder und wendeten sich gegen die Wiesen hinan.

Als sie auf den Anhöhen gingen, wo, wie gesagt wurde, zerstreute Bäume und Gebüschgruppen standen, fielen äußerst langsam einzelne Schneeflocken.

„Siehst du, Sanna", sagte der Knabe, „ich habe es gleich gedacht, daß wir Schnee bekommen; weißt du, da wir von Hause weggingen, sahen wir noch die Sonne, die so blutrot war wie eine Lampe bei dem heiligen Grabe, und jetzt ist nichts mehr von ihr zu erblicken, und nur der graue Nebel ist über den Baumwipfeln oben. Das bedeutet Schnee."

Die Kinder gingen freudiger fort, und Sanna war recht froh, wenn sie mit dem dunkeln Ärmel ihres Röckchens eine der fallenden Flocken auffangen konnte und wenn dieselbe recht lange nicht auf dem Ärmel zerfloß. Als sie endlich an dem äußersten Rand der Millsdorfer Höhen angekommen waren, wo es gegen die dunkeln Tannen des Halses hineingeht, war die dichte Waldwand schon recht lieblich gesprenkelt von den immer reichlicher herabfallenden Flocken.

Sie gingen nunmehr in den dicken Wald hinein, der den größten Teil ihrer noch bevorstehenden Wanderung einnahm.

Es geht von dem Waldrande noch immer aufwärts, und zwar bis man zur roten Unglücksäule kömmt, von wo sich, wie schon oben angedeutet wurde, der Weg gegen das Tal von Gschaid hinabwendet. Die Erhebung des Waldes von der Millsdorfer Seite aus ist sogar so steil, daß der Weg nicht gerade hinangeht, sondern daß er in sehr langen Abweichungen von Abend nach Morgen und von Morgen nach Abend hinanklimmt. An der ganzen Länge des Weges hinauf zur Säule und hinab bis zu den Wiesen von Gschaid sind hohe, dichte, ungelichtete Waldbestände, und sie werden erst ein wenig dünner, wenn man in die Ebene gelangt ist und gegen die Wiesen des Tales von Gschaid hinaus kömmt. Der Hals ist auch, wenn er gleich nur eine kleine Verbindung zwischen zwei großen Gebirgshäuptern abgibt, doch selbst so groß, daß er, in die Ebene gelegt, einen bedeutenden Gebirgsrücken abgeben würde.

Das erste, was die Kinder sahen, als sie die Waldung betraten, war, daß der gefrorne Boden sich grau zeigte, als ob er mit Mehl besäet wäre, daß die Fahne manches dünnen Halmes des am Wege hin und zwischen den Bäumen stehenden dürren Grases mit Flocken beschwert war und daß auf den verschiedenen grünen Zweigen der Tannen und Fichten, die sich wie Hände öffneten, schon weiße Fläumchen saßen.

„Schneit es denn jetzt bei dem Vater zu Hause auch?“ fragte Sanna.

„Freilich“, antwortete der Knabe, „es wird auch kälter, und du wirst sehen, daß morgen der ganze Teich gefroren ist.“

„Ja, Konrad“, sagte das Mädchen.

Es verdoppelte beinahe seine kleinen Schritte, um mit denen des dahinschreitenden Knaben gleich bleiben zu können.

Sie gingen nun rüstig in den Windungen fort, jetzt von Abend nach Morgen, jetzt von Morgen nach Abend. Der von der Großmutter vorausgesagte Wind stellte sich nicht ein, im Gegenteile war es so stille, daß sich nicht ein Ästchen oder Zweig rührte, ja sogar es schien im Walde wärmer, wie es in lockeren Körpern, dergleichen ein Wald auch ist, immer im Winter zu sein pflegt, und die Schneeflocken fielen stets reichlicher, so daß der ganze Boden schon weiß war, daß der Wald sich grau zu bestäuben anfing und daß auf dem Hute und den Kleidern des Knaben so wie auf denen des Mädchens der Schnee lag.

Die Freude der Kinder war sehr groß. Sie traten auf den weichen Flaum, suchten mit dem Fuße absichtlich solche Stellen, wo er dichter zu liegen schien, um dorthin zu treten und sich den Anschein zu geben, als wateten sie bereits. Sie schüttelten den Schnee nicht von den Kleidern ab.

Es war große Ruhe eingetreten. Von den Vöglein, deren

doch manche auch zuweilen im Winter in dem Walde hin und her fliegen und von denen die Kinder im Herübergehen sogar mehrere zwitschern gehört hatten, war nichts zu vernehmen, sie sahen auch keine auf irgendeinem Zweige sitzen oder fliegen, und der ganze Wald war gleichsam ausgestorben.

Weil nur die bloßen Fußstapfen der Kinder hinter ihnen blieben und weil vor ihnen der Schnee rein und unverletzt war, so war daraus zu erkennen, daß sie die einzigen waren, die heute über den Hals gingen.

Sie gingen in ihrer Richtung fort, sie näherten sich öfter den Bäumen, öfter entfernten sie sich, und wo dichtes Unterholz war, konnten sie den Schnee auf den Zweigen liegen sehen.

Ihre Freude wuchs noch immer; denn die Flocken fielen stets dichter, und nach kurzer Zeit brauchten sie nicht mehr den Schnee aufzusuchen, um in ihm zu waten; denn er lag schon so dicht, daß sie ihn überall weich unter den Sohlen empfanden und daß er sich bereits um ihre Schuhe zu legen begann; und wenn es so ruhig und heimlich war, so war es, als ob sie das Knistern des in die Nadeln herabfallenden Schnees vernehmen könnten.

„Würden wir heute auch die Unglücksäule sehen?" fragte das Mädchen. „Sie ist ja umgefallen, und da wird es darauf schneien, und da wird die rote Farbe weiß sein."

„Darum können wir sie doch sehen", antwortete der Knabe, „wenn auch der Schnee auf sie fällt und wenn sie auch weiß ist, so müssen wir sie liegen sehen, weil sie eine dicke Säule ist und weil sie das schwarze eiserne Kreuz auf der Spitze hat, das doch immer herausragen wird."

„Ja, Konrad."

Indessen, da sie noch weitergegangen waren, war der Schneefall so dicht geworden, daß sie nur mehr die allernächsten Bäume sehen konnten.

Von der Härte des Weges oder gar von Furchenaufwerfungen war nichts zu empfinden, der Weg war vom Schnee überall gleich weich und war überhaupt nur daran zu erkennen, daß er als ein gleichmäßiger weißer Streifen in dem Walde fortlief. Auf allen Zweigen lag schon die schöne weiße Hülle.

Die Kinder gingen jetzt mitten auf dem Wege, sie furchten den Schnee mit ihren Füßlein und gingen langsamer, weil das Gehen beschwerlicher ward. Der Knabe zog seine Jacke empor an dem Halse zusammen, damit ihm nicht der Schnee in den Nacken falle, und er setzte den Hut tiefer in das Haupt, daß er geschützter sei. Er zog auch seinem Schwesterlein das Tuch, das ihm die Mutter um die Schulter gegeben hatte, besser zusammen und zog es ihm mehr vorwärts in die Stirne, daß es ein Dach bilde.

Der von der Großmutter vorausgesagte Wind war noch immer nicht gekommen; aber dafür wurde der Schneefall nach und nach so dicht, daß auch nicht mehr die nächsten Bäume zu erkennen waren, sondern daß sie wie neblige Säcke in der Luft standen.

Die Kinder gingen fort. Sie duckten die Köpfe dichter in ihre Kleider und gingen fort.

Sanna nahm den Riemen, an welchem Konrad die Kalbfelltasche um die Schulter hängen hatte, mit den Händchen, hielt sich daran, und so gingen sie ihres Weges.

Die Unglücksäule hatten sie noch immer nicht erreicht. Der Knabe konnte die Zeit nicht ermessen, weil keine Sonne am Himmel stand und weil es immer gleichmäßig grau war.

„Werden wir bald zu der Unglücksäule kommen?“ fragte Sanna.

„Ich weiß es nicht“, antwortete der Knabe, „ich kann heute die Bäume nicht sehen und den Weg nicht erkennen, weil er so weiß ist. Die Unglücksäule werden wir wohl gar nicht sehen, weil so viel Schnee liegen wird, daß sie verhüllt sein wird und daß kaum ein Gräschen oder ein Arm des schwarzen Kreuzes hervorragen wird. Aber es macht nichts. Wir gehen immer auf dem Wege fort, der Weg geht zwischen den Bäumen, und wenn er zu dem Platze der Unglücksäule kömmt, dann wird er abwärts gehen, wir gehen auf ihm fort, und wenn er aus den Bäumen hinausgeht, dann sind wir schon auf den Wiesen von Gschaid, dann kömmt der Steg, und dann haben wir nicht mehr weit nach Hause.“

„Ja, Konrad“, sagte das Mädchen.

Sie gingen auf ihrem aufwärts führenden Wege fort. Die

hinter ihnen liegenden Fußstapfen waren jetzt nicht mehr lange sichtbar; denn die ungemeine Fülle des herabfallenden Schnees deckte sie bald zu, daß sie verschwanden. Der Schnee knisterte in seinem Falle nun auch nicht mehr in den Nadeln, sondern legte sich eilig und heimlich auf die weiße, schon daliegende Decke nieder. Die Kinder nahmen die Kleider noch fester, um das immerwährende allseitige Hineinrieseln abzuhalten.

Sie gingen sehr schleunig, und der Weg führte noch stets aufwärts.

Nach langer Zeit war noch immer die Höhe nicht erreicht, auf welcher die Unglücksäule stehen sollte und von wo der Weg gegen die Gschaider Seite sich hinunterwenden mußte.

Endlich kamen die Kinder in eine Gegend, in welcher keine Bäume standen.

„Ich sehe keine Bäume mehr", sagte Sanna.

„Vielleicht ist nur der Weg so breit, daß wir sie wegen des Schneiens nicht sehen können", antwortete der Knabe.

„Ja, Konrad", sagte das Mädchen.

Nach einer Weile blieb der Knabe stehen und sagte: „Ich sehe selber keine Bäume mehr, wir müssen aus dem Walde gekommen sein, auch geht der Weg immer bergan. Wir wollen ein wenig stehenbleiben und herumsehen, vielleicht erblicken wir etwas."

Aber sie erblickten nichts. Sie sahen durch einen trüben Raum in den Himmel. Wie bei dem Hagel über die weißen oder grünlich gedunsenen Wolken die finsteren fransenartigen Streifen herabstarren, so war es hier, und das stumme Schütten dauerte fort. Auf der Erde sahen sie nur einen runden Fleck Weiß und dann nichts mehr.

„Weißt du, Sanna", sagte der Knabe, „wir sind auf dem dürren Grase, auf welches ich dich oft im Sommer heraufgeführt habe, wo wir saßen und wo wir den Rasen betrachteten, der nacheinander hinaufgeht und wo die schönen Kräuterbüschel wachsen. Wir werden da jetzt gleich rechts hinabgehen!"

„Ja, Konrad."

„Der Tag ist kurz, wie die Großmutter gesagt hat, und wie du auch wissen wirst, wir müssen uns daher sputen."

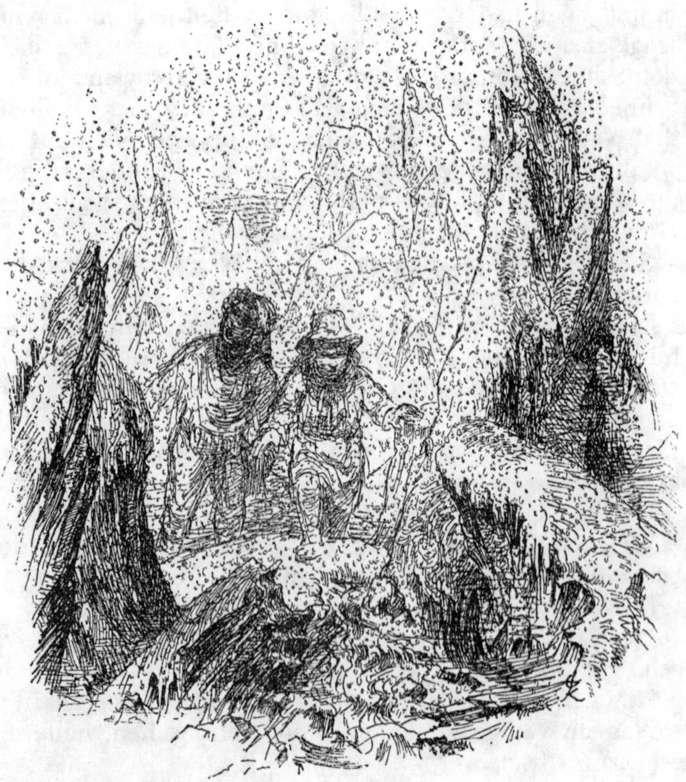

„Ja, Konrad“, sagte das Mädchen.

„Warte ein wenig, ich will dich besser einrichten“, erwiderte der Knabe.

Er nahm seinen Hut ab, setzte ihn Sanna auf das Haupt und befestigte ihn mit den beiden Bändchen unter ihrem Kinne. Das Tüchlein, welches sie um hatte, schützte sie zu wenig, während auf seinem Haupte eine solche Menge dichter Locken war, daß noch lange Schnee darauf fallen konnte, ehe Nässe und Kälte durchzudringen vermochten. Dann zog er sein Pelzjäckchen aus und zog dasselbe über die Ärmelein der Schwester. Um seine eigenen Schultern und Arme, die jetzt das bloße Hemd zeigten, band er das kleinere Tüchlein, das Sanna über die Brust, und das größere, das sie über die Schultern gehabt hatte. Das sei für ihn genug, dachte er, wenn er nur stark auftrete, werde ihn nicht frieren.

Er nahm das Mädchen bei der Hand, und so gingen sie jetzt fort.

Das Mädchen schaute mit den willigen Äuglein in das ringsum herrschende Grau und folgte ihm gerne, nur daß es mit den kleinen eilenden Füßlein nicht so nachkommen konnte, wie er vorwärts strebte gleich einem, der es zur Entscheidung bringen wollte.

Sie gingen nun mit der Unablässigkeit und Kraft, die Kinder und Tiere haben, weil sie nicht wissen, wieviel ihn beschieden ist und wann ihr Vorrat erschöpft ist.

Aber wie sie gingen, so konnten sie nicht merken, ob sie über den Berg hinabkämen oder nicht. Sie hatten gleich rechts nach abwärts gebogen, allein sie kamen wieder in Richtungen, die bergan führten, bergab und wieder bergan. Oft begegneten ihnen Steilheiten, denen sie ausweichen mußten, und ein Graben, in dem sie fortgingen, führte sie in einer Krümmung herum. Sie erklommen Höhen, die sich unter ihren Füßen steiler gestalteten, als sie dachten, und was sie für abwärts hielten, war wieder eben, oder es war eine Höhlung, oder es ging immer gedehnt fort.

„Wo sind wir denn, Konrad?" fragte das Mädchen.

„Ich weiß es nicht", antwortete er.

„Wenn ich nur mit diesen meinen Augen etwas zu erblikken imstande wäre", fuhr er fort, „daß ich mich darnach richten könnte."

Aber es war rings um sie nichts als das blendende Weiß, überall das Weiß, das aber selber nur einen immer kleineren Kreis um sie zog und dann in einen lichten, streifenweise niederfallenden Nebel überging, der jedes Weitere verzehrte und verhüllte und zuletzt nichts anderes war als der unersättlich niederfallende Schnee.

„Warte, Sanna", sagte der Knabe, „wir wollen ein wenig stehenbleiben und horchen, ob wir nicht etwas hören können, was sich im Tale meldet, sei es nun ein Hund oder eine Glocke oder die Mühle oder sei es ein Ruf, der sich hören läßt, hören müssen wir etwas, und dann werden wir wissen, wohin wir zu gehen haben."

Sie blieben nun stehen, aber sie hörten nichts. Sie blieben noch ein wenig länger stehen, aber es meldete sich nichts, es war nicht ein einziger Laut, auch nicht der leiseste, außer ihrem Atem zu vernehmen, ja in der Stille, die herrschte, war es, als sollten sie den Schnee hören, der auf ihre Wimpern fiel. Die Voraussage der Großmutter hatte sich noch immer nicht erfüllt, der Wind war nicht gekommen, ja, was in diesen Gegenden selten ist, nicht das leiseste Lüftchen rührte sich an dem ganzen Himmel.

Nachdem sie lange gewartet hatten, gingen sie wieder fort.

„Es tut auch nichts, Sanna", sagte der Knabe, „sei nur nicht verzagt, folge mir, ich werde dich doch noch hinüberführen. – Wenn nur das Schneien aufhörte!"

Sie war nicht verzagt, sondern hob die Füßchen, so gut es gehen wollte, und folgte ihm. Er führte sie in dem weißen, lichten, regsamen, undurchsichtigen Raume fort.

Nach einer Weile sahen sie Felsen. Sie hoben sich dunkel und undeutlich aus dem weißen und undurchsichtigen Lichte empor. Da die Kinder sich näherten, stießen sie fast daran. Sie stiegen wie eine Mauer hinauf und waren ganz gerade, so daß kaum ein Schnee an ihrer Seite haften konnte.

„Sanna, Sanna", sagte er, „da sind die Felsen, gehen wir nur weiter, gehen wir nur weiter."

Sie gingen weiter, sie mußten zwischen die Felsen hinein und unter ihnen fort. Die Felsen ließen sie nicht rechts und nicht links ausweichen und führten sie in einem engen Wege dahin. Nach einer Zeit verloren sie dieselben wieder und konnten sie nicht mehr erblicken. So wie sie unversehens unter sie gekommen waren, kamen sie wieder unversehens von ihnen. Es war wieder nichts um sie als das Weiß, und ringsum war kein unterbrechendes Dunkel zu schauen. Es schien eine große Lichtfülle zu sein, und doch konnte man nicht drei Schritte vor sich sehen; alles war, wenn man so sagen darf, in eine einzige weiße Finsternis gehüllt, und weil kein Schatten war, so war kein Urteil über die Größe der Dinge, und die Kinder konnten nicht wissen, ob sie aufwärts oder abwärts gehen würden, bis eine Steilheit ihren Fuß faßte und ihn aufwärts zu gehen zwang.

„Mir tun die Augen weh", sagte Sanna.

„Schaue nicht auf den Schnee", antwortete der Knabe, „sondern in die Wolken. Mir tun sie schon lange weh; aber es tut nichts, ich muß doch auf den Schnee schauen, weil ich auf den Weg zu achten habe. Fürchte dich nur nicht, ich führe dich doch hinunter ins Gschaid."

„Ja, Konrad."

Sie gingen wieder fort; aber wie sie auch gehen mochten, wie sie sich auch wenden mochten, es wollte kein Anfang zum Hinabwärtsgehen kommen. In beiden Seiten waren steile Dachlehnen nach aufwärts, mitten gingen sie fort, aber auch immer aufwärts. Wenn sie den Dachlehnen entrannen und sich nach abwärts beugten, wurde es gleich so steil, daß sie wieder umkehren mußten, die Füßlein stießen oft auf Unebenheiten, und sie mußten häufig Büheln ausweichen.

Sie merkten auch, daß ihr Fuß, wo er tiefer durch den jungen Schnee einsank, nicht erdigen Boden unter sich empfand, sondern etwas anderes, das wie älterer, gefrorener Schnee war; aber sie gingen immer fort, und sie liefen mit Hast und Ausdauer. Wenn sie stehenblieben, war alles still, unermeßlich still; wenn sie gingen, hörten sie das Rascheln ihrer Füße, sonst nichts; denn die Hüllen des Himmels sanken ohne Laut hernieder und so reich, daß man den Schnee hätte wachsen sehen können. Sie selber waren so bedeckt, daß sie sich von dem allgemeinen Weiß nicht hervorhoben und sich, wenn sie um ein paar Schritte getrennt worden wären, nicht mehr gesehen hätten.

Eine Wohltat war es, daß der Schnee so trocken war wie Sand, so daß er von ihren Füßen und den Bundschühlein und Strümpfen daran leicht abglitt und abrieselte, ohne Ballen und Nässe zu machen.

Endlich gelangten sie wieder zu Gegenständen.

Es waren riesenhaft große, sehr durcheinander liegende Trümmer, die mit Schnee bedeckt waren, der überall in die Klüfte hineinrieselte und an die sie sich ebenfalls fast anstießen, ehe sie sie sahen. Sie gingen ganz hinzu, die Dinge anzublicken.

Es war Eis – lauter Eis.

Es lagen Platten da, die mit Schnee bedeckt waren, an deren Seitenwänden aber das glatte grünliche Eis sichtbar war, es lagen Hügel da, die wie zusammengeschobener Schaum aussahen, an deren Seiten es aber matt nach einwärts flimmerte und glänzte, als wären Balken und Stangen von Edelsteinen durcheinandergeworfen worden, es lagen ferner gerundete Kugeln da, die ganz mit Schnee umhüllt waren, es standen Platten und andere Körper auch schief oder gerade aufwärts, so hoch wie der Kirchturm in Gschaid oder wie Häuser. In einigen waren Höhlen eingefressen, durch die man mit einem Arme durchfahren konnte, mit einem Kopfe, mit einem Körper, mit einem ganzen großen Wagen voll Heu. Alle diese Stücke waren zusammen- oder emporgedrängt und starrten, so daß sie oft Dächer bildeten, oder Überhänge, über deren Ränder sich der Schnee herüberlegte und herabgriff wie lange weiße Tatzen. Selbst ein großer, schreckhaft schwarzer Stein, wie ein Haus, lag unter dem Eise und war emporgestellt, daß er auf der Spitze stand, daß kein Schnee an seinen Seiten liegenbleiben konnte. Und nicht dieser Stein allein – noch mehrere und größere staken in dem Eise, die man erst später sah und die wie eine Trümmermauer an ihm hingingen.

„Da muß recht viel Wasser gewesen sein, weil so viel Eis ist", sagte Sanna.

„Nein, das ist von keinem Wasser", antwortete der Bruder, „das ist das Eis des Berges, das immer oben ist, weil es so eingerichtet ist."

„Ja, Konrad", sagte Sanna.

„Wir sind jetzt bis zu dem Eise gekommen", sagte der Knabe, „wir sind auf dem Berge, Sanna, weißt du, den man von unserm Garten aus im Sonnenscheine so weiß sieht. Merke gut auf, was ich dir sagen werde. Erinnerst du dich noch, wie wir oft nachmittags in dem Garten saßen, wie es recht schön war, wie die Bienen um uns summten, die Linden dufteten und die Sonne von dem Himmel schien?"

„Ja, Konrad, ich erinnere mich."

„Da sahen wir auch den Berg. Wir sahen, wie er so blau war, so blau wie das sanfte Firmament, wir sahen den Schnee, der oben ist, wenn auch bei uns Sommer war, eine Hitze herrschte und die Getreide reif wurden."

„Ja, Konrad."

„Und unten, wo der Schnee aufhört, da sieht man allerlei

Farben, wenn man genau schaut, grün, blau, weißlich – das ist das Eis, das unten nur so klein ausschaut, weil man sehr weit entfernt ist, und das, wie der Vater sagte, nicht weggeht bis an das Ende der Welt. Und da habe ich oft gesehen, daß unterhalb des Eises die blaue Farbe noch fort geht, das werden Steine sein, dachte ich, oder es wird Erde und Weidegrund sein, und dann fangen die Wälder an, die gehen herab und immer weiter herab, man sieht auch allerlei Felsen in ihnen, dann folgen die Wiesen, die schon grün sind, und dann die grünen Laubwälder, und dann kommen unsere Wiesen und Felder, die in dem Tale von Gschaid sind. Siehst du nun, Sanna, weil wir jetzt bei dem Eise sind, so werden wir über die blaue Farbe hinabgehen, dann durch die Wälder, in denen die Felsen sind, dann über die Wiesen, und dann durch die grünen Laubwälder, und dann werden wir in dem Tale von Gschaid sein und recht leicht unser Dorf finden."

„Ja, Konrad", sagte das Mädchen.

Die Kinder gingen nun in das Eis hinein, wo es zugänglich war.

Sie waren winzig kleine wandelnde Punkte in diesen ungeheuren Stücken.

Wie sie so unter die Überhänge hineinsahen, gleichsam als gäbe ihnen ein Trieb ein, ein Obdach zu suchen, gelangten sie in einen Graben, in einen breiten, tiefgefurchten Graben, der gerade aus dem Eise hervorging. Er sah aus wie das Bett eines Stromes, der aber jetzt ausgetrocknet und überall mit frischem Schnee bedeckt war. Wo er aus dem Eise hervorkam, ging er gerade unter einem Kellergewölbe heraus, das recht schön aus Eis über ihn gespannt war. Die Kinder gingen in dem Graben fort und gingen in das Gewölbe hinein und immer tiefer hinein. Es war ganz trocken, und unter ihren Füßen hatten sie glattes Eis. In der ganzen Höhlung aber war es blau, so blau, wie gar nichts in der Welt ist, viel tiefer und viel schöner blau als das Firmament, gleichsam wie himmelblau gefärbtes Glas, durch welches lichter Schein hineinsinkt. Es waren dickere und dünnere Bogen, es hingen Zacken, Spitzen und Troddeln herab, der Gang wäre noch tiefer zurückgegangen, sie wußten nicht wie tief, aber sie gingen nicht mehr weiter. Es wäre auch sehr gut in der Höhle gewesen, es war warm, es fiel kein Schnee, aber es war so schreckhaft blau, die Kinder fürchteten sich und gingen wieder hinaus. Sie gingen eine Weile in dem Graben fort und kletterten dann über seinen Rand hinaus.

Sie gingen an dem Eise hin, sofern es möglich war, durch das Getrümmer und zwischen den Platten durchzudringen.

„Wir werden jetzt da noch hinübergehen und dann von dem Eise abwärts laufen", sagte Konrad.

„Ja", sagte Sanna und klammerte sich an ihn an.

Sie schlugen von dem Eise eine Richtung durch den Schnee abwärts ein, die sie in das Tal führen sollte. Aber sie kamen nicht weit hinab. Ein neuer Strom von Eis, gleichsam ein riesenhaft aufgetürmter und aufgewölbter Wall, lag quer durch den weichen Schnee und griff gleichsam mit Armen rechts und links um sie herum. Unter der weißen Decke, die ihn verhüllte, glimmerte es seitwärts grünlich und bläulich und dunkel und schwarz und selbst gelblich und rötlich heraus. Sie konnten es nun auf weitere Strecken sehen, weil das ungeheure und unermüdliche Schneien sich gemildert hatte und nur mehr wie an gewöhnlichen Schneetagen vom Himmel fiel. Mit dem Starkmute der Unwissenheit kletterten sie in das Eis hinein, um den vorgeschobenen Strom desselben zu überschreiten und dann jenseits weiter hinabzukommen. Sie schoben sich in die Zwischenräume hinein, sie setzten den Fuß auf jedes Körperstück, das mit einer weißen Schneehaube versehen war, war es Fels oder Eis, sie nahmen die Hände zur Hilfe, krochen, wo sie nicht gehen konnten, und arbeiteten sich mit ihren leichten Körpern hinauf, bis sie die Seite des Walles überwunden hatten und oben waren.

Jenseits wollten sie wieder hinabklettern.

Aber es gab kein Jenseits.

So weit die Augen der Kinder reichen konnten, war lauter Eis. Es standen Spitzen und Unebenheiten und Schollen empor wie lauter furchtbares überschneites Eis. Statt ein Wall zu sein, über den man hinübergehen könnte und der dann wieder von Schnee abgelöst würde, wie sie sich unten dachten, stiegen aus der Wölbung neue Wände von Eis empor, geborsten und geklüftet, mit unzähligen blauen, geschlängelten Linien versehen, und hinter ihnen waren wieder solche Wände, und hinter diesen wieder solche, bis der Schneefall das Weitere mit seinem Grau verdeckte.

„Sanna, da können wir nicht gehen", sagte der Knabe.

„Nein", antwortete die Schwester.

„Da werden wir wieder umkehren und anderswo hinabzukommen suchen."

„Ja, Konrad."

Die Kinder versuchten nun von dem Eiswalle wieder da hinabzukommen, wo sie hinaufgeklettert waren, aber sie kamen nicht hinab. Es war lauter Eis, als hätten sie die Richtung, in der sie gekommen waren, verfehlt. Sie wandten sich hierhin und dorthin und konnten aus dem Eise nicht herauskommen, als wären sie von ihm umschlungen. Sie kletterten abwärts und kamen wieder in Eis. Endlich, da der Knabe die Richtung immer verfolgte, in der sie nach seiner Meinung gekommen waren, gelangten sie in zerstreutere Trümmer, aber sie waren auch größer und furchtbarer, wie sie gerne am Rande des Eises zu sein pflegen, und die Kinder gelangten kriechend und kletternd hinaus. An dem Eisessaume waren ungeheure Steine, sie waren gehäuft, wie sie die Kinder ihr Leben lang nicht gesehen hatten. Viele waren in Weiß gehüllt, viele zeigten die unteren, schiefen Wände sehr glatt und fein geschliffen, als wären sie darauf geschoben worden, viele waren wie Hütten und Dächer gegeneinandergestellt, viele lagen aufeinander wie ungeschlachte Knollen. Nicht weit von dem Standorte der Kinder standen mehrere mit den Köpfen gegeneinandergelehnt, und über sie lagen breite, gelagerte Blöcke wie ein Dach. Es war ein Häuschen, das gebildet war, das gegen vorne offen, rückwärts und an den Seiten aber geschützt war. Im Innern war es trocken, da der steilrechte Schneefall keine einzige Flocke hineingetragen hatte.

Die Kinder waren recht froh, daß sie nicht mehr in dem Eise waren und auf ihrer Erde standen.

Aber es war auch endlich finster geworden.

„Sanna", sagte der Knabe, „wir können nicht mehr hinabgehen, weil es Nacht geworden ist und weil wir fallen oder gar in eine Grube geraten könnten. Wir werden da unter die Steine hineingehen, wo es so trocken und so warm ist, und da werden wir warten. Die Sonne geht bald wieder auf, dann laufen wir hinunter. Weine nicht, ich bitte dich recht schön, weine nicht, ich gebe dir alle Dinge zu essen, welche uns die Großmutter mitgegeben hat."

Sie weinte auch nicht, sondern nachdem sie beide unter das steinerne Überdach hineingegangen waren, wo sie nicht nur bequem sitzen, sondern auch stehen und herumgehen konnten, setzte sie sich recht dicht an ihn und war mäuschenstille.

„Die Mutter", sagte Konrad, „wird nicht böse sein, wir werden ihr von dem vielen Schnee erzählen, der uns aufgehalten hat, und sie wird nichts sagen; der Vater auch nicht. Wenn uns kalt wird – weißt du –, dann mußt du mit den Händen an deinen Leib schlagen, wie die Holzhauer getan haben, und dann wird dir wärmer werden."

„Ja, Konrad", sagte das Mädchen.

Sanna war nicht gar so untröstlich, daß sie heute nicht mehr über den Berg hinabgingen und nach Hause liefen, wie er etwa glauben mochte; denn die unermeßliche Anstrengung, von der die Kinder nicht einmal gewußt hatten, wie groß sie gewesen sei, ließ ihnen das Sitzen süß, unsäglich süß erscheinen, und sie gaben sich hin.

Jetzt machte sich aber auch der Hunger gelten. Beide nahmen fast zu gleicher Zeit ihre Brote aus den Taschen und aßen sie. Sie aßen auch die Dinge – kleine Stückchen Kuchen, Mandeln und Nüsse und andere Kleinigkeiten –, die die Großmutter ihnen in die Tasche gesteckt hatte.

„Sanna, jetzt müssen wir aber auch den Schnee von unsern Kleidern tun", sagte der Knabe, „daß wir nicht naß werden."

„Ja, Konrad", erwiderte Sanna.

Die Kinder gingen aus ihrem Häuschen, und zuerst reinigte Konrad das Schwesterlein von Schnee. Er nahm die Kleiderzipfel, schüttelte sie, nahm ihr den Hut ab, den er ihr aufgesetzt hatte, entleerte ihn von Schnee, und was noch zurückgeblieben war, das stäubte er mit einem Tuche ab. Dann entledigte er auch sich, so gut es ging, des auf ihm liegenden Schnees.

Der Schneefall hatte zu dieser Stunde ganz aufgehört. Die Kinder spürten keine Flocke.

Sie gingen wieder in die Steinhütte und setzten sich nieder. Das Aufstehen hatte ihnen ihre Müdigkeit erst recht gezeigt, und sie freuten sich auf das Sitzen. Konrad legte die Tasche aus Kalbfell ab. Er nahm das Tuch heraus, in welches die Großmutter eine Schachtel und mehrere Papierpäckchen gewickelt hatte, und tat es zu größerer Wärme um seine Schultern. Auch die zwei Weißbrote nahm er aus dem Ränzchen und reichte sie beide an Sanna: das Kind aß begierig. Es aß eines der Brote und von dem zweiten auch noch einen Teil. Den Rest reichte es aber Konrad, da es sah, daß er nicht aß. Er nahm es und verzehrte es.

Von da an saßen die Kinder und schauten.

So weit sie in der Dämmerung zu sehen vermochten, lag überall der flimmernde Schnee hinab, dessen einzelne winzige Täfelchen hie und da in der Finsternis seltsam zu funkeln begannen, als hätte er bei Tag das Licht eingesogen und gäbe es jetzt von sich.

Die Nacht brach mit der in großen Höhen gewöhnlichen Schnelligkeit herein. Bald war es ringsherum finster, nur der Schnee fuhr fort, mit seinem bleichen Lichte zu leuchten. Der Schneefall hatte nicht nur aufgehört, sondern der Schleier an dem Himmel fing auch an, sich zu verdünnen und zu verteilen; denn die Kinder sahen ein Sternlein blitzen. Weil der Schnee wirklich gleichsam ein Licht von sich gab und weil von den Wolken kein Schleier mehr herabhing, so konnten die Kinder von ihrer Höhle aus die Schneehügel sehen, wie sie sich in Linien von dem dunkeln Himmel abschnitten. Weil es in der Höhle viel wärmer war, als es an jedem andern Platze im ganzen Tage gewesen war, so ruhten die Kinder enge aneinander sitzend und vergaßen sogar die Finsternis zu fürchten. Bald vermehrten sich auch die Sterne, jetzt kam hier einer zum Vorscheine, jetzt dort, bis es schien, als wäre am ganzen Himmel keine Wolke mehr.

Das war der Zeitpunkt, in welchem man in den Tälern die Lichter anzuzünden pflegt. Zuerst wird eines angezündet und auf den Tisch gestellt, um die Stube zu erleuchten, oder es brennt auch nur ein Span, oder es brennt das Feuer auf der Leuchte, und es erhellen sich alle Fenster von bewohnten Stuben und glänzen in die Schneenacht hinaus – aber heute erst – am Heiligen Abende – da wurden viel mehrere angezündet, um die Gaben zu beleuchten, welche für die Kinder auf den Tischen lagen oder an den Bäumen hingen, es wurden wohl unzählige angezündet; denn beinahe in jedem Hause, in jeder Hütte, jedem Zimmer war eines oder mehrere Kinder, denen der heilige Christ etwas gebracht hatte und wozu man Lichter stellen mußte. Der Knabe hatte geglaubt, daß man sehr bald von dem Berge hinabkommen könne, und doch, von den vielen Lichtern, die heute in dem Tale brannten, kam nicht ein einziges zu ihnen herauf; sie sahen nichts als den blassen Schnee und den dunkeln Himmel, alles andere war ihnen in die unsichtbare Ferne hinabgerückt. In allen Tälern bekamen die Kinder in dieser Stunde die Geschenke des heiligen Christ: nur die zwei saßen oben am Rande des Eises, und die vorzüglichsten Geschenke, die sie heute hätten bekommen sollen, lagen in versiegelten Päckchen, in der Kalbfelltasche im Hintergrunde der Höhle.

Die Schneewolken waren ringsum hinter die Berge hinabgesunken, und ein ganz dunkelblaues, fast schwarzes Gewölbe spannte sich um die Kinder voll von dichten brennenden Sternen, und mitten durch diese Sterne war ein schimmerndes, breites milchiges Band gewoben, das sie wohl auch unten im Tale, aber nie so deutlich gesehen hatten. Die Nacht rückte vor. Die Kinder wußten nicht, daß die Sterne gegen Westen rücken und weiterwandeln, sonst hätten sie an ihrem Vorschreiten den Stand der Nacht erkennen können; aber es kamen neue und gingen die alten, sie aber glaubten, es seien immer dieselben. Es wurde von dem Scheine der Sterne auch lichter um die Kinder; aber sie sahen kein Tal, keine Gegend, sondern überall nur Weiß – lauter Weiß. Bloß ein dunkles Horn, ein dunkles Haupt, ein dunkler Arm wurde sichtbar und ragte dort und hier aus dem Schimmer empor. Der Mond war nirgends am Himmel zu erblicken, vielleicht war er schon frühe mit der Sonne untergegangen, oder er ist noch nicht erschienen.

Als eine lange Zeit vergangen war, sagte der Knabe: „Sanna, du mußt nicht schlafen; denn weißt du, wie der Vater gesagt hat, wenn man im Gebirge schläft, muß man erfrieren, so wie der alte Eschenjäger auch geschlafen hat und vier Monate tot auf dem Steine gesessen ist, ohne daß jemand gewußt hatte, wo er sei."

„Nein, ich werde nicht schlafen", sagte das Mädchen matt. Konrad hatte es an dem Zipfel des Kleides geschüttelt, um es zu jenen Worten zu erwecken.

Nun war es wieder stille.

Nach einer Zeit empfand der Knabe ein sanftes Drücken gegen seinen Arm, das immer schwerer wurde. Sanna war eingeschlafen und war gegen ihn herübergesunken.

„Sanna, schlafe nicht, ich bitte dich, schlafe nicht", sagte er.

„Nein", lallte sie schlaftrunken, „ich schlafe nicht."

Er rückte weiter von ihr, um sie in Bewegung zu bringen, allein sie sank um und hätte auf der Erde liegend fortgeschlafen. Er nahm sie an der Schulter und rüttelte sie. Da er sich dabei selber etwas stärker bewegte, merkte er, daß ihn friere und daß sein Arm schwerer sei. Er erschrak und sprang auf. Er ergriff die Schwester, schüttelte sie stärker und sagte: „Sanna, stehe ein wenig auf, wir wollen eine Zeit stehen, daß es besser wird."

„Mich friert nicht, Konrad", antwortete sie.

„Ja, ja, es friert dich, Sanna, stehe auf", rief er.

„Die Pelzjacke ist warm", sagte sie.

„Ich werde dir emporhelfen", sagte er.

„Nein", erwiderte sie und war stille.

Da fiel dem Knaben etwas anderes ein. Die Großmutter hatte gesagt: Nur ein Schlückchen wärmt den Magen so, daß es den Körper in den kältesten Wintertagen nicht frieren kann.

Er nahm das Klabfellränzchen, öffnete es und griff so lange, bis er das Fläschchen fand, in welchem die Großmutter der Mutter einen schwarzen Kaffeeabsud schicken wollte. Er nahm das Fläschchen heraus, tat den Verband weg und öffnete mit Anstrengung den Kork. Dann bückte er sich zu Sanna und sagte: „Da ist der Kaffee, den die Großmutter der Mutter schickt, koste ihn ein wenig, er wird dich warm machen. Die Mutter gibt ihn uns, wenn sie nur weiß, wozu wir ihn nötig gehabt haben."

Das Mädchen, dessen Natur zur Ruhe zog, antwortete: „Mich friert nicht.“

„Nimm nur etwas“, sagte der Knabe, „dann darfst du schlafen.“

Diese Aussicht verlockte Sanna, sie bewältigte sich so weit, daß sie das fast eingegossene Getränk verschluckte. Hierauf trank der Knabe auch etwas.

Der ungemein starke Auszug wirkte sogleich, und zwar um so heftiger, da die Kinder in ihrem Leben keinen Kaffee gekostet hatten. Statt zu schlafen, wurde Sanna nun lebhafter und sagte selber, daß sie friere, daß es aber von innen recht warm sei und auch schon so in die Hände und Füße gehe. Die Kinder redeten sogar eine Weile miteinander.

So tranken sie trotz der Bitterkeit immer wieder von dem Getränke, sobald die Wirkung nachzulassen begann, und steigerten ihre unschuldigen Nerven zu einem Fieber, das imstande war, den zum Schlummer ziehenden Gewichten entgegenzuwirken.

Es war nun Mitternacht gekommen. Weil sie noch so jung waren und an jedem Heiligen Abende in höchstem Drange der Freude stets erst sehr spät entschlummerten, wenn sie nämlich der körperliche Drang übermannt hatte, so hatten sie nie das mitternächtliche Läuten der Glocken, nie die Orgel der Kirche gehört, wenn das Fest gefeiert wurde, obwohl sie nahe an der Kirche wohnten. In diesem Augenblicke der heutigen Nacht wurde nun mit allen Glokken geläutet, es läuteten die Glocken in Millsdorf, es läuteten die Glocken in Gschaid, und hinter dem Berge war noch ein Kirchlein mit drei hellen, klingenden Glocken, die läuteten. In den fernen Ländern draußen waren unzählige Kirchen und Glocken, und mit allen wurde zu dieser Zeit geläutet, von Dorf zu Dorf ging die Tonwelle, ja man konnte wohl zuweilen von einem Dorfe zum andern durch die blätterlosen Zweige das Läuten hören: nur zu den Kindern herauf kam kein Laut, hier wurde nichts vernommen; denn hier war nichts zu verkündigen. In den Talkrümmen gingen jetzt an den Berghängen die Lichter der Laternen hin, und von manchem Hofe tönte das Hausglöcklein, um die Leute zu erinnern; aber dieses konnte um so weniger

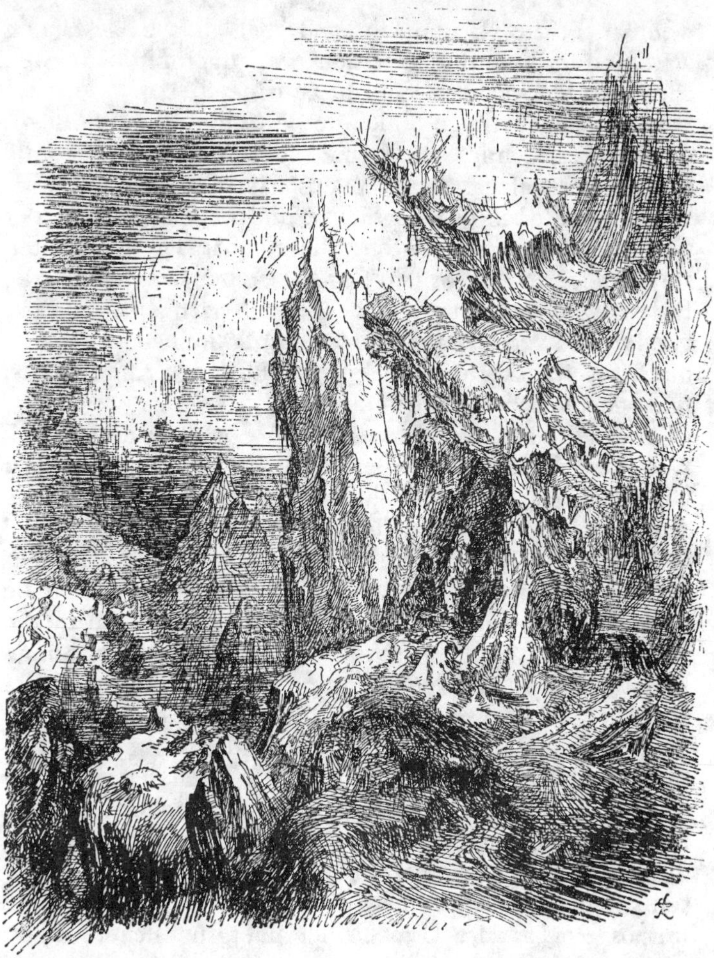

heraufgesehen und gehört werden, es glänzten nur die Sterne, und sie leuchteten und funkelten ruhig fort.

Wenn auch Konrad sich das Schicksal des erfrornen Eschenjägers vor Augen hielt, wenn auch die Kinder das Fläschchen mit dem schwarzen Kaffee fast ausgeleert hatten, wodurch sie ihr Blut zu größerer Tätigkeit brachten, aber gerade dadurch eine folgende Ermattung herbeizogen: so würden sie den Schlaf nicht haben überwinden können, dessen verführende Süßigkeit alle Gründe überwiegt, wenn nicht die Natur in ihrer Größe ihnen beigestanden wäre und in ihrem Innern eine Kraft aufgerufen hätte, welche imstande war, dem Schlafe zu widerstehen.

In der ungeheueren Stille, die herrschte, in der Stille, in der sich kein Schneespitzchen zu rühren schien, hörten die Kinder dreimal das Krachen des Eises. Was das Starrste scheint und doch das Regsamste und Lebendigste ist, der Gletscher, hatte die Töne hervorgebracht. Dreimal hörten sie hinter sich den Schall, der entsetzlich war, als ob die Erde entzweigesprungen wäre, der sich nach allen Richtungen im Eise verbreitete und gleichsam durch alle Äderchen des Eises lief. Die Kinder blieben mit offenen Augen sitzen und schauten in die Sterne hinaus.

Auch für die Augen begann sich etwas zu entwickeln. Wie die Kinder so saßen, erblühte am Himmel vor ihnen ein bleiches Licht mitten unter den Sternen und spannte einen schwachen Bogen durch dieselben. Es hatte einen grünlichen Schimmer, der sich sachte nach unten zog. Aber der Bogen wurde immer heller und heller, bis sich die Sterne vor ihm zurückzogen und erblaßten. Auch in andere Gegenden des Himmels sandte er einen Schein, der schimmergrün sachte und lebendig unter die Sterne floß. Dann standen Garben verschiedenen Lichtes auf der Höhe des Bogens, wie Zacken einer Krone, und brannten. Es floß helle durch die benachbarten Himmelsgegenden, es sprühte leise und ging in sanftem Zucken durch lange Räume. Hatte sich nun der Gewitterstoff des Himmels durch den unerhörten Schneefall so gespannt, daß er in diesen stummen, herrlichen Strömen des Lichtes ausfloß, oder war es eine andere Ursache der unergründlichen Natur: Nach und nach wurde es schwächer und immer schwächer, die Garben erloschen zuerst, bis es allmählich und unmerklich immer geringer wurde und wieder nichts am Himmel war als die tausend und tausend einfachen Sterne.

Die Kinder sagten keines zu dem andern ein Wort, sie blieben fort und fort sitzen und schauten mit offenen Augen in den Himmel.

Es geschah nun nichts Besonderes mehr. Die Sterne glänzten, funkelten und zitterten, nur manche schießende Schnuppe fuhr durch sie.

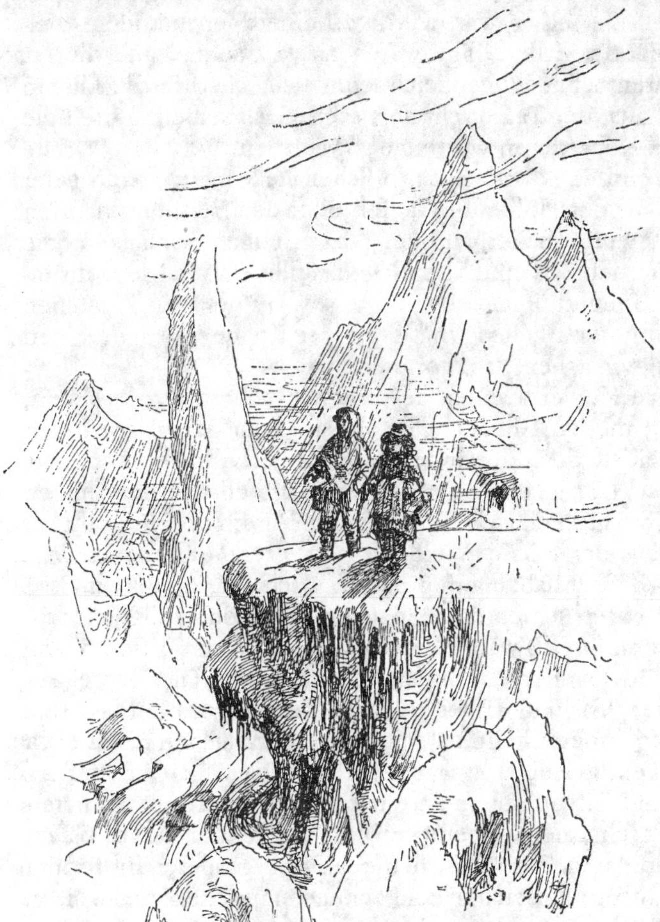

Endlich, nachdem die Sterne lange allein geschienen hatten und nie ein Stückchen Mond an dem Himmel zu erblikken gewesen war, geschah etwas anderes. Es fing der Himmel an, heller zu werden, langsam heller, aber doch zu erkennen; es wurde seine Farbe sichtbar, die bleichsten Sterne erloschen, und die anderen standen nicht mehr so dicht. Endlich wichen auch die stärkeren, und der Schnee vor den Höhen wurde deutlicher sichtbar. Zuletzt färbte sich eine Himmelsgegend gelb, und ein Wolkenstreifen, der in derselben war, wurde zu einem leuchtenden Faden entzündet. Alle Dinge waren klar zu sehen, und die entfernten Schneehügel zeichneten sich scharf in die Luft.

„Sanna, der Tag bricht an", sagte der Knabe.

„Ja, Konrad", antwortete das Mädchen.

„Wenn es nur noch ein bißchen heller wird, dann gehen wir aus der Höhle und laufen über den Berg hinunter."

Es wurde heller, an dem ganzen Himmel war kein Stern mehr sichtbar, und alle Gegenstände standen in der Morgendämmerung da.

„Nun, jetzt gehen wir", sagte der Knabe.

„Ja, wir gehen", antwortete Sanna.

Die Kinder standen auf und versuchten ihre erst heute recht müden Glieder. Obwohl sie nicht geschlafen hatten, waren sie doch durch den Morgen gestärkt, wie das immer so ist. Der Knabe hing sich das Kalbfellränzchen um und machte das Pelzjäckchen an Sanna fester zu. Dann führte er sie aus der Höhle. Weil sie nach ihrer Meinung nur über den Berg hinabzulaufen hatten, dachten sie an kein Essen und untersuchten das Ränzchen nicht, ob noch Weißbrote oder andere Eßwaren darinnen seien.

Von dem Berge wollte nun Konrad, weil der Himmel ganz heiter war, in die Täler hinabschauen, um das Gschaider Tal zu erkennen und in dasselbe hinunterzugehen. Aber er sah gar keine Täler. Es war nicht, als ob sie sich auf einem Berge befänden, von dem man hinabsieht, sondern in einer fremden, seltsamen Gegend, in der lauter unbekannte Gegenstände sind. Sie sahen heute auch in größerer Entfernung furchtbare Felsen aus dem Schnee emporstehen, die sie gestern nicht gesehen hatten, sie sahen das Eis, sie sahen Hügel und Schneelehnen emporstarren, und hinter diesen war entweder der Himmel, oder es ragte die blaue Spitze eines sehr fernen Berges am Schneerande hervor.

In diesem Augenblicke ging die Sonne auf.

Eine riesengroße blutrote Scheibe erhob sich an dem Schneesaume in den Himmel, und in dem Augenblicke errötete der Schnee um die Kinder, als wäre er mit Millionen Rosen überstreut worden. Die Kuppen und die Hörner warfen sehr lange grünliche Schatten längs des Schnees.

„Sanna, wir werden jetzt da weiter vorwärts gehen, bis wir an den Rand des Berges kommen und hinuntersehen", sagte der Knabe.

Sie gingen nun in den Schnee hinaus. Er war in der heiteren Nacht noch trockener geworden und wich den Tritten noch besser aus. Sie wateten rüstig fort. Ihre Glieder wurden sogar geschmeidiger und stärker, da sie gingen. Allein sie kamen an keinen Rand und sahen nicht hinunter. Schneefeld entwickelte sich aus Schneefeld, und am Saume eines jeden stand alle Male wieder der Himmel.

Sie gingen desohngeachtet fort.

Da kamen sie wieder in das Eis. Sie wußten nicht, wie das Eis dahergekommen sei, aber unter den Füßen empfanden sie den glatten Boden, und waren gleich nicht die fürchterlichen Trümmer, wie an jenem Rande, an dem sie die Nacht zugebracht hatten, so sahen sie doch, daß sie auf glattem Eise fortgingen, sie sahen hie und da Stücke, die immer mehr wurden, die sich näher an sie drängten und die sie wieder zu klettern zwangen.

Aber sie verfolgten doch ihre Richtung.

Sie kletterten neuerdings an Blöcken empor. Da standen sie wieder auf dem Eisfelde. Heute bei der hellen Sonne konnten sie erst erblicken, was es ist. Es war ungeheuer groß, und jenseits standen wieder schwarze Felsen empor, es ragte gleichsam Welle hinter Welle auf, das beschneite Eis war gedrängt, gequollen, emporgehoben, gleichsam als schöbe es sich noch vorwärts und flösse gegen die Brust der Kinder heran. In dem Weiß sahen sie unzählig vorwärts gehende geschlängelte blaue Linien. Zwischen jenen Stellen, wo die Eiskörper gleichsam wie aneinandergeschmettert starrten, gingen auch Linien wie Wege, aber sie waren weiß und waren Streifen, wo sich fester Eisboden vorfand oder die Stücke doch nicht gar so sehr verschoben waren. In diese Pfade gingen die Kinder hinein, weil sie doch einen Teil des Eises überschreiten wollten, um an den Bergrand zu gelangen und endlich einmal hinunterzusehen. Sie sagten kein Wörtlein. Das Mädchen folgte dem Knaben. Aber es war auch heute wieder Eis, lauter Eis. Wo sie hinübergelangen wollten, wurde es gleichsam immer breiter und breiter. Da schlugen sie, ihre Richtung aufgebend, den Rückweg ein. Wo sie nicht gehen konnten, griffen sie sich durch die Mengen des Schnees hindurch, der oft dicht vor ihrem Auge wegbrach und den sehr blauen Streifen einer Eisspalte zeigte, wo doch früher alles weiß gewesen war; aber sie kümmerten sich nicht darum, sie arbeiteten sich fort, bis sie wieder irgendwo aus dem Eise herauskamen.

„Sanna“, sagte der Knabe, „wir werden gar nicht mehr in das Eis hineingehen, weil wir in demselben nicht fortkommen. Und weil wir schon in unser Tal gar nicht hinabsehen können, so werden wir gerade über den Berg hinabgehen. Wir müssen in ein Tal kommen, dort werden wir den Leuten sagen, daß wir aus Gschaid sind, die werden uns einen Wegweiser nach Hause mitgeben.“

„Ja, Konrad“, sagte das Mädchen.

So begannen sie nun in dem Schnee nach jener Richtung abwärts zu gehen, welche sich ihnen eben darbot. Der Knabe führte das Mädchen an der Hand. Allein nachdem sie eine Weile abwärts gegangen waren, hörte in dieser Richtung das Gehänge auf, und der Schnee stieg wieder empor. Also änderten die Kinder die Richtung und gingen nach der Länge einer Mulde hinab. Aber da fanden sie wieder Eis. Sie stiegen also an der Seite der Mulde empor, um nach einer andern Richtung ein Abwärts zu suchen. Es führte sie eine Fläche hinab, allein die wurde nach und nach so steil, daß sie kaum noch einen Fuß einsetzen konnten und abwärts zu gleiten fürchteten. Sie klommen also wieder empor, um wieder einen andern Weg nach abwärts zu suchen. Nachdem sie lange im Schnee emporgeklommen und dann auf einem ebenen Rücken fortgelaufen waren, war es wie früher; entweder ging der Schnee so steil ab, daß sie gestürzt wären, oder er stieg wieder hinan, daß sie auf den Berggipfel zu kommen fürchteten. Und so ging es immer fort.

Da wollten sie die Richtung suchen, in der sie gekommen waren, und zur roten Unglücksäule hinabgehen. Weil es nicht schneit und der Himmel so helle ist, so würden sie, dachte der Knabe, die Stelle schon erkennen, wo die Säule sein solle, und würden von dort nach Gschaid hinabgehen können.

Der Knabe sagte diesen Gedanken dem Schwesterchen, und diese folgte.

Allein auch der Weg auf den Hals hinab war nicht zu finden.

So klar die Sonne schien, so schön die Schneehöhen da standen und die Schneefelder da lagen, so konnten sie doch die Gegenden nicht erkennen, durch die sie gestern heraufgegangen waren. Gestern war alles durch den fürchterlichen Schneefall verhängt gewesen, daß sie kaum einige Schritte von sich gesehen hatten, und da war alles ein einziges Weiß und Grau durcheinander gewesen. Nur die Felsen hatten sie gesehen, an denen und zwischen denen sie gegangen waren: allein auch heute hatten sie bereits viele Felsen gesehen, die alle den nämlichen Anschein gehabt hatten wie die gestern gesehenen. Heute ließen sie frische Spuren in dem Schnee zurück; aber gestern sind alle Spuren von dem fallenden Schnee verdeckt worden. Auch aus dem bloßen Anblicke konnten sie nicht erraten, welche Gegend auf den Hals führe, da alle Gegenden gleich waren. Schnee, lauter Schnee. Sie gingen aber doch immer fort und meinten, es zu erringen. Sie wichen den steilen Abstürzen aus und kletterten keine steilen Anhöhen hinauf.

Auch heute blieben sie öfter stehen, um zu horchen; aber sie vernahmen auch heute nichts, nicht den geringsten Laut. Zu sehen war auch nichts als der Schnee, der helle, weiße Schnee, aus dem hie und da die schwarzen Hörner und die schwarzen Steinrippen emporstanden.

Endlich war es dem Knaben, als sähe er auf einem fernen schiefen Schneefelde ein hüpfendes Feuer. Es tauchte auf, es tauchte nieder. Jetzt sahen sie es, jetzt sahen sie es nicht. Sie blieben stehen und blickten unverwandt auf jene Gegend hin. Das Feuer hüpfte immer fort, und es schien, als ob es näher käme; denn sie sahen es größer und sahen das Hüpfen deutlicher. Es verschwand nicht mehr so oft und nicht mehr auf so lange Zeit wie früher. Nach einer Weile vernahmen sie in der stillen blauen Luft schwach, sehr schwach etwas wie einen lange anhaltenden Ton aus einem Hirtenhorne. Wie aus Instinkt schrien beide Kinder laut. Nach einer Zeit hörten sie den Ton wieder. Sie schrien wieder und blieben auf der nämlichen Stelle stehen. Das Feuer näherte sich auch. Der Ton wurde zum dritten Male vernommen, und dieses Mal deutlicher. Die Kinder antworteten wieder durch lautes Schreien. Nach einer geraumen Weile erkannten sie auch das Feuer. Es war kein Feuer, es war eine rote Fahne, die geschwungen wurde. Zuweilen ertönte das Hirtenhorn näher, und die Kinder antworteten.

„Sanna", rief der Knabe, „da kommen Leute aus Gschaid, ich kenne die Fahne, es ist die rote Fahne, welche der fremde Herr, der mit dem jungen Eschenjäger den Gars bestiegen hatte, auf dem Gipfel aufpflanzte, daß sie der Herr Pfarrer mit dem Fernrohre sähe, was als Zeichen gälte, daß sie oben seien, und welche Fahne damals der fremde Herr dem Herrn Pfarrer geschenkt hat. Du warst noch ein recht kleines Kind."

„Ja, Konrad."

Nach einer Zeit sahen die Kinder auch die Menschen, die bei der Fahne waren, kleine schwarze Stellen, die sich zu bewegen schienen. Der Ruf des Hornes wiederholte sich von Zeit zu Zeit und kam immer näher. Die Kinder antworteten jedesmal.

Endlich sahen sie über den Schneeabhang gegen sich her mehrere Männer mit ihren Stöcken herabfahren, die die Fahne in ihrer Mitte hatten. Da sie näher kamen, erkannten sie dieselben. Es war der Hirt Philipp mit dem Horne, seine zwei Söhne, dann der junge Eschenjäger und mehrere Bewohner von Gschaid.

„Gebenedeit sei Gott", schrie Philipp, „da seid ihr ja. Der ganze Berg ist voll Leute. Laufe doch einer gleich in die Sideralpe hinab und läute die Glocke, daß die dort hören, daß wir sie gefunden haben, und einer muß auf den Krebsstein gehen und die Fahne dort aufpflanzen, daß sie dieselbe in dem Tale sehen, und die Pöller abschießen, damit die es wissen, die im Millsdorfer Walde suchen, und damit sie in Gschaid die Rauchfeuer anzünden, die in der Luft gesehen werden, und alle, die noch auf dem Berge sind, in die Sideralpe hinab bedeuten. Das sind Weihnachten!"

„Ich laufe in die Alpe hinab", sagte einer.

„Ich trage die Fahne auf den Krebsstein", sagte ein anderer.

„Und wir werden die Kinder in die Sideralpe hinabbringen, so gut wir es vermögen und so gut uns Gott helfe", sagte Philipp.

Ein Sohn Philipps schlug den Weg nach abwärts ein, und der andere ging mit der Fahne durch den Schnee dahin.

Der Eschenjäger nahm das Mädchen bei der Hand, der Hirt Philipp den Knaben. Die andern halfen, wie sie konnten. So begann man den Weg. Er ging in Windungen. Bald gingen sie nach einer Richtung, bald schlugen sie die entgegengesetzte ein, bald gingen sie abwärts, bald aufwärts. Immer ging es durch Schnee, immer durch Schnee, und die Gegend blieb sich beständig gleich. Über sehr schiefe Flächen taten sie Steigeisen an die Füße und trugen die Kinder. Endlich nach langer Zeit hörten sie ein Glöcklein, das sanft und fein zu ihnen heraufkam und das erste Zeichen war, das ihnen die niederen Gegenden wieder zusandten. Sie mußten wirklich sehr tief herabgekommen sein; denn sie sahen ein Schneehaupt recht hoch und recht blau über sich ragen. Das Glöcklein aber, das sie hörten, war das der Sideralpe, das geläutet wurde, weil dort die Zusammenkunft verabredet war. Da sie noch weiter kamen, hörten sie auch schwach in die stille Luft die Pöllerschüsse herauf, die infolge der ausgestreckten Fahne abgefeuert wurden, und sahen dann in die Luft feine Rauchsäulen aufsteigen.

Da sie nach einer Weile über eine sanfte schiefe Fläche abgingen, erblickten sie die Sideralphütte. Sie gingen auf

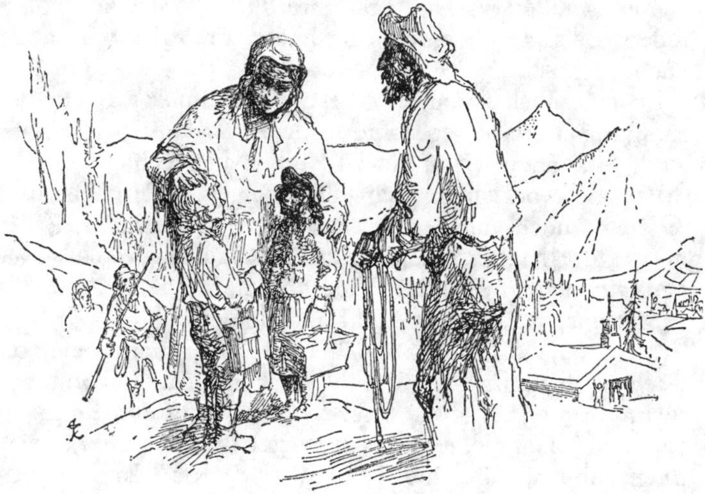

sie zu. In der Hütte brannte ein Feuer, die Mutter der Kinder war da, und mit einem furchtbaren Schrei sank sie in den Schnee zurück, als sie die Kinder mit dem Eschenjäger kommen sah.

Dann lief sie herzu, betrachtete sie überall, wollte ihnen zu essen geben, wollte sie wärmen, wollte sie in vorhandenes Heu legen; aber bald überzeugte sie sich, daß die Kinder durch die Freude stärker seien, als sie gedacht hatte, daß sie nur einiger warmer Speise bedurften, die sie bekamen, und daß sie nur ein wenig ausruhen mußten, was ihnen ebenfalls zuteil werden sollte.

Da nach einer Zeit der Ruhe wieder eine Gruppe Männer über die Schneefläche herabkam, während das Hüttenglöcklein immer fortläutete, liefen die Kinder selber mit den andern hinaus, um zu sehen, wer es sei. Der Schuster war es, der einstige Alpensteiger, mit Alpenstock und Steigeisen, begleitet von seinen Freunden und Kameraden.

„Sebastian, da sind sie", schrie das Weib.

Er aber war stumm, zitterte und lief auf sie zu. Dann rührte er die Lippen, als wollte er etwas sagen, sagte aber nichts, riß die Kinder an sich und hielt sie lange. Dann wandte er sich gegen sein Weib, schloß es an sich und rief: „Sanna, Sanna!"

Nach einer Weile nahm er den Hut, der ihm in den Schnee gefallen war, auf, trat unter die Männer und wollte reden. Er sagte aber nur: „Nachbarn, Freunde, ich danke euch."

Da man noch gewartet hatte, bis die Kinder sich zur Beruhigung erholt hatten, sagte er: „Wenn wir alle beisammen sind, so können wir in Gottes Namen aufbrechen."

„Es sind wohl noch nicht alle", sagte der Hirt Philipp, „aber die noch abgehen, wissen aus dem Rauche, daß wir die Kinder haben, und sie werden schon nach Hause gehen, wenn sie die Alphütte leer finden."

Man machte sich zum Aufbruche bereit.

Man war auf der Sideralphütte nicht gar weit von Gschaid entfernt, aus dessen Fenstern man im Sommer recht gut die grüne Matte sehen konnte, auf der die graue Hütte mit dem kleinen Glockentürmlein stand; aber es war unterhalb eine fallrechte Wand, die viele Klaftern hoch hinabging und auf der man im Sommer nur mit Steigeisen, im Winter gar nicht hinabkommen konnte. Man mußte daher den Umweg zum Halse machen, um von der Unglücksäule aus nach Gschaid hinabzukommen. Auf dem Wege gelangte man über die Siderwiese, die noch näher an Gschaid ist, so daß man die Fenster des Dörfleins zu erblicken meinte.

Als man über diese Wiese ging, tönte hell und deutlich das Glöcklein der Gschaider Kirche herauf, die Wandlung des heiligen Hochamtes verkündend.

Der Pfarrer hatte wegen der allgemeinen Bewegung, die am Morgen in Gschaid war, die Abhaltung des Hochamtes verschoben, da er dachte, daß die Kinder zum Vorscheine kommen würden. Allein endlich, da noch immer keine Nachricht eintraf, mußte die heilige Handlung doch vollzogen werden.

Als das Wandlungsglöcklein tönte, sanken alle, die über die Siderwiese gingen, auf die Knie in den Schnee und beteten. Als der Klang des Glöckleins aus war, standen sie auf und gingen weiter.

Der Schuster trug meistens das Mädchen und ließ sich von ihm alles erzählen.

Als sie schon gegen den Wald des Halses kamen, trafen sie Spuren, von denen der Schuster sagte: „Das sind keine Fußstapfen von Schuhen meiner Arbeit."

Die Sache klärte sich bald auf. Wahrscheinlich durch die vielen Stimmen, die auf dem Platze tönten, angelockt, kam wieder eine Abteilung Männer auf die Herabgehenden zu. Es war der aus Angst aschenhaft entfärbte Färber, der an der Spitze seiner Knechte, seiner Gesellen und mehrerer Millsdorfer bergab kam.

„Sie sind über das Gletschereis und über die Schründe gegangen, ohne es zu wissen", rief der Schuster seinem Schwiegervater zu.

„Da sind sie ja – da sind sie ja – Gott sei Dank", antwortete der Färber, „ich weiß es schon, daß sie oben waren, als dein Bote in der Nacht zu uns kam und wir mit Lichtern den ganzen Wald durchsucht und nichts gefunden hatten – und als dann das Morgengrau anbrach, bemerkte ich an dem Wege, der von der roten Unglücksäule links gegen den

Schneeberg hinanführt, daß dort, wo man eben von der Säule weggeht, hin und wieder mehrere Reiserchen und Rütchen geknickt sind, wie Kinder gerne tun, wo sie eines Weges gehen – da wußte ich es –, die Richtung ließ sie nicht mehr aus, weil sie in der Höhlung gingen, weil sie zwischen den Felsen gingen und weil sie dann auf dem Grat gingen, der rechts und links so steil ist, daß sie nicht hinabkommen konnten. Sie mußten hinauf. Ich schickte nach dieser Beobachtung gleich nach Gschaid, aber der Holzknecht Michael, der hinüberging, sagte bei der Rückkunft, da er uns fast am Eise oben traf, daß ihr sie schon habet, weshalb wir wieder heruntergingen."

„Ja", sagte Michael, „ich habe es gesagt, weil die rote Fahne schon auf dem Krebssteine steckt und die Gschaider dieses als Zeichen erkannten, das verabredet worden war. Ich sagte euch, daß auf diesem Wege da alle herabkommen müssen, weil man über die Wand nicht gehen kann."

„Und knie nieder, und danke Gott auf den Knien, mein Schwiegersohn", fuhr der Färber fort, „daß kein Wind gegangen ist. Hundert Jahre werden wieder vergehen, daß ein so wunderbarer Schneefall niederfällt und daß er gerade niederfällt, wie nasse Schnüre von einer Stange hängen. Wäre ein Wind gegangen, so wären die Kinder verloren gewesen."

„Ja, danken wir Gott, danken wir Gott", sagte der Schuster.

Der Färber, der seit der Ehe seiner Tochter nie in Gschaid gewesen war, beschloß, die Leute nach Gschaid zu begleiten.

Da man schon gegen die rote Unglücksäule zu kam, wo der Holzweg begann, wartete ein Schlitten, den der Schuster auf alle Fälle dahin bestellt hatte. Man tat die Mutter und die Kinder hinein, versah sie hinreichend mit Decken und Pelzen, die im Schlitten waren, und ließ sie nach Gschaid vorausfahren.

Die andern folgten und kamen am Nachmittage in Gschaid an.

Die, welche noch auf dem Berge gewesen waren und erst durch den Rauch das Rückzugszeichen erfahren hatten, fanden sich auch nach und nach ein. Der letzte, welcher erst am Abende kam, war der Sohn des Hirten Philipp, der die rote Fahne auf den Krebsstein getragen und sie dort aufgepflanzt hatte.

In Gschaid wartete die Großmutter, welche herübergefahren war.

„Nie, nie", rief sie aus, „dürfen die Kinder in ihrem ganzen Leben mehr im Winter über den Hals gehen."

Die Kinder waren von dem Getriebe betäubt. Sie hatten noch etwas zu essen bekommen, und man hatte sie in das Bett gebracht. Spät gegen Abend, da sie sich ein wenig erholt hatten, da einige Nachbarn und Freunde sich in der Stube eingefunden hatten und dort von dem Ereignisse redeten, die Mutter aber in der Kammer an dem Bettchen Sannas saß und sie streichelte, sagte das Mädchen: „Mutter, ich habe heute nachts, als wir auf dem Berge saßen, den heiligen Christ gesehen."

„O du mein geduldiges, du mein liebes, du mein herziges Kind", antwortete die Mutter, „er hat dir auch Gaben gesendet, die du bald bekommen wirst."

Die Schachteln waren ausgepackt worden, die Lichter waren angezündet, die Tür in die Stube wurde geöffnet, und die Kinder sahen von dem Bette auf den verspäteten hell leuchtenden, freundlichen Christbaum hinaus. Trotz der Erschöpfung mußte man sie noch ein wenig ankleiden, daß sie hinausgingen, die Gaben empfingen, bewunderten und endlich mit ihnen einschliefen.

In dem Wirtshause in Gschaid war es an diesem Abende lebhafter als je. Alle, die nicht in der Kirche gewesen waren, waren jetzt dort, und die andern auch. Jeder erzählte, was er gesehen und gehört, was er getan, was er geraten und was für Begegnisse und Gefahren er erlebt hat. Besonders aber wurde hervorgehoben, wie man alles hätte anders und besser machen können.

Das Ereignis hat einen Abschnitt in die Geschichte von Gschaid gebracht, es hat auf lange den Stoff zu Gesprächen gegeben, und man wird noch nach Jahren davon reden, wenn man den Berg an heitern Tagen besonders deutlich sieht oder wenn man den Fremden von seinen Merkwürdigkeiten erzählt.

Die Kinder waren von dem Tage an erst recht das Eigentum des Dorfes geworden, sie wurden von nun an nicht mehr als Auswärtige, sondern als Eingeborne betrachtet, die man sich von dem Berge herabgeholt hatte.

Auch ihre Mutter Sanna war nun eine Eingeborne von Gschaid.

Die Kinder aber werden den Berg nicht vergessen und werden ihn jetzt noch ernster betrachten, wenn sie in dem Garten sind, wenn wie in der Vergangenheit die Sonne sehr schön scheint, der Lindenbaum duftet, die Bienen summen und er so schön und so blau wie das sanfte Firmament auf sie herniederschaut.

Katzensilber

In einem abgelegenen, aber sehr schönen Teile unsers Vaterlandes steht ein stattlicher Hof. Er steht auf einem kleinen Hügel und ist auf einer Seite von seinen Feldern und seinen Wiesen und auf der andern von seinem kleinen Walde umgeben. Man sollte eigentlich auch einen Garten hieher rechnen; aber es würde doch eine unrechte Benennung sein; denn Gärten der Art, wie sie in allen Ländern im Brauche sind, gibt es in jenem hoch gelegenen, mit Hügeln und Waldesspitzen besetzten Landesteile nicht, weil die Stürme des Winters und die Fröste des Frühlings und Herbstes allen jenen Gewächsen übel mitspielen, die man vorzugsweise in Gärten hegt; aber der Besitzer des Hofes hat gegen eine Sandlehne hin, die steil abfällt und in den warmen Lagen die Sonnenstrahlen recht heiß zurückwirft, Bäume gepflanzt, die auf weichem, schönem Rasen stehen, vor den Abend-, Mitternacht- und Morgenwinden geschützt sind, durch die höhere und eingeschlossene Lage vor dem Reife bewahrt werden und auf ihrem warmen Platze so schnell gewachsen sind, daß sie auf ihren Edelreisern, die ihnen eingesetzt worden und zu bedeutenden Ästen gediehen sind, jährlich die großen schwarzen Kirschen, die Weichseln, die Birnen und die rotwangigen Äpfel tragen. Von den kleineren Gewächsen, als Johannisbeeren, Stachelbeeren, Erdbeeren, rede ich nicht. Sogar Pfirsiche und Aprikosen reifen an einer an der Sandlehne aufgeführten Mauer dann, wenn sich ein heißer Sommer ereignet und wenn man das Zuhüllen durch eine Rohrmappe an kühlen Frühlingsabenden nicht vergessen hat. Seine Blumen hegt der Besitzer in verschiedenen gläsernen Häusern, stellt sie an schönen Tagen und in den warmen Sommermonaten auf die hölzernen Gestelle vor dem Hause

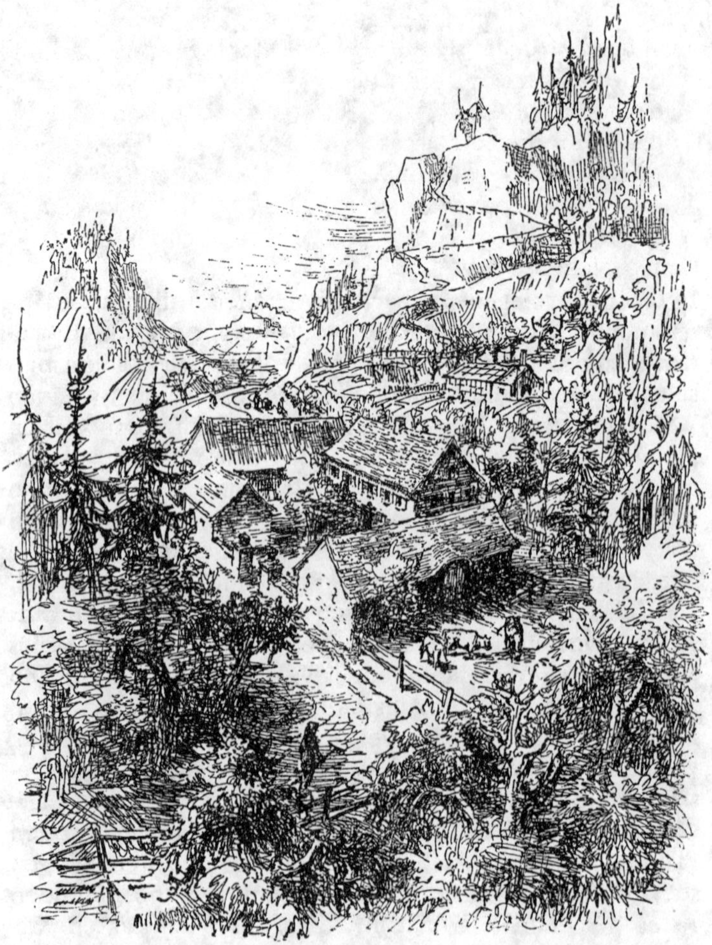

oder in die Fenster. Selbst in den Zimmern sieht man die schönsten auf dazu eingerichteten Tischen stehen. Diejenigen, welche für die Luft und das Wetter des Landes eingerichtet sind, stehen in dem freien Grunde.

Wenn man über die Sandlehne emporgegangen ist, steigt noch ein Felsen auf, der dem Berge Festigkeit gibt, dessen Geschiebe nicht gegen den Garten absinken läßt und zur Vermehrung der Wärme nicht wenig beiträgt. Der Besitzer des Hofes hat einen Weg mit festem Geländer durch die

Sandlehne und um den Felsen empor anlegen lassen, weil man von dort recht schön auf das Haus, auf den Garten und auf die Landschaft niedersieht. Er hat an einigen Stellen Bänkchen anbringen lassen, daß man da sitzen und die Dinge mit Ruhe betrachten kann. Hinter dem Felsen gegen mitternachtwärts geht Gebüsch, dann folgen noch auf dem immer ansteigenden Boden einzelne Eichen und Birken, dann der Nadelwald, der den Gipfel einnimmt und das Schauspiel beschließt.

Um das Haus liegen, wie es in jenem Lande immer vorkömmt, in nähern und fernern Kreisen Hügel, die mit Feldern und Wiesen bedeckt sind, manches Bauerhaus, manchen Meierhof zeigen und auf dem Gipfel jedesmal den Wald tragen, der wie nach einem verabredeten Gesetze alle Gipfel jenes hügligen Landes besetzt. Zwischen den Hügeln, die oft, ohne daß man es ahnt, in steile Schluchten abfallen, gehen Bäche, ja zuweilen Gießbäche, über welche Stege und in abgelegenen Teilen gar nur Baumstämme führen. Regelmäßige Brücken haben nur die Fahrwege, wo sie über einen solchen Bach gehen müssen. Das ganze Land geht gegen Mitternacht immer mehr empor, bis die größeren, düsteren, weitgedehnten Wälder kommen, die den Beginn der böhmischen Länder bezeichnen. Gegen Mittag sieht man die freundliche blaue Kette der Hochgebirge an dem Himmel dahinstreichen.

Der Besitzer des Hofes war einmal als ein sehr junger Mensch in die Welt gegangen und hatte viele Dinge erfahren und viele Menschen kennengelernt. Als er herangereift, als ihm der Vater gestorben war und er von ihm und zwei unverehlichten Oheimen eine hinreichende Habe geerbt hatte, ging er mit der Erbschaft und dem, was er sich selber erworben hatte, auf beständig in das Land seiner Geburt zurück, das er früher nur zuweilen besucht hatte, und baute dort die Gebäude des Vaterhauses um und noch so viel daran, bis der liebliche Hof da stand. Dann holte er sich aus der entfernten Hauptstadt ein sehr schönes Mädchen und wurde mit demselben in der kleinen Pfarrkirche eingesegnet. Er wollte lieber in der traulichen Einöde seiner Heimat als beständig unter dem Geräusche der vielen und fremden Menschen der Hauptstadt leben.

Wenn es aber Winter wurde, dann ging er mit der Gattin in ihre Geburtsstadt, um eine Weile dort zu sein und zu sehen, was die Menschen indessen wieder gefördert, was auf geistigem Felde sich zugetragen und im Zusammenleben sich geändert hat. Mit der Rückkehr der Sonne kam er wieder auf seinen Hof.

Auf demselben lebte auch seine Mutter, welche nie aus ihrer Heimat entfernt gewesen war, nur die nächsten Orte kannte und bloß ein einziges Mal in der Hauptstadt des Landes gewesen war. Sie nahm die Tochter liebreich auf, und es war reizend, wenn die schöne junge Gattin neben der ältlichen Frau ging, die die Tracht des Landes trug. Während des Aufenthaltes der Eheleute in der Hauptstadt hütete sie den Hof und besorgte und ordnete alles. Wenn sie kommen sollten, sandte sie den Knecht mit den Pferden entgegen und sah ihm nach, wenn der Wagen den Hügel hinabfuhr.

Sogleich ging der tätige Sohn wieder an die unterbrochene Arbeit. Anlagen wurden erweitert, neue begonnen, das Haus verbessert und verschönert und die Geschäfte des Feldes geführt. Man sah ihn unter seinem Gesinde und unter seinen Leuten.

Nach zwei Jahren schickte der Himmel einen Zuwachs der Familie, es erschien das Töchterlein Emma. Gatte und Gattin, die bisher Sohn und Tochter geheißen hatten, wurden jetzt Vater und Mutter, und die Mutter wurde Großmutter.

Sie nahm das Kindlein und lehrte die Tochter manche Dinge, wie es zu behandeln sei.

Als dem Mädchen die Härlein auf dem Haupte sich zu ringeln begannen und in schöner blonder Farbe herabfielen, erschien das zweite, dunkle Schwesterlein, Clementia, dessen Haupt schon bei der Geburt beschattet war und an dem sich bald die schwarzen Ringlein bildeten.

Wenn nun nicht mehr der Vater und die Mutter allein im Winter wegfuhren, sondern auch die Kindlein, hatte die Großmutter nun mehr zu sorgen, sie hatte für viere zu fürchten, und wenn sie kamen, fanden sie die Gelasse für viere noch wohnlicher eingerichtet.

Die Kindlein wuchsen empor. Sie hatten einen unschuldigen Mund, rote Wänglein, große Augen und eine reine Stirne, und das eine hatte um dieselbe die blonden, seidenweichen Locken des Vaters, das andere die schwarzen der Mutter.

Großmutter war ihre Gespielin, sie lockte sie in ihr Gemach, sie siedelte sich mit ihnen im Garten an, in der schattigen Laube am Stamme des Apfelbaumes oder in den Glashäusern oder an der Lehne des Sandes.

Da sie schon größer waren, da sie mit den Füßlein über Hügel und Täler gehen konnten, da die Körperchen schlanker und behender emporzielten, gingen sie mit der Großmutter auf den hohen Nußberg. Wenn der Haber bleichte und das Korn und die Gerste in der Scheune zur Ruhe war, dann färbten sich die Haselnüsse mit braunen oder rosenfarbenen Wänglein.

Die Kinder hatten breite Strohhüte auf, sie hatten Kleider, aus deren Ärmeln die Arme hervorgingen, sie hatten weiße Höschen und hatten Schuhe, die so stark waren, daß sie das Gerölle des Berges nicht empfanden. An der Hand trugen sie ein Körblein, in der andern eine weiße Rute mit einem Haken, daß sie die Haselzweige herabbeugen konnten. Die Rute war selber von einem Haselstrauche genommen und war abgeschält worden. Sie gingen unter den Obstbäumen hin, sie gingen hinter den Glashäusern in der Sandlehne empor, sie hielten sich mit den Händchen an dem Geländer, und sie rasteten auf den Sitzen. Wenn sie in den Felsen hinaufgekommen waren, saßen sie auf einem Bänklein oder auf einem Stücke Stein, nahmen eine Stecknadel aus den Bändern ihres Hutes oder baten die Großmutter um ein spitzes Messerlein, das sie in ihrer Armtasche hatte, und gruben die kleinen, feinen Blättchen und Flinserchen aus den Steinen, die da staken und so funkelten und glänzten. Sie taten dieselben in ein Papierchen und hoben sie im Schürzensäckchen oder in der Armtasche der Großmutter auf. Die Großmutter wartete auf sie oder half ihnen oder erzählte Geschichten. Wenn sie noch höher hinaufkamen, da war wieder die Erde, und auf ihr war das Heidekraut und die Gräser und Kräuter, und da stand auch ein Wacholderstrauch oder der Strunk einer Birke oder eine Distel. Und bei denselben saßen sie wieder nieder und ruhten wieder. Sie waren die einzigen weißen Punkte, und um sie waren die Hügel, die von den lichten Stoppeln der Ernte glänzten oder von den gepflügten Feldern braunten oder von dem Grün der Gewächse, die man nach der Ernte gebaut hatte, mannigfach gefärbt waren, da lagen die Täler, die Wiesen mit dem zweiten Grün oder ein glänzendes Wasser, es erklommen die Wäldchen die Gipfel der Hügel, ein Erdbruch leuchtete, ein Häuschen oder ein Gemäuer von Höfen schimmerte, und weit, weit draußen lagen die blauen Berge, die mit den schwachen Felsen durchwirkt waren und die kleinen Täfelchen von Schnee zeigten.

Da sie einmal in dem dürren Grase saßen und die hohen Halme wankten, erzählte die Großmutter folgende Geschichte: „Wo dort hinter dem spitzigen Walde die weißen Wolken ziehen, liegt das Hagenbucher Haus. Der Hagenbucher war ein strenger Mann, und es konnte kein Dienstbote bei ihm aushalten, und kein Knecht und keine Magd konnte die Arbeit verrichten, die das große Haus verlangte. Sie gingen immer davon, oder er schickte sie fort. Einmal erschien eine große Magd mit braunem Angesichte und starken Armen und sagte, sie wolle ihm dienen, wenn er ihr nur die Nahrung gäbe und manchmal ein Tuch auf einen Rock und ein Linnen auf ein Hemd. Der Bauer dachte, er könne es versuchen. Die braune Magd waltete und wirtschaftete nun, als ob zwei gekommen wären, und aß doch nur für eine und lernte immer besser schaffen und arbeiten. Der Bauer dachte, er habe es getroffen, und die Magd war Jahre in dem Hause. Einmal, da der Bauer zwei Ochsen zu verkaufen hatte und da er sie in einem Joche den Gallbrunerwald hinunter nach Rohrach auf den Viehmarkt getrieben und verkauft hatte, nahm er das ledige Joch auf seine Schultern und ging durch den Wald nach Hause zurück. Da hörte er eine Stimme, die rief: ‚Jochträger, Jochträger, sag der Sture Mure, die Rauh-Rinde sei tot – Jochträger, Jochträger, sag der Sture Mure, die Rauh-Rinde sei tot.' Der Bauer sah unter die Bäume, er konnte aber nichts sehen und erblicken, und da fürchtete er sich und fing so schnell zu gehen an, als er konnte, und kam nach Hause, da ihm der Schweiß über die Stirne rann. Als er beim Abendessen die Sache erzählte, heulte das große Mädchen, lief davon und wurde niemals wieder gesehen."

Ein anderes Mal erzählte die Großmutter: „Sehet, ihr Kinder, wo der Gallbrunerwald aufhört, da geht fahles Ding empor, das sind die Karesberge, und dort sind die Karesbergerhäuser auf dem Grase und zwischen den Steinen.

Zu den Karesbergern kam einmal ein Wichtelchen und sagte, es wolle ihnen die Ziegen hüten, sie dürften ihm keinen Lohn geben; aber abends, wenn die Ziegen im Stalle wären, müßten sie ihm ein weißes Brot auf den hohlen Stein legen, der außerhalb der Karesberge ist, und es werde es sich holen. Die Karesberger willigten ein, und das Wichtelchen wurde bei ihnen Gaißer. Die Ziegen liefen des Morgens fort, sie liefen auf die Weide hinaus und holten sich das Futter, sie kamen mittags mit den gefüllten Eutern, und liefen wieder fort, und kamen am Abend mit gefüllten Eutern, und gediehen, und wurden immer schöner, und vermehrten sich sowohl weiße als schwarze, sowohl schekkige als braune. Die Karesberger freuten sich und legten das weiße Brot, das sie eigens backen ließen, auf den Stein. Da dachten sie, sie müßten dem Gaißer eine Freude machen, und ließen ihm ein rotes Röcklein machen. Sie legten das Röcklein abends auf den Stein, da die Ziegen schon zu Hause waren. Das Wichtelchen legte das rote Röcklein an und sprang damit, es sprang wie toll vor Freude unter den grauen Steinen, sie sahen es immer weiter abwärts springen, wie ein Feuer, das auf dem grünen Rasen hüpft, und da der andere Morgen gekommen war und die Ziegen auf die Weide liefen, war das Wichtelchen nicht da, und es kam gar nie wieder zum Vorscheine."

So erzählte die Großmutter, und wenn sie aufgehört hatte, so standen sie auf und gingen wieder weiter. Sie gingen an den Gebüschen der Schlehen und Erlen dahin: da waren die Käfer, die Fliegen, die Schmetterlinge um sie, es war der Ton der Ammer zu hören oder das Zwitschern des Zaunkönigs und Goldhähnchens. Sie sahen weit herum und sahen den Hühnergeier in der Luft schweben. Dann kamen sie zu den weißen Birken, die die schönen Stämme haben, von denen sich die weißen Häutchen lösen und die braune, feine Rinde zeigen, und sie kamen endlich zu den

Eichen, die die dunklen, starren Blätter und die knorrigen, starken Äste haben, und sie kamen zuletzt in den Nadelwald, wo die Föhren sausen, die Fichten mit den herabhängenden grünen Haaren stehen und die Tannen die flachzeiligen, glänzenden Nadeln auseinanderbreiten. Am Rande des Waldes sahen sie zurück, um das Haus und den Garten zu sehen. Diese lagen winzig unter ihnen, und die Scheiben der Glashäuser glänzten wie die Täfelchen, die sie mit einer Stecknadel oder mit dem spitzigen Messerlein der Großmutter aus dem Steine gebrochen hatten.

Dann gingen sie in den Wald, wo es dunkel war, wo die Beeren und Schwämme standen, die Moossteine lagen und ein Vogel durch die Stämme und Zweige schoß. Sie pflückten keine Beeren, weil sie nicht Zeit hatten und weil schon der Sommer so weit vorgerückt war, daß die Heidelbeere nicht mehr gut war, die Himbeere schon aufgehört hatte, die Brombeere noch nicht reif war und die Erdbeere auf dem Erdbeerenberge stand. Sie gingen auf dem sandigen Wege fort, den der Vater an vielen Stellen hatte ausbessern lassen. Und als sie bei dem Holze vorbei waren, das im Sommer geschlagen worden war, und noch ein Weilchen auf dem Sandwege gegangen waren, kamen sie wieder aus dem Walde hinaus.

Sie sahen nun einen grauen Rasen vor sich, auf dem viele Steine lagen, dann war ein Tal, und dann stand der hohe Nußberg empor.

Da gingen sie nun auf dem Rasen abwärts, der eine Mulde hatte, in dem ein Wässerlein floß. Sie gingen zwischen den grauen Steinen, auf denen ein verdorrtes Reis oder eine Feder lag oder die Bachstelze hüpfte und mit den Steuerfedern den Takt schlug. Und als sie zu dem Bächlein gekommen waren, in welchem die grauen, flinken Fischlein schwimmen und um welches die blauen, schönen Wasserjungfern flattern, und als sie über den breiten Stein gegangen waren, den ihnen der Vater als Brücke über das Bächlein hatte legen lassen, kamen sie gegen den hohen Nußberg empor.

Sie gingen auf den Nußberg, der ringsherum rund ist, der eine Spitze hat, an dessen Füße die Steine liegen, der die vielen Gebüsche trägt – die Krüppelbirke, die Erle, die

Esche und die vielen, vielen Haselnußstauden – und der weit herum sieht auf die Felder, auf denen fremde Menschen ackern, und auf weitere, unbekannte Gegenden.

Großmutter hatte Schwarzköpfchen an der Hand. Blondköpfchen ging allein und sprang über die Steine. Da sie zu dem Nußberge kamen, gingen sie unter das Gehege hinein, die Großmutter bückte sich, Blondköpfchen bückte sich auch, es bückte sich sogar Schwarzköpfchen, und sie kamen zu den Gebüschen der Nüsse. Da waren nun sie und viele andere Dinge auf dem Berge. Es waren die rötlichen Mäuslein, die auch Nüsse fressen, die unter den Wurzeln die trockenen Gänge bohren, in welche sie die Sämereien des Berges und andere Dinge zu Mahlzeiten tragen, in welche sie Halme und Heu für die Nester der Jungen tragen und in welchen sie die Nüsse mit den Zähnen benagen, um zu dem süßen, kräftigen Kerne zu gelangen – da war der flüchtige Häher, der mit den Flügeln, in die er die blaugestreiften Täfelchen eingesetzt hat, durch die Äste dahinflog – da war das Eichhörnchen, das über den Rasen schlüpfte und auf einem hohen, dicken Aste hielt, die Vorderpfoten an den Mund nahm und emsig nagte – und wer weiß, was noch da war, seine Freude und Lust auf dem hohen Nußberge zu suchen, was Flügel hat oder wie die Wiesel und Iltisse in der Sandgrube lief.

Es standen die grünen Äste zu dem blauen Himmel empor, und Blätter und Nüsse starrten an ihnen, bald einzeln, bald zwei, bald drei, bald zu großen Knöpfen vereinigt, und hatten blasse oder grünliche oder bräunliche oder rötliche Wangen. Die Kinder langten mit den Händlein in die Zweige, oder sie faßten dieselben mit dem Haken und zogen sie nieder, um die Nüsse zu pflücken. Und wenn sie sich geirrt und einen tauben Zweig herabgebogen hatten, ließen sie ihn gleich wieder los und suchten nach einem andern. So waren sie emsig und fleißig. Und wenn die Äste zu hoch waren oder wenn sie zu stark waren, daß sie durch die Kraft der Kinder nicht gebogen werden konnten, so half die Großmutter, sie langte den Zweig herunter und hielt ihn so lange, bis die Hände der Kinder die Nüsse gefunden und gepflückt hatten. Sie führte sie auch in Gegenden, wo die Zweige recht gefüllt waren und von Nüssen an

Nüssen prangten. Wenn dann die Kinder recht viel gelesen hatten, wenn sie ihre Körblein voll hatten, wenn sie auch in ihre Täschlein noch gesteckt, ja sogar in ihre Tüchlein gebunden hatten, so blieben sie noch auf dem Berge, sie gingen herum, sie gingen auf den Gipfel empor und setzten sich an einer dicken und veralteten Haselwurzel, die sehr einladend war, nieder und verweilten in der weiten, glänzenden Luft.

Die Großmutter sagte ihnen, da sei es auch gewesen, wo das Hähnlein und das Hühnlein auf den Nußberg gegangen seien, wo das Hühnlein so viel gedurstet und das Hähnlein ihm Wasser gebracht habe und wo auch noch andere Dinge geschehen seien. Sie zeigte ihnen dann herum und sagte ihnen die wunderlichen Namen der Berge, sie nannte manches Feld, das zu erblicken war, und erklärte die weißen Pünktlein, die kaum zu sehen waren und ein Haus oder eine Ortschaft bedeuteten. Und wenn gar reine, schöne Himmelsferne war und die Gebirge deutlich standen, enträtselte sie die seltsamen Spitzen, die hinaufragten, und erzählte von manchem Rücken, der sich dehnte, und wenn schwache Wolken über dem Gebirge waren, so sagte sie, sie gleichen wirklichen Palästen oder Städten oder Ländern oder Dingen, die niemand kennt. Und gegen Mitternacht sahen sie auf den Gailbrunerwald und die Karesberge und dahinter auf den Streifen des Sesselwaldes, über dem oft eine lange matte Wolke war, die nicht so schön glänzte wie die gegen Mittag über dem Gebirge.

Und wenn sie recht viel in das Land gesehen hatten, erzählte ihnen die Großmutter auch von den Männern, die in demselben gelebt hatten, von den Rittern, die herumgeritten, von den schönen Frauen und Mädchen, die auf Zeltern gesessen seien, von den Schäfern mit den klugen Schafen und von den Fischern und von den Jägern.

Dann gingen sie zurück. Sie ordneten die zerdrückten Kleidchen, nahmen Korb und Rute und gingen auf dem nämlichen Wege hinab, auf dem sie gekommen waren.

Sie gingen an den Haselstauden abwärts, sie gingen über die Steine, sie gingen über das Bächlein mit den grauen Fischlein und den blauen Wasserjungfern, sie gingen über den Rasen, sie gingen durch den Wald, sie gingen in dem

Felsen, in dem Gebüsche und in der Sandlehne nieder und kamen von den Glashäusern auf dem Rasen gegen den Hof vorwärts, wo die Mutter oft in ihrem schönen Gewande und mit dem Sonnenschirme wandelte und ihnen entgegenging.

Dann bekamen sie ein Essen, weil sie sehr hungerte. Sie hatten zwei Nußknacker, Blondköpfchen einen größeren und ernsteren, Schwarzköpfchen einen kleineren und närrischeren, der einen drolligen Mund hatte und fürchterliche Augen machte. In die Mäuler der Nußknacker taten sie die Nüsse, die sie gebracht und von den grünen Hülsen befreit hatten, drückten mit den Zünglein und zerbrachen die Nüsse, indem die Knacker gewaltig die Kinnladen zusammentaten und erschreckliche Gesichter erzeugten. Sie gaben von den Kernen und von den Nüssen dem Vater und der Mutter und auch der Großmutter, die selten Nüsse von dem hohen Nußberge mitbrachte, und dann immer nur wenige, die sie stets auf das Tischlein der Kinder legte, so wie sie auch die geschenkten ihnen immer wieder zurückschenkte.

Als Blondköpfchen schon recht groß geworden war und zu lernen anfing, als Schwarzköpfchen auch schon lernte und ein freundlicher Lehrer aus der Stadt gekommen war und mit ihnen auf einem Tische in der Kinderstube die schönen Bücher aufmachte und die Dinge in denselben deutete: wurde auch ein Brüderlein geboren, Sigismund. Und wie Blondköpfchen der Vater, Schwarzköpfchen die Mutter war, so war Sigismund Vater und Mutter, er war Blondköpfchen und Schwarzköpfchen; denn wie sich seine Haare zu entwickeln begannen, so wurden sie anfangs licht und bildeten sich dann zu braunen Ringeln, die Augen waren nicht blau oder schwarz, sondern braun.

Jetzt konnten sie nicht mehr mit der Großmutter auf den hohen Nußberg gehen, weil sie bei dem kleinen Brüderlein bleiben mußten. Mit jemand andern durften sie nicht gehen und mußten bei dem Hause verweilen. Da gingen sie nun in dem Garten herum, schauten die Obstbäume an, oder sie waren in den Glashäusern und betrachteten die Blumen.

Als aber das Brüderlein zweimal in dem Winter im großen Wagen mit in die Stadt gefahren und zweimal im Sommer wieder gekommen war, so war es schon so stark geworden, daß es mit den Schwesterlein und mit der Großmutter herumgehen konnte. Sie gingen durch die Felder, sie gingen in den Wald und übten die Füße. Dann gingen sie wieder auch auf den hohen Nußberg.

Die Schwesterlein hatten weiße Kleider an, sie hatten gelbe Strohhüte auf, von denen der eine sich mit Blondköpfchens Locken unkenntlich vermischte, der andere sich von Schwarzköpfchens Haupte wie ein Schein abhob, sie hatten rote Bänder an den Hüten und Kleidern, sie trugen Körblein an dem Arme und die weiße Haselrute mit dem Haken in der Hand. Der Knabe hatte weiße Höslein, ein blaues Jäckchen, auch ein Strohhütchen auf den braunen Locken und eine kleinere weiße Rute mit einem Haken. Statt des Körbleins hatte er ein Täschchen von gelbem Leder an grünen Bändern über seine Schulter hängen. Sie gingen viel langsamer, sie rasteten öfter, und die Schwesterlein zeigten dem Bruder viele Dinge an dem Wege, die sie schon kannten, und sie zeigten auch, wie schnell sie gehen könnten, wenn sie wollten, indem sie auf dem Rasen hüpften, auf den Steinen hüpften, vorwärts und wieder rückwärts liefen. Sie gingen durch die Sandlehne, das Gestrippe, durch die Felsen, den Wald, über die graue Mulde und den hohen Nußberg hinan. Sie pflückten sich die Nüsse in ihre Körblein, das Brüderlein langte auch mit seinem kleinen Häklein, und alle halfen zusammen, bis es auch sein Täschchen voll hatte.

Als sie an der dicken, veralteten Haselwurzel saßen, erzählte die Großmutter wieder eine Geschichte. Sie sagte: „Bei dem Sesselwalde an seinem steilen Mittagsfalle war einstens auch ein Wald, aber er war nicht dicht, es standen Birken und Ahorne auf dem Rasen. Da war ein Schäfer, der die Schafe in das Gehölz führte, daß sie auf dem Rasen weideten und daß sie ihm Milch und Wolle gaben. Da kam aus dem Sesselwalde ein schwarzer Mann herunter, der sagte, daß in der Harthöhle, wo das Silber rinne, das blutige Licht sei. Der Schäfer wußte nicht, wer der Mann sei und was das Silber und das blutige Licht sei, und konnte ihn auch nicht fragen, weil er gleich fortging. Aber er wartete, bis er wiederkäme. Allein der Mann kam nicht mehr. Da der Schäfer eines Tages ein verlorenes Lamm suchte, ging er dem Bache entgegen, wo er herabfließt, daß er die springenden Wellen in den Augen hatte. Da er das Lamm immer wieder weiter oben blöken hörte, ging er fort und fort. Er ging so weit hinauf, daß der Wald schon sehr dick war, daß der Bach über Steine und Kugeln floß und daß an den beiden Seiten harte Felsenwände standen. Da sah er aus einem Steine ein Wasser herausfließen und herabfallen, als ob lauter silberne Bänder und Fransen über die Steine herab gebreitet wären. Da stieg er an dem Steine empor und suchte sich an dem glatten Felsen mit Füßen und Händen zu halten. Als er oben war, sah er, daß das Wasser aus einer Höhle herausrinne und daß die Höhle sehr glänzend hart sei, als wäre sie aus einem kunstreichen Steine gehauen worden. Er ging in die Höhle hinein. Sie wurde immer enger und wurde immer finsterer, und das Wässerlein floß aus ihr hervor. Da sah er es plötzlich in einem Winkel leuchten, als ob ein roter, blutiger Tropfen dort läge. Er ging näher, und es leuchtete fort. Da gab es ihm ein, er solle die Hand ausstrecken und den Tropfen nehmen. Er nahm den Tropfen, aber es war ein kalter, rauher Stein, den er in der Hand spürte, und der Stein war so groß, daß er ihn kaum mit der Hand fassen konnte. Er trug den Stein hervor, bis er an das Tageslicht kam, und da sah er, daß es ein Feldstein war, wie man viele Tausende findet, und daß aus dem Feldsteine ein rotes Äuglein hervorschaue, wie wenn es von den Lidern der harten Steinrinde bedeckt wäre und nur rosenfarb blinzen könne. Wenn man den Stein drehte, warf er Funken auf die Dinge. Der Schäfer stieg eilig die Felsenwand herab, er ging den fließenden Bach entlang und sputete sich, bis er zu seiner Herde kam. Das Lamm, das er verloren und nicht gefunden hatte, war zu Hause und trank an seiner Mutter. Er wickelte den Stein in ein Tuch und bewahrte ihn sorgsam. Da kam einmal ein Hochbauer, und er verkaufte ihm den Stein um fünf Schafe. Und der Hochbauer verkaufte ihn einem Arzte um ein Pferd, und der Arzt verkaufte ihn einem Lombarden um hundert Goldstücke, und der Lombarde ließ ihn von dem gemeinen Gesteine befreien und schleifen, und jetzt tragen ihn Fürsten und Könige in ihren Kronen, er ist sehr groß und leuchtend, und ist ein Karfunkel oder ein anderer roter Stein, sie beneiden sich darum, und wenn sie das Land erobern, wird der Stein sorgsam fortgetragen, als ob man eine eroberte Stadt in einem Schächtelchen davontrüge."

Zu einem anderen Male sagte die Großmutter: „In unsern Wässern, die braun und glänzend sind, weil sie den Eisenstaub aus den Bergen führen, ist nicht bloß das Eisen enthalten, es glänzet der Sand, als ob er lauter Gold wäre, und wenn man ihn nimmt und wenn man ihn mit Wasser vorsichtig abschwemmt, so bleiben kleine Blättchen und Körner zurück, die eitel und wirkliches Gold sind. In früheren Jahren haben seltsame Menschen, die weit von der Ferne gekommen sind, das Gold in unsern Bächen gewaschen und sind reich von dannen gezogen; es haben dann auch mehrere von uns in den Wässern gewaschen und manches gefunden; aber jetzt ist es wieder vergessen worden, und niemand achtet das Wasser weiter, als daß er sein Vieh darin tränkt. Dann liegen noch köstlichere Sachen in demselben. Wenn man eine Muschel findet und sie die rechte ist, so liegt in ihr eine Perle, die so kostbar ist, daß man sie durchbohrt und, mit mehreren vereinigt, an einer Schnur gefaßt den schönen Frauen als sanften Schmuck um den Hals tut oder Heiligenbilder umwindet und heilige Gefäße einfaßt."

Wenn die Kinder und die Großmutter lange gesessen waren, standen sie wieder auf und gingen nach Hause.

Aber auch auf andere Stellen gingen die Kinder mit der Großmutter, sie gingen auf die Wiesen, wo die Schmalz- und Butterblumen waren, und besonders die Vergißmeinnicht, die wie klare Fischäuglein aus den Wellen schauen und auf einem Gefäße mit Wasser lange auf dem Tische der Mutter blühen. Sie gingen auf den Erdbeerenberg, wo die würzigen Erdbeeren standen, die kleiner, aber besser waren, als die der Vater in Beeten an der Sandlehne zog. Sie gingen in die Felder, wo der brennende Mohn, die blauen Kornblumen und die hellgelben Frauenschühlein blühten.

Für sich allein standen die Kinder gerne am Bache, wo er sanft fließt und allerlei krause Linien zieht, und blickten auf den Sand, der wohl wie Gold war, wenn die Sonne durch das Wasser auf ihn schien und der glänzende Blättchen und Körner zeigte. Wenn sie aber mit einem Schäufelchen Sand herausholten und gut wuschen und schwemmten, so waren die Blättchen Katzensilber, und die Körner waren schneeweiße Stückchen von Kiesel. Muscheln waren wenige zu sehen, und wenn sie eine fanden, so war sie im Innern glatt, und es war keine Perle darin.

Als Blondköpfchen und Schwarzköpfchen schon schöner und wunderbarer geworden waren, als Sigismund schon groß geworden war und sie wieder einmal auf dem hohen Nußberge an der dicken, veralteten Haselwurzel saßen, kam aus dem Gebüsche ein fremdes, braunes Kind heraus. Es war ein Mädchen, es war fast so groß und noch schlanker als Blondköpfchen, hatte nackte Arme, die es an der Seite herabhängen ließ, hatte einen nackten Hals und hatte ein grünes Wams und grüne Höschen an, an welchem viele rote Bänder waren. In dem Angesichte hatte es schwarze Augen. Es blieb an dem Gebüsche der Haseln stehen und sah auf die Großmutter und auf die Kinder. Die Großmutter sagte nichts und fuhr fort zu reden. Die Kinder aber sahen auf das Mädchen. Als die Großmutter geendet hatte, redete sie das Mädchen an und sagte: „Wer bist du denn?“

Das Mädchen aber antwortete nicht, es sprang in die Gebüsche und lief davon, daß man die Zweige sich rühren sah.

Die Großmutter und die Kinder gingen von dem hohen Nußberge, ohne weiter von dem Mädchen etwas zu sehen oder zu hören.

Als sie wieder einmal an der dicken, veralteten Haselwurzel saßen und die Großmutter redete, kam das braune Mädchen wieder, trat wieder aus den Gebüschen, blieb stehen und sah die Kinder an. Als man es fragte, lief es nicht davon wie das erste Mal, zog sich aber gegen das Gebüsch zurück, daß die Blätter seine nackten Arme deckten, und sah auf die Kinder. Da man sich erhob, um wegzugehen, lief es wieder über den hohen Nußberg hinunter.

Die Kinder verlangten nun öfter nach dem hohen Nußberge, um das braune Mädchen zu sehen.

Die Großmutter ging mit ihnen hinauf. Sie gingen wohl öfter, ohne das braune Mädchen zu erblicken, aber einmal, als sie ihre Körbchen mit Nüssen gefüllt hatten und an der

Haselwurzel saßen, kam das Mädchen wieder aus den Gebüschen, blieb wieder stehen und sah auf Blondköpfchen hin. Es mochte wohl hinsehen, da es selber nicht die langen blonden Locken, sondern kurz abgeschnittene schwarze Haare hatte. Als man es nach langer Weile freundlich anre-

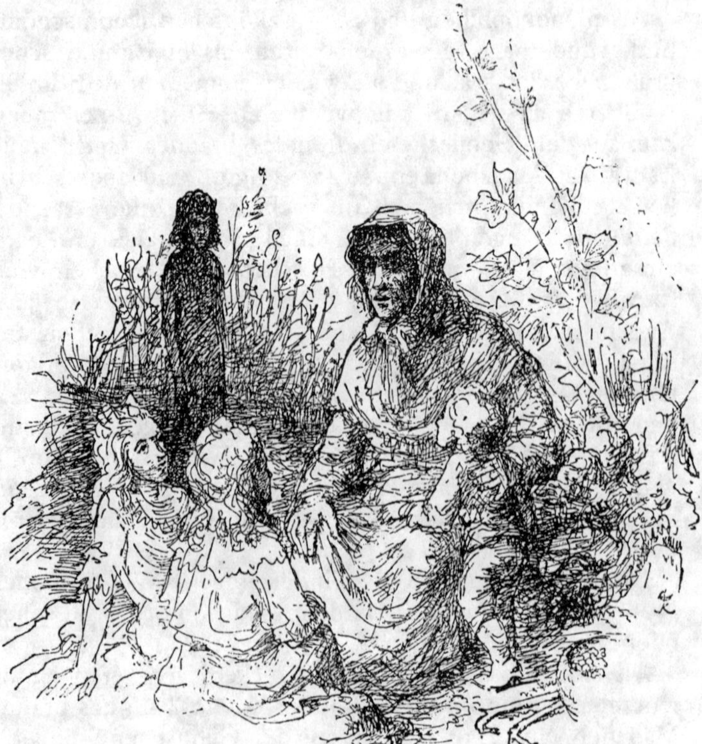

dete, wich es nur ein wenig zurück, lächelte, zeigte wunderbare weiße Zähne, antwortete aber nicht. Die Kinder blieben länger sitzen, die Großmutter sprach allerlei, und das braune Mädchen stand und sah zu. Da man fortging, lief es nicht so eilig davon wie die zwei ersten Male, sondern ging auch langsam auf einem Wege, der den Kindern nahe war, den Berg hinunter und konnte einige Male in den Gebüschen gesehen werden. Es hatte immer die nämlichen Kleider an, die es das erste Mal angehabt hatte.

Der Vater erlaubte den Kindern gerne, daß sie auf den hohen Nußberg gingen, sagte aber, daß sie dem fremden Kinde nichts zuleide tun sollten. Wenn sie oben waren, kam das Kind, blieb an dem Rande der Gebüsche stehen und sah zu. Es lächelte recht freundlich, wenn man zu ihm sprach, antwortete aber nicht. Wenn man fortging, ging es hinterher bis an das Ende der Gebüsche.

Einmal erschien es auch mit einer weißen abgeschälten Haselrute, wie die Kinder hatten, und hielt die Rute hoch empor.

Ein anderes Mal, da die Kinder herabgingen und es hinter ihnen ging und die Kinder etwas langsamer gingen, näherte es sich ihnen immer mehr und berührte endlich Blondköpfchen mit der Rute.

Nach und nach legte es sich auch in das Gras, wenn die Großmutter erzählte, es stützte den braunen Arm auf den Ellbogen, das Haupt auf die Hand, und richtete die schwarzen Augen auf die Großmutter. Es verstand die Worte, weil es in dem Angesichte die Empfindungen ausdrückte. Die Kinder hatten es recht lieb.

Sie brachten ihm Spielzeug und Äpfel, legten sie zu ihm in das Gras, und es nahm dieselben und steckte sie zu sich.

Da es nach und nach tief in den Herbst gegangen war, da keine Nüsse mehr an den Zweigen hingen, da die Zweige sich schon mit Gelb färbten, die geackerten Felder der Ferne schon das Grün der Wintersaaten angenommen hatten und die Tage kurz waren, daß man bald nach Hause gehen mußte, war einmal ein gar heißer, schöner Herbsttag, wie kaum seit Menschengedenken einer gewesen sein mochte.

Die Kinder saßen wieder auf dem hohen Nußberge, das braune Mädchen saß in dem Grase, und die Großmutter saß auf einem Steine.

Es war ihnen wohl, in der späten, warmen Sonne sitzen zu können. Die Züge der alten Frau waren beleuchtet, die Steine glänzten, an den Zacken und Hervorragungen hingen gespannte silberne Fäden, und die roten Bänder des braunen Mädchens schimmerten, wenn sie die Sonne an einer Stelle traf, und sie hingen herab wie glühende Streifen.

Die Großmutter erzählte wieder von einer schönen Gräfin, die auf dem Walle gestanden war und sich allein gegen die Bauern im Bauernkriege verteidigte, als dieselben mit Gabeln, Dreschflegeln, Morgensternen und anderen Dingen das Schloß erbrechen und anzünden wollten, bis endlich von fernen Landen ihr Mann kam und wie ein Sturmwind die Aufrührer zerschmetterte und vertilgte.

An dem Himmel, da sie sprach, standen Wolken, die eine Wand machten und mit den Bergen verschmolzen, daß alles in einem lieblichen Dufte war und die Stoppelfelder noch heller und glänzender schimmerten und leuchteten.

Die Kinder blieben auf dem Berge. Sie spielten und hatten dem fremden Mädchen liebliche Dinge mitgebracht.

Die Wolken aber wurden nach und nach immer deutlicher, und an ihren oberen Rändern waren sie von der Sonne beschienen und glänzten, als ob geschmolzenes Silber herabflösse.

Die Hitze wurde immer größer, und weil man in ihr im Herbste müder wird als im Sommer, so blieben sie noch immer auf dem Berge sitzen.

Die Großmutter schaute nach den Wolken. Wenn es Sommer gewesen wäre, würde sie gedacht haben, daß ein Gewitter kommen könnte; aber in dieser Jahreszeit war das nicht möglich, und es war daran nicht zu denken. Das braune Mädchen sah auch nach den Wolken.

Wenn im üblen Falle ein leichter Herbststaubregen käme, dachte die Großmutter, so macht das nichts, da die Kinder gewohnt seien, naß zu werden, und da dies ihrer Gesundheit eher zuträglich ist.

Aber bald sollte sie anders denken. Man hörte aus den Wolken schwach donnern. Man wartete noch ein Weilchen, und der Donner wiederholte sich.

Die Großmutter überlegte nun, was zu tun sei. Zwischen dem hohen Nußberge und dem Hofe ihres Sohnes war kein Haus und keine Hütte, man konnte also nirgends eine Unterkunft finden. In dem Walde könnten wohl die Bäume einen Schutz vor dem Regen gewähren, aber dafür waren sie desto gefährlicher wegen des Blitzes, und man durfte dort keine Zuflucht suchen. Ob sie mit den Kindern noch vor Ausbruch des Gewitters nach Hause kommen könnte, war zweifelhaft. Aber sie dachte, wenn auch das Gewitter erschiene, so könne es auf keinen Fall in der späten Jahreszeit stark sein, der Regen werde nicht in Strömen herabfließen wie im Sommer, und so würde er leicht zu überstehen sein.

Indessen hatte sich die Gestalt der Wolken verändert. Sie bildeten eine dunkle Wand, und auf dem Grunde dieser Wand zeigten sich weißliche, leichte Flocken, die dahinzogen. Es wurden auch schon Blitze in den Wolken gesehen, aber die Donner, die ihnen folgten, waren noch so ferne, als wären sie hinter den Bergen. Die Sonne schien noch immer auf den hohen Nußberg und die umringende Gegend.

Die Kinder fürchteten sich nicht. Sie hatten schon starke Gewitter gesehen, wie sie in ihrem Hügellande vorkommen, und da Vater und Mutter ihre Geschäfte ruhig forttaten, so waren ihnen Gewitter nicht entsetzlich.

Das braune Mädchen war in der Nähe der Stelle, auf welcher sie gesessen waren, hin und her gegangen. Es hatte unter manche Haselbüsche hineingesehen, es hatte unter Wurzelgeflechte geblickt oder in kleine Erdhöhlungen geschaut.

Die Wolken hatten nach und nach die Sonne verschlungen. Die vielen Haseln auf dem Berge lagen im Schatten, die anstoßende Gegend war im Schatten, und nur noch die fernen Stoppeln gegen Morgen waren beleuchtet und schimmerten.

„Ich weiß nicht, liebe Kinder“, sagte die Großmutter, „ob es nun auch wirklich wahr ist, was meine Mutter oft erzählt hat, daß die heilige Mutter Maria, als sie zu ihrer Base Elisabeth über das Gebirge ging, unter einer Haselstaude untergestanden sei und daß deshalb der Blitz niemals in eine Haselstaude schlage; aber wir wollen uns doch eine dichte Haselstaude suchen, deren Zweige gegen Morgen hängen und ein Überdach bilden und deren Stämme gegen Abend stehen und den von daher kommenden Regen abhalten. Unter derselben wollen wir sitzen, solange der Regen dauert, daß er uns nicht so schaden kann und daß wir nicht zu naß werden. Dann gehen wir nach Hause.“

„Ja, so tun wir, Großmutter", riefen die Kinder, „so tun wir."

Sie gingen nun daran, eine solche Staude zu suchen.

Das braune Mädchen aber schoß in die Gebüsche und lief davon.

Nach einem Weilchen kam es wieder und trug ein Reisigbündel in den Händen, wie man sie aus dünnern und dickern Zweigen und Stäben macht, aufschlichtet, trocken werden läßt und gegen den Winter zum Brennen nach Hause bringt.

Es lief nun wieder fort und brachte zwei Bündel. Und so fuhr es mit großer Schnelligkeit fort, daß die braunblassen Wangen glühten und der Schweiß von der Stirne rann.

Während das braune Mädchen die Bündel trug und die Kinder und die Großmutter eine Haselstaude suchten, waren die Wolken, die früher so langsam gewesen waren, nun viel schneller näher gekommen, und der Donner rollte klarer und deutlicher.

Das braune Mädchen hörte endlich mit dem Herbeitragen von Bündeln auf und begann aus denselben gleichsam ein Häuschen zu bauen. Es suchte eine Stelle aus, die gegen Abend mit dichten Haseln umstanden war, stellte Bündel gleichsam als Säulen auf, legte quer darüber Stangen und Stäbe, die es von dem Bündelstoße herbeigetragen hatte, bedeckte dieselben wieder mit Bündeln und häufte immer mehr und mehr Bündel auf, daß im Innern eine Höhlung war, die Unterstand bot.

Da es fertig war und da die Großmutter und die Kinder auch bereits eine taugliche Haselstaude gefunden hatten, unter derselben saßen und auf das Gewitter warteten, ging es zu ihnen hin und sagte etwas, das sie nicht verstanden. Darauf machte es ein Zeichen, weil es die Sache nicht mit Worten sagen konnte: es hielt die linke Hand flach auf, hob die rechte hoch, machte eine Faust und ließ dieselbe auf die geöffnete Hand niederfallen. Dann schaute es auf die Großmutter und zeigte auf die Wolken.

Die Großmutter ging unter der Haselstaude hervor und stellte sich auf einen Platz, wo sie die Wolken sehen konnte. Dieselben waren grünlich und fast weißlich licht, aber trotz dieses Lichtes war unter ihnen auf den Hügeln eine Finsternis, als wollte die Nacht anbrechen. So wogten sie näher, und bei der Stille des Nußberges hörte man in ihnen ein Murmeln, als ob tausend Kessel sötten.

„Heiliger Himmel, Hagel!" schrie die Großmutter.

Sie begriff nun sogleich, was das Mädchen wollte, sie begriff die Kenntnis und Vorsicht des braunen Mädchens, die es mit den Reisigbündeln gezeigt hatte, sie lief gegen die Haselstaude, riß die Kinder hervor, bedeutete ihnen zu folgen, das fremde Mädchen lief voran, die Großmutter eilte mit den Kindern hinterher, sie kamen zu den Bündeln, das Mädchen zeigte, daß man hineinkriechen sollte, Sigismund wurde zuerst hineingetan, dann folgte Clementia, dann folgten Emma und die Großmutter nebeneinander, und am äußersten Rande schmiegte sich das braune Mädchen an und hielt die blonden Locken Emmas in der Hand.

Die Kinder hatten kaum Zeit gehabt, sich unter die Bündel zu legen, und eben wollten sie lauschen, was geschehen würde, als sie in den Haselstauden einen Schall vernahmen, als würde ein Stein durch das Laub geworfen. Sie hörten später das noch einmal, dann nichts mehr. Endlich sahen sie wie ein weißes, blinkendes Geschoß einen Hagelkern vor ihrem Bündelhause auf das Gras niederfallen und weiterkollern. Dasselbe geschah in der Nähe mit einem zweiten. Im Augenblicke kam auch der Sturm, er faßte die Büsche, daß sie rauschten, ließ einen Atemzug lang nach, daß alles totenstill stand, dann faßte er die Büsche neuerdings, legte sie um, daß das Weiße der Blätter sichtbar wurde, und jagte den Hagel auf sie nieder, daß es wie weiße herabsausende Blitze war. Es schlug auf das Laub, es schlug gegen das Holz, es schlug gegen die Erde, die Körner schlugen gegeneinander, daß ein Gebrülle wurde, daß man die Blitze sah, welche den Nußberg entflammten, aber keinen Donner zu hören vermochte. Das Laub wurde herabgeschlagen, die Zweige wurden herabgeschlagen, die Äste wurden abgebrochen, der Rasen wurde gefurcht, als wären eiserne Eggenzähne über ihn gegangen. Die Hagelkörner waren so groß, daß sie einen erwachsenen Menschen hätten töten können. Sie zerschlugen auch die Haseln, die hinter den Bündeln waren, daß man ihren Schlag auf die Bündel vernahm.

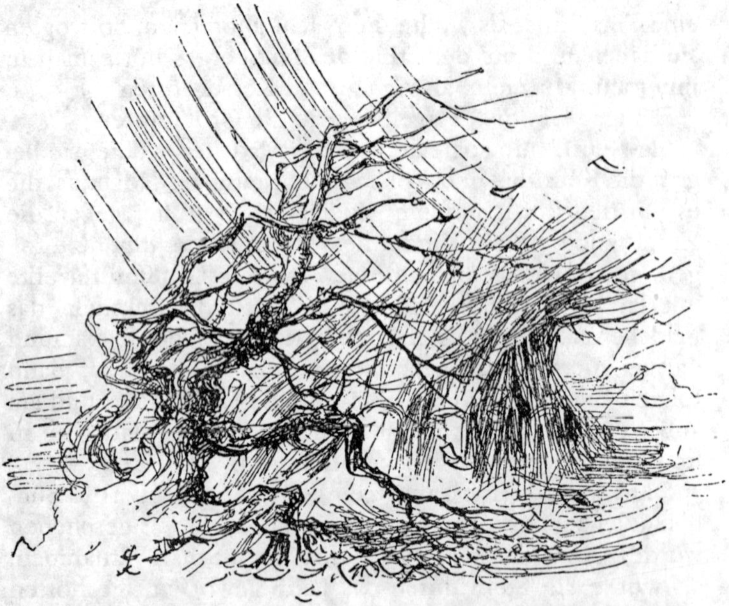

Und auf den ganzen Berg und auf die Täler fiel es so nieder. Was Widerstand leistete, wurde zermalmt, was fest war, wurde zerschmettert, was Leben hatte, wurde getötet. Nur weiche Dinge widerstanden, wie die durch die Schloßen zerstampfte Erde und die Reisigbündel. Wie weiße Pfeile fuhr das Eis in der finstern Luft gegen die schwarze Erde, daß man ihre Dinge nicht mehr erkennen konnte.

Was die Kinder fühlten, weiß man nicht, sie wußten es selber nicht. Sie lagen enge aneinander gedrückt und drückten sich noch immer enger aneinander, die Bündel waren bereits durch den Hagelfall niedergesunken und lagen auf den Kindern, und die Großmutter sah, daß bei jedem heftigeren Schlag, den eine Schloße gegen die Bündel tat, ihre leichten Körperchen zuckten. Die Großmutter betete. Die Kinder schwiegen, und das braune Mädchen rührte sich nicht.

Die Stumpfen der Haselnußstauden, die hinter den Bündeln waren, machten, daß der Wind nicht in die Bündel fahren und sie auseinanderwerfen konnte.

Nach längerer Zeit hörte es ein wenig auf, daß man den

Donner wieder hören konnte, der jetzt als ein mildes Rollen erschien. Die Schloßen fielen dichter, waren aber kleiner, und endlich kam ein Regen, der ein Wolkenbruch war. Er fiel nicht wie gewöhnlich in Tropfen oder Schnüren, sondern es war, als ob ganze Tücher von Wasser niedergingen. Dasselbe drang durch die Fugen und Zwischenräume der Bündel auf die Kinder hinein.

Nach und nach milderte es sich, der Wind wurde leichter, und der Donner war entfernter zu hören. Das braune Mädchen kroch aus den Bündeln hervor, stand auf und sah mit den schwarzen Augen unter die Bündel hinein.

Die Großmutter stand auch auf und sah nach dem Himmel. Die Wolken hatten sich gegen Aufgang gezogen, dort war es finster, und man hörte das Niederfallen des Wassers und Eises herüber. Aber auf den Bergen gegen Untergang war es lichter, lichtere, graue Wolken zogen herüber und zeigten, daß der Hagel nicht mehr zurückkehren werde.

Die Großmutter zog nun zuerst Blondköpfchen hervor, dann Schwarzköpfchen, dann Braunköpfchen.

Die nassen Kinder gingen unter den Bündeln hervor, und die Kleider klebten an ihren Körpern. Das braune Mädchen hatte auch sein schönes Gewand verdorben, es war naß und beschmutzt an seinem Körper. Das Mädchen blutete an dem nackten rechten Arme. Weil es sich nicht ganz unter das Reisig hatte hineinlegen können, so war es von einem Eisstücke gestreift und geritzt worden. Da die Kinder hinzugingen, um es zu betrachten, da die Großmutter es untersuchen wollte, wandte es sich ab und machte eine Bewegung, als ob es sagen wollte, daß die Sache keiner Mühe wert sei.

Man richtete sich zum Fortgehen.

Die Großmutter nahm die zwei Körbchen der Mädchen und das Ledertäschchen des Knaben, band alles mit einem nassen Tuche zusammen und trug es selber, damit die Kinder leichter wären, damit sie sich beim Fortgehen an sie anhalten und ihre Kleidchen aufheben konnten. Sie hielt sie bei sich, daß sie nicht auf der nassen Erde und in den Hagelkörnern ausgleiten und fallen könnten. Das braune Mädchen ging mit ihnen.

Die Kinder sahen, wie der Wind das dürre Gras, die Blätter und andere Dinge in die Stämme der Haseln hineingeblasen hatte, sie sahen, wie keine Büsche mehr auf dem Berge standen, sondern nur lauter dicke Strünke, sie sahen, wie schier kein Gras war, sondern nur beinahe schwarze Erde, die mit dem Wasser einen Brei machte. Und wo die Erde nicht zu sehen war, dort lagen lauter weiße Haufen von Schloßen, wie im Frühlinge die Schneelehnen liegen, wenn er auf den sonnigeren Stellen schon weggeschmolzen war. Wenn die Kinder eine Schloße anrührten, war sie sehr kalt, und wenn sie dieselbe genau ansahen, war sie so schön wie eine Glaskugel und hatte im Innern eine kleine Flocke von Schnee. Auf allen Seiten des Berges rannen die Wasser des Regens nieder.

Die Großmutter gab sehr acht, daß die Kinder nicht gleiteten.

Der Regen hatte aufgehört, und es fiel nur mehr ein nasser Staub von dem Himmel.

Sie kamen an den Rand des hohen Nußberges, und das braune Mädchen ging dieses Mal mit ihnen auf den grauen Rasen hinaus.

Aber es war kein grauer Rasen mehr. Er war zerschlagen worden und war schwarze Erde, so wie die Steine, die durch den Regen naß geworden waren, schwarz erschienen. Da lagen große weiße Strecken vom Hagel.

Als sie zu dem Bächlein gekommen waren, war kein Bächlein da, in welchem die grauen Fischlein schwimmen und um welches die Wasserjungfern flattern, sondern es war ein großes, schmutziges Wasser, auf welchem Hölzer und viele, viele grüne Blätter und Gräser schwammen, die von dem Hagel zerschlagen worden waren. Es standen sonst immer kleine Gesträuche an dem Bache, die im Sommer rote Blüten hatten und dann, wenn die Blüten abgefallen waren, schöne weiße Kätzchen bekamen. Von diesen Gesträuchen schauten die Spitzen aus dem Wasser.

Die Großmutter ging zu dem kleinen steinernen Brücklein, allein dasselbe war nicht zu sehen, und man konnte die Stelle nicht erkennen, an welcher es sei.

Da die Großmutter zauderte und sich bemühte, den Platz des Brückleins aufzufinden, zeigte das braune Mädchen auf eine Stelle, und als man noch immer zögerte, ging es ruhig und entschlossen gegen das Wasser. Es ging in dasselbe hinein, ging durch dasselbe hindurch und ging wieder zurück, gleichsam um den sichtbaren Beweis zu geben, daß man hindurchgelangen könne. Weil ihm das Wasser nur gegen die Hüften reichte, sah man deutlich, daß es auf dem Brücklein gehe.

Da es zurückgekommen war, bückte es sich sanft und freundlich gegen Sigismund und streckte ihm die Arme entgegen. Der Knabe verstand die Bewegung, er ließ die Hand der Großmutter los und begab sich in den Schutz des braunen Mädchens. Dieses nahm ihn auf den Arm, er schlug beide Ärmchen um den Hals desselben, und es trug ihn fest und sicher schreitend auf das jenseitige Ufer.

Die Großmutter hatte Schwarzköpfchen auf den Arm genommen, hatte Blondköpfchen fest an der Hand gefaßt und ging hinter dem braunen Mädchen. Sie empfand bald an den Füßen, daß sie das Brücklein unter sich habe, und kam auch an das andere Ufer.

Als das fremde Mädchen Sigismund und die Großmutter Schwarzköpfchen auf die Erde gestellt hatten, mußten sie weitergehen. Sie sahen auf das Wasser zurück. Die Spitzen der Gesträuche waren nicht mehr zu sehen, und das Wasser war viel breiter geworden. Es eilte mit dem Holze, mit dem Laube und mit den fremden schwarzen Dingen, die auf ihm schwammen, dahin.

Sie gingen nun auf dem Rasen aufwärts gegen den Wald. Sie mußten den weißen Haufen von Schloßen ausweichen, sie mußten den Wässern ausweichen, die in den Vertiefungen standen, und sie mußten den Bächen ausweichen, die überall herabflossen. Daher mußten sie öfter von einem Steine auf den andern springen, um fort zu kommen, und öfter durch ein fließendes Wässerlein gehen. Die Großmutter ließ ihre eigenen Gewänder dem Wasser und dem Schmutze der Erde preis, um die der Kinder zu wahren und zu helfen, daß die Kleinen leichter fortkommen könnten. Das braune Mädchen ging mit.

Als sie in die Nähe des Waldes kamen, sahen sie aus demselben Männer heraustreten und über den Rasen herabeilen. Da dieselben gegen sie herankamen, erkannten sie den Vater, der an der Spitze aller seiner Knechte und Männer daherkam. Sie trugen Stangen, Stricke und trockene Kleider. Als der Vater näher kam, rief er: „Da sind ja die Kinder, Gott sei gedankt, sie leben. Mutter, wo habt Ihr sie denn geborgen?"

„Unter Bündeln dürren Reisigs", antwortete die Großmutter.

Schwarzköpfchen und Braunköpfchen gingen in ihrem durch und durch nassen Anzuge zu ihm hin, wie sie es am Morgen vor ihrem Frühmahle zu tun gewohnt waren, und küßten ihm die Hand. Blondköpfchen blieb stehen, weil es schon begriff, daß das sich hier nicht schicke.

Der Vater nahm die Kinder zu sich, küßte sie auf die Wangen, untersuchte sie und sagte: „Ihr armen Dinger!"

Das fremde Mädchen stand in der Ferne, wie es sonst an dem Rande der Haselbüsche zu stehen gewohnt war, aufrecht und steif.

„Mutter", sagte der Vater, „wir haben geglaubt, daß ihr in dem Walde hinter einem dicken Stamme oder hinter einem Holzstoße werdet Sicherheit gesucht haben. Darum gingen wir gleich nach dem Hagel in den Wald, wir hatten trokkene Kleider in einem Bündel mit, um die Kinder umzukleiden, und suchten auch an allen Stellen neben dem Wege und riefen nach euch. Da wir euch nicht fanden und da keine Stimme antwortete, sandte ich schnell einige Knechte um Stangen und Stricke zurück, weil ich dachte, ihr könntet etwa jenseits des Baches sein, der bei solchen Anlässen immer sehr anschwillt, und wir könnten die Werkzeuge zum Durchdringen des Wassers brauchen. Da die Knechte gekommen waren, gingen wir weiter. Ich hatte große Angst, aber ich hatte auch große Hoffnung zu Euch, liebe Mutter, daß Ihr werdet eine Stelle gefunden haben, euch alle zu sichern."

„Ich werde dir gleich erzählen, wie es gekommen ist", sagte die Mutter, „aber laß uns weitergehen. Die Kinder können hier nicht umgekleidet werden, und in den nassen Kleidern dürfen sie nicht stehenbleiben. Wenn sie gehen, wird ihnen wärmer, und die Nässe schadet nicht."

„Und auch Ihr seid durchnäßt, liebe Mutter", sagte der Vater.

„Ich bin ein Weib aus den alten Bergen unsres Landes", antwortete die Großmutter, „mir schadet die Nässe nicht. Ich bin naß geworden, mein Kind, da ich kaum einige Jahre zählte, ich bin durchnäßt gewesen, da ich ein Mädchen war, und wie oft habe ich Tage lang nasse Kleider gehabt, da ich schaffen mußte, weil du noch klein warst und der Vater schon kränkelte. Aber schicke sogleich einen Knecht ab, daß er laufe, was er kann, und die arme Frau zu Hause beruhige, die um die Kinder in Angst vergehen wird."

Der Vater tat es sogleich. Die Knechte waren bisher in einem dichten Kreise um den Vater, die Kinder und die Großmutter gestanden. Nachdem einer abgeschickt worden war, setzte man sich in Bewegung. Der Vater, die Kinder und die Großmutter gingen voran, dann folgten die Knechte. Der Vater führte Blondköpfchen und Braunköpfchen an der Hand, die Großmutter Schwarzköpfchen. Sie erzählte ihm nun, was sich auf dem Nußberge begeben hatte und wie sie bis zu der Stelle gelangt seien, an der er sie gefunden habe.

„Aber du bist ja selber ganz naß", schloß sie.

„Weil wir während des Wolkenbruches in den Wald hinaufgegangen sind", antwortete er, „da nur einmal der Hagel nachgelassen hatte."

Sie kamen nun in den Wald, und hier sah es zum Erschrecken aus.

Wie man eine Streu aus Tannenreisern macht, wenn in einem Jahre wegen Dürre oder andern Unglücksfällen die Halme nicht geraten, so lagen auf dem ganzen Boden die Tannenzweige gehäuft, mancher starke Ast lag mehrere Male getroffen und also gebrochen darunter, an den Stämmen waren Risse der Rinde sichtbar, daß hie und da das weiße Holz hervorstand, und durch den Wald war ein feiner Harzgeruch verbreitet, wie er ist, wenn Nadelholz gesägt oder gespalten wird. Die Schloßen lagen mit der Tannenstreu untermischt und von ihr bedeckt und hauchten eine unsägliche Kälte unter den Stämmen aus, welche im Freien draußen nicht so empfunden worden war. Der Vater und die Knechte mußten den Weg suchen, weil er mit Streu bedeckt und nicht zu sehen war.

Aus dem Walde kam man wieder in das Freie und ging

bis zu den Felsen nieder, von denen aus man das Haus und die Felder sehen konnte.

Der Garten war verschwunden, nur einzelne Stämme mit verstümmelten Armen standen empor. Das Grün war dahin, und die Felder jenseits des Gartens sahen aus, als wären sie schlecht geeggt worden.

Der Vater ging mit den Kindern in der Sandlehne nieder. Da sahen sie, daß alle Fenster der Glashäuser zerstört waren und daß im Innern an der Stelle, wo die Blumen in Töpfchen und Kübeln gestanden waren, weiße Haufen von Schloßen lagen. Die Fenster des Hauses, welche gegen Abend schauten, waren zerschlagen, daß sie teils wie ein Sieb aussahen, teils große ausgebrochene Stellen hatten, durch die das innere Bauholz hervorsah. Die Verzierungen und der Anwurf der Mauern waren an der Wetterseite heruntergeschlagen, daß die Mauern nicht etwa wie neu, ehe der Anwurf geschieht, sondern wie mit Hämmern ausgeschlagen dastanden.

Als sie gegen das Ende der Sandlehne kamen, sahen sie eine weiße Gestalt durch den ehemaligen Garten eilen, durch nasses Gras, durch Schloßen über die herabgestürzten Baumäste laufen und ihnen an der Ecke der Glashäuser begegnen.

Es war die Mutter.

Sie lief gegen die Kinder und sah sie an.

Auf den Wangen der Kinder war durch das Gehen ein schöner rosiger Hauch erblüht, und ihre Haare lagen wohl naß und zusammengeklebt, aber wunderschön um ihr Antlitz.

„Vater, Vater", schrie sie, „du hast sie mir gebracht."

„Ja, ohne Makel, ohne Beschädigung", erwiderte er.

„Mein Gott, mein Gott, du bist gütig, daß du sie mir gegeben hast. O Clementia, o Emma, o Sigismund!" rief die Frau.

Sie riß die Kinder an sich, sie drückte sie, herzte sie und hatte alle drei in ihren Armen.

„Mutter, wir haben keine Nüsse gebracht", sagte der Knabe.

„Aber dich selbst, du kleines, unvernünftiges Kind", sagte die Mutter, „das mir lieber ist als goldene Nüsse."

„Schauerlich war es und beinahe prächtig“, sagte Emma.

„Lasse mir das Bild nicht vor die Augen, Vater, ich bitte dich – – was hätte werden können!“ sagte die Mutter.

„Sie lagen unter Reisigbündeln“, antwortete der Vater, „aber lasse uns in das Haus gehen, ich werde dir alles erzählen, gib ihnen trockene Kleider und etwas zu essen, daß ihr Blut wieder in gleichmäßige Bewegung komme.“

„So kommt, ihr Kinder“, sagte die Mutter.

Sie wendete sich, um durch den Garten in das Haus zu gehen. Die Kinder schlossen sich an. Sie führte alle drei, soweit dies möglich ist, an der Hand. Dann folgte die Großmutter und der Vater, dann die Knechte.

Als man zu dem Haupteingange des Hauses gekommen war, wandte sich der Vater zu den Knechten um, dankte ihnen, entließ sie, sagte, sie sollten das, was sie tragen, an die rechte Stelle tun, sollen sich umkleiden, sollen alle Arbeit ruhen lassen, und er werde ihnen ein Glas Wein zu ihrem Abendessen senden.

„Und ich danke euch auch“, sagte die Mutter, die mit den Kindern bei den Worten ihres Gatten vor dem Hause stehengeblieben war und sich umwendete, „ich danke euch auch, und werde es euch gewiß vergelten.“

„Es ist nicht nötig“, sagte der Altknecht, „wir haben nichts Besonderes getan, als was unsere Schuldigkeit gewesen ist.“

Die Knechte fingen nun an, sich zu zerstreuen.

Als sie auseinandergegangen waren und man die Aussicht auf den Weg hatte, auf dem man hergekommen war, sah man das braune Mädchen in einiger Entfernung im Garten stehen.

Man hatte es bei dem ersten Anblicke des Vaters und bei seinem Empfange, da man von den Knechten umstanden war, nicht beachtet, man hatte es im Nachhausegehen, da die Knechte gerade hinter dem Vater, den Kindern und der Großmutter gingen, nicht gesehen und hatte geglaubt, daß es nach seiner Art schon längstens umgekehrt sein werde. Als die Kinder es sahen, ließen sie von den Händen der Mutter los, hatten große Freude, daß das fremde Kind in ihrem Garten stehe, liefen zu ihm hin und sprachen zu ihm.

Die Mutter aber fragte: „Wer ist denn das?“

Der Vater sagte ihr, daß es das braune Mädchen von dem hohen Nußberge sei, und erzählte ihr, was es heute zu dem Schutze der Großmutter und der Kinder getan habe.

Dann wendete er sich zu der Gruppe der Kinder und sagte: „Komm her, du liebes Kind, wir werden dir sehr viel Gutes tun."

Das Mädchen zog sich bei diesen Worten langsam von den Kindern zurück, und da es ein Stückchen entfernt war, fing es zu laufen an, es lief durch den Garten zurück, es lief um die Glashäuser herum, und in dem nächsten Augenblicke sah man es schon in der Sandlehne emporlaufen.

Die Kinder gingen wieder zu ihren Eltern zurück.

„Schade, daß das Kind nicht näher kommt und so scheu ist", sagte der Vater.

„Ich fange das Ding", sagte ein Knecht.

Alle drei Kinder taten auf diese Äußerung einen Angstschrei der Abwehrung.

„Lasse das", sagte der Vater, „das Mädchen hat meiner Mutter und meinen Kindern heute den größten Dienst erwiesen. Darf man es überhaupt nicht rauh behandeln, so darf man es jetzt um so weniger, solange es sich nicht schädlich erweist. Wir werden es schon auszukundschaften und zu finden wissen, dann muß es gut behandelt werden, daß es Zutrauen gewinnt, und wir werden die Art schon finden, wie wir das Kind belohnen und ihm sein Leben vielleicht nützlicher machen können, als es jetzt ahnt."

Indessen war das Mädchen schon wie ein Hirsch auf die höchste Anhöhe gekommen, war noch einen Augenblick in den Klippen sichtbar und war dann verschwunden.

Der Tag neigte sich schon gegen den Abend, und man war nicht ohne Besorgnis um das Kind, besonders, da die Großmutter erzählt hatte, daß es an dem rechten Arme blute. Aber der Himmel war lichter, ein schweigender Nebel stand an demselben, und es war kein Regen mehr zu befürchten. Man mußte der Ansicht des Vaters beipflichten, daß das Mädchen am besten aufgehoben sei, wenn man es seinem eigenen Ermessen überlasse, daß es ein Waldgeschöpf sei, dem Berge und Hügel nichts anhaben, und daß ihm, wenn man es suchen oder beobachten ließe, ein größeres Ungemach zustieße, als ihm so bevorstehen könne.

Man ging nun in das Haus. Die Mutter hatte die Kinder in ein an der Morgenseite des Hauses gelegenes, gut erhaltenes und gut verwahrtes Zimmer gebracht, das sie auf die Nachricht des vorausgeschickten Knechtes in Anbetracht der eingetretenen Kälte sogar schwach hatte heizen lassen. Dort wurden die Kinder entkleidet, auf wenige Augenblicke in ein warmes Bad getan und hierauf mit wohlgetrockneten und durchwärmten Kleidern angetan. Weil sie durch die vorangegangene Begebenheit aufgeregt waren, so gingen sie trotz der Müdigkeit selbst bei Kerzenscheine und als sie das Abendmahl eingenommen hatten, noch nicht zu Bette; und als die Großmutter sich umgekleidet hatte und wieder zu ihnen hereinkam, saßen sie um den Tisch und knackten mit ihren drei Nußknackern die Nüsse auf, die sie noch vorrätig hatten und die ihnen die Großmutter gegeben hatte. Sie erzählten auch von dem Gewitter und erzählten so, daß man sah, daß sie auch nicht die entfernteste Ahnung von der Gefahr hatten, in der sie geschwebt waren. Sie nahmen die Reisigbündel als etwas an, das sich von selber verstehe und das so da sei, wie im Winter das warme Haus, daß sie nicht erfrieren.

Als man die Großmutter fragte, ob sie das Gewitter nicht hätte kommen gesehen, antwortete sie: „Ich habe die Wolken nicht für ein Gewitter gehalten, und da es zu regnen anfing, war es zu spät, den Wald zu erreichen."

Auf die Frage, ob sie die Wolken als Hagelwolken erkannt habe, antwortete sie: „Ich habe wohl eine kleine Vermutung gehabt, daß aus den Wolken Hagel kommen könnte; aber ich habe eine so dichte Haselstaude ausgesucht, daß ein gewöhnlicher Hagel nicht durchgedrungen wäre. Nur das braune Mädchen hat die Reisigbündel herbeigetragen."

„Ich will den Anblick und das Bild dessen, was sich hätte zutragen können, wenn die Bündel früher nach Hause geführt worden wären, in den Hintergrund und in die Ferne rücken", sagte der Vater zu der Mutter, „da die Kinder den hohen Nußberg so lieben, da die Großmutter sie gerne dahin begleitet und da es hart wäre, ihnen diese Freude zu rauben, so werde ich ein Stückchen Landes dort kaufen und werde auf demselben ein winziges kleines Häuschen zum Schutze bauen. Wenn es auch fast gewiß ist, daß die Kinder schon erwachsene Personen, ja vielleicht schon Greise sein werden, ehe sich ein Hagelwetter wiederholt, wie das heutige war, ja wenn auch in mehreren Menschenaltern, wie zu vermuten ist, kein solches mehr kommen wird, so wie in den vergangenen Menschenaltern keines verzeichnet ist, das so entsetzlich gewesen wäre, so würden in deinem und meinem Gemüte doch immer Hagelwolken heraufsteigen, sooft die Kinder auf dem hohen Nußberge wären. Bei einer Überraschung finden sie in dem Häuschen Schutz, und wenn sie auf dem Heimwege ein Gewitter sehen, so gibt auch der Wald die notdürftige Unterkunft, und wir dürfen beruhigt sein, wenn sie auf jenem Wege gehen, besonders, wenn man fleißig auf die Wolken und den Himmel blickt."

„Es ist häufig geblickt worden", erwiderte die Großmutter, „aber wenn Gott zur Rettung kleiner Engel ein sichtbares Wunder tun will, daß wir uns daran erbauen, so hilft alle menschliche Vorsicht nichts. Ich habe in siebenzig Jahren alle Wolken gesehen, die in diesem Lande sind; aber wenn es heute nicht wie ein Nebel ausgesehen hat, der in dem Herbste blau auf allen fernen Wäldern liegt, an den Rändern weiß funkelt, gegen Abend in die Täler und auf das Land heruntersteigt und morgens doch wieder weggeht und die helle Sonne scheinen läßt: so will ich eine sehr harte Strafe hier und dort erdulden. Und sind in dieser Zeit des Jahres schon öfter Gewitter gewesen. Ein altes Wort sagt: Um das Fest der Geburt der heiligen Jungfrau ziehen die Wetter heim, und heute ist es sechs Wochen nach jenem Feste. Dein alter Vater wird sich in der Ewigkeit wundern, wenn er es weiß oder wenn ich komme und es ihm sage, daß nach Gallus ein so großes, außerordentliches Gewitter gewesen sei und daß es die Bäume und die Häuser zerschlagen habe. Es ist ein Wunder, wie Gott in dem Haupte des braunen, wilden Kindes die Gedanken weckte, daß es die Wolken sah und daß es die Bündel herbeitrug."

„Ihr habt recht, teure Mutter", antwortete der Vater, „es war das nicht zu erwarten, was gekommen ist. Kein Mensch konnte erraten, was geschehen würde, und es ist ein Glück, daß sich alles so gewendet hat. Wir waren in dem Garten, die Knechte arbeiteten in den nächsten Gemarken, als es donnerte. Da die ersten Hagelkörner fielen, konnten die Knechte nur verwundert in die Scheune springen und wir in das Haus, und als es mit Getose niederging, die Fenster, die Mauern und das Dach zerschlagen wurde, fiel die Mutter ohnmächtig auf den Teppich des Fußbodens."

„Der Mensch ist eine Blume", sagte die Großmutter, „zuerst ist er ein Veilchen, dann eine Rose, dann eine Nelke, bis er eine Zeitlose wird. Und wer eine Zeitlose werden soll, der kann nicht als ein Veilchen zugrunde gehen, darum war die dunkle Blume da, daß die lichten leben."

„Nur die Annahme, daß es fast gewiß sei, daß ihr alle den dichten Wald als Schutz gesucht habt und hinter einem dikken Stamme desselben geborgen seid", sagte der Vater, „konnte der Mutter und mir Trost geben und die Verzweiflung abhalten."

„Es wäre die dichte Haselstaude hinreichend gewesen", antwortete die Mutter, „aber weil sie nicht hinreichend war, waren die Bündel da, und es war die Hand schon bestimmt gewesen, welche sie einst schneiden mußte."

„Als wir euch in dem Walde nicht errufen konnten", sagte der Vater, „da faßte auch mich das Entsetzen."

„Ich sage dir ja", erwiderte die Mutter, „daß die Hand schon bestimmt war, die Bündel zu tragen, so wie einmal der Fuß schon bestimmt war, daß er durch den Wald zwischen Jericho und Jerusalem gehe, damit der verwundete und geschlagene Mann, der dort lag, gepflegt und geheilt werde."

„Amen, teure Schwiegermutter", sagte die Frau, „das ist ein trostreicher, herzlindernder Glaube."

„Gib dich ihm hin, und du wirst dein Leben lang gut fahren", antwortete die alte Frau.

Die Kinder waren unterdessen in ihrem Geplauder fortgefahren, sie sagten allerlei zu den Erwachsenen und unter sich, und verstanden nichts von dem ernsthaften Gespräche, das ihretwillen stattgefunden hatte.

Als es später geworden war, als doch schon der Sand in die schönen Äuglein zu kommen anfing, wurden sie zu Bette gebracht. Blondköpfchen hatte sein Schlafgemach neben dem der Eltern. Braunköpfchen hatte es auf der entgegengesetzten Seite, und Schwarzköpfchen hatte sich noch von der Großmutter nicht trennen können; es schlief in dem Gemache derselben und entschlummerte, wenn das Auge der alten Frau sein Bett behütete, und erwachte, wenn dasselbe Auge auf seine Lider schaute und ihr Öffnen erwartete. Die zwei ersten Kinder wurden in ihre Schlafkämmerlein geführt, Schwarzköpfchen wurde von der Großmutter auf den Arm genommen und, nachdem man gute Nacht gesagt hatte, über den Gang in die gemeinschaftliche Schlafstube getragen. Was die beiden Eltern vor dem Bilde des Gekreuzigten gebetet haben, weiß niemand, weil es nur ein eheliches Geheimnis ist, wenn sie ihre Freude oder ihren Schmerz vor Gott ausschütten.

Am andern Morgen war ein kühler Tag. Wolkenhaufen zogen beständig von der Gegend des Sonnenuntergangs nach der des Sonnenaufgangs, und wenn man oft meinte, die Sonne werde jetzt durchbrechen, die Wolken sich zerteilen und dem blauen Himmel Platz machen, so entstanden wieder neue, deckten wieder die früher lichteren Stellen und zogen wieder gegen Morgen. Es regnete aber nicht. Die ungeheuern Mengen von Schloßen, welche auf die Gegend niedergefallen waren, verbrauchten Wärme, die Kälte verdichtete daher beständig die in der Luft befindlichen Dünste und erzeugte die unaufhörlichen Wolken.

Das erste, was der Vater am Morgen vornehmen ließ, war, daß er das Innere der Glashäuser reinigen ließ. Die Schloßen wurden mit Schaufeln auf Karren getan und in eine Grube gefahren, aus der einst Steine gebrochen worden waren und die der Vater wieder dadurch ausfüllen wollte, daß er alle festen Abfälle des Hauses, wie Geschirrtrümmer, oder des Feldes, wie ausgelesene Steine, in dieselbe werfen ließ. Der Hagel wurde dorthin geführt, weil nirgends ein passender Ort für ihn war. Die Gewächse, von denen man hoffen konnte, daß sie noch zu retten sein könnten, wurden ausgelesen, die übrigen und die Scherben der Töpfe wurden in obbesagte Grube gebracht. Auch wurden Knechte auf den Boden des Hauses geschickt, um den Schaden dort zu untersuchen, und andere mußten in Verbindung mit Mägden das Reisig von den zerschlagenen Obstbäumen aus dem Garten wegräumen. Ein Bote wurde nach dem Glasarbeiter geschickt. Der Vater besah die Bäume, ob manchen aus ihnen noch zu helfen sei. Wenn dieses wäre, so müßte bald dazu geschritten werden, weil sonst der Herbst zu weit vorrückte und die Kälte die Wiederbelebungskraft der Bäume nicht wirksam werden ließe.

Die Kinder gingen in die Kühle mit der Großmutter an die Luft. Die ungeheuer vielen kleinen Glastäfelchen, die an der Abendseite des Hauses lagen, waren wie die kleinen flimmernden Täfelchen, welche sie gerne aus den Steinen der Sandlehne und aus anderen auslösten. Die Bäume des Gartens erkannten sie aus den Stumpfen nicht und konnten sich nicht erinnern, was der Stamm einst getragen habe. Im Freien sahen sie, wie Menschen damit beschäftigt waren, die noch immer hie und da liegenden Schloßenhaufen von den Vertiefungen der Felder wegzuschaffen. An dem Wiesenbache, der zurückgetreten war, dessen Wasser sich aber noch immer nicht geklärt hatte, sahen sie, daß die Weidenruten zerschlagen und weggeschwemmt waren, daß sich Schlamm und Steine auf den Wiesenrändern befanden und daß tote Fische da lagen, die das Weiße des Bauches emporzeigten.

Am Tage zuvor war es wie Sommer gewesen, jetzt war tiefer Herbst eingetreten.

Nachmittags ging der Vater zu dem eine halbe Stunde Wegs entfernten Pfarrer hinüber, dessen Pfarrhaus neben der kleinen Pfarrkirche war, und fragte ihn wegen des braunen Mädchens.

Der Pfarrer wußte nichts. Es war kein Ding dieser Art in die Pfarr- oder Schulbücher eingetragen und war auch nie unter den Pfarrkindern zu sehen gewesen.

Der Vater ging nun zu dem Jäger, der oft durch Felder, Wälder und Fluren strich und alle Dinge derselben kennen mußte. Allein auch dieser wußte nichts.

Es seien Banden gewesen, sagte er, aber sie seien immer in den höheren Wäldern, die gegen Bayern hinüberziehen, gewesen und hätten sich längs des Saumes aufgehalten, an dem sie durch die Länder gewandert sind. Sein Nachbar aus den jenseitigen Gegenden wisse auch nichts.

Der Vater kehrte unverrichteterdinge wieder heim.

Die folgenden Tage waren ebenso kalt und unfreundlich

wie der vergangene. Immer kamen Wolken, selten waren Sonnenblicke, und der Wind wehte zwar nicht stark, aber rauh. Auf den Dächern waren die Arbeiter und hämmerten die Latten und Schindeln fest oder setzten die Ziegel ein. Die Glasarbeiter, die anfangs durch die viele Arbeit verhindert waren, kamen endlich doch, und es wurde ihnen zur Herstellung aller Fenster des Hauses und der Gewächshäuser der große Saal eingeräumt. Die Maurer arbeiteten an der Außenseite des Hauses, damit noch alles in vollkommenen Stand gesetzt würde, ehe die kalte Zeit käme und die meisten Hausbewohner fortzögen. Der Vater war mit Beihilfe von Arbeitern beschäftigt, die verwundeten Bäume zu verbinden oder die Stämme zu überstreichen. Die Mägde mußten die Plätze vor dem Hause reinigen.

Endlich, da lange die Nachwehen des Gewitters angehalten hatten, kamen noch tief im Herbste schönere Tage, die im Verhältnisse zur Jahreszeit sehr warm genannt werden konnten.

Der Vater munterte die Kinder selber auf, auf den hohen Nußberg zu gehen. Er sagte, er werde mitgehen, um etwa das braune Mädchen zu sehen. Er möchte sich ihm gerne dankbar beweisen.

Die Kinder gingen mit der Großmutter wie immer auf den hohen Nußberg. Der Vater begleitete sie.

Sie gingen durch den Saum der Stumpfen hinein, die traurig dastanden und die wohl den ganzen Winter so bleiben würden.

Das braune Mädchen sahen sie nicht.

Sie gingen bis zu dem Gipfel, sie gingen zu der alten, dicken Haselwurzel, sie gingen endlich zur Stelle, wo sie Schutz vor dem Hagel gefunden hatten. Die Reisigbündel lagen noch da. Der Vater schlug vor, die Bündel mit vereinten Kräften auf den Platz zurückzutragen, von dem sie genommen worden waren. Er fand den Platz nach einigem Suchen, und man schaffte die Bündel wieder zu denen, von denen sie genommen worden waren. Blondköpfchen konnte ein ganzes tragen, und Schwarzköpfchen und Braunköpfchen trugen eins miteinander, bei dem auch die Großmutter half. Als alles geschehen war, blieb man noch lange auf dem Berge, man ging zu dieser und jener Stelle und wartete. Aber das braune Mädchen erschien nicht. Da ging man nach Hause.

Der Vater ging ein zweites Mal mit den Kindern auf den hohen Nußberg, er zeigte ihnen die Stelle, wo er das Schutzhäuschen bauen wollte, und wartete; aber das braune Mädchen kam auch dieses Mal nicht.

Und so ging er mehrere Male; aber das braune Mädchen war nicht zu sehen.

Da gingen die Kinder allein auf den hohen Nußberg, und die Großmutter ging mit ihnen.

Die Sonne schien warm, der Himmel war blau, das Heidebächlein war klar, die grauen, flinken Fischlein spielten darin, und da die Kinder zu der Grenze des Geheges kamen, lief das braune Mädchen durch die laub- und zweigelosen Stumpfen der Haseln, Birken und Eschen daher und gesellte sich zu den Kindern. Alle schauten sich mit freudigen Augen an, und da die Kinder hingingen und den Arm des Mädchens und seine Bänder berührten, da nahm es Blondköpfchens Haare in die Hände und drückte sie fest und nahm dann Schwarzköpfchens Locken und hielt sie. Braunköpfchen, das mehr Mut bekommen hatte, weil es von dem braunen Mädchen getragen worden war, nahm dessen Finger und hielt ihn, und das braune Mädchen ließ es geschehen, es nahm dessen Hand, und es ließ es auch geschehen. Es ging mit ihnen auf den hohen Nußberg empor, und sie schauten ins Weite und Breite, und die Großmutter erzählte. Es redete Worte, und die Kinder verstanden sie. Sie gaben ihm Kuchen, Brot und was sie sonst mitgebracht hatten.

Das Mädchen hatte ihnen nichts zu geben und hielt die leeren Hände hin.

Das braune Mädchen hatte denselben Anzug, den es immer gehabt hatte, aber er war in jenem Gewitter sehr verdorben worden, er war unrein und verknittert.

Die Großmutter erzählte ihnen von den Bäumen, die von dem Berge herabgefallen waren und doch nicht aufgehört hatten zu leben – dann erzählte sie ihnen von den Königen mit den drei Sesseln – dann von dem Weizen, der nicht hatte blühen können – dann sprach sie von den fernen Ländern, deren hohe Gebirge man gar nicht mehr sehen könne – und endlich von den unbeschlagenen Wägen und Ackerwerkzeugen, mit denen man vor Zeiten die Felder bestellt hatte.

Hierauf traten sie den Rückweg nach Hause an.

Die Sonne schien auch im Herabgehen warm, der Himmel war blau, die Schatten waren lang, weil es schon tief in den Herbst ging, die Gräser wurden gelb, und die grauen, flinken Fischlein in dem klaren Bächlein der Mulde spielten so lustig wie im Sommer.

Das braune Mädchen war mit ihnen gegangen. Es war mit ihnen den hohen Nußberg herabgegangen, es war mit ihnen über das Bächlein der Mulde gegangen und ging mit ihnen über den grauen Rasen, durch den Wald, durch die Klippen und über die Sandlehne herab. Und da man zu den Glashäusern des Gartens gekommen war, da sagte es anmutige Worte und lief dann wieder über die Sandlehne empor und ward nicht mehr gesehen.

Die Kinder erzählten den Eltern, daß das braune Mädchen nun dagewesen und daß es mit ihnen gegangen sei.

Sie gingen nun, sooft es möglich war, auf den hohen Nußberg, das fremde Mädchen kam immer, und sie spielten und kosten. Sie brachten dem braunen Mädchen schöne Sachen. Das braune Mädchen brachte ihnen auch bunte Steine, es brachte ihnen verspätete Brombeeren, es trug in seinem Wamse Haselnüsse herbei, die es im Sommer gesammelt hatte, oder brachte ihnen die gefleckte Feder eines Geiers oder die schwarze eines Raben.

Wenn die Kinder nach Hause gingen, so ging das braune Mädchen immer mit ihnen bis zu den Glashäusern, man hielt sich bei den Händen und scherzte. Bei den Glashäusern liebkosten sie sich, und das fremde Mädchen lief dann immer über die Sandlehne zurück.

Wenn es Nacht war und wenn die Kinder an dem Tische mit den Lichtern saßen, da sprachen sie von dem fremden Mädchen und stritten, wer es lieber habe.

Die Großmutter erzählte den Eltern von dem braunen Mädchen, und Vater und Mutter achteten auf das, was sie sagte, und merkten es sich in ihrem Sinne gar wohl.

Es wurde immer später und später im Jahre. Die Fäden, die auf dem Rasen und zwischen dem Wacholder gesponnen hatten, waren verschwunden, die Beeren der Moore, die in dem Sumpfgrase oder neben der schwarzen Erde so rot und weiß geglänzt hatten, waren vergangen, die späte Preiselbeere, die unter dem Schutze eines Steines oder eines Baumes von dem Hagel verschont worden war, war dahin, ihr Kraut und das kräftige der Heidelbeere war ein dürres Stengelbüschlein, der Wald wurde sehr durchsichtig, die Berge waren rot, an den Morgen lag der weiße Reif auf der Gegend, oder es war der lange Nebel da, und die Sonne, die spät kam, konnte ihn kaum zerstreuen, die Hügelgipfel etwas blicken lassen und dann untergehen; oder es kamen die frostigen Wolken, schütteten den Regen in kleinen Tröpflein herunter, und wenn sie vergingen, war der hohe, ferne Wald weiß bestäubt.

Da wurde eines Tages der große Wagen herausgeschoben, er wurde gepackt, alles Nötige hineingetan, und in Mäntel und warme Kleider gehüllt, stiegen der Vater und die Mutter ein, es stiegen die Kinder ein und fuhren davon. Die Kinder weinten, als ob ihnen ein tiefer Schmerz und ein tiefer Kummer angetan worden wäre.

Erst als sie schon weit gefahren waren, als sie schon durch Dörfer, Marktflecken und Städte gekommen waren und Wälder und Flüsse gesehen hatten, milderte sich die Trauer, sie sprachen und redeten untereinander, bis sie in die große Stadt einfuhren, die hohen Häuser mit den glänzenden Fenstern dastanden, dicht gedrängt die schön gekleideten Menschen gingen, prächtige Wägen fuhren und vor den Verkaufsläden die schönen Waren und Kleinodien unter Glastafeln funkelten.

Da die weißen Hüllen über die Berge und Täler vergangen waren, da der Himmel wieder öfter blau lächelte, als er trüb verhüllt war, da die Sonne schon höher stieg und kräftiger niederleuchtete, kam der Wagen wieder gegen den Hof in dem Hügellande gefahren, und Vater und Mutter und die Kinder stiegen aus.

Es war noch kein Gräslein, es war kein Blättchen, die Felder waren nackt, nur die Wintersaaten, die sich schon regten, legten grüne Tafeln auf die braune Erde, und an manchen Morgen war es noch ein wenig gefroren, daß der Weg zähe war und an dem Rande vom Wässerlein Eisspitzen glänzten: aber die Sonne schien sehr freundlich, sie siegte alle Tage mehr und füllte alle Tage schöner die Zimmer der Kinder und der Großmutter auf dem ländlichen Hofe mit Licht und mit Wärme.

Als man die Kleider der Stadt eingepackt hatte, als man die Kleider des Landes aus den Kästen des Hauses hervorgetan hatte, fand sich, daß manches geändert werden mußte. Die Säume der Kleider der Mädchen mußten aufgelassen werden, daß die Kleider tiefer reichten, die Jacken von Braunköpfchen mußten erweitert werden, und die Strohhütchen von Blondköpfchen, von Schwarzköpfchen und von Braunköpfchen mußten weggetan, und es mußte um neue geschrieben werden.

Da die Sonne schon sehr warm schien, da man schon begann, die Sommerfrucht in die geeggte Erde zu säen, da es schon trocken war und in der Frühlingssonne die Flimmer der Steine und Felder funkelten, begehrten die Kinder auf den hohen Nußberg. Die Großmutter legte ihnen wärmere Kleider an, als sie sonst im Sommer hatten, tat selbst wärmere Gewänder an und führte sie auf den hohen Nußberg. Sie hatten ihre Haselruten mit den Haken nicht mit, wie sie dieselben überhaupt nie mitnahmen, als wenn die Nüsse reif waren. Sie trugen nur ihre Körbchen am Arme. Sie gingen über die Sandlehne empor, sie gingen durch die Felsen und den Wald. Als sie über die graue Heide gingen, lief ihnen das braune Mädchen von weitem entgegen. Sie freuten sich, sie jubelten, sie liebkosten sich, und Braunköpfchen schlang seine zwei Ärmlein um den Nacken des braunen Mädchens und hielt ihn fest.

Aber nicht bloß an den Kindern war, während sie abwesend gewesen waren, eine Veränderung vorgegangen, sondern auch das braune Mädchen hatte sich verändert. So wie man bei ihnen die Säume der Kleider hatte auflassen müssen, daß sie ihnen wieder recht wären, so waren dem braunen Mädchen seine grünen Höschen zu kurz geworden; es war größer und schlanker geworden und ließ seine nackten Arme dicht an seinem Körper hinabhängen. Die vielen schwarzen Haare, die ihm immer abgeschoren waren, trug es jetzt nicht mehr so, sondern es hatte auch Locken bis auf den Nacken hinab, wie sie die Kinder bisher gehabt hatten.

Sie gingen auf den Nußberg, sie gingen weit und breit herum, sie sahen alle Stellen und sahen auf die Berge des Landes hinaus. Auf der Erde war noch kein neues Gras, aber sie war trocken; an den zerschlagenen Ästen war kein Laublein, aber die reine Luft war um sie, und die Sonne schien hold auf sie hernieder.

Als die Kinder nach Hause gingen, ging das fremde Mädchen bis zu den Glashäusern mit ihnen und lief dann zurück.

Die Kinder kamen nun wie immer oft auf den hohen Nußberg, und das fremde Mädchen erschien häufig.

Nach und nach lockte die Sonne die grüne Farbe auf die Erde. Die Wiesen wurden grün, und die Unzahl der gelben, weißen, roten, blauen Blümlein mischte sich darunter. Die Felder wurden grün, weil die junge Saat hervorsproßte und die hellgrüne Farbe zeigte und weil die Wintersaat weiterwuchs und die dunkelgrüne beigesellte. Der Vater hat viele Pflanzen und Gewächse kommen lassen, und sie standen jetzt neben den noch erhaltenen in den Glashäusern, und es war, als ob nie ein Schaden angerichtet worden wäre. An den verstümmelten Bäumen wuchsen zahlreiche kleine Zweige hervor, die so schön waren und so lebhaft wuchsen, als wäre das Abschlagen der Zweige kein Unglück gewesen, sondern als hätte ein weiser Gärtner dieselben beschnitten, daß sie nur desto besser emportrieben. An den Zweiglein, die der Vater vielen abgeschnittenen Ästen eingepfropft und die er mit Pflastern verbunden hatte, prangten zwei oder vier große Blätter. Im Walde, im Gestrippe oberhalb der Sandlehne, ja sogar auf der grauen Heidemulde war alles tätig. Die Zweige sproßten, als müßten sie eine Versäumnis einbringen, sie drängten sich und strebten empor. Endlich, da die Erde weithin grün war, da die Zweige sich verlängert hatten, kamen auch Blüten, sie kamen später und waren weniger als in andern Jahren, aber sie waren da und waren fast noch zutraulicher und lieblicher als in früheren Zeiten.

Einmal in der Fülle des Frühlings, da alles blühte und duftete und sich das menschliche Herz erfreute, da die Kinder von dem hohen Nußberge nach Hause gingen, das braune Mädchen sie begleitete und man bis zu den Glashäusern gekommen war, hatte Blondköpfchen mit ernsten Augen die Hand des braunen Mädchens gefaßt. Braunköpfchen hatte es am Arme genommen. Blondköpfchen sah dem braunen Mädchen in das Angesicht und sagte: „Komme mit, komme mit."

Braunköpfchen sagte auch: „Komme mit, komme mit."

Das braune Mädchen sah die Kinder an und tat einen Schritt vorwärts.

Braunköpfchen war außerordentlich erfreut, es ging einen Schritt voraus und sagte lockend: „Komme mit, komme mit."

Das braune Mädchen ging zögernd nach. Es ging von den Glashäusern gegen die Bäume vorwärts, es ging auf dem Kieswege durch das Grün des Gartens, es ging über den Sandplatz vor dem Hause, es ging über die Treppe empor und stand auf dem Teppiche des Besuchzimmers.

Es war in dem Zimmer niemand zugegen. Die Großmutter ging gleich, da man die Treppe emporgekommen war, in ein anderes Gemach.

Das fremde Mädchen stand und öffnete seine großen Augen noch mehr und schaute auf den Spiegel an der Wand, auf die Uhr, auf den Schrein, auf welchem schöne Gefäße standen, auf Tische und Stühle und Sessel und auf den wunderbaren Teppich.

Die Kinder liefen und brachten süße Milch in einer Schale und brachten feines Weizenbrot und silberne Löfflein. Das fremde Kind trank die Milch aus der Schale, nahm ein Stückchen Brot in die Hand, biß davon ab und verzehrte es so.

Die Kinder brachten ihre Spielzeuge und zeigten sie. Das braune Kind wußte damit nichts anzufangen. Die Kinder brachten auch ihre Nußknacker, ihre schöneren Kleider und ihre Bänder.

Endlich kam auch die Mutter in einem feinen weißen Anzuge und trug gezuckerte eingemachte Früchte auf einer Tasse und bot dem fremden Mädchen davon an.

Das braune Mädchen wich zurück, bis es mit dem Rükken aufrecht an der Wand stand. Es rührte keine Hand, es blickte die Früchte an und ließ die Arme an dem Körper herabhängen.

Da wendete sich die Mutter wieder um und ging, ohne weiter ein Wort zu reden, aus dem Zimmer.

Die Kinder traten zu dem fremden Mädchen, liebkosten es, es gab die Liebkosungen zurück, und nachdem dies ein Weilchen gedauert hatte, nachdem man geredet, nachdem das fremde Kind geantwortet hatte und da es die Augen immer auf die Tür geheftet hielt, liefen alle zur Tür hinaus, liefen über die Treppe hinab, liefen durch den Garten, und hinter den Glashäusern lief das fremde Mädchen dann allein über die Sandlehne empor.

So wie es an diesem Tage gewesen war, war es wieder einmal an einem andern. Da die Kinder auf dem Nußberge gewesen waren, da das fremde Mädchen zu ihnen gekommen war, da man nach Hause gegangen und bei den Glashäusern angekommen war, hielt Braunköpfchen das fremde Mädchen an dem Arme, zog es nach sich und bat, daß es mitgehen möchte. Das braune Mädchen ließ sich ziehen, es folgte dem Knaben willig, man ging durch den Garten, man ging über die Treppen, und man ging dieses Mal in das Spielzimmer der Kinder. Dort ließ sich das braune Mädchen gar bewegen, sich niederzusetzen. Es saß an der Seite des Knaben, es ließ sich von ihm Kuchen, gedörrte Pflaumen, Milch, Butter und Honig geben. Als man gegessen hatte, als man einen Kreisel gezeigt, als man einen Federball versucht und ein Bilderbuch aufgeschlagen hatte, ging man wieder fort, die Kinder begleiteten das braune Mädchen bis an die Glashäuser, küßten und herzten es dort wie immer, nahmen Abschied und ließen es über die Sandlehne emporgehen.

Indessen war der Sommer vorgerückt. Der hohe Nußberg hatte sich über und über mit grünen Zweigen bedeckt. Wie es in dem Garten des Vaters gewesen war, so geschah es auch hier. Die zerschlagenen Stämme der Haseln, der Birken, der Eschen, der Erlen suchten durch ihren steigenden Saft die verlorenen Äste zu ersetzen und trieben Zweige, die schnell wuchsen, dick wurden und Blätter hatten, deren Größe und dunkle Farbe nie vorher auf dem Nußberge gesehen worden war. Die wenigen Äste, welche von früher übriggeblieben waren, bedeckten sich mit Nüssen, die in dicken Knöpfen und enge geschart an den Zweigen saßen, als müßten diese die Pflicht der verlorengegangenen Äste übernehmen und so viel Nüsse, als sie nur immer könnten, auf die Welt bringen. Dieselben waren noch grünlich und weißlich, fingen aber bereits an, sich mit einem sanften roten Hauche zu färben.

In dieser Zeit war auch das Schutzhäuschen des Vaters fertig geworden. Er hatte ein Stückchen Landes gekauft, das an der Morgenseite des Berges gelegen war, woher am seltensten ein Gewitter zu kommen pflegte. Er hatte das Häuschen so gebaut, daß es gegen Mittag und Abend ein Fenster mit eisernen Fensterläden hatte und daß gegen Morgen die Tür war. Im Innern stand an der Mitternachtseite ein Bänklein an der Wand, davor ein Tischlein war. Es befanden sich noch Stühle und Schemel in dem Häuschen.

Die Kinder waren öfter, wenn sie auf dem Nußberge waren, zu der Stelle gegangen, an der man arbeitete, und hatten zugeschaut. Auch das braune Mädchen stand dabei und betrachtete, was da wurde.

Es war von außen nicht angestrichen oder angeworfen worden, sondern sah so aus, wie die Steine oder die Steinhaufen aussehen, die auf dem Nußberge liegen. Das Dach war mit dunkelbrauner Farbe bemalt. Im Innern hatte es der Vater sehr schön grün machen und hatte in jeder Ecke ein Sträußlein von wilden Rosen, von Kamillen und Cyanen malen lassen. Da es fertig war, begleitete einmal der Vater die Kinder auf den hohen Nußberg, um das Häuschen einzuweihen. Sie traten hinein. Die Kinder waren außerordentlich erfreut, als sie das nette Zimmerchen und alle die netten Dinge sahen. Die Großmutter hatte in ihrer Tasche eine Flasche mit Milch, Kuchen, in einer Dose Butter und andere Dinge nebst dem Tischgeräte mitgebracht. Sie deckte, wie das wohltätige Weiblein den Knappen Rolands, ein weißes Tuch über das Tischlein, das so glänzte wie die Blüten des Kirschbaumes, sie legte an jedem Sitze ein Tellerchen auf das Tischlein, sie tat auf das Tellerchen ebenfalls ein weißes Tüchlein und legte ein Löffelchen, Messerlein und Gabel zu jedem Teller. Dann tat sie aus der Flasche Milch in das Milchtöpflein und legte einen silbernen Schöpfer dazu, dann tat sie den reinen Honig auf die weißen Tassen, daß er wie Gold in denselben stand, dann legte sie Butter auf einen Teller und gab zu jedem Sitze ein feines weißes Brot. Die Kinder aßen nun in ihrem Hause, und der Vater war ihr Gast. Da gegessen war, wurden die Reste wieder weggeräumt und eingepackt. Die Kinder freuten sich über dieses Vesperbrot sehr. Das braune Mädchen war an diesem Tage nicht gekommen, und der Vater wunderte sich, warum denn das Mädchen immer nicht komme, wenn er auf dem hohen Nußberge sei.

Die Kinder gingen nun dem Häuschen zulieb auf den Berg. Sie waren immer in demselben, und wenn das braune Mädchen kam, mußte es mit in das Häuschen gehen, auf einem Stühlchen sitzen und mit ihnen tafeln. Es waren in der Zwischenzeit die Erdbeeren gekommen, und wenn die Kinder in ihre Birkenrindentäschchen im Walde, an Rainen und oberhalb der Sandlehne Erdbeeren gelesen hatten, so tat die Großmutter sie im Häuschen auf einen der Teller, die in der Tischlage aufbewahrt wurden, und man verzehrte vergnügt das Nachmittagsmahl.

Aber die Freude an dem Häuschen wurde nach und nach geringer. Die Kinder gingen stets weniger hinein, und als eine Zeit vergangen war, schien es gar nicht mehr dazustehen. Sie saßen wieder an ihrer alten, dicken Haselwurzel, und wenn sie nicht da saßen, so gingen sie herum, waren in den Gebüschen, lasen verschiedene Dinge und Steinchen zusammen und sprachen mit der Großmutter.

Wenn das braune Mädchen kam, ging man früher als gewöhnlich nach Hause, weil das Mädchen mitging, weil es mit den Kindern in ihre Stube ging und dort bei ihnen war und aß und sprach und gegen Abend wieder fortzog.

Die Mutter ging bei solchem Anlasse öfter durch das Zimmer, aber sie näherte sich dem braunen Mädchen nicht und sprach nicht zu ihm. Sie hatte ein blasses Kleid angetan, wie Schwarzköpfchen eines an hatte, ihre Locken waren in den Nacken gekämmt, wie Schwarzköpfchen hatte, so daß sie ihm in allem glich und ein großes Schwarzköpfchen war. In dieser Weise brachte sie einmal auf einem Teller viele große, schöne Erdbeeren, die in dem Walde und auf der Heide nicht wachsen, sondern die der Vater in eigenen Beeten, auf welche im Frühlinge Glas gelegt wird, zog. Die Mutter hatte früher auf alle Plätze der

Kinder an dem Tische Tellerchen legen lassen. Sie ging zu dem Tellerchen Blondköpfchens, tat mit einem Löffel Erdbeeren auf dasselbe, und Blondköpfchen begann zu essen. Sie ging zu dem Tellerchen Schwarzköpfchens, tat Erdbeeren darauf, und Schwarzköpfchen fing an zu essen. Sie ging zu dem Tellerchen Braunköpfchens, tat Erdbeeren darauf, und Braunköpfchen aß sie. Sie ging zu dem Tellerchen des braunen Mädchens, legte Erdbeeren darauf, und das braune Mädchen begann zu essen. Dann ging sie wieder zur Tür hinaus. Ein anderes Mal kam sie wieder, war wieder ein Schwarzköpfchen, brachte allerlei Dinge und war unter den Kindern. So tat sie nun öfter, bis das braune Mädchen auch mit ihr redete, sich immer mehr an das Haus gewöhnte, mit den Kindern in der Stube spielte und mit ihnen auch im Garten war. Da bekam es von der Mutter auch ein Kleid, welches wie das frühere war, nur daß es viel schöner war und daß es Ärmel hatte, die bis zu dem Ellbogen herabgingen.

Der Vater bekümmerte sich jetzt wieder um die Herkunft des braunen Mädchens. Er fragte Nachbarn und Bekannte, sie wußten gar nichts von ihm. Er beschloß nun, die Landleute, die armen Häusler, die Holzhauer, die Pechbrenner, die Waldhüttler zu fragen. Er ging deshalb auf den Berg der Ahorne, der hinter der Grenze seiner Besitztümer emporsteigt und wo eine Hütte mit zwei alten Leuten war, die einen jungen Sohn hatten, der Fässer und Bottiche machte und viel in die Wälder kam. Sie wußten nichts. Er ging an dem Steingehege aufwärts und fragte bei den Hütten der Steinbrecher. Das Kind wird wohl von weiter oben sein, war die Antwort. Er ging weiter hinauf und fragte. Das Mädchen könne zu den Heideleuten gehören, sagten sie. Er fragte an der Heide, sie antworteten, das Mädchen komme etwa von den Moorhütten herab. Er fragte an den Mooren. Sie wußten dort nichts. Er kam nun zu den hohen Wäldern. Die Holzhauer und Pechbrenner sagten, es gäbe allerlei Leute. Und wenn er das Mädchen beschrieb, so sagten sie insgesamt, sie hätten es schon gesehen, und wenn sie das Mädchen beschrieben, so beschrieb es der eine so, der andere anders, ein jeder auf seine Weise. Der Vater kehrte wieder nach Hause.

Wenn die Mutter das Mädchen selber leise fragte, so war es still und sagte nichts. Die Kinder fragten nie. So verging nun die Zeit.

Das Mädchen kam jetzt auch zuweilen allein zu dem Hause. Wenn man an einem Morgen die Lehnen der Fenster öffnete, stand es naß in dem betauten Grase des Gartens und wartete.

Wenn die Kinder lernen mußten, stand es dabei und sah zu. Plötzlich konnte es einmal die Buchstaben sagen und konnte dann lesen. Es wurde öfter um das Gelernte gefragt und zu weiterem Lernen veranlaßt.

Wenn die Großmutter mit den Kindern fortging, hing es sich so gut an die Schürze derselben wie die anderen Kinder und ging mit. Einmal über die Nacht in dem Hause zu bleiben und sich in ein Bettlein zu legen, konnte es nicht bewogen werden.

Und wie der Sommer immer vorrückte, wie das Getreide reifte und in die Scheunen gesammelt wurde und wie der Haber goldig dastand, die leichten Fäden zitterten und die Hülse den weißen Schnabel aufsperrte, was immer auch die Zeit der Reife der Haselnüsse ist, so gingen die Kinder im Sonnenscheine mit ihren Haselruten auf den hohen Nußberg. Sie gingen nachmittags, wenn sie ihre Aufgaben gelernt und ihre Schriften geschrieben hatten. Das braune Mädchen hatte einen langen Stab, an dem ein gutgerichteter Haken war. Sie gingen über die Sandlehne empor, sie gingen durch die Felsen, durch das Gestrippe und Geniste, sie gingen durch den Wald, über die graue Heide und durch die grauen Steine, wo wieder das Bächlein so lieb wie immer war, die Fischlein spielten, die Wasserjungfern flogen und die roten Blumen standen, die ein Samenhaus voll weißer Wolle machen würden, sie gingen über das Steingerölle in das Gehege der Nüsse. Sie mußten heuer sehr mühsam suchen, um die wenigen Stellen zu finden, an denen jetzt Nüsse waren, sie riefen einander, wenn sie sie fanden, und sie langten mit ihren Haken nach den bedeckten Zweigen, und das braune Mädchen schwang sich empor und zog mit seinem Stabe die höchsten Äste herab, daß Braunköpfchen die Nüsse sammeln und in seine lederne Tasche tun konnte. Dann suchte man noch die lieben Stellen des Nußberges, wo allerlei Dinge im Gesteine, im Sande und im Gebüsche waren, und saß dann noch wie gewöhnlich an der alten Wurzel.

Und wie der Haber endlich von den Feldern verschwunden war, wie die Haselstauden sich entfärbten und die Blätter sich runzelten und rollten, wie auf den Hügeln die weißen Flecke der Stoppeln sich in braune verwandelten, wie auf den Feldern nichts mehr war als die Kartoffeln, der Kohl und die Rüben, wie kein Apfel und keine Birne mehr in den Zweigen der Bäume war, ja wie die Blätter schon von diesen Bäumen abfielen, wie die Blumen, die der Vater vor dem Hause in Töpfchen stehen hatte, wieder in die Glashäuser gesammelt wurden, wie die blauen Wacholderbeeren an den Wacholdersträuchen immer blauer wurden und die grünen schwollen und sich mit einem Taue überzogen, wie wieder der Fadensommer spann und die Großmutter immer trauriger wurde und immer zärtlicher die Locken aller Kinder streichelte: so wußten sie, daß die Zeit da sei, daß sie bald scheiden mußten, daß der traurige Herbst und die Nebel die Gegend bedecken werden, daß der Schnee und die Kälte kommen werde und daß sie lange nicht werden beisammen sein können.

Als diese Zeit gekommen, als der letzte Tag vergangen war, an dem sie noch beisammen sein konnten, nahmen sie, da das braune Mädchen fortging, Abschied, sie umhalsten es und weinten, und Braunköpfchen schenkte dem fremden Mädchen seine Bilderbücher und seine Trompete.

Und sie fuhren wieder fort, da die Großmutter voll Kümmernis bei dem Wagen stand, da die Knechte und Mägde bei dem Wagen waren, da der Vater noch mit weinenden Augen die faltenreichen Wangen der Großmutter küßte, ihre Hand küßte, wie er auch noch in seinen Mannestagen tat, in den Wagen stieg und die Pferde die Räder in Bewegung setzten.

Es verging der lange Winter, und das Schneegestöber, das das Haus, den Garten, die Glashäuser, die Sandlehne, den Wald, die Felder, den hohen Nußberg, alle Berge und Wohnungen der Menschen eingehüllt hatte, hörte auf, die Sonne kam wieder, die harten Winde gingen in mildere

Lüfte über, und der Vater, die Mutter und die Kinder kehrten wieder in ihr Haus auf dem Lande zurück.

Sie fanden alles, wie sie es verlassen hatten. Die Großmutter war gesund, alle Knechte und Mägde waren gesund, und alle Tiere des Hauses lebten und waren fröhlich.

Das braune Mädchen war wieder größer geworden, und die schönen schwarzen Haare gingen in noch größerer Fülle und noch dichter auf den Nacken hinab. Die Kinder liefen ihm entgegen, als es in das Haus kam, sie begrüßten es und gaben ihm die vielen Sachen, die sie ihm aus der Stadt mitgebracht hatten.

Es ging nun das Leben auf dem Lande wieder an, sie waren beisammen, sie lernten, sie arbeiteten, und da, wie es im vergangenen Jahre war, die Gräser auf den Wiesen und Rainen sproßten, da die Schwalben kamen und mit ihren braunen Kehlchen und dem weißen Bauche tief an dem Wege dahinfuhren und wieder hoch in die Lüfte schossen, da das Rotkehlchen in dem Gebüsche saß, mit dem Vorderleib nickte und seine Stimme schmettern ließ, da alle Bäume mit Blüten bedeckt waren, kleine Laubbüschel bekamen und nichts mehr von dem Unglücke des Hagels zu erblicken war, da die Felder grün waren und die weißen Wolken darauf niederleuchteten: da ging man wieder herum und ergötzte sich, wie man sich in früheren Zeiten ergötzt hatte.

Das braune Mädchen war nun auch nicht scheu, wenn der Vater bei den Kindern war, und es wich vor den Knechten und den Mägden nicht zurück, welche im Hause, im Garten und auf den Feldern herumgingen und arbeiteten.

Da auf diese Weise der Sommer sehr weit vorgerückt war, da eines Tages die Sonne schon gegen Untergang neigte, da die Kinder von ihrer Wanderung heimgekehrt waren, ihr Vesperbrot gegessen hatten, das fremde Mädchen schon fortgegangen war und die Kinder mit der Mutter allein in der Stube gegen den Garten hinaus saßen, weil der Vater verreiset war: geschah es, daß Blondköpfchen wiederholt sagte, es rieche etwas unangenehm, als würden widrige Gegenstände verbrannt. Man sah überall nach. Auf dem Herde war kein Feuer, in den Kaminen war auch keines, da man in der Hitze des hohen Sommers keines brauchte. Auf den Feuerstellen der Dienstmädchen war ebenfalls kein Feuer, an dem sie etwa Eisen zum Glätten gehitzt oder irgend Wäsche oder dergleichen gesotten hätten. Man schaute aus den Fenstern, alles lag ruhig und freundlich da, und nicht einmal ein Rauch ging aus nahen und fernen Schornsteinen empor.

Die Mutter sprach mit den Kindern über die Sache, und man wunderte sich, wie solche Eindrücke in die Sinne kommen können, Blondköpfchen verteidigte sich, andere griffen es an, und wie man so redete, geschah draußen ein Schrei, es geschahen sogleich mehrere, und wie alle an die Fenster liefen, um zu sehen, was es gäbe, stieg ein dicker, qualmender Rauchknäuel als schwarze, finstere Säule von dem Scheuerdache empor, er wirbelte schnell, und gleich darauf schoß die blitzende Flamme in ihn hinauf, und während die Kinder und die Mutter noch schauten, lief es geschäftig und prasselnd, als ob die Sommerhitze alles vorbereitet hätte, in lichten kleinen Flämmchen von der Scheuer längs des Dachfirstes der Stallungen und Wagenbehälter gegen das Haus hervor, mit eins geschah ein Knall, wie wenn ein auf glühende Kohlen gelegtes Papier plötzlich seiner ganzen Fläche nach Feuer fängt, und das ganze Dach der Ställe und Wagenbehälter stand unter einer einzigen breiten, nach aufwärts gehenden Flamme, das Scheuerdach aber war ein Körper von Glut und von Flamme, Knechte und Mägde rannten unten herum und schrien, und das Fichtenholz der Sparren und Latten krachte furchtbar unter dem Feuer.

„Kinder! Um mich!“ schrie die Mutter.

„Mutter, Mutter, Großmutter, Sigismund, Clementia, Emma!“ schrien die Kinder.

Sie schossen in das Zimmer zurück, sie ergriffen Dinge, sie zu retten, und wußten nicht, was sie taten. Sie nahmen eine Puppe, einen Lappen oder sonst etwas, das ihnen in die Hände kam, ob es Wert hatte oder nicht. Die Mutter hatte schnell einen Schreibtisch geöffnet, der in der Nebenstube stand, hatte ein Kästchen aus demselben genommen, stürzte wieder in die Stube zurück, raffte die Kinder, die mit Verschiedenem beladen waren, zusammen und führte sie die Vordertreppe, die von dem Feuer weggewendet war, hinunter ins Freie. Da sie die Haustür hinter sich hatten, hörten sie erst recht das Brüllen, Wehen und Krachen der furchtbaren Macht, die hinter ihnen auf der andern Seite des Hauses in ihrem Eigentume herrschte. Die stille Luft drückte den Rauch nieder, der sich an der Abendseite des Hauses lagerte und durch den die untergehende Sonne wie eine blutige Scheibe schien. Viele Leute, man konnte nicht unterscheiden, ob es eigene oder schon herzugelaufene waren, drängten sich wild durcheinander.

Die Mutter führte die Kinder nach der Morgenseite des Gartens. Da die Hitze den nach aufwärts strebenden Wind erzeugt hatte und derselbe die feurigen Lappen, die aus brennenden Schindeln, aus Stroh, Heu oder Linnen und Gewändern der Leute herstammten, wie frevelnde Geister in die Luft hinauf- und auseinanderschleuderte, so mußte die Mutter die Kinder vor dem fallenden Feuer zu sichern suchen, damit sich ihre Kleidchen nicht entzündeten. Sie führte daher dieselben unter dichten Bäumen und Gebüschen weg. Sie führte sie in die äußerste Laube an der Morgenseite des Gartens, vor der zwei reiche Linden standen, die sogar jeden Funken abhielten, der etwa in dieser Richtung hätte fallen können.

„Kinder, bleibt nun hier, entfernt euch ja nicht", sagte die Mutter, „was ihr auch hören mögt. Hier geschieht euch nichts, ich muß fort, ich komme aber bald wieder. Bewahrt indessen das Kästchen."

„Ja", sagten die Kinder, „wir werden bleiben."

Nach diesen Worten lief die Mutter aus der Laube und lief entschlossen in den Hof, und da ihr Gatte nicht anwesend war, übernahm sie seine Stelle und drang bei den Knechten, die fast den Verstand verloren hatten, darauf, daß sie in den Stall gingen und die Pferde herauszogen, damit sie nicht etwa ersticken, und daß sie dieselben an Bäume anbanden, daß sie nicht wieder in das Feuer liefen. Ein Teil der Leute hatte es mit dem Rindviehe schon so gemacht. Man rettete aus dem brennenden Stalle ein Pferd nach dem andern, die Mutter leitete das Unternehmen und gab die Stellen an, wo die Pferde angebunden werden sollten. Den Haushund hatte jemand losgelassen. Er kam in großen Sprüngen auf die Frau zu, strebte an ihr empor und gab seine Freude zu erkennen, gleichsam als wüßte er, daß eine Gefahr vorhanden gewesen war und daß die Frau ihr glücklich entronnen sei.

In den Zwischenaugenblicken lief die Frau in den Garten, um nach den Kindern umzusehen, und wenn sie sich überzeugt hatte, daß dieselben in der Laube seien, kehrte sie wieder zu dem Feuer zurück.

Endlich fand sie eine Magd, die sie zu den Kindern senden konnte, daß sie bei denselben in der Laube bliebe.

Die Knechte hatten indessen alle Tiere gerettet.

Die Tauben kreuzten in der Luft und fielen wie die Mükken, die um ein Licht flattern, mit versengten Flügeln in die Flammen.

Die Wagenbehälter grenzten an die Holzlage, in welcher die großen Vorräte von Winterholz und Kochholz aufgehäuft waren. Wenn dieses Holz Feuer finge, so wären die Wägen samt dem Wagenbehälter verloren. Darum ließ die Frau auch die Wägen aus ihren Behältern ziehen und ließ sie in dem Garten unter den Bäumen in Sicherheit bringen.

Da die Leute bei dieser Beschäftigung waren, hörte man hoch oben ein neues plötzliches Krachen und Prasseln, und da man hinaufsah, so erblickte man das Dach des Wohnhauses von den Flammen ergriffen. Es war wohl eine Feuerspritze in dem Hause, es war auch Wasservorrat teils im Hause, teils in dem nahen Bache, die Spritze hatte immer auf das Hausdach gespielt, die Hausleute und die Nachbarn, die schnell genug herbeigeeilt waren, hatten das Wasser stets in hinreichender Menge herangeschafft: aber die Hitze des Sommers hatte das Holzwerk zu sehr ausgetrocknet, die Gewalt des Feuers auf den angrenzenden Dächern war zu mächtig gewesen, der Wasserstrahl verdünstete fast in der Luft, die Tropfen auf dem Dache waren ohnmächtig, und da das Holzwerk einmal Feuer gefangen hatte, so war das ganze Dach bald ein sausender, krachender, brodelnder Feuerberg. Das Spritzen in die Flamme war nun unnütz, ja es belebte dieselbe nur noch mehr. Die Frau befahl daher, jetzt die Feuerhaken zu gebrauchen, die vielfach in dem Hause vorhanden waren, und die brennenden Sparren von dem Dache soviel als möglich herunterzureißen.

Für die Gemächer fürchtete die Frau nicht viel, weil ihre

Decken mit sehr dickem Estrich belegt waren und weil die Glut, die von dem brennenden Dache auf das Estrich fiel, mittelst der Haken und später durch Schaufeln eher entfernt werden konnte, ehe das Estrich so erhitzt würde, daß die Tragbalken ergriffen würden, in Brand gerieten und die Decke einstürzen ließen. Daher hatte sie aus den Gemächern nichts herausräumen lassen, außer was Mägde bereitwillig und aus unbefohlenem Eifer herausgetragen hatten.

Da nun die Feuerhaken angelegt waren und die Männer an ihnen bereitstanden, um die Sparren, sobald sie durch das Feuer ein wenig geledigt wären, herunterzureißen, so glaubte die Frau einen Augenblick für sich gewinnen zu können, weil nun kein Hausteil mehr war, der von der Flamme ergriffen werden konnte, und sie ging hinweg, um nach ihren Kindern in der Laube zu sehen.

Als sie zur Laube kam, liefen ihr Emma und Clementia entgegen und riefen: „Mutter, wir sind nicht fortgegangen und haben das Kästchen aufbewahrt."

„Wo ist Sigismund?" rief die Mutter.

„Er wird bei der Großmutter sein", sagte Emma.

„War die Großmutter bei euch in der Laube hier?" fragte die Mutter.

„Nein", sagten die Kinder.

„Ist die Großmutter nicht bei euch hier in der Laube gewesen und hat Sigismund mit sich fortgenommen?" fragte die Mutter noch einmal.

„Mutter, du hast ja Sigismund gar nicht mit uns über die Stiege mit herabgenommen", riefen die beiden Mädchen einstimmig.

„Dann muß er ja bei der Großmutter sein", sagte die Mutter und rief in den Garten hinaus: „Großmutter, Großmutter!"

Die Großmutter kam in dem Augenblicke, da sie so gerufen wurde, gegen die Laube herzu, entweder weil sie den Ruf gehört hatte oder weil sie zu den Kindern gehen wollte. „Wo ist Sigismund?" rief ihr die Mutter entgegen.

„Ist er nicht bei dir?" antwortete die Großmutter.

„Nein", sagte die Mutter.

„Ich habe ihn in dem Augenblicke, da Feuer gerufen wurde, gehört", sagte die Großmutter, „ich habe ihn vor meinem Zimmer Großmutter rufen gehört, und da ich in dem nämlichen Augenblicke auch deine Stimme vernahm, wie du die Kinder zusammenriefst, und da ich dich die vordere Treppe mit ihnen hinuntergehen hörte, so meinte ich, er sei bei dir, sperrte die Tür, die von dem Gange aus dem Kinderzimmer zu meinem Gemache führt, zu, ging durch die andere hinaus, sperrte sie ebenfalls hinter mir zu und ging über die hintere Treppe herab."

Die Mutter durchzuckte ein Strahl.

Von dem Kinderzimmer führte eine Tür auf einen Gang, der ganz allein zu dem Zimmer der Großmutter ging. Die Tür von dem Kinderzimmer in den Gang fiel gerne ins Schloß, und dasselbe konnte Sigismund mit seiner schwachen Kraft nicht öffnen. Es war daher wahrscheinlich, daß er von dem Kinderzimmer gegen das Zimmer der Großmutter geeilt war, sie zu warnen, daß hinter ihm das Schloß zugefallen war, daß er das Zimmer der Großmutter verschlossen fand, daß er zurück wollte, nicht mehr ins Kinderzimmer konnte und nun auf dem Gange eingesperrt sei.

Als diese Gedanken plötzlich durch den Kopf der Mutter liefen, schrie sie: „O du heilige himmlische Barmherzigkeit, dann ist er durch den Gang zu Euch gelaufen, um Euch zu helfen, hat hinter sich die Tür ins Schloß geworfen, konnte in Euer Zimmer nicht hinein und ist nun auf dem Gange eingeschlossen. Ich habe alle Kinder, wie sie mit ihren Lappen beladen waren, über die Treppe hinabgebracht, ohne zu achten, ob sie zwei oder drei seien. Er kann ersticken, es kann das Estrich einbrennen. Der Schlüssel steckt von innen in der Tür des Kinderzimmers, ich muß hinauf, ihn zu befreien."

Nachdem sie diese Worte gerufen hatte, lief sie, ohne auf die andern Kinder zu achten, dem brennenden Hause zu. Sie lief gerade durch alle Pflanzen und mitten durch den Funkenregen hindurch. Die Großmutter folgte ihr. Die Magd, die bei den Kindern war, konnte dieselben nicht zurückhalten, sie liefen auch zu dem Feuer, und die Magd lief mit ihnen.

Als die Mutter bei der Feuerstätte angekommen war, war es dort bei weitem nicht so gefahrlos für die Zimmer, als sie gedacht hatte. Der Dachstuhl war beinahe zusammengebrannt, wenigstens war er schon zusammengestürzt. Ein furchtbarer Gluthaufen, der die Luft vor Hitze zittern machte, lag auf der Decke der Zimmer. Von dieser Glut trennte nur eine Lage Estrich die Tragbalken, sie konnten sich erhitzen, brennen, und die Decke konnte einstürzen. Die Männer mit den Feuerhaken hatten außerordentlich gearbeitet. Einen großen Teil der Sparren hatten sie herabgerissen, und die Trümmer lagen um das Haus und brannten und rauchten; aber ein anderer Teil hing noch oben und konnte aus der Verbindung nicht gerissen werden. Die Nacht war mittlerweile eingebrochen, und in der düstern Finsternis war das Leuchten des Feuers und des Rauches, das Glühen der vorragenden Balken und das Glänzen der umstehenden Bäume doppelt unheimlich.

Die Mutter lief gerades Weges gegen die Tür zu, von welcher die Treppe gegen das Kinderzimmer emporführte. Sie wollte in das Zimmer gelangen, dort an der Tür zu dem Gange den Schlüssel umdrehen und den Knaben befreien. Aber als sie gegen die Tür kam, lag ein Haufen herabgerissener Balken vor derselben und brannte.

Es war unmöglich durchzukommen.

„Reißt das Holz weg, Sigismund ist in dem Hause", schrie sie zu den Männern, die da waren.

Die Männer verstanden sie. Sie näherten sich dem Feuerhaufen, schlugen die Haken ein und suchten die Balken wegzubringen. Aber es war vergeblich. Die Balken waren teils noch in Verbindung, teils hatten sich andere herabgestürzte mit ihnen verschlungen, so daß die angestrengteste Kraft aller Männer nicht hinreichte, das zusammenhängende Gewirr eher hinwegzubringen, als bis es mehr ausgebrannt wäre und die Verbindungen sich gelöst hätten.

„Das geht nicht", rief die Mutter, „wir müssen durch die hintere Treppe in Euer Zimmer hinauf, Großmutter, um von demselben in den Gang zu kommen. Wo habt Ihr die Schlüssel?"

„Ich weiß es nicht, ich werde sie in meiner Armtasche haben, die ich vielleicht in den Glashäusern niedergelegt habe", antwortete die Großmutter, „ich werde sie gleich holen."

„Um des Himmels willen, warum habt Ihr zugesperrt?" rief die Mutter.

„Der Diebe wegen", rief die Großmutter und eilte, von einem Knechte begleitet, davon.

Noch war es Zeit; denn alle Fenster des Hauses waren noch schwarz, zum Zeichen, daß das oberhalb herrschende Feuer noch nirgends in die Zimmer hineingebrochen war.

Aber es kam der Knecht gelaufen und sagte, daß die Schlüssel der Großmutter nirgends zu finden seien.

Die Mutter änderte ihren Plan. Sie ging um die Ecke des Hauses und kam zu einer Seite, die mit Weingeländer bepflanzt war, die gegen den Garten sah und in welcher ein offenes Fenster der Kinderstube war. Sie zeigte gegen das Fenster empor und rief: „Eine Leiter, eine Leiter, da kann man in das Kinderzimmer einsteigen."

Die Knechte liefen nach einer Leiter. Andere schlossen sich an. Die Leitern waren unter einem eichenen Dächlein auf einem eigenen Gestelle angehängt, das in der Nähe des Wagenbehälters war. Dort brannte aber jetzt in einer entsetzensvollen ruhigen Flamme, die majestätisch in die Höhe ging, der gesamte Vorrat des Holzes des Hauses. Es war unmöglich, sich zu nähern. Ein Mann, der, in eine nasse Decke gehüllt, es gewagt hatte, war durch den heißen Atem umgeworfen worden, und man konnte ihn nur mittelst eines Feuerhakens retten, mit dem man ihn aus der heißen Luft zog. Im nächsten Augenblick hatte auch das Leiterdächlein Feuer gefangen, und dasselbe und die Leitern brannten.

Die Knechte kamen zurück und meldeten es der Mutter.

Da stürzte sie auf die Knie, breitete die Arme auseinander und schrie: „So rette du ihn, der die Macht und das Vollbringen hat und der ein unschuldvolles Leben nicht vernichten kann!"

In diesem Augenblicke tönte ein gellender Schrei: „Braunköpfchen, Braunköpfchen!"

Und ehe man sich's versah, huschte eine dunkle Gestalt gegen das Haus und kletterte wie ein Eichhörnchen an dem Weingeländer empor und war in dem nächsten Augenblicke durch das Fenster verschwunden.

Alle vergaßen ihre Arbeit, oder was sie immer im Herzen hatten, und richteten ihre Augen auf das Fenster.

Es dauerte nicht lange, so kamen zwei Gestalten am Fenster an. Sie waren durch brennende Balken, die oberhalb ihrer über die Mauer des Hauses hervorragten, wie von Fackeln beleuchtet. Es war das braune Mädchen und Sigismund.

Ein Schrei ertönte einstimmig aus dem Munde aller Umstehenden bei diesem Anblicke.

Emma und Clementia kreischten vor Entsetzen und vor Freude.

Aber die Kinder konnten nicht herunter. Das braune Mädchen hätte es gekonnt; allein den Knaben konnte es nicht auf das Weingeländer bringen. Wie ein Nachtbild, das ein Künstler gemalt und mit der äußeren Glut beleuchtet hat, standen sie in dem schwarzen Rahmen des Fensters.

„Leintücher, Leintücher, bindet Leintücher zusammen", riefen mehrere Stimmen hinauf.

„Da ist eine Leiter", hörte man unten rufen, „die Leiter wird reichen, sie wird halten, für Kinder hält sie schon."

In dem Augenblicke drängten sich der Altknecht und der Pferdeknecht durch die hier zusammengepreßten Menschen und trugen eine Leiter herbei. Sie war von den Wägen, die aus Gottes Vorsicht und mit dem Willen der Frau gerettet worden waren, genommen und aus zwei Leitern eines Erntewagens zusammengebunden worden.

Sie wurde angelehnt und reichte.

Das braune Mädchen stieg zuerst aus dem Fenster. Es faßte festen Fuß auf den Sprossen und half dann dem Knaben auch aus dem Fenster heraus.

Die beiden Kinder kletterten nun schnell und geschickt über die Leiter herab.

Als sie auf dem Grase waren, kniete das braune Mädchen vor dem Knaben nieder, setzte sich auf seine eigenen Fersen und sah den Knaben mit den schwarzen Augen an.

Man hätte in der dunkeln Nacht und bei dem Scheine des Feuers sehen können, wie diese Augen freudesprühend waren, daß er gerettet sei.

Der Knabe konnte nicht reden, er schwindelte, und es war, als sollte er umfallen.

Da eilte die Mutter herbei, nahm ihn in die Arme, wischte ihm die Stirne ab und suchte ihn zu trösten.

In diesem Augenblicke kam auch die Großmutter, so schnell sie in ihrem Alter laufen konnte, in von der Hast in Unordnung geratenen Kleidern und mit den Schlüsseln in der Hand herbei.

Da sie den Knaben gerettet sah, bemühte sie sich mit der Mutter um ihn. Die anderen Kinder standen dabei, und viele Menschen drängten sich herzu.

Da das Kind noch immer im halben Bewußtsein war, so hoben es die Mutter und Großmutter auf, brachten es zum Brunnen im Garten und benetzten dort mit frischem Wasser seine Stirne und Schläfe.

Da sich der Knabe hierauf erholt hatte, brachten sie ihn in die Laube, in welcher zu Anfang des Feuers die Kinder gewesen waren.

Während dort die Mutter mit dem Knaben beschäftigt war, ihn zu untersuchen, ob er keine Beschädigung erlitten habe, ihn zu befragen und zu besänftigen, sah man die alte Frau an dem Stamme eines Obstbaumes knien und mit gefalteten Händen beten.

Das Kind ward nach und nach beruhigt. Die Mutter richtete ihm die Kleider zurecht und streichelte ihm die Wangen und die Haare. Die zwei Schwesterlein streichelten ihm auch Locken und Wangen und gaben ihm Liebkosungen.

Der Knabe hatte wirklich keine Beschädigung erlitten. Er war in der Tat von der Kinderstube in den Gang geeilt, der zu dem Zimmer der Großmutter führte, um zu ihr zu gehen und ihr zu sagen, daß Feuer in dem Hause sei und daß sie fortgehen solle. Er hatte auch, wie es ihm öfter geschah, die Gangtür hinter sich zugeworfen, und der Riegel war in den Haken gesprungen. Da er bei der Tür der Großmutter nicht hinein konnte, als er sie auch nicht zu errufen vermochte, wollte er zurück. Allein da sah er erst zu seinem Schreck, daß er die Tür zugesperrt habe. Er versuchte mit allen Kräften den Riegel aufzuziehen, aber die Feder war zu stark, und er konnte nichts ausrichten. Da klopfte er mit beiden Fäusten bald an die Tür der Kinderstube, bald an die der Großmutter. Er schrie auch aus allen Kräften, damit er gehört würde. Allein da er dies eine Weile getan und ihn niemand vernommen hatte, setzte er sich in dem Gange auf den Boden nieder und wartete, ob jemand kommen und ihm öffnen würde.

Er hörte da das Krachen und Sausen des Feuers oberhalb seiner. Da kam das braune Mädchen, führte ihn fort und stieg mit ihm die Leiter herab.

Als er sich schon ganz von seiner Angst erholt hatte, übergab ihn die Mutter der Großmutter und den Mägden, die in der Laube waren, und ging wieder fort, um bei dem Feuer nachzusehen.

Die Männer rissen die letzten Balken herab. Der Gluthaufe, der über den Zimmern des Herrn und der Seinigen stand, würde die Decke durchgebrannt haben, da alles Spritzen mit Wasser nichts fruchtete; allein es war in der Zeit, als die Mutter in der Laube war, der Pfarrer mit den Kirchenleitern gekommen.

Sie waren mit ihren eisernen Haken an die Mauerränder des brennenden Hauses gelegt worden, die Männer stiegen hinauf und begannen mit Schürhaken die Glut hinabzuwerfen. Sie wechselten hiebei ab. Da die Glut immer weniger wurde, wurde das hinaufgespritzte Wasser immer wirksamer, indem es zum Teile die Glut dämpfte, zum Teile dem ausgedörrten und geklüfteten Estrich wieder Feuchtigkeit gab, daß es die Hitze nicht so durchlasse und den Tragbalken keinen Schaden zufüge. Auf diese Weise wurden die Zimmer gerettet.

Da man den Gesindezimmern nicht zugleich die nämliche Hilfe zuwenden konnte, brannten wirklich einige ein. Als man aber die Herrenzimmer in Sicherheit wußte, wendete man sich jetzt auch dorthin und tat dem Weitergreifen des Feuers Einhalt.

Hierauf wurden die Balken und Sparren, die rings um das Haus herum gestreut lagen und brannten, beiseite gebracht und gelöscht. Und ehe Mitternacht gekommen war, war die Hauptsache vorüber. Nur das vorrätige Brennholz brannte noch mit stiller, aber heftiger Glut und Lohe weiter. Die Spritze vermehrte nur den Brand, da sich das Wasser zersetzte und das Brennen beförderte. Man hätte mit Schaufeln Erde auf das Feuer werfen können; aber die Hitze erlaubte nicht, sich so weit zu nähern, daß man mit Werfen das Feuer hätte erreichen können. Es blieb daher

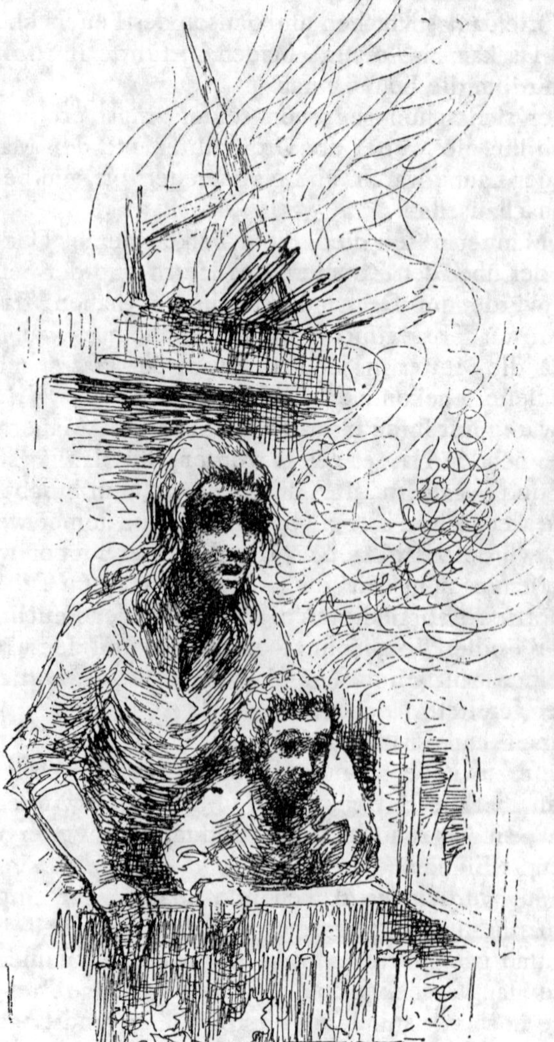

nur übrig, das Feuer zu umstehen, es zusammenbrennen zu lassen und nur zu sorgen, daß es sich nicht neuerdings weiterverbreite. Auch um alle Teile des Hauses wurden Wachen gestellt, daß kein Funke sich neu belebe oder weitergetragen werde. Der in der niedergebrannten Scheune stehende und rauchende Stock von Heu konnte zwar nicht gelöscht werden, wurde aber durch die Spritze in einer Grenze gehalten, daß das Feuer nicht lebhafter werde und daß es endlich unter seiner Asche ersticke.

Da nun alles so weit gesänftigt und in eine Ordnung gebracht war, dachte die Mutter auch daran, die Kinder zur Ruhe zu bringen. Sie ging in die Laube, nahm ihr Kästchen, nahm die Kinder bei der Hand und führte dieselben nach rückwärts in die Glashäuser. Weil man den Zustand der verschont gebliebenen Zimmer nicht kannte, hatte die Mutter die Glashäuser gewählt. Da Sommer war und ein Teil der Blumen im Freien stand, so war in einem der Glashäuser hinreichend Platz. Die Mutter ließ durch die Mägde Betten, Decken und alles Notwendige aus den Zimmern bringen. Sogar Tischchen, Stühle und Schemel wurden herbeigeschafft.

Bei dieser Gelegenheit sah man auch nach dem braunen Mädchen. In der Verwirrung und Angst und in der Tätigkeit, die die Mutter noch bei dem Feuer anwenden mußte, hatte man auf das Mädchen nicht gedacht. Jetzt aber war es nirgends zugegen. Man ängstigte sich aber nicht weiter, es werde wieder fortgegangen sein, weil es nie in der Nacht in dem Hause geblieben war.

Es wurden nun die Betten teils auf den Bänken des Glashauses, teils auf der Erde gemacht, und als die Kinder gebetet hatten, wurde jedes unter sein Decklein gebracht, und sie sahen noch, wie das Feuer des Holzstoßes in den Tafeln des Glashauses glänzte, und entschlummerten dann sanft und beruhigt.

Auch die Mutter und Großmutter suchten auf kurze Zeit die Ruhe.

Mit der Morgenröte stand das braune Mädchen im Garten und wartete. Die Kinder gingen zu ihm hinaus, und auch die Großmutter und die Mutter gesellten sich dazu. Man ging an alle Stellen. Der Garten war ein Viehstall;

denn an den Bäumen waren Pferde, Ochsen, Kühe und Kälber angebunden und hatten Heu vor sich; denn es waren schon vor Tagesanbruch Nachbarn und andere Leute mit Wägen gekommen und hatten Heu, Stroh und Lebensmittel gebracht; erschreckte Hühner liefen unter den Blumen und Gebüschen herum, und Schweine zerwühlten den Rasen. Die Mauern des Hauses waren schwarz und beschmutzt, der Sandplatz und der Rasen vor dem Hause waren schwarz wie ein Kohlenmeiler, die Stätte des Brennholzes war ein Haufen nasser Kohlen und Asche, und aus dem Heu stieg noch schwacher Rauch mit widrigem Geruche empor.

Als die Kinder alles gesehen hatten, ging die Mutter mit ihnen auf die Wiese hinaus, wo die Wägen standen, welche eine Beisteuer gebracht hatten und bei denen noch die Leute waren, welche die Wägen hergeführt hatten. Die Mutter bedankte sich recht herzlich bei allen.

Dann machte sie bei ihren Leuten und bei denen, die bereitwillig zu helfen gekommen waren, Anstalten, was getan werden sollte.

Die Kinder hatten ihre Wohnung im Glashause, in welches man noch mehrere Sachen brachte, die gestern nicht notwendig gewesen waren.

Am Nachmittag kam der Vater. Er hatte in der Nacht die Feuerröte am Himmel gesehen. Er hatte gedacht, daß es bei ihm sein könnte, er gab seine Geschäfte einem Bevollmächtigten und reiste ab.

In der Nähe hatte er erfahren, daß sein Hof abgebrannt sei, und er mietete ein Pferd zum Reiten, daß er auf Fußwegen und näheren Feldwegen schneller nach Hause kommen könnte.

Als er seine Mutter, die Gattin und die Kinder gesehen hatte, als er erfahren hatte, daß kein Mensch bei dem Brande verunglückt sei, war er sehr freudig und fragte nicht, was er noch weiter verloren habe.

Er schritt nun zur Ausbesserung des Schadens.

Zuerst mußten die Decken der Zimmer untersucht werden. Da sich die Tragbalken als gut auswiesen und da sich gezeigt hatte, daß sie durch die Hitze und durch das zerklüftete Estrich nicht schadhaft geworden waren noch auch

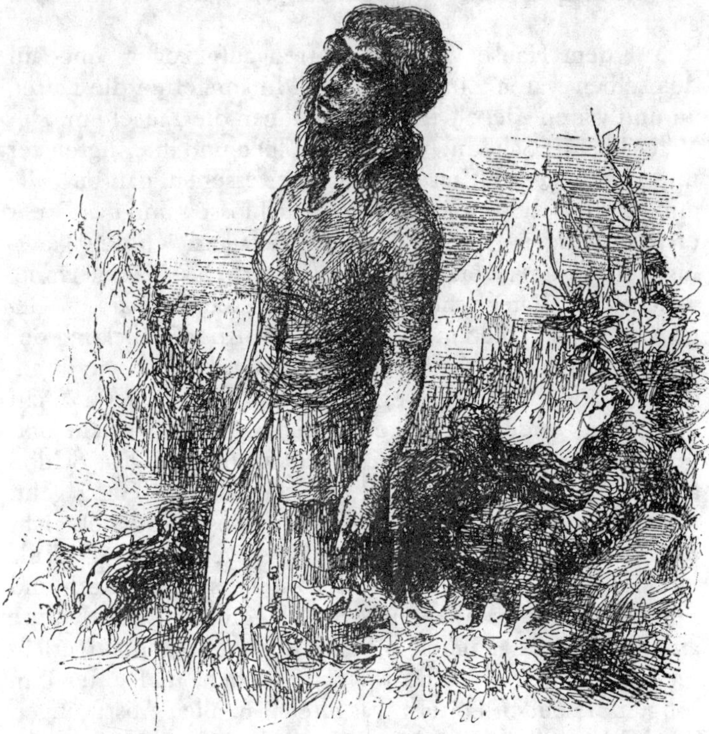

durch Nässe gelitten hatten, zogen die Mutter, die Kinder und die Großmutter wieder in ihre Zimmer ein.

Am anderen Tage wurde zur einstweiligen Abhilfe ein Notdach aus Brettern über das Haus gemacht.

Dann wurden alle Plätze vor dem Hause gereinigt, damit das Bild des Schmutzes und der Unordnung nicht mehr sichtbar wäre. Die Tiere wurden, da ihre wohlgewölbten und erhaltenen Ställe nun durch Lüftung vom Rauche und Gestanke befreit waren, wieder in dieselben getan. Das Heu ließ er vollkommen löschen und dann in einem abgelegenen Orte auf einen Haufen tun, damit es sich zum Dünger verwandle. Er ließ auch die gebrochenen Fensterscheiben sogleich einschneiden, und dem Gesinde ersetzte er seinen Verlust reichlich, weil es sich so sehr zur Rettung seiner Wohnung hatte verwenden lassen.

Nachdem alles dieses geschehen war, fing man zu bauen an.

Auf dem Hause wurden Sparren aufgezogen, und auf demselben waren Zimmerleute und hämmerten die Latten an und waren Ziegeldecker und hingen die Ziegel ein. Der Vater ließ die Scheune völlig einwölben und die Zugfenster und Öffnungen mit eisernen Türen versehen, daß im Falle eines Feuers diese und die Tore geschlossen und das Feuer erstickt werden könne. Die Außenmauern wurden gereinigt, frisch angeworfen und getüncht. Das Weingelände, welches der Vater schon oft, weil die Reben in diesen Gegenden keine Trauben tragen und die Ausschmückung des Hauses durch Weinlaub auch nicht so schön ist wie in anderen Ländern, hatte wegtun wollen, wurde jetzt nicht weggetan, sondern noch fester und schöner gemacht und der Vorsatz gefaßt, die Reben recht zu pflegen. Das Schloß an der Tür der Kinderstube, welche auf den Gang geht, wurde mit einem neuen vertauscht, dessen Riegel nicht mehr vorspringen konnte. Die Holzlage wurde ebenfalls ein Gewölbe, das von allen Seiten mit eisernen Türen und Fensterladen zu schließen war. Das Leiterhäuschen wurde an einer sehr zugänglichen Stelle in dem Garten aufgerichtet, sein Dächlein wurde rot angestrichen, und unter ihm hingen die neuen Leitern waagerecht in allen Abstufungen der Länge.

Der ganze Sommer verging mit Bauen, und als der Herbst gekommen war, stand das Haus schöner und stattlicher da, als es je gewesen war.

Wie das Feuer entstanden war, konnte nicht ergründet werden. Wahrscheinlich war irgendeine Unvorsichtigkeit schuld, da es in der Scheune ausgebrochen war.

Sie gingen heuer früher als gewöhnlich in die Stadt, weil mehreres zu besorgen war, und gingen unruhiger dahin als zu anderen Zeiten.

Aber keine Unruhe ging in Erfüllung. Als die Lenzlüfte wehten, kam man wieder zurück und traf alles gut und wohlbehalten an.

Die Mutter hatte dem braunen Mädchen Stoffe gebracht, um es recht schön zu kleiden, und gab ihm dieselben, indem sie es mit liebevollen und zärtlichen Augen ansah.

Der Vater und die Mutter hatten beschlossen, das braune Mädchen zu erziehen und es demjenigen Glücke zuzuführen, dessen es nur immer fähig wäre. Man war sehr vorsichtig, daß man es nicht verscheuche, und man ließ es nur selbst gewähren, daß es immer mehr Zutrauen gewinne.

Es kam recht oft mit den Kindern, es kam von selber, und da es die neuen Kleider hatte, die dem Schnitte nach wie die alten gemacht waren, blieb es auch manchmal über Nacht da, wozu man ihm ein eigenes Bettchen hergerichtet hatte.

Von den Eltern des Mädchens vermutete man keinen Widerstand, weil man sah, daß sie sich so wenig um dasselbe kümmerten, weil sie es so in der Gegend herumgehen ließen, weil sie sich nie meldeten, da sie doch wissen mußten, daß das Kind oft in dem Hause sei, und da sie die neuen Kleider sehen mußten, die man ihm gegeben hatte. An das Haus hoffte man es zu binden, indem man wie bisher die sanften Fäden der Liebe und Nachsicht walten ließ, bis sein Herz von selber in dem Hause sein würde, bis es nicht mehr fortginge und sein Gemüt ohne Rückhalt hingäbe.

Das Mädchen hatte früher schon vieles mit den Kindern gelernt, und man hatte es gefragt und es in das Gespräch gezogen, ohne daß es eine Absicht merkte, und hatte das Gelernte geordnet und erweitert. Jetzt traf man die Einrichtung, daß der junge Priester, der den Religionsunterricht der Kinder besorgte, zweimal in der Woche von der Pfarre herüberkam, um das Mädchen Gott und die Gebräuche unserer heiligen Religion kennen zu lehren. Die Mutter wiederholte die Lehre und erzählte dem Kinde von heiligen Dingen.

Das Mädchen lernte sehr feurig, und so wie es den Kindern in körperlicher Fertigkeit und Gewandtheit voraus war und sie es nachahmten, besonders Sigismund, so lernte es von ihnen wieder andere Dinge, wenn sie in den Zimmern beschäftigt waren, oder wenn sie sich bei der Mutter befanden, oder wenn sie bei der Großmutter waren, oder mit ihr in der Gegend herumgingen.

So verflossen mehrere Jahre. Das braune Mädchen gewöhnte sich immer mehr an das Haus, es blieb immer da und ging schier gar nicht mehr fort. Es lernte allerlei Arbeiten, wie sie die andern Mädchen machten, und verrichtete solche Dinge wie sie. In die Stadt mit zu gehen konnte es nicht bewogen werden. Es blieb im Winter immer bei der Großmutter.

Endlich brachte man es auch dahin, daß es weibliche Kleider trug. Die Mutter hatte die Stoffe dazu gekauft, diese wurden zu Kleidern verarbeitet und mit Bändern nach dem Gebrauche verziert.

Da es weibliche Kleider trug, war es scheuer und machte kürzere Schritte.

Nach und nach wuchsen die Kinder heran, daß sie so groß wie die Eltern waren. Es waren nun drei Schwarzköpfchen. Da die Mutter ihre dunkeln Haare noch immer schön und glänzend bewahrt hatte, war sie das eine, Clementia war das zweite und das braune Mädchen das dritte. Blondköpfchen waren der Vater und Emma. Braunköpfchen war Sigismund allein. Auch ein Weißköpfchen war unter den Kindern vorhanden – die Großmutter. Ihre Haare, die grau waren, waren endlich so weiß geworden, daß, wenn eine Locke neben der Krause der weißen Haare zufällig hervorschaute, sie von derselben nicht zu unterscheiden war.

Emma war eine schöne Jungfrau geworden, die ernsthaft blickte, blaue Augen im stillen Haupte trug, die Fülle der blonden Haare auf den Nacken gehen ließ und wie ein altdeutsches Bild war. Clementia war rosig und zart, und das süße Feuer der schwarzen Augen schaute unter den schwarzen Haaren aus der Tiefe der Seele. Sigismund war mutig, heiter und frei, er war wirklich ein Mund des Sieges; denn wenn seine Rede tönte, flogen ihm die Herzen zu.

Es kamen aus der Nachbarschaft Leute, Junglinge und Mädchen, selbst aus der fernen Hauptstadt kamen Bekannte, die Bewohner des abgelegenen Hofes zu besuchen. Alle waren fröhlich, nur das braune Mädchen nicht. Seine Wangen waren, wie wenn es krank wäre, und sein Blick war traurig. Wenn alle freudig waren, saß es im Garten und schaute mit den einsamen Augen um sich.

Eines Sommers an einem sehr schönen Tage, da Fremde da waren, da man in dem großen Saale des Hauses Tanz, Klavierspiel, Pfänderspiele und städtische Vergnügungen trieb, gingen Vater und Mutter gegen die Sandlehne zurück. Dort lag auf einem Sandhaufen in seinen schönen Kleidern das braune Mädchen und schaute mit den verweinten Augen gegen die Erde. Die Mutter näherte sich und fragte: „Was ist dir denn?"

Das Mädchen erhob sich ein wenig, und da Vater und Mutter sich auf ein Bänkchen neben dem Sandhaufen niedergelassen hatten, saß es ihnen gleichsam zu Füßen.

„Liebes, teures Mädchen", sagte die Mutter, „betrübe dich nicht, alles wird gut werden, wir lieben dich, wir geben dir alles, was dein Herz begehrt. Du bist ja unser Kind, unser liebes Kind. Oder hast du noch Vater und Mutter, so zeige es uns an, daß wir auch für sie tun, was wir können."

„Sture Mure ist tot, und der hohe Felsen ist tot", sagte das Mädchen.

„So bleibe bei uns", fuhr die Mutter fort, „hier ist deine Mutter, hier ist dein Vater, wir teilen alles mit dir, was wir haben, wir teilen unser Herz mit dir."

Bei diesen Worten brach das Mädchen in ein Schluchzen aus, das so heftig war, daß es dasselbe erschütterte und daß es schien, als müsse es ihm das Herz zerstoßen. Es fiel plötzlich mit dem Angesichte gegen den Sand nieder, es drückte mit den Händen ein Teilchen von dem Saume des Gewandes der Frau in einen Knauf zusammen und preßte diesen Knauf an seine Lippen. Da es nach einem Weilchen die Hand der Frau auf seinen dichten, dunkeln, schönen Locken spürte, die dort ruhte und freundlich drückte, sprang es auf, hob die Arme, die nun nicht mehr so voll und glänzend waren, auf, schlang sie fest um den Nacken der Frau, küßte sie auf die Wange, als müßte es Lippen und Zähne in dieselbe eindrücken, und weinte fort, daß die Tränen über die Wange der Frau herabflossen und ihr Kleid benetzten. Als sich dieses nach und nach löste, als das Mädchen das Haupt zurückbog und nach dem Vater sah, als es merkte, daß es dieser bei der Hand halte, daß er aber nicht sprechen könne, weil seine Augen in Wasser schwammen: da konnte es auch nicht mehr sprechen, seine Lippen bebten, sein Herz hob sich krampfhaft in kurzen Stößen, und so ging es hinter die Glashäuser zurück.

Der Vater und die Mutter wollten dem Mädchen nicht

folgen, damit es sich einsam beruhigen könnte. Sie dachten, es werde sich geben.

Aber es gab sich nicht. Sie sahen das Mädchen über die Sandlehne emporgehen und sahen es seitdem nie wieder.

Da eine Zeit vergangen war, ohne daß das braune Mädchen erschien, meinten die Eltern und Kinder, es sei nur fortgegangen und bleibe länger aus, als man jetzt glauben sollte; aber als das Ausbleiben bedenklicher wurde, stellte der Vater Nachforschungen an, und da das Mädchen immer nicht kam, wurden diese Nachforschungen mit allen Mitteln, die es nur gab, betrieben. Aber sie waren wie die früheren ohne Erfolg. In der Nähe kannte man das Mädchen als ein solches, das immer zu den Kindern auf den Hof kam, und betrachtete es fast als ein Mitglied der Familie; in der Ferne wußte man gar nichts von ihm. Alle Bewohner des Hauses, Vater, Mutter, Kinder, Großmutter, waren betrübt, und die Wunde wurde immer heißer.

Aber als Monate und Jahre vergangen waren, milderte sich der Schmerz, und die Erscheinung sank wie andere immer tiefer in das Reich der Vergangenheit zurück.

Aber vergessen konnte man das Mädchen nie. Immer redeten alle, besonders die Kinder, von ihm, und als schon viele Jahre vergangen waren, als die Großmutter schon gestorben war, als der Vater schon gestorben war, als die Mutter eine Großmutter war, als die Schwestern Gattinnen in fernen Gegenden waren: war es Sigismund, wenn er auf den Anhöhen stand, wo jetzt das Bächlein mit den grauen Fischlein recht klein geworden war, wo der hohe Nußberg recht klein geworden war, als husche der Schatten des braunen Mädchens an ihm vorüber, er fühlte ein tiefes Weh im Herzen und dachte: wie oft mußte es herübergekommen sein, wie oft mußte es einsam gewartet haben, ob seine Gespielen kämen, und wie hat es seinen Schmerz, den es sich in der neuen Welt geholt hatte, in seine alte zurückgetragen. Er dachte: wenn dem Mädchen nur recht, recht viel Gutes in der Welt beschieden wäre.

Bergmilch

In unserem Vaterlande steht ein Schloß, wie man in manchen Gegenden sehr viele findet, das mit einem breiten Wassergraben umgeben ist, so zwar, daß es eigentlich aussieht, als stünde es auf der Insel eines Teiches. Von solchen Verteidigungsmitteln sind gewöhnlich diejenigen Schlösser umgeben, die auf Flächen liegen, also das Verteidigungsmittel des Wassers haben, aber dafür desjenigen entbehren, das ihre stolzen Schwestern auf hohen Bergen und schroffen Felsen besitzen. Sie müssen die geringere Sicherheit, die ein Wassergraben gibt, noch mit feuchter Luft, mit Fröschequaken und Fliegenungeziefer erkaufen, während ihre erhabenen Schwestern zu dem größeren Schutz der hohen Felsen noch die reine Luft und die Aussicht als Zugabe erhalten. Dafür können die ersten sich gegen Winterstürme in ein ganzes Bett von Bäumen verhüllen, während die letzten dem Anfalle der Winde so hingegeben sind, wie ein Kiesel im Flusse dem ewigen Glätten durch Wasser. Seit aber unsere Mitmenschen nach und nach den Harnisch abgelegt haben, seit das Pulver erfunden worden ist, gegen welches ein Wassergraben und ein hoher Fels nichts nützt, ziehen sich die Mächtigeren von den Bergen und aus den Teichen heraus und lassen die Trümmer wie ein abgelegtes zerrissenes Kleid auf ihrem früheren Platz stehen. Wer aber nicht so mächtig und reich ist, der muß sein früheres Haus bewohnen und sich gegen die schlechten Einflüsse so gut als möglich zu sichern suchen. So sieht man noch manches bewohnte Schloß in seinem Teiche wie einen Fehler der Zeitrechnung stehen und manches mit verwahrten Fenstern und Fensterläden von einem Felsen herniederschauen. In dem einen versumpft das Wasser immer mehr, in dem andern wird die Wetterseite preisgegeben, und die Zimmer ziehen sich tiefer zurück.

Unser zu Anfang dieser Zeilen erwähntes Wasserschloß heißt Ax. Es ist von den Besitzern in neuerer Zeit etwas getan worden, um die Lage zu erleichtern. Es ist statt der früheren Bogenbrücke, die immer ausgebessert werden mußte und die an dem Schloßtore gar in eine Zugbrücke endete, an welcher es stets Anstände gab, ein großer, fester Steindamm gebaut worden, auf dem eine mit runden Kieseln gepflasterte und mit Mauern eingefaßte Straße läuft, auf welcher man in geräumigen Wägen oder zu Pferde lustig in gerader Richtung von dem Schlosse wegsprengen kann, während es früher not tat, daß man sogar mit einem Schubkarren sehr sachte fuhr, daß Zug- und Bogenbrücke nicht beschädigt würde. Der Großvater des letzten Besitzers hat sogar mit vielen Tausenden von Fuhren von Steinen und Erde aus seinem Anteile im Axwalde den Teich hinter dem Hause ausfüllen lassen, hat Erde aufgefügt, hat Bäume gepflanzt und hat so den Garten seiner Wohnung unmittelbar an das Gebäude angestoßen. Er hat dadurch der Festigkeit des Schlosses, wenn es einer bedürfen sollte, nichts genommen; denn der Garten ist mit einer sehr hohen, sehr alten, sehr dicken und aus Steinen gebauten Mauer umgeben, die ein Gittertor aus starkem Eisen hat, das auf das Feld hinausführt.

Der Nachfolger hatte nichts getan, und der letzte Besitzer, der ein Junggeselle geblieben ist und gar keine Verwandten hatte, so daß er nicht einmal wußte, wem er sein Gut vermachen sollte, hat gar keine Neigung verspürt, das Erbe seiner Ahnen irgendwie zu verändern. Und so stand das Gebäude noch da, wie es zu Großvaters Zeiten gewesen ist, es hatte vor den Fenstern noch das Wasser aus den Ritterzeiten und aus dem Bauernkriege und atmete noch die Sumpfluft und erlitt noch das Froschgequaker und das Mückenstechen, wie es die Ritter und Bauern gelitten hatten, die hier gehaust und gekämpft hatten.

Das Schloß hat allerlei Rundungen, Brustwehren, dicke Mauern, kleine Schießlöcher und Dinge, die wir heute nicht mehr begreifen, die aber ein solches Gebäude einst sehr fest machten und heute, namentlich in den Augen junger Leute, ihm ein sehr geheimnisvolles und merkwürdiges Ansehen geben, besonders wenn noch eine Armschiene oder ein Helm in irgendeinem Winkel des Hauses gefunden wird. Was aber unserm Schlosse ein besonders auffallendes Ansehen gibt, ist ein runder, sehr dicker und sehr hoher Turm, der gar kein Fenster und also im Innern nur finstere Räume hat, der statt eines Daches mit Steinen gepflastert ist, die das Regenwasser in einer Rinne an einer Stelle ablaufen lassen und die mit einer vier bis fünf Fuß hohen Mauer als Brustwehre umgeben sind. Der Turm hat wahrscheinlich, weil das Schloß in der Ebene liegt, als Warte, als Lug ins Land und bei Belagerungen als Verteidigungsmittel gedient. Jetzt sind in seinen inneren Räumen, die wegen der Dicke der Steinmauern sehr kühl sind, alle Gattungen von Grünwaren, Gemüsen, Kartoffeln, Rüben, selbst Wein und Bier aufbewahrt, denen man an kühlen Tagen Luft durch geöffnete Zuglöcher zulassen kann. Die Höhe des Turmes dient jetzt bloß mehr zur Aussicht, welche aber leider nur in große, fruchtbare Ebene geht.

Der letzte Besitzer hat, wie wir sagten, nie geheiratet. Er war der einzige Sohn seines Vaters, von der Mutter etwas verzogen und von der Natur widersprechend ausgestattet. Während er nämlich ein wunderschönes Angesicht und einen sehr wohlgebildeten Kopf hatte, war der übrige Körper zu klein geblieben, als gehörte er jemand anderem an. Er hieß im Hause seines Vaters der Kleine, obwohl es einen größeren nicht gab, da er der einzige war. Er fuhr aber auch fort, der Kleine zu heißen, da er schon dreißig Jahre alt war und man nicht mehr daran denken konnte, daß er noch wachse. Er hieß auch auf der lateinischen Schule und auf der Universität der Kleine. Mit diesem Widerspruche der Körperteile war noch einer der Geistesvermögen verbunden. Er hatte ein so reines Herz, im Alter fast noch knabenhaft rein, daß er die Liebe und Verehrung der Edelsten erworben hätte, er hatte einen klaren, sicheren Verstand, der mit Schärfe das Richtige traf und den Tüchtigsten Achtung eingeflößt hätte: aber er hatte auch eine so bewegliche, lebhafte und über seine anderen Geisteskräfte hinausragende Einbildungskraft, daß sie immer die Äußerungen seiner andern Geistestätigkeiten zuschan-

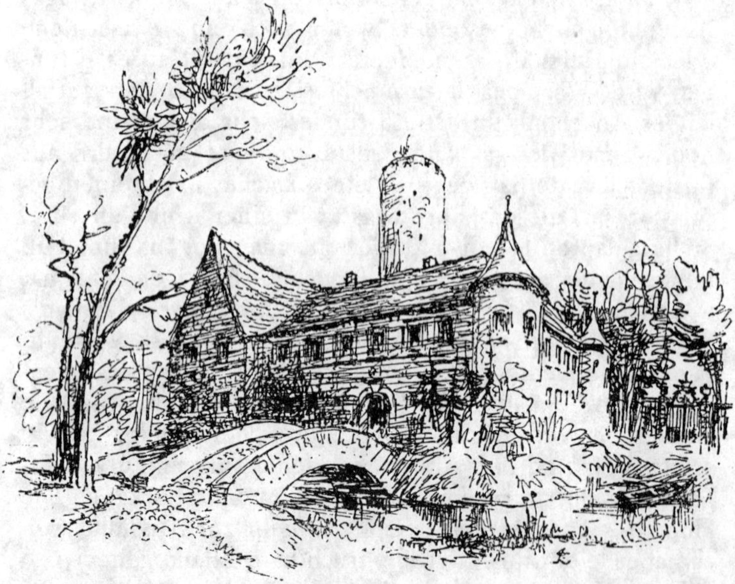

den und sich in struppigen, wirren und zackigen Dingen Luft machte. Wäre sie bildend gewesen, so wäre er ein Künstler geworden; aber sie blieb nur abschweifend, zerbrochen und herumspringend, so daß er Dinge sagte, die niemand verstand, daß er witzig war, daß er lächerlich wurde und vor lauter Plänen zu keinem rechten Tun kam. Daraus folgte, daß in seinem Leben nur Anfänge ohne Fortsetzung und Fortsetzungen ohne Anfänge waren.

Er wurde einmal, da sein Vater und seine Mutter schon tot waren, der Gegenstand großer Zuneigung eines Mädchens. Er liebte das Mädchen so sehr, daß kein Wesen auf der Erde war, dem er eine gleiche oder nur annähernde Neigung hätte schenken können. Es schienen also alle Bedingungen zu einer glücklichen Vereinigung vorhanden zu sein. Aber einmal machte er sich in Gesellschaft vieler Menschen durch seine Reden und Wortsprünge so lächerlich, daß das Mädchen mit Glut und Scham übergossen dasaß. Er schrieb des andern Tages an seine Braut, daß er ihrer unwürdig wäre und daß er sie nicht unglücklich machen könne. Alle Zuredungen seiner Freunde waren umsonst, das Mädchen bereute bitter seine Empfindung und beweinte den Tag: aber es war vergebens, und die Verbindung blieb getrennt.

So kam er nicht dazu, seine Gaben, besonders sein Herz zu verwerten, und lebte vereinzelt dem Alter entgegen.

Da er einmal entschlossen war, sich nicht mehr zu verehlichen, machte er es sich zur Aufgabe, sich seinen künftigen Erben zu suchen. Das Gut, das außer dem Schlosse in liegenden Gründen, besonders Wäldern, bestand und die landesüblichen Bezüge hatte, war einst ein landesfürstliches Lehen gewesen, war aber infolge großer Verdienste eines Ahnherrn mit Abfindung entfernter Anwärter in wirkliches Eigentum übergegangen. Der Schloßherr, wie sie ihn in der ganzen Gegend nannten, konnte also mittelst Testament über das Gut verfügen. Er wollte aber der gesetzlichen Erbfolge zugetan bleiben, wollte dem, der ihm, wenn er ohne Testament stürbe, gesetzlich folgen würde, auch testamentlich seine Nachlassenschaft zuwenden, nur wollte er den Erben vorher kennenlernen, ob er der Erbschaft auch würdig wäre.

Er schlug also das Ahnenbuch auf. Abkömmlinge von ihm waren natürlich nicht da. Also zu Geschwistern. Die waren ebenfalls nicht da. Also zu den Vorfahren. Vater und Mutter waren tot, beide hatten keine Geschwister. Also zu den Großeltern. Der einzige Großvater väterlicherseits hatte einen einzigen Bruder, dessen nachkommende Linie aber erloschen war. Also zu den Urgroßeltern. Alle von ihnen abwärts gehenden Linien, die er in dem Buche verzeichnet fand und in den Ländern erforschte, reichten nicht in die Gegenwart. Ihr Erlöschen war ämtlich belegt. Er ging eine Stufe höher, die Sache wurde immer schwieriger. Aber alle Linien, die von allen Stufen, sie mögen wie hoch immer sein, hinabliefen, rissen ab, ihr Abriß war beurkundet, und er kam endlich dort an, wo nichts mehr zu wissen ist und wo keine Abstammung mehr erhellt oder erweislich ist. Nachdem er so viele Reisen gemacht, nachdem er einen Teil seines Lebens damit zugebracht, nachdem er sogar in den Zeitungen einen Aufruf hatte ergehen lassen, wer mit ihm verwandt sei, möge sich melden, und nachdem manche gekommen waren, aber keinen Beweis hatten beibringen können, gelangte er zu der traurigen Entdeckung, daß er ganz und gar keinen Erben besitze.

Er wollte daher wenigstens für den Fall sorgen, wenn er schnell und unversehens von der Erde genommen würde, und setzte aus Vaterlandsliebe den Kaiser zum Erben ein. Er tat das Testament in die Lade seines Schreibtisches.

Wenn er es auch aufgegeben hatte, sein Herz noch an eine Frau zu hängen, so war dies nicht auch mit Freunden der Fall. Er hatte solche immer gehabt, und da er alt wurde, bekam er derselben noch mehr. Ja sogar die Frauen wurden ihm wieder zugetaner, freilich nicht in dem Sinne, daß sie ihn hätten ehlichen wollen; denn da er älter wurde, stachen seine Wunderlichkeiten, obwohl sie noch größer geworden waren, nicht mehr so hervor, ja sie wurden, da sie von Witz und Einbildungskraft unterstützt wurden, zur Lebhaftigkeit, die einen alten Mann ganz besonders ziert, und er wurde überall liebenswürdig geheißen. Auch seine körperliche Nichtstimmung verschwand, da man Schönheit und Übereinstimmung bei einem Alten nicht suchte.

Unter seinen Freunden war der erste und geliebteste sein eigener Verwalter. Schon in früher Jugend – und er ist sehr früh zum Besitze seines Vermögens gelangt – sah er ein, daß er durch seine Einbildungskraft sich zu Versuchen, stetten Abänderungen, ja zu Vernachlässigungen seines Anwesens hinreißen lasse, die namentlich im Landbaue stets von schlechten Erfolgen begleitet sind. Daher sah er sich nach einem jungen Manne um, der ihm sein Vermögen verwalten könnte, und weil er mit seinem Verstande sehr gut die Eigenschaften anderer Menschen abzuschätzen wußte, so gelang es ihm auch, einen sehr tüchtigen zu finden. Er erwarb ihn als Vorstand seiner Güter mit einem sehr anständigen Gehalte und mit der Bedingung, daß er sich von niemanden etwas einreden lasse, am allerwenigsten von ihm selber. Der Vertrag wurde unterzeichnet, und die Männer fuhren recht gut miteinander. Der Verwalter verstand seine Sachen trefflich, machte das Gut nach und nach immer besser, verliebte sich in dasselbe, betrachtete es und behandelte es zuletzt wie sein eigenes und gewöhnte sich, zu seinem Herrn zu sagen, er solle sich nicht in fremde Sachen mischen; nur daß sie Geld und Geldsachen in einer eigenen Truhe behandelten, zu der jeder einen Schlüssel hatte, daß sie das Geld wie das eines Dritten ansahen und sich ihre Bezüge davon auszahlten. Der Verwalter hatte auch seine Wunderlichkeiten und ging namentlich in die Bücher und politischen Ansichten seines Herrn ein, so daß sie sich liebten, daß der Schloßherr immer auf seinem Schlosse blieb und daß der Verwalter keine bessere Stelle verlangte. Beide schienen dasselbe Los des nicht verehlichten Lebens gezogen zu haben.

Aber wie die Schicksale der Menschen wandelbar sind, der Verwalter geriet noch in seinen vorgerückteren Jahren in die Fallstricke eines Mädchens und heiratete es.

Nun kam ein ganz seltsames Verhältnis über den Schloßherrn. So wie der Verwalter sich als Eigentümer des Gutes betrachtete und selbes so behandelte, so betrachtete sich der Schloßherr als verheiratet. Wenn sein Verwalter immer auf den Feldern, Wiesen, in den Wäldern war und sagte: mein Haber, meine Bäume, mein Holz, mein neugekauftes Feld; so war der andere immer in dem Schlosse und sagte: unser Kasten, unsere Aussicht, unsere neuen Geräte, unsere Kinder.

So wie der Verwalter und der Schloßherr früher immer an demselben Tische gespeist hatten, so blieb es auch jetzt, und der Schloßherr speiste mit der Familie des Verwalters. Da einmal Kinder kamen, da zeigte es sich recht, wie sehr der Schloßherr zu dem Familienleben geeignet gewesen wäre; denn er war ein Kinderfreund, und die Kinder merkten das sehr bald, und es kam die Tatsache zum Vorscheine, daß alle viere zu dem Schloßherrn du sagten, es war ihnen mit aller Strenge nicht abzugewöhnen, er war froh darüber und wäre betrübt geworden, wenn es ihnen abzugewöhnen gewesen wäre. Die Schloßbewohner wohnten alle in demselben Flügel, und wenn ein Fremder gekommen wäre, der die Verhältnisse nicht gekannt hätte, so würde er geglaubt haben, der Schloßherr sei ein alter Verwandter, der unter seinen Angehörigen seine letzten Tage zubringe.

Das erste Kind, welches dem Verwalter geboren wurde, war ein Mädchen. Es bekam den Namen Ludmilla. Der Schloßherr wollte es nicht so nennen, er nannte es nur immer abgekürzt Lulu.

Das zweite Kind war ein Knabe, Alfred, das dritte ein Mädchen, Clara, und das vierte ein Knabe, Julius.

Damit war die Reihe abgeschlossen, es erschienen keine mehr.

Lulu wuchs heran. Sie bekam die verständigen, ruhigen braunen Augen ihres Vaters und den lieblichen Mund der Mutter. Und wie sie waren alle Kinder das eine oder andere Gemisch ihrer Eltern.

Sie begannen heranzuwachsen, der Schloßherr führte sie aller Orten herum, hatte seinen Stolz über sie, nahm stets immer ihre Partei gegen die Eltern und hätte sie, wären nicht andere treffliche Eigenschaften und Umstände ins Mittel getreten, vollständig verzogen.

Einer dieser Umstände war die Mutter selbst. Sie war eine gelassene, vernünftige Hausfrau mit einem wohlwollenden Herzen. Sie waltete in Reinlichkeit, Ordnung und Sittsamkeit im Hause, und diese Eigenschaften verstand sie in einem gewissen Grade auch ihrem Gesinde einzupflanzen und daher auch den Kindern. Sie zankte nie, war aber unermüdlich, dieselbe Sache so oft zu befehlen und tun zu lassen, bis sie dem damit Beauftragten zur Geläufigkeit und Gewohnheit war. Durch die Gleichheit und Heiterkeit ihres Wesens kam Gleichheit und Heiterkeit in die Kinder, durch Abwesenheit jedes Harten, Rohen und Unziemlichen wurden sie fein und anständig, und besonders war es die Scham, etwas Unrechtes zu tun, was ihnen ein Beistand war, und das Erröten war eine harte Strafe, weil die Mutter selbst mit großem Ernste allem aus dem Wege ging, was sich nicht schickte.

Ein zweiter Umstand war der Vater. Die größte Rechtlichkeit und Biederkeit in seinem Wesen verfehlte nicht, auf die Kinder, selbst da sie noch sehr klein waren, einen großen Eindruck zu machen. Er war ihnen das Bild der Vollkommenheit und des Wissens, und als ihnen von dem Vater im Himmel erzählt wurde, dachten sie sich denselben so wie ihren Vater auf Erden, nur älter. Sie hatten vor dem freundlichen Vater, der nie einen Verweis, sondern höchstens einen Rat gab, mehr Furcht und Scheu als vor der oft rügenden und ermahnenden Mutter.

Der dritte Umstand war der Lehrer der Kinder. So wie

der Schloßherr sich mit Umsicht einen Verwalter ausgesucht hatte, so suchte sich der Verwalter mit Umsicht einen Lehrer aus. Er brachte einen Mann in das Haus, der in den Jahren schon etwas vorgerückt, ruhig und ernst war und von dem der Verwalter wußte, daß er die Kinder bald sehr lieben würde. Er hatte einen kleinen Gehalt von einer frühern Erziehung her, von dem er, da er unverehlicht war, hätte leben können; aber das Erziehen war ihm so zur Natur geworden, daß es ihm eine große Freude gewährte, daß ihm der Verwalter den Antrag machte und daß er die Last wie ein Geschenk hinnahm.

Der Mann stimmte zu den beiden anderen Männern in Gutem und Törichtem so, daß die Leute halb im Ernste, halb im Scherze sagten: „Nun, der hat ihnen noch gefehlt."

Er sagte nach kurzer Zeit gleichfalls wie die zwei andern Männer: „Mein Hauswesen, meine Kinder."

Die Kinder liebten ihn sehr, aber sie neckten ihn nie, was sie mit dem Schloßherrn öfter taten. In verschiedenen Abstufungen hatten alle drei Männer etwas Sonderbares, was die Kinder aber nur bei dem ausgezeichnetsten, bei dem Schloßherrn, merkten. Die Mutter allein war die immer klare und einfache.

Als Lulu heranwuchs, als sie sehr schön und lieb zu werden versprach, als sie die großen Augen demütig niederschlug, die Wimpern darüber hinabzielten und nicht mehr so oft wie früher sich vorlaut erhoben, als endlich auch noch das Letzte eintrat, nämlich ein oftmaliges heißes Erröten ohne Grund und Ursache: da schlich sich der Schloßherr einmal leise auf sein Zimmer, riegelte hinter sich die Tür zu, ging heimlich zu der Lade seines Schreibtisches, tat sie auf, nahm das Testament heraus, in welchem er den Kaiser zum Erben eingesetzt hatte, und durchstrich es ganz und gar. Dann schrieb er emsig ein neues und setzte Lulus Namen hinein. Er warf den andern drei Kindern Vermächtnisse aus, die Lulu auszuzahlen hatte, wodurch sie Lulu zwar näherkamen, aber sie doch nicht erreichten. Als er das getan hatte, ging er mit einem glänzenden Angesichte in den Garten, als hätte er einen Schabernack verübt und freue sich auf dessen Bekanntwerden. Um gar kein Aufhebens zu machen und keine Vermutungen und kein Gerede zu veranlassen, ließ er keine Zeugen unterfertigen, sondern tat unserm Gesetze, das er gut kannte, damit Genüge, daß er am Eingange schrieb: „Mit meiner eigenhändigen Schrift und Unterschrift."

Dennoch hätte Lulu einmal seine Gunst und wahrscheinlich auch die Erbschaft, von der sie nichts wußte, vom Grunde aus verscherzt, hätte sie ihn nicht ohne ihr Wissen bereits so unterjocht gehabt, daß er sich nicht mehr aus der Sklaverei zu befreien vermochte.

Es waren jene traurigen Tage eingetreten, in denen ein auswärtiger Feind den Boden unsers Vaterlandes betrat, lange und wiederholt da verweilte und durch Schlachten ihn verwüstete, bis er durch jene ruhmwürdigen Anstrengungen großer Männer, an denen unser Vaterland einen glänzenden Anteil nahm, aus allen Fluren, wo man die deutsche Sprache spricht, wieder verjagt wurde.

Schon bei dem Beginne der französischen Kriege kamen die drei Männer in die größte Aufregung. Sie waren insgesamt sehr eifrige Vaterlandsfreunde, ließen an den Franzosen nichts Gutes gelten, wünschten sie nur bald geschlagen, aufgerieben, vernichtet und zugrunde gerichtet. Am weitesten ging hierin der Schloßherr, der in dem Angriffe gegen unser Land geradezu die unverzeihlichste Schandtat erblickte, was sich schon aus seiner Anhänglichkeit an den väterlichen Boden und aus der Tatsache erklären ließ, daß er, ehe ihn sein Herz anders verleitete, für seine Erbschaft keinen würdigeren Erben zu finden gewußt hatte als den Kaiser. Er meinte, die Franzosen seien bloß Räuber und Mörder, man müsse sie ausrotten wie Ungeziefer und jeden und alle, wo sie sich blicken ließen, erschlagen, wie man einen Wolf erschlage, wenn er durch die Felder in den Hof hereingerannt komme. Nicht einmal in dem Himmel gab er ihnen einen Platz, sondern jeder mußte in die Hölle. Ob er mit dem Erschlagen, wenn es dazu gekommen wäre, rechten Ernst gemacht hätte, weiß man nicht, da bisher keine Gelegenheit war, sein Wesen bis zu tätigem Ingrimme emporzusteigern.

Als die Franzosen Fortschritte machten, wurde es noch ärger, die Männer redeten von nichts als Zeitungen, Nachrichten und dergleichen und führten grausame Worte in dem Munde. Die Kinder wußten von nichts, sie hatten damals nur die Obliegenheit zu wachsen, und waren die einzigen, die von den Ereignissen unberührt blieben.

Die Mutter war in einer schmerzlichen Lage. Sie konnte jene hohe Freude nicht teilen, die die Männer über jeden Vorteil hatten, den die Unsrigen errangen, sie fühlte nur die Wunden, die geschlagen wurden, ob sie auch dem Feinde galten, und wenn sie auch wünschte, daß Friede wurde und unsere Fluren von dem Feinde befreit wären, so wünschte sie das nicht durch Erschlagen aller Feinde, sondern nur durch ihr Vertreiben, und sie konnte es sich nicht verhehlen, daß es ihr sehr widrig sei, daß vernünftige Wesen ihren Streit nicht in Vernunft und nach Gerechtigkeit austragen können, sondern daß sie sich gegenseitig dabei töten, und sie schalt die Wildheit der drei Männer, welche auch nicht mehr die Tatsachen rechts und links sähen, sondern nur den Feind im Auge hätten, auf den sie blind losrennen wollten.

So waren die Sachen endlich zu jenem Stande gediehen, da unsere Truppen, auf unserem Boden geschlagen, sich nach Norden zogen, um dort noch tiefere und schmerzlichere Wunden zu empfangen, bis das Maß voll war, bis das Gericht eintrat und der Übermut und die Willkür wieder in ihre Grenzen zurückgeworfen, ja dort hart gestraft werden sollte.

Als unsere Truppen sich damals vor dem Sieger zurückzogen, geschah es zum ersten Male, daß auch eine Abteilung unserer Kriegsmacht, und zwar eine Hauptabteilung, in die Gegend kam, in welcher das Schloß lag. Den ganzen Tag waren Truppen gezogen, Richter, Geschworene, Gemeindemänner hatten zu tun, Vorspann und Wegezeigung mußte geleistet werden, und jedes Haus gab, was es vermochte. Die Bewohner der Umgegend hatten herbeigebracht, was sie konnten, und hatten es auf dem Platze des Dorfes aufgehäuft.

Gegen Abend kam eine Abteilung Russen. Sie schienen nicht mehr weitergehen, sondern hier Nachtruhe halten zu wollen. Sie schienen aber ihrer Sache nicht sehr gewiß zu sein und schickten sich an, große Vorsichtsmaßregeln zu treffen. Sie zerstreuten sich nicht, wurden nicht in die Häu-

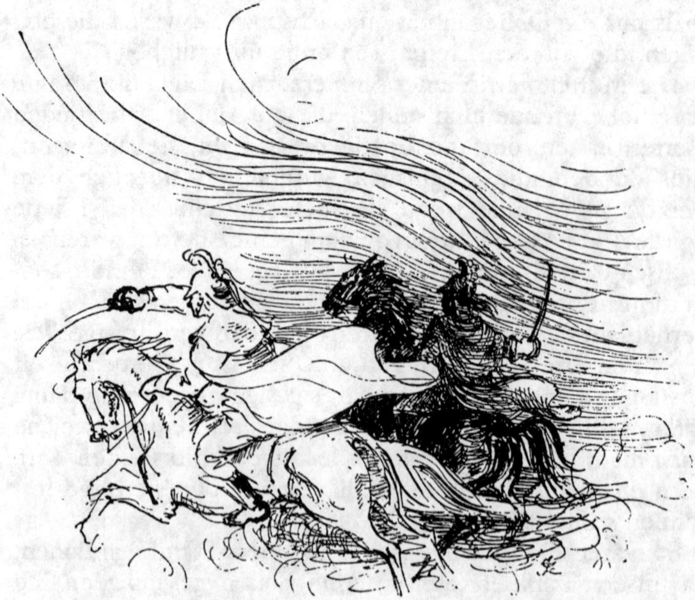

ser verlegt und brachen ihre kriegerisch eingeteilten Glieder nicht ab. Von der Umgegend mußte Stroh herbeigebracht werden, das an jener Stelle zum Bette diente, an welcher der Schlummernde aufspringen und sogleich auf seinem Platze stehen konnte. Die Wachenden waren zur Übersicht und Warnung versendet und ausgestellt. Manche Abteilungen lagen weiter zurück in den Feldern, und alle waren nach gewissen Anordnungen verteilt. Die Bewohner mußten Lebensmittel, Brennbedarf und andere Dinge herbeischaffen und an bestimmte Stellen abliefern. Sie durften aber nicht zwischen den Gliedern herumgehen, sich nicht in die kriegerischen Anordnungen eindrängen und etwa da Unordnung anrichten. Sie hatten Befehl, wenn die Dämmerung eingetreten wäre, ihre Wohnungen nicht mehr zu verlassen.

Daß das alles die größte Aufregung unter den Bewohnern hervorbrachte, läßt sich denken. Sie gaben ihre Beiträge gerne, sie hätten alles gegeben, wenn sie den Sieg hätten auf unsere Seite bringen können, aber sie waren unruhig, was die Nacht, was der kommende Tag bringen könnte. Daß kein einziger an Ruhe dachte, ist begreiflich.

Der Schloßherr hatte seine Vorratskammer, seine Speicher, seine Küche und seinen Keller geöffnet, er gab mehr, als gefordert wurde, und er sandte unter Tags Knechte mit Wägen an entfernte Stellen seines Gutes, wo er Scheunen und Getreideböden hatte, um Vorrat herbeizuführen, wenn etwa der folgende Tag noch etwas in Anspruch nehmen sollte.

So war die Nacht hereingebrochen. Sie war dunkel, weil es später Herbst war und weil tiefe Wolken den Himmel bedeckten.

In den Häusern des Dorfes waren Lichter, weil die Leute nicht schlafen gingen. Es war stille, nur daß ein gedämpfter Ruf der Wachen oder das Klirren und der Stoß einer Waffe die Ruhe zuweilen unterbrach.

Die ganze Familie des Schlosses, selbst Gesinde eingerechnet, war in der sogenannten Gartenhalle untergebracht. Die Gartenhalle ist ein großes Gemach und heißt deshalb so, weil es rückwärts gegen den Garten liegt. Es ist gewölbt, hat sehr starke, dicke Steinmauern, die Fenster sind mit eisernen Stäben versehen, und die Geräte sind sehr alt und sehr stark. Man kam gerne im Sommer dahin, weil das Gemach kühl war und weil die grünen Zweige sehr anmutig an den Fenstern spielten. Im Winter war es häufig an den langen Abenden der Aufenthalt der Mägde, die da spannen oder andere Arbeiten verrichteten, weil es sich gut heizen ließ, und nicht selten geschah es, daß die Verwalterfamilie, der Schloßherr und der Lehrer herabkamen, man versammelte sich um den Ofen und geriet öfter in das Erzählen von Märchen und Geschichten.

Daß man gerade heute dieses Gemach zum Aufenthalte gewählt hatte, war das Werk des Vaters. Wenn es doch zu etwas kommen sollte und Kugeln fliegen würden, war man hier für die ersten Augenblicke am sichersten. Gegen das Dorf und den Teich hin war man durch die ganze Dicke des Schlosses gedeckt, gegen die Seiten schützte die halbe Schloßlänge, weil das Gemach in der Mitte lag, und gegen den Garten der Garten, der sehr lang war, und daher den

Lauf einer Kugel schwächte, und der in der Nähe der Fenster des Gemaches seine dicksten und dichtstehendsten Bäume hatte, die sie auffangen konnten. Man hatte beschlossen, die ganze Nacht da zuzubringen. In keinem anderen Teile des Schlosses war ein Licht. Nur ein paar Knechte, die in dem Meierhofe waren, hatten eins in ihrer Stube, das aber bald erlosch, da sie schlafen gingen. Die Mägde aber waren alle in der Gartenhalle und spannen.

Als man sich in die Lage gesetzt hatte, die jedem zusagte, als die zwei kleineren Kinder eingeschlafen waren, die zwei größeren in der Nähe der Mutter bei dem Ofen sich zusammengekauert hatten und die Spinnräder schnurrten, kam man wieder ins Erzählen, aber heute mit Eifer in das der Kriegsereignisse, und zwar noch dazu in der Färbung, wie sie der Leidenschaft eines jeden zusagte.

Als der Lehrer eine vergleichende Tatsache aus der alten Geschichte erzählt hatte, sagte der Schloßherr: „Da machten es die Tiroler noch besser und heißer; als die Franzmänner durch das Tal der Gleres herunterzogen, war kein Mensch in dem Dorfe. Die Männer waren mit ihren Stutzen in die Steine hinaufgegangen, die zu beiden Seiten der Straße emporragen, und die Weiber und Kinder waren noch viel höher in den Wald und gar bis gegen den Schnee hinan gebracht worden. Nur ein achtzigjähriger Zimmermann, der keinen Freund und keinen Feind hatte, war im Dorfe zurückgeblieben. Er stand hinter seiner Scheuer und hatte den Stutzen geladen. Als die schneeweißen Mäntel kamen – denn die Reiterei der Franzosen hatte weiße Mäntel, und war in der Vorhut –, hielt er den Atem an und gebrauchte die Augen. Der beste Federbusch, der in der Mitte wehte, schien dem Vornehmsten anzugehören, weil die andern ihm Ehrfurcht erwiesen. Der Zimmermann sprang hinter der Scheuer hervor, legte an, ein Rauch – ein Blitz – ein Krach – der Federbusch war verschwunden, und der Reiter lag tot unter dem Pferde. Sie hieben im nächsten Augenblicke den Zimmermann zusammen, er lachte in sich und ließ es geschehen. Jetzt sprengten sie in das Dorf, durchsuchten alles, fanden keinen Menschen, fanden keine Schätze, und da ihre Kameraden, die Fußgänger, nachgekommen waren, zündeten sie das Dorf an allen

Ecken an und zogen weiter. Es ging ganz gut, sie zogen in der Stille der Berge fort, bis das Tal enger wurde und die Gleres an der Straße rann. Da wurden die Klippen lebendig, lauter Rauch und lauter Blitzen und Krachen, und auf jeden Schuß fiel ein Mann, und es wurde immer geladen, und es krachte immer wieder, als ob ihrer viele Tausende oben wären; und wenn die Soldaten hinaufschossen, so trafen sie niemand, weil sie niemand sahen, und wenn sie hinauf wollten, so konnten sie nicht, weil die Felsen zu steil waren und weil sie erschossen wurden. Und als sie sich beeilten und im Laufe fort wollten, um aus dem entsetzlichen Wege zu kommen, und als sie gegen den Ausgang gelangten, wo die Straße durch die engsten Schluchten läuft, da sprangen unzählige Felsstücke von den Bergen nieder, aufgehängte Bäume rollten herab, schmetterten alles nieder, machten in der Enge einen Verhau, die Franzosen konnten nicht vor, sie mußten zurück, sie flogen, sie rannten – da hatten sie aber das brennende Dorf, das sie selbst angezündet hatten, unter den Füßen, die hölzernen Häuser waren alle in Glut, daß man nicht zwischen ihnen durch konnte. Da waren sie in der Not, da war mancher schneeweiße Mantel ein roter, mancher schwamm in der Gleres, mancher lag auf der Decke des Pferdes, ohne daß der Reiter dabei war, viele Männer lagen auf der Straße, viele verbrannten, und wenige kamen auf einsamen Pfaden nur durch, um draußen zu sagen, was ihnen begegnet sei, oder um auf ihren Irrwegen von den Landleuten gefangen und erschlagen zu werden."

Da es nach dieser Erzählung eine Weile still war, sagte er: „So sollten wir es auch machen, wir haben zwar keine Berge und keine engen Täler, in denen wir auf sie warten könnten, wie die Tiroler; aber wir sollten uns zusammentun wie sie, wir sollten Waffen tragen, uns üben, uns verabreden, Kundschaft einziehen, und wenn wir erfahren, daß ein Trupp, dem wir gewachsen sind, durch einen Wald oder Busch oder Hohlweg zieht, sollten wir ihm auflauern, und alle, die er enthält, erschießen. In den oberen Ländern sind in ein Seitendorf, ich weiß nur seinen Namen nicht zu nennen, ich habe mir die Sache erzählen lassen, zwölf französische Reiter gekommen, um zu plündern. Die Bauern verstanden aber die Sache schlecht und überfielen sie, da sie in einem einsamen Wirtshause zechten, und schlugen sie bei einem einzigen tot. Die Pferde, welche im Hofe angebunden waren, trieben sie weit nach Ungarn und verkauften sie, die Sättel, die Kleider, die weißen Mäntel und die Waffen verbrannten sie im Feuer. So mögen manche Feinde von ihrer Hauptabteilung weggekommen, nicht mehr zurückgelangt sein, und niemand weiß, wohin sie geraten sind."

„Aber", sagte die Mutter, „wenn es schon unter den Völkern festgesetzt ist, daß die Kriege durch die Armeen ausgefochten werden, so sollten die Bevölkerungen sich ruhig verhalten und die Sache in die Hände des Heeres legen. Einen einzelnen Feind, der sich harmlos nähert, zu erschlagen scheint mir ein sündlicher Mord zu sein."

„Sie nahen sich aber nicht harmlos", sagte der Schloßherr, „wie haben sie nur in ihrem eigenen Lande gewirtschaftet, sie haben ihre Landsleute erwürgt, ersäuft, erschossen, enthauptet, weil sie ihnen verdächtig waren oder den König liebten, und dann sind sie herausgegangen und wollten es bei uns auch so machen. Wir sollten gegeneinander sein und das Land in Zerwurfnis bringen, daraus es kaum entrinnen könnte. Darum sollen wir sie verfolgen, ausrotten, vertilgen, wie wir nur können; und wenn sie darüber zornig werden und wüten, so ist es nur desto besser, damit die Menschen es nicht mehr ertragen können, sich zusammentun und sie aus dem Lande jagen, daß kein Huf und kein Helmbusch von ihnen mehr bei uns ist. Wenn morgen die Franzosen nachkommen, können Dinge geschehen – wer weiß, was geschieht."

Während er so sprach, hörten die Dienstleute zu, die Mägde hatten das Spinnrad stillstehen lassen, die Knechte, die da waren, sahen ihn an, und der Verwalter und der Lehrer blickten vor sich. Es war mittlerweile so finster geworden, daß es schien, als wären die Fenster des Gemaches nur schwarze Tafeln, von draußen hörte man nicht das geringste herein, und nur die Uhr tickte eintönig an der Wand. Die zwei jüngsten Kinder schliefen fest, Alfred kauerte neben der Mutter und fürchtete sich, Lulu stand neben ihm und half fürchten.

In diesem Augenblicke regte sich ein leises Geräusch an der Klinke der Tür, die Tür öffnete sich, und es trat ein Mann herein, der einen glänzenden Helm aufhatte und in einen langen weißen Mantel gewickelt war.

Alle schauten auf ihn.

„Ich habe Licht durch diese Fenster scheinen gesehen“, sagte er in guter deutscher Sprache, „und bin hereingekommen, eine Bitte vorzubringen.“

„Und welche?“ fragten der Verwalter und der Schloßherr zugleich.

„Sie werden mir gefälligst auf die Spitze des dicken Turmes folgen“, sagte der Fremde, indem er auf den Verwalter zeigte. Er hatte hiebei den einen Arm erhoben, den Mantel gelüftet, und man sah, daß er in der Hand des anderen Armes eine doppelläufige Pistole habe.

„Wer kann das fordern, ich bin hier der Gebieter“, rief der Schloßherr.

„So? Sie sind der Gebieter?“ sagte der fremde Mann. „Sie gehen auch mit hinauf.“

Hiebei griff er mit der freien Hand auf die Pistole und spannte beide Hähne, daß man sie knacken hörte.

„Sie werden eine Laterne auf die Treppe mitnehmen und vor mir gehen“, fuhr er fort, „es wird keinem ein Haar gekrümmt, solange alles ruhig ausgeführt wird. Wenn ich aber Verrat merke, muß ich von den Waffen Gebrauch machen, es geschehe dann, was wolle. Bleibt hier ruhig sitzen, ihr andern, bis sie wieder zurückkehren.“

Er war mit dem Rücken gegen den Türpfosten stehengeblieben, hatte die Pistole in der Hand und sah alle an.

„Es ist nichts, seid nur ruhig, und Ihr folgt uns“, sagte der Verwalter, indem er den Schloßherrn bei der Hand nahm, „und ihr verlaßt keines das Gemach, bis wir wiederkommen.“

Er langte bei diesen Worten mit der Hand nach der Laterne, die neben dem Weihbrunnenkessel hing, machte sie auf, zündete das Stümpfchen Kerze in derselben an, schloß sie wieder gut zu, schritt in die Stube vor und sagte: „Wenn es gefällig ist.“

Der fremde Mann ließ, indem er sich seitwärts stellte, den Verwalter und Schloßherrn bei der Tür hinaus und

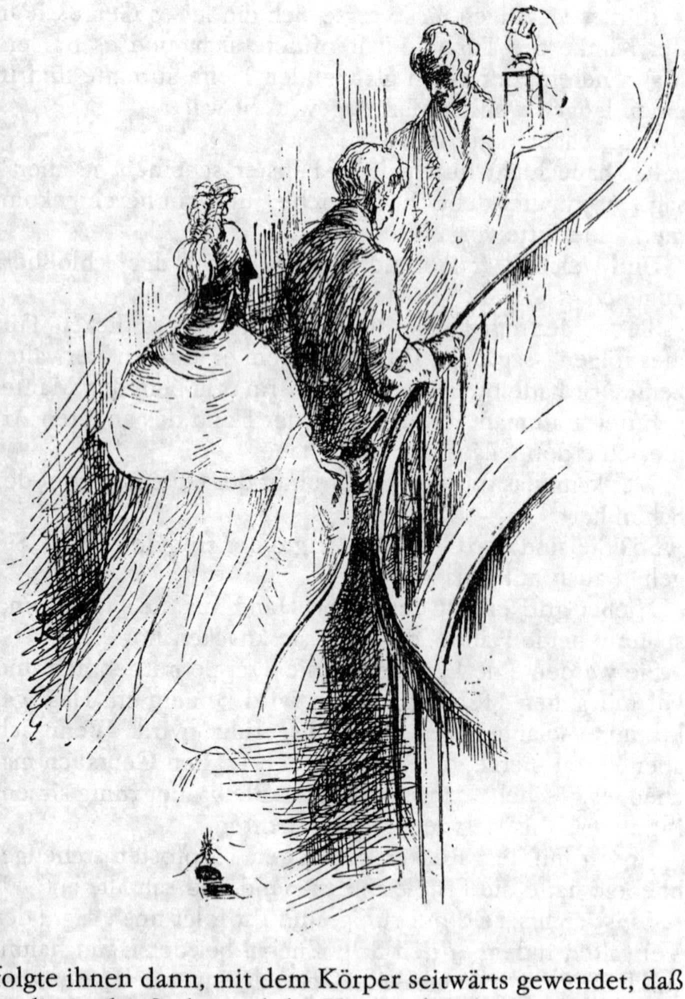

folgte ihnen dann, mit dem Körper seitwärts gewendet, daß er die in der Stube und die Vorangehenden zugleich überblicken konnte.

Die Zurückgebliebenen hatten kein Wort gesagt, die Sache war einesteils so schnell vor sich gegangen, und die Ruhe des Verwalters hatte ihnen anderenteils Vertrauen eingeflößt.

Die zwei Männer gingen mit der Laterne den Gang entlang, der zu dem Turme führte, der Fremde folgte ihnen,

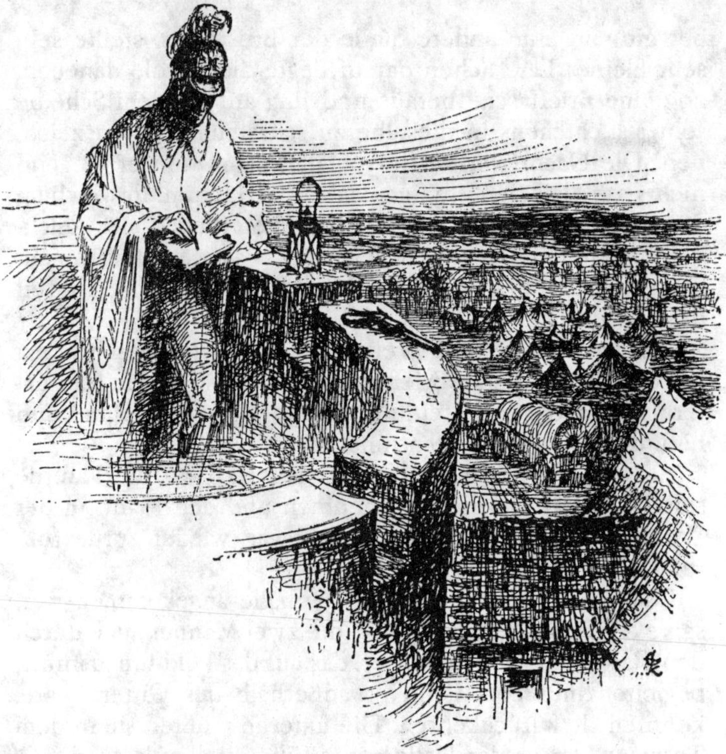

daß sie die Sporne, die er an den Füßen hatte, stets hinter sich klirren hörten.

Sie kamen an die Treppe und stiegen hinan. Als der Fremde merkte, daß sie bald oben seien, befahl er ihnen, stille zu stehen, die Laterne auf eine Stufe zu stellen, zu öffnen und mehrere Stufen aufwärts zu gehen.

Als sie das getan hatten, näherte er sich der Laterne, zog aus seiner Manteltasche ein sehr kleines Laternchen heraus, zündete ein fast unscheinbares Lichtchen in demselben an, ließ die andere Laterne auf der Treppe stehen, stieg gegen die Männer, die indessen gewartet hatten, hinan und befahl ihnen, weiterzugehen.

Als man auf das Steinpflaster des Turmes hinausgekommen war, welches, wie oben gesagt wurde, die Stelle des Daches vertritt, hieß er die Männer an einem Platze der Brustwehre, wo er sie sehen konnte, stehenbleiben, er selber ging an eine andere Stelle der Brustwehr, stellte sein sehr kleines Laternchen darauf, legte die Pistole daneben, zog eine Brieftasche heraus und fing an, bei dem Scheine seines Lichtchens in dieselbe zu schreiben oder zu zeichnen. Die Nacht war so finster, daß man von der Gegend nichts sah als einen einzigen schwarzen Raum, in welchem die Lichter und Wachfeuer wie rote Sternchen sich zeichneten. Von dem Dorfe sah man nichts als den Umriß mancher Dächer und der Kirche. Von dem Platze war ein Teil durch die Feuer der Truppen beleuchtet.

Als der Fremde eine Weile gezeichnet und geschrieben hatte, steckte er seine Brieftasche wieder ein, nahm sein Laternchen in die eine, seine Pistole in die andere Hand und hieß die Männer vor sich hinabgehen.

Als man zu der Stelle gekommen war, wo die Laterne stand, mußten sie dieselbe nehmen und den Mann in der Weise, wie man heraufgekommen war, wieder zurückführen.

Da man an der Tür der Gartenhalle angekommen war, sagte der Fremde, daß ihn nun die zwei Männer auch durch den Garten bis zu dem Gitter, das auf das Feld hinausführt, begleiten müßten. Wenn er außerhalb des Gitters wäre, könnten sie zurückkehren. Die Laterne müßten sie in dem Torwege, der an der Halle vorbeiführt, stehen lassen.

Der Schloßherr und der Verwalter gingen also in dem finstern Garten vor dem Fremden her.

Nicht weit von dem Schlosse fand man ein Pferd an einem Baume angebunden. Der Fremde löste es los, schlang den Zügel um den Arm und führte es hinter sich her. Er führte es nicht auf dem Gartenwege, auf dem die zwei Wegweiser gingen, sondern auf dem Rasen daneben, damit die Hufschläge nicht gehört würden. Als man in die Nähe des Gitters kam, zeigten sich dunkle Gestalten an demselben. Der Fremde näherte sich den beiden Vorgängern plötzlich und flüsterte ihnen zu: „Halt." Dann schaute er sehr lange und, wie es schien, anstrengend auf die Gestalten.

Endlich sagte er sehr leise, sie sollten ihn wieder zu der Halle zurückführen.

Sie taten es, er zog sein Pferd hinter sich her.

Da sie bei der Halle angekommen waren, befahl er ihnen, das Tor, welches den an der Halle vorbeiführenden Torweg schloß und überhaupt das Haupttor des Schlosses war, zu öffnen.

Der Verwalter ging um den Schlüssel, während der Schloßherr in der Gewalt des Fremden bleiben mußte, und da der Verwalter aus der Gartenhalle, in welcher sich der Schlüssel befunden hatte, heraustrat, folgten ihm auch neugierig die Leute, die in der Halle gewesen waren. Der Fremde hielt sich an sein Pferd, hatte den Schloßherrn immer im Auge und die Pistole in der Hand. Der Verwalter und ein Knecht sperrten das Tor auf, taten im Laternenscheine den großen eichenen Querbalken weg, öffneten die beiden Flügel, daß man in den schwarzen Raum hinaussah.

„Tut die Laterne zurück", sagte der Fremde.

Als man das getan hatte, schaute er eine Weile scharf bei dem Tore hinaus, den Blick aber jeden Augenblick kurz auf den Schloßherrn richtend, daß derselbe sich nicht entfernen konnte. Dann, soweit man bei dem Scheine der Laterne beurteilen konnte, richtete er etwas an dem Pferde, prüfte anderes, und da es gut befunden war, schwang er sich hinauf. Da er einmal oben saß, war es nur ein Augenblick, in welchem er sich gleichsam fest zu setzen suchte, dann gab er die Sporen, tat einen Ruf, und mit einer so fürchterlichen Schnelligkeit, daß man kaum mit den Augen blicken konnte, daß die Funken in Schwärmen sprühten, flog er über den Steindamm hinaus. Als er jenseits war, wie man aus dem schwächeren Hufschlage schließen konnte, schoß er rechts und links einen Pistolenschuß ab, worauf sogleich Blitze hinter ihm sichtbar wurden, Schüsse krachten, Geschrei sich erhob, und sich ferner zog.

„Das ist ein Mann", rief Lulu jubelnd.

„Du Scheusal, du kleine Ausgeburt", schrie der Schloßherr, „du fällst in Bewunderung unsern Feinden zu."

„Es ist ja kein Franzose", antwortete Lulu, „er spricht so schön Deutsch."

„Um so schlechter, um so tausendmal schlechter ist er", sagte der Schloßherr, „als ein Deutscher sollte er lieber in die fernsten Gegenden ziehen und betteln, ehe er mit dem Erzfeinde sich verbindet, ja er sollte lieber den Tod leiden.

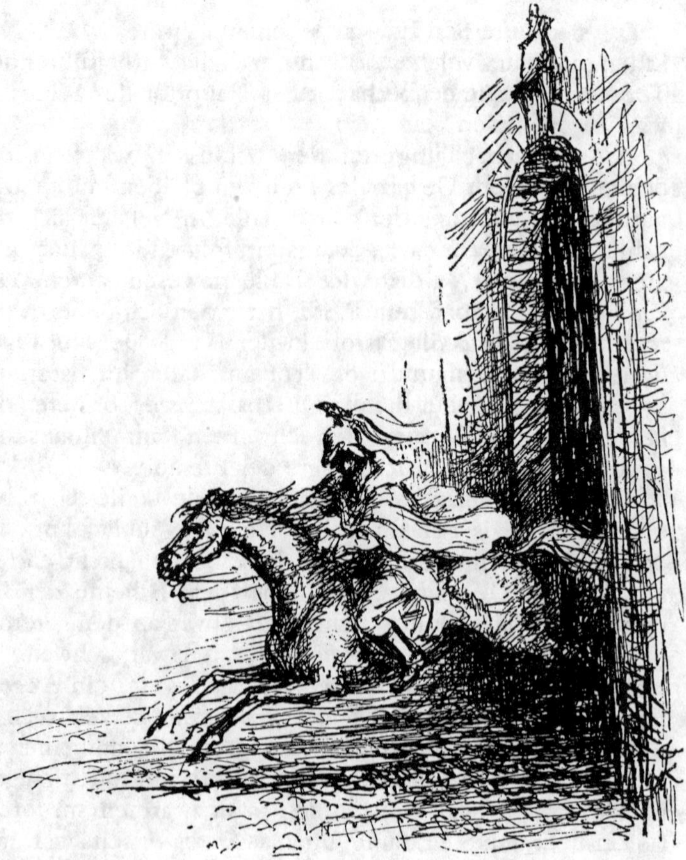

So aber nimmt er von unserem Turme die Stellung der Verbündeten auf, verrät sie, und wir werden es morgen früh schon sehen, wenn sie ihn nicht niedergeschossen oder erwischt haben."

„Er rennt mit seinem Pferde an ein Haus an und zerschmettert sich und das Tier", sagte eine Magd.

„Der rennt nicht an", erwiderte ein Knecht, „er sieht sich die Sache gut zusammen und versteht sein Ding."

„Er ist doch ein Mann, wenn er auch ein Feind ist", sagte Lulu.

„Warum hast du ihn denn nicht umgebracht, da er einen weißen Mantel hat?" fragte Alfred den Schloßherrn.

Dieser schaute den Fragenden an und antwortete nicht. „Kinder, Leute, wir werden hier bald ein anderes Schauspiel haben", sagte der Verwalter, „dieser kühne Mann mag nun umgekommen sein oder nicht, er ist ein Feind, wie sich aus seinem Tun gezeigt hat, er ist aus unserem Schlosse in unsere Verbündeten gesprengt, bald werden sie dasein und werden Rechenschaft fordern. Sehe jeder, daß er sich genau merke, wie die Sache, bei der er war, hergegangen ist, damit er die Wahrheit bekennen könne, daß sich keine Widersprüche finden, die uns arge Dinge bereiten könnten. Die Soldaten im Dorfe draußen sind auf dem Rückzuge begriffen und sind erbittert. Laßt uns das Tor wieder schließen, aber bei dem ersten Stoße an dasselbe es gerne und schnell öffnen. Bis dahin gehen wir wieder in die Gartenhalle."

Die Knechte schlossen das Tor, taten den Eichenbalken vor, gaben dem Verwalter den Schlüssel, und man ging mit der Laterne wieder in die Halle.

Man war noch nicht lange dort, als sich Schläge an das Tor vernehmen ließen.

Die Mutter tat einen schwachen Schrei und bewegte sich gegen den Vater hin. Dieser beruhigte sie, ließ das Tor öffnen und ging selber den Eintretenden mit einem Lichte entgegen. Es waren zwei Vorgesetzte mit Begleitung von Soldaten. Der Steindamm war mit Soldaten bedeckt.

„Sind noch mehrere Feinde hier?" fragte einer der Vorgesetzten in ziemlich verständlicher deutscher Sprache.

„Es war der einzige, der eben hinausgeritten ist", antwortete der Verwalter.

Sofort ließ der Krieger alle Aufgänge, alle Türen und die Ausgänge in den Garten mit Mannschaft besetzen. Die Schloßleute wurden in der Halle bewacht, und der Schloßherr und der Verwalter mußten unter Bedeckung von Soldaten in alle Räume des Schlosses gehen, daß man dieselben untersuchte. Der Schloßherr war viel geselliger, gesprächiger und freundlicher gegen die jetzigen vielen bewaffneten Soldaten, die ihn begleiteten, als er es früher gegen den einzigen gewesen war. Als man nirgends etwas Verdächtiges fand, kehrte man zu der Gartenhalle zurück. Den Garten untersuchte man nicht, nur wurden die Ausgänge aus dem Schlosse zu ihm sehr verrammelt, daß ein Feind, wenn einer im Garten wäre, schon dadurch gefangen war.

Dann schritt man zum Verhöre. Der Verwalter erzählte die Sache, wie sie sich begeben hatte. Er stellte die Vermutung auf, daß der Fremde durch den Garten gekommen sein müsse, weil das Tor gegen das Dorf geschlossen gewesen sei und in dem Dorfe sich ja die Verbündeten befunden hätten. Wenigstens habe der Fremde durch den Garten fort gewollt, dies werde sich sehr deutlich in den Fußstapfen und namentlich in den Hufspuren im Grase zeigen, wenn man sie morgen bei Tag untersuchen wolle.

„Man wird die Sache untersuchen", sagte der Krieger.

Hierauf wurde der Schloßherr abgesondert vernommen und dann alle andern, selbst die Kinder. Als dieses vorüber war, wurden die Männer in ein Gewölbe des Turmes abgeführt, dort eingesperrt und bewacht. Die Weiber und die Kinder wurden in der Gartenhalle gelassen, wurden aber dort ebenfalls eingesperrt und bewacht.

Von da an verging die Zeit, die Ängstlichkeit und die Besorgnis abgerechnet, ruhig. Nicht ein Laut war zu vernehmen als zuweilen der Schritt einer Wache vor der Tür, das Rasseln eines Gewehres oder ein Kolbenstoß. An dem Himmel war kein Lüftchen, die Wolken schienen unbeweglich dort zu stehen, und die Wipfel der Bäume im Garten regten sich nicht. Unter diesen Betrachtungen brachten die Gefangenen der Gartenhalle die Nacht zu. Daß kein Schlaf in ihre Augen kam, ist begreiflich. Wohin man die Männer gebracht hatte, wußten sie nicht.

Als endlich das Morgengrauen anbrach, hörte man verworrenes Getöse, wie Fahren, Reiten, Gehen, Rufen, man hörte endlich Hörnerklänge, Trompeten und Trommeln, aber alles gedämpft, da es von der entgegengesetzten Seite des Schlosses herkam. Sehen konnte man nichts, da die Tür verschlossen war und vor den Fenstern nur die Bäume des Gartens standen, deren dunkle Wipfel sich immer deutlicher gegen den grauen, lichter werdenden Himmel zeichneten.

Endlich geschah ein dumpfer, ferner Schlag, der aber so schwer war, daß die Luft beinahe erzitterte. Gleich darauf ein zweiter. Sie folgten nun schneller, und es war beinahe wie ein entfernter Donner, der so tief ging, daß manchmal die Fenster leise klirrten. Die Trompetenklänge, das Blasen der Hörner, das Wirbeln der Trommeln nahm in der Nähe zu.

Der Tag wuchs immer mehr dem Morgen entgegen.

Das Rollen des Donners kam näher, es ging in ein Krachen über, und hinter den Gipfeln der Bäume stieg ein weißer Rauch auf. Endlich krachte es auch ganz nahe an dem Schlosse, man konnte nicht erkennen, woher es kam, bald war es rechts, bald links, bald vorn, bald hinten, bald mehr, bald weniger, aber furchtbar war es, daß das Gemach sich zu rühren schien; und wenn der kleinste Zwischenraum eintrat, so hörte man einen Ton, wie wenn unzählige Hölzlein aneinander geschlagen würden, es waren die Schüsse der kleinen Gewehre. Sogar die Trommeln konnte man zuweilen vernehmen.

Der Rauch war endlich so in den Garten gedrungen, daß er wie ein Nebel in den Bäumen war. Er vermehrte und verdichtete sich stets, daß kaum die nächsten Stämme zu sehen waren. Im Zimmer entstand übler Geruch.

Als dieses lange gedauert hatte, zog sich der Donner auf der entgegengesetzten Seite in die Ferne, das Rollen wurde dumpfer, einzelne Schläge waren in der Nähe noch zu vernehmen, aber man hörte Geschrei, Brausen und verworrenes Getöse. Zuletzt wurde auch das immer schwächer, man hörte nichts mehr, der Rauch zog sich langsam aus den Bäumen, die Wolken waren auch gleichsam durch den Schall verjagt worden, und die Sonne, die anfangs als eine rote Scheibe in dem Rauche gestanden war, glänzte endlich freundlich auf den Garten hinunter.

Die Frauen in der Halle warteten lange. Als aber gar kein Ton sich vernehmen ließ, als sie auch gar kein Geräusch von der Wache vernahmen, die außer der Tür war, so riefen sie auf dieselbe. Sie erhielten keine Antwort. Sie riefen noch einmal und stärker, aber erhielten wieder keine Antwort. Da versuchten sie an der Tür und an dem Schlosse zu rütteln. Von außen erfolgte kein Zeichen und kein Widerstand. Nun rissen sie wirklich mittelst Beilen und Stemmeisen, die in der Gartenhalle als brauchbare Werkzeuge immer vorrätig waren, das Schloß herunter und öffneten die

Tür. Kein Mensch war vor derselben. Die Türflügel standen weit offen. Im Dorfe rauchte noch kohlendes Stroh, und von einer entfernten Hütte, die brannte, ging Rauch auf. Sonst sah man keine Beschädigung, aber man sah auch keinen Menschen im Dorfe. Unter dem Schwibbogen des Tores lag eine eiserne Kugel, und eine andere stak in der Mauer des Schlosses.

Als man noch so schaute, hörte man plötzlich Gerassel und Getrappe rennender Pferde, und in dem Augenblicke kam um eine Ecke der Häuser ein Schwarm weißer Reiter, bog gegen das Schloß und ritt über den Steindamm herein.

Lulu rief beinahe vor Freude auf, als sie an ihrer Spitze den Mann im weißen Mantel erblickte, der in der Nacht im Schlosse gewesen war. Man hoffte, daß man wenigstens von der Ungewißheit, vielleicht auch von der Angst und Bangigkeit befreit werden würde.

Der Mann ritt auf die Versammelten zu. Bei der Beleuchtung des Tages sahen sie erst jetzt, daß er noch sehr jung sei und ein blühendes Angesicht habe. Er stieg sogleich von dem Pferde und sagte: „Ich habe nur kurze Zeit, ich mußte Ihnen gestern Schrecken und Gewalt antun, damit wir heute die Früchte ernten. Wir haben sie geerntet und sind im Vorrücken begriffen. Ich aber bin auf einen Augenblick gekommen, um mir Verzeihung einzuholen, daß ich von einer harten Kriegsregel Gebrauch gemacht habe, und ich bin auch gekommen, um die Bewohner allenfalls von einer Unannehmlichkeit, die ihnen mein Verfahren könnte zugezogen haben, zu befreien.

Wo sind die Männer?"

„Wir wissen es nicht, wir haben uns in diesem Augenblicke aus unserem Gefängnisse in der Gartenhalle befreit, sie sind in der Nacht gefangen abgeführt worden", sagte die Mutter.

„So müssen wir sie suchen", erwiderte der Fremde, „vielleicht sind sie im Hause."

Er nahm aus Vorsicht mehrere bewaffnete Reiter mit, und aus Kenntnis der Kriegsgebräuche schlug er gleich den Weg zu dem Turme ein. Alle Frauen folgten ihm. Der Schlüssel stak an der Tür des Gewölbes, in welchem sich die Männer befanden. Man drehte ihn um, traf da die Gefangenen und ließ sie heraus.

Als die Angehörigen sich gegenseitig überzeugt hatten, daß keines einen Schaden genommen habe, und als sich die Unruhe von Fragen und Antworten ein wenig gelegt hatte, trat der Fremde gegen die Männer heran und sagte: „Wir haben, und ich hege die Hoffnung, nicht ganz ohne Zutun meiner gestrigen Beobachtungen den Sieg errungen. Ich bin gekommen, verehrte Herrn, um den Augenblick, der mir gegönnt ist, zu benützen, Sie um Verzeihung wegen meines Verfahrens gegen Sie in dieser Nacht zu bitten. Hier ist eine Karte mit meinem Namen und Stande, Sie können an meiner Person und meinem Vermögen Genugtuung fordern, wenn Sie eine zu fordern für gut befinden sollten."

Bei diesen Worten reichte er dem Schloßherrn ein Blatt Papier.

„Den Frauen", fuhr er fort, „kann ich freilich keine Genugtuung für die Angst und den Schrecken geben, um so inniger bedarf ich ihrer Verzeihung, und um so mehr bitte ich sie darum."

„Die beste Genugtuung würde sein", sagte der Schloßherr, „wenn Sie nicht auf jener Seite ständen, auf der Sie stehen."

„Mein Herr", erwiderte der Fremde, „wenn Sie diese Ansicht bei meinem König durchsetzen können, so werde ich eine Tat wie die von heute nacht mit leichterem Herzen verrichten, als ich sie heute verrichtet habe. Aber bei dem Krieger heißt es gehorchen. Nun lebt wohl, meine Zeit ist sehr gemessen."

Er reichte dem Schloßherrn die Hand, der sie nahm.

„Haben Sie doch keine Verletzung erlitten?" fragte der Verwalter.

„Keine einzige", antwortete der junge Mann.

„Nun, so leben Sie wohl", sagte der Verwalter, „und mögen Ihre Taten bald von leichten Gefühlen begleitet sein."

„Amen", sagte der junge Mann.

Er verbeugte sich vor den Männern, aber noch tiefer vor den Frauen, selbst vor den Mägden, seine Begleiter schwenkten sich, und er ging mit ihnen davon.

Man sah ihnen nach, sah sie unter dem Torbogen zu Pferde sitzen und über den Steindamm hinausreiten.

Jetzt war nichts mehr von Kriegern zu sehen.

Nachdem der Verwalter und der Schloßherr die Unordnung im eigenen Hause, soweit es möglich war, besichtiget hatten, wobei einige schöne, von Kugeln arg verletzte Gartenbäume zu bedauern waren, verfügten sie sich in das Dorf, um dort und in der Umgegend den Bewohnern in den Maßregeln beizustehen, die infolge des stattgehabten Gefechtes notwendig geworden waren. Unterbringung der noch aufgefundenen oder nach und nach eintreffenden Verwundeten von Freund und Feind war das erste. Der Arzt richtete im Schlosse ein Hospital ein, und die Verwalterin kochte für Freunde und Feinde. Das zweite war die Beerdigung der Toten. Endlich ging man an das Einsammeln und Aufbewahren von Waffen und Kriegsgeräten und an das allmähliche Ausbessern der Verletzungen an eigenen Häusern und Gebäuden.

Es pflegte in diesen Tagen mancher Verwundete seinen Nachbar, der noch ärger verwundet war. Mancher trug einen Feind zur Verpflegung herbei, und am dritten Tage verbreitete sich die Nachricht, daß ein Pferd regungslos bei seinem toten Reiter in den Kohlgärten auf der Anhöhe stehe und daß ein Spitz nicht von dem Grabe seines Herrn wegzubringen sei.

Anfangs zogen noch viele feindliche Abteilungen den Fliehenden nach, dann aber hörte dies auf, es kam nichts mehr, und Schloß und Dorf hat bis zum Frieden weder feindliche noch freundliche Krieger mehr gesehen. – – –

Es waren Jahre nach diesem Ereignisse vergangen. Die Feinde, die damals gesiegt hatten, waren nun vollkommen geschlagen, ihre Hauptstadt erobert, ihr weltberühmter Führer auf Elba und endlich nach seinem Hervorbruche gar auf St. Helena verbannt, und der Friede ruhte segnend auf allen Ländern, die so lange verwüstet worden waren. Die Menschen, welche den Krieg noch gesehen hatten, erkannten vollkommen dessen Entsetzliches, und daß ein solcher, der ihn mutwillig entzündet, wie sehr ihn später verblendete Zeiten auch als Helden und Halbgott verehren, doch ein verabscheuungswürdiger Mörder und Verfolger der

Menschheit ist, und sie meinten, daß nun die Zeiten aus seien, wo man solches beginne, weil man zur Einsicht gekommen: aber sie bedachten nicht, daß andere Zeiten und andere Menschen kommen würden, die den Krieg nicht kennen, die ihre Leidenschaften walten lassen und im Übermute wieder das Ding, das so entsetzlich ist, hervorrufen würden.

Es war in unserem Schlosse abermals der Herbst gekommen, aber ein so lieblicher, daß man die meiste Zeit im Freien zubringen konnte und daß die Bewohner des Schlosses täglich große Spaziergänge machten, um noch das letzte ruhige Lächeln der Natur vor den Stürmen und Frösten zu genießen.

So saßen sie auch einmal alle an einem Nachmittage auf einem Hügel, der in dem Garten nahe an dem Gittertore, das auf das Feld führt, entstanden war. Alfred und Julius hatten nämlich alle Ferien aller ihrer Studienjahre dazu verwendet, mit eigenen Händen und kleinen Schubkarren einen Hügel aufzuführen und darauf ein Säulenhäuschen aufzurichten, in dem die ganze Bewohnerschaft des Schlosses Platz hatte. Der Schloßherr und der Verwalter hatten die Knaben walten lassen, weil sie es für besser hielten, daß sie da bauten, wenn auch etwas so Ungeschlachtes als einen Hügel, als daß sie durch Vogelfangen oder Jagen zerstörten. Weil die Sonne gar so lieblich schien, wollte man in dem Säulenhäuschen den Nachmittagkaffee verzehren. Man hatte die ganze Gerätschaft auf dem Tische, wollte aufgießen und spielte mit den gelben Blättern, die herumlagen, oder mit den Herbstfäden, die heuer besonders reichlich flogen und an den Säulen des Häuschens und an den Gewändern der Gesellschaft hingen.

Plötzlich tat Lulu, die eine erwachsene und, wir müssen es sagen, sehr schöne Jungfrau geworden war, einen Schrei.

„Hat dich eine Spinne geschreckt?“ fragte man.

„Nein, ein weißer Mantel“, antwortete sie und zeigte nach der Stelle, nach welcher sie bei Ausstoßung ihres Schreies geblickt hatte.

Alle schauten hin.

Außerhalb des Gitters stand auf dem Feldwege, der um den Garten ging, ein Wagen, in demselben saß ein einzel-

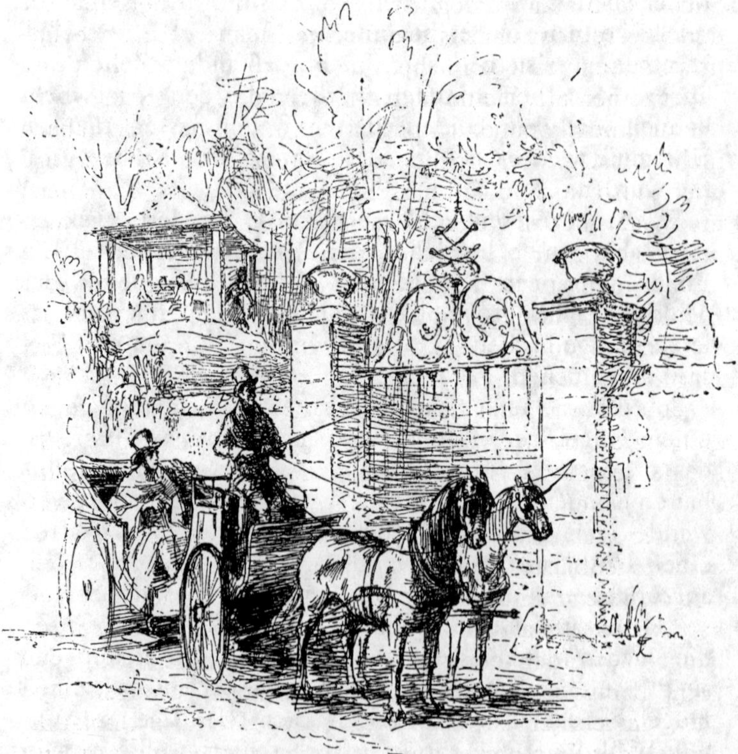

ner Mann, der einen weißen Mantel um die Schultern hängen hatte und unverwandt auf die Gesellschaft hineinsah.

„Lauf, Julius", sagte der Vater, „und frage, ob er etwas wünscht."

Der Knabe lief hin, redete mit dem Manne, kam zurück und sagte: „Eingelassen wünscht er zu werden, er sagt, er sei nicht ganz fremd."

Der Knabe erhielt den Schlüssel, den man zur Bequemlichkeit bei Spaziergängen immer mit sich führte, er schloß das Tor auf, der Fremde ging herein, stieg den Hügel hinan und stellte sich der Gesellschaft vor.

Man erkannte ihn augenblicklich. Es war der junge Mann aus jener schrecklichen Kriegsnacht. Aber er war nun kein Jüngling mehr, sondern ein freundlicher Mann, der so gütig blickte, daß man unmöglich hätte glauben können, daß er derselbe sei, der damals das fürchterliche Spiel auf Leben und Sterben getrieben habe.

„Verzeihen Sie, meine Herrn und Frauen“, sagte er, „daß ich zu Ihnen komme, ich bin Ihnen nicht fremd, Sie haben nicht Ursache, mir irgend gut zu sein; aber Sie werden mich doch auch nicht hassen, was ich daraus schließen muß, daß seit den vielen Jahren her keine Genugtuung von mir wegen jener Nacht gefordert worden ist.“

„Nein, nein, es wird auch keine mehr gefordert werden“, rief man und nötigte ihn zum Sitzen.

Er tat es und sagte: „Lassen Sie mich nur noch einen Augenblick fortfahren. Jeder Mensch hat einen Punkt der Sehnsucht in seinem Leben, nach dem es ihn immer hinzieht und den er erreichen muß, wenn er ruhig sein will. Meine Sehnsucht ist jenes Gitter dort. Seit ich damals in der Nacht sein Schloß erbrach, um auf den Turm zu gehen und die Lichterstellung des Feindes zu zeichnen, seit jenem Augenblicke, wo ich es, da ich zurückkehrte, von dem Feinde besetzt fand und nun nur noch die Aussicht vor mir hatte, entweder als Spion gefangen und schimpflich aufgehängt zu werden oder durch einen tollkühnen Ritt von vorne heraus in die überraschten Feinde zu sprengen, um entweder ehrlich zu fallen oder eben durch die Unglaublichkeit des Wagstückes durchzukommen – nach rückwärts hätte ich wegen des geackerten Bodens und der andern Hindernisse nicht hinaussprengen können, seit jenem Augenblicke zog es mich immer zu dem Gitter, und ich dachte, ich müsse es doch noch einmal sehen. Darum kam ich her und fuhr auf dem Feldwege um den Garten zu dem Gitter. Und lassen Sie mich es offenherzig sagen, einen nicht minderen Anteil an meinem Kommen hat der Gedanke, Sie alle zu sehen, mir wegen des Übels, das ich Ihnen zufügte und das mir immer Unruhe machte, Ihre vollkommene Verzeihung zu holen und Ihre Achtung zu erwerben; denn ich habe seither in vielen Schlachten mit jenem leichten Herzen gekämpft, das mir dieser Herr damals gewünscht hat.“

Er zeigte bei diesen Worten auf den Verwalter.

„So gefallen Sie mir viel besser, junger Mann, als in jener

Nacht", sagte der mit rotem Angesichte und schneeweißen Haaren prangende Schloßherr.

„Ja, lieber Herr", erwiderte der Fremde, „ich kenne kein fröhlicheres Gefühl, als mit entlasteter Brust an der Seite seiner Stammes- und Sprachgenossen einem übermütigen und anmaßenden Feinde des schönen Vaterlandes entgegenzureiten. Mir ist dies Gefühl zuteil geworden, ich habe gesucht, die Scharte, die meine Dienstpflicht in jener Nacht der gemeinschaftlichen Sache vielleicht geschlagen hat, wiedergutzumachen, und mögen alle Himmel geben, daß das so tief fühlende, denkende, edelherzige Volk der Deutschen nie wieder in seinen altersgrauen Fehler zurückfalle und gegen sich selber kämpfe."

„Ja, gebe es Gott, gebe es Gott", sagten die Männer.

Es war indessen der Kaffee eingeschenkt worden, und die Hausfrau gab dem Fremden die erste Tasse. Der Verwalter ließ den Wagen um die Gartenmauer herum in das Schloß bringen, und der Schloßherr und alle luden den Fremden ein, nun in Ruhe und Muße in dem Schlosse zu bleiben, um das Gartengitter so oft anzuschauen, als er wolle.

Die Einladung wurde angenommen.

Der Fremde blieb nun in dem Schlosse. Er konnte das Gitter, den Turm, den Garten und die Gegend betrachten, so viel er nur immer wollte. Aber das Schicksal hatte auch noch ganz andere Zwecke mit seiner Reise verbunden. Alle gewannen ihn sehr lieb. Zwischen Lulu und ihm hatte sich das Verhältnis vollständig umgekehrt. So wie sie ihn in jener Nacht bewundert hatte, so konnte nun er von seiner Seite aus nicht aufhören und kein Ziel finden, das Mädchen zu bewundern. Und da er es dem Kinde schon in jener Nacht angetan hatte und da er jetzt gar so gut und freundlich war, so konnte es nicht fehlen, daß auch ihn die Jungfrau bald außerordentlich liebte und die Verehrung eine vollkommen gegenseitige war.

Da er wegen des guten Verhältnisses, das sich mit allen angeknüpft hatte, und wegen des Wunsches aller immer länger im Schlosse blieb, da er sich über Stand und Vermögen auswies, ja sogar endlich ein benachbartes feil gewordenes Gut kaufte, um in der Gegend ansässig zu werden, so stand einem Bündnisse nichts entgegen, und die zwei Leutchen wurden in der Pfarrkirche des Dorfes ehelich eingesegnet.

Und von nun an begann ein ruhiges, friedliches und glückliches Leben. Oft, wenn die Ehegatten in der Zukunft allein beieinandersaßen, wenn er Lulu seine Freude und sein höchstes Glück auf dieser Welt nannte, sagte sie: „Wie hast du durch dein Herz die schönste Genugtuung gegeben, die du geben konntest."

„Es ist doch gut, daß ich ihn damals nicht erschlagen habe", sagte noch lange und öfter der uralte, gleichsam immer kleiner werdende Schloßherr.

Lulu lächelte jedesmal bei dieser Rede, später lächelten auch Alfred und Julius und endlich alle, selbst der graue Lehrer, obgleich er der Schach- und Spaziergenosse des Schloßherrn geworden war.

Die weißen Mäntel spielten noch lange eine Rolle in der Familie. Nicht nur trugen Alfred und Julius, die in dem kaiserlichen Heere dienten, weiße Mäntel, sondern auch der kleine Alfred und der kleinere Julius, die Buben Lulus, hatten im Winter, wenn sie im Schlitten über die Ebene gefahren wurden, weiße Mäntel an, die aus jenem weißen Mantel entstanden waren, den der Vater angehabt hatte, als er auf seinem Zuge begriffen war, das alte eiserne Gitter zu suchen. Der Vater hatte mit den Waffen die weißen Mäntel abgelegt und trug jetzt im Winter dunkle und ausgezeichnete Pelze.

Zeittafel

23. 10. 1805	Adalbert Stifter wird in Oberplan (Böhmerwald) als Sohn eines Leinewebers und Flachshändlers geboren; nach dem frühen Tod des Vaters wird er von den Großeltern erzogen
1818/26	Besuch des Gymnasiums der Benediktinerabtei Kremsmünster; dort Versuche als Landschaftsmaler
1826/30	Studium zuerst der Rechte, dann der Mathematik und der Naturwissenschaften und der Geschichte in Wien (ohne Abschluß); während und nach dem Studium z. T. dürftiges Leben als Hauslehrer in adligen Häusern (u. a. bei Fürst Metternich)
1837	Nach einer unglücklichen Liebe zu Fanny Greipl Heirat mit der armen Wiener Modistin Amalie Mohaupt; Leben in ständigen materiellen Sorgen; Umgang mit Lenau, Grillparzer, A. Grün u. a.
1840/50	Die unter dem Titel „Studien" (6 Bände) zusammengefaßten dreizehn Erzählungen entstehen und erscheinen: „Der Condor", „Feldblumen", „Das Heidedorf", „Der Hochwald", „Die Narrenburg", „Die Mappe meines Urgroßvaters", „Abdias", „Das alte Siegel", „Brigitta", „Der Hagestolz", „Der Waldsteig", „Zwei Schwestern", „Der beschriebene Tännling"
1848	Übersiedlung nach Linz
ab 1850	Inspektor des Volksschulwesens in Oberösterreich; Verständnislosigkeit der Be-

	hörden gegenüber seinen humanistisch-fortschrittlichen pädagogischen Plänen
1853	Die zweite Sammlung „Bunte Steine" (2 Bände) mit sechs Erzählungen erscheint („Bergmilch", „Kalkstein", „Bergkristall", „Granit", „Turmalin", „Katzensilber")
1857	Publikation des Bildungsromans „Der Nachsommer" (3 Bände)
1865	Mit dem Titel eines k. u. k. Hofrates Versetzung in den Ruhestand
1865/67	„Witiko" (3 Bände), ein in Böhmen spielender historischer Roman, entsteht
28. 1. 1868	Nach schwerer Krankheit (wahrscheinlich Leberkrebs) gibt Stifter sich – offenbar in einem Wahnsinnsanfall – selbst den Tod

Wort- und Sacherklärungen

1 *Ruysdael ... Claude ... Guido ... Murillo* – Jacob von Ruisdael (1628–1682), holländischer Landschaftsmaler und -radierer; Claude Corrain (1600–1682), französischer Landschaftsmaler und -radierer; Guido Reni (1575–1642), italienischer Maler; Bartholomé Esteban Murillo (1618–1682), spanischer Maler; alle vier gehörten zu den Vorbildern der romantischen Malerei nach 1800

2 *Paphos* – Küstenstadt auf Zypern; im Altertum berühmt als Hauptheiligtum der Aphrodite, die hier dem Meer entstiegen sein soll

3 *Eldorado* – sagenhaftes indianisches Goldland, das die spanischen Eroberer in Südamerika suchten

4 *Fraunhofer* – Joseph von Fraunhofer (1787–1826), Optiker und Physiker; erfand eine Schleif- und Poliermaschine zur Verbesserung der Fernrohrlinsen; hier ist ein Fernrohr mit Fraunhoferschen Linsen gemeint

5 *Loudonische Anlagen ... Hadersdorf* – Parkanlagen, die der österreichische Feldmarschall Gideon Ernst Freiherr von Laudon (auch Loudon; 1717–1790) anlegen ließ, und zwar in der Nähe seines Alterssitzes Hadersdorf

6 *Zenobia* – Septima Augusta Zenobia gründete, eine außenpolitische Schwäche Roms nutzend, 267 u. Z. im Vorderen Orient ein Königreich, das Syrien, Mesopotamien, Arabien, Ägypten und Kleinasien umfaßte; im Jahre 271 wurde es von Kaiser Aurelianus unterworfen

7 *Raffaele … Correggios* – Gemälde der italienischen Maler Raffaelo Santi (1483–1520) und Antonio Allegri Correggio (1494–1534); beide Meister der italienischen Hochrenaissance; ebenfalls Vorbilder der romantischen Malerei des 19. Jahrhunderts

8 *Fuggers Ehrenspiegel des Erzhauses Österreich* – Johann Jakob Fugger (gest. 1575) verfaßte 1546 eine Familienchronik des österreichischen Handelshauses Fugger, die von Siegmund von Birken (1626–1681) umgearbeitet wurde und 1668 unter dem Titel „Spiegel der Ehren des Höchstlöblichen Erzhauses Oesterreich" erschien

9 *Cato von Utica* – Marcus Porcius Cato Uticensis (95–46 v. u. Z.), Feind Cäsars und Anhänger der römischen Adelsrepublik; tötete sich nach der von Cäsar gewonnenen Schlacht bei Thapsus in Utica; er galt als Vorbild für unbestechliche Sitten- und Gesetzesstrenge, als Muster republikanischer Gesinnung

10 *Tempus erat … serpit* – (lat.) Gerade die Zeit war's, wo der bekümmerten Sterblichen erste / Ruhe beginnt und durch Göttergeschenk am lieblichsten nahet (Vergil, Aeneis, 2. Buch, Vers 267f.)

11 *Ergo … portae* – (lat.) Und ganz Teukrien sagt sich los von der langen Betrübnis. / Jegliches Tor fliegt auf … (Vergil, Aeneis, 2. Buch, Vers 26f.)

12 *aus den expansis portis* – (lat.) aus den geöffneten Toren

13 *Pfarrerssohn aus Bayern* – bezieht sich auf Jean Paul Friedrich Richter (1763–1825)

14 *der spanische Bürgerkrieg* – nach dem Tod Ferdinands VII. von Spanien (1833) kam es zu einem Thronfolgestreit (zwischen Don Carlos, dem Bruder Ferdinands, und Isabella II.) und zu einem blutigen Bürgerkrieg zwischen Carlisten, Liberalen und Progressisten

15 Plößl – ein Fernrohr des Wiener Optikers Simon Plössl (1794–1868)

16 wie einst Libussas Mutter – Libussa gilt als die sagenhafte Gründerin Prags und ist die Tochter einer Elfe namens Niva

17 jenes feenhafte Gedicht des britischen Sängers – gemeint ist Shakespeares „Sommernachtstraum“

18 Arben – oberösterreichisches Dialektwort für Eisenband (Lasche), Türriegel oder -haken (Plural)

19 dazu den Namen geben – den Juden war in den österreichischen Ländern zu dieser Zeit der Erwerb von Grundbesitz verboten

Inhalt